POUVOIRS ET INSTITUTIONS DANS LA FRANCE MÉDIÉVALE

Des temps féodaux aux temps de l'État

Albert Rigaudière

POUVOIRS ET INSTITUTIONS DANS LA FRANCE MÉDIÉVALE

Des temps féodaux aux temps de l'État

Tome 2

3e édition

ARMAND COLIN

COLLECTION U • HISTOIRE

Ouvrage publié sous la direction de Georges Duby

Documents de couverture : *Couronnement de Charles VI* - Miniature extraite des *Grandes Chroniques de France* (XIVe s.), BNF, Archives Labor.

ISBN : 978-2-200-26499-4

ARMAND COLIN • 21, RUE DU MONTPARNASSE • 75006 PARIS

INTRODUCTION

Presque trois siècles séparent le règne de Philippe Auguste († 1223) et celui de Charles VIII († 1498), trois siècles tout au long desquels la France connaît, comme la plupart de ses voisins d'Occident, une profonde mutation qui la fait lentement entrer dans la modernité. De « médiéval », son « État » devient « moderne ». Mais ces trois termes, tellement galvaudés, ont-ils un sens? Assurément oui, même s'ils n'ont jamais été utilisés dans la langue médiévale. « État médiéval » et « État moderne », expressions créées de toutes pièces par les historiens, n'en correspondent pas moins à deux stades bien marqués de l'évolution politique du monde occidental en général et de la France en particulier.

Jusqu'au début du XIIIe siècle, les relations féodo-vassaliques dominent la vie politique, puis perdent lentement de leur vigueur pour libérer, face au prince, toutes les forces vives du pays. Ces relations, fondées sur le double lien personnel et réel que constituent la vassalité et le fief, ont joué un rôle si déterminant jusqu'à la fin du XIIe siècle qu'elles ont conduit les historiens à parler de roi féodal, de monarchie féodale et, parfois même, d'État féodal. Et c'est parce qu'elles déclinent irrésistiblement à partir du début du XIIIe siècle en laissant progressivement la place à un pouvoir toujours plus affirmé du prince que prend corps, lentement, une « monarchie administrative » dirigée par un souverain chaque jour mieux assuré dans ses prérogatives régaliennes qui le placent en position de construire un « État moderne ».

Mais qu'est-ce à dire? Le terme *status*, pas plus que celui d'*estat* ou « état », n'évoque directement, tout au long des derniers siècles du Moyen Âge, l'État tel qu'il se construit à partir du XIIIe siècle. Néanmoins, leur utilisation courante pour qualifier la manière d'être, la situation, l'état du royaume, de la couronne ou du roi, laisse pressentir une évolution. Parler de *status regis* tend à désigner la dignité royale et l'office de roi, tandis que les expressions *status rei publicae* et *status regni* laissent déjà entrevoir, à travers cet « état » de la république ou du royaume, aussi bien le régime politique destiné à les régir que l'entité étatique qui se met lentement en place. Puis cette évolution sémantique du terme *status* s'accentue quand, dans les dernières années du Moyen Âge, l'expression *status regis et regni* pénètre en force le discours politique pour qualifier, tout à la fois, gouvernants et gouvernés unis dans un même corps politique. Alors, le sens du mot *status* se fait plus précis. Progressivement employé seul et coupé de ses compléments à partir du début du XVIe siècle, il sert bien à désigner l'État, cette entité politique complexe dont territoire, population et gouvernement constituent les trois éléments essentiels.

C'est à redonner vie à ces trois éléments constitutifs que s'attachent Capétiens et Valois, tout au long des trois derniers siècles du Moyen Âge. Même si le mot « état » n'existe pas encore pour qualifier cette construction, la notion de l'État et la réalité politique qu'elle postule s'affirment avec force à travers les termes *regnum, corona* et *res publica* qui, tour à tour, évoquent le territoire, les droits qui lui sont attachés et la chose publique que figure cet ensemble. Ainsi se mettent lentement en place les structures de cet « État moderne » à partir du milieu du XIIIe siècle. Moderne parce que, même s'il se construit à partir d'éléments existants et de manière toujours empirique, il donne naissance à un système politique entièrement nouveau par rapport à celui qui l'a précédé au cours de la période féodale. En cela, les trois derniers siècles du Moyen Âge ne sont pas transition mais construction. Ils s'affirment bien davantage comme un temps de création continue que comme une période intermédiaire.

La remarque vaut, tout particulièrement, au niveau de l'institution royale (chapitre 1) que marque un profond renouveau. En dépit des temps de crise des XIVe et XVe siècles qui viennent rompre l'harmonie du beau XIIIe siècle, la reconstruction monarchique ne s'essouffle jamais et tout gravite autour de la monarchie. Fragilisée avec l'accession des Valois au trône (Philippe VI, 1328-1350), plongée dans de graves crises avec la captivité de Jean le Bon (1350-1364) et la folie de Charles VI (1380-1422) qu'avivent cruellement les revers politiques et militaires, elle connaît toujours de grands règnes réparateurs. Saint Louis (1226-1270), Philippe IV le Bel (1285-1314), Charles V (1364-1380), Charles VII (1422-1461) et Louis XI (1461-1483) lui apportent, tout à la fois, autorité, prestige et rayonnement.

Autant de facteurs favorables qui facilitent une lente reconstruction du royaume (chapitre 2). Pivot et acteur de ce redressement territorial, l'autorité royale, progressivement restaurée face aux grands féodaux, autorise le roi à élargir l'assise matérielle et juridique de son domaine autour duquel prend lentement structure un nouveau *regnum*. Le prince y soumet progressivement, à son contrôle et à sa loi, des territoires qu'il ne maîtrisait plus. Il y constitue un ensemble territorial où les limites féodales reculent pour céder la place à des frontières que l'exercice du pouvoir politique, les nécessités de la guerre et le poids de la fiscalité rendent chaque jour plus effectives. Particularismes régionaux, libertés locales, corps et ordres ne disparaissent pas pour autant. Mais, face à un maître unique du *regnum*, la conscience naît d'appartenir à ce qui devient un État et de constituer, ainsi, un tout indissociable.

Cette marche pluriséculaire vers l'affirmation de l'État repose aussi sur la mise en place progressive d'un gouvernement dont les moyens d'action sont tout à l'opposé du jeu politique que pouvait conduire le roi féodal (chapitre 3). À nouveau investi des droits régaliens qui lui avaient échappé, le prince du bas Moyen Âge se dote de multiples services pour les mettre en œuvre. Il y parvient en s'appuyant sur une bureaucratie toujours plus pesante, mais au sein de laquelle se distinguent des agents de mieux en mieux formés pour assurer partout le succès de l'État naissant et de sa royauté triomphante.

CHAPITRE 1

UNE ROYAUTÉ POUR LA *RESPUBLICA*

En ces trois derniers siècles du Moyen Âge, elle s'affirme face à la féodalité et finit par triompher des obstacles territoriaux, politiques et juridiques nés du morcellement du royaume. En même temps, elle connaît une évolution constante qui rend difficilement comparable la position politique de Louis XI à celle de saint Louis. Néanmoins, cette mutation en profondeur est facile à décrypter au seul examen de l'institution royale (I) que renforcent l'élaboration de solides règles destinées à régir la succession à la couronne (II). Le royaume, la couronne et l'État doivent totalement échapper au pouvoir de libre disposition du souverain. La fonction qu'il exerce, les prérogatives qui lui sont dévolues et sa qualité de roi le placent dans une situation spécifique que reflète, avec beaucoup d'éclat, la patiente construction d'une véritable religion royale (III).

I. L'INSTITUTION ROYALE

Née d'une succession difficile, la dynastie des Valois se montre plus attachée encore que celle des Capétiens à constamment faire valoir que son roi est légitime (1). Toujours apte à gouverner et à surmonter les crises, il doit, plus que jamais, être un roi qualifié (2) dont la position spécifique qu'il occupe dans l'Occident chrétien en fait, à partir de la fin du XIVe siècle, un « Roi très chrétien » (3).

1. Un roi légitime

Dans cette *res publica* désormais monarchique, le roi, clef de voûte de l'édifice, ne peut être qu'un monarque dont le pouvoir ne saurait être, à aucun moment, mis en doute. Ce besoin de légitimité, particulièrement ressenti depuis la fin du XIIe siècle, fait l'objet d'une attention toute particulière, tant de la part des rois eux-mêmes que de leur entourage. Cette préoccupation constante culmine à partir du règne de Louis VIII, à un moment où le nouveau souverain succède pourtant sans heurt à son père Philippe Auguste, sans avoir été ni sacré, ni associé au trône du vivant de son père. Peut-être parce que prennent alors tout leur sens les prophéties de saint Valéry et de saint Riquier, qui n'avaient promis la couronne de France qu'à sept générations successives après Hugues Capet. Et même si certains auteurs de l'époque veulent bien lire, à propos de l'accession de Louis VIII au trône, *sempiternam* au lieu de *septimam*, cette volonté de réécriture ne suffit point à balayer les doutes et à fonder, de manière durable, l'avenir d'une dynastie dont le destin devait être définitivement scellé bien au-delà du règne de son septième successeur. Philippe Auguste et Louis VIII, reconnus comme héritiers de la couronne dès leur naissance, solidement enracinés dans leur pouvoir héréditaire et désignant l'un et l'autre dans leur testament leur fils aîné comme devant leur succéder, ressentent néanmoins la nécessité d'asseoir leur dynastie sur une double légitimité. Celle qui ne leur avait jamais fait défaut — le choix de Dieu — (A), celle qui leur manquait au départ, le droit du sang (B).

A. ROI D'UN PEUPLE ÉLU

Depuis le baptême de Clovis, les Francs puis les Français se sont hissés au premier rang des royaumes de la chrétienté. Tous ces peuples chrétiens se présentent comme les élus de Dieu, à l'instar du peuple juif dans l'Ancien Testament. Mais pareil destin ne suffit pas aux descendants des Francs qui, en raison de leur passé glorieux et de leur foi ardente, revendiquent, par-dessus tout, le titre exclusif de peuple élu dont les monarques doivent apparaître comme héritiers des patriarches et des rois de la Bible. D'Abraham « Père d'une multitude », avec qui Dieu avait contracté alliance, à David sa descendance, symbole d'une royauté parfaite, il ne doit y avoir qu'une chaîne ininterrompue pour faire, du peuple de France et de ses rois, les premiers des élus de Dieu.

De cette situation privilégiée, Dieu a donné des signes tangibles dont on veut voir partout manifestation éclatante. La légende de la Sainte Ampoule n'est pas la moindre de celles qui contribuent à enraciner l'idée d'une continuité parfaite. Sacrés avec le chrême de la Sainte Ampoule envoyée par Dieu lors du baptême de Clovis, les rois de France ne font qu'utiliser une huile identique à celle qui servait à oindre les rois de l'Ancien Testament. Divinement investis de leur pouvoir pour régir le peuple de Dieu, leur mission ne peut être que spécifique sur une terre présentée comme étant celle de Dieu et tout particulièrement destinée à accueillir un peuple dont la vocation première est d'exécuter tous ses commandements. On en vient ainsi au XIIe siècle, sitôt après la première croisade, à une véritable sacralisation du royaume de France et de son roi dont l'action doit être, entièrement, vouée à la défense de l'Occident chrétien dont il est le véritable rempart. Les témoignages abondent et concordent pour affirmer que lui reviennent charge et salut de tous les peuples chrétiens dans la mesure où il est, «par droit héréditaire», l'unique chef de la vaste armée qu'ils constituent. Moins d'un siècle plus tard, aux environs des années 1300, la mode s'affirme de rapprocher les rois de France de ceux d'Israël et d'imaginer une communauté de destin entre le peuple hébreux et les Français. Ne voit-on pas, dans le roi de France, un nouveau Moïse et dans le trône de France, celui du roi David?

Mieux encore, et comme pour renforcer cette similitude de destin, on s'efforce de retrouver dans l'histoire de France les traces d'un engagement qui puisse rappeler l'alliance de Dieu et de Moïse. Les bases en sont fournies par la promesse qu'aurait faite, selon Hincmar, saint Rémi à Clovis en lui annonçant que le royaume appartiendrait à sa lignée pour qu'elle règne investie de la dignité romaine afin de remporter, dans la foi, des victoires propres à assurer la survie de sa dynastie et à faire partout triompher l'Église. Ce n'est qu'à partir de la fin du XIVe siècle que cette promesse est souvent invoquée comme constituant la base d'une alliance éternelle propre à faire durer le royaume de France aussi longtemps que ne s'éteindrait pas la chrétienté. C'était lui assurer la perpétuité et affirmer que le royaume de France devait être considéré comme le dernier héritier de l'Empire qui, plus jamais, ne devait se transmettre. Investi d'une mission divine, le royaume de la Nouvelle Alliance, celui du peuple élu, ne pouvait à jamais qu'exécuter les volontés de Dieu à travers ses monarques dont la chaîne devait être elle aussi ininterrompue, parce qu'éternellement vivifiée par un même sang.

B. Roi de sang royal

Née d'une usurpation, la royauté capétienne ne pouvait, au début de son histoire, prétendre se rattacher à la dynastie carolingienne qu'elle avait détrônée. Et même aurait-elle osé le faire, cela n'aurait guère apporté, à son pouvoir, d'assise supplémentaire au milieu d'une noblesse qui affichait alors, elle aussi, ses prétentions à descendre du sang des rois.

Estompés à la fin du XIIe siècle les souvenirs d'une prise de pouvoir contestable, des temps nouveaux semblent venus pour que les milieux capétiens s'intéressent de plus en plus à la dynastie carolingienne, comme en témoigne la vénération de l'épée dite de Charlemagne apportée à Reims à l'occasion du sacre de Philippe Auguste. C'est précisément sous son règne que plusieurs auteurs commencent à marteler l'idée d'une relation généalogique entre Capétiens et Carolingiens. Il y avait là un habile moyen de légitimer le pouvoir capétien, surtout au lendemain du mariage de Louis VII avec Adèle de Champagne et de Philippe Auguste avec Élisabeth de Hainaut, deux princesses descendantes de princes carolingiens. Rigord, biographe officiel de Philippe Auguste, ne se saisit encore que timidement de cette continuité par les femmes. Dans ses *Gesta Philippi Augusti*, il se limite à évoquer la légende d'une origine troyenne de tous les rois de France, sans insister davantage sur les liens qui pouvaient unir Capétiens et Carolingiens. Voilà néanmoins qui suffit à prouver que, dès le règne de Philippe Auguste, le doute s'était bien installé dans les esprits et qu'on était beaucoup moins enclin que par le passé à considérer les Capétiens comme des usurpateurs.

Un pas supplémentaire est franchi en 1200, quand Gilles de Paris offre au futur Louis VIII un poème, le *Karolinus*, dans lequel il le présente comme héritier du royaume et de sang royal tout en lui rappelant la gloire des rois des Francs, la grandeur de leur royaume et l'excellence de leur sang, particulièrement celui de Charlemagne dont il est le continuateur et l'héritier. Le sang devenait ainsi l'unique critère pour accéder à la fonction royale, la compétence devant jouer, dans l'esprit de Gilles de Paris, un rôle second pour départager tous ceux qui étaient de sang royal.

Même si les arbres généalogiques qu'il établit à l'appui de sa démonstration font encore d'Hugues Capet un usurpateur avec son nom écrit en brun pour lui refuser le titre de roi, les lignes qui en partent sont bien en rouge — couleur des rois — pour introduire la suite de la succession capétienne dont les noms, eux aussi en rouge depuis Robert le Pieux jusqu'à Philippe Auguste, ne laissent aucun doute sur la légitimité qui leur est reconnue. Ainsi se trouvait fondée l'*origo modernorum Regnum Franciae* — l'origine des rois modernes de la France — qui prend souche avec Robert le Fort dont le nom est, lui aussi, écrit en rouge. Qualifiés de *reges inutiles*, les derniers rois carolingiens ne pouvaient que céder la place aux Capétiens que leurs aptitudes naturelles à gouverner appellent sur le trône. Et comme Gilles n'ignorait pas que Philippe Auguste descendait des Carolingiens par sa mère, il trouve tout naturel d'y rattacher le jeune Louis VIII. Aux alentours des années 1220, Giraud de Galles et Guillaume le Breton dans ses *Philippides*, se plaisent à rappeler que les rois de France de leur temps étaient de la race de Pépin et de Charlemagne, ce qui leur vaut d'être loués pour leur ascendance carolingienne. Ainsi prend progressivement corps l'idée d'appartenance à un *genus* royal à l'intérieur duquel se transmet de manière continue la couronne qui va du *genitor* au *primogenitus*, donc au premier héritier par le sang, un sang unique depuis les premiers Carolingiens comme s'efforce de le démontrer, au début du règne de Louis VIII, un chanoine de Saint-Martin de Tours. Auteur de la *Chronique de Tours*, il y affirme que la dynastie capétienne trouve sa seule origine dans la famille carolingienne.

Dans son *Speculum historiale* composé pour saint Louis en 1253, Vincent de Beauvais introduit un thème qui n'était pas nouveau, mais absent de l'historiographie capétienne, celui du *reditus*, du «retour» du royaume de France aux Carolingiens. C'est en la personne de Louis VIII, dont le père Philippe Auguste avait épousé Isabelle de Hainaut, descendante de Charlemagne, que le royaume aurait été ainsi restitué, démarche qui assurait le retour définitif du royaume des Francs à la souche de Charles (*reditus regni Francorum ad stirpem Karoli*). À partir de ce moment-là, le thème est sans cesse repris, en particulier par les *Grandes Chroniques de Saint Denis*. Elles insistent sur la volonté expresse qu'aurait manifestée Philippe Auguste, par son mariage, de retrouver la lignée de Charlemagne, favorisant ainsi le développement vigoureux d'un sentiment dynastique capétien.

Comme la haute noblesse et la société aristocratique du temps, la monarchie capétienne était conduite à s'intéresser à ses ancêtres et à s'interroger sur le statut de son lignage. Désormais, puisque Louis VIII avait restitué le royaume à l'ancienne dynastie (*stirps* ou *progenies*), ce n'était plus le lignage d'Hugues Capet qui était appelé à régner, mais celui de Charlemagne. Ainsi se trouvait couverte l'interruption de sept générations et assurée, par le prestige et par le sang, la légitimité du Capétien puisqu'il était réputé régner, en ligne directe, depuis Charlemagne.

Mais cette vision du «retour» n'était pas parfaite. Il se faisait par les femmes et les sept premiers Capétiens ne pouvaient être considérés comme des Carolingiens. Voilà pourquoi, à partir de la fin du XIIIe siècle, on préféra le faire remonter beaucoup plus haut dans le temps et trouver, par les femmes, telle Havise mère de Hugues Capet, des ascendances carolingiennes pour les premiers Capétiens, opération qui permettait de légitimer, d'un bloc, tous les membres de la dynastie. Si cette théorie du « retour » par les femmes fut assez facilement acceptée au XIIIe siècle, elle pose problème avec leur exclusion de la succession à la couronne à partir de 1316. Par là même, se trouvait remise en cause la filiation entre Capétiens et Carolingiens. L'obstacle, néanmoins, fut allégrement franchi comme en témoignent les écrits de Jean de Montreuil aux environs des années 1410 pour qui Hugues Capet se rattache non seulement par sa mère Havise aux Carolingiens, mais aussi par son père, Hugues le Grand, qui lui descend directement de Charlemagne. De cette affirmation, aucune preuve n'est donnée si bien que tous les auteurs du XVe siècle s'accordent sur une formule vague en affirmant que les Capétiens étaient bien apparentés aux Carolingiens.

Ainsi un sang unique vivifie, sans interruption, la longue chaîne des rois de France depuis Pépin le Bref. Mais ce sang royal, pour être vraiment légitime, doit être aussi parfaitement pur. L'entourage de Philippe le Bel s'en fait l'écho, répétant que depuis Priam, le sang sacré des rois n'a connu aucun bâtard. C'était sans doute pour couvrir les bruits d'adultère qui couraient à propos de la famille de la mère du roi et pour prévenir les rumeurs qu'avaient pu engendrer l'existence agitée de ses trois brus puis la naissance, dans un climat d'adultère, de la jeune princesse Jeanne, fille de Louis X. Les doutes qui s'élèvent, pour un temps, autour de sa légitimité, renforcent la position de ceux qui sont partisans de son exclusion du trône. Une situation presque identique se reproduit avec le dauphin Charles dont la légitimité est aussi mise à rude épreuve en raison de la conduite de sa mère, Isabeau de Bavière. À ceux qui doutent de la « pureté de sa naissance », Jeanne d'Arc répond qu'il est « vrai héritier de la France et fils de roi », affirmation qu'accréditent ses victoires sur l'ennemi puis son sacre à Reims.

La force du sang s'était donc imposée qui faisait de lui, dans la France des XIVe et XVe siècles, l'élément cardinal de la légitimité royale en la personne du *primogenitus*. C'était exclure de la succession à la couronne tous les autres princes de sang royal, ces « princes du sang » ainsi désignés à partir du règne de Charles V. Princes des fleurs de lys, seigneurs de sang royal, ils invoquent eux aussi le droit du sang, non pour régner mais justifier leur participation au gouvernement et mériter d'être perçus comme « les yeux du corps de l'État, veillant sur lui continuellement ». Voilà qui venait consacrer l'adéquation parfaite entre sang royal, succession royale et aptitude à gouverner, le tout tempéré par l'application rigoureuse du droit d'aînesse et, à partir du début du XIVe siècle, par l'affirmation du principe d'exclusion des femmes de la couronne de France. Même de sang royal, elles en sont écartées, le vieux principe électif depuis bien longtemps abandonné ayant contribué à justifier leur exclusion. Cette légitimité par le sang était désormais celle d'un sang royal par les hommes. À lui seul, il suffisait à désigner le roi et à faire de lui un roi légitime, mais pas nécessairement un bon prince qui devait, pour s'affirmer, épouser tout un profil de qualités.

2. *Un roi qualifié*

Fondé le droit du sang et établi le principe héréditaire, restait à démontrer que l'application de cette double règle ne pouvait se retourner contre l'institution royale. La servir impliquait que le nouveau roi en fût non seulement digne, mais aussi capable. Parce qu'il est le successeur obligé de son prédécesseur, son éducation de jeune prince et son action de roi mobilisent tous les esprits. Semblables préoccupations ne sont pas nouvelles. Mais du règne de Louis VIII à celui de Louis XI, elles s'inscrivent dans un champ de réflexion en pleine mutation. Qualités innées de l'enfant roi (A), qualités acquises du jeune prince (B), qualités prouvées du souverain accompli (C), toutes mobilisent la sagacité des penseurs les plus avisés et focalisent l'attention de la société politique.

A. NAÎTRE ROI

Une glorification toujours plus vive de la famille capétienne implique que de nombreuses qualités du prince relèvent directement de sa naissance et non de sa fonction. Il est des vertus qui doivent s'hériter afin de renforcer la cohésion dynastique, rehausser l'image de la royauté et assurer, à la *domus regia*, son plein rayonnement.

• *Qualités*

Qualités religieuses

Au premier rang de toutes, s'inscrivent les qualités religieuses dont le prince hérite de son père et de tous ses ancêtres. Attribuées à la dynastie entière depuis ses origines, elles prennent tout leur sens au XIIIe siècle avec saint Louis présenté comme l'« héritier légitime, par droit héréditaire » de la dévotion portée par ses ancêtres à l'Église romaine. Il n'est pas, alors, d'expression assez forte pour célébrer le *genus regium*, « soleil de foi, brasier de dévotions, miroir des œuvres ». De telles louanges ne pouvaient que créer une dynamique en incitant le jeune prince à imiter son père, toujours présenté comme un modèle de foi et de piété. Écoutons Charles d'Anjou, frère de saint Louis quand, en 1272, il incite son neveu Philippe III à accepter la couronne impériale. Philippe Auguste s'est croisé contre Richard, Louis VIII est mort au retour de la croisade et saint Louis y a laissé sa vie. La voie à suivre s'ouvre naturellement. Héritier d'une si pieuse lignée, celui qui est issu d'un si « haut rang doit prendre en considération les actions de ses ancêtres et les imiter ». Et il ne saurait faire autrement car, d'un fils de roi, on attend toujours davantage. En aucun cas, il ne peut se soustraire aux obligations que lui impose sa naissance. Contraint de faire au moins aussi bien que son père, constamment invité à le surpasser, il façonne des qualités religieuses nouvelles qui, de génération en génération, s'agrègent à la dynastie. Par leur effet cumulatif, elles placent le souverain régnant et ses ancêtres dans une situation hors pair que définit un véritable code des vertus religieuses, moule rigide à l'intérieur duquel le jeune prince doit façonner tout son être. Ce code, fortement inspiré de l'idéal chevaleresque, s'organise tout entier autour du service de Dieu principalement dévolu au roi, premier défenseur de l'Église et investi de responsabilités morales spécifiques. Il ne peut les éluder, conférées qu'elles lui sont par sa naissance. Miroir du peuple dès le premier jour de sa vie, sa conduite doit perpétuellement avoir valeur exemplaire et tendre vers la sainteté.

À partir du règne de Louis VIII, cette sainteté reflète davantage une qualité acquise qu'elle ne représente un état à conquérir. La canonisation de Louis IX précipite cette évolution. Après lui, presque tous les rois de France sont considérés comme saints. Cette idée pénètre dans l'opinion avant même de gagner les esprits les plus éclairés. Dès 1303 à Paris, un prêcheur anonyme rappelle avec insistance que les nobles rois de France méritent le qualificatif de saint « parce qu'ils honorent la sainteté, protègent la sainteté, engendrent la sainteté ». C'était souligner une nouvelle fois l'importance du sang et affirmer que par lui se transmettait, de roi à roi, un véritable état de sainteté. Peu de temps après, Guillaume de Nogaret renforce ce courant de pensée. Il présente comme « une vérité prouvée et connue dans le monde entier que les rois de France sont des princes saints ». Sang, lignage et sainteté se confondaient désormais pour imposer au jeune prince, dès le jour de sa naissance, un idéal particulièrement exigeant.

Qualités morales

En même temps, il est aussi l'héritier de qualités morales rigoureuses. Cette idée n'est pas nouvelle mais elle revêt, à partir du XIIIe siècle, un contour beaucoup plus précis. Parce que tous les souverains ou presque sont crédités de vertus qui désignent la sainteté, il convient, en quelque sorte, de les expliciter.

L'humilité domine ces qualités qui contribuent, tout à la fois, à démontrer la valeur de la dynastie et à ouvrir au prince le vrai chemin de toutes les autres vertus morales. Maillon d'une lignée exemplaire, il n'en est pas moins homme par sa naissance, perpétuellement soumis au feu croisé des regards de Dieu et aux revers constants de la vie. Vertu cardinale « singulièrement aimée de Dieu » comme le souligne Christine de Pisan, elle place le jeune roi en situation de toujours progresser. Héritier d'une situation hors du commun, Gerson lui rappelle avec insistance qu'il la tient de sa seule naissance et de Dieu, qui « du jour a lendemain peust raisonnablement tout oster par mort ou autrement » et son « royaume a aultre donner ». Serviteur, commis de Dieu et ordonné par lui pour justement gouverner son peuple et en rendre compte au risque d'être condamné comme un simple mortel quand viendra l'heure du jugement, voilà à quoi s'expose le souverain qui ne retiendrait pas, de sa naissance, les leçons d'humilité que lui donnent en exemple ses prédécesseurs. La chasteté, aussi, lui est acquise dès sa naissance. Fixée dès le règne de Louis VII, cette idée devient un lieu commun de l'historiographie médiévale qui oppose systématiquement, sur ce plan, le Capétien aux autres souverains. Mais une opposition aussi tranchée n'est pas toujours possible, chaque souverain n'obéissant pas, en ce domaine, aux mêmes canons. Si Philippe Auguste ne peut guère être loué pour la vertu de chasteté, ses successeurs, et tout spécialement saint Louis, en font une vertu dynastique. Ses biographes s'accordent pour souligner sa chasteté avant son mariage et insister sur l'indéfectible fidélité qu'il porta à la reine avec laquelle il aurait convenu de s'abstenir de toute relation sexuelle en période d'Avent et de Carême.

Ce même devoir de chasteté, que doit s'imposer le roi en raison de sa naissance, hante toute la littérature politique des siècles suivants. Contrairement à beaucoup de grands seigneurs qui l'entourent et qui sombrent dans la débauche, le prince, mû par les sentiments élevés que lui inspire sa fonction, saura toujours éviter la luxure « signe de petit et faible courage » et faire en sorte que les « ars du dieu amour » ne viennent meubler son existence. Philippe de Mézières est bien de ceux qui se plaisent à insister sur cette qualité des rois, étroitement liée à leur condition, quand il incite Charles VI à se montrer « honneste en chasteté comme ses prédécesseurs roys ont accoutumé », y compris dans le domaine de la « sainte chasteté conjugale ». Et cette conduite s'impose d'autant plus au souverain qu'à ses yeux « le péchié du roy pour la fragilité humaine donne exemple aux subgiez ». Conscient de ce risque, Charles V avait fait sa devise de cet impératif de chasteté, vertu dont il pensait qu'elle constituait un des traits les plus caractéristiques de la condition royale.

• *Fonctions spécifiques*

Naître roi, c'est aussi se trouver naturellement investi de fonctions spécifiques directement héritées de ses prédécesseurs. Défendre la foi et la liberté de l'Église prime sur toutes les autres. Cette mission, de tout temps enracinée dans le ministère royal, prend plus de relief encore quand commencent à poindre les premières difficultés entre le royaume de France et le Saint-Siège, sous le règne de Philippe le Bel. Mémoires et libelles fusent alors de toutes parts, qui présentent le roi de France « par héritage défenseur de la foi », de ceux « qui n'hésitèrent pas un instant à verser leur sang pour l'exaltation et la défense de la liberté de l'Église et pour la foi » et comme celui qui a toujours été, entre tous, le sauveur de l'honneur de l'Église romaine. Ainsi s'expriment Pierre Dubois et Bernard Saisset pour évoquer cette capacité si spécifique que la maison royale, *directrix veritatis*, tient directement de ses ancêtres qui ont, si souvent, payé de leur vie la défense de l'Église. Il y a là une capacité d'action permanente qui constitue, de génération en génération, comme l'axe structurant de l'attitude royale à l'égard de l'Église. C'est parce qu'il est *heres Franciae*, héritier de France, que le roi se trouve dès sa naissance investi d'une telle mission.

Il en va de même du pouvoir qui lui est reconnu d'accomplir des miracles, en particulier celui de guérir les écrouelles. Dès les premières années du XIVe siècle, ce pouvoir surnaturel est directement rattaché au sang. Un traité de l'an 1300 intitulé *Quaestio in utramque partem* affirme que le fils succède au père « par droit héréditaire, dans le même pouvoir d'accomplir des miracles ». C'était rompre avec la théorie qui faisait dépendre du sacre le pouvoir thaumaturgique des rois. Ancrée dans les esprits, cette nouvelle vision est largement reprise par l'auteur du *Songe du Vergier*. Selon lui, il n'y a pas à douter un seul instant que tous les rois de France puissent faire des miracles, et il tient pour tout aussi évident que ce « pouvoir de faire des miracles est héréditaire au fils aîné ».

B. DEVENIR ROI

Les qualités naturelles ne suffisent pas à assurer au jeune prince son avenir politique, mais créent autant de conditions favorables à l'apprentissage de l'art de gouverner. Ce souci d'une formation toujours plus poussée du futur roi s'accentue au XIIIe siècle, puis devient un lieu commun de toute la littérature politique.

Déjà saint Louis s'efforce, à travers les *Enseignements à son fils*, de lui transmettre une éducation politique de base contenant les règles essentielles d'un bon gouvernement. Philippe III, sans doute très marqué par les exhortations de son père, confie l'éducation du futur Philippe le Bel à Gilles de Rome. Cet Augustin, disciple de saint Thomas, appelé à devenir le général de son ordre, rédige un savant ouvrage, le *De regimine principum*. Véritable manuel d'éducation politique, il domine toute l'histoire du savoir civique inculqué aux générations successives de rois et de princes tout au long des XIVe et XVe siècles. Il devient référence constante de ceux qui s'intéressent à l'éducation des rois et en font une condition première de leur réussite.

Tous insistent avec la même vigueur sur cette nécessité. Voici l'auteur du *Songe du Vergier* qui se plaît à rappeler qu'un roi sans éducation politique serait comme « une nef sans aviron et comme oysel sanz ales ». Et voici encore Christine de Pisan qui recommande avec force de confier l'instruction du jeune prince à « sages maîtres et chevaliers » ou au moins « a ung asses ancien chevalier de grande autorité..., saige loyal et de bonne vie ». Et voilà, enfin, Gerson qui souligne avec insistance combien « profite la bonne doctrine aux joennez enfans ». Dans deux lettres rédigées entre 1408 et 1417 à l'adresse du précepteur des enfants royaux, il donne toutes les instructions nécessaires à leur formation politique. Ces deux textes, qui ont valeur pédagogique, insistent d'un ton éloquent et grave sur l'impérieuse nécessité de former politiquement très tôt le jeune prince. Il convient de confier son éducation à un homme qui puisse lui apprendre les voies de la réussite politique, en lui consacrant toute sa science et toute son intelligence.

Le profil de ce précepteur idéal, celui d'un « maître », d'un « chevalier » toujours préféré à un clerc, correspond parfaitement à ce qu'a été Philippe de Mézières, homme plein de sagesse et d'expérience qui s'acquitta, avec beaucoup de compétence, de la mission qui lui avait été donnée d'instruire le futur Charles VI dont les fils bénéficièrent largement des leçons de Gerson. Quel qu'il soit, le précepteur doit s'assigner un double objectif pour éduquer son royal élève. Lui faire acquérir une solide armature intellectuelle en vue de lui inculquer les valeurs de la religion et de la morale ne suffit pas, encore faut-il le doter d'une véritable formation.

• *Formation intellectuelle*

Rien ne peut être acquis par le prince s'il n'est suffisamment instruit. Depuis la renaissance du XIIe siècle, la « sapience » est devenue une condition première à l'apprentissage de son métier. Jean de Salisbury traduisait déjà de façon très hardie cet impératif quand il écrivait qu'un roi non instruit est comme un âne couronné, cliché que reprend à son compte Christine de Pisan pour qui « roy sans clergie est asne couronné ». Voilà qui situe parfaitement, pour le jeune prince, cette obligation de parfaire continuellement son savoir. S'il doit toujours être, comme ses ancêtres, pieux, bel, bon et hardi, nécessité s'impose pour lui maintenant de s'affirmer « grand clerc » et « disciple de sapience » afin de mériter, comme Charles V, le qualificatif de Sage. Désormais, le gouvernement ne peut être que celui d'un prince savant très tôt initié à la connaissance du latin et de la langue française dont l'usage ne cesse de se généraliser.

Autant d'instruments indispensables pour s'initier aux différentes branches du *Trivium* et du *Quadrivium* qui regroupent depuis l'Antiquité, dans les sept arts libéraux, toutes les branches du savoir. Dans cette vaste panoplie de la connaissance, la part la plus belle revient au *Trivium* avec la grammaire qui favorise, tout à la fois, aussi bien l'apprentissage que la pratique de la langue écrite et parlée, la rhétorique, moyen indispensable pour parfaire un art oratoire si utile en ces siècles de dialogue intense entre le prince et le pays, la dialectique, enfin, dont les ressorts cachés doivent permettre au souverain de répondre toujours aux situations les plus imprévues. À côté de ces trois grandes sciences de l'esprit qui constituent le *Trivium*, la pratique des sciences physiques du *Quadrivium* — arithmétique, géométrie, musique et astronomie — apporte au futur roi un savoir propre à faire de lui tout autant un gestionnaire rigoureux qu'un homme de culture ouvert à tous les domaines de la connaissance.

Voilà pourquoi le jeune prince doit impérativement diversifier ses lectures. Lire constitue pour lui un impérieux devoir. Parce que le livre apparaît comme le meilleur guide qui soit, il devient un compagnon quotidien capable de toujours fournir des exemples et d'élargir le champ de la réflexion politique. C'est bien ce que s'attache à démontrer Philippe de Mézières pour qui, à côté des lectures d'agrément, les ouvrages permettant d'acquérir une bonne maîtrise de l'art de gouverner doivent meubler les plus beaux rayons d'une bibliothèque princière. Au premier rang arrivent les livres religieux d'où émerge la Bible. Sans eux, il ne saurait y avoir de formation politique valable dans la mesure où toutes les lois dont le prince devra assumer la responsabilité ne peuvent que se couler dans le moule des lois divines. De solides ouvrages de morale viennent aussi meubler le temps de lecture, qu'il soit consacré aux auteurs antiques, tels Sénèque et Boèce, ou à des œuvres plus récentes comme la célèbre *Somme le Roi* du frère Laurent d'Orléans.

Cet apprentissage livresque de la religion et de la morale ne constitue qu'un des aspects de la formation intellectuelle du jeune prince. Tous ses précepteurs la veulent plus ample ; aussi lui ouvrent-ils, largement, les ouvrages d'histoire. Les périodes à couvrir doivent être aussi vastes que possible. De l'histoire du peuple juif à celle des monarques les plus proches, rien ne saurait échapper à la sagacité du jeune lecteur. Les œuvres de Tite-Live, de Valère Maxime, de Salluste ou de Cicéron voisinent avec les *Chroniques latines* de Saint-Denis et les *Grandes chroniques de France* qui permettent, toutes, de faire revivre les hauts faits des hommes les plus célèbres dont la conduite exemplaire ne peut que contribuer à exalter l'amour du bien commun et aviver le goût pour le métier des armes. À cette fin, Gerson recommande vivement la lecture de plusieurs ouvrages de technique militaire. Ceux de Végèce et de Frontin lui paraissent particulièrement appropriés.

Là ne s'arrête pas la longue liste d'ouvrages, compagnons des loisirs studieux du futur roi. C'est à la littérature politique qu'il voue son temps principal de lecture. Rien ne vaut mieux, pour s'initier à l'art de gouverner, que la fréquentation quotidienne des œuvres d'Aristote, de Gilles de Rome ou de maîtres contemporains tels Nicole Oresme ou Jean Gerson dont les discours et sermons ouvrent prudemment la voie à une pratique raisonnée de la politique, toujours fondée sur la morale et la religion.

Deux domaines qu'on ne saurait pénétrer par le seul moyen d'une éducation livresque, fût-elle très riche. Tous les *Miroirs* se plaisent à rappeler le haut degré de perfection que doit atteindre, dès son plus jeune âge, l'enfant roi. C'est un véritable code de conduite qui lui est ainsi tracé, destiné à faire de lui un être supérieur, habité d'un désir toujours perfectible d'œuvrer au mieux pour le bien commun. Si l'humilité et la chasteté sont présumées acquises dès la naissance, il n'en va pas de même pour la piété qu'une éducation religieuse très suivie doit contribuer à enraciner.

Tous les auteurs s'accordent pour faire, de l'éducation morale et religieuse du jeune roi, la préoccupation dominante de son entourage. Appelé à gouverner le peuple de Dieu et à faire observer tous ses commandements il doit, le premier, se soumettre à sa loi. Voilà pourquoi il convient d'éveiller en lui l'impérieuse nécessité de se conformer aux règles de la vie chrétienne, celles d'une piété rigoureuse, simple et dépouillée de toute ostentation. Tant Gerson que Philippe de Mézières conseillent au jeune prince de rythmer son existence sur les devoirs qui pèsent sur toute vie de chrétien : prier et méditer, jeûner et assister régulièrement aux offices, se confesser souvent. Plus que toute autre, cette dernière obligation pèse plus lourdement encore sur le jeune prince que sur l'ensemble des sujets du royaume. Appelé à tout instant à devenir leur roi et à les guider vers le salut, il doit en permanence se trouver en parfait état de grâce. Seule une « vraye confession » que Philippe de Mézières veut fréquente, pure, loyale, volontaire et discrète, peut l'aider dans cette voie et le préparer à assumer les responsabilités politiques qui l'attendent.

• *Formation politique*

Point de mire de toute formation princière, l'acquisition du savoir politique ne peut se limiter à des connaissances livresques. Il faut, au plus tôt, habituer le jeune prince à les mettre en pratique. Plus il sera baigné dans le milieu familial et celui des serviteurs du roi, plus vite il y parviendra. L'exemple du père, les faits et gestes de tout le personnel de la cour, avec son code de conduite et son savoir-faire, constituent la meilleure école qui soit. Très vite, le jeune roi doit y prendre sa place, y assurer sa position et y développer sa personnalité. Conscient qu'il a tout à apprendre de son entourage, mais contraint aussi de marquer, déjà, les limites que lui impose sa future fonction, il doit savoir se montrer, tout à la fois, soumis et indépendant. Cette position si typée lui assigne une mission spécifique dont il ne peut s'acquitter qu'en coulant sa conduite dans le moule que lui dicte son entourage.

Apprendre le métier de roi résulte, tout à la fois, d'une pédagogie de la soumission, d'une exaltation de la volonté et d'une éducation de l'esprit de décision qui, une fois prise, devra être maintenue en toutes circonstances. C'est au roi régnant que revient principalement cette charge de conduire le jeune prince jusqu'au faîte de ses responsabilités. Joinville se plaît à y insister, rappelant que saint Louis fait venir chaque soir devant lui ses enfants pour leur conter la gloire des « bons rois » dont la conduite mérite d'être citée en exemple. Et pareillement, à la fin de sa vie, les *Enseignements à son fils* valent recueil de maximes pour un bon gouvernement. Le jeune prince n'est-il pas invité à consulter toujours, à s'entourer de « gens prud'hommes et loyaux », à « faire droit » à tous ses sujets et à rigoureusement maintenir l'ordre juridique coutumier du royaume, pour autant qu'il est droit, afin que règnent partout paix et justice? Près de deux cents ans plus tard, Louis XI, animé du même souci de codifier la conduite de son fils, rédige à son intention le *Rosier des Guerres*, véritable manuel pour un « bon gouvernement » et une prudente « deffense de la chose publique ». Ce souci constant de tracer au jeune prince la conduite à suivre reflète la complexité croissante de la gestion politique et administrative du royaume à partir du XIIIe siècle.

Voilà pourquoi lire et être conseillé ne suffisent pas à un bon apprentissage politique. Rien ne vaut mieux, pour le futur roi, que d'être mis en situation de pouvoir exercer, directement, des responsabilités politiques. Jusqu'au règne de Philippe Auguste, l'association du fils aîné au trône, davantage conçue pour assurer les règles de succession que pour partager le pouvoir, avait cependant très largement contribué à parfaire la formation du jeune prince. Si Philippe Auguste ne juge plus utile de reconduire cette politique, il n'associe pas moins étroitement son fils à l'exercice du ministère royal en lui confiant missions militaires et diplomatiques. Cette tendance à donner à l'héritier du trône toujours plus de responsabilités afin de l'initier à ses fonctions à venir s'accentue encore au XIIIe siècle quand, au lendemain de la mort de Blanche de Castille, saint Louis, alors en Orient où il conduit la septième croisade, confie la régence du royaume à son fils aîné, même s'il le place sous la tutelle très étroite de ses oncles. Au siècle suivant, à partir du moment où le Dauphiné rattaché à la couronne devient possession du dauphin, il y a là comme un royaume en réduction, propre à lui permettre de cultiver ses talents de gouvernant et d'administrateur. Les dauphins successifs ne s'en sont pas privés, tout particulièrement le futur Louis XI qui, à partir de 1447, considère l'administration du Dauphiné comme un tremplin naturel vers la mission royale qui l'attend.

Cette situation d'héritier du trône vaut aussi à son bénéficiaire d'être investi de fonctions particulièrement formatrices. C'est ainsi que Jean, fils aîné de Philippe VI, est investi en 1342 du commandement de l'armée de Charles de Blois qui s'efforce alors de reconquérir la Bretagne. Devenu roi, Jean multiplie les marques de confiance à l'égard du futur Charles V qu'il nomme lieutenant général en Normandie, en lui donnant mission de tout faire en cette province en vue d'organiser la défense contre les Anglais. C'était le préparer à exercer, au lendemain de la défaite de Poitiers (1356) et pendant la captivité de Jean le Bon, la fonction de lieutenant général du royaume puis, à partir de 1358, celle de régent. Autant d'étapes qui donnent le sens des responsabilités et permettent d'acquérir, progressivement, toute l'expérience indispensable à qui veut présider aux destinées du royaume. Mais c'est sûrement en participant régulièrement au Conseil que le jeune prince apprend le mieux à cerner tous les horizons de son futur métier. Associé à ses travaux à un âge variable qui demeure à la discrétion du souverain, il peut écouter, s'informer, participer à la prise de décision et, parfois même, assurer la présidence en cas d'absence ou d'empêchement du roi. C'était là presque, déjà, régner.

C. Être roi

Tant de qualités réunies en la personne du jeune roi et de soins apportés à sa formation mûrissent, lentement, l'homme d'État dont les *Miroirs* se plaisent à dresser le portrait idéal. Sagesse des ans, poids de l'expérience et sens aigu des responsabilités font, du roi du bas Moyen Âge, un souverain semblable à ceux qui l'ont précédé. Mais, au même moment, l'État qui s'assure et les redoutables difficultés qui l'assaillent tout au long des XIVe et XVe siècles imposent au souverain un visage nouveau.

• *Qualités traditionnelles*

Les qualités traditionnelles que vouent tous les auteurs au souverain à partir du XIIIe siècle ne sont pas sans rappeler celles que les théoriciens de l'époque carolingienne, ou des premiers temps capétiens, prêtaient à celui qui était investi de l'exercice du *ministerium regis*.

Le prince, d'abord, se doit de gouverner son peuple avec amour. Pour Christine de Pisan et bien d'autres à sa suite, il est le père de ses sujets. En conséquence, il ne peut que ressembler au bon pasteur ce qui lui vaut, tout naturellement, respect, confiance et fidélité de la part de tous ceux qui sont soumis à son pouvoir. Parce que le souverain est humain, bon et simple, il saura toujours faire montre d'une grande pitié pour ses sujets les plus défavorisés, pauvres, malades, prisonniers, veuves et orphelins. Parce qu'il est magnanime, généreux et clément, il ne pourra qu'être pondéré dans ses jugements, large dans ses dons et constant dans le pardon, sans pour autant tomber dans des largesses excessives et une indulgence coupable. Succombe-t-il et ne parvient-il pas à résister aux pressions qui s'exercent sur lui? Alors, des voix s'élèvent pour lui rappeler que ses libéralités doivent être modérées et qu'il doit seulement donner «par sens et par mesure», sans dilapider les biens et revenus de son domaine, si utiles à un bon fonctionnement de l'État. C'est en cheminant sur cette crête étroite, ligne de partage des eaux entre la bonté et la rigueur, que le souverain sera aimé de son peuple tout en étant «craint et doubté» de lui, sans pour autant tomber dans la tyrannie. Respectueux de la loi de Dieu qui prône la charité et l'amour du prochain, il ne doit en aucune situation fonder son action sur la haine, la cruauté ou la violence. Autant de maux qui contribueraient à l'éloigner définitivement de ses sujets et le conduiraient à gouverner en solitaire, en leur cachant la réalité des choses.

La vision traditionnelle du bon prince est tout à l'opposé. La vérité qu'il doit à son peuple va de pair avec l'amour qu'il lui porte. Tous les auteurs s'accordent sur ce point, au moins jusqu'au règne de Charles VI. Au risque de s'éloigner quelque peu de la réalité, Christine de Pisan loue, avec une insistance complice, la «vertu de vérité» de Charles V qu'elle place au rang de la plus haute vertu royale. Philippe de Mézières érige en principe de gouvernement, vérité permanente, sincérité totale et droiture inflexible. À grand renfort de maximes et de citations, il s'efforce de persuader Charles VI qu'un prince ne peut jamais mentir à son peuple, tellement sa «parolle aux subgiez doit estre comme évangile» et tant il doit s'efforcer non seulement de «dire vérité et à aimer vérité», mais aussi de toujours trouver «force de combattre pour vérité et jusques à la mort». C'était faire du prince un porte-parole permanent et obligé de la réalité quotidienne, même la plus difficile à dire, et ne lui laisser qu'un champ de manœuvre extrêmement étroit à un moment où diriger un État en pleine mutation exige de gouverner autrement.

• *Qualités nouvelles*

Aux XIVe et XVe siècles, ce portrait traditionnel et quelque peu idéalisé du prince cède progressivement la place à celui d'un souverain doté de qualités nouvelles. Si elles ne font pas disparaître celles qui ont contribué à faire triompher son image de roi bon, juste, humble, sobre et plein d'amour pour son peuple, elles façonnent lentement le portrait d'un roi aussi soucieux d'efficacité que de vertu. Clef de voûte d'un édifice politique entièrement rénové, il se doit désormais d'être constamment à l'écoute de l'avenir. Ainsi commence à s'effacer lentement, dès la seconde moitié du XIIIe siècle, la vision d'un roi qui, paré de toutes les vertus, serait exclusivement en charge d'un ministère dont la tradition aurait fixé à jamais le contenu. Toujours sage et prudent, notre souverain devient aussi un administrateur, un technicien et un expert que sa science et son savoir-faire isolent quelque peu de son entourage et de son peuple.

Ainsi s'ébauche lentement le cliché d'un prince moins familier. Plus distant afin de mieux magnifier son pouvoir et de ciseler une nouvelle majesté royale, il doit constamment travailler à cultiver son image toute faite de gloire, de respect et d'admiration de la part de ses sujets. Un dédoublement de sa personne s'impose désormais. Il le contraint à toujours rechercher en lui-même la perfection morale qui sied à un roi tout en donnant, pour l'extérieur, le spectacle d'un monarque qu'isolent tant la nature de la fonction que le poids des responsabilités. Plus abstrait et plus froid, le prince saura préparer et, surtout, limiter ses apparitions en public. À sa spontanéité habituelle, il substituera une certaine retenue, tandis que l'humilité, qui reste toujours de mise, sera quelque peu tempérée par le faste et l'éclat de toutes les manifestations au cours desquelles est mise en scène la majesté royale. Il y a là une évidente volonté de rehausser la fonction et de faire rejaillir, sur l'ensemble du royaume, l'éclat de la dignité royale.

Ainsi, tous les moyens sont bons pour le prince qui lui permettent de faire rayonner son image et de faire en sorte que, par le biais de sa personne, soit honorée la couronne de France. Philippe de Mézières, et tant d'autres avec lui, insistent sur l'importance des habits royaux dont la « solennelle apparence » ne peut que favoriser l'émotion, l'amour, la révérence et l'obéissance des bons sujets, tandis que les mauvais n'en éprouvent que « terreur et doubtance ». Voilà pourquoi aucun des gouvernés ne peut être aussi bien vêtu que le roi. Ainsi, au même titre que la couronne, l'épée ou le sceptre, l'habit royal devient signe distinctif qui permet d'isoler quotidiennement le prince dans sa majesté.

À la magnificence de l'habit, s'ajoutent le luxe de l'hôtel et l'éclat de la cour. L'un et l'autre se justifient dans la mesure où ils sont conçus non pour honorer la personne du prince, mais pour servir l'éclat de sa dignité. De l'embellissement du Louvre par Charles V, jusqu'à devenir un palais luxueux, à la réorganisation de la cour par Charles VI dont le faste rayonne dans tout l'Occident, la volonté est constante d'assurer à l'exercice de la fonction royale un cadre exceptionnel, tout autant destiné à fixer l'attention des sujets qu'à forcer l'admiration des princes étrangers. Et, comme pour les persuader davantage encore de l'incomparable puissance du souverain français, il ne les accueille que dans le cadre de cortèges somptueux où le désir de paraître le dispute à la volonté d'emporter leur amitié et leur soutien, afin que triomphent « la valeur et haultece du roy de France ».

Savoir convaincre, voilà bien encore ce que son entourage attend désormais le plus de lui. En ces temps de rigueur et d'âpreté du combat politique, le prince se doit de cultiver l'éloquence. Plus que jamais, face à la montée de la concertation et à la pression des assemblées politiques, le souverain se trouve placé en première ligne pour faire triompher ses vues. Le dauphin Charles, aux prises avec les mouvements populaires dans la capitale tout au long des années 1356-1358, ne réussit à assurer son fragile avenir que parce qu'il sait parler, contredire et persuader. Trois qualités que doit obligatoirement réunir le prince s'il veut séduire et faire accepter sa politique.

Vient le temps d'une attitude nouvelle, celle qui le conduit à prendre tout autant en considération la fin que les moyens. Sous l'influence des légistes, écrivains et penseurs politiques tiennent compte, dans le portrait idéal qu'ils dressent du roi, des circonstances de guerre, de la rigueur de la crise et des tensions qui naissent partout dans le royaume de l'affirmation de l'État. Est bon prince celui qui sait dominer toutes ces difficultés, qui apaise les conflits, conjure la crise et s'impose par les résultats qu'il obtient. Cette vision nouvelle du souverain impose quelques concessions de la morale à la politique et relègue parfois à l'arrière-plan le portrait un peu désuet qui mettait toujours au devant de la scène les seules qualités morales du souverain. S'il veut parvenir à ses fins, le prince doit non seulement faire montre de savoir-faire, mais aussi d'habileté, de subtilité et de cautèle. À la vertu de vérité, succède l'art de la diplomatie et, parfois même, celui de la dissimulation dont Christine de Pisan et

Philippe de Mézières s'accordent à reconnaître que « quant il est besoin, c'est grand sens », tout en renouvelant leur attachement à un gouvernement exclusivement fondé sur la justice et la morale. Seule leur pratique quotidienne permet au prince de construire un cadre rigoureux à son existence et de fixer, à l'exercice de son pouvoir, les limites que lui impose sa qualité de « Roi très chrétien ».

3. Un « Roi très chrétien »

Jusqu'au XIIIe siècle, le qualificatif de « très chrétien » est régulièrement décerné par le pape à tout prince dont il veut honorer l'action et s'attacher la bienveillance. Pépin le Bref, Charlemagne et, après eux, bien d'autres souverains étrangers se sont vu octroyer ce titre. À la fin du XIIe siècle, s'enracine l'idée d'après laquelle les *Franci* ont une foi supérieure à celle des autres peuples, mais cela ne vaut pas pour autant à leur roi d'être, plus souvent que ceux des autres royaumes, qualifié de « très chrétien ». Ainsi, jusqu'au début du XIIIe siècle, on dit davantage des rois de France qu'ils sont très dévots que « très chrétiens » et le qualificatif s'applique tout autant au royaume qu'au roi. C'est alors que le roi de France devient « le plus chrétien de tous les rois » et que saint Louis, même s'il est assez rarement revêtu du titre, est doublement salué par le pape en 1239 et 1249 comme étant « prince très chrétien, chef d'un peuple très dévot ». Dans la seconde moitié du XIIIe siècle, ce double cliché devient classique. Tous les auteurs, tant français qu'étrangers, y font référence.

Les *Grandes chroniques* s'en saisissent avant même que la royauté n'en fasse un des piliers de sa propagande. Quand Philippe le Bel entre en conflit avec la papauté, il organise pour une bonne part sa stratégie autour de la notion de roi et de royaume très chrétiens. Premier roi de France à recevoir de manière régulière l'appellation de « Roi très chrétien », il s'impose à tous les autres rois d'Occident qui reconnaissent en lui justice, vérité, foi et charité. « Bouclier de la foi et défenseur de l'Église », il fait figure de rempart contre l'hérésie et de libérateur de l'Église de Boniface VIII, tant la maison de France qu'il incarne a toujours su prouver son dévouement à la cause divine. L'alliance avec Dieu remplace progressivement l'alliance avec l'Église parce que Dieu, lui-même et directement, a choisi le royaume de France entre tous les autres peuples. Martelant cette idée, les légistes de Philippe le Bel ouvraient la voie à la reconnaissance exclusive du titre de « très chrétien » en faveur de leur roi, tandis que la papauté transférée à Avignon continuait à en faire bénéficier plusieurs princes de royaumes étrangers.

La doctrine de la seconde moitié du XIVe siècle emboîte le pas et répète à satiété que la qualité de « très chrétien » doit être exclusivement réservée au roi et au royaume de France. Le titre n'est plus banal mais spécifique qui veut, tout à la fois, traduire la supériorité et l'orthodoxie du roi de France, en faire « le principal chevalier de Dieu » et le « singulier défenseur de l'Église », tout en conférant à la monarchie française un emblème nouveau. Principalement ancrée dans les milieux universitaires dès le règne de Charles V, cette vision d'un roi de France auquel est exclusivement réservé le qualificatif de « très chrétien » prend définitivement corps avec Charles VI auquel son entourage, qu'il soit ou non d'origine universitaire, assure définitivement le monopole du titre. Cette étape est d'autant plus facile à franchir que, depuis le milieu du XIIIe siècle, avait partout triomphé l'idée d'une surchristianisation du royaume de France. Tour à tour présenté comme une terre « notoirement très chrétienne », comme « l'exemple et le soutien de la chrétienté » ou encore, comme « la principale et la plus vénérable partie de la chrétienté », ce royaume ne pouvait que constituer l'assise du pouvoir d'un roi « très chrétien » que célèbre, unanime, la littérature politique et que reconnaissent, comme tel, tous les souverains étrangers dès les premières années du règne de Charles VI. C'était, en même temps, conférer au roi et au royaume de larges privilèges que venait encore renforcer tout un arsenal de règles spécifiques applicables à la succession à la couronne de France.

II. LA SUCCESSION ROYALE

Autant les premiers Capétiens eurent à se soucier du problème et à assurer, par la double procédure d'association au trône et du sacre anticipé, le pouvoir du futur roi face aux grands féodaux, autant la question ne paraît plus se poser depuis que Philippe Auguste avait estimé la règle de primogéniture assez solidement établie pour n'avoir plus à s'entourer d'une telle garantie. Théoriciens et membres de l'entourage royal s'accordent à reconnaître que la fonction assumée par le roi transcende sa personne et que, par-delà sa disparition physique, l'exercice du pouvoir continue sans heurt en la personne de son fils aîné. Permanente, la fonction royale se transmet sans rupture, avec la couronne qui passe tout naturellement au fils aîné quand décède le roi régnant.

L'heureuse histoire de la famille capétienne depuis Hugues Capet avait largement contribué à forger cette assurance. Jusqu'à Philippe le Bel y compris — et à travers douze générations successives — il y avait toujours eu au moins un fils pour succéder à son père. De ce hasard purement biologique, qualifié par les historiens de miracle capétien, naquit l'illusion de l'existence d'une véritable règle, celle d'une succession masculine automatiquement réservée au fils aîné. Pratique toujours observée, elle n'eut jamais à être discutée jusqu'à ce que vienne s'interrompre, au début du XIVe siècle, la longue lignée des Capétiens directs. Masculine et nationale (1), cette succession eut aussi de plus en plus tendance à devenir indisponible et immédiate (2) au fur et à mesure que s'estompait la valeur constitutive du sacre, tout particulièrement au lendemain de la mort de saint Louis en 1270. Autant de caractéristiques qui contribuent à la faire totalement échapper à la volonté du roi régnant, règle qui demeure diffuse et sous-jacente jusqu'au début du XVe siècle.

1. Une succession masculine et nationale

À l'occasion des successions de 1316, puis de 1328, ce qui avait été jusque-là pratique coutumière devient règle explicite pour exclure les femmes (A), puis leurs descendants (B), de la succession.

A. LES SUCCESSIONS DE 1316 ET DE 1328 : L'EXCLUSION DES FEMMES

Du mariage qui avait uni le 23 septembre 1305 le futur Louis X, fils aîné de Philippe le Bel et roi de Navarre avec Marguerite, fille de Robert II duc de Bourgogne, naquit en 1312 une fille, Jeanne. Mais un doute s'éleva très vite autour de la légitimité de cette naissance. Convaincue dans le courant de l'année 1314 d'adultère qui aurait duré depuis des années, Marguerite fut incarcérée à Château-Gaillard et y mourut au début de l'année 1315. Louis X se remaria quelques mois plus tard (31 juillet 1315) avec Clémence de Hongrie et mourut le 8 juin 1316, sans laisser d'héritier mâle.

Cette situation, entièrement nouvelle, émeut l'entourage royal. Qui appeler à la succession? Comme la reine est enceinte, on décide d'attendre la naissance à venir pour régler le problème. Si un fils venait à naître, on pourrait alors appliquer sans difficulté la règle traditionnelle de succession à la couronne. Mais si la reine donnait naissance à une fille, à qui donc serait dévolu le droit de régner? Serait-ce à la fille aînée Jeanne, dont on mettait la légitimité en doute sans même évoquer le trouble que ne manquerait d'apporter, dans le jeu habituel des règles de succession au trône, l'accès d'une femme au trône de France? Pour l'heure, il convenait de trouver une solution qui permît d'éviter tout vide juridique en facilitant le fonctionnement normal de l'institution royale. Dépourvus dans l'immédiat de titulaire, les pouvoirs qui lui étaient rattachés devaient néanmoins être exercés sans interruption.

C'est pour répondre à cette attente qu'intervient un accord entre Philippe comte de Poitiers, l'aîné des frères de Louis X, et Eudes duc de Bourgogne, oncle maternel de Jeanne. Si un fils venait à naître, il succéderait tout naturellement. Si c'était une fille, elle se partagerait avec sa sœur Jeanne, jusqu'à l'âge de leur mariage, le royaume de Navarre ainsi que les comtés de Champagne et de Brie. Alors, seulement, on pourrait discuter de l'éventuelle succession de Jeanne à son père. Comme ce règlement définitif était lointain et qu'on ne pouvait attendre, Philippe est investi du titre de gouverneur et lieutenant général du royaume, position que renforce la décision d'une assemblée de prélats et de barons convoquée par lui, à Paris, le 16 juillet 1316. Elle lui confie la régence qu'il conserverait jusqu'à la majorité d'un fils à naître. Et si c'était une fille, le titre de roi lui était par avance reconnu. En novembre 1316, la reine met au monde un fils, Jean, qui meurt quelques jours après, non semble-t-il sans avoir été immédiatement reconnu roi, comme le laissent supposer les comptes officiels de ses funérailles qui le nomment Jean Ier.

Alors, Philippe ne perd pas un instant et sait très habilement manœuvrer pour exploiter à son profit cette situation incertaine. Dans le courant du mois de décembre 1316, il prend le titre de roi pour devenir Philippe V. Les protestations du duc de Bourgogne et de sa mère Agnès, petite fille de saint Louis et grand-mère de Jeanne, ne l'émeuvent guère. Et ceci d'autant moins que ses partisans assurent que, dans le royaume de France, les femmes ne doivent pas succéder. Tant son obstinati n que le soutien qui lui est ainsi apporté le conduisent au sacre de Reims, le 9 janvier 1317. Puis, comme pour couper court à toute tentative qui pourrait être menée à l'encontre de cet acte légitimant, Philippe réunit à Paris, dans le courant du mois de février, une nouvelle assemblée composée de barons, de prélats et de bourgeois qui déclare solennellement que « femme ne succède pas à la couronne de France ». Outre la pression exercée par Philippe et ses partisans, l'assemblée fut sans nul doute influencée par la consultation qu'avaient donnée les docteurs de l'université de Paris, dans laquelle ils firent savoir préférer Philippe à sa nièce Jeanne parce qu'il était plus proche descendant de saint Louis. Au terme de ces longs mois de tergiversation, il était maintenant clairement acquis que les femmes ne pouvaient accéder au trône, en vertu d'une règle de masculinité que tous ses partisans présentaient comme acquise de longue date. Et ils allaient même plus loin en l'enrichissant du principe de collatéralité masculine qui stipulait qu'en l'absence de descendant mâle en ligne directe, la couronne devait automatiquement revenir au frère le plus âgé du roi défunt.

Acceptée par tous, cette règle n'appela aucune contestation en février 1322, à la mort de Philippe V qui laissait quatre filles. Il ne vint à l'idée de personne que l'une d'entre elles, pas même l'aînée, pût succéder à son père. La couronne passa, sans la moindre difficulté, au frère du roi défunt, Charles de la Marche, troisième fils de Philippe le Bel. Il fut immédiatement reconnu comme héritier légitime et roi, sous le nom de Charles IV. Personne ne doutait plus que les femmes étaient bien exclues de la succession à la couronne de France. Mais ne pouvaient-elles pas, au moins, transmettre à leurs héritiers ce droit à succéder?

B. La succession de 1328 : l'exclusion des descendants par les femmes

Charles IV, dernier des Capétiens directs, meurt le 1er février 1328 avec, pour seule descendance immédiate, une fille. Peu de temps après, la reine enceinte accouche d'une nouvelle fille. Alors jouent, sans la moindre contestation, les règles fixées en 1316 et en 1322 qui écartent les filles de la succession. Solution ne pouvait être trouvée qu'en appelant un héritier mâle, mais lequel? Trois hypothèses sont envisagées qui permettent à trois candidats et à trois clans de faire entendre leur voix. Le plus proche parent du roi défunt — au troisième degré — était son neveu Édouard III, roi d'Angleterre et fils d'Isabelle, sœur de Charles IV. Les deux autres, Philippe de Valois et Philippe d'Évreux, ne pouvaient faire valoir leur droit à la succession qu'en se fondant sur une parenté au quatrième degré. Cousins germains du roi défunt, ils étaient respectivement fils de Charles de Valois et de Louis d'Évreux, tous deux frères de Philippe IV.

À ne prendre en considération que les degrés de parenté, Édouard III paraissait le mieux placé. Héritier mâle le plus proche du roi défunt, tout l'appelait à briguer la succession. À y regarder de plus près, sa position se trouvait doublement fragilisée. Elle l'était d'abord parce qu'il régnait sur l'Angleterre. Tant l'entourage royal que l'opinion se refusaient énergiquement à voir passer la couronne de France entre des mains étrangères. Elle l'était ensuite parce qu'il était le fils d'Isabelle. N'ayant elle-même aucun droit à la succession, elle ne pouvait prétendre en faire bénéficier son fils. Et ne furent pas écoutés ceux qui soutenaient que si les femmes ne pouvaient certes pas recueillir la couronne, elles devaient pouvoir néanmoins, comme certaines coutumes féodales l'admettaient, «faire pont et planche», c'est-à-dire transmettre à leurs héritiers mâles des droits qu'en raison de leur sexe elles ne pouvaient recueillir elles-mêmes. À supposer que cette argumentation fût admissible, la couronne aurait cependant échappé à Édouard III puisque c'est alors à Philippe d'Evreux, cousin germain de Charles IV et mari de Jeanne, fille de Louis X — qu'elle serait revenue. Petit-fils de Louis X par sa mère, il apparaissait mieux placé qu'Édouard III, neveu par sa mère des trois rois défunts. Mais admettre l'un ou l'autre à la succession, c'eût été aller à l'encontre des règles solidement établies en 1316 et en 1322. Le sang royal et la couronne ne pouvant se transmettre que par les hommes, tant Jeanne qu'Isabelle se trouvaient totalement dépourvues. À l'idée qu'elles auraient pu «faire pont et planche» fut opposé l'adage *Nemo dat quod non habet*, ce qui revenait à exclure tout à la fois Édouard III et Philippe d' Evreux pour la même raison.

Alors Philippe de Valois, descendant direct de saint Louis par les mâles, était en position de l'emporter. Collatéral le plus proche par la ligne masculine, il s'imposait à Philippe d'Évreux qui pouvait certes invoquer le même degré de parenté renforcé par sa qualité de gendre de Louis X. En dépit de cette double qualité de cousin germain du roi défunt et de gendre de Louis X, Philippe d'Evreux dut néanmoins céder le pas en raison de l'application stricte du principe de primogéniture. Finalement, comme en 1316, une assemblée composée de barons, d'évêques et de délégués des villes réunie après les funérailles de Charles IV, reconnut et consacra la position juridiquement très solide de Philippe qui devint roi sous le nom de Philippe VI. Édouard III protesta énergiquement, revendiqua le royaume de France « lui seul et pour le tout » et fit clairement exposer ses prétentions. Mais, peu de temps après, la brillante victoire de Cassel (23 août 1328) remportée par Philippe VI sur les Flamands, place Édouard III dans une position plus fragile. Cessant pour l'instant toute revendication, il prête hommage en juin 1329 à Philippe VI pour la Guyenne et le Ponthieu avant de reconnaître, deux ans plus tard, qu'il s'agissait d'un hommage lige.

Les événements de 1328, outre qu'ils marquent le point de départ des prétentions de l'Angleterre sur la couronne de France, imposent un nouveau système successoral qui vient parfaire celui mis sur pied en 1316 et 1322. Non seulement les femmes n'héritent pas, mais elles ne sont pas non plus habilitées à transmettre un éventuel droit à succéder. Faute de descendant mâle en ligne directe, la couronne est dévolue à l'infini à l'aîné de la branche collatérale aînée, c'est-à-dire à celle qui se rattache au roi défunt par l'ancêtre le plus proche. Paraît aussi désormais bien acquise, même si elle n'était pas clairement exprimée, la condition de nationalité. De toute évidence, ce plus proche héritier par les mâles devait être Français. Ainsi, sous la pression des faits, s'était élaboré un corps de règles que les circonstances, plus que de solides justifications, avaient permis d'imposer.

C. Les justifications

Dans l'ensemble, celles qui furent avancées sur le moment furent de peu de poids. Elles vinrent ultérieurement, dans le courant de la seconde moitié du XIVe siècle puis tout au long du siècle suivant, comme enveloppées dans l'impressionnante littérature politique destinée à assurer la légitimité des Valois face aux revendications anglaises. Qu'elles fussent politiques, religieuses ou juridiques, aucune ne parvint véritablement à masquer le poids du jeu politique qui permit de faire reconnaître à un usage répété — celui de la masculinité — un caractère assez contraignant pour transformer une simple coutume en loi.

Politiques

Aussi bien en 1316 qu'en 1328, les considérations strictement politiques dominent toute l'évolution. En 1316, dans un royaume encore fortement perturbé par les agitations qui suivent la fin du règne de Philippe le Bel, Jeanne a principalement contre elle d'être une fille dont on met en doute, de surcroît, la légitimité. De plus, son très jeune âge — elle n'a que quatre ans — impose la nécessité d'une longue régence dans l'hypothèse où on accepterait d'en faire l'héritière du trône. Voilà pourquoi Philippe apparaît véritablement comme l'homme de la situation. Le reconnaître comme roi alors qu'il était régent assurait une continuité immédiate, supprimait tout vide institutionnel même si, comme l'écrit une quinzaine d'années plus tard Jean de Saint-Victor, il « ne pouvait être démontré avec évidence » que Jeanne devait être exclue de la succession. En 1328, le réalisme politique est tout aussi fort qui contribue à imposer l'idée selon laquelle la couronne de France ne peut passer en des mains étrangères, situation dont rend parfaitement compte le continuateur de Guillaume de Nangis pour qui « ceux du royaume de France ne pouvaient souffrir volontiers d'être soumis à la souveraineté des Anglais ».

Religieuses

Mais il convenait, assurément, de masquer ces contingences politiques et de placer l'exclusion des femmes sur un autre terrain. Celui du divin et du religieux aurait pu offrir à ses partisans un moyen opératoire efficace, s'ils n'avaient glissé vers un antiféminisme condamnable. Vers 1322, le franciscain François de Meyronnes, dans son commentaire sur la *Cité de Dieu,* constate que, dans la Bible, les femmes sont exclues de la prêtrise, ce qui leur interdit tout naturellement de succéder dans une dignité sacrée telle que la royauté. Si leur droit aux *hereditates* (héritages privés) ne saurait être contesté, il n'en va pas de même des *dignitates*, c'est-à-dire de toutes ces fonctions au premier rang desquelles s'inscrit le sacerdoce royal. Et c'est bien parce qu'il s'agit de sacerdoce qu'une femme ne peut y accéder. Cette idée, très porteuse pour les défenseurs inconditionnels de la masculinité, fut très largement exploitée par la suite. Que deviendrait le sacre s'il était conféré à une femme? Il s'en trouverait obligatoirement modifié, limité qu'il serait à l'onction traditionnelle des reines dont les mains ne sont pas ointes et pour lesquelles ne peut être utilisée qu'une huile ordinaire et non pas celle de la Sainte Ampoule. Par là même, elle ne pourrait plus participer aux choses divines ou surnaturelles, ce qui est le propre du roi, par exemple la lecture de l'Évangile de Noël en présence du pape ou, encore, le toucher des écrouelles. Bien plus tard, dans les années 1370, Nicole Oresme exploite systématiquement la voie ouverte par F. de Meyronnes en soutenant que le « royaulme ne est pas comme une possession propre seroit » mais « est dignité et honorabilité publique » et comme, à ses yeux, la femme n'a pas « vertu principative », elle ne saurait être appelée à la tête d'un royaume, même si elle peut pleinement succéder à des héritages privés. De ces constatations, dont on pouvait ou non admettre le bien-fondé, la littérature du temps en vint à un antiféminisme affiché. Sa rigueur culmine avec *Le Songe du Vergier* dont l'auteur veut à tout prix démontrer que les femmes sont inaptes au gouvernement du royaume. Comme pour parvenir à ses fins, il entreprend d'énumérer ce qu'il nomme leurs « neuf mauvesez condicions » dont il déduit qu'elles « ne deuvent pas estres prises au gouvernement de la chose publique ».

Juridiques

Et pourtant, quand vint le moment de les exclure, bien des arguments juridiques militaient en leur faveur. Nombre de coutumes féodales admettaient la succession féminine, que ce soit en Aquitaine, en Toulousain ou en Champagne. Comment ne pas évoquer aussi, pour les partisans de Jeanne, l'exemple de Mahaut d'Artois qui, depuis 1302, contrôlait cet apanage malgré les revendications répétées, en 1302 et 1316, de son neveu Robert d'Artois? Se tournait-on vers l'étranger? Les justifications ne manquaient pas non plus, passées ou présentes. En Terre Sainte, à Byzance, des reines ou impératrices avaient gouverné, tout comme dans un grand nombre de royaumes ou principautés d'Occident. Le Portugal et la Navarre surtout, où la femme de Philippe le Bel, mère de Louis X, était devenue reine dès l'âge de quatre ans, apportaient de solides arguments en faveur des partisans de Jeanne. Néanmoins, pareilles solutions ne paraissent pas encore assez sûres pour devoir être systématiquement transposées aux grands fiefs du royaume. Le prouve l'attitude de Philippe le Bel qui, à la veille de sa mort, alors que ses trois brus sont en prison sans descendance mâle, s'inquiète de l'avenir du comté de Poitiers devenu l'apanage de son fils Philippe. Au cas où ce dernier viendrait à décéder sans succession mâle, il est décidé que le comté devrait revenir au domaine royal car « nous ne voudrions pas qu'il fût en main de femelle ». Mais cette attitude ne fut pas jugée pertinente par Louis X qui, à la demande de son frère Philippe, revient sur les dispositions prises par leur père motif pris que « raisons et droits donnent qu'à défaut d'hoirs mâles, les femelles doivent aussi bien hériter et avoir succession es biens et possessions du père de qui elles ont été procrées et descendues en loyal mariage, comme font les mâles ». Voilà qui prouve assez combien l'application du principe de masculinité pouvait être fluctuante et varier en fonction des circonstances. Philippe le fait écarter afin que soit organisée au mieux sa succession au comté de Poitiers, mais n'hésite pas à l'invoquer peu de temps après, en sa faveur, pour exclure Jeanne de la succession à la couronne. Pour ce faire, lui-même et ses partisans étaient à court d'arguments juridiques, tout comme le furent les protagonistes des successions de 1322 et de 1328.

Ce n'est qu'avec les débuts de la guerre de Cent Ans, au moment où s'intensifie la propagande contre les Anglais et où il convient de mieux encore justifier les droits des Valois sur la couronne de France, qu'on tente de trouver de véritables fondements juridiques au principe de masculinité. L'entreprise était ardue tant la règle ne devait son affermissement, depuis Hugues Capet jusqu'à Philippe le Bel, qu'à un heureux hasard dont on avait bien voulu ériger le résultat en coutume. C'est précisément ce que reprochent les Anglais aux Français dans un mémoire adressé au pape vers 1340. Ils soutiennent que la coutume ne constitue pas un fondement valable au principe de masculinité et insistent sur la fragilité de la position de leurs adversaires qui ne peuvent même pas invoquer un « édit ou statut » pour justifier leurs droits. Voilà sans doute pourquoi tout est mis en œuvre dans les sphères du pouvoir au même moment pour retrouver dans le tréfonds juridique un ou plusieurs textes qui puissent être invoqués à l'encontre des prétentions anglaises. La coutume du royaume de France, même « approuvée et légitime », ne suffisait plus. Ce qu'il fallait pouvoir produire, c'était un texte aussi ancien que possible et, surtout, émanant d'autorités ayant pouvoir de « légiférer ».

Or voici que la traduction des *Échecs moralisés* de Jacques de Cessoles, réalisée entre 1337 et 1350 par Jean du Vignay pour le futur Jean le Bon, fait allusion à une « constitution » stipulant l'incapacité des femmes à succéder « faite moult de temps avant Charlemagne... et gardée par tous les rois depuis icelui temps ». Et l'auteur d'ajouter que « les rois de France peuvent faire tels établissements ». Sans la nommer, l'auteur faisait sûrement allusion à la loi des Francs Saliens et plus spécialement à son article 62 *(De alodis)* dont le dernier alinéa prévoit qu'aucune part d'héritage de la *terra salica* ne peut être transmise à une femme mais doit, obligatoirement, échoir à un héritier de sexe masculin. Il s'agissait là d'une disposition de pur droit privé destinée à réglementer la dévolution de la « terre salique » ou terre des ancêtres. Mais elle n'était pas, semble-t-il, d'application absolue. Le prouve un édit de Chilpéric de 575 disposant que « si les fils viennent à manquer, les filles pourraient hériter et posséder la terre au même titre que les fils», tout comme un modèle de lettre du formulaire de Marculf qui permet à un père d'admettre sa fille à la succession à égalité avec ses fils. Ainsi, dans le droit franc, la règle d'exhérédation de la ligne féminine ne constituait pas le principe d'application rigide qu'on a bien voulu y voir à partir des années 1340. Mais le texte n'en offre pas moins d'intéressantes perspectives, et Jean du Vignay a sûrement pensé qu'il pouvait servir d'argument pour justifier la règle de masculinité. En outre, ne s'agissait-il pas d'une véritable loi qui présentait de multiples garanties? N'était-elle pas ancienne, conforme à la loi naturelle et à la loi divine, rédigée par les plus anciens rois des Francs à un moment où il fallait fonder le *Regnum Francorum* sur des assises juridiques solides?

C'était assez pour qu'en 1358, Richard Lescot, moine de Saint-Denis, tire définitivement de l'oubli cette loi à partir d'un manuscrit conservé à la bibliothèque du monastère. Il va plus loin encore en ajoutant à la généalogie des rois de France, qu'il établit à la demande de Charles V, tout un commentaire à propos de cette loi. Il la présente comme rédigée par Clovis et ses successeurs, puis complétée par Charlemagne et Louis le Pieux. Qualifiée de *francisca* — française —, elle s'intègre à la généalogie des rois de France et à leur succession au trône pour servir, en quelque sorte, de texte fondateur et justificateur. L'entourage de Charles V s'en empare, comme l'attestent *Le Songe du Vergier*, la traduction par Raoul de Presles de la *Cité de Dieu*, ou encore les écrits de Nicole Oresme. Même si l'expression «loi salique» n'est pas utilisée, le texte est comme sacralisé à l'image de la monarchie dont il doit à jamais fixer les règles successorales.

À partir de là, utilisation et commentaires de la loi se multiplient, fondés jusqu'en 1416 sur le seul manuscrit de Saint-Denis. Tous les intellectuels favorables à la royauté mettent en œuvre leur talent pour l'interpréter de la manière la plus favorable possible en faveur de la royauté. Ainsi Jean de Montreuil qui, au moment de la défaite d'Azincourt, rédige un *Traité contre les Anglais* et fonde son raisonnement sur le texte de la loi que Richard Lescot avait déjà sans doute transformé en lui donnant la version suivante : *mulier vero in regno nullam habet portionem*. À suivre ce texte, il était évident qu'une femme ne pouvait recevoir aucune part du royaume. De plus, cette assimilation abusive permettait d'apporter à la règle de masculinité le fondement qui lui manquait. Jean de Montreuil l'exprime sans la moindre retenue en présentant comme naturelle la conséquence de cette règle «qui exclut et forclot femmes de tout en tout de pouvoir succéder à la couronne de France». L'assimilation apparaissait ainsi parfaite entre royaume et terre salique.

Mais elle n'en était pas moins difficile à faire admettre dans la mesure où l'expression *in regno* ne se trouvait pas dans le texte. C'est tout au long des années 1435-1450 qu'un subtil travail de propagande fait lentement pénétrer dans les esprits l'idée que la terre salique peut fort bien désigner le royaume avec tous ses fiefs et tous ses droits. Pour Jean Juvénal des Ursins, il ne fait aucun doute que le «royaume gouverné par la loi salique... se pouvait appeler terre salique». Lui fait écho le grand traité anonyme sur *La loi salique, première loi des Français* dont on recense au moins une dizaine de manuscrits entre 1450 et 1464. Pour son auteur, «la terre salique est le royaume, le pouvoir royal» qui ne dépend de personne et n'est, contrairement aux autres terres, soumis à personne.

En même temps qu'était forcée l'identité entre *terra salica* et royaume, la *lex salica* gagnait en prestige dans la hiérarchie des normes. De simple coutume des Francs Saliens, elle devint coutume immémoriale régissant la succession, puis véritable «loi royale», première loi des Français qu'aurait édictée Pharamond, ce premier roi des Francs dont l'œuvre aurait été complétée par Clovis et Charlemagne, comme pour gommer ce que pouvait avoir de païen cette législation. Ainsi présentée, la loi salique tantôt qualifiée de statut, d'édit, de constitution ou d'ordonnance ne pouvait plus guère apparaître que comme un acte solennel, édicté par l'autorité supérieure — le roi — pour fixer de manière irréversible non pas seulement la règle de masculinité mais, beaucoup plus largement, les grands principes qui devaient présider à une dévolution spécifique et en marge des règles du droit commun. Il avait fallu les événements de 1318, de 1322 et de 1328 pour enraciner la double règle d'une succession masculine et nationale. Ceux des années 1420 devaient achever de construire sa spécificité.

2. Une succession indisponible et immédiate

Le traité de Troyes n'est qu'un épisode dans la longue genèse de ces deux règles. Dramatique pour le royaume de France, il accélère la formulation de la règle d'indisponibilité de la couronne que la doctrine avait déjà largement contribué à façonner (A). Destructeur de la continuité qui avait jusque-là triomphé, il fait en contrepoint apparaître tous les avantages d'une succession instantanée que des ordonnances antérieures avaient déjà minutieusement préparée (B).

A. Le dauphin, « héritier nécessaire »

Les faits : le traité de Troyes et l'exclusion du dauphin

Depuis le 23 novembre 1407, date de l'assassinat du duc d'Orléans, frère de Charles VI, par Jean sans Peur son cousin germain et duc de Bourgogne, la France est plus que jamais partagée entre deux factions rivales. Contraints par les Bourguignons qui se rangent derrière Jean sans Peur, soutenus par les bourgeois parisiens et ceux des villes du nord du royaume, les partisans du duc d'Orléans doivent quitter la capitale. Regroupés derrière le puissant comte Bernard d'Armagnac dont le jeune Charles d'Orléans devait épouser la fille, ils forment le parti Armagnac qui prend appui sur la noblesse du centre et du sud du royaume, sans négliger le monde des financiers de la capitale. Des deux côtés, on n'hésite pas à solliciter les Anglais. Vainqueurs à Azincourt en 1415, ils en profitent pour conquérir la Normandie puis occuper, dans le courant de l'année 1418, Rouen dont la résistance traduit la force du sentiment national.

Mais il était, au même moment, mis à rude épreuve par les événements parisiens. Jean sans Peur, qui avait en accord avec la reine Isabeau mis sur pied un gouvernement rival à Troyes, entre dans Paris avec les Bourguignons dans la nuit du 29 mai 1418. Émeutes et massacres s'ensuivent, orchestrés par le bourreau Capeluche que Jean sans Peur fit arrêter et décapita lui-même. Tout au long de ces événements au cours desquels fut tué Bernard d'Armagnac, le parti bourguignon régna en maître. Tenant Paris et contrôlant en plein accord avec la reine la moindre décision de Charles VI que sa folie écartait chaque jour davantage des responsabilités, il était maître du gouvernement. Seul le dauphin Charles, qui avait pris le titre de régent et s'était installé à Bourges, ne laissait d'inquiéter les Bourguignons. Face à ce schisme royal et las de négocier avec le roi d'Angleterre Henri V, Jean sans Peur se tourne alors vers le dauphin et finit par se réconcilier avec lui. Le 19 juillet 1419, le roi ratifia leur accord à Pontoise tandis qu'on célébrait, à Paris, l'événement en chantant un *Te Deum* et en faisant des processions et actions de grâces. C'était sans doute trop faire confiance à Jean sans Peur qui continuait à négocier avec les Anglais. En vue de clarifier la situation, fut préparée une rencontre entre le dauphin et le duc. Elle eut effectivement lieu au pont de Montereau le 10 septembre 1419, mais sa brièveté n'eut d'égale que sa violence. Jean sans Peur, frappé de plusieurs coups d'épée par les gens du dauphin, succomba immédiatement. Ce meurtre, prémédité et décidé en Conseil en présence du dauphin, venait venger la mémoire de Louis d'Orléans et du connétable d'Armagnac.

À cette nouvelle, tous les Bourguignons prirent le parti des Anglais et le fils de Jean sans Peur, Philippe le Bon, s'allia avec Henri V pour combattre le dauphin. La France fut alors véritablement coupée en deux et cette première alliance ne fut qu'un premier pas. Le duc réussit à entraîner dans son sillage Charles VI et surtout la reine, Isabeau de Bavière. De longues négociations entre le gouvernement de Troyes et Henri V conduisirent à la signature du traité de Troyes (20-21 mai 1420) dont les clauses étaient désastreuses pour la couronne et le royaume de France.

Il était, d'abord, une convention matrimoniale au terme de laquelle Charles VI donnait en mariage sa fille Catherine à Henri V. Mais il apparaissait surtout comme un acte qui déshéritait le dauphin et l'écartait de la succession. Henri V, adopté comme fils, devenait l'unique successeur à la couronne de France. Qualifié de « notre fils », il était désormais tenu d'honorer le roi et la reine « comme père et mère », tandis que Charles, alors âgé de dix-sept ans, ne répondait qu'à l'appellation de « soi-disant dauphin de Viennois ». Certes, Charles VI devait conserver, sa vie durant, « la couronne et dignité royale de France avec tous ses revenus », mais à Henri V étaient déjà reconnus « faculté et exercice de gouverner et ordonner la chose publique ». Paré du titre d'« héritier de roi de France », il était investi du gouvernement du royaume et autorisé à garder, en manière d'apanage, la Normandie et les territoires conquis.

Le 1er décembre, il fait avec Charles VI une entrée brillante à Paris où, malgré la misère du temps, les rues avaient retrouvé leurs plus somptueux décors pour servir de cadre aux processions et représentations qui, de tout temps, accompagnaient une entrée royale. Par leur accueil enthousiaste, les Parisiens ratifiaient en quelque sorte le traité que les États devaient jurer quelques jours plus tard de respecter, imitant en cela l'Université qui avait accompli, dès le mois de juin, semblable démarche. Une double monarchie voyait le jour dans une France divisée et une Angleterre occupante dont le roi avait vocation affirmée à réunir sur sa tête les deux couronnes, Charles VI ayant disposé de la sienne en sa faveur. Il paraissait bien devoir en aller ainsi, surtout à partir du moment où Henri V avait épousé Catherine à Troyes (2 juin 1420) et assuré sa descendance avec la naissance d'un fils.

Mais voici que deux séries d'événements viennent contrarier cette évolution. Les premiers touchent à la personne du dauphin dont le poids politique demeurait réel. Parce que les accords difficilement élaborés à Troyes interdisaient aux cocontractants de « traiter aucunement de paix et de concorde avec ledit Charles... sinon du conseil et assentement de tous et chascun de nous trois et des trois États des deux royaumes », ils lui reconnaissaient, tout à la fois, existence et pouvoir que venaient renforcer ses premiers succès en battant les Anglais du duc de Clarence à Baugé (22 mars 1421), puis en réussissant à convaincre le duc de Bretagne de faire « alliances et confédérations » avec lui. Fort d'une aide de 800 000 livres que lui accordent les États de langue d'oïl, il peut assiéger Chartres et menacer Paris dès le mois de juin 1421. C'est en sens contraire que s'acharne le sort sur les deux rois alliés. Le 31 août 1422 meurt Henri V, seulement âgé de 35 ans. Dans ses derniers instants, il avait pris grand soin de faire demander à Philippe le Bon de « bien entretenir les serments et alliances qu'il avait aux Anglais » et de confier à son frère le duc de Bedford la régence en le priant de bien veiller sur son fils, le futur Henri VI, « héritier d'Angleterre et de France » qui n'avait pas encore dix mois. Moins de deux mois après, le 21 octobre, Charles VI disparaît à son tour. Vingt jours s'écoulèrent avant que les cérémonies funèbres ne commencent car il fallait attendre les ordres du duc de Bedford retenu à Rouen. Seul prince présent aux obsèques, il sut admirablement en jouer pour faire proclamer le jeune Henri, roi de France et d'Angleterre. Devant la tombe encore ouverte où vient d'être déposé le cercueil, le héraut d'armes de Berri s'écrie : « Dieu veuille avoir pitié et merci de l'âme de très excellent, très haut et puissant prince Charles, roi de France sixième du nom, naturel et souverain seigneur ! ». Puis, après un court silence : « Dieu donne bonne vie à Henri, par la grâce de Dieu roi de France et d'Angleterre, notre souverain seigneur ! ». Henri VI était devenu roi de France, placé sous la bonne garde du duc de Bedford, son oncle, régent du royaume. Et le traité de Troyes semblait appliqué jusqu'en son dernier article. Mais était-il, en droit, applicable?

L'argumentation juridique et la sauvegarde des droits du dauphin

Les juristes favorables à la cause royale et aux droits du dauphin soutiennent avec vigueur le contraire. Bien avant la signature du traité, redoutant la décision de Charles VI devenu le jouet de son entourage, ils avaient imaginé toute une argumentation propre à démontrer que le roi régnant, quel qu'il fût, ne pouvait en aucun cas disposer librement de la couronne au détriment de l'héritier du trône que désignait la coutume. Au même moment, toute une littérature politique de combat contribue, elle aussi, à renforcer les droits du « roi de Bourges ».

Jean de Terrevermeille, juriste languedocien, est à la tête de ce mouvement. Né à Nîmes aux alentours de 1370, il devient en 1418 avocat du roi pour le régent en la sénéchaussée de Beaucaire après avoir, pendant de longues années, servi sa cité natale en qualité de conseiller et de consul. Mais les fonctions royales ne paraissent guère le passionner. Dès 1424, il abandonne sa charge d'avocat pour ne plus paraître que de manière épisodique au service du pouvoir. Davantage tourné vers la réflexion politique, il épouse le drame que vit la monarchie, prend fait et cause pour elle dans un vibrant plaidoyer tout au long duquel il s'efforce de démontrer les droits incontestables du dauphin. Il le fait à travers trois *Tractatus* qu'il rédige de février à septembre 1419. Depuis plusieurs mois, la mise à l'écart du dauphin du gouvernement du royaume et le refus que lui opposaient ses ennemis de lui reconnaître le titre de régent dont il se parait depuis décembre 1418, suscitent l'indignation de ses proches. Jean de Terrevermeille est de ceux-là. Tout au long de sa trilogie, il répond point par point aux événements. Mêlant constamment droit et politique, ses *Tractatus*, écrits sous la pression des faits, n'ont pas finalité scientifique. Ils recherchent, avant tout, l'efficacité politique. Il convient de justifier les droits du dauphin et de démontrer que son exclusion de la couronne, si elle venait à être décidée, serait inopérante. La démonstration s'enchaîne en plusieurs étapes parfaitement réglées.

La première constatation est irréfutable. Toutes les règles successorales, qui ont jusque-là régi la transmission de la couronne, sont de nature coutumière. Ces coutumes, lentement élaborées par la communauté politique tout entière, constituent un ordre juridique indépendant et supérieur. Somme des exigences, des croyances et des pratiques jusque-là en vigueur, elles ont façonné un ensemble objectif qui échappe tant à la volonté du corps politique qu'au bon vouloir des princes. Ainsi s'est forgé un véritable statut coutumier qui seul désigne l'héritier du trône, ce qui conduit Jean de Terrevermeille à affirmer que *solum consuetudo defert regnum*.

Pourquoi donc? Tout simplement parce que cette coutume, de tout temps observée, s'impose désormais comme seul mode de transmission de la couronne. Il en résulte que les règles qui régissent la succession royale se trouvent placées hors du champ du droit commun. En aucun cas, ces diverses normes spécifiques — parce qu'elles sont coutumières et indépendantes de tout pouvoir — ne sauraient être rapprochées de celles du droit privé. La succession à la couronne de France n'a rien de comparable à une succession privée pour laquelle le testateur peut décider de la dévolution de ses biens avec faculté, sous certaines conditions, d'exhéréder un héritier légitime, tout comme un héritier désigné est en droit de refuser sa part de succession.

Aucune de ces dispositions ne peut jouer chaque fois que la dévolution de la couronne est en jeu. Il s'agit d'une succession spécifique que régissent des normes coutumières de nature particulière et ayant valeur supérieure aux règles successorales du droit commun. Spécifique, cette succession n'est ni héréditaire, ni patrimoniale, mais figure, selon notre auteur, une «troisième espèce de succession» qu'il qualifie de «quasi héréditaire» dans la mesure où c'est au seul fils aîné du roi, ou à défaut au collatéral le plus proche, qu'est dévolue la couronne.

Affinant son raisonnement, Jean de Terrevermeille renforce doublement cette spécificité. Il constate tout d'abord que le roi n'exerce sur le royaume, le domaine et la couronne, aucun droit personnel. Simple administrateur de cet ensemble de biens et de droits, il ne peut en aucune circonstance en disposer, même pas à titre héréditaire. Il n'a pas à les céder ou à les léguer à son successeur, mais simplement à laisser librement jouer les règles coutumières qui président à leur dévolution. Ce successeur désigné par la coutume et connu de tous avant sa mort ne peut, en aucune hypothèse, être écarté par lui. Sa vocation à assurer la continuité de la fonction royale est incontournable. Voilà pourquoi notre légiste le qualifie d'«héritier nécessaire». Mais peut-être parce que ce terme d'héritier rappelle trop celui de droit privé, il préfère voir en lui un «simple successeur». Une seconde série de données vient encore accuser ce caractère si spécifique. Elles concernent les rapports qui lient immédiatement le successeur à sa fonction et au royaume. Contrairement à l'héritier du droit privé, il ne peut refuser de succéder. Régner constitue pour lui une obligation aussi rigide que celle qui lui est imposée de ne rien soustraire de la fonction qui lui est dévolue, ainsi que des droits et des biens dont l'administration lui est confiée.

Ainsi figées après des siècles dans un ensemble coutumier rigide, les règles de dévolution de la couronne apparaissent sous la plume alerte et incisive de Jean de Terrevermeille comme un bloc normatif intangible qui transcende, en toutes circonstances, aussi bien la volonté des rois que le bon vouloir de ceux qui les entourent. Coutumière, royale, publique, la succession au trône de France a son statut propre. Elle reconnaît, à l'héritier qu'elle appelle, un droit acquis à succéder fondé avant tout sur les liens du sang qui l'unissent à son prédécesseur et qui font de lui un héritier dont la désignation lui échappe complètement.

Conduite à son terme dès septembre 1419, cette vigoureuse démonstration contribuait à faire triompher l'idée d'une succession statutaire au terme de laquelle le roi ne pouvait disposer de la couronne, pas plus que le successeur légitime ne pouvait y renoncer. Pour l'heure, c'est principalement à établir les droits du dauphin à assurer la régence que s'emploie Jean de Terrevermeille. Pour y parvenir, il s'efforce de démontrer que le dauphin est une sorte de «co-administrateur». En raison du *jus filiationis* qui le lie à son père, il jouit, comme le fils de famille en droit romain, de certains droits et privilèges propres à cette famille avec laquelle il fait corps et dont il ne peut être privé. De plus, la philosophie d'Aristote retrouvée permettait à notre légiste de mettre en avant cette identité de nature entre le père et le fils, si essentielle pour justifier le transfert du royaume au premier né. Elle faisait de lui, du vivant même de son père et par droit naturel, un véritable co-seigneur du royaume et de la couronne. Paré de ce titre, le dauphin possédait donc un droit parfaitement fondé à assurer pleinement le gouvernement et l'administration du royaume en sa qualité de régent, aussi souvent que son père s'en trouvait empêché en raison de sa maladie.

Assurée cette situation de régent légitime, il devenait plus facile de dégager le principe d'indisponibilité. C'est ce à quoi s'emploient les partisans du «roi de Bourges» en qui ils voient le seul «héritier nécessaire» dont le droit à succéder existe, pleinement formé depuis sa naissance. Il y avait là autant d'arguments irréfutables, parce que découlant d'une pratique séculaire, pour démontrer que les clauses du traité de Troyes exhérédant le dauphin étaient nulles. Contraires aux usages de tout temps observés, elles attribuaient au roi régnant un pouvoir que ses prédécesseurs n'avaient jamais eu, celui de régler sa propre succession comme il l'entendait.

Incontestablement, ce plaidoyer servit au dauphin. Dans les années qui suivirent, tant ses premiers succès militaires que la mort d'Henri V (31 juillet 1422), puis l'épisode de Jeanne d'Arc et le sacre de Reims (17 juillet 1429), parachèvent son image de souverain légitime. Et la doctrine ne cesse de progresser qui explicite, progressivement, le principe d'indisponibilité. Néanmoins, il faut attendre presque le milieu du siècle pour qu'il soit clairement exprimé dans les milieux officiels. Ce pas décisif semble franchi au plus tard en 1445 quand Jean Juvénal des Ursins, incomparable défenseur de la cause royale et de la légitimité de Charles VII, écrit : «Au regard de la couronne et des ascendens, les héritiers du sacre sont nécessaires et ne peut quiconque est mon roy préjudicier a son héritier ou successeur, ne alyener ou transporter le royaulme en aultre main que en celle ou elle doyt venir par succession hereditale, et tellement que se il a filz il ne le peut exhereder ne faire que il ne ayt le royaulme après luy». À lire pareil extrait qui reflétait parfaitement la pensée des milieux officiels, plus aucun doute n'est permis. La couronne de France est désormais indisponible et ne saurait revenir à personne d'autre qu'au fils aîné ou, à défaut, au collatéral mâle le plus proche.

Faisant écho aux juristes dont la position est toujours solidement argumentée, toute une littérature de combat en faveur du dauphin se développe au moment de la signature du traité de Troyes, puis dans les années qui suivent. Sans doute moins percutante dans son argumentation, elle n'en traduit pas moins l'existence d'un véritable sentiment national et d'un profond loyalisme monarchique prompts à favoriser le développement d'une solide résistance face à l'étranger, aussi bien dans les pays d'obédience anglaise que dans tout le royaume de Bourges. La *Complainte des bons Français* du Normand Robert Blondel s'inscrit dans ce mouvement d'idées favorables à la cause du dauphin. Rédigée en 1420, elle veut faire triompher «l'homme de Dieu, de la justice et du roi de France Charles VI et de son fils unique le dauphin Charles, parce que ledit roi a été livré captif aux mains des Anglais, non seulement lui mais son royaume, par les mains de Jean, fils de Philippe, duc de Bourgogne». Dans la même lignée, s'inscrivent les œuvres d'Alain Chartier. Qu'il s'agisse de sa *Lettre à l'université de Paris*, de ses nombreux opuscules sur les malheurs de la France ou de son *Quadrilogue invectif*, toutes plaident en faveur du dauphin. Dans le *Quadrilogue* qu'il rédige en 1422, « Dame France » dont la couronne vacille sur sa belle chevelure blonde supplie les membres des trois États et tous ses enfants d'imiter les abeilles qui « mettent leur vie pour garder la seigneurie de leur roy ». Enfin, comment ne pas évoquer la *Réponse d'un bon et loyal Français au peuple de France de tous états*? Ce mémoire anonyme n'est autre qu'une attaque en règle du traité de Troyes. Puisque Charles VII était aux mains de ses « anciens ennemis mortels » quand il a signé le traité, il n'a pu exprimer librement sa volonté. Et « comment donc a pu le roy tellement infirme et malade consentir et accorder valablement de si grant chose, comme est tout le royaume de France? » C'était assez dire que s'il avait été en pleine possession de lui-même, il n'aurait nullement déshérité son fils et toute sa lignée. Dans ces conditions, le traité est de nulle valeur; aussi « doibst estre impugné et empesché par chascun bon chrestien » pour faire immédiatement du roi de Bourges le souverain légitime.

B. LE ROI EST MORT ! VIVE LE ROI !

Faire du dauphin l'héritier nécessaire l'assurait de la succession à la couronne. Mais, pour que ce principe trouvât toute son efficacité, encore fallait-il qu'une fois ouverte, la succession se règle au plus vite et que ne se crée aucune rupture dans l'exercice du pouvoir. De cette continuité dépendait aussi celle de l'État. Depuis le milieu du XIIIe siècle, doctrine, coutume, législation et pratique contribuèrent lentement à la faire triompher.

Doctrine

Au XIIe siècle, s'affine la théorie bicorporelle du Christ que le quatrième concile de Latran de 1215 consacre et précise. En proclamant le principe de la transsubstantiation, il reconnaît dans l'Eucharistie le *corpus verum Christi*, tandis que la société chrétienne représente le *corpus mysticum Christi* avec à sa tête le pape. La pensée politique fait sienne cette dualité *corpus verum/corpus mysticum* pour la transposer, progressivement, à l'organisation des royaumes. Au *corpus verum Christi* correspond le *corpus naturale regis* qui figure le corps physique et mortel du roi, tandis que son *corpus mysticum* incarne l'État et, par-delà, la fonction qu'il exerce. Cette opposition si tranchée entre les deux corps du roi dont l'un est mortel et l'autre immortel qui transcende sa personne physique, s'élabore lentement avant d'être érigée en théorie politique — celle des deux corps du roi — dans l'Angleterre de la seconde moitié du XVe siècle. Mais, contrairement à ce qui a été pendant trop longtemps soutenu, la France n'est pas restée étrangère à ce mouvement doctrinal qui semble trouver son point de départ autour de la décrétale *Quoniam abbas* du pape Alexandre III au milieu du XIIe siècle. Par cette décision, le chef de l'Église répondait favorablement au successeur de l'abbé de Winchester qui avait continué à exercer, sans autorisation particulière, les fonctions de son prédécesseur et qui s'était vu contester ce droit. Par là même, le pape reconnaissait que chaque abbé successif n'avait pas à recevoir de lui délégation en son nom propre, mais que cette délégation avait été consentie une fois pour toutes à la fonction, à la *dignitas* dont la caractéristique cardinale est de durer aussi longtemps qu'elle a des titulaires successifs.

Glosant ce texte, les canonistes du début du XIIIe siècle en arrivèrent à la conclusion que « la dignité ne meurt jamais alors que les individus meurent chaque jour ».

Alors, à partir de là et dans tous les pays, le concept de *dignitas* s'étendit à de multiples fonctions, en particulier à la fonction impériale et à la fonction royale, apportant ainsi au *corpus mysticum* une caractéristique décisive et fondamentale, celle de perpétuité. Dans ce contexte, on fait très tôt référence à la *dignitas regia* en France pour faire triompher l'idée selon laquelle la royauté transcende la personne de son titulaire et doit demeurer pérenne par-delà la disparition physique des souverains. Le nouveau vocabulaire pénètre les actes de la chancellerie royale, telle celle de Philippe le Bel qui qualifie d'*officium dignitatis* la régence qui pourrait s'ouvrir après sa mort ou celle de Philippe le Long qui utilise l'expression *dignitas regia* pour notifier son avènement à la ville de Montpellier. La doctrine se montre tout aussi sensible à cette vision nouvelle de la fonction royale, surtout lorsqu'il s'agit de déterminer les règles qui doivent présider à sa transmission. Pour justifier l'exclusion des femmes de la couronne, François de Meyronnes expose vers 1322 qu'elles peuvent être appelées à une succession aussi souvent qu'il s'agit d'héritages privés, mais jamais lorsque des *dignitates* sont en jeu. Près d'un demi-siècle plus tard, vers 1370, Nicole Oresme lui fait écho en soulignant que le royaume ne peut être assimilé à une possession privée parce qu'il est « une dignité et honorabilité publique qui requiert habileté de personne pour gouverner la chose publique ». Voilà qui suffit à ses yeux pour exclure une femme, même si elle peut « succéder en privé héritage ». Tout était ainsi mis en œuvre, par la doctrine favorable à la royauté, pour dépersonnaliser la *dignitas* qu'elle constituait et en faire une fonction dont Jean de Terrevermeille devait affirmer avec tant de succès qu'elle place le roi, à qui elle est confiée, dans une simple situation d'« administrateur » dont la mission n'est autre que de la garder et de la remettre, dans l'état où elle lui a été léguée, après l'avoir exercée de manière ininterrompue. Pour ce faire, tout devait être mis en œuvre pour que la succession soit immédiate dans cette *dignitas,* chaque fois que venait à disparaître le *corpus naturale* du souverain.

Coutume

À parfaire cette vision nouvelle, la coutume apporta aussi sa contribution à travers l'adage « le mort saisit le vif » attesté dès 1259 dans un arrêt du Parlement. Même si certains romanistes ont voulu lui trouver un fondement romain peu vraisemblable, cette formule fait bloc avec la tradition coutumière qui préside à la transmission des biens fonciers, des censives surtout, mais aussi des fiefs. Destiné à renforcer la propriété virtuelle du lignage sur les biens familiaux, cet adage a avant tout pour mission d'assurer à l'héritier appelé par la coutume à succéder, une situation identique à celle du *de cujus* au moment de son décès. C'était ériger en principe que l'héritier était immédiatement saisi de la succession, à l'instant même de la mort du *de cujus*, en dehors de toute formalité de transmission ou d'acquisition. Voilà qui le plaçait systématiquement à l'abri de toute tentative d'usurpation de la part des tiers et qui le protégeait contre toute négligence ou retard mis à recueillir la succession.

Cet ensaisinement instantané du successeur ne pouvait qu'apporter un incomparable levier à tous ceux qui voulaient voir triompher la règle d'une succession immédiate. Coutumier dans sa nature, de pur droit privé dans son application, l'adage « le mort saisit le vif » modela très vite les grands principes de la succession à la couronne. L'atteste le mouvement doctrinal qui, à la fin du XIVe siècle, refuse au sacre toute valeur constitutive pour voir, dans l'application de l'adage, le plus sûr moyen d'assurer sans heurt une succession. Voilà qui conduit l'auteur du *Songe du Vergier* à souligner que pas plus le roi régnant que son successeur n'ont à manifester leur volonté, tout simplement parce que «la seignorie se continue du père au filz»... et «que le mort saisit le vifz». La consécration doctrinale de ce principe coutumier est sans doute la conséquence des hésitations qui avaient présidé, en 1364, à l'accession de Charles V au trône. Il avait dû, au lendemain de la mort de Jean le Bon, avant d'être sacré et d'être véritablement tenu pour roi, se soumettre aux conditions posées par les grands. Autant d'éléments qui suffisent à prouver que l'adage n'avait pas encore pénétré en force le droit public de la monarchie et qui expliquent l'obstination avec laquelle l'auteur du *Songe* s'efforce de le présenter comme un principe désormais acquis et pleinement opératoire. Restait à la législation à le consacrer, fût-ce de manière très indirecte.

Législation

Tel est l'objet de quatre ordonnances, dont deux sont rédigées en 1374 et deux autres en 1403 puis 1407. Celle d'août 1374 dont la solennité est soulignée par la qualification qui lui est donnée — *lex vel contitutio* — marque un tournant important. Par-delà son objet officiel, fixer à treize ans révolus la majorité des rois, elle pose quelques principes en matière de succession à la couronne. Elle insiste sur l'étroite relation qui existe entre le roi et son fils aîné et stipule que ce dernier, sitôt atteinte sa quatorzième année, a pleine capacité pour agir *prout verus rex Francorum facere potest*, sans avoir à attendre le sacre dont la date et le déroulement dépendent de sa seule décision. Néanmoins, le principe de l'instantanéité n'est pas encore pleinement assuré. C'est pour cette raison que Charles V abaisse, autant qu'il est possible, l'âge de la majorité et qu'il met tout en œuvre pour que la période de régence qui doit obligatoirement s'ouvrir en cas de minorité du roi n'inaugure pas une sorte d'interrègne qui pourrait laisser toute latitude au régent. Tel est l'objet de l'ordonnance d'octobre 1374 qui lui fait obligation d'agir pour le «bien, honneur et profit» du jeune roi considéré comme «vray et droitturier roy de France» dès la mort de son père.

Mais ces dispositions ne suffisent pas à écarter les inévitables dangers que porte en elle toute régence. Au lendemain de la mort de Charles V (16 septembre 1380), le duc d'Anjou régent se voit contester par les autres princes «l'auctorité et pleinière puissance de gouverner» au nom du jeune roi, pouvoir dont l'avait pourtant investi Charles V. C'est alors qu'est décidé, malgré les ordonnances de 1374, de sacrer le jeune Charles VI qui n'avait pas encore douze ans. Cette émancipation par le sacre n'en faisait qu'un roi incapable de gouverner, toujours soumis à la régence du duc d'Anjou, de plus en plus contraint de partager le pouvoir avec ses frères. Tant les intrigues qui se nouent alors autour de l'exercice du pouvoir que le fonctionnement défectueux de la régence, conduisent à l'idée que seule sa suppression peut permettre une véritable instantanéité de la succession. Tel est l'objet de l'ordonnance d'avril 1403 dont les dispositions lèvent toute ambiguïté. Il y est prévu que le fils aîné «en quelque petit age qu'il soit ou puisse être, soit après nous incontinent sans aucune dilacion, appelé roy de France, succède a notre royaume et soit couronné Roy le plustost que faire se pourra». Et, pour mieux assurer les droits du nouveau souverain, personne même parmi les plus proches du jeune roi ne peut plus être habilité à recevoir «bail, régence ou gouvernement» du royaume dont l'administration est confiée à la reine, assistée des princes du sang et autres membres de l'entourage royal. Ce conseil de tutelle élargi n'avait d'autre mission que de gérer les affaires du royaume pour le compte du jeune souverain « au nom de lui et comme roy ». Au terme de ce texte capital, plus aucun doute n'était permis. La succession à la couronne devait être instantanée, quel que soit l'âge du jeune prince. Sacré ou non, il doit être tenu pour roi dès la mort du roi régnant et il apparaît désormais inutile de fixer un âge pour la majorité.

Parce qu'elle fut immédiatement remise en cause jusqu'à être supprimée, dès le mois de mai 1403, sous la pression de la reine et de son entourage, cette ordonnance si novatrice d'avril 1403 fut officiellement reprise, confirmée et renforcée par une nouvelle, le 26 décembre 1407. Enregistrée à l'occasion d'un lit de justice, rendue plus solennelle encore par l'appellation qui lui est donnée de « loy, edict, constitution et ordonnances perpétuelles et irrévocables », elle stipule que « si tost » après le décès du roi, celui de ses fils qui sera appelé à lui succéder se trouvera immédiatement investi de l'*auctoritas regia*. La volonté de donner valeur perpétuelle à ce texte est exprimée avec force dans la mesure où il étend les dispositions présentes aux « autres ainsnez filz de nos successeurs roys de France ». Le principe d'instantanéité de la succession se trouvait ainsi définitivement incorporé au bloc normatif destiné à régir les grands principes de la transmission de la couronne. Mais de la législation à la pratique, un pas important restait à franchir.

Pratique

Le principe de continuité de l'État — de ce *corpus mysticum regis* — étant long à s'imposer, la règle d'instantanéité de la succession rencontre, dans les faits, beaucoup de difficultés à triompher. Pendant longtemps, l'image du roi défunt en son *corpus naturale regis* l'emporte sur celle d'un *corpus mysticum regis* qui lui survit en la personne de son successeur. C'est sans doute dans le monde des juristes, et plus spécialement celui des gens de justice, que cette idée d'une nécessaire continuité du pouvoir qu'incarne le souverain s'impose d'abord. N'est-il pas extrêmement révélateur de constater que les présidents du Parlement sont les seuls membres des grands corps de l'État à ne pas revêtir le deuil dans le cortège qui accompagne le roi défunt jusqu'à Saint-Denis? À travers cette attitude, ils sont sans doute les premiers à faire des funérailles du roi l'expression la plus symbolique de la continuité royale et de l'État. Déjà, aux obsèques de Jean le Bon en 1364, ils avaient exigé et obtenu de se trouver tout à côté du corps du roi dans le cortège, motif pris qu'ils « représentent sa personne au fait de justice qui est le principal membre de sa couronne et par lequel il règne et a sa seigneurie ». En leur robe rouge et bleue bordée d'hermine, ils figurent la justice, ce pouvoir si symbolique qui transcende la personne royale. Cette pratique, qui voulait signifier la pérennité de la fonction judiciaire et à travers elle celle de l'État, devait être très porteuse pour l'avenir.

Elle contribua largement à faire triompher l'idée d'après laquelle, tant en raison de l'identité de nature qui existe entre le père et le fils qu'en raison de la même *dignitas* perpétuelle qu'ils incarnent, le fils doit immédiatement succéder au roi défunt. La continuité de la fonction étatique qu'ils assurent n'impliquait-elle pas, automatiquement, une permanence physique? Et cette identité doublée par cette adéquation à exercer la même fonction ne se manifeste-t-elle pas du vivant même du père dans la mesure où le futur roi se trouve souvent associé à des tâches d'administration et de gouvernement? Il y avait là autant de comportements fondateurs du principe de la succession.

Étrange destin que celui réservé à ces pratiques qui tendaient à enraciner le principe d'une succession immédiate. Curieuse destinée, aussi, de toute cette législation de Charles V et Charles VI visant à supprimer tout interrègne. Ce fut d'abord la monarchie anglaise et ses prétendants à la couronne de France qu'elles servirent. Au lendemain de la mort d'Henri V et de Charles VI, alors que le futur Henri VI n'avait pas encore dix mois, c'est vers cet ensemble normatif et coutumier qui fonde désormais la succession à la couronne que se tournent le duc de Bedford et ses partisans. Ils sont incroyablement servis dans cette entreprise par l'exemple que donnent aux Français les funérailles d'Henri V. Si l'apparition de l'effigie du roi vivant à côté du corps de Charles VI n'est certes, encore, qu'un événement fortuit, il faut néanmoins y voir davantage qu'un simple substitut du *corpus naturale regis*. Sa présence veut fonder, tout à la fois, l'existence et la pérennité d'un corps mystique et politique du roi, symbolique dont les Anglais s'efforcent de tirer le plus grand parti face aux serviteurs et officiers de Charles VI qui lui étaient restés fidèles et qui soutenaient le futur Charles VII. Proclamé roi dès le 27 octobre, il prend officiellement le titre trois jours plus tard, peu avant la célébration d'un office à la mémoire de son père. On lève alors en son honneur la «bannière de France», cérémonie qui marque pour ses partisans qui l'acclament au cri de «Vive le roi!» l'acte constitutif de sa prise de souveraineté alors que Charles VI ne devait être enterré que le 11 novembre. Mais les Anglais réagissent. Se fondant tout autant sur la légitimité qu'ils déduisent du traité de Troyes que sur l'arsenal juridique mis en place par les ordonnances de 1374, 1403 puis 1407 et les pratiques royales françaises tendant depuis à en rendre effective l'application, ils s'écrient devant la tombe de Charles VI encore ouverte : «Vive le roy Henri de France et d'Angleterre!...». Sitôt les funérailles terminées, le duc de Bedford entrait en son nom dans Paris avec l'épée de France, symbole de la souveraineté royale.

Plus on avance dans le temps, plus les instants qui suivent la mort du roi et le cérémonial de ses obsèques se coulent dans le moule d'une succession immédiate, sans avoir à attendre le couronnement. C'est à l'occasion des funérailles de Charles VII, de Charles VIII et de Louis XII que ces pratiques se fixent définitivement pour faire, de l'enterrement du roi défunt, le moment où le nouveau roi lui succède vraiment. Jusqu'à cet instant, tout est mis en œuvre pour exprimer la continuité du pouvoir royal par-delà la mort de son titulaire. Les membres du Parlement conservent leur robe rouge, tous les officiers de la maison du roi restent en fonction, tandis que l'effigie du roi mort qui le représente vivant devient le point central de la cérémonie pour faire presque, de ce cortège funèbre, une véritable entrée royale. On y crie «Vive le roy, vive le roy Louys!» à l'occasion des obsèques de Charles VII comme pour faire oublier la nature mortelle du souverain et signifier que le royaume a toujours un roi. Le même cri de : «Vive le roi!» est repris par le cortège qui accompagne le corps de Charles VIII, tandis qu'au moment même de l'enterrement les hérauts d'armes s'écrient «Mort est le roy Charles, Vive le Roy Louys!» Il suffisait d'ôter à cette formule les prénoms pour la rendre impersonnelle et faire triompher la fiction tendant à accréditer l'idée d'un roi toujours vivant, évolution qui fut conduite à son terme à l'occasion des obsèques de Louis XII. Le cri «Le roi est mort! Vive le roi!» pénètre alors définitivement le cérémonial funèbre pour acquérir valeur constitutionnelle. Acte constituant du pouvoir monarchique, ce cri enlevait de manière définitive toute portée constitutive au sacre, qui n'en demeurait pas moins un des piliers de la religion royale.

III. LA RELIGION ROYALE

Face à l'Église qui se refuse à reconnaître au roi un statut sacerdotal à part entière, son entourage favorise depuis le haut Moyen Âge la naissance d'une véritable religion royale destinée à le placer dans un état particulier. Fondée sur des rites séculaires (1), elle s'inscrit dans un cycle légendaire (2) que viennent renforcer permanence et mémoire (3).

1. Rites et regalia

Destinés à rythmer les grands moments du règne, ils ont mission à la fois de faire disparaître tout interrègne et d'assurer au souverain l'adhésion intime de l'opinion. Sacre (A) et funérailles (B) constituent des rites de passage obligés de l'état préroyal à l'état royal, puis à l'état de défunt, tandis que les visites aux bonnes villes du royaume permettent de maintenir et de vivifier, à tout instant, la fidélité des sujets (C).

A. Le sacre

À l'exception de Louis VI, tous les rois ont été jusqu'à Philippe Auguste sacrés du vivant de leur père. Il y avait là moyen efficace de sceller très tôt la destinée du futur roi et de faire de l'office royal une fonction marquée du sceau de Dieu. En même temps, le sacre était un acte constituant et créateur. Il faisait véritablement le roi. Cette fonction ne cesse de s'atténuer à partir du moment où s'affirme la règle d'instantanéité de la succession et où le nouveau roi, quoique encore non sacré, est considéré comme véritablement roi au moment même de la mort de son prédécesseur. Alors, la valeur juridique du sacre décroît tandis qu'il gagne en grandiose et en faste en la cathédrale de Reims où la cérémonie est toujours célébrée depuis le sacre de Henri Ier en 1027. Devenue ville incontestée du sacre, Reims s'était imposée tant en raison de sa position géographique que de son histoire. Admirablement située aux marges du royaume, en limite des terres d'Empire, porteuse d'un prestigieux passé romain et d'une grande tradition chrétienne depuis le baptême de Clovis, elle jouit d'un incomparable rayonnement culturel lié à la grande renommée de son école capitulaire jusqu'à la fin du XIIe siècle. Mais cette permanence dans le lieu ne suffit pas pour masquer la profonde mutation qui s'opère à partir de la fin du XIIIe siècle.

• *Le sacre jusqu'à la fin du XIIIe siècle*

La cérémonie obéit à un rituel précis. Défini très tôt, il se fixe définitivement au XIIIe siècle, époque au cours de laquelle se trouve affirmée son originalité par rapport au sacre de l'empereur et à celui des autres rois. Longue et solennelle, la cérémonie du sacre est l'occasion de remettre au roi tous les insignes de son pouvoir qualifiés de *regalia*. Elle se déroule toujours un dimanche en la cathédrale de Reims et, chaque fois que cela est possible, à l'occasion d'une grande fête religieuse au milieu d'une vaste assemblée composée de clercs, de nobles et de toute une représentation populaire dont la présence déborde largement la cathédrale où le souverain, accompagné par deux évêques, est arrivé à l'aube depuis le palais avant de prendre place sur une estrade centrale et surélevée. La cérémonie s'ouvre par un acte d'une extrême importance, la procession par laquelle l'abbé et les moines de Saint-Denis apportent, sous un dais, la Sainte Ampoule. Deux temps forts rythment alors son déroulement : la promesse du roi que suit l'accomplissement d'une série de rites parfaitement fixés.

Promesse

Souhaitée par l'épiscopat, la promesse avait été introduite par Hincmar dans le rituel. Il y avait là volonté de définir avec précision la mission du roi et de fixer un cadre strict à son action afin de pouvoir mieux la contrôler. Voulue au départ par l'épiscopat, cette volonté de contrôle devait progressivement devenir un moyen de limitation qui s'imposait, de lui-même, aux prérogatives du souverain.

Cette promesse est en fait la réponse qu'apporte le roi aux questions successives que lui pose l'archevêque consécrateur. La première, qui précède le chant du *Te Deum*, permet au roi de s'engager solennellement à protéger l'Église dans ses personnes et dans ses biens. Alors suit une autre question dont le triple contenu définit l'axe du ministère royal. Le roi est-il disposé à faire régner la paix et la justice et à faire preuve de miséricorde?

Ce triple engagement pris sous forme de promesse autorise l'archevêque à élire le roi. Cette reprise du vieux rite permet d'entretenir la fiction du choix par les grands et de la vieille procédure d'acclamation des rois francs par leurs guerriers. Désormais, c'est à l'évêque consécrateur que revient le soin d'élire le roi. En clair, de le désigner à l'approbation des grands, des évêques et du peuple également présent. Fort de cette élection, il contracte de nouveaux engagements en réponse aux questions de l'archevêque-consécrateur. Apportera-t-il au peuple chrétien, dont il a la garde, justice et respect du droit en combattant les ennemis de Dieu? Et maintiendra-t-il aux églises qui lui sont confiées l'ensemble des privilèges dont elles jouissent? Sur tous ces terrains, le roi s'engage et prononce le texte solennel de sa promesse. Figé en quelques formules, il est transcrit, signé par lui et scellé du sceau royal. Puis, pour consacrer définitivement ce pacte conclu entre le roi et son Église agissant au nom de l'ensemble des sujets, tous acclament le nouveau roi au cri unanime et répété de *Fiat!* (Nous voulons que cela soit!). Cette reconnaissance consacre en quelque sorte les engagements pris par le roi. Ils ne constituent qu'un préalable dont dépend le sacre qu'entoure tout un rituel afin d'en accentuer la solennité.

Rituel

Ce rituel s'organise autour des insignes royaux, les *regalia*, dont le prestige ne cesse de grandir en raison de leur progressive attribution originelle à Charlemagne. Destinés à confier au souverain sa *dignitas* et sa *potestas*, ils ont été déposés sur l'autel avant même la cérémonie par l'abbé de Saint-Denis qui en assure la garde. Il y avait là volonté de montrer l'union intime existant entre l'abbaye et le pouvoir qui allait être transféré au nouveau roi par la remise de tous ces insignes.

Le premier de ces rites rappelle, en tous points, l'adoubement du jeune chevalier. Après avoir abandonné une partie de ses vêtements afin de mieux marquer la rupture par rapport à son état antérieur, le souverain reçoit des mains du chambrier ses souliers marqués pour la première fois des fleurs de lys à l'occasion du sacre de saint

Louis. Puis le duc de Bourgogne lui remet les éperons d'or et l'archevêque de Reims l'épée, seul des *regalia* à lui être confié avant l'onction. Elle fait de lui le chevalier de l'Église. Présentée comme l'« épée de Charlemagne » dès le règne de Philippe Auguste, elle symbolise la puissance armée du souverain. Avant tout destinée à combattre l'injustice et l'infidèle, elle est tout à la fois gage de paix et de foi.

Le second acte de ce long rituel est marqué par le rite de l'onction. Un peu à la manière dont les évêques étaient oints au moment de leur consécration, le prélat consécrateur oint le roi d'huile sainte sur le front, la nuque, les épaules puis les mains. Oint du Seigneur, le nouveau souverain devient en même temps son élu, ce qui le place en situation d'exercer pleinement ses fonctions. Ici encore, merveilleux et légende se mêlent pour renouer avec la tradition et faire remonter loin dans le temps cette royauté en fondant plus solidement son droit divin à régner. Selon une légende qui avait pris corps au VIIIe siècle, l'huile sainte servant à oindre le roi aurait été celle utilisée par l'évêque Rémi de Reims pour le baptême de Clovis. Miraculeusement envoyée dans une ampoule par une colombe représentant le Saint-Esprit, elle était conservée à travers la longue lignée des rois pour servir à leur sacre. Pareille version, bien ancrée dans les esprits depuis plusieurs siècles, ne pouvait que renforcer les assises religieuses du pouvoir royal. Et ceci d'autant plus qu'on se plaît à insister sur la position unique du roi de France. Seul à être oint d'une huile directement venue du ciel, il renoue directement avec la tradition biblique qui faisait de l'onction des rois un fondement essentiel de leur pouvoir.

Ainsi oint du Seigneur par l'intermédiaire de l'archevêque consécrateur, le nouveau roi peut recevoir tous les insignes de son pouvoir. Cette remise des insignes royaux, troisième et dernière phase de ce long rituel, fait définitivement accéder le souverain à son nouvel état. Une fois encore intervient le chambrier chargé de revêtir le roi de sa tunique bleue accompagnée d'une chape ou surcot qu'il porte relevée sur le bras gauche, comme font les prêtres avec leur chasuble. Le choix de la couleur bleue, couleur des rois de France et du pouvoir, rappelle une fois encore le lien étroit avec Israël et les habits du grand prêtre dans lesquels domine le bleu. À partir de ce moment-là, toute la cérémonie se concentre sur l'archevêque qui passe d'abord, à l'annulaire droit du roi, l'anneau d'or. Symbole de dignité et de foi, il est aussi gage d'alliance entre le nouveau souverain, Dieu et l'Église comme il témoigne aussi, au début du XVIe siècle, du mariage contracté entre le roi et le royaume. Suit immédiatement l'investiture du sceptre et de la main de justice. Le sceptre symbolise la toute-puissance. Apparu à l'occasion du sacre de Charles le Chauve en 869, il figure un long bâton de commandement que le roi tient dans sa main droite dès le sacre, puis à l'occasion de toutes les cérémonies. Les décors les plus divers l'ont orné à son extrémité, depuis la fleur de lys jusqu'à la statuette de Charlemagne assis sur son trône que Charles V fait placer, entourée d'une corolle de lys, au sommet de la grande verge d'or (1,86 m) dont il passe commande. Ici encore, le lien avec l'Ancien Testament est évident, mais aussi avec l'épiscopat tant le sceptre, toujours tenu verticalement, rappelle à la fois le bâton de berger du roi David et la crosse épiscopale du bon pasteur. Quant à la main de justice, ainsi qualifiée dans la seconde moitié du XVe siècle, mais plutôt appelée sceptre court en raison de sa petite dimension (50 cm), elle est ornée d'une main d'ivoire avec trois doigts ouverts en position de bénir, sans doute pour rappeler la Trinité. Dans toutes les cérémonies, le roi la tient dans sa main gauche, celle par laquelle Dieu fait régner la justice, pouvoir qu'il lui délègue pour en faire son « grand debteur de justice ».

Cette suite de rites prend fin avec le couronnement. Pour placer la couronne sur la tête du roi, l'archevêque est assisté des pairs qui soutiennent ensuite le souverain couronné au moment où il rejoint son trône. Cette couronne du sacre, dite « couronne de Charlemagne », est très lourde. Ornée de perles et de pierres précieuses, elle pèse environ 3,7 kilogrammes. Pour cette raison, elle n'est portée que le jour du sacre et seulement jusqu'à la communion, moment où on lui substitue, comme pour les diverses cérémonies, une couronne beaucoup plus légère. Depuis le règne de Louis VII, la couronne du sacre comportait une haute coiffe de soie à l'imitation de la tiare pontificale afin de symboliser l'état de monarque qui devait se rapprocher le plus possible de l'état ecclésiastique. Confiée à la garde de Saint-Denis depuis 1261, cette « couronne de Charlemagne » prend une valeur de plus en plus symbolique au fur et à mesure que triomphe l'adage « le roi est empereur en son royaume ». Elle ne sert plus seulement à renforcer l'idée selon laquelle les Capétiens descendent des Carolingiens, mais à assurer la souveraineté complète du monarque à l'intérieur de son royaume. En dépit de ces prétentions, la couronne fermée à l'impériale avec des arceaux d'or formant la coiffe supérieure n'est guère en usage qu'au XVIe siècle. Les souverains médiévaux lui préfèrent la couronne ouverte constituée d'un tour de tête orné de quatre fleurons en forme de fleurs de lys que Charles VII porte à huit, souvent inégaux et alternés. Quelle que soit sa forme, elle symbolise toujours l'autorité suprême du monarque qui lui permet, sitôt couronné, de reprendre à son compte devant Dieu, le clergé et tout son peuple, les engagements que contractaient les empereurs, sans aucune allusion au pape ou à l'Église. Alors, le baiser de paix et de fidélité que l'archevêque consécrateur et les pairs font respectueusement au roi met un point final à cette succession de rites dont l'enchaînement, parfaitement organisé, valait intronisation constitutive d'un pouvoir fort et solidement enraciné dans le religieux.

En témoigne encore la messe du sacre au cours de laquelle s'intègrent tous ces rites, après la collecte et avant l'épître. Même si elle n'est pas l'essentiel de la cérémonie à laquelle elle semble quelque peu surajoutée, elle donne néanmoins l'occasion à la foule de comprendre combien onction et couronnement ont contribué à doter le souverain d'un statut spécifique. Sa qualité de roi le rapproche d'un ecclésiastique. Elle lui confère un certain caractère sacerdotal qui l'autorise à communier sous les deux espèces. Toujours proche de ses sujets, mais intermédiaire entre Dieu et son peuple, désormais seul comptable d'un pouvoir spécifique et placé dans une position particulière, il assied sa supériorité sur tous les autres rois chrétiens d'Occident. Même de plus en plus figée, la cérémonie du sacre ne devait cesser de renforcer ce statut d'un roi participant toujours davantage du sacré.

• *Le sacre aux XIVe et XVe siècles*

La profonde mutation qu'il connaît alors est intimement liée au débat qui s'amorce au XIVe siècle, puis se confirme au siècle suivant, autour de sa valeur constitutive. Le sacre fait-il ou non le roi? Plus la réponse à cette interrogation se fait négative pour en arriver à la conclusion que le nouveau roi devient effectivement roi dès la mort de son prédécesseur sans avoir à attendre le sacre, plus sa valeur juridique décline.

Mais alors, le sacre récupère en faste ce qu'il perd en valeur. Aux alentours des années 1300, sont composés partout en Europe de nouveaux *ordines* qui apportent au cérémonial traditionnel des éléments qui en fixent définitivement la liturgie. Plus tard, Charles V introduit encore des changements notables visant à rapprocher le plus possible le sacre de la consécration épiscopale et à renforcer ainsi le caractère sacral de la royauté. Minutieusement réglés, les *ordines* des XIVe et XVe siècles portent une attention croissante au déroulement de la cérémonie pour lui assurer une splendeur et un rayonnement encore jamais égalés. Et comme seule une minorité composée de prélats et de barons peut y assister, on s'efforce d'ouvrir l'événement en direction du peuple en lui offrant un spectacle somptueux. Le sacre devient alors l'occasion pour le roi d'être vu de tous et de sceller publiquement l'union qui le lie à ses sujets. L'entrée à Reims, toujours plus solennelle et plus brillante, marque désormais le temps fort de cette intronisation royale tout au long de laquelle le spectacle laïque de la rue prend progressivement le pas sur le temps réservé à l'office religieux. De lourdes dépenses sont engagées pour faire de ce spectacle un événement qui frappe l'opinion. Obtenir son adhésion, voilà ce qu'espéraient en retour le roi et son entourage de cette journée du sacre dont le sens et la portée sont désormais tout autres.

Toute valeur constitutive, ou presque, lui était enlevée à partir du moment où triomphait le principe d'instantanéité de la succession. Mais il y eut davantage dans cette évolution. Désormais, au moment du sacre, le roi n'est plus dans la position de faiblesse qui était la sienne aux siècles précédents par rapport aux grands, qu'ils soient laïcs ou ecclésiastiques. La promesse par laquelle il s'engageait jusque-là avait principalement pour mission de lui fixer une voie étroite dont il ne pouvait guère s'écarter.

Dans ce nouveau contexte, il peut en quelque sorte renverser à son profit les engagements qu'il prend. S'il promet toujours de protéger les églises, de faire régner la paix et de lutter contre les injustices, il en profite pour affermir son pouvoir. Ainsi, dans toutes les circonstances où certains s'opposent à l'accomplissement de ce ministère, le roi sait rappeler qu'il a contracté des engagements et que rien ne doit s'opposer à ce qu'il puisse, librement, les exécuter. Il y a là un fondement très solide à ses prérogatives. Chaque fois qu'elles sont entravées, le souverain n'hésite pas à appeler à son secours le corps ecclésiastique pour lui demander de prendre toutes sanctions canoniques contre ceux qui viennent à l'encontre de son action.

Il y a mieux encore. À partir de la fin du XIVe siècle, la formule de la promesse ne cesse de s'enrichir, apportant ainsi des armes nouvelles au souverain. Deux exemples suffisent à le prouver. Le premier concerne les rapports du roi et de l'Église. Pour tenter de conjurer le grand schisme (1378-1417) et en atténuer les conséquences dramatiques pour l'Église, théologiens et légistes incitent le roi à intervenir davantage dans les affaires ecclésiastiques en vue de défendre l'Église de France contre les empiétements de Rome et sauvegarder ses libertés. Se fondant sur ces incitations, le souverain prend aussi appui sur les engagements contractés au moment du sacre en faveur de l'Église pour assurer sa position et transformer le « Roi très chrétien » qu'il est, en chef de l'Église du royaume auquel reviennent, tout naturellement, protection de ses droits et défense de son statut.

Le second exemple, tout différent, concerne le domaine mais aboutit à des résultats parfaitement identiques. Charles V introduit dans la promesse du sacre un engagement nouveau, celui de ne pas procéder à des aliénations du domaine. Il y avait là, pour le souverain, un solide moyen de fonder en droit ses interventions orientées vers la reconstruction progressive du domaine. Il lui serait désormais toujours possible d'invoquer cette clause pour révoquer toutes aliénations antérieures. Elles étaient fort nombreuses. Là encore, l'assise de son pouvoir se trouve considérablement renforcée par les engagements contractés à l'occasion du sacre dont la valeur juridique ne cesse de se transformer. Acte moins constitutif que par le passé, il n'en devient pas moins un extraordinaire moyen d'affirmation et de renforcement des pouvoirs de la royauté, tout comme les funérailles.

B. LES FUNÉRAILLES

Elles constituent, dans le rituel monarchique, comme une réponse inversée au sacre. Au rite de passage de l'état préroyal à l'état royal qui marque tout début de règne, correspond, en fin de règne, le rite de passage de l'état de roi à celui de défunt. Tout comme le sacre, les funérailles du roi sont chargées de symboles qui leur font prendre place dans l'arsenal des techniques utilisées par la royauté pour asseoir son pouvoir.

Depuis le temps de Philippe Auguste, la basilique de Saint-Denis en est devenue le théâtre obligé. Désormais, comme le sacre, les funérailles évoluent constamment vers plus de faste et de luxe. Celles de Philippe Auguste (1223) marquent un tournant important. Intégrant tout à la fois l'ancien cérémonial byzantin et les usages pratiqués en Angleterre, largement ouvertes vers le public et très solennelles, elles visent avant tout à montrer le corps du roi dans sa double nature physique et politique. C'est la raison pour laquelle il garde le visage découvert, tout en étant revêtu des habits royaux rehaussés par la présence des *regalia*. La couronne est placée sur la tête et le sceptre déposé dans sa main.

Ce cérémonial s'enrichit encore à l'occasion des funérailles de saint Louis et de Philippe III puis, surtout, de Philippe le Bel dont le corps qu'accompagnent les *regalia* est déposé sur une somptueuse litière avant d'être transporté à Notre-Dame où est célébrée une messe solennelle. Puis, le lendemain, le cortège s'ébranle vers Saint-Denis. Prélats et religieux ouvrent la marche que suivent les membres de la famille royale escortés de quatre cents bourgeois qui portent le deuil. À l'occasion des funérailles des fils de Philippe le Bel, quelques compléments sont encore apportés. Avec celles de Philippe V, habitude est prise de recouvrir d'un voile le visage du roi défunt et de placer son corps sous un dais. Symbole de permanence, il doit accréditer l'idée d'une nécessaire continuité du pouvoir et de la fiction d'un roi qui ne meurt vraiment qu'au moment où il est inhumé.

Puisque le sacre ne revêt plus ce caractère constitutif aussi marqué qu'il avait auparavant, il convient de donner tout son sens à l'adage « Le Roi est mort ! Vive le Roi ! », même s'il n'est pas encore clairement exprimé et ne devient réalité que bien plus tard. Voilà pourquoi les funérailles du roi défunt s'imposent comme un moment juridique capital dans l'entrée en scène du nouveau roi. C'est à l'instant même où disparaît matériellement le corps du roi défunt que son successeur est véritablement appelé à prendre sa place. Jusqu'au début du XIVe siècle, les funérailles royales étaient un simple cortège qui accompagnait le corps du roi défunt jusqu'à Saint-Denis. Puis, au fur et à mesure que s'avance le siècle, la procession s'étoffe et s'allonge de toute une suite de dignitaires qui n'y participaient pas jusque-là. Membres de la cour, du Parlement et de toutes les institutions centrales de la monarchie viennent désormais grossir ce défilé qui prend allure institutionnelle.

À cela s'ajoute à partir de 1422, à l'occasion des funérailles de Charles VI et suivant la tradition anglaise, une importante innovation. Apparaît, à côté du cercueil du roi, son effigie qui le représente vivant. Elle finit par devenir, dans la seconde moitié du XVe siècle, le centre même de la cérémonie qui revêt toute une signification nouvelle. On s'attache à montrer, en fixant l'attention sur cette effigie, que le roi n'est pas encore véritablement mort, tandis que son successeur n'apparaît toujours pas dans le cortège. Ce n'est qu'à Saint-Denis, au moment où le corps est déposé dans la tombe, que le roi a véritablement disparu. Jusque-là, son effigie vivante a contribué à maintenir la fiction d'une certaine continuité du pouvoir. Alors, mais alors seulement, le nouveau roi peut apparaître pour prendre le relais et présider aux destinées de l'État. Ici encore, tout est mis en œuvre pour renforcer l'idée d'un État dont stabilité et pérennité ne doivent en rien avoir à souffrir de l'inévitable rupture qu'entraîne, dans sa gestion quotidienne, la disparition physique de son souverain.

L'effort est toujours le même de la royauté, de son entourage aussi, qui veulent étroitement associer la population à ce grand événement. La masse des sujets se trouve ainsi en quelque sorte appelée à témoigner que la succession se déroule dans les conditions les plus strictes de légalité et à assurer au nouveau roi toute sa légitimité. Volonté est aussi affichée de frapper l'imagination de cette foule en lui prouvant la toute-puissance du souverain par l'ampleur des obsèques dont il est honoré. Cette toute-puissance, cette solidité retrouvée des assises du pouvoir et partant de l'État, ne pouvaient qu'inciter le nouveau roi à utiliser tous les moyens dont il disposait pour obtenir l'adhésion à sa personne.

Sacre et funérailles étaient certes des moments importants dans un règne, mais combien rares pour frapper durablement une opinion et la mobiliser autour de l'État toujours en quête d'assises nouvelles. Ces deux cérémonies, si grandioses fussent-elles, présentaient aussi l'inconvénient de se dérouler toujours en des mêmes lieux — Reims et Saint-Denis — et de ne toucher, finalement, qu'une population restreinte. Le nouveau roi devait donc, pour tirer le meilleur parti de ces incomparables événements de la vie politique, en assurer le prolongement. La royauté des XIVe et XVe siècles sut toujours y parvenir en organisant des visites répétées aux bonnes villes.

C. Entrées royales et visites aux bonnes villes

Que ce soit au XIVe ou au XVe siècle, le roi se déplace de plus en plus en direction de ses bonnes villes afin de nouer avec elles des relations plus directes. Elles entrent désormais dans le champ privilégié de la propagande royale, la nature des liens qui les unissent au roi est en pleine mutation et les visites qu'il leur fait, plus nombreuses, viennent considérablement enrichir la panoplie des moyens de gouvernement. Jusqu'au début du XIVe siècle, chaque fois que le roi se rendait dans une bonne ville, son souci principal était d'y trouver, avant tout, le gîte et le couvert. Cette visite était encore toute féodale, faite de dévouement de la vassale à son seigneur, de la ville à son roi, qui exerçait sur elle tous les droits découlant du contrat féodal.

Avec les premiers Valois, s'amorce le temps d'une profonde mutation. Ces visites, qualifiées d'« entrées royales », deviennent, pour le prince, un moyen spécifique de renforcer et, surtout, d'utiliser les relations qu'il entend approfondir avec ses bonnes villes. Pour elles, c'est l'occasion d'obtenir en retour protection renforcée, considération plus grande et privilèges accrus. Alors, l'entrée du roi dans une bonne ville devient un événement politique de premier ordre, un moment fort du dialogue que le prince entretient avec le pays et qu'il s'efforce de constamment raviver. Que le roi soit accueilli par un très long et officiel cortège ne surprendra pas. Édiles municipaux, représentants des métiers et de tous les corps de la ville sont présents, revêtus de leurs livrées et de leurs costumes, tandis que les enfants agitent des bannières et jettent des fleurs. La foule est bruyante, colorée à l'extrême dans une fête un peu désordonnée que le roi et ses agents encouragent pour mieux obtenir une adhésion politique profonde.

Plus on avance dans le siècle, mieux les choses s'organisent et s'orchestrent pour devenir parfaites au siècle suivant, minutieusement réglées. Dès la fin du règne de Charles V, l'entrée prend un tour nouveau, étroitement lié à l'apparition du titre de « Roi très chrétien ». De laïque qu'elle était, la fête devient aussi religieuse et plus solennelle. Désormais, les rues sont tendues de draps, décorées de fleurs, comme le seraient une église ou un temple, et le roi est placé sous un dais directement imité du dais apparu peu de temps avant pour célébrer la Fête-Dieu. Pour le « Roi très chrétien », c'est une Fête-Roi qui l'accueille, tout à l'image de la Fête-Dieu. Et l'opinion s'en trouve d'autant plus marquée qui reconnaît ainsi au roi, par son attitude de soumission et de respect, une situation exceptionnelle, intermédiaire entre Dieu et les hommes, déjà conférée par le sacre. Le prolongement recherché par le roi est évident, les effets du sacre s'en trouvent tout à la fois renforcés et amplifiés.

Mais cette fête religieuse ne fait pas pour autant disparaître les réjouissances purement laïques. Elles continuent à faire partie intégrante de ces journées de liesse. Mieux même, leur place ne cesse de grandir. Il faut mobiliser les esprits et les cœurs. Il convient de distraire aussi la foule pour s'attacher sa fidélité et sa reconnaissance. Voilà pourquoi l'entrée royale devient, dès la fin du XIVe siècle, l'occasion de véritables représentations théâtrales. C'est précisément à ce moment-là, vers les années 1380, qu'apparaissent à Nantes, Rouen et Paris, les premières confréries théâtrales. Au siècle suivant, les représentations se multiplient, toujours axées sur des thèmes pieux évoquant les mystères et la vie du Christ. Mais l'ambition première est davantage de distraire que d'édifier, puis de fortifier la personne du roi en imaginant des thèmes nouveaux propres à favoriser le développement d'une véritable religion royale.

Fête laïque et religieuse, spectacle de la rue et occasion très soigneusement orchestrée d'échange entre le roi et sa bonne ville, l'entrée royale fut un incomparable moyen de renforcer l'assise d'un pouvoir qui s'inscrivait aussi dans le surnaturel.

2. Cycle légendaire

Sacre, funérailles, entrées royales et visites aux bonnes villes marquent les temps forts de tous les règnes. Ils contribuent à donner au pouvoir royal des assises solides. Mais pour l'asseoir plus solidement encore, merveilleux et légendaire s'allient afin de l'assurer de son origine divine à travers des signes directement envoyés du ciel. Tangibles, matérialisés à travers des objets voués à une vénération permanente — la Sainte Ampoule, les fleurs de lys et l'oriflamme —, ils constituent les plus solides piliers de la religion royale tant les hommes du Moyen Âge s'attachent davantage à des objets symboliques qu'à des idées abstraites.

La Sainte Ampoule

Cette légende, bien ancrée dans les esprits depuis qu'Hincmar en a fait le récit dans la *Vie de Saint-Rémi,* contribue à tisser un lien étroit et direct entre la monarchie française et Dieu. Ne pouvant arriver à temps pour apporter les huiles nécessaires au baptême de Clovis, le prêtre chargé de cette mission aurait été miraculeusement remplacé par une colombe. Descendue du ciel, elle se serait substituée à lui pour remettre à l'évêque Rémi une ampoule remplie du précieux baume. Après avoir servi au baptême de Clovis, il aurait été conservé à Reims dans un reliquaire en forme de récipient et utilisé, par la suite, pour le sacre des rois successifs.

Ainsi formée, la légende ne cesse de s'enrichir. On fait du baptême de Clovis un véritable sacre tandis que l'huile sainte devient un liquide qui ne s'épuise jamais et se renouvelle en permanence pour sanctifier l'onction des rois de France, fonder le don de guérison et donner à leur pouvoir miraculeux une assise incontestable. C'était affirmer qu'existait bien une longue chaîne ininterrompue des rois qu'unissait depuis les origines la même huile sainte, comme le même sang, dans un pouvoir héréditaire, sacral et thaumaturgique.

Les fleurs de lys

Comme l'huile sainte des sacres, les trois lys du blason des rois de France leur avaient été envoyés par Dieu. Dès le règne de Philippe Auguste, la bannière fleurdelisée précède les chevaliers français à la croisade. Elle domine aussi le champ de bataille de Bouvines. En même temps, une fleur unique apparaît sur le contre sceau. Sous Louis VIII, les vêtements du sacre sont semés de fleurs de lys qui prennent leur forme héraldique à trois pétales sans pistil avec barrette transversale. Vers 1250, tout semble définitivement acquis et fixé.

La symbolique médiévale attachée aux lys s'est constituée à partir d'une réflexion religieuse. Le lys de la Bible a couleur étincelante et odeur délicate, il croit en abondance tandis que celui de l'Évangile symbolise l'éclat royal. Les Pères de l'Église voient en lui symbole de toutes les vertus, en particulier de la justice, et comme elle est vertu cardinale du roi, le lys ne peut que symboliser le roi. À partir du XIe siècle, cette symbolique subit un profond renouvellement. On insiste alors davantage sur d'autres symboles du lys que sont la pureté et la chasteté pour en arriver à un transfert du Christ-lys à une Vierge-lys dispensatrice de toutes grâces tant sa blancheur figure beauté et vertu. Alors, armoiries épiscopales et monnayages des églises dédiées à la Vierge utilisent largement le lys, qui contribue à faire connaître partout la Vierge-lys. Et puisque les rois de France ont une profonde dévotion à Notre-Dame qui est à la fois Vierge-reine et Mère de miséricorde, l'idée prend lentement corps d'une identité entre ministère royal et ministère marial. De là à adopter les armes de la Vierge-reine, il n'y avait qu'un pas. Il fut très vite franchi dans la seconde moitié du XIIe siècle et contribua, tout naturellement, à renforcer la croyance en l'origine divine des lys royaux tout en plaçant le royaume de France sous la protection naturelle de Marie. Cette évolution devait trouver son aboutissement en 1638, quand Louis XIII consacra la France à la Vierge.

Considéré comme un don de Dieu fait à Clovis, l'emblème royal place les dynasties successives sous la protection divine et renforce leur légitimité, surtout à partir du moment où elle est contestée par les Anglais sous les premiers Valois. Et pour mieux l'assurer, tout un mouvement se dessine dans la littérature politique du temps qui accrédite la thèse d'après laquelle c'est saint Denis en personne qui aurait reçu la révélation de l'écu royal et non pas un simple ermite de l'abbaye de Joyenval. C'était encore renforcer les liens qui unissaient la royauté à la puissante abbaye.

Armes personnelles des rois jusqu'aux environs des années 1350, les lys deviennent alors emblème de la dignité royale et du royaume. Toujours représentés de couleur or, couleur du soleil et des vêtements des rois — sur fond d'azur — couleur du ciel, ils suggèrent en permanence un rapport entre le souverain et Dieu. Armes de France, ils font partie intégrante des droits de la couronne que le prince jure de conserver. Leur porter atteinte constitue un crime de lèse-majesté.

À partir du moment où ils se trouvent ainsi intégrés à la dignité royale, leur symbolisme politique évolue sensiblement. Au XIIIe siècle, ils évoquent avant tout foi et sagesse si nécessaires au roi pour assurer le salut spirituel du royaume, mais aussi la chevalerie pour que soit toujours gagné son salut temporel. Au siècle suivant, les lys deviennent principalement gage de légitimité. En eux se reflète la Trinité divine qui se manifeste dans la dignité royale qu'elle contribue à fonder à travers les rois qu'elle ordonne et protège. Enfin, à partir des années 1450, nombre d'auteurs s'accordent à voir dans les lys une promesse de grandeur et de domination temporelle pour les rois de France. Protégés par Dieu, ils sont naturellement appelés à écraser la barbarie et à l'emporter partout comme les lys qui triomphent toujours de l'hiver pour refleurir au printemps. Symbole de puissance, les lys contribuent à rendre plus forte l'alliance entre Dieu et le royaume de France afin d'assurer ses souverains dans les visions impérialistes qu'ils pourraient avoir.

L'oriflamme

Au début de son histoire, le gonfanon ou *vexillum* est d'un usage courant. Il est une bannière de couleur rouge feu déployée dans les armées impériales ou féodales avant même d'être utilisé par celles du roi de France. Louis VI aurait vu le sien confisqué par le roi Henri Ier d'Angleterre à l'occasion de la défaite de Brémule (1119). Quelques années plus tard (1124), redoutant de nouveaux revers militaires, il se rend pour prier à l'abbaye de Saint-Denis et y prend possession de son drapeau comme l'habilitait à le faire sa qualité de vassal de l'abbaye dont il tenait le Vexin. Il devient ainsi son porte-drapeau, son gonfanonier, position qui le place plus encore sous sa protection. À partir de cette date est fixé un rite qui devait se renouveler régulièrement jusqu'en 1465. Chaque fois que le roi de France part en guerre, il se rend à Saint-Denis pour y recevoir le gonfanon qu'il restitue à son retour. Dès le règne de Philippe Auguste, ce *vexillum* est assimilé à celui de Charlemagne, ce qui contribue à renforcer les liens que les Capétiens s'efforcent de tisser avec les Carolingiens. Au même moment, les fleurs de lys apparaissent sur l'oriflamme comme pour renforcer son origine céleste. Ce drapeau rouge, sans figure ni ornement, accroché à une barre transversale attachée à un manche vertical symbolise par sa couleur — celle du Christ rédempteur — la souveraineté royale et le refus de la suprématie germanique. C'est ainsi qu'avec Philippe Auguste l'union devient intime entre la monarchie et son oriflamme qui doit toujours la conduire à la victoire. La réalité fut souvent moins brillante avec les premiers revers de la guerre de Cent Ans (Crécy, 1346; Poitiers, 1356) si bien qu'une véritable crise de l'oriflamme ébranla toute la construction idéologique de la monarchie.

Il fallut l'habileté de Charles V et de son entourage pour la surmonter. Le sage roi redonna tout son lustre à la liturgie de l'oriflamme et en fit un drapeau que les rois de France tenaient non pas de l'abbaye de Saint-Denis, mais de Dieu. C'est du moins l'idée que deux de ses dévoués théoriciens, Jean Golein et Raoul de Presles, s'efforcent de faire triompher. À les écouter, l'empereur Constantin aurait vu en songe un chevalier envoyé par Dieu portant la bannière pour le délivrer de ses ennemis. Et

Charlemagne apprenant cette vision se serait reconnu dans le chevalier, ce qui l'aurait immédiatement incité à se rendre à Saint-Denis pour y relever le merveilleux étendard. Présenter ainsi l'origine de l'oriflamme, c'était la détacher de Saint-Denis qui devenait un simple intermédiaire. C'était en même temps renforcer la position du « Roi très chrétien » en apportant une nouvelle preuve de sa relation privilégiée avec Dieu. Même si sous le règne de Charles VI l'abbé de Saint-Denis, Philippe de Vilette, s'efforce de rectifier cette démonstration en insistant sur le rôle d'intercesseur de Saint-Denis dans l'attribution de l'oriflamme aux rois de France, il n'en grandit pas moins l'auréole miraculeuse de la monarchie française. De même que la Sainte Ampoule et les lys, l'oriflamme vient du ciel.

Ainsi se trouvaient constamment exaltés, à travers ces trois signes célestes, le merveilleux, le surnaturel et l'origine divine de la monarchie. Marqué une nouvelle fois du sceau de Dieu qui le distingue en lui envoyant l'huile du sacre, les lys des armoiries et l'oriflamme du combat, le « Roi très chrétien » ne pouvait que triompher tant à l'intérieur qu'à l'extérieur. Reprise d'une longue tradition légendaire, cette vision d'une monarchie fondée sur le religieux s'inscrit aussi dans la permanence et la mémoire.

3. Permanence et mémoire

Le sceau

Il tient une place essentielle dans la panoplie emblématique de tout État dont il symbolise à la fois l'existence et la permanence. D'emblème, il en devient symbole et constitue avec la monnaie, avant l'apparition de l'imprimerie, le seul support permettant la diffusion de l'image du prince. Elle peut ainsi être envoyée et vue très loin par un grand nombre de sujets. Voilà pourquoi la chancellerie royale fabrique chaque année des dizaines de milliers d'empreintes de sceaux. Destinées à véhiculer partout l'image du roi, elles apportent présence de l'État en même temps qu'elles assurent sa permanence. Symbole du pouvoir attaché à tous les actes royaux, le sceau est aussi image du roi qui le vivifie. Autant de raisons qui justifiaient qu'il présentât des caractéristiques particulières par rapport aux sceaux des grands féodaux.

Depuis Henri Ier, le sceau royal est un sceau de majesté. Le roi y est représenté de face et assis sur son trône en manteau flanqué des principaux *regalia*, couronne, sceptre et fleur de lys. Avec Louis VII, un nouveau signe distinctif s'affirme. Le trône royal devient alors un siège en forme de x, ce qui distingue désormais le sceau français de tous les autres. Puis la main de justice fait son apparition sous le règne de Louis X. Tenue de la main gauche, elle a pris la place du sceptre désormais passé à la main droite. Au même moment, cette représentation emblématique s'enrichit autour du dais que Philippe V pare d'une magnifique draperie semée de fleurs de lys. Moins fidèlement reprise par Charles IV, cette iconographie du sceau devient définitive à partir du règne de Philippe VI. Symbole de continuité dynastique, elle figure en permanence sur le grand sceau royal qui suit le roi dans tous ses déplacements tandis que le sceau d'absence — utilisé chaque fois que le roi est absent — ne reproduit jamais l'effigie royale, mais simplement un motif constitué de trois fleurs de lys surmontées d'une couronne avec la mention *Sigillum regium [in] absencia magni.*

L'emprise de l'État est désormais assez forte pour que seuls des symboles abstraits suffisent pour signifier son existence et assurer sa permanence par-delà la disparition physique des rois, même si le sceau demeure très lié à leur personne comme l'atteste la coutume de briser la matrice du grand sceau à la mort de chaque souverain.

Saint-Denis

Lieu célèbre depuis que plusieurs rois mérovingiens s'y sont fait enterrer, l'abbaye de Saint-Denis attire tour à tour Carolingiens, Robertiens et Capétiens qui la protègent, la couvrent de bienfaits, parfois la choisissent pour y être sacrés et, beaucoup plus souvent, comme lieu de leur sépulture. Cette tradition devient règle à partir d'Hugues Capet, à l'exception de Philippe Ier enterré à Saint-Benoît-sur-Loire, Louis VII à Barbeau et Louis XI à Cléry.

C'est avec l'abbatiat de Suger (1122-1151) qu'une union irrésistible est scellée entre la royauté et l'abbaye de Saint-Denis qui prend alors définitivement le relais de l'abbaye bénédictine de Fleury-sur-Loire. Au cœur du domaine royal, Saint-Denis fixe toute l'histoire de la dynastie capétienne et en garde la mémoire à travers les nombreuses histoires et chroniques qui y sont rédigées. Son patron, saint Denis, concentre sur lui la protection de tout ce qui est royal. Patron du roi, il l'est aussi de la dynastie et du royaume dont il conserve l'oriflamme. Mais il est aussi et surtout le gardien des *regalia* apportés en grande pompe à Reims à l'occasion de chaque sacre.

Cette symbiose entre l'abbaye et la royauté devient plus profonde encore au XIIIe siècle, en liaison avec l'affermissement de l'institution royale et le culte dont elle est l'objet. Saint Louis encourage le travail historiographique des moines qui s'efforcent de donner une vision continue de l'histoire des Français et de leurs rois depuis leurs origines troyennes. Mais comme elle était rédigée en latin, il leur suggère de la traduire en français pour qu'elle soit plus accessible et qu'elle s'intègre plus facilement à la mémoire collective nationale. Confiée à Primat, cette œuvre de longue haleine, seulement terminée en 1274, donne naissance aux *Grandes Chroniques de France*. S'y retrouvent tous les grands thèmes fondateurs de la monarchie autour desquels s'organise la religion royale, qu'il s'agisse des origines troyennes, des grands moments de l'histoire carolingienne, de la protection toute spéciale apportée par Dieu au royaume de France et à la lignée jamais interrompue de ses rois dont les faits et gestes constituent toujours le centre du récit.

Au même moment, vers 1260, et comme pour doubler la démonstration de l'écrit, saint Louis fait procéder à la restructuration complète et symbolique de la nécropole royale en vue d'affirmer la continuité des trois dynasties. Les corps des rois et des reines jusqu'alors dispersés sont regroupés de telle manière que les deux anciennes races, en particulier le Mérovingien Clovis II et les Carolingiens Charles Martel, Pépin le Bref, Louis III et Carloman reposent dans la partie droite du monastère et face aux descendants d'Hugues Capet, tous regroupés dans la partie gauche. Enfin, pour symboliser parfaitement l'union des trois dynasties, Dagobert reste dans le chœur avec Charles le Chauve qui avait spécialement protégé l'abbaye, tandis que les tombes de Louis VIII et de Philippe Auguste sont placées dans l'axe, juste au centre. Il y avait là un parfait ordonnancement que devait encore renforcer un peu plus tard la place centrale réservée à saint Louis, puis l'affectation par Charles V, au siècle suivant, de la chapelle de droite à la nécropole des Valois.

Cimetière des rois, mémoire de la nation en formation et gardienne de l'oriflamme, Saint-Denis constitue avec Reims, ville du sacre, le lieu obligé de tous les grands rites royaux. Autour de ces deux pôles s'organisent symbolique et religion royales qui scellent dans une histoire continue le destin commun de la royauté, de ses prélats, de ses barons et de tous ceux qui devenaient chaque jour davantage des sujets.

CONCLUSION

Tout au long des trois derniers siècles du Moyen Âge, l'institution royale subit une profonde rénovation. Théologiens, philosophes, juristes et écrivains politiques la placent au centre de leur réflexion pour ciseler un portrait du roi dont les qualités reflètent, tout à la fois, le poids de la tradition et les nécessités du temps. Prince légitime, le jeune roi se trouve, dès sa naissance, chargé des qualités de ses prédécesseurs. Mais devoir lui est fait, aussi, de les améliorer sans cesse et d'en acquérir de nouvelles tant le gouvernement du royaume devient une véritable science, et tant aussi la rigueur des temps lui impose une adaptation permanente. Est tenu pour prince idéal, non seulement celui qui est juste, bon et instruit, mais aussi celui qui réussit, malgré la crise, à s'imposer.

Paré de semblables qualités, le roi transcende en quelque sorte le monde qui l'entoure, tandis que l'appellation de « Roi très chrétien » lui vaut une situation spécifique dans la cohorte princière des royaumes d'Occident. Mais il ne se trouve jamais pour autant placé au-dessus de sa fonction dont la dévolution, tout comme celle du royaume, lui échappe complètement. Cette succession est soumise à des règles particulières dont la formulation claire résulte d'une suite de crises. Celles de 1316 et de 1318 aboutissent à l'exclusion des femmes et de leurs descendants. Réservée au plus proche parent par les mâles, cette succession doit aussi être obligatoirement nationale. Le temps fort des années 1420-1422 qu'accompagne une profonde réflexion doctrinale en fait également une succession indisponible et immédiate. Le sort de l'institution royale se trouvait ainsi verrouillé, en même temps que se développait autour de la personne du prince une véritable religion royale dont le sacre et les funérailles figurent les principaux rites.

Moments privilégiés mais aussi exceptionnels d'un règne, ils sont constamment relayés par les entrées royales et les visites aux bonnes villes du royaume. Mais cela ne saurait suffire à fonder le surnaturel de la royauté qui s'inscrit dans un cycle légendaire profondément enraciné dans un lointain passé. Sainte Ampoule, fleurs de lys et oriflamme sont l'objet d'une vénération constante sous la garde vigilante de Saint-Denis, tombeau des rois et mémoire vivante de l'État en construction dont le sceau rend la majesté royale partout présente dans le royaume.

CHAPITRE 2

UN ROYAUME POUR LES FRANÇAIS

Forte du renouveau apporté à la vision doctrinale et aux fondements juridiques de son pouvoir, la royauté s'impose plus que jamais, depuis le règne de Philippe Auguste, comme la seule force capable de réaliser l'unité du royaume et la construction de l'État. Elle est de plus en plus perçue comme l'élément fédérateur de toutes les diversités, qu'elles soient politiques, régionales ou linguistiques, pour transcender lentement ce qui reste de la féodalité et faire entrer le royaume dans un processus irréversible d'étatisation. L'objectif était de taille et supposait, pour être atteint, que puissent être mis en œuvre les moyens les plus variés. Le Capétien a certes remporté de nombreux succès diplomatiques et militaires qui l'ont placé dans une phase constamment ascendante tout au long du XIIIe siècle, mais sa position demeure encore fragile face à la puissance territoriale et politique des féodaux.

Dans ces conditions, le jeu des rapports de force qui se nouent entre le roi et les maîtres des principautés territoriales ne lui est pas toujours favorable. La stratégie de centralisation politique à laquelle se livre le pouvoir royal pour construire l'État se heurte constamment à la résistance des princes, rendue depuis longtemps possible en raison des dépossessions systématiques de prérogatives politiques qu'ils avaient imposées à la royauté. Dans un tel contexte, toute dynamique de reconquête des territoires et des pouvoirs perdus doit dépasser les seuls moyens que peut apporter à la royauté le recours à la diplomatie, à la négociation ou à la force.

Pour vaincre tensions et résistance qu'opposent au roi les différents acteurs de l'échiquier politique et leur faire accepter la construction progressive d'un monopole politique au bénéfice d'un État qui se dépatrimonialise en se dotant d'institutions indépendantes du prince, il convient de porter le combat sur un autre terrain, celui du droit. La place cardinale qu'il retrouve dans le jeu social et politique depuis le XIIe siècle fait qu'il vient, tout naturellement, au secours du pouvoir (I) dans son combat pour affirmer, face à l'Empire et à l'Église, l'identité du royaume de France (II) et définir la position qui doit revenir au roi en son royaume (III).

I. LE DROIT AU SECOURS DU POUVOIR

Jusqu'au XIIe siècle, la vision du politique que se font penseurs et théoriciens de l'État demeure largement tributaire de la théologie. Cette discipline, qui s'était imposée comme champ dominant de la réflexion, constitue alors un axe structurant autour duquel s'organise la construction d'un État profondément enraciné dans le religieux. Dans un tel contexte, la lente marche des structures étatiques vers leur laïcisation progressive a été pendant longtemps freinée. Tant la domination idéologique de l'Église que le modèle politique engendré et légitimé par la théologie, laissent peu de place pour une construction autonome de l'État. Mais trop orientées et trop pointues, les œuvres des théologiens ne débordent guère le cadre universitaire. Même s'ils revendiquent un rôle de premier plan dans la formation des gouvernants et la mise en place des doctrines qui doivent présider à la difficile genèse des jeunes États, l'impact réel de leur pensée sur le politique n'est pas toujours aussi profond qu'ils le souhaiteraient. Trop englobante, leur vision théologique du pouvoir apparaît comme exclusivement axée autour de sa nature et de ses fondements. Aride et rigide, elle ne suffit plus aux aspirations d'une société qui se laïcise lentement, mais sûrement, pour favoriser l'émergence d'un État dont les assises sont en plein renouvellement. Il fallait, pour cela, que s'affirment d'autres champs de réflexion pour faire éclater cette emprise dominante de la théologie, matrice première de la culture médiévale. Il fallait aussi que prenne essor un nouveau courant de pensée dont le politique devait constituer l'objet spécifique et principal d'étude.

Le courant philosophique des XIIe et XIIIe siècles a permis, dans ce domaine, de remarquables avancées. La philosophie de saint Thomas et de ses émules, soucieux d'exploiter des sources jusque-là trop négligées, ouvre un champ rénové à la réflexion politique. Puisant principalement aux œuvres d'Aristote, surtout à partir des traductions latines qu'en fit Guillaume de Mœrbeke archevêque de Corinthe en 1278, ils favorisent la naissance d'une science autonome des gouvernements et des régimes politiques ayant pour elle son vocabulaire, sa structure de pensée et ses genres littéraires. Mais cette science du politique, dont l'essence est aristotélicienne, doit aussi beaucoup à d'autres sources dont la richesse domine toute la pensée politique du Moyen Âge occidental. C'est d'abord la Bible, le livre le plus lu à travers la traduction latine de saint Jérôme (la *Vulgate*) que Grégoire le Grand érigea en version officielle des Saintes Écritures. Parce qu'elle fut réalisée au Ve siècle, cette traduction utilise largement le vocabulaire juridique et politique impérial, tels les concepts d'*auctoritas*, d'*imperium* et de *potestas*, notions cardinales dans la construction de la science politique médiévale. Mais c'est aussi et surtout parce qu'elle permet de saisir des modèles politiques et sociaux que la Bible devient une référence constante pour la pensée médiévale. La royauté biblique et ses rapports avec la prêtrise en particulier, constituent autant de points d'ancrage pour la construction politique. Après la Bible, les œuvres des Pères de l'Église occupent une place de choix dans la lente genèse de cette science de l'État. Au premier rang d'entre eux, saint Augustin, auquel saint Thomas se réfère constamment, fait véritablement figure de fondateur tant ses réflexions autour de l'origine du pouvoir, de la nature de la loi et du rôle de l'État sont porteuses et fécondes.

Même profondément revues à travers l'aristotélisme, les grandes œuvres de l'Antiquité et celle des auteurs chrétiens, cette nouvelle théologie politique qui devait contribuer à donner progressivement naissance à une science politique, ne pénètre que lentement les esprits. Il en va ainsi de la subtile distinction de saint Thomas à propos de l'ordre naturel et de l'ordre surnaturel, ou encore de ses savantes méditations autour de la loi et de la personnalité naturelle de l'État. Pour que ces réflexions aient quelque impact, il fallait que s'opère une véritable révolution culturelle. Les ordres mendiants y contribuent largement tout au long du XIIIe siècle. Pénétrant de l'intérieur le milieu urbain et le tissu universitaire, ils s'efforcent de rendre intelligible à un public laïque et souvent de modeste culture, toute une vision théologique et philosophique de l'organisation politique dont la compréhension était jusque-là demeurée le monopole d'une élite.

S'ouvrait ainsi tout un champ nouveau que devaient progressivement investir les juristes dont la réflexion avait contribué, depuis longtemps déjà, à rendre autonome une véritable « science civile », par rapport à la théologie et à la philosophie politique. Avec la renaissance du droit romain au XIIe siècle, cette « science civile » apparaît, avant tout, comme une science du droit qui doit permettre de faire découvrir et apprendre les compilations de Justinien. Mais son objet s'élargit rapidement pour englober l'étude des modes de création du droit et, par là même, les mécanismes de gouvernement et d'administration. De « science civile », elle devient une véritable science du gouvernement qui conduit tout naturellement ses maîtres à situer leur réflexion sur le terrain du politique.

Complètement autonome par rapport à la théologie et à la philosophie, l'étude du droit — d'abord romain et canonique, puis coutumier — apporte à tous ceux qui s'y livrent des cadres rigoureux de pensée, d'interprétation et de création. Ils favorisent la construction de modèles abstraits et logiques dont l'efficacité reconnue permet aux juristes de ravir, aux théologiens et aux philosophes, la place traditionnelle qu'ils occupaient dans la lente mise en place des rouages constitutifs de l'État. En même temps qu'il s'impose dans les cours de justice et le notariat du Midi, le droit romain des glossateurs enseigné et adapté dans les Universités, stimule la pensée des plus grands jurisconsultes français du XIIIe siècle dont les œuvres s'inspirent, très largement, des principes de Justinien. Les postglossateurs en font un droit plus utile encore à la science politique et voient, dans son étude, le moyen tout à la fois de parfaire une véritable science du gouvernement et d'accéder, pour les gouvernants et leurs agents, à une formation privilégiée. Le droit n'est-il pas présenté par eux comme portant en lui une triple vertu qui, parce qu'elle englobe théologie et philosophie, les rend par là même sinon inutiles, du moins inopérantes? *Sapientia*, il est sagesse qui ouvre la voie à la réflexion sur le divin. *Scientia*, il est le chemin qui conduit à l'étude des choses humaines. *Ars*, enfin, il se veut discipline politique résolument tournée vers l'État au quotidien et vers l'action de son administration.

À la fin du Moyen Âge, le juriste est partout. Plus qu'un doctrinaire, il est homme de pratique et même s'il commente un texte de Justinien ou donne une consultation, c'est toujours à dégager une solution utile qu'il s'attache. Voilà pourquoi le prince fait de plus en plus régulièrement appel aux gens de loi pour animer son conseil, rendre la justice et structurer des rouages administratifs toujours plus complexes. C'est dire que le droit — qu'il soit féodal (1), romain (2), canonique (3) ou royal (4) — a tellement envahi la pensée et l'action politiques depuis le XIIe siècle qu'il est devenu un instrument privilégié du prince et de ses agents dans la construction de l'État. Dans cette mise en œuvre de techniques juridiques les plus diverses, un grand pragmatisme domine qui conduit le roi et ses administrateurs à faire preuve d'esprit d'ouverture. Refusant tout exclusivisme, ils adoptent ou adaptent les moyens juridiques que leur apportent ces différents systèmes, tant en fonction des circonstances que des possibilités qu'ils leur offrent et des subtilités que leur apprend le monde universitaire (5).

1. Le droit féodal

L'utilisation qu'a pu faire la royauté du droit féodal tout au long des XIIIe, XIVe et XVe siècles a été souvent amplifiée, et il n'est pas rare qu'on ait confondu la mise en œuvre de moyens de pur droit féodal avec le recours à de simples techniques de droit privé. Même si le droit féodal devient, en cette fin du Moyen Âge, un droit de plus en plus savant, il n'en demeure pas moins un outil subsidiaire dans la construction de l'État. Toujours perçu comme un solide moyen de rattachement des terres et des hommes, il ne s'impose que lentement comme technique d'administration, tandis qu'il constitue pour la royauté un instrument privilégié de sa diplomatie.

A. DES PRATIQUES FÉODALES AU DROIT FÉODAL SAVANT

Jusqu'au règne de Philippe Auguste, la féodalité s'impose davantage comme un système socio-économique vécu que comme un système socio-politique pensé. La réflexion juridique de la monarchie et de son entourage prend un tour nouveau en matière féodale pour dépasser les conséquences qu'avaient pu en tirer Louis VI, Louis VII et Suger. Dans ce mouvement d'approfondissement, l'influence des juristes canonistes n'est pas négligeable, même s'ils n'envisagent, le plus souvent, le droit féodal que dans ses aspects techniques, en particulier celui des tenures à charge de services spécifiques.

C'est d'Italie que vient le tournant décisif, à partir de la fin du XIIe siècle, époque au cours de laquelle se généralise, depuis l'université de Bologne, l'enseignement du droit des fiefs autour du commentaire des *Libri feudorum*. Composés de textes disparates réunis tout au long des XIe et XIIe siècles, les *Libri feudorum* sont connus à Bologne à partir des années 1150, puis intégrés au *Corpus juris civilis* et considérés comme des *leges scripte*. Les gloses qu'en font les civilistes, en particulier celle de Pillius († 1207) dans les années 1190 à Modène, permettent de construire, progressivement, la charpente d'un véritable droit auquel des juristes comme Symo Vincentinus dans la première moitié du XIIIe siècle, puis Jacobus de Bellovisu († 1335) et Andreas de Isernia († 1316) apportent ses contours définitifs. Il en va de même des multiples sommes qui traitent, de manière systématique, de la définition, de la consistance, de l'investiture et de l'aliénation des fiefs en même temps que de tous les droits féodaux. Ici encore, domine la *Summa feudorum* de Pillius qui devait être imitée par ses successeurs tout au long du XIIIe siècle, en particulier Odofredus († 1265) et le Bourguignon Jean de Blanot († 1281) qui, étudiant puis professeur pour peu de temps à Bologne, introduit dans son *Tractatus de actionibus* (1256) d'imposants développements sur le droit des fiefs. En cette phase d'intérêt accru pour le droit féodal, Bologne n'a le monopole, ni de l'écriture, ni de l'enseignement.

L'ensemble de la péninsule s'y intéresse et Balde (1327-1400) compose un traité des fiefs à la demande du comte de Vertus, Jean Galleas Visconti, auquel il est offert en 1393, juste deux ans avant qu'il ne devienne duc de Milan.

Plus modestement, le Midi français s'ouvre à ce mouvement. Les juristes locaux s'élèvent à une vision générale du droit féodal, tel le notaire Bertrand du Pont à Avignon qui rédige, au début du XIVe siècle, un formulaire dans lequel deux formules au moins concernent le droit des fiefs, ou encore l'avocat marseillais Jean Blanc († 1267) qui compose, vers 1250, une *Summa super usibus feudorum*. Les milieux universitaires savent aussi se montrer sensibles aux subtilités du droit féodal. À Montpellier, Bertrand de Deaux s'inspire des sommes de Jacobus de Bellovisu, tandis que les sommes du Toulousain Pierre Hélié (milieu du XIVe siècle) et de l'Avignonnais Jean Raynaud (milieu du XVe siècle) témoignent de l'intérêt qu'ils portent au droit des fiefs, matière dont l'enseignement est mentionné dans les statuts des universités de Montpellier et de Toulouse. Point ne semble avoir été le cas à Orléans où Jacques de Révigny († 1296) utilise cependant le traité des actions de Jean de Blanot dans son cours qu'ignore Bertrand Chabrol quand il rédige, dans la seconde moitié du XIVe siècle, sa *Lectura feudorum*. Il y a là autant d'indices sûrs, même s'ils sont minces, d'intérêt certain des professeurs de la cité ligérienne pour les questions féodales.

Ainsi enseigné et diffusé en Italie à travers les *Libri feudorum*, suscitant un intérêt non négligeable dans les milieux de l'enseignement et de la pratique en France, très largement repris par les auteurs coutumiers des XIIIe et XIVe siècles, tout laissait à penser que le droit féodal allait avoir une incidence considérable sur la législation. Il n'en fut rien. Le petit nombre d'ordonnances royales traitant des matières féodales témoigne du rôle relativement modeste qui lui est dévolu dans la construction de l'État. Du règne de Philippe Auguste inclus à la fin du XVe siècle, on ne dénombre que six ordonnances portant sur des questions féodales. Les grandes ordonnances de réformation n'en traitent pratiquement pas, tandis que les chartes provinciales consécutives aux troubles de 1314 ne contiennent que de rares articles sur la question. Toute cette législation féodale évoque, en un très petit nombre de textes, les sujets les plus variés avec un penchant affirmé pour les questions de droit privé. Partages successoraux, droit de garde de la fille mineure, protection des biens de la veuve noble et promesse de ne pas « immédiatiser » les arrière-vassaux constituent autant de questions tendant à prouver qu'on est bien loin de la construction de l'État. Seule l'ordonnance de 1275 instituant le droit de franc fief, souvent reprise, modifiée et adaptée devient — de rempart de l'organisation sociale qu'elle était en permettant de contrôler l'accès à la noblesse — un véritable moyen de mise en place d'un état de finances. Roi et nobles ne pouvaient que soutenir une législation qui taxait lourdement tout acheteur roturier de fief, le plus souvent incapable d'assurer les services qui lui étaient attachés.

Ce droit féodal toujours plus savant et de mieux en mieux codifié n'a qu'une très faible incidence sur la législation. Mais est-ce à dire qu'il ne joue aucun rôle dans la formation et la cohésion de l'État du bas Moyen Âge? Ce serait trop vite conclure.

B. Un moyen de rattachement des terres, des pouvoirs et des hommes

Depuis la fin du XIIe siècle, la plupart des fiefs ont acquis nature patrimoniale, ce qui permet de leur appliquer l'ensemble des règles qui ressortissent de la coutume et du droit des biens, chaque fois que doit être défini leur statut. L'élaboration progressive de la théorie du double domaine facilite la solution des délicats problèmes que posait la superposition des droits. Les feudistes rivalisent de zèle pour définir les droits respectifs du seigneur, du vassal et de l'arrière-vassal sur le fief. Pillius a fortement contribué à mettre au point cette notion de propriété relative. Au seigneur revient le domaine direct ou éminent (*dominium directum*) et au vassal le domaine utile (*dominium utile*) qui lui vaut simple droit de jouissance sur le fief concédé. Introduite en 1216 dans la rédaction de la coutume de Milan, cette distinction qui devait se maintenir jusqu'à la Révolution passe, dès les années 1220, dans les formulaires des notaires et la pratique juridique du Midi de la France. Même relative, cette propriété qui s'exerce sur le fief en fait un bien d'appropriation privée qui peut être acquis et cédé à prix d'argent, donné, transmis par voie successorale, apporté en dot et mis en gage. Voilà pourquoi la royauté met largement à profit cet arsenal de moyens juridiques afin d'éviter, dans un premier temps, le morcellement des fiefs puis d'opérer, dans un second moment, leur regroupement afin de pouvoir concentrer entre ses mains l'ensemble des services qu'elle en attend. Autant de techniques que le roi et ses agents utilisent habilement, non seulement pour restructurer le royaume, mais aussi pour en étendre la superficie.

Au-delà du réaménagement territorial continu que facilite la mise en œuvre du droit féodal, il permet aussi de repenser l'architecture des pouvoirs au bénéfice de la royauté, qu'il s'agisse de la législation, de la fiscalité ou de la justice. En s'appuyant sur l'obligation de conseil que lui doivent les grands vassaux, le roi impose progressivement son pouvoir normatif tout au long du XIIIᵉ siècle. En les associant aux décisions les plus importantes, il apparaît en même temps comme celui qui en prend l'initiative et qui en contrôle élaboration et application. Il en va de même de l'aide dont la fréquence et les modalités de perception préfigurent l'impôt royal permanent, évolution qui culmine avec celle levée pour le paiement de la rançon de Jean le Bon.

Mais c'est principalement dans le domaine judiciaire que le jeu bien conduit des règles féodales aide le prince à récupérer l'essentiel des prérogatives de puissance publique abandonnées à ses vassaux. Sur l'ensemble du territoire, le droit féodal permet à la royauté de reprendre lentement le contrôle de la justice en donnant à son pouvoir une assise juridique face aux nombreuses usurpations qu'avaient commises les vassaux. Contre elles, elle ne pouvait lutter qu'en rétablissant une hiérarchie judiciaire dont le roi était la clef de voûte parce qu'il était, à l'origine au moins, le seul titulaire de l'*imperium*, en particulier du *merum imperium*, fondement de toute compétence en matière de sang, par opposition au *mixtum imperium* d'où ne découlent que des attributions secondes en matière de justice. Cette discussion autour de l'*imperium*, si vive depuis Azon qui accordait le *merum imperium* non seulement à l'empereur mais aussi à d'autres *potestates*, passionne encore très vivement les juristes qui s'intéressent au droit féodal. Ainsi Pierre de Ferrières († 1307), professeur à Toulouse, rédige à la fin du XIIIᵉ siècle un court texte, *De mero et mixto imperio*, tout comme Pierre Hélié au milieu du XIVᵉ siècle, puis Jacques de Révigny qui consacre au problème une de ses répétitions. Les applications concrètes de cette double notion ne sont pas toujours très claires, mais elles visent un but précis : faire en sorte que la trilogie *Rex, lex, judex,* si bien représentée en mosaïque dans le cœur de la basilique San Savino de Plaisance, devienne réalité dans la pratique quotidienne du pouvoir. Pour en arriver là, il fallait aussi que le droit féodal fût utilisé au mieux, en vue d'un contrôle des hommes.

Serment de fidélité et hommage répondent à cet impératif. Ciment de la société politique du bas Moyen Âge, le serment n'est pas un héritage exclusivement féodal.

La tradition carolingienne demeure vivace qui en fait alors un simple acte d'allégeance des sujets à leur chef. Néanmoins, la féodalité pèse de tout son poids pour faire triompher l'idée selon laquelle tout *juramentum fidelitatis* prêté au roi l'emporte sur tout autre et que la foi jurée par le vassal à son seigneur devient désormais l'essentiel du contrat. L'hommage ne disparaît pas pour autant, bien au contraire, comme en témoigne l'empressement que mettent roi et grands princes, tels Gaston Fébus ou le dauphin Humbert II, à recevoir les hommages de leurs vassaux. Serment et hommage tiennent une telle place dans la vie politique du royaume en plein XIVe siècle que Guillaume du Breuil, avocat au Parlement, leur consacre de longs développements dans son *Stylus curie Parlamenti* (vers 1380), tandis qu'un traité anonyme, rédigé en 1380, *Des fiefs à l'usage de France* en fait le principal pivot des relations qui se tissent autour du pouvoir.

Tant le roi que les princes savent faire évoluer ces deux pratiques issues de la féodalité la plus pure pour servir leur politique et y trouver de solides appuis. Tirant toujours argument de la vassalité pour mieux se faire obéir, ils ont de plus en plus recours à des contrats d'un type nouveau avec hommage, sans fief et sans hérédité — à l'instar de ce qui se passe en Angleterre — pour se constituer de véritables clientèles. C'est l'*indenture system*, ou « système du contrat ». Il permet au roi et à de nombreux princes de retenir ainsi, par contrat, compagnons, alliés et serviteurs. Dans ce contexte revivent les ordres de chevalerie, tel l'ordre de l'Étoile fondé par Jean le Bon ou celui de Saint Michel qu'imagine Louis XI en 1469. Leur rôle politique et militaire est clairement affiché, tant mission leur est assignée de regrouper toute une élite au service du roi en mobilisant ses énergies et son talent. Quand le duc de Bourgogne Philippe le Bon crée, en 1430, l'ordre de la Toison d'Or, il ne s'assigne pas d'autre objectif que de gagner à sa cause de puissants seigneurs qui n'étaient plus ses véritables vassaux mais qui acceptaient de s'engager dans le cadre d'une alliance et d'une aide réciproque. De telles pratiques, qui découlent directement de la foi et de l'hommage, ouvrent la voie à une nouvelle organisation de la société politique qui, tout en s'inspirant des solidarités féodales, les transforme en profondeur. Ici encore, l'esprit du droit féodal subsiste, mais il s'adapte aux nécessités du temps qu'il permet de mieux connaître et de mieux maîtriser.

C. Une technique d'administration

Cette vision féodale de la souveraineté, que le double jeu du serment et de l'hommage entretient tout au long des XIVe et XVe siècles, commence à s'effacer face à une nouvelle pratique administrative naissante. Depuis le milieu du XIIIe siècle, les rapports féodaux entre le roi et ses vassaux se dépersonnalisent aussi souvent qu'ils ne mettent pas en jeu des questions importantes. Si le souverain demeure toujours très attaché au serment et à l'hommage de ses vassaux, il accepte qu'ils ne lui soient pas prêtés personnellement s'il a l'assurance que ni la diplomatie, ni la politique intérieure dans ce qu'elles ont d'essentiel, ne sont en cause. Dans ce nouveau contexte et à partir du début du XIVe siècle, les maîtres de la Chambre des comptes sont appelés à recevoir la plupart des hommages. Cette pratique, qui tend à devenir routinière et dépersonnalisée, donne une portée nouvelle aux rapports féodaux que le prince continue à entretenir avec ses vassaux. Leurs hommages désormais soigneusement dénombrés et enregistrés figurent toujours de longues listes de fiefs dont l'exploitation financière devient le souci premier de la royauté, qu'il s'agisse de faire jouer l'aide pécuniaire et militaire ou de percevoir tous les droits attachés à la jouissance, à la mutation et à l'aliénation du fief. Alors, le droit féodal devient un outil d'administration particulièrement efficace dans la mesure où il permet d'enregistrer, de dénombrer et de compter les hommages et les fiefs dont le roi fait un point d'appui pour restructurer le royaume. De la simple gestion administrative, on glissait insensiblement vers la diplomatie.

D. UN INSTRUMENT PRIVILÉGIÉ DE LA DIPLOMATIE

C'est parce qu'il a su en exploiter tous les ressorts que le roi a pu faire du droit féodal un instrument utilisable pour conduire sa diplomatie et assurer sa suprématie. Dans l'ordre interne, la position supérieure que lui confère le droit féodal au sommet de la hiérarchie féodo-vassalique l'autorise, dès le début du XIIe siècle, à refuser l'hommage à quiconque. Il apparaît, en conséquence, comme le souverain fieffeux du royaume, comme celui qui à l'origine a concédé tous les fiefs et à qui finalement chacun — au moins en théorie — doit hommage. Il y avait là un inépuisable trésor justificatif à toutes les interventions auxquelles allait se livrer la monarchie à tous les degrés de la hiérarchie féodo-vassalique. Il en va de même dans l'ordre international où d'innombrables principes, tirés du droit féodal, ont souvent permis au roi et à ses ambassadeurs de faire prévaloir leur point de vue. Le conflit franco-anglais en offre un excellent exemple. Tout au long de ses diverses phases, il a fourni maintes occasions à la doctrine féodale de s'affirmer autour de quelques grands concepts, comme en témoignent les multiples consultations demandées aux juristes qui s'appuient alors, tout autant, sur le droit romain.

2. Le droit romain

Toujours plus étudié et mieux connu depuis la fin du XIIe siècle, il envahit progressivement la sphère du politique, à tous les niveaux, pour devenir un efficace instrument de construction de l'État. L'extraordinaire essor de son enseignement, tant au Midi qu'au Nord, comme en témoigne le prodigieux succès de l'université d'Orléans depuis le début du XIIIe siècle, traduit tout l'intérêt que lui porte la royauté. Elle y voit un outil propre à fonder les nouvelles structures qu'elle entend mettre en place, même si certains de ses proches dénoncent avec véhémence les dangers qu'ils croient déceler, pour l'État naissant, dans ce droit romain retrouvé. En dépit de ces oppositions, il n'en apparaît pas moins, dans le domaine de la théorie, comme un trésor de modèles et de concepts qui débouchent dans la pratique quotidienne, sur une science porteuse de multiples techniques.

A. UN TRÉSOR DE MODÈLES ET DE CONCEPTS

C'est bien, avant tout, cela qu'il a été à partir du moment où l'obstination des glossateurs, puis la sagacité des postglossateurs, en eurent donné les clefs d'interprétation.

Alors, dans toute l'Europe, s'ouvre une ère nouvelle de l'histoire des États dont l'ordre juridique et politique se modèle progressivement sur le droit de Justinien. Un droit écrit donc accessible, codifié donc applicable à tous, technique et rigoureux donc opposable à l'empirisme politique et administratif qui avait, jusque-là, trop souvent marqué la construction de l'État naissant. S'il fut un droit de savants, le droit romain retrouvé ne fut pas un droit exclusivement savant, mais bien davantage un droit que ceux qui l'étudiaient et l'enseignaient voulurent assimilable, utilitaire et pratique. Ils en firent un efficace instrument propre à façonner un nouvel ordre qu'ils voulaient rationnel face à un ensemble disparate que disputaient encore au roi, princes et seigneurs. Ainsi s'élabore lentement un système rénové de normes dont les fondements scientifiques imposent le succès dans tout l'Occident. Un droit transnational se met en place. Ignorant les frontières, il transcende progressivement l'ensemble des coutumes et des pratiques de gouvernement. Il apporte aux entités politiques existantes les bases d'une structure entièrement remodelée autour de règles et de principes qui avaient assuré le succès pluriséculaire du système politique romain. Qu'ils soient interprétés à la lettre, adaptés de manière extensive ou restrictive, ces modèles, ces concepts, ces techniques véhiculés par le droit romain retrouvé, marquent un nouveau départ dans la réflexion politique. Ils accélèrent la mise en place d'un système monarchique centralisé et autoritaire qui devait, à terme, assurer le succès de l'État.

• *Modèles*

Au plus haut niveau, celui du politique, les exemples abondent qui témoignent de l'apport extrêmement fécond du droit romain et de l'habile utilisation de quelques-uns de ses textes fondateurs par les souverains et leur entourage. Résumés en formules emblématiques et percutantes par les romanistes, interprétés et revus à la lumière de la scolastique, leur diffusion aussi générale que soigneusement orchestrée vaut propagande politique. C'est tout d'abord l'image d'un *princeps* détenteur de l'*imperium* et de la *potestas* qui se répand dans tout l'Ouest européen. Tant ce *princeps* que le système politique qu'il a créé et contrôlé — l'Empire — deviennent référence permanente. Cette volonté, constamment affichée, d'une *imitatio imperii* conduit juristes et théoriciens qui la soutiennent, à établir un parallèle étroit entre le prince et l'empereur. Tout comme l'empereur qui est le père commun pour tous après Dieu (*post Deum communis omnibus pater*, Novelle 98.2.2), le roi de France s'impose lentement, non seulement comme le père de ses sujets, mais aussi comme le *pater patriae*, le *pater justiciae* et le *pater legis*. Il y a là une intéressante filiation qui fait du souverain, non seulement le maître d'un territoire et d'un système politique, mais aussi celui dont, après Dieu, dépendent hommes et pouvoirs.

Et de là à soutenir que le prince était la loi et que, mieux encore, il était la *lex animata*, il n'y avait qu'un pas que franchirent les juristes médiévaux. C'est en se fondant sur la Novelle 105 qui pose que Dieu envoie l'empereur aux hommes comme loi vivante (*Deus... legem animatam eum mittens hominibus*) qu'ils y parvinrent. Peut-être pas tout à fait il est vrai. La loi vivante, loi qui respire disent les commentateurs médiévaux qui vont jusqu'à affirmer que, pour cette raison, l'empereur a tous les droits dans l'« archive de sa poitrine » (*omnia jura habet in scrinio pectoris sui*). Mais il convient de ne point se tromper sur cette formule, réplique aussitôt Cynus de Pistoia (1270-1336) pour qui elle ne doit pas être interprétée à la lettre. Qu'est-ce que l'« archive de sa poitrine », sinon la cour du prince où conseillers et docteurs se côtoient? Et c'est par leur bouche que parle le père de la loi. Voilà pourquoi il est lui-même cette *lex animata*. Inspirée par ses proches, elle est en même temps une partie de lui-même, tout comme la *res publica* dont il a la garde.

• *Concepts*

Voilà bien un des points cardinaux de l'apport du droit romain à la réflexion juridico-politique médiévale. Mais de quelle *res publica* s'agit-il? Répondre qu'elle s'oppose à la *res privata* n'avance guère. Pour définir cette notion, les romanistes commentateurs du droit de Justinien se sont constamment référés au célèbre fragment d'Ulpien qui voit dans le droit public ce qui touche à « l'état de la chose romaine » et dans le droit privé ce qui concerne les individus pris un à un (*Publicum jus est quod ad statum rei romanae spectact, privatum quod ad singulorum utilitatem*). Ce texte, qui constitue l'épine dorsale de toute la réflexion juridique européenne depuis le XIIIe siècle, présente un double intérêt. Il établit d'abord la distinction fondamentale entre ce qui est public et ce qui est privé, en posant comme principe que chacun de ces deux secteurs est régi par un droit particulier. Il évoque ensuite la *res romana*, la « chose romaine », c'est-à-dire la chose publique en précisant que son *status*, son état, relève exclusivement du droit public. Le terme *status* ne désigne rien d'autre alors que la situation, l'équilibre, la structure d'un ensemble composé de parties. Cet ensemble, c'est la *res romana*, la *res publica*. Aussi bien, quand les commentateurs parlent du *status rei romanae*, c'est tout simplement l'État qu'ils désignent dans le sens où nous l'entendons. L'évolution sémantique est en voie d'achèvement quand, à la fin du Moyen Âge, le terme *status* se trouve employé sans ses compléments habituels *rei romanae* ou *rei publicae*. Alors, il sert à nommer l'État, jusque-là entité politique innommable, par défaut de vocabulaire adéquat. Mais ne nous y trompons point, le terme « état » demeure, encore pendant longtemps, ambivalent. S'il est de plus en plus utilisé pour désigner l'État, il s'applique tout autant à de multiples secteurs de la vie sociale et juridique. Qu'il suffise de rappeler, à titre d'exemple, que la tripartition de la société en états et le poids des assemblées d'états dominent le devenir politique du pays, jusqu'à la veille de la Révolution.

Enracinée dans le droit romain, cette double notion de *res publica* et de *status* trouve un nouveau fondement. Il est à la fois juridique et mythique dans la mesure où s'opère, autour de l'Empire retrouvé, une véritable mise en scène politique qui tient souvent davantage du mythe que de la réalité. Comptable comme était le *princeps* du sort de la *res publica*, le roi doit, comme lui, veiller à son intégrité et à sa pérennité. Ici encore, on assiste à un intéressant transfert de compétence du *princeps imperii* vers le *rex Franciae*. Qualifié d'*Augustus*, l'empereur se devait non seulement de préserver l'Empire, mais aussi de l'augmenter (*augere*). Tous les juristes médiévaux s'accordent, depuis le XIIe siècle, pour reconnaître au roi de France la même obligation face au royaume. Reprenant sur ce point les glossateurs, Jacques de Révigny et Pierre de Belleperche assimilent le prince à un administrateur contraint en toute hypothèse d'accroître son royaume. Ce faisant, il n'en mérite que mieux le titre d'*Augustus* dans la mesure où, placé à la tête de la *res publica*, il se grandit lui-même. Toute attitude contraire lui ferait perdre tout ou partie de sa *potestas* et, partant, le titre de roi. Et l'auteur du *Songe du Vergier* d'en tirer la conclusion finale. Puisque le roi, à l'instar de l'empereur, ne peut amoindrir son royaume, il ne saurait davantage porter atteinte au pouvoir qu'il exerce sur lui.

Ce pouvoir, cette *dignitas*, tout comme le *status* et la *res publica* avec lesquels ils font corps, s'inscrivent nécessairement dans la durée. Qualifier la fonction royale de *dignitas regia*, c'était lui reconnaître toutes les caractéristiques que le droit romain attribuait aux dignités, aux fonctions, en particulier celle d'être pérennes. Il y a là une donnée capitale, si on songe que c'est principalement à travers la notion juridique de fonction que s'est réalisée la romanisation de l'Occident européen. On entre ainsi dans le domaine de la permanence des institutions et des concepts en faisant pénétrer, dans le système politico-juridique, la vieille règle romaine, déjà reprise par les canonistes, qui veut que la dignité ne meurt jamais (*dignitas non moritur*). Les scolastiques vont plus loin encore et étendent cette notion de pérennité à toutes sortes d'institutions, qu'il s'agisse du *fiscus*, du *rex* ou du *populus*. Autant d'éléments de l'État appelés à durer qui font que cet État qui en représente la synthèse, lui non plus, ne meurt jamais. C'est bien ainsi que naît, dans ce creuset de règles et de concepts romains, la règle de continuité de l'État.

B. Une science porteuse de multiples techniques

À un niveau plus modeste, celui des structures et des pratiques administratives, le recours au droit romain retrouvé s'avère tout aussi porteur. Emboîtant le pas des premiers commentateurs du *Corpus* de Justinien, les juristes royaux reprennent de nombreux concepts qu'ils modèlent pour les adapter aux nécessités de leur temps. Il en va ainsi de la notion d'*utilitas publica* si souvent invoquée par les empereurs du Bas-Empire et largement reprise par les canonistes, tout spécialement dans le Décret de Gratien qui définit la loi juste comme étant celle qui est édictée « pour l'utilité commune des citoyens ». Se fondant sur cette double notion d'*utilitas publica* et d'« utilité commune », doctrine et pratique dégagent lentement, dans le courant du XIIIe siècle, l'idée de « commun profit ». Tandis que Beaumanoir en fait une condition que doit impérativement respecter le roi dans l'exercice du pouvoir législatif, on voit le « commun profit » pénétrer en force tous les niveaux de l'administration royale et des administrations municipales. Les unes et les autres prenant toujours grand soin de justifier leur action en invoquent tout autant l'« utilité de la république » et l'« utilité commune » que le « commun profit ».

Si ces administrations municipales peuvent agir de manière indépendante, c'est parce que, là encore, plusieurs notions romaines ont longuement contribué à favoriser l'essor des villes dans l'Occident médiéval. La réception du concept d'*universitas* a provoqué une véritable révolution sur l'échiquier politique du royaume. Employé par les jurisconsultes romains pour désigner un ensemble par opposition aux éléments qui le composent, il permet de qualifier des collectivités telles que l'État ou les villes en reconnaissant que leur action, en tant qu'*universitates*, se distingue parfaitement de celle de leurs membres. C'était les doter d'une personnalité propre et en faire des groupes juridiquement constitués et totalement indépendants. Rien ne pouvait mieux servir communes et consulats dont la personnalité morale, désormais consacrée, devait leur permettre d'agir de manière totalement autonome. Mieux encore, elles sont souvent aussi assimilées à la *res publica* romaine par l'intermédiaire du concept de *civitas* utilisé pour désigner toute ville prétendant à une certaine souveraineté.

Voilà pourquoi certains juristes furent tentés de rapprocher leur situation de la cité par excellence, la *res publica* romaine, et de voir dans chaque ville une *civitas sibi princeps*, c'est-à-dire une cité *princeps* pour elle-même, donc indépendante de tout autre pouvoir. On mesure facilement les conséquences institutionnelles d'un tel montage. Il implique, en particulier, l'existence de magistrats dont la fonction est qualifiée d'*officium*. En accepter l'exercice, c'est s'imposer des obligations, mais aussi se voir reconnaître des droits et accepter que ses actes soient soumis à un régime juridique particulier. C'est ainsi que la mise en œuvre de la responsabilité des administrateurs municipaux s'inspire largement des conditions prévues par le Digeste (50.8.8.) qui prévoit que les « magistrats de la chose publique » sont tenus de leur dol, de leur négligence lourde, tout comme de leur manquement à la simple diligence. Il en va de même des décisions des corps municipaux. En cas d'illégalité, leur révocation ou leur annulation peuvent être prononcées dans des conditions précises qui s'inspirent, très largement, des dispositions figurant au Digeste (en particulier 50.9.15). Ainsi prend lentement forme un contentieux de l'annulation des actes administratifs, qu'ils émanent d'un seigneur, d'un conseil de ville ou d'un agent royal. C'est par le biais d'un « appel » à une instance supérieure qu'est obtenue cette décision d'annulation, comme l'atteste l'utilisation polyvalente du verbe *appellare* chaque fois qu'il s'agit, non seulement de contester une décision judiciaire, mais aussi l'ordonnance d'un officier, le règlement d'un corps de ville, la décision de lever un impôt ou, le plus souvent, le résultat d'une élection. Incompétence, vice de forme, illégalité et absence de poursuite du bien commun constituent alors les principaux griefs sur lesquels se fondent les autorités investies du pouvoir de prononcer l'annulation.

À ces *universitates* ainsi reconnues, il fallait des moyens matériels pour gérer leurs propres affaires : des revenus et des biens. C'est en leur appliquant la notion romaine de *fiscus* (trésor impérial) que s'ouvre à elles la voie juridique de se constituer un budget et un domaine. Ici encore, en biaisant à partir des textes des Institutes (2.1.6) et du Digeste (en particulier 1.8.6, 1.1.6 et 50.16.17), s'élabore lentement la difficile distinction entre domaine public et domaine privé. Des biens qui constituent le patrimoine de l'État ou des villes, certains sont possédés en propre, comme les biens des particuliers, même si leur usage est commun à l'ensemble des habitants. Ce sont des *res universitatis*. Elles constituent le patrimoine privé de l'État ou de la cité. Certains autres de ces biens, au contraire, sont soumis à l'usage du public, ils leur sont affectés. Pour cette raison, ils entrent dans la catégorie des *res publicae* pour former le domaine public. Même timide, cette distinction pénètre lentement la législation et la pratique qui en retrouvent, par le biais de la doctrine, les racines romaines.

Ces quelques exemples, qui pourraient être facilement multipliés, attestent l'emprise toujours plus englobante du droit de Justinien, tout autant dans l'ordre politique qu'au niveau du fonctionnement quotidien des rouages de l'administration. Il en va de même du droit canonique.

3. Le droit canonique

Le Décret de Gratien marquait un point d'aboutissement de toutes les anciennes collections qui se sont fondues dans cette somme. Il était aussi un point de départ d'autres recueils. Une fois le décret élaboré, la papauté continue à légiférer par décrétales. Situées en dehors du Décret, on les a appelées les *extra Decretum vagantes* ou, plus simplement, les *Extravagantes*. Composées et refondues sous Grégoire IX par Raymond de Peñaforte, elles figurent un recueil remarquable, divisé en cinq livres, auquel viennent s'ajouter, à la fin du XIIIe siècle et au début du XIVe siècle, d'autres recueils, en particulier le *Liber sextus decretalium* promulgué par Boniface VIII en 1298, puis les Clémentines de Clément V (1313), les *Extravagantes* de Jean XXII et les *Extravagantes communes* qui réunissent 74 décrétales s'échelonnant des années 1261 à 1484. Ce vaste ensemble, dont le décret de Gratien marque le point de départ, constitue le *Corpus Juris Canonici*. Réalisé entre 1140 environ et le début du XIVe siècle, il fixe le droit classique de l'Église et apporte au droit canonique la réplique de ce qu'était le *Corpus Juris civilis* pour le droit romain.

Pareille somme qui contenait tout le droit de l'Église, modèle d'autorité souveraine et universelle, ne pouvait manquer d'influencer la construction d'un État placé en recherche permanente d'un modèle politique structuré et d'un système juridique unitaire. Même si, pendant les trois derniers siècles du Moyen Âge, existe une contradiction permanente entre la fonction que s'est assignée une Église toujours porteuse de l'idéal grégorien et la recherche d'une autonomie toujours plus grande de la part de l'État naissant, semblable situation n'exclut pas influences et transferts réciproques. Le système politico-juridique de l'État qui se met en place doit beaucoup au droit canonique et à l'organisation de l'Église en tant que société institutionnalisée.

A. Une théorie des sources du droit et du pouvoir

Parallèlement au droit romain, le droit canonique apporte un modèle de système juridique qui devait profondément marquer l'ordre juridique en formation dans la France du bas Moyen Âge et tout au long de l'Ancien Régime. Par son esprit et sa méthode, le décret de Gratien fait lentement pénétrer en Occident, après les compilations justiniennes, non seulement l'idée de codification, mais aussi la notion d'une codification pensée et raisonnée. Ce n'est pas un hasard si les manuscrits les plus anciens le nomment *Concordia discordantium canonum*. Les textes les plus divers, environ 4 000 — textes scripturaires, canons des apôtres, canons des conciles, décrétales et textes patristiques — y sont réunis mais aussi groupés par sujet, parfois commentés et surtout, chaque fois qu'ils s'opposent entre eux, mis en harmonie en dégageant une doctrine ferme sur laquelle il était désormais possible de s'appuyer. Quand il décide la mise officielle par écrit des coutumes à partir de 1454, le roi de France n'agit pas autrement.

Un droit codifié donc, mais aussi un droit qui s'efforce d'apporter des réponses aussi claires que possible à ce que doivent être les notions fondamentales destinées à fixer la structure de la législation canonique. Gratien n'en avait défini que certaines. Identifiant droit naturel et droit divin, il avait ainsi posé un axiome fondamental dont ne pouvait guère s'écarter ses épigones. Même si le droit romain retrouvé impose de modifier quelque peu les exigences primitives de cette équivalence et si le travail des théologiens — en particulier de saint Thomas — conduit à la reconnaissance d'un droit « purement » naturel dont les préceptes premiers sont universels et immuables, c'est toujours le droit divin qui en détermine la portée et domine le monde juridique. Par contre, le Décret ne formulait pas de théorie sur les notions cardinales que sont l'équité, la justice et le droit, pas plus que sur leurs rapports réciproques. Ce n'est qu'au terme d'une longue évolution, fruit du travail combiné des glossateurs et des décrétistes, que les liens unissant ces trois notions sont progressivement dégagés. Alors, l'équité apparaît comme source de la justice qui s'exprime par le droit. Et ce droit ne saurait avoir d'existence s'il n'est imposé par la justice, vertu principale de tout législateur. Voilà qui ne devait pas manquer d'influencer l'élaboration de l'ordre juridique royal qui se met en même temps, mais très lentement, en place. Il y avait aussi, pour les théoriciens et juristes, matière à réflexion dans leur travail de définition des qualités et des attributs du roi législateur.

Ils moulent ses compétences dans la hiérarchie des normes qu'apporte à l'Occident le droit canonique, profondément influencé en cela par les schémas romains. La hiérarchie retenue par le Décret (écrits de l'Ancien et du Nouveau Testament, canons des apôtres et des conciles, décrets et décrétales des pontifes, écrits grecs et écrits des Pères latins) s'avère rapidement insuffisante. Souvent lacunaires, ces dispositions canoniques doivent être complétées. C'est pourquoi prennent progressivement place dans cette hiérarchie, la loi romaine, les coutumes, la raison naturelle, l'opinion commune de la doctrine et la jurisprudence. Même si ces deux dernières sources ne constituent encore que des sources supplétives du droit et ne s'intègrent pas vraiment au droit positif, la théorie que construisent progressivement décrétistes et décrétalistes, en s'appuyant sur les glossateurs et les théologiens, assure de mieux en mieux au droit positif une place de premier plan. Et cette place revient en tout premier lieu à la loi entendue dans son sens le plus large, qu'elle émane du pape, législateur suprême par le biais des décrétales, mais aussi des conciles, par le biais des canons et, dans une certaine mesure également, des évêques et synodes considérés comme des législateurs inférieurs, dans la dépendance du pape. C'est la définition thomiste du législateur — «celui qui a la charge de la communauté» — qui finit par s'imposer aux canonistes. Il en résulte une véritable exaltation de la loi et du législateur qui permet à la puissance pontificale de se faire obéir dans tout l'univers chrétien. Cette évolution, particulièrement sensible au lendemain de la Réforme grégorienne, permet de dégager un schéma de l'exercice du pouvoir normatif dans l'Église que les théoriciens favorables au pouvoir royal ne manquèrent pas de reprendre à son compte.

Cette exaltation de la loi eut aussi une autre conséquence capitale sur l'évolution du pouvoir. Plus la loi fut considérée en elle-même, plus elle tendit à se dégager des sentences que rendaient le pape, les conciles et les synodes, tout comme des règlements qu'ils édictaient. On prit alors progressivement conscience qu'existaient, à côté de l'ordre normatif, un ordre judiciaire et un ordre administratif qui devaient lui être strictement subordonnés. En même temps, le besoin fut ressenti de les séparer, même si tous trois relèvent encore des mêmes autorités. Mais cette réalité commence à s'estomper dès la fin du XIIe siècle. Tant la multiplicité des affaires que la renaissance du droit romain favorisent la création de tribunaux spécifiques et la mise en œuvre d'une procédure savante, la procédure romano-canonique. Alors, les officialités jugent causes civiles et criminelles, dégageant ainsi l'évêque de l'essentiel de ses tâches judiciaires. Un pas supplémentaire est franchi dans le courant du XIIIe siècle avec la mise en place des vicaires généraux pour assurer, en son nom, les fonctions administratives qui lui étaient jusque-là dévolues. Ainsi se précise une double évolution très porteuse pour l'avenir. À l'exaltation de l'ordre normatif correspond une différenciation de plus en plus affirmée de l'ordre administratif, tandis que la timide affirmation d'une autonomie de l'ordre judiciaire favorise son essor. Les premières bases de la théorie de la séparation des pouvoirs se trouvaient ainsi jetées, à partir du système institutionnel imaginé par l'Église.

B. Un mode de gouvernement

Depuis la Réforme grégorienne, l'Église ne cesse de développer un mode de gouvernement original qui combine centralisation, déconcentration, décentralisation et représentation. Autant de techniques qui ne devaient pas manquer d'inspirer les princes d'Occident dans la gestion de leurs États. C'est principalement les difficultés intérieures et extérieures auxquelles elle se heurte qui lui imposent la mise sur pied progressive d'un gouvernement centralisé. Enracinée par les papes grégoriens, la monarchie pontificale revêt figure centralisatrice avec sa chancellerie, sa chambre apostolique, ses conseillers, ses auxiliaires et ses bureaux, sans oublier tous les moyens d'intervention directe dont elle se dote, avec ses légats et ses juges délégués. Au niveau local se manifestent, en même temps, les mêmes tendances centralisatrices. Les évêques mettent tout en œuvre pour affirmer leur autorité dans le diocèse, tant à l'encontre du patronage des laïcs et des monastères que de la concurrence des archidiacres. Pour parvenir à ses fins, la papauté contrôle de plus en plus étroitement le système bénéficial, ce qui lui permet de faire entrer sous sa dépendance directe chanoines et évêques qui deviennent ainsi ses serviteurs les plus zélés pour la défense de sa cause.

Cette volonté affichée de centralisation, qu'imite en profondeur le roi de France à partir du règne de Philippe Auguste, se double de toute une politique de déconcentration dans la mesure où le Saint-Siège s'efforce de limiter, autant qu'il est possible, l'action des évêques qu'il réduit à un rôle de simples délégués dont il se réserve le recrutement. Là encore, l'exemple est entendu du Capétien quand il met sur pied l'institution baillivale. Mais il convient de voir aussi, dans l'autorité épiscopale, un pouvoir largement décentralisé dans la mesure où l'évêque légifère, administre et juge pour la simple raison qu'il occupe son siège. Il apparaît alors véritablement comme une autorité souveraine, dans la mesure où il peut exercer ses pouvoirs sans grand risque de réformation, tout particulièrement dans le domaine normatif et judiciaire. Ce double jeu, combinant déconcentration et décentralisation, domine aussi largement l'évolution des institutions locales de la monarchie tout au long des trois derniers siècles du Moyen Âge.

Et comment ne pas évoquer, dans le même sens, la valeur d'exemple qu'a eue, pour la communauté politique à tous ses niveaux, le développement des notions d'*universitas* et de représentation? S'agissant de la portée donnée au concept d'*universitas*, l'Église ne fait que travailler de concert avec les glossateurs. Incluse dans le Décret de Gratien, cette notion largement reprise par tous les docteurs médiévaux, qu'ils soient canonistes ou civilistes, autorise la mise en œuvre de multiples techniques par le biais de la théorie de la personnalité morale qui se profile. À partir du moment où la qualité d'*universitas* est reconnue à un groupe, quel qu'il soit — diocèse, paroisse, église, monastère, ville —, il peut acquérir, posséder un patrimoine, s'obliger, agir en justice et surtout se faire représenter.

L'Église a su faire passer très tôt dans la pratique toutes les conséquences qui découlent de l'idée de représentation. En témoigne le développement précoce, à tous les niveaux de décision, des assemblées et des conseils, depuis la moindre conférence décanale jusqu'aux conciles œcuméniques, sans omettre synodes diocésains, conciles provinciaux et nationaux. Même si toutes ces assemblées n'ont pas toujours un caractère véritablement représentatif, tant à cause des modes de désignation de leurs membres qu'en raison des pouvoirs souvent limités qui leur sont reconnus, elles n'en jouent pas moins un rôle important de conseil et d'écoute, tout en participant à la prise de décision et à sa diffusion. Ce n'est qu'avec le développement de la théorie conciliaire, au moment du Grand Schisme et à l'occasion des conciles de Pise, de Constance et de Bâle, que les conséquences liées à la théorie de la représentation trouvent toute leur expression et que triomphent, véritablement, les prétentions souveraines de ces assemblées. Sans en arriver toujours là, on ne saurait trop insister sur le rôle de premier plan qu'elles ont joué, même les plus modestes d'entre elles, dans le domaine de l'expérimentation politique.

Elles ont eu, en quelque sorte, valeur de laboratoire. Point de rencontre obligé, elles ont contraint leurs organisateurs à perfectionner les modes de désignation de leurs membres par voie de cooptation ou d'élection et à imaginer des systèmes performants de convocation. Lieu de dialogue et d'échange, elles ont favorisé le développement de toutes les techniques permettant la préparation et l'organisation des débats. Centre de décision, elles ont largement contribué à la mise au point des procédures de vote et de proclamation des décisions. Autant d'éléments qui devaient accélérer, à partir de la fin du XIIIe siècle et dans toute l'Europe, la mise en place des assemblées représentatives dont l'esprit, les pouvoirs et les modes de fonctionnement épousent étroitement l'évolution politique de la société ecclésiale dont la capacité à connaître et à organiser l'espace vaut aussi référence pour la monarchie.

C. Une conception de l'organisation de l'espace

Porteuse de l'héritage antique qui avait poussé très loin le contrôle et l'aménagement administratif de l'espace, l'Église avait enrichi cette tradition et progressivement mis sur pied tout un réseau territorial hiérarchisé, cohérent et homogène. De la province à la paroisse, en passant par le diocèse, sans négliger les degrés intermédiaires que constituent archidiaconés et doyennés, ce vaste édifice qui s'organise à l'intérieur de frontières parfaitement définies autour de chefs-lieux stables contribue, pour une large part, à fixer les cadres de la géographie administrative laïque et à rendre plus aisé le contrôle spatial qu'entend exercer le pouvoir central sur ses agents. Que les autorités civiles aient réutilisé ce réseau administratif ecclésiastique est évident pour la paroisse, certain aussi pour les autres circonscriptions, même si les discordances y sont plus nombreuses. Dans ces conditions, la territorialisation du pouvoir et de l'autorité publique doit beaucoup au schéma directeur imaginé par l'Église qui impose à ses agents une situation toujours plus réglementée.

D. Une vision du droit de la fonction publique

Au service de l'Église depuis qu'elle existe, le clergé constitue un véritable corps de fonctionnaires dont le statut est rigoureusement défini, bien avant celui des agents de l'État. Ici encore, le transfert du modèle est remarquable.

Tant les règles de recrutement que le système bénéficial marquèrent profondément le droit de la fonction publique naissante dans tous les états d'Occident. Des conditions strictes de capacité furent requises afin de limiter le favoritisme et permettre, à tous ceux qui le méritaient, un accès contrôlé à cette fonction qu'était le bénéfice ecclésiastique, à condition toutefois qu'il soit vacant. Cette mise en tutelle progressive du système bénéficial imposa à ceux auxquels il s'adressait qu'ils acceptassent, s'ils voulaient obtenir des bénéfices toujours plus importants, les règles qui présidaient au déroulement d'une véritable carrière, avec mobilité géographique accrue et recherche permanente d'un nouveau bénéfice en abandonnant le leur propre à un proche, ou à un parent, par le jeu de la *resignatio in favorem*, technique qui devait lentement mais sûrement influencer les méthodes de recrutement de la fonction publique royale.

Des normes strictes contribuèrent aussi à définir tant la situation de l'agent que le déroulement de sa carrière. Dotation par le biais du bénéfice, inamovibilité et avancement toujours possible à condition d'obtenir un bénéfice plus important, lui apportent de solides garanties que le pouvoir civil tardera à offrir à ses propres agents. À tous, enfin, est imposé un devoir d'obéissance hiérarchique qui les contraint à exécuter fidèlement les ordres de leur supérieur. Au cas où l'agent ne se conforme pas à cette obligation, ou si des difficultés viennent à surgir avec ses administrés, alors tout un jeu de recours se met progressivement en place qui permet soit d'éviter un contentieux, soit de le trancher. Recours gracieux et recours hiérarchique à l'autorité supérieure s'offrent aux administrés. Intenté en marge des tribunaux, ils trouvent le plus souvent solution auprès de l'administration épiscopale ou de l'évêque lui-même, ouvrant ainsi lentement la voie à la distinction, si pleine d'avenir, entre le judiciaire et l'administratif qui englobe, pleinement, tout ce qui touche à la fiscalité.

E. Un modèle fiscal et financier

Papauté et Église ont, bien avant les États d'Occident, imaginé un système fiscal et financier particulièrement performant, devançant même l'Angleterre qui précédait partout et de beaucoup la France en ce domaine. L'Église a fréquemment recours à l'impôt et il y devient régulier plus tôt que dans les États. Mais l'Église choisit un système différent.

La fiscalité pontificale porte principalement sur les clercs, donc les seuls serviteurs de l'Église, alors que les fiscalités étatiques qui frappent l'ensemble des sujets ont plutôt tendance à ménager, voire à exempter leurs officiers. Il est néanmoins un impôt levé par les papes, la décime, qui a eu une influence déterminante sur la fiscalité d'État. Quand elle apparaît, à la fin du XIIe siècle, elle est une contribution perçue sur les revenus nets de tous les bénéficiers pour une raison exceptionnelle en principe, la croisade. Mais, au fur et à mesure qu'elle se généralise, elle est de plus en plus concédée au roi. Alors, elle représente pour longtemps sa principale ressource extraordinaire qui, sans être vraiment permanente, est tout de même levée avec une très grande régularité. C'est une véritable autorisation d'imposer le clergé qui est ainsi reconnue au roi, souvent pour plusieurs années consécutives. Voilà bien un impôt aux destinées curieuses. Alors que l'établissement de son assiette, ses règles de calcul et ses modalités de perception avaient été entièrement déterminés par l'Église, il constitue tout à la fois un modèle pour la fiscalité d'État et une source de revenus non négligeable pour le trésor royal. Comme ils le firent pour toutes les autres institutions de l'Église qui pouvaient leur servir de référence, les juristes du roi ne manquèrent pas de s'en inspirer.

4. Des droits savants au droit royal

C'est principalement aux légistes que revient le soin d'avoir combiné les riches apports du droit féodal savant, du droit canonique et du droit romain. Ils en font une habile synthèse qui, une fois enrichie des diversités du droit coutumier et adaptée aux nécessités du temps grâce à l'action normative du souverain, donne progressivement naissance au droit royal. Mais qui sont ces légistes qu'on a souvent accusés de forger un droit absolutiste alors qu'il était, en réalité, parfaitement adapté aux besoins d'un État naissant?

A. Les légistes

Dans la langue du temps, le terme «légiste» a un sens technique et bien précis. Il sert à qualifier celui qui enseigne le droit ou qui étudie les «lois», c'est-à-dire le droit romain. Juriste expert en droit civil, le légiste se distingue ainsi du canoniste. Voilà le sens premier du terme «légiste». Il a considérablement évolué sous la plume des historiens qui ont voulu y voir principalement un homme politique, serviteur zélé du pouvoir, mettant au service du prince toutes ses connaissances acquises dans le droit de Justinien. Mais tous les juristes formés au droit romain ont-ils été des légistes, et doit-on seulement donner cette qualification à ceux qui, gradués en droit, ont exercé les plus hautes fonctions dans l'entourage du prince? De toute évidence, un minimum de qualification juridique est indispensable pour prétendre à ce titre, mais il ne saurait être exclusivement réservé aux juristes qui siègent au Conseil du roi, même s'ils constituent sans doute le groupe le plus influent des hommes de loi du royaume.

Ces légistes «politiques» du Conseil, proches du prince, familiers des arcanes du pouvoir, rompus à la négociation et ouverts à la diplomatie occupent une place de choix à côté des autres conseillers non légistes, en particulier les princes du sang et les hommes d'épée qui, eux aussi, participent de près à l'élaboration des grandes décisions. Mais les légistes ont sur eux l'énorme avantage de toujours pouvoir justifier l'action royale en la fondant sur le droit. C'est sous le règne de Philippe le Bel avec Pierre Flote, Guillaume de Nogaret, Guillaume de Plaisians, Gilles Aiscelin, Pierre de Latilly et quelques autres que ces proches conseillers du roi, véritables techniciens du droit et de la politique, imposent leur figure. Mais il ne faudrait surtout pas en conclure qu'ils n'ont pas eu — et depuis fort longtemps — des prédécesseurs. Déjà, Louis VII avait su s'entourer du conseil de remarquables juristes, tels Étienne de Tournai ou Giraud de Bourges. Et comment ne pas évoquer le rôle incomparable que jouent les diplômés de l'université d'Orléans dans l'entourage de saint Louis? Autant de preuves qui attestent, tout à la fois, de l'ancienneté, de la généralité et de l'ampleur du rôle reconnu aux légistes.

Voilà qui suffit à démontrer, aussi, que le phénomène légistique déborde largement le Conseil. Aux légistes politiques font pièce tous ceux qui, juges et jurisconsultes, œuvrent quotidiennement dans les cours du royaume, en particulier le Parlement. Ils ne participent que de manière tout à fait exceptionnelle aux travaux du Conseil dont ils ne sont pas membres. Cantonnés dans des tâches exclusivement judiciaires, ils contribuent, chacun à leur rang, à l'élaboration d'une jurisprudence qui devient, progressivement, une des pièces maîtresses de la construction d'un véritable droit royal. C'est particulièrement vrai de celle du Parlement où leur action est déterminante. Tout au long de la seconde moitié du XIIIe siècle, leur arrivée massive y a accéléré la transformation en cour judiciaire suprême, en Parlement, ce qui jusqu'aux environs des années 1270 n'était que la *curia regis in parlamento*. Ces légistes, qui ne sont que des juristes et non des politiques, s'attachent tout spécialement, en raison de leur formation et grâce à la connaissance parfaite qu'ils ont de tous les dédales de la procédure, du droit romain et du droit canonique, à faire triompher les droits du roi, aussi souvent que le droit et l'équité les y autorisent.

Et comment faire abstraction de cette armée d'administrateurs eux aussi gradués en droit, ou tout au moins familiers avec le monde de la loi, qui animent quotidiennement les rouages de l'État jusqu'à l'échelon des bailliages et des prévôtés? Bien peu parviennent jusqu'au Conseil. Il faut, pour cela, une carrière exceptionnelle comparable à celle d'un Nogaret ou d'un Plaisians. Et pourtant, tous ces modestes serviteurs de l'État participent, eux aussi, du monde des légistes tout simplement parce que, à travers la pratique quotidienne, ils savent toujours défendre les droits du roi et, mieux que quiconque, apporter leur pierre à l'édifice de ce droit royal en construction. Parce qu'ils sont au contact permanent de la vie administrative et judiciaire, ils acquièrent très vite cette tournure d'esprit qui sied au légiste et qui leur confère cette capacité à toujours savoir réagir pour faire triompher, partout, la cause du monarque.

B. Les artisans d'un droit absolutiste?

Le monde des légistes avait pris essor dans un climat de franche hostilité à l'égard du droit, et cette tendance ne fait que s'accentuer à partir du moment où Gilles de Rome (1247-1316), précepteur de Philippe le Bel, les qualifie d'« idiots politiques ». De toutes parts, les griefs fusent contre eux, tandis que l'opinion ressent l'ascension de ces nouveaux acteurs de la vie sociale comme une véritable malédiction. Pour les uns, ils sont passés maîtres dans l'art du verbiage et de la chicane, tandis que pour les autres, ils sont aussi inutiles que beaucoup trop nombreux comme le déplore, sous le règne de Philippe le Bel, le prêtre Geoffroy de Paris, quand il constate qu'« en France a tout plein d'avocats ». C'est sans doute parce que les légistes sont les plus en vue, en raison de la fonction occupée par certains d'entre eux, que les critiques se cristallisent à leur endroit. Et ce mouvement n'était pas prêt de s'éteindre. Il devait nourrir toutes les réflexions de l'histoire romantique qui, d'Augustin Thierry à Guizot, voit en eux des anticléricaux et des antiféodaux. Émanation de l'esprit communal, porteurs des revendications du tiers état, monstres froids des cabinets royaux et véritables maîtres du pouvoir, ils auraient ouvert la voie, de longue date, aux événements de 1789. Et Michelet d'y voir, sous le règne de Philippe le Bel, les seuls créateurs d'une administration centralisée et égalitaire dans la soumission qu'elle impose à tous au pouvoir royal. Bref, ils auraient été, à l'écouter, de véritables « tyrans de la France » à travers l'application absolutiste qu'ils auraient faite des grands principes du droit romain à l'organisation politique du royaume.

À se fier à certains témoignages contemporains, cette vision n'est pas totalement erronée. Déjà, sous le règne de Philippe Auguste, l'arrivée en force des juristes au sein des institutions centrales de la monarchie suscite des commentaires hostiles. Et que dire, près d'un siècle et demi plus tard, des violentes critiques que Nicole Oresme (1325-1382) formule à l'encontre de ceux qui sont si puissants dans l'entourage de

Charles V? Il juge inacceptable l'utilisation du droit en politique et reproche vivement au souverain d'ouvrir trop largement ses conseils à ces « seigneurs es lois », ces docteurs *in utroque* auxquels il n'hésite pas à déléguer les plus larges pouvoirs, ce qui fait d'eux un véritable groupe de pression au sommet de l'État. Mais, à ses yeux, il y a plus grave. Imbus de leur connaissance des lois romaines, les légistes les interprètent et les utilisent dans le sens le plus absolutiste qui soit. Tel est bien, selon lui, le sort réservé aux deux maximes bien connues, *Princeps legibus solutus est* et *Quod principi placuit legis habet vigorem*. À l'écouter, toujours appliquées à la lettre, elles conduisent inévitablement à rejeter la souveraineté de la loi sur le monarque et à faire obligatoirement évoluer le régime vers la tyrannie. Attribuant au prince « plénitude de poesté », les légistes se montrent totalement dépourvus de « prudence politique » et refusent par là-même de se soumettre à ceux qui connaissent la « science politique », c'est-à-dire les enseignements d'Aristote qui sont seuls à pouvoir apporter la clé de la vraie science du gouvernement. Presque au même moment, les réserves de Philippe de Mézières (1327-1405) à l'encontre des gens du Parlement et du monde des juristes en général sont tout aussi vives. À ses yeux, le poids des juristes de profession est devenu tel qu'ils donnent véritablement l'impression de gouverner le royaume. Quant aux parlementaires, au lieu de représenter droitement le souverain en remplissant consciencieusement leur devoir de justice, ils se comportent « en détriment du jeune roi Charles, de sa royale majesté et du bien publique du royaume de France ».

Toutes ces critiques perdurent, toujours aussi virulentes, jusqu'à la fin du Moyen Âge comme en témoignent les attaques en règle menées par Jean Juvénal des Ursins (1388-1473). Malgré son indéfectible attachement à la couronne, il dénonce avec une sévérité toujours accrue les excès auxquels les légistes ont conduit le gouvernement de Charles VII. La dérive autoritaire du droit d'imposer lui fournit un excellent exemple d'influence, selon lui, déplorable des légistes sur le gouvernement du prince. Pour justifier le retour à l'impôt décrété et non plus consenti à partir de 1452, tout comme les suppléments de taille alors demandés, il s'efforce de fonder la décision du roi sur deux textes du livre du Code (10,17-18) qui autorisaient l'empereur à lever des contributions exceptionnelles appelées *superindicta*. Mais qu'y a-t-il, en réalité, de commun entre la fiscalité du Bas-Empire et celle du royaume de France au XVe siècle? Le domaine du pouvoir normatif lui paraît tout aussi explosif et, là encore, il se lance dans une critique ouverte des légistes qui, voulant draper la dignité royale dans les habits d'une légalité toute romaine, la conduisent aussi à des excès. Leur reprochant de toujours mettre en avant, pour renforcer sans compter le pouvoir normatif royal, les formules du *Princeps legibus solutus est* et du *Quod principi placuit legis habet vigorem*, il les incite plutôt à rechercher, dans le droit de Justinien, celles qui incitent le prince à un exercice modéré de sa puissance édictale. Il leur rappelle avec force la constitution *Digna vox* (C. I,14,4) qui voit, dans la volonté du prince de se soumettre à la loi, une parole digne de la majesté du souverain. C'était appeler tous les légistes à plus de modération.

C. DES CRÉATEURS DE NORMES ADAPTÉES AUX BESOINS DE L'ÉTAT NAISSANT

À partir du moment où on accepte de ne plus identifier le phénomène légistique à un seul règne qu'ils ont profondément modelé — celui de Philippe le Bel — et à ne plus voir dans les légistes les seuls légistes politiques, mais toute une armée de juristes qui œuvrent chacun à leur place pour faire triompher partout les droits du roi, alors le droit qu'ils contribuent à façonner apparaît sous un tout autre visage que celui de l'absolutisme. Ce à quoi ont contribué les légistes, c'est à extraire du droit romain tout ce qu'il pouvait avoir de pratique, de rigoureux et de dogmatique pour asseoir le pouvoir du roi et construire l'État. Ils s'efforcent de l'assimiler et de le comprendre pour en faire un instrument quotidien de la pratique gouvernementale, administrative et judiciaire. C'est donc avant tout dans une perspective utilitaire qu'il est envisagé afin d'élaborer un nouveau système de normes. À la diversité coutumière, ils opposent l'unité du droit de Justinien et au fractionnement féodal du pouvoir, l'idée d'un monarque qui doit être la clef de voûte obligée du nouvel édifice politique. Mais cette vision ne postule pas obligatoirement un système absolutiste, bien au contraire. Face à la pratique, l'élan des légistes les plus vigoureux est souvent freiné et de nombreuses limites viennent moduler l'application des trois grands principes du droit romain à partir desquels les légistes auraient échafaudé un pouvoir autoritaire, voire tyrannique.

Il en va ainsi de la formule *Omnia esse principis* (C. VII,37,3) d'où découle la toute-puissance ou *dominium* que l'empereur exerce tant sur les biens du fisc que sur sa *res privata*. Interprétée dans un sens absolutiste, cette clause permettait de soutenir que l'empereur était réputé propriétaire de toutes les terres de l'Empire et qu'en conséquence il pouvait, a son libre gré, établir un impôt d'autorité. Appliquée au roi de France, elle autorisait les mêmes conclusions. En réalité, il semble bien qu'aucun légiste français ne se soit risqué dans cette voie et que seuls en parlent ceux qui en refusent les conséquences les plus catégoriques.

C'est aussi avec une extrême prudence qu'ils manient les deux grands principes *Quod principi*... et *Princeps legibus*... À première vue, tout laisse à penser qu'ils ont pu trouver dans ces deux formules lapidaires un incomparable instrument pour un pouvoir monarchique qui serait fondé sur la seule puissance du roi. Mais, là encore, la pratique les conduit à ne point trop étaler au grand jour semblables conclusions assez conformes, en réalité, à l'esprit du droit de Justinien et à l'usage qu'avaient fait de ces deux principes les empereurs romains. D'ailleurs, si les références à *Quod principi*... sont assez nombreuses sous la plume des juristes médiévaux, elles sont beaucoup plus rares pour *Princeps legibus*... Et, bien souvent, il s'agit de simples pétitions de principe qui valent beaucoup plus pour le droit privé que pour le domaine politique. Certes, il est bien spécifié dans l'ordonnance de 1374 fixant la majorité des rois à treize ans révolus que le roi *solutus est legibus*, mais c'est simplement pour affirmer qu'il n'est point tenu, dans ce cas précis, du respect de la règle romaine sur les mineurs de vingt-cinq ans. Il n'est pas douteux que l'utilisation de ces deux maximes a permis aux légistes les plus favorables au roi de l'aider à retrouver un pouvoir normatif perdu. Mais il est tout aussi évident qu'elles n'ont servi que de très loin à la construction d'un système juridique qui devait de plus en plus placer le prince au cœur de la loi, à condition toutefois qu'il sache se plier aux exigences de la raison, de l'utilité publique, de l'équité et de la justice.

Autant de données qui suffisent à prouver que si le droit royal que mettent progressivement en place les légistes est bien tout entier sous-tendu par une éthique dirigeante, il n'en demeure pas moins soumis à quelques grands principes qui lui interdisent de glisser vers l'absolutisme. Mettre à disposition de la monarchie un nouvel outil juridique parfaitement adapté à la construction de l'État, les légistes ne prétendent à rien d'autre. Mais encore fallait-il, pour cela, avoir acquis une formation adéquate. L'Université devenait alors passage obligé.

5. *L'enseignement du droit*

Il connaît, à partir de la fin du XIIe siècle, un extraordinaire développement dans un monde universitaire en plein essor que le pouvoir séculier maîtrise encore très mal. Prenant le relais des anciennes écoles monastiques et cathédrales, les universités et les *studia* des ordres mendiants du XIIIe siècle se dotent progressivement de structures autonomes au sein desquelles, en fonction du temps, de la géographie et de la conjoncture politique, les différents droits investissent progressivement tous les champs du savoir.

A. L'ESSOR UNIVERSITAIRE

Phénomène complexe mais de mieux en mieux connu, il résulte de la combinaison de nombreux facteurs. Les uns s'inscrivent dans un contexte général et pluriséculaire d'approfondissement du savoir, tandis que les autres, plus spécifiques, sont souvent liés à des contingences plus locales qui favorisent la transformation des vieilles structures d'enseignement en véritables universités.

• *Le contexte*

Il est celui des XIIe et XIIIe siècles, période de naissance et d'affirmation des universités. Peu nombreuses jusqu'à la fin du XIVe siècle, une double caractéristique domine leur devenir tout au long du Moyen Âge. Institutions fortement cosmopolites, elles sont encadrées par des maîtres qui sillonnent l'Europe et fréquentées par des étudiants venus de tous horizons. Les uns et les autres trouvent dans une langue commune — le latin — et dans l'enseignement de quelques matières fondamentales — la théologie en particulier —, un profond sentiment d'appartenance à un même monde. Institutions sous la très forte emprise de la Papauté, elles relèvent d'un pouvoir universel qui contraint leurs maîtres à mener une existence toujours placée sous le sceau de l'Église et à assimiler leurs étudiants à des clercs quand ils ne l'étaient pas.

La genèse de l'institution universitaire s'inscrit dans le droit fil d'une longue tradition qui puise sa source dans le haut Moyen Âge, celle de l'organisation d'un enseignement à un double niveau. Le premier, celui des écoles paroissiales ou *scholae minores,* forme les élèves à la lecture et à l'écriture en leur inculquant les bases de la grammaire latine. Le second s'inscrit dans les *scholae majores,* qu'elles aient pour cadre les écoles monastiques autour d'une abbaye ou les écoles épiscopales placées sous la dépendance plus ou moins directe d'une église cathédrale et dans lesquelles les disciplines religieuses forment le socle de l'enseignement même si, héritée du haut Moyen Âge, *la summa divisio* des *arts libéraux* entre *trivium* et *quadrivium* domine toujours la répartition des savoirs. Au *trivium* le monde des lettres, de la réflexion littéraire et philosophique avec la grammaire, la dialectique et la rhétorique. Au *quadrivium,* celui des arts au caractère technique et scientifique plus marqué avec l'arithmétique, la géométrie, l'astronomie et la musique.

Sans bousculer cet ordonnancement séculaire, la renaissance du XIIe siècle précipite, à partir des années 1100, le déclin des écoles monastiques en ouvrant au savoir de nouvelles perspectives. Autour de la philosophie d'Aristote redécouverte, elle accélère l'enseignement de la dialectique et de la théologie au détriment du traditionnel commentaire allégorique de l'Écriture, tout particulièrement dans le cadre des écoles cathédrales du nord de la France. Fondé sur la méthode maintenant parfaitement éprouvée de la sentence et de la question, l'étude de ces disciplines entre en force dans le *trivium* et y retarde les progrès de l'enseignement du droit, même si la redécouverte des compilations justiniennes en Italie dès la fin du XIe siècle met à la disposition des enseignants un patrimoine de plus en plus fourni de textes à gloser et à commenter.

Mais cet essor des écoles cathédrales, qui semble avoir été général pendant toute la première moitié du XIIe siècle, connaît un ralentissement très net pour certaines d'entre elles à partir des années 1150. Le phénomène est particulièrement net à Chartes, Reims ou Laon, tandis que l'école d'Orléans fait face à l'évolution et que d'autres centres prospèrent jusqu'à surpasser tous les autres. À regarder vers l'étranger, l'Angleterre retient tout particulièrement l'attention avec Oxford puis Cambridge qui sortent de l'ombre, tandis qu'en Italie les écoles de droit de Bologne connaissent un essor sans précédent. La France enregistre de semblables succès avec les écoles de médecine de Montpellier et surtout celles des arts libéraux et de théologie de Paris.

Les facteurs qui expliquent de telles avancées sont bien connus. Liés à l'essor général de l'Occident au XIIe siècle, ils font naturellement corps avec l'extension des surfaces cultivées, l'accroissement considérable de la population, la réouverture des circuits commerciaux et le renouveau de la circulation, le tout culminant dans un incomparable développement des villes où ceux qui sont portés aux responsabilités, toujours les plus notables, les plus riches et les plus instruits, se regroupent en commune ou consulat dont le triomphe progressif a souvent pour résultat de remettre en cause la suprématie de l'évêque et de son école. Semblable évolution développe le sens de la solidarité, stimule les joutes oratoires et renforce le goût pour des discussions sans cesse alimentées par de nouveaux venus qu'une circulation toujours plus ouverte draine de l'Europe entière. Carrefour économique, lieu de rencontre des hommes, incomparable terrain d'échange d'idées, la ville désormais ouverte ne cesse d'attirer toujours plus de maîtres et d'étudiants dont la présence pèse de plus en plus lourdement sur les anciennes structures. Ainsi naît une nouvelle communauté scolaire qui, au fur et à mesure qu'elle prend conscience d'elle-même, rejette l'autorité de l'évêque et les cadres désormais trop étroits dans lequel elle se trouve contrainte d'exercer son activité. Le cas de Paris est particulièrement net à cet égard.

Cette conjoncture générale se double, depuis longtemps, d'une politique de l'Église favorable sinon à l'apparition de nouvelles structures, du moins à un changement de climat dans ses rapports avec le monde scolaire. La réforme grégorienne y avait déjà largement contribué en s'efforçant de préserver le plus possible des influences laïques, les structures ecclésiastiques, quelles qu'elles soient. Puis les hérésies qui s'installent à la fin du XIIe siècle — Vaudois et Cathares en particulier — conduisent la Papauté à faire d'une meilleure formation de ses clercs un efficace moyen de lutte. Mieux les éduquer au ministère de la parole et mieux leur inculquer les bases de la rhétorique et de la dialectique devint nécessité impérieuse. Il fallait pour cela mettre en œuvre une nouvelle politique que consacrent plusieurs dispositions des conciles de la fin du XIIe et du début du XVe siècle. C'est tout particulièrement vrai avec le troisième concile de Latran (1179) qui rappelle aux évêques l'obligation d'avoir une école et de contrôler celles à venir en veillant à l'octroi de la *licencia docendi.* Mais dès ce moment-là et surtout avec les papes du début du XIIIe siècle, Innocent III en particulier, la Papauté prend acte de l'essoufflement des écoles cathédrales et de leur incapacité à faire face à elles seules aux besoins nouveaux. Un contrôle plus rigide et surtout plus direct devait être exercé par la Papauté sur ces écoles, tout particulièrement dans les villes où elles avaient rencontré le plus grand succès. Voilà qui ne pouvait que rejoindre les aspirations des maîtres et étudiants qui souhaitaient s'affranchir, chaque jour davantage, de la tutelle qu'ils jugeaient trop pesante des évêques et des abbés. Cette politique de l'Église favorable au développement d'importants foyers de vie scolaire, placés sous son autorité directe, fut souvent doublée par celles de nombreux monarques. Ils virent, eux aussi, dans l'épanouissement de centres d'enseignement d'excellence, tout à la fois moyen d'asseoir le prestige des états naissants et de parfaire la formation des agents dont ils avaient tant besoin pour mener à bien la construction des nouvelles structures étatiques. Et c'était là, pour l'enseignement du droit, un tremplin d'avenir dans la mesure où cette formation devait, avant tout, être juridique. Même si les souverains français du XIIIe siècle portèrent moins que d'autres leur regard vers ce monde universitaire naissant, ils ne manquèrent pas de prodiguer faveurs et privilèges à celle des universités qui leur était à la fois la plus chère et la plus utile, la puissante université de Paris dont la lente genèse, comme pour bien d'autres, doit être aussi replacée dans un contexte plus local.

• *Naissance et affirmation des universités*

Tant le contrôle que la papauté entend exercer sur le monde scolaire que l'attention dont l'entourent les souverains des jeunes états à partir du début du XIIe siècle, contribuent à l'affaiblissement progressif des instances locales. Une telle évolution contribue à libérer un désir d'affranchissement jusque-là souvent contenu dans le cadre trop étroit des écoles cathédrales. Elle renforce aussi, en même temps, cette volonté constamment exprimée des maîtres et étudiants de se regrouper en communautés autonomes afin d'assurer eux-mêmes leur propre destin. Ils ne faisaient, en cela, qu'inscrire leur destin dans ce vaste mouvement associatif qui s'empare alors de tout l'Occident afin d'affranchir l'individu des liens de dépendance personnelle dans lesquels l'avait inséré la féodalité. Porté par ce vent nouveau, l'esprit communautaire qui avait toujours soufflé sur le monde scolaire s'en trouve considérablement renforcé. Partout maîtres et étudiants déclarent constituer un *corpus,* une *universitas* que doivent consacrer reconnaissance, autonomie et institutions propres. C'est dans ce contexte que s'affirment, à l'instar des universités de Bologne, d'Oxford ou de Cambridge, les grandes universités françaises tant au Nord qu'au Midi tout au long des trois derniers siècles du Moyen Âge. Mais le critère géographique ne vaut pas ici distinction et, pas davantage, la chronologie. Établir une typologie de ces jeunes universités serait tâche ardue. Ne peut-on pas y voir, néanmoins, en fonction du contexte dans lequel elles sont apparues, trois systèmes dominants? A côté de celles, les plus nombreuses, qui sont nées *ex consuetudine* et qui font, en quelque sorte, figure d'universités spontanées, prennent place celles que le pape crée officiellement, parfois sur initiative royale ou princière et qui peuvent en conséquence se prévaloir d'un véritable acte de naissance, tandis que certaines autres ne doivent leur existence qu'à des sécessions qui se révèlent plus ou moins durables.

Universitates ex consuetudine

L'évolution qui transforme certaines écoles en universités, toujours lente et parfois imperceptible, donne l'impression qu'elles naissent de manière presque spontanée. Dans cette évolution, les circonstances locales sont déterminantes, tout autant que la politique des princes, le vouloir des rois et les décisions de la Papauté. Le hasard aussi domina souvent le devenir de certaines écoles célèbres à la charnière des XIe et XIIe siècles et dont on peut se demander pourquoi elles n'accédèrent pas à la dignité universitaire. Tel fut le sort réservé à des centres aussi prestigieux que Laon, Le Mans, Tours et surtout Chartres. D'autres au contraire, souvent servis par l'essor durable de l'enseignement d'une ou plusieurs disciplines, connurent des destins exemplaires. Paris et Montpellier n'en figurent que les deux meilleurs exemples français.

Paris. Ce n'est qu'à la fin du XIIe siècle, puis tout au long du siècle suivant, que maîtres et étudiants parisiens obtiennent la reconnaissance progressive de leur autonomie et de l'ensemble des privilèges qui leur donnèrent qualité de corporation. Ils y parviennent au terme de longs conflits avec l'évêque et le roi, en s'appuyant en permanence sur le pape. Il en résulte une longue série de textes royaux et pontificaux qui ne font souvent que sanctionner des situations de fait et confirmer des institutions dont la naissance ne peut véritablement être datée. Il en découle aussi une double tendance qui place constamment l'université entre le monde des laïques et celui des clercs. Mais très vite maîtres et étudiants saisirent l'intérêt qu'il y avait pour eux à relever le plus directement possible de l'Église et à accepter qu'elle définisse l'étudiant comme un clerc. C'était lui permettre d'échapper à la justice du roi et à la police de son prévôt.

Une première association de maîtres voit le jour dans la décennie 1170-1180, tandis qu'en 1194, une bulle de Célestin III reconnaît les privilèges des clercs aux maîtres et écoliers. Face à cette attitude favorable du Saint-Siège, la royauté veut aussi marquer sa bienveillance. Dès 1200, Philippe Auguste octroie aux maîtres et étudiants une charte qui les exempte, tant au civil qu'au pénal, de la justice royale pour les rattacher à celle de l'évêque et du chancelier. Leur existence se trouvait ainsi de fait reconnue, évolution que renforce Innocent III, aux environs des années 1210, quand il fait des huit représentants choisis par les maîtres, les dépositaires du droit d'établir un règlement sur le costume, les funérailles et, surtout, sur le mode d'enseignement. Dans cette évolution favorable à l'université, l'évêque de Paris et le chancelier de Notre-Dame opposèrent la principale résistance. Le premier veillait surtout à préserver ses droits de juridiction, tandis que le second s'efforçait de maintenir intact son droit de délivrer seul et sans contrôle la *licencia docendi.* Il y avait là autant de moyens qui leur avaient permis de maintenir un étroit contrôle sur toutes les écoles pendant tout le XIIe siècle et qu'ils n'entendaient pas abandonner. Face à une telle résistance, maîtres et étudiants en appellent au pape contre le chancelier dans le courant de l'année 1212. Au terme de ce conflit, le chancelier conserve le droit de délivrer librement la licence, mais ne peut en contrepartie la refuser à un candidat que la majorité des maîtres de sa discipline avait reconnu apte. Et il devait aussi le faire sans contrepartie financière, pas plus qu'il ne pouvait exiger de serment de fidélité et d'obéissance de la part des maîtres. En 1215, le légat Robert de Courçon reprend l'ensemble de ces dispositions ainsi que de plus anciennes tout en précisant obligations, droits et privilèges du corps des maîtres et étudiants, sans oublier de réglementer le régime des études et les conditions de délivrance des diplômes. Ce texte, qui faisait figure de statut et consacrait véritablement la communauté universitaire en tant que corps organisé, suscita de nouvelles oppositions tant de la part de l'évêque que du chancelier. Mais ce fut en vain qu'ils tentèrent de s'opposer à leur application. Maîtres et étudiants soutenus par la papauté résistèrent puis, au lendemain de graves incidents avec le prévôt du Châtelet dans le courant de l'année 1229, entrèrent dans un long mouvement de grève avant que certains d'entre eux ne quittent Paris pour Toulouse, Reims, Orléans, Angers et même l'Angleterre. Cette phase ultime de lutte marque la victoire définitive des maîtres et étudiants en tant que corps organisé. Elle est consacrée par la grande bulle *Parens Scientiarum* de Grégoire IX en 1231. «Grande charte de l'Université» que quelques textes ultérieurs devaient encore compléter jusque vers 1250, elle confirme tous les textes antérieurs en faisant de la communauté des maîtres et étudiants une véritable *universitas* placée sous la protection du roi, mais hors de l'autorité de l'évêque et du chancelier, l'un et l'autre ne conservant à son endroit que des attributs judiciaires fort restreints, tandis que la Papauté continue à exercer sur elle un contrôle très strict.

Ainsi triomphait, dans cette première moitié du XIIIe siècle, la communauté universitaire en tant que corps autonome issu de la fusion des anciennes écoles épiscopales et monastiques.

Elle réussissait, en même temps, à faire triompher l'essentiel de ce qui avait été ses revendications pendant plus d'un siècle. Trois principales avaient toujours dominé ses luttes. D'abord, maîtriser son propre recrutement. Cette exigence fut satisfaite en 1212 quand le chancelier dut obligatoirement accorder la licence, sans argent ni serment de fidélité, à tout candidat que lui présenteraient les maîtres. Ensuite, être habilitée à se doter librement de statuts pour fixer les règles de son fonctionnement interne en exigeant de tous ses membres qu'ils prêtent serment de les respecter avec, comme corollaire, possibilité d'exclure ceux qui refuseraient de se plier à cette obligation. Satisfaction fut progressivement donnée à ces requêtes tout au long de la première moitié du XIIIe siècle, en particulier en 1215 et en 1231. La dernière grande revendication enfin — la libre élection d'officiers pour assurer la discipline interne et représenter la communauté universitaire à l'extérieur — reçut plus lentement solution avec la désignation progressive de procureurs des nations, puis d'un recteur en 1245. Et comme pour célébrer le triomphe définitif de cette *universitas,* le droit d'avoir son propre sceau lui fut reconnu en 1246. Voilà qui marquait le terme d'une évolution et consacrait l'existence de cette grande corporation universitaire qui, tout en demeurant une institution d'Église, se voyait dotée d'une très large autonomie.

Montpellier. Admirablement située, la ville doit en grande partie son développement universitaire à sa position de carrefour économique et intellectuel entre les civilisations grecque, romaine, juive et chrétienne. Le contexte politique, pendant longtemps favorable, laisse à l'évêque de Maguelonne dont la ville est tenue en fief par les comtes, ainsi qu'au pape, un large pouvoir de contrôle sur le monde universitaire. De nombreuses écoles y sont très tôt florissantes dont la fusion progressive donne lentement naissance à une université.

Un enseignement médical y est attesté dès les années 1150 et officiellement reconnu par le comte Guilhem VIII en 1181 qui en proclame la liberté. C'était favoriser le développement d'écoles florissantes qui reçoivent leurs premiers statuts en 1220 du légat d'Honorius III. Personnage central de l'institution, l'évêque de Maguelonne, entouré d'un jury qu'il désigne, a seul compétence pour délivrer grades et examens. Investi de larges pouvoirs de juridiction sur les maîtres et étudiants, il confirme les statuts et participe en étroite collaboration avec trois maîtres à la désignation des professeurs et du chancelier dont les attributions sont plus symboliques que réelles. Cette organisation primitive se modifie quelque peu au début du XIVe siècle en faveur des maîtres qui obtiennent de Clément V, en 1309, d'être admis au choix du chancelier et de participer aux examens et à la collation des grades. Ainsi Montpellier devint-il, au XIIIe siècle, un des plus brillants foyers de l'enseignement médical dont la réputation put rivaliser, au moins jusqu'au milieu du XIVe siècle, avec celle de Paris et de Bologne.

Le droit y connut aussi un incomparable destin à partir du milieu du XIIe siècle. Avant même Placentin, plusieurs maîtres italiens y avaient diffusé les premières découvertes de la renaissance bolonaise. Même si la mort du grand maître, en 1192, ralentit pour un temps l'essor de la science juridique dans cette capitale méridionale du droit, il n'y était pas moins promis à un bel avenir, ce que confirme le renouveau de l'école de droit dès la fin du XIIIe siècle. Véritable *studium generale, l'universitas* des maîtres et étudiants montpelliérains bénéficia de la sollicitude constante du Saint-Siège et tout spécialement du pape Nicolas IV qui, en 1289, érigea cet ensemble d'écoles existantes en Université de droit civil et canon, de médecine et des arts, tout en reconnaissant à ses docteurs le *jus ubique docendi.* Placées sous la direction de l'évêque, ces trois unités conservaient leur identité mais devaient s'en remettre, pour la collation des grades, à l'autorité de l'évêque à qui avait été confiée la fonction de chancelier. Dotée d'un statut à partir de 1339, l'université de droit était administrée par un recteur et douze conseillers désignés par les nations. Cette nouvelle organisation coïncide avec la période la plus faste de l'enseignement juridique qui entre à nouveau dans une phase de déclin à partir de la fin du XIVe siècle. Il en alla de même de l'enseignement des arts dont les écoles, nombreuses et florissantes aux alentours des années 1200, furent dotées d'un statut par l'évêque de Maguelonne en 1242. Il rappelait en tous points celui des écoles de médecine et les plaçait sous la haute autorité de l'évêque assisté d'un doyen et d'un recteur. Entrée dans une irrémédiable phase de décadence à partir du milieu du XIVe siècle, l'université des arts devint une simple école municipale placée sous la responsabilité d'un régent choisi par les consuls. Quant à la théologie, elle jouit pendant longtemps d'un devenir autonome qui déboucha sur la création par Martin V, en 1421, d'un *studium generale* de théologie avec deux chaires de professeur qui furent incorporées à l'université de droit. Ainsi, tout comme l'université de Paris, celle de Montpellier naquit lentement à partir de ses multiples écoles et sa genèse progressive fut jalonnée de textes qui constatèrent davantage des évolutions qu'ils ne créèrent des institutions nouvelles. Ce schéma, s'il fut le plus courant, ne fut pas pour autant général et il arriva que la coutume laissât la place à la loi.

Les universités créées à l'initiative du pape, du roi ou du prince

Certaines le furent sur décision impériale, comme l'université de Naples, créée en 1224 par Frédéric II. Mais la situation en France est tout autre où seul le pape peut exercer un tel pouvoir, même s'il ne fait souvent que relayer, en la consacrant, une initiative royale ou princière. La nouvelle université bénéficie alors d'un acte créateur, véritable charte de fondation qui définit son statut, délimite ses compétences et précise les privilèges de ses membres. Ce nouveau processus traduit une évolution considérable des mentalités. Le pouvoir pontifical ne se limite plus à constater, voire à encourager une évolution mais, désormais conscient de l'ampleur, de la richesse, du poids et de la qualité du phénomène universitaire, il s'efforce de le précéder et parfois même de le provoquer en décidant de la création d'une université nouvelle. Convaincu de la valeur de la formation universitaire pour les élites au service de l'Église et de l'État, il préfère en fixer lui-même le cadre plutôt que de l'abandonner à une évolution qu'il ne maîtrise pas nécessairement. C'est dans ce contexte que virent le jour plusieurs universités, surtout aux XIVe et XVe siècles.

Le meilleur exemple est celui de Toulouse où les premières écoles des XIe et XIIe siècles ne réussissent pas à donner naissance à une université en dépit de tentatives répétées de la part de la Papauté pour y favoriser le développement de l'enseignement de la théologie. Il faut attendre Grégoire IX et son légat, Romain de Saint-Ange, qui firent de la création de l'université de Toulouse une des clauses imposées au comte de Toulouse dans de cadre du traité de Meaux de 1229. L'objectif était clair. Il fallait tout mettre en œuvre pour assurer la reconquête de la région sur le catharisme et accélérer le développement d'un pôle intellectuel qui y faisait cruellement défaut. Les temps difficiles que connaît alors l'université de Paris où le droit romain n'est plus, au moins en théorie, enseigné depuis 1219 et où la grève de 1229 provoque une véritable hémorragie de maîtres et d'étudiants, favorisent les recrutements de la nouvelle université qui, bénéficiant de la double bienveillance du comte Raymond VII et du pape, voit ses statuts plusieurs fois confirmés.

Ces débuts prometteurs furent de courte durée, rapidement stoppés par des difficultés de tous ordres en dépit du soutien constant de la Papauté. En témoigne la bulle par laquelle Grégoire IX vient en 1233 au secours du *studium generale* en reconnaissant à ses maîtres et étudiants les mêmes privilèges qu'à ceux de Paris, en particulier le *jus ubique docendi*. L'atteste aussi la décision d'Innocent IV de leur octroyer, dans une bulle de 1245, des statuts identiques à ceux que la bulle *Parens scientiarum* avait accordés à l'université de Paris. Cette série de mesures marque un nouveau départ, surtout favorable à l'enseignement du droit, tant ceux dispensés à la faculté des arts demeurent modestes et celui de la théologie monopolisé par les ordres mendiants. Cet essor, surtout sensible à partir du milieu du XIIIe siècle, bénéficia principalement au droit romain, tout particulièrement au lendemain de la défaveur qu'il connut à Montpellier. Forte de ce pôle, l'université put se donner des statuts généraux de 1311 à 1314 que Jean XXII compléta en 1329, tandis que les différentes facultés avaient reçu ou devaient progressivement recevoir les leurs, en 1309 et 1329 pour les arts, 1314 pour le droit, puis de 1366 à 1389 pour la théologie.

D'autres exemples peuvent être évoqués d'universités dont la création est souvent due à une initiative royale ou princière, toujours obligatoirement relayée par une décision pontificale. C'est ainsi que naquit l'université de Poitiers. Témoignage de reconnaissance de Charles VII à une ville qu'il veut récompenser pour sa fidélité, cette université doit aussi, dans l'esprit du souverain, venir en quelque sorte au secours de l'université de Paris alors sous obédience anglaise. C'est dans ce contexte que le pape Eugène II répondant à la requête du roi crée en 1431 un *studium generale* dont la structure et l'organisation reprenaient en tous points le modèle toulousain avec cinq facultés : arts, théologie, droit canon, droit civil et médecine. Confirmée par lettres patentes de Charles VII en 1432, cet ensemble universitaire connut des débuts difficiles et ne prit véritablement son essor qu'au début du XVIe siècle.

Le contexte dans lequel l'université de Bordeaux vit le jour est en tous points comparable. Les pressions locales y sont fortes qui, en raison de l'isolement dû à la guerre de Cent ans, s'exercent sur la Papauté afin d'obtenir la création d'une université. Fédérées par l'archevêque Pey-Berland, elles regroupent aussi bien les doléances du sénéchal de Guyenne, du maire et des jurats de la ville que des conseillers du roi d'Angleterre Henri VI. Le pape Eugène IV sut s'y montrer sensible et créa ici encore, en 1439 et toujours sur le modèle toulousain, un *studium generale* dans lequel étaient organisées toutes les facultés. Ses statuts définitifs qui virent seulement le jour en 1443 furent confirmés par Louis XI en 1443.

La fondation de l'université de Bourges s'inscrit aussi dans un même perspective. Voulue par Louis XI qui avait pour sa ville natale un attachement tout particulier, sa création est décidée par une bulle du pape Paul II en 1464. Mais cette décision n'alla pas sans difficulté et suscita l'hostilité de ses voisines, Paris et Orléans en particulier, si bien que le Parlement de Paris n'enregistra qu'en 1470 les lettres patentes confirmatives de sa fondation, alors qu'elle avait été officiellement inaugurée en 1467. Dotée de quatre facultés, le droit y dominait dès le départ les arts, la théologie et la médecine. Mais cela ne suffit pas à lui assurer des débuts faciles. Ils furent marqués par une série de désordres et d'abus que la royauté s'efforça de réprimer, notamment en 1498 et 1527, ce qui déboucha sur la réforme de 1530. Conduite par la municipalité, elle reçut le soutien du roi et du Parlement. Alors devait s'amorcer, pour un siècle, un exceptionnel essor de l'enseignement du droit.

Les universités nées des migrations parisiennes de 1219 et 1229

La bulle d'Honorius III qui interdisait, au moins officiellement, l'enseignement du droit romain à l'université de Paris, puis la grande grève qui marqua de manière durable la vie de l'université dans le courant de l'année 1229, en bouleversèrent profondément le rythme. Nombreux furent alors les maîtres et enseignants qui quittèrent la capitale pour trouver en d'autres lieux des conditions de travail plus favorables. Cette migration du monde universitaire parisien bénéficia à de nombreux centres, parfois même éloignés, Toulouse par exemple. Mais ce furent les plus proches géographiquement qui profitèrent le plus de cette situation nouvelle, Orléans et Angers tout particulièrement où les structures existantes constituaient un cadre idéal pour la mise en place d'universités nouvelles.

La tradition juridique orléanaise était ancienne avec une école de droit réputée depuis le IXe siècle. Il y avait là une structure d'accueil presque naturelle, tant par sa géographie que par sa destination, pour les maîtres et étudiants parisiens privés d'enseignement romanisant à partir de 1219. Ils y affluèrent, si bien qu'en 1235, le pape Grégoire IX après en avoir référé à l'évêque, y autorisa l'enseignement du droit civil. Ce faisant, il reconnaissait en quelque sorte que le centre orléanais devenait dans la pratique, la faculté de droit civil de l'université de Paris. C'était, en même temps, faciliter la naissance d'un véritable *studium generale* qui, en secouant progressivement le joug du chapitre et de l'évêque, était appelé à devenir université. Innocent IV d'abord, puis surtout Clément V en 1306, prirent acte de cette évolution et érigèrent cet ensemble en université dont structures et statut furent calqués sur le modèle toulousain. Les privilèges concédés étaient tellement larges qu'ils furent source de conflit avec la ville, ce qui contraignit Philipppe le Bel à intervenir pour les restreindre. Cette politique royale rigoureuse marque le début d'une période de crise pour cette nouvelle université qui doit, pour un temps, émigrer à Nevers à partir de 1306. Mais il fut court et Philippe V le Long sut rétablir la situation en jouant de la bienveillance de Jean XXII. Alors s'ouvre une période faste, essentiellement dominée par un remarquable essor de la science juridique.

L'affirmation progressive de l'université d'Angers obéit à un processus analogue. Au XIIIe siècle, une école de droit s'y développe et prend la suite de la vieille école cathédrale. S'offrait alors une structure d'accueil idéale pour les maîtres et étudiants parisiens victimes des décisions de 1219 et des événements de 1229. Leur arrivée massive y favorisa, en 1242, l'organisation d'un *studium particulare* entièrement voué à l'étude du droit civil. Porté par son succès, il se transforma rapidement en *studium generale* à partir de 1337 et fut alors traité comme tel par l'évêque d'Angers avant même de l'être aussi par les rois et papes successifs, ce qui conduisit Charles V à lui octroyer des privilèges identiques à ceux de l'université d'Orléans. La marche vers une émancipation définitive par rapport à l'évêque et à l'ancienne école cathédrale était définitivement ouverte. Les statuts de 1373 consacrent cette évolution, tandis que ceux de 1398 procèdent à une réorganisation générale de l'université en prenant pour modèle le système orléanais. Cet ensemble, presque exclusivement dominé par le droit, fut complété en 1432 sur décision du pape Eugène IV qui y fonda trois facultés, de théologie, de médecine et des arts. Confirmées par Charles VII en 1433, elles constituèrent avec le droit une seule université dont la prospérité tout au long du XVe siècle, fut autant le fruit de la bienveillance des papes, des rois et de la ville, que de la qualité de ses enseignants. Elle devint alors un centre réputé pour l'enseignement du droit civil dans des structures entièrement rénovées.

B. Les structures des universités

Complexes, elles sont dominées par la distinction fondamentale entre *universitas* et *studium generale,* deux expressions qui envahissent le vocabulaire médiéval utilisé pour qualifier l'université. Quand on évoque *l'universitas ou l'universitas magistrorum et scolarium,* c'est du corpus que constitue cet ensemble que l'on veut parler, de l'organisation corporative à laquelle il a donné naissance, organisation dotée de la personnalité morale, donc apte à représenter l'ensemble des individus qui le composent et à agir en leur nom. Il s'agit, dans tous les cas, de la collectivité universitaire reconnue et patentée. Évoque-t-on le *studium generale,* c'est alors l'établissement universitaire qualifié pour enseigner et délivrer des grades qui est désigné. Vêture juridique du *studium, l'universitas* en est aussi l'âme, contrôlant tous ceux qui, d'une manière ou d'une autre, participent à la vie du *studium,* même si tous ne font pas partie intégrante de *l'universitas*, tels les bedeaux, libraires et copistes. Tantôt composée des maîtres et étudiants, tantôt des seuls étudiants qui en assuraient alors eux-mêmes le fonctionnement, *l'universitas* se décompose en groupes institutionnels qui ont leur individualité propre. Toujours dotée de statuts qui définissent ses institutions, elle jouit toujours aussi d'importantes franchises et de nombreux privilèges.

• *Collèges, nations et facultés*

Plus ou moins nombreux, ces trois groupes se retrouvent dans la plupart des universités où ils constituent les cadres de vie de la communauté universitaire.

Collèges

Fondations privées destinées à accueillir les étudiants modestes en leur fournissant gîte, couvert et souvent aussi répétitions gratuites, les collèges varient en nombre en fonction des effectifs de la population étudiante. Ils ont le plus souvent pour origine l'acte généreux d'un fondateur qui affecte un capital à l'achat d'un immeuble, arrête les modalités de recrutement des étudiants et fixe les règles de discipline pour ceux qui seront admis. Ainsi, chaque collège possédait ses propres statuts qui définissaient ses organes de gestion et arrêtaient ses règles de fonctionnement interne.

Ils furent très nombreux à Paris où une quinzaine sont fondés dans le courant du XIIIe siècle et plusieurs dizaines encore au siècle suivant. Regroupés au quartier Latin autour de la montagne Sainte-Geneviève, beaucoup d'entre eux ont une origine monastique. Ils font alors souvent figure d'annexe de l'ordre qui les a fondés pour pouvoir accueillir ses propres membres venus faire leurs études à Paris. Le collège des Cordeliers pour les Franciscains, celui de Saint-Bernard pour les Cisterciens ou ceux des Prémontrés et des Clunisiens ne figurent que les principaux d'une longue liste. D'autres doivent leur existence à de généreux fondateurs privés, laïcs ou ecclésiastiques. C'est ainsi que vit le jour, en 1258, à l'initiative de Robert de Sorbon aumônier de saint Louis, le célèbre collège de Sorbonne destiné à recevoir une quarantaine de maîtres et étudiants en théologie. La fondation en 1280 par le chanoine d'Harcourt du collège auquel il donna son nom, s'inspire des mêmes principes. Devaient y être admis, exclusivement, des étudiants normands, douze en théologie et vingt-huit ès arts. Il en va de même du collège de Navarre qui doit son existence à l'acte généreux de Jeanne de Navarre épouse de Philippe le Bel. Fondation de grande ampleur, elle permit d'accueillir soixante-dix étudiants inégalement répartis entre les arts qui en comptaient cinquante et la théologie une vingtaine. Cette longue liste de fondateurs, dont quelques noms célèbres seulement sont rappelés, déborde largement le cadre de l'hexagone. Ceux de fondateurs étrangers foisonnent qui permirent, grâce à leur générosité, que soient fondés des collèges pour étudiants étrangers. Parmi les plus connus, le collège des Anglais, celui des Écossais ou celui des Lombards font véritablement partie du paysage universitaire parisien de la fin du Moyen Âge où ils contribuent à donner corps à l'institution des nations.

Nations

De formation coutumière, elles reflètent parfaitement la structure corporative des universités. Organisations de défense et d'entraide des maîtres et des étudiants ou seulement des étudiants, elles regroupent des membres de même origine ethnique et géographique. À Paris où elles sont les mieux organisées, même si l'aspect géographique y demeure assez lâche, on en dénombre quatre. La Nation de France, principalement destinée à accueillir les étudiants d'Île-de-France et des régions limitrophes, finit par s'ouvrir aussi à tous ceux du Midi et d'Espagne. Nation normande et Nation picarde assuraient la même fonction à l'égard de leurs ressortissants, tandis que la Nation anglaise, encore qualifiée Nation anglo-allemande, acceptait en son sein aussi bien des étudiants d'Europe du Nord que d'Europe centrale.

Institution officielle, chaque nation avait ses propres statuts et formait corps, ce qui lui valait d'être dotée d'institutions très structurées avec son procureur élu, assisté de ses conseillers, eux aussi élus, ses assemblées, sa caisse commune et surtout son sceau propre, manifestation sans doute la plus essentielle de sa personnalité. La solidarité très vive qui régnait entre les membres était encore renforcée par le serment d'affiliation que devait prêter chaque nouveau venu et le droit d'entrée qu'il était tenu de verser à cette occasion.

Ces nations jouent un rôle de premier plan dans la vie de l'université comme en témoigne, tout particulièrement, le cas de Paris. Les quatre procureurs et leurs conseillers y étaient tous des maîtres. Et ne pouvaient être élus à ces fonctions que des maîtres ès arts. Les arts libéraux constituant le premier niveau des études, les candidats à la maîtrise pouvaient l'obtenir assez jeunes et participer, à partir de ce moment là, à l'enseignement des disciplines de ce secteur tout en poursuivant leurs études en droit, en théologie ou en médecine. Il résulte de cette situation que procureurs et conseillers des quatre nations contrôlaient, à peu près à eux seuls, la faculté des arts et l'enseignement qui y était dispensé. Là ne se limitait pas le pouvoir des procureurs puisqu'ils avaient compétence pour désigner le recteur.

Facultés

Le critère géographique s'efface ici pour faire place à des considérations scientifiques, pédagogiques et administratives. Les grandes disciplines sont à la base de l'organisation des universités en facultés. À chaque branche du savoir, une faculté distincte. En théorie donc, quatre facultés pouvaient trouver place dans chaque université. D'abord celle du premier niveau — faculté préparatoire en quelque sorte — où étaient enseignés les arts libéraux. Puis venaient les trois supérieures avec le droit, la théologie et la médecine. Mais bien souvent il n'y eut que deux ou trois facultés et parfois même une seule dans des universités où l'enseignement de la théologie était peu pratiqué, tant les papes ont toujours voulu réserver une position privilégiée à l'université de Paris en ce domaine. Bien souvent aussi, la faculté de droit prit le nom de faculté de décret quand on n'y enseignait pas le droit romain, mais seulement le droit canonique principalement étudié à partir du décret de Gratien. Comme les nations, les facultés forment corps avec statut, organes de gestion et sceau propre.

• *Statuts et institutions*

Par delà la diversité des statuts, un dénominateur commun existe qui donne aux diverses institutions un aspect unitaire. Il préside aussi aux grands principes qui régissent la vie universitaire, toujours inspirés par les mécanismes de gouvernement et de gestion dont s'étaient dotées, depuis longtemps déjà, les organisations corporatives, qu'il s'agisse des communautés religieuses, des corps de métier ou des villes.

Voilà pourquoi un vent de démocratie souffle constamment sur les universités depuis leur fondation. De surcroît, elles échappent pratiquement à tout contrôle en dehors de la tutelle, toujours assez lourde mais souvent lointaine, que font peser sur elles les légats pontificaux. Quant à la discipline et à la soumission rigide qu'avaient voulu leur imposer évêque et chancelier, elle n'est plus guère qu'un souvenir quand les universités arrivent à maturité. Autant de facteurs qui contribuent à expliquer la grande liberté dont elles jouissent dans l'adaptation de leurs statuts et la mise en place de leurs institutions au sein desquelles les instances élues jouent toujours un rôle de premier plan à côté des organes délibérants.

Clef de voûte de cette architecture, le recteur est l'élu des procureurs des nations. C'est dire qu'il tient toutes ses compétences des instances les plus influentes de l'Université et qu'il en retire un très grand prestige. Position d'honneur et de pouvoir, la fonction de recteur fait de son titulaire le véritable *caput studii.* Premier personnage de l'Université, il reçoit d'abord mission de la représenter en toutes circonstances, que ce soit dans le cadre de cérémonies officielles ou pour négocier, ester en justice, conclure des contrats, défendre ses membres et veiller au respect de ses privilèges. Il en est, à tous moments, le porte-parole officiel. Maître de sa gestion interne, à la fois administrative et financière, il convoque et préside les diverses assemblées. Il est aussi de droit président du conseil dans lequel siègent procureurs des nations et doyens des différentes facultés. Gardien des statuts, garant de la discipline des membres de la corporation, il a également sur eux droit de juridiction. Personnage de tout premier plan, le recteur n'a pas pour autant des pouvoirs illimités. Son mandat était bref, de un an à trois ans selon les universités. De plus, tout recteur était soumis aux contrôles permanents des diverses assemblées. Composées selon les universités des maîtres et étudiants, ou des seuls maîtres ou des seuls étudiants, elles se réunissent souvent pour prendre des décisions importantes que le recteur avait mission d'appliquer.

• *Franchises et privilèges*

Conscient de son unité et de sa force, souvent adulé par les pouvoirs séculiers et toujours choyé par la Papauté, le *populus academicus* parvint à se forger progressivement une véritable carapace protectrice de franchises et de privilèges qui en firent un monde véritablement à part. Reconnu tout à la fois à l'Université en tant que corps, à ses membres pris individuellement et à tous les corps qui gravitaient autour d'elle, ce statut d'exception trouve davantage sa source dans la pratique coutumière que dans la loi.

Considérée comme un corps autonome, l'Université réussit à se faire reconnaître un véritable droit de coalition. Il lui permit, chaque fois qu'elle estimait que ses prérogatives étaient malmenées ou ses prérogatives menacées, d'engager une action collective. Le plus souvent, elle emprunta la forme de la grève, tant de la part des maîtres que des enseignants. Cette cessation complète de toute activité universitaire (*cessare a lectionibus*) connut des épisodes particulièrement vifs à l'université de Paris, spécialement en 1229 où, après une longue période de grève, de nombreux maîtres et étudiants firent sécession pour aller s'installer, le plus souvent sans espoir de retour, dans d'autres universités.

Plus importants en nombre et en épaisseur furent les privilèges et franchises d'ordre individuel. Accordés aux maîtres, aux étudiants et bien souvent aussi à tous les membres du personnel qui gravitait autour de l'Université, ils touchent à tout ce qui structure le socle du statut de l'homme médiéval. Dans le domaine juridictionnel, les membres de toutes les universités bénéficièrent d'un statut véritablement exorbitant du droit commun. Placés hors de la compétence des juridictions laïques aussi bien au pénal qu'au civil, ils ne relèvent pas pour autant de manière systématique des juridictions ecclésiastiques dans la mesure où ils échappent, en bien des hypothèses, aux tribunaux locaux de l'Église. Ces instances sont-elles cependant reconnues compétentes? Alors, il n'est pas rare que l'évêque se voit contraint d'adjoindre à son tribunal un membre de l'Université, chaque fois qu'un étudiant est en cause. Après la justice, le fisc réserve aussi aux universitaires un régime de faveur en les exemptant de tout impôt direct en raison de leur statut de clerc. Quant à la fiscalité indirecte pour laquelle l'exemption est moins nette, les moyens d'y échapper ne manquent pas non plus, surtout pour les péages et droits d'entrée qui auraient dû normalement peser sur tous les produits, marchandises et fournitures nécessaires aux gens de l'Université. Arguant du fait que la plupart de ces achats étaient à la fois incompressibles et en rapport direct avec leur activité professionnelle, ils réussirent à se faire exempter du paiement des taxes auxquelles ils étaient en principe assujettis. À cette belle liste de franchises vient encore s'ajouter l'exemption de service militaire dont bénéficiaient tous les clercs ou assimilés, qu'il s'agisse du service du roi ou de la ville. Enfin tous les universitaires avaient arraché à la Papauté des privilèges dans le domaine bénéficial. Non seulement possibilité leur fut donnée d'obtenir des bénéfices ecclésiastiques, mais aussi de pouvoir en percevoir les revenus sans contrainte de résidence et sans obligation de prendre les ordres qui étaient normalement attachés à de telles fonctions.

Ce long inventaire de privilèges et de franchises personnelles s'enrichit enfin de toute une panoplie de dispositions spécifiques tant en faveur des métiers qui travaillent en étroite collaboration avec l'Université que des étudiants. Marchands de papier et de parchemin, libraires aussi en sont les principaux bénéficiaires. Aux premiers sur lesquels les recteurs exercent un étroit contrôle pour les contraindre à modérer les prix et veiller à la qualité des produits vendus, est en même temps reconnu un véritable droit de préemption sur le marché en vue de leur assurer un approvisionnement régulier. Aux seconds qui diffusaient les manuscrits de cours et sur lesquels pesait une étroite surveillance pour tout ce qui touchait à la qualité des exemplaires mis en vente, était offerte la possibilité de les louer par fascicules séparés (*peciae*) aux étudiants qui n'avaient pas les moyens de les acheter.

Cette dernière catégorie d'étudiants dans le besoin, ou aux ressources modestes, fait constamment l'objet d'une sollicitude particulière, tant de la part des pouvoirs séculiers que de la Papauté. Gratuites au départ, les études deviennent rapidement très onéreuses. La liste s'allonge toujours des droits d'inscription à acquitter et des collectes auxquelles il faut souscrire pour rémunérer les maîtres ou assurer la collation des grades. Pour faire face à ces multiples dépenses, les étudiants nécessiteux bénéficient de l'hospitalité que leur offrent les collèges et, souvent aussi, de l'aide que leur apporte directement tel seigneur ou telle ville qui trouvent là l'occasion de manifester leur intérêt pour la vie universitaire. Mais c'est principalement de la Papauté que vient le secours avec l'octroi de plus en plus libéral de bénéfices dont certains sont accordés par priorité à des étudiants méritants. Dès la fin du XIIIe siècle, les universités prirent l'habitude d'adresser à Rome de longues listes de maîtres et d'étudiants (suppliques) qu'elles jugeaient particulièrement méritants en vue de l'obtention d'un bénéfice. Ces demandes, auxquelles réponse favorable était souvent donnée, furent l'occasion pour l'Église de doter maîtres et étudiants de revenus importants et réguliers assis sur le patrimoine de l'Église. C'était, en même temps, leur donner les moyens d'enseigner et d'étudier.

C. Le droit dans le champ des savoirs

Dès la seconde moitié du XIIIe siècle, l'extraordinaire essor que connaissent les états d'Occident vient ajouter aux besoins en juristes et administrateurs qu'avait depuis toujours suscité le centralisme de la papauté. Connaître le droit devient une impérieuse nécessité pour tout candidat à une carrière politique, administrative ou judiciaire. L'enseigner s'impose comme une condition de succès pour toute université qui veut s'affirmer dans un monde universitaire où la compétition se fait de plus en plus vive. Voilà pourquoi les facultés de droit s'imposent à peu près partout, sauf à Paris, comme le pivot des universités avec des effectifs en hausse permanente et toujours très largement majoritaires. Bien souvent même, la faculté de droit est la seule, l'enseignement des autres disciplines, quand il existe, restant cantonné dans le cadre d'écoles. Tel fut le cas, par exemple, d'Angers et d'Orléans.

• *Programmes et méthodes*

Faire de l'enseignement du droit un axe prioritaire s'imposa donc comme un véritable dogme dans de nombreuses universités, sans pour autant mettre en péril celui des autres disciplines, qu'il s'agisse des arts, de la médecine ou de la théologie. Partout ou presque, les facultés des arts font figure de facultés préparatoires, l'enseignement qu'elles délivrent et la méthode dialectique qu'elles développent constituant la base indispensable à toute formation en droit et en théologie. *Trivium* et *quadrivium* y demeurent le fondement de ce premier savoir, avec cependant des spécialisations très marquées en fonction des universités, telle Paris où la dialectique s'impose comme discipline reine à la faculté des arts qui perd progressivement son caractère primitif de cycle préparatoire. Elle a alors tendance à s'ériger lentement en faculté autonome, principalement vouée au commentaire de livres philosophiques et à la réflexion autour de problèmes que leur lecture permet de prolonger, le tout s'inscrivant dans une problématique très différente de celle adoptée par la faculté de théologie. On sait le destin qu'y connurent les œuvres d'Aristote en dépit des interdictions successives dont leur étude fut l'objet, ainsi que les commentaires d'Avicenne et d'Averroès. Toutes ces œuvres ne sont pas non plus ignorées, surtout à partir du milieu du XIIIe siècle, des facultés de théologie où l'enseignement repose principalement sur la Bible, les écrits des Pères de l'Église et le *Livre des Sentences* de Pierre Lombard. Pour la médecine, là où son enseignement existait, les ouvrages de base n'étaient pas légion, essentiellement limités aux écrits d'Hippocrate, Galien, Constantin l'Africain et certains traités arabes comme le *Canon* d'Avicenne.

Pour le droit au contraire, les textes ne faisaient pas défaut. L'œuvre de Gratien d'abord, suivie de toutes les compilations antérieures dont la synthèse devait aboutir au *Corpus juris canonici,* puis celle des glossateurs bolonais qui avaient su redonner vie à l'œuvre de Justinien en constituaient la base essentielle. Les quatre compilations de Justinien ainsi remises à l'honneur et auxquelles furent ajoutés, à la fin du XIIIe siècle, les *Libri feudorum,* donnèrent naissance au *Corpus juris civilis* médiéval. Source difficile à expliquer et à comprendre, il fut divisé en cinq livres dès le XIIe siècle, ce qui en rendit le maniement et l'enseignement plus aisés. Le *Digestum vetus* comprenait les livres 1 à 34, 2 du Digeste, tandis que les livres 34, 3 à 38, 3 formaient *l'Infortiatum* et les livres 38, 4 à 50 composaient le *Digestum novum.* À ces trois premiers volumes s'ajoutaient un quatrième, le *Codex,* composé des seuls livres 1 à 9 du Code, puis un cinquième de structure assez hétéroclite avec les Institutes, les *Tres libri* (les trois derniers livres du Code), les *Authentiques* (Novelles), les *Libri feudorum* et les *Extravagantes* ou *Undecima collatio* (constitution d'Henri VII de 1312). Cet ensemble difficile à pénétrer servit progressivement de base à un travail de commentaire grandement facilité par les gloses des docteurs de Bologne que François Accurse regroupa au milieu du XIIIe siècle dans la *Glose ordinaire,* avant que les maîtres orléanais de la première génération n'aient eux aussi recours à cette méthode dans la période 1240-1260 et que leurs successeurs, Jacques de Révigny et Pierre de Belleperche en particulier, ne l'affinent encore au cours des trois décennies suivantes. À partir de cette somme documentaire, enseignement du droit et cursus imposé aux étudiants qui choisissaient de le suivre étaient assez strictement calqués sur ceux des autres matières.

Dominé par l'oral, l'enseignement réserve aussi une place au support écrit que constituent les textes des manuscrits étudiés, les divers recueils qui étaient le fruit de l'activité pédagogique, doctrinale ou pratique des enseignants ainsi que des résumés de cours qui n'étaient pas des notes prises par les étudiants puisque cela leur était en principe interdit, mais l'œuvre d'écrivains professionnels, les *reportatores.* Tous ces textes de nature les plus diverses — sources, manuscrits de cours, traités, analyses de cas et consultations — étaient copiés sous contrôle des libraires qui en assuraient la diffusion soit en les vendant, soit en les louant.

À partir de ces bases textuelles, l'enseignement était partagé entre une série d'exercices variés. Venait en premier la *lectio* ou *lectura.* Confiée à un maître qui est souvent aussi en même temps un praticien, elle est presque exclusivement fondée sur le commentaire des œuvres retenues qui dictent, en pratique, la structure de l'enseignement. Plus que la notion de discipline — droit civil ou droit canonique — c'est celle de source qui structure les programmes, le Digeste et le Code constituant la base de l'enseignement du droit civil, tandis que Décret et Décrétales forment le socle de toute réflexion en droit canonique. Autour de cet ensemble de textes, une hiérarchie se dessine qui conditionne l'intervention de chaque catégorie d'enseignants. Aux plus anciens et aux plus dignes, les maîtres en titre, revient l'honneur de travailler sur les sources les plus prestigieuses, les plus importantes, les plus difficiles et d'assurer ainsi les cours ordinaires portant sur le Digeste vieux et sur le Code, le Décret et les Décrétales. Aux plus jeunes au contraire est laissé le soin de commenter, dans le cadre de cours extraordinaires, les autres textes de droit romain ou les autres collections canoniques. Ces jeunes universitaires qui ne pouvaient lire qu'*extraordinarie,* alors que seuls les maîtres en titre étaient habilités à enseigner *ordinarie,* n'étaient autres que des bacheliers souhaitant faire carrière. Leur baccalauréat acquis, ils prêtaient un serment d'affiliation à la faculté. Il valait en quelque sorte intégration, ce qui leur permettait d'enseigner à titre bénévole, tout en poursuivant leurs études.

Ces cours magistraux se déroulent selon une méthode éprouvée. Avant d'aborder un texte, le maître le replace dans son contexte et donne un aperçu général sur le titre du *Corpus* dont il est extrait. Ces résumés, proposés au début de chaque cours, finissent par constituer de véritables sommes *(summae)* qui, réunies en recueil, prennent figure d'exposés systématiques et didactiques. Vient ensuite l'exposé du *casus* qui a motivé le texte et qui permet d'en saisir la portée véritable. Alors, le commentaire littéral sous forme de gloses devient possible. Il permet de dégager, en conclusion, la portée générale du texte, sans oublier de mentionner les opinions des différents maîtres *(dissensiones dominorum)* et en faisant toujours très largement appel à la méthode du *pro et contra.* À la fin du XIIIe siècle se développe un genre nouveau, le *tractatus.* Il permet au maître de prendre quelque liberté par rapport à l'architecture contraignante des textes qu'il étudie et de regrouper, selon un ordre plus logique, des exposés autour d'un ensemble de questions.

Ces *lectiones* sont importantes mais ne sauraient suffire à la formation de trop jeunes esprits. Il y faut aussi des *repetitiones* qui permettent de procéder à l'exégèse d'un texte déjà commenté dans le cours. Les *disputationes* enfin couronnent cet ensemble d'exercices en donnant aux étudiants l'occasion de discuter des cas pratiques ou des questions théoriques et de se familiariser ainsi avec la méthode du *pro et contra.* Moyen de tester les connaissances acquises, cet exercice redoutable permettait aussi de développer l'esprit critique et d'initier les étudiants à la méthode dialectique. C'est dans le cadre de ces *disputationes* que prend essor le système des *quaestiones disputatae* promises à un si bel avenir. La question disputée permet de simuler une controverse entre deux plaideurs autour d'un *casus* fictif ou emprunté à l'actualité judiciaire. Exposé du cas, analyse des éléments du litige, échange des arguments et recherche de la solution sont autant d'occasions offertes aux étudiants de parfaire leur raisonnement juridique. Les maîtres utilisent aussi très vite ce procédé qu'ils détournent quelque peu de sa fonction originelle. Il y ont alors recours pour leur propre enseignement et profitent d'une *quaestio* pour apporter eux-mêmes arguments et réponses, exposant ainsi leur propre point de vue à travers la solution qu'ils proposent. Très recherchées pour la somme de connaissances qu'elles représentaient, ces *quaestiones* firent rapidement l'objet de recueils qui se multiplient à partir du milieu du XIVe siècle. Il en va de même des *consilia.* Consultations données par les maîtres à des princes, à des villes ou à des particuliers, ils sont aussi le reflet de leur enseignement et contribuent, par là même, à servir les étudiants tout au long de leur cursus.

• *Grades et cursus*

Tout cet enseignement s'inscrit dans un cursus fort long qui s'ouvre, obligatoirement, par le baccalauréat. Période probatoire, elle s'étale sur cinq ans, parfois six. Chaque aspirant au baccalauréat devait être patronné par un maître qui l'assistait durant toute sa scolarité, pratique qui n'est pas sans évoquer l'apprentissage dans les corps de métier. Le moment venu et si le maître l'en jugeait digne, il présentait la candidature de son élève à l'assemblée de la faculté. Si elle était acceptée, il devait alors se soumettre à une série d'épreuves devant un jury. Elles consistaient en général à répondre *(responsiones)* à une série de questions qui permettaient de vérifier les connaissances théoriques du candidat, puis à argumenter et à faire un cours *(determinatio)*, épreuve décisive pour juger de ses capacités pédagogiques et le placer en situation d'assurer lui-même ses *lecturae.*

Terminée avec succès cette longue période de formation préalable, le nouveau bachelier pouvait s'inscrire en licence tout en commençant à participer à l'enseignement de la faculté. Ce nouveau cycle qui durait de un à trois ans, autorisait le candidat au terme de ce temps réglementaire, à postuler à la *licencia docendi.* Plus haut grade universitaire, elle lui ouvrait en cas de succès la voie à l'enseignement en qualité de maître. Mais pour y prétendre, il fallait d'abord satisfaire à une enquête minutieuse conduite dans le cadre de la faculté. De son résultat dépendait ou non l'autorisation à se présenter. Si elle était accordée, une série d'épreuves suivaient, très fortement teintées de dialectique, devant un jury composé de maîtres. Commentaire d'un texte du Code ou du Digeste pour les civilistes et d'un passage du Décret ou d'une Décrétale pour les canonistes, en figurait la trame caractéristique. En cas de succès, rien ne s'opposait à ce que le nouveau licencié brigue une nouvelle licence dans la discipline qui n'avait pas été la sienne en vue d'obtenir le titre très prisé de licencié *in utriusque juris* (ou *in utroque*), c'est-à-dire dans l'un et l'autre droit. Mais alors, il devait en général changer de faculté pour y entreprendre un nouveau cycle qui pouvait cependant être abrégé. Satisfaites toutes ces conditions et jugé apte par le jury, le candidat était présenté par les maîtres à l'évêque ou à son chancelier qui ne pouvaient refuser de lui conférer la licence qui valait autorisation d'enseigner.

Elle était donc un grade terminal et suffisant, mais habitude fut prise rapidement de la faire suivre d'une cérémonie officielle d'agrégation (*inceptio*) du nouveau collègue à ses maîtres. Ce fut le doctorat que le nouveau maître recevait après avoir fait montre de ses capacités à l'occasion de deux disputes successives, l'une avec des bacheliers et l'autre avec ses futurs pairs. Alors l'un des maîtres, en général l'ancien patron, prononçait l'éloge du récipiendaire et le chancelier lui remettait les insignes doctoraux : la barrette ou bonnet ainsi que l'anneau d'or. Reconnu par ses pairs, le nouveau docteur prêtait le serment correspondant à sa nouvelle dignité. Tant d'attentions à son égard postulaient reconnaissance dont l'impétrant témoignait en offrant à toute l'université fastueux banquet, somptueux divertissements et nombreux cadeaux... Toutes ces réjouissances coûtaient si cher que la Papauté dût finalement intervenir pour les taxer et les réduire.

Tous les nouveaux docteurs faisaient automatiquement partie du collège doctoral de la faculté, mais assez rares étaient ceux qui y enseignaient. Pareille situation conduisit à distinguer les docteurs formés avec titre sans fonction, des docteurs régents qui seuls composaient le corps enseignant de la faculté. La même situation peut être observée chez les licenciés. Beaucoup de ces juristes préféraient des carrières plus lucratives, soit au sein de l'administration de l'Église pour les canonistes ou au service du roi et des villes pour les civilistes, quand ne les attiraient pas les fonctions d'avocat et de consultant qu'ils jugeaient plus rémunératrices encore à défaut d'être aussi honorifiques. Nombreux sont ceux, néanmoins, qui mettent tout leur art à disposition du prince et qui permettent ainsi au royaume de France de retrouver, autour d'un droit reconstruit, une nouvelle identité.

II. L'IDENTITÉ DU ROYAUME DE FRANCE

Aussi longtemps que les forces centrifuges l'emportent sur les éléments de réassociation, le royaume de France ne peut trouver d'identité. Écartelé en grandes principautés dont les princes sont toujours partagés entre leur devoir d'obéissance envers le souverain et la tentation de conclure des alliances plus porteuses, ce *regnum* morcelé et les grandes unités qui le composent ne constituent que des *regna* parmi tous ceux qui, en Europe, doivent rivaliser avec l'Empire (1). Émerger de cet ensemble et y assurer sa primauté constituait, pour le roi de France, une condition indispensable pour consolider sa position face à la papauté (2).

1. Regnum Franciae, regna *et Empire*

Royaume de France et royaumes voisins qui rivalisent tout au long du XIIe siècle sur l'échiquier européen pour s'y tailler une place à leur mesure, profitent de l'agonie de la suprématie impériale pour assurer leur souveraineté. Mieux même, les légistes de la couronne savent saisir l'occasion que leur offre le grand interrègne (1250) pour faire triompher l'idée d'une position spécifique du roi de France.

A. L'AGONIE DE LA SUPRÉMATIE IMPÉRIALE

Au tout début du XIIIe siècle, royaumes et cités qui ont progressivement accédé à la vie politique et réussi à faire reconnaître leur indépendance, se heurtent encore à la fiction de l'unité impériale qui tenait l'empereur pour seul titulaire de l'*imperium mundi* auquel ils avaient été soumis. Mais cette image unitaire d'un pouvoir supérieur ne cesse de s'estomper. Elle est désormais trop faiblement entretenue par l'idée que toutes ces unités politiques devraient continuer à appartenir à un monde latin sur lequel régnaient en maître les lois de Justinien. Le poids de ces jeunes monarchies nées du délabrement de l'Empire conduit non seulement les canonistes, mais aussi les romanistes, à prendre acte de leur existence et à constater qu'elle fait reculer aussi bien l'autorité de l'empereur que celle du pape. Tant la réalité territoriale qu'elles constituent que la vitalité de leur *populus* et le dynamisme de leur gouvernement en font, dans le nouveau paysage politique, des royaumes au moins *de facto* constitués.

À partir des années 1200, la conjoncture politique européenne leur est favorable. Aussi bien en France qu'en Angleterre ou en Espagne, se mettent lentement en place de véritables systèmes étatiques qui en font des unités politiques autonomes. Leur perfectionnement progressif contribue à ébranler définitivement les convictions de ceux qui croyaient toujours conciliable le principe de l'*unus imperator in orbe* avec la *divisio regnorum*. Cette faille, définitivement ouverte dans le dogme de l'unité impériale, précipite l'essor des *regna* dont les canonistes ne manquent pas de faire l'apologie en vue d'affaiblir l'autorité impériale pour mieux renforcer celle du pape. Unité et universalité de l'Empire fondées sur l'*antiquum jus gentium* ne cessent de s'estomper, balayées qu'elles sont par le principe destructeur de la *divisio regnorum*.

Il postule un nouveau *jus gentium*. Construit à partir de l'autonomie de ces nouveaux États, même le pape l'appelle de ses vœux, à condition cependant que ce nouvel équilibre politique s'intègre parfaitement dans le *corpus* de l'Église.

Il se traduit par un éclatement progressif de l'ancien territoire impérial qui, réparti entre ces nouvelles unités politiques, devient un élément constitutif fondamental de leur existence et favorise leur insertion dans le concert international. Cette consécration est d'autant plus aisée que chacun de ces nouveaux royaumes est gouverné par un roi dont les pouvoirs ne dépendent ni de l'empereur, ni du pape. Dans ces conditions, universalité de l'Empire et empereur unique deviennent, en Occident, une fiction face à la multiplication des *regna* dont les chefs s'efforcent d'assurer, *de jure*, leur existence dans un système de relations politiques entièrement rénovées. Mais le chemin à parcourir était encore long pour que triomphent autonomie et individualité de ces nouveaux monarques. Une étape irréversible s'accomplit avec le canoniste Huguccio de Pise († 1210). Tout en attribuant *plena* et *absoluta potestas* à l'empereur, il insiste sur le fait que doit exister, au sein de chaque royaume, une *suprema potestas principalis et major* dévolue, à l'exclusion de tout partage, à un roi autonome. Tous les principes de droit public jusque-là admis s'en trouvaient bouleversés. Les jeunes États s'affirmaient comme des entités capables d'exister en dehors de tout autre pouvoir. La *potestas regia*, posée en concurrente d'une *potestas* impériale vacillante face à l'irrésistible mouvement de nationalisation de l'Europe, ne pouvait que stimuler l'essor d'États souverains.

B. La lente affirmation de la souveraineté des États

Il ne suffisait pas, pour les rois d'Occident, de se limiter à des pétitions de principe pour revendiquer leur souveraineté, mais d'agir afin d'écarter toute ingérence impériale dans l'ordre interne. En France, Philippe Auguste et son entourage donnent le ton. Que son biographe officiel — Rigord — le qualifie dès 1204 d'*Augustus* traduit une volonté affichée de faire du roi de France un égal de l'empereur et de revendiquer en sa faveur toutes les prérogatives de la puissance impériale. Il y a là manifestation d'une tendance que vient concrétiser l'interprétation extensive d'un texte de pure circonstance : la fameuse décrétale *Per Venerabilem*. Saisi par le comte de Montpellier, Guilhem VIII, d'une demande de légitimation de ses enfants adultérins, le pape Innocent III décline sa compétence motif pris que, pour cette question purement temporelle, c'est au roi de France qu'il convient de s'adresser puisqu'il ne reconnaît aucun supérieur temporel *(cum rex superiorem in temporalitatibus minime recognoscat)*. C'était là conclusion purement incidente. Le pape n'avait sûrement pas voulu ériger en principe une souveraineté absolue du roi de France, mais simplement constater qu'elle était effective dans ce cas précis. Néanmoins les légistes de Philippe Auguste y accrochèrent leur réflexion pour démontrer que le roi de France, ne devant relever d'aucune puissance temporelle, ne saurait en aucun cas être soumis à l'empereur et à ses normes.

Il y avait là volonté manifeste de s'opposer à l'utilisation que faisaient du droit romain les légistes impériaux en faveur de l'empereur. Paralysante pour les souverains d'Occident, elle leur opposait quelques maximes bien ciselées tirées du Code ou du Digeste. Isolées de leur contexte, interprétées de manière ambiguë, leur commentaire aboutissait à présenter la puissance impériale comme une référence absolue. C'est bien dans ce sens qu'ils entendaient tout spécialement utiliser les deux formules *Quod principi...* et *Prin-*

ceps legibus... Certes, il y avait là un obstacle certain pour un pouvoir royal renaissant. Mais peut-on pour autant supposer que Philippe Auguste ait un seul instant pu envisager qu'il en viendrait à bout quand le pape Honorius III décide, en 1219, par la décrétale *Super speculam*, d'interdire l'enseignement du droit romain à l'Université de Paris? On ne peut guère le penser, tant cette décision qui visait avant tout à favoriser l'enseignement de la théologie, fait la fortune de la science du droit à Orléans si proche de la capitale et, de surcroît, ville du domaine. Il n'y avait là aucun impact effectif contre la dérive absolutiste que les juristes impériaux s'efforçaient d'imprimer au pouvoir de l'empereur.

Le combat pour l'affirmation de la souveraineté des monarques des nouveaux États, en particulier du roi de France, devait être conduit sur un autre terrain. Il convenait moins d'écarter les principes du droit romain que de les utiliser habilement en faveur du Capétien pour le placer sur un pied d'égalité par rapport à l'empereur, évolution que devaient grandement favoriser les événements. Tant la défaite d'Otton IV à Bouvines que les efforts auxquels est contraint son successeur Frédéric II pour rallier à sa cause les rois d'Occident dans son conflit avec le Saint-Siège, contribuent à miner le prestige impérial. Il se trouve plus largement atteint encore quand s'ouvre, avec la mort de Frédéric II (13 décembre 1250), le grand interrègne. Durant près d'un siècle, à l'exception d'une année (24 juin 1312-24 août 1313), la couronne impériale demeure sans titulaire. Il y eut bien des rois des Romains élus par les électeurs impériaux, mais pas un ne reçut du pape l'onction créatrice de l'état d'empereur. Privés de la couronne impériale, affaiblis par une diplomatie incertaine, ils ne sont plus en mesure de revendiquer la prééminence sur les autres souverains. Plusieurs d'entre eux, loin de traiter le roi de France en inférieur, recherchent son appui pour tenter de reconquérir leur titre. Ainsi traités et courtisés, les souverains français font véritablement figure, pendant ce long interrègne, d'empereur de fait. Certains d'entre eux furent même poussés à se lancer dans l'aventure de l'élection impériale ou à tenter de faire élire un des membres de leur famille, que ce soit en 1272, 1308, 1313, ou 1324. Mais la sagesse l'emporta toujours sur les rêves impériaux et jamais les Capétiens ne soutinrent sérieusement leurs proches dans cette compétition. Sans doute parce que le fait même qu'ils puissent désormais prétendre à l'Empire, suffisait à démontrer que leur pouvoir valait bien celui d'un empereur dont ils n'avaient plus à dépendre, même dans l'hypothèse où ils acceptaient d'appliquer les lois romaines.

Telle est bien l'attitude qu'adopte officiellement saint Louis quand il autorise, en 1254, les sénéchaussées de Beaucaire et de Nîmes à conserver l'usage du droit romain au lendemain de leur incorporation au domaine. Il prend alors grand soin de préciser que le roi de France ne saurait en aucun cas se trouver lié par ces lois romaines « dont l'autorité ne l'oblige pas ». Il en va de même en 1312. Philippe le Bel réorganise alors l'enseignement du droit à l'université d'Orléans, mais il ne laisse planer aucun doute sur la valeur qu'il entend donner aux prescriptions romaines. À ses yeux, elles ne sauraient s'imposer de leur propre autorité mais seulement parce qu'elles sont considérées comme une simple coutume formée avec l'approbation royale.

C. La position spécifique du roi de France

Si le souverain est en mesure d'afficher une telle indépendance par rapport à un système juridique qui avait pourtant fait ses preuves et solidement pris racine dans toute la partie sud du pays, c'est parce que les juristes royaux avaient, depuis les années

1250, jeté les bases théoriques d'une restructuration politique de l'Occident médiéval. Une formule clairement explicitée dans le *Livre de Jostice et de Plet* (vers 1260), *Li rois ne doit tenir de nuil*, en constitue le pivot. Entendez, le roi ne doit dépendre de personne, pas plus dans l'ordre interne où sa qualité de suprême suzerain l'a définitivement placé au sommet de la hiérarchie féodale, que sur la scène internationale où sa souveraineté naissante l'émancipe progressivement de l'autorité impériale. Cette argumentation trouve son aboutissement dans les coutumiers du dernier quart du XIIIe siècle. Les *Établissements de saint Louis* (vers 1272) posent avec vigueur le principe d'après lequel *Li rois n'a point de souverain ès choses temporiex, il ne tient de nelui que de Dieu et de lui*, affirmation que reprend Beaumanoir, en une formule ramassée, dans ses *Coutumes de Beauvaisis* (1283) : *Li rois est souverains par-dessus tous.*

C'est parce qu'il doit agir pour le bien commun et l'« utilité publique » dont les juristes considèrent que le roi a de plus en plus la charge exclusive que ce même souverain doit se trouver investi de pouvoirs identiques à ceux d'un empereur dont l'*imperium* désormais éclaté, ne lui permet plus de maintenir, sous son contrôle, les États d'Occident. Face à lui, le roi de France acquiert lentement la qualité de *princeps* qui l'autorise à revendiquer l'exercice concurrent tout à la fois de l'*imperium*, de la *potestas* et de la *jurisdictio*. De là à soutenir que *Le roi est empereur en son royaume*, il n'y avait qu'un pas que la lente agonie de l'Empire autorise à franchir. Cette formule, dont l'origine a suscité bien des débats — vient-elle d'Italie ou a-t-elle été imaginée par des légistes français? —, est en tout cas parfaitement connue d'eux dans la seconde moitié du XIIIe siècle. Elle marquait à la fois un aboutissement, la consécration par la doctrine de la souveraineté du roi de France, mais aussi un point de départ : comment faire passer dans la pratique cette vision nouvelle d'une souveraineté partagée sur l'échiquier international, en particulier face à la papauté?

2. Le roi de France face à la papauté

Même libéré de la tutelle impériale et fort d'une souveraineté qu'il se forge progressivement, le roi de France ne songe jamais à contester au spirituel la souveraineté du pape. Néanmoins, cette capacité du souverain pontife à intervenir constamment dans la vie religieuse des États représentait un facteur de tension permanent qui devait obligatoirement conduire à repenser, en les restructurant, les rapports du royaume de France avec le Saint-Siège. C'est dans ce nouveau contexte que s'ouvre une période de tension. Contenue tout au long du XIIIe siècle, elle débouche sur un grave conflit qui oppose Philippe le Bel à Boniface VIII (1294-1303). Cet épisode qui affaiblit considérablement l'autorité du pape dans l'Église marque la fin d'une époque et porte un coup mortel à la théocratie pontificale.

A. Un nouveau contexte : deux souverains pour une Église

• *Les données objectives : le pape, le roi et l'Église de France*

Aussi longtemps que la souveraineté du roi de France se heurte à des pouvoirs concurrents et que le pape recherche son appui dans les conflits qu'il a avec l'Empire, les relations qu'entretiennent les deux pouvoirs, même si elles sont parfois tendues, ne dégénèrent jamais en conflit.

La situation évolue au XIIIe siècle. Au fur et à mesure qu'il affermit sa puissance, le Capétien devient de plus en plus intransigeant face à toute atteinte qui pouvait lui être portée. De son côté, le Saint-Siège victorieux dans sa lutte contre l'Empire en profite pour élaborer toute une doctrine qui tend à accréditer l'idée selon laquelle le pape, maître du monde au spirituel, peut de ce fait, dans certains cas au moins, intervenir au temporel. Cette nouvelle vision des rapports entre les deux pouvoirs, imaginée par l'entourage de Grégoire VII pour l'aider à triompher de l'empereur Henri IV, reprise et complétée par Innocent III (1198-1216) dans sa décrétale *Novit*, débouche sur l'élaboration d'une véritable doctrine théocratique qu'Innocent III systématise dans son encyclique *Eger cui levia*, destinée à lui fournir des armes doctrinales dans le conflit qui l'oppose à l'empereur Frédéric II. Mais, aussi longtemps que le pape ne dévoile pas ouvertement ses prétentions d'intervenir dans les affaires du royaume et laisse libre le souverain d'agir à sa guise envers l'Église de France, celui-ci s'efforce toujours de régler à l'amiable les incidents en évitant toute discussion doctrinale.

Cet équilibre difficile, fait de compréhension et d'ignorance réciproques, devait se révéler précaire à partir du moment où le pape prétendit, au nom de la morale et de la religion, pouvoir intervenir *ratione peccati* dans le royaume pour orienter ou même limiter l'action du souverain. C'est bien dans ce contexte qu'il convient de replacer le différend qui oppose Innocent III et Philippe Auguste à propos du soutien que le souverain pontife apporte à Jean sans Terre. Tandis que Philippe Auguste lui fait savoir que cette affaire, purement féodale, ne doit en aucun cas relever de la papauté, Innocent III rétorque qu'il a parfaitement le droit d'intervenir aussi longtemps que son action se limite au domaine moral. Et d'ajouter qu'il ne souhaite en rien « troubler ou amoindrir la juridiction de l'illustre roi de France ». Le problème des rapports entre les deux pouvoirs se trouvait ainsi véritablement posé.

• *Les données doctrinales : la philosophie de saint Thomas*

Tout au long du XIIIe siècle, théologiens et canonistes insistent beaucoup sur ce pouvoir indirect du pape qui doit lui permettre d'intervenir dans la vie politique des États, aussi souvent que le prince s'écarte de la morale chrétienne à l'occasion de l'exercice de son ministère. Parler de pouvoir indirect, c'était déjà se placer nettement en deçà des idées grégoriennes, sans pour autant remettre en cause, de manière fondamentale, les bases de la théocratie.

Mais cette constatation ne vaut que pour la première moitié du XIIIe siècle. À partir des années 1250, prend corps tout un mouvement doctrinal qui exalte les droits de l'État et favorise la naissance d'un esprit laïque, pour mieux saper les fondements de la théocratie. Au même moment, la crise religieuse et les hérésies qui secouent l'Église fournissent aux ordres mendiants l'occasion de prendre leur distance. Les Franciscains, fidèles à l'idéal de saint François, soutiennent les révoltes contre la richesse et critiquent ouvertement le luxe de la hiérarchie ecclésiastique. Quant aux Dominicains, ils s'élèvent contre les abus de la société de leur temps en la dissociant radicalement, dans leur analyse, de l'Église avec laquelle elle avait étroitement fait corps jusqu'alors. Il y avait là vision porteuse qui devait, à terme, se révéler dangereuse aussi bien pour la théocratie que pour le pouvoir pontifical lui-même.

C'est précisément un Franciscain, saint Thomas d'Aquin (1225-1274), qui approfondit cette distinction si réductrice de la *plena potestatis* pontificale, entre ordre social et ordre religieux. À travers la philosophie d'Aristote retrouvée, il arrive à la conclusion qu'il existe un ordre social et politique autonome, complètement indépendant de l'ordre religieux. Mais sa démonstration va plus loin encore quand il assure que cet ordre est antérieur à l'ordre religieux et que tout ce qui en est la manifestation tangible — cités, pouvoir politique, groupes sociaux organisés — a de tout temps existé. S'inscrivant ainsi dans le sillage d'Aristote, saint Thomas remet en cause tous les grands principes de la pensée augustinienne dans le domaine politique. Toute cité au sens aristotélicien du terme a une valeur en soi, et la société politique est naturelle à l'homme qui est, par nature lui aussi, un animal civique. Pour se développer et se parfaire, sa vie exige sécurité et ordre légal. Autant de moyens qui permettent de construire une société civique, à l'édification de laquelle tout individu participe de manière volontaire, mais aussi simplement parce qu'il constitue l'élément d'un tout qu'est la communauté politique. Organisée en cité, elle se dote d'une structure politique qui fait qu'elle existe en elle-même et non pas parce qu'elle procéderait d'un pouvoir qui lui serait supérieur.

Voilà qui permet à saint Thomas de démontrer que l'État ne saurait se couler dans le moule de l'Église et en dépendre. Il se caractérise, bien au contraire, par son autonomie et par l'existence d'un droit naturel qui lui est propre. Pareilles constatations postulent des conclusions radicalement opposées à celles jusque-là admises. Désormais, temporel et spirituel doivent être soigneusement distingués, le premier relevant du magistère de l'État, et le second du magistère de l'Église. Saint Thomas ne se limite d'ailleurs pas à ce schéma théorique. Il en déduit toutes les conséquences pratiques, en particulier quand il énonce, dans une formule aussi bien ciselée que fort osée pour son temps, que « dans les matières qui concernent le bien civil, il vaut mieux obéir à la puissance séculière plutôt qu'à l'autorité spirituelle ».

Dans ces conditions, la *plenitudo potestatis* revendiquée par le pape ne peut plus être le pilier et la pierre angulaire d'une théocratie aménagée. Dans la mesure où elle postulait une maîtrise complète du pape sur l'ensemble de la *res publica christiana*, elle ne pouvait que se heurter à la souveraineté des jeunes monarchies auxquelles était progressivement reconnu un droit naturel et préexistant. Qu'un pape paralyse cette évolution en revendiquant un droit de regard sur la gestion des monarques et que monte sur le trône un souverain porteur d'une vision plus dualiste impliquant partage de la souveraineté, alors la crise ne pouvait qu'éclater.

B. Philippe le Bel et Boniface VIII

Malgré d'inévitables périodes de tension, les relations entre le Saint-Siège et le roi de France sont bonnes jusqu'aux dernières années du XIIIe siècle. Tout change avec le pontificat de Boniface VIII qui s'ouvre en 1294. Des enjeux jusque-là maîtrisés l'opposent à Philippe le Bel dans un violent conflit en deux phases qui mettent aux prises la papauté et le royaume de France de 1296 à 1303.

• *Les enjeux*

Tout oppose Boniface VIII et Philippe le Bel. Hommes que séparent presque deux générations et, surtout, deux formations radicalement différentes, leur politique ne pouvait que diverger. Boniface VIII, pape de quatre-vingts ans, a suivi aux alentours des années 1235-1240 une formation tout empreinte des idées maîtresses de la théocratie pontificale que véhiculent, à l'époque, les milieux de la noblesse italienne dont il est un parfait représentant. Son passage à l'université de Paris pour y étudier le droit canon au lendemain de l'élaboration des Décrétales de Grégoire IX, ne pouvait que renforcer ses convictions. Face à lui, Philippe le Bel, que près d'un demi-siècle sépare en âge, est formé au droit romain par des légistes qui l'avaient convaincu de son utilité et de son efficacité pour fonder et faire triompher les droits du roi de France. Il apparaît alors comme un souverain appelé à un brillant destin à la tête d'un royaume en pleine expansion. Dans un tel contexte, les enjeux qui jusque-là avaient contribué à tendre les relations de la papauté avec le royaume de France, deviennent explosifs. Quels étaient-ils? Juridiction, bénéfices et fiscalité constituent les trois terrains d'affrontement des deux pouvoirs.

Tout au long du XIIIe siècle, les rapides progrès de la justice royale ne laissent pas d'inquiéter des juges ecclésiastiques dont la compétence ne cesse aussi de s'affirmer pour tout ce qui touche, en particulier, au droit de la famille et des successions. Le souci des âmes et du strict respect des règles du droit canonique, tout spécialement pour le mariage et la filiation, pousse de plus en plus les juges ecclésiastiques à intervenir dans les affaires temporelles des laïcs. Face à ces empiétements qu'avaient tolérés ses ancêtres, en particulier Philippe Auguste et saint Louis, Philippe le Bel décide de réagir.

Il en va de même pour la collation des bénéfices. Aussi longtemps que le pape eut l'habitude de prêter une oreille attentive aux sollicitations du roi de France avant de procéder à la collation de bénéfices de tout rang, les relations purent rester bonnes sur ce terrain. Il y avait là, pour le prince, un moyen extrêmement économique de procurer à ses serviteurs une rémunération complémentaire. Les recommander au pape et leur faire obtenir ainsi, qui un évêché ou un prieuré, qui une paroisse ou une chapellenie, déchargeait d'autant le budget de la monarchie et leur apportait des revenus réguliers. Passé le temps d'équilibre que fut le XIIIe siècle en matière de collations pontificales, les rapports se tendirent sur ce terrain aussi entre les deux protagonistes.

Mais rien de comparable par rapport à l'enjeu que représentait la décime. Contribution exceptionnelle levée par les papes sur tous les bénéficiers, ou mieux sur leurs temporels ecclésiastiques, la décime était au départ exclusivement destinée à financer la croisade. Elle représentait le dixième (*decima pars*) du revenu net, une fois déduits les frais d'entretien et de gestion. Il s'agissait donc d'une fiscalité relativement légère parce qu'elle devait être, tout à la fois, exceptionnelle et autorisée par le pape après accord du clergé. Mais ses conséquences étaient de poids dans la mesure où elle détournait de leur affectation traditionnelle, pour financer la guerre, des revenus abandonnés à l'Église en vue d'assurer sa mission traditionnelle de prière.

Elle devint aussi très vite une tentation pour les princes qui, invoquant des motifs qu'ils voulaient proches de la Croisade, réussirent à se faire concéder la décime. C'est ainsi que les souverains français en bénéficièrent à plusieurs reprises, aussi bien pour financer leurs projets en Languedoc contre les Cathares, qu'en Égypte, en Tunisie, en Sicile ou en Aragon. Toutes ces entreprises étaient considérées comme ayant une fin utile pour la foi ou pour l'Église. Ainsi, des bons rapports entre le Saint-Siège et le roi de France dépendit souvent la levée de la décime. Les besoins financiers de la papauté l'incitèrent aussi parfois à autoriser des décimes dont les revenus pouvaient alors être partagés avec le souverain. Le clergé n'avait plus qu'à manifester son opposition en rappelant qu'on n'avait pas requis son consentement, tout aussi obligatoire que celui du pape dans une procédure bien conduite. Ce jeu du double consentement allait fournir à la papauté de solides moyens de résistance à partir du moment où ses rapports avec le roi de France ne cessèrent de se dégrader.

• *Autour de la décime (1296-1297)*

L'affermissement de l'État sous le règne de Philippe le Bel et les besoins financiers qu'il crée pour mettre sur pied les nouveaux services politiques, administratifs et judiciaires nécessaires à son fonctionnement, conduisent à remettre en cause les avantages acquis par l'Église en matière fiscale. Ils résultaient de la combinaison de deux principes opposés. Le premier voulait que les biens du clergé soient affranchis de toute taxe et jouissent d'une complète immunité que justifiaient l'ensemble des services rendus par le clergé à la communauté tout entière, qu'il s'agisse de la prière, de l'enseignement, de l'assistance et même de la justice. Fruit d'une longue pratique et d'une résistance tenace des clercs face à la rigueur du fisc, ce principe s'était imposé non sans difficulté tout au long du XIIIe siècle. Mais, parce que son application absolue était difficile, il fut en quelque sorte modulé par un second. D'abord dans le cadre de la fiscalité urbaine, puis ensuite au niveau de la fiscalité d'État, on fit valoir que les clercs et leurs biens profitant des services et de la protection de la ville ou de l'État, il était légitime en contrepartie que ce même clergé participât au financement des dépenses communes, tout spécialement chaque fois qu'elles étaient engagées *pro defensione regni.*

C'est en avançant de tels arguments que les rois du XIIIe siècle avaient toujours obtenu du pape, en dépit d'un refus de Nicolas IV en 1292, les décimes demandées. Le climat change à partir de l'année 1294. Philippe le Bel arrache alors, aux synodes provinciaux convoqués de juillet 1294 à février 1295, une décime biennale, sans consultation du pape et sans contestation de sa part. Cette levée, qu'accompagna la perception d'un centième, puis d'un cinquantième sans réaction du Saint-Siège, encouragea le souverain à solliciter, d'une assemblée de prélats, une nouvelle décime dans le courant de l'année 1296. Malgré une réponse favorable, les protestations sont de plus en plus nombreuses qui encouragent le pape à intervenir par la décrétale *Clericis laïcos* du 24 février 1296. Dirigée tout autant contre le roi de France que contre celui d'Angleterre, elle rappelle en termes généraux l'interdiction faite à toute puissance temporelle d'imposer les clercs sans la permission du Saint-Siège. Elle fait aussi obligation aux clercs de n'accorder à leur souverain aucune aide, sans autorisation préalable de Rome. Que le pape prétende autoriser l'impôt et interdire aux clercs de donner seuls leur consentement, constituait une ingérence dans les affaires du royaume. Elle portait gravement atteinte à la souveraineté du roi et postulait une supériorité politique du Saint-Siège. Face à une position aussi tranchée, la royauté et ses légistes réagissent avec vigueur. Leur premier argument est celui de l'indépendance du roi de France au temporel, que met particulièrement bien en avant l'auteur anonyme du libelle *Antequam essent clerici.* La démonstration se veut pertinente : « avant qu'il n'y eût des clercs », existait le roi de France et ce roi avait la garde du royaume qu'il se devait d'assurer par tous les moyens, y compris le recours à l'impôt. Même si ce plaidoyer est en partie erroné, il n'en épouse pas moins étroitement la philosophie politique ambiante en faisant de l'antériorité du pouvoir politique par rapport au sacerdoce, une nécessité première. Il rappelle aussi le fameux « Rendez à César ce qui est à César » et insiste sur la nécessité, pour qu'un État puisse normalement fonctionner, que laïcs et clercs contribuent tous ensemble à ses charges, à partir du moment où chacun bénéficie également des services et de la sécurité qu'il apporte. Il y avait là autant de conditions indispensables à la réalisation du bien commun et à l'affirmation de la souveraineté royale.

Pour rendre crédible cette argumentation juridique et transformer une souveraineté revendiquée en souveraineté effective, Philippe le Bel interdit toute sortie d'or et d'argent du royaume. C'était paralyser une bonne partie des mouvements de fonds vers Rome et priver ainsi le pape de l'essentiel des ressources prélevées sur le clergé français qui, dans une sorte d'élan national, adhère totalement aux positions que prend son souverain. Boniface VIII comprit alors qu'il ne pouvait compter sur l'appui de l'Église de France. Il ne lui restait plus qu'à abandonner son attitude intransigeante. Il le fit en juillet 1297 en autorisant le roi de France à obtenir, en cas d'urgente nécessité, l'aide financière des clercs de son royaume, même en dehors de toute autorisation du Saint-Siège (*inconsulto etiam Romano Pontefice*).

Cette concession pontificale marquait l'ouverture d'une courte trêve qui devait prendre fin dès 1301.

• *Le conflit de souveraineté (1301-1303)*

À tout moment, le climat de tension qui régnait entre le Saint-Siège et la royauté pouvait se dégrader, tant était fragile l'équilibre retrouvé. Dans le conflit qui l'oppose à l'Angleterre, Philippe le Bel se heurte à l'opposition résolue des Flamands dont les ambassadeurs à Rome ne cessent d'inciter le pape à prendre sa revanche. Dans le royaume, le souverain ne compte pas que des soutiens face à la hiérarchie ecclésiastique, comme en témoignent les propos excessifs et injurieux tenus par l'évêque de Pamiers à son égard. Incident que les juges royaux, prompts défenseurs des droits du roi, ne laissent pas passer. Après enquête, l'évêque arrêté doit comparaître, en octobre 1301, devant une cour royale composée d'évêques et de barons. C'était assez pour que soient mis à mal les privilèges judiciaires des clercs d'être jugés par les seuls tribunaux ecclésiastiques et, surtout, pour déclencher une vive réaction de la part de la papauté qui ouvre un nouveau conflit, en quatre actes cette fois.

• *Pétition de principe de Boniface VIII*

Formulée dans la bulle *Ausculta fili* de décembre 1301, elle situe sur un tout autre plan les rapports que Boniface VIII souhaite désormais entretenir avec le roi de France. Les termes mêmes utilisés « Écoute, fils... », qui étaient ceux par lesquels débutait la règle de saint Benoît, sont particulièrement blessants pour le Capétien, immédiatement placé en position d'infériorité. Le ton était ainsi donné à un texte qui affirmait sans nuance que le chef de l'Église avait été élevé « au-dessus des rois et des royaumes », ce qui revenait à constater la supériorité du souverain pontife sur Philippe le Bel, aussi bien au temporel qu'au spirituel. Les termes utilisés ne sauraient laisser planer le moindre doute : « Que personne donc ne te persuade, très cher fils, que tu n'as pas de supérieur et que tu n'es pas soumis au chef suprême de la hiérarchie catholique.» Mieux encore, l'attaque réglée de Boniface VIII ne se limite pas au plan des principes. Les méthodes de gouvernement de Philippe le Bel sont passées au crible. Qu'il juge les clercs, saisisse leurs biens et altère les monnaies, constitue aux yeux du souverain pontife autant de faits qui doivent être condamnés. Comment donc? Tout simplement en convoquant à Rome un concile où siégeraient les prélats de l'Église de France et au sein duquel le roi serait invité à venir présenter sa défense. C'était revenir aux principes les plus rigoureux de la théocratie et faire du roi de France un monarque entièrement soumis aux volontés de Rome.

• *La réponse de Philippe le Bel*

Philippe le Bel et son entourage s'efforcent d'engager le royaume entier dans ce conflit. Le contenu de la bulle *Ausculta fili* est présenté sous une forme réduite et tronquée à l'opinion, tandis qu'on lui laisse croire que le souverain aurait répondu au pape en se réfugiant derrière les positions les plus tranchées. Il fallait aller plus loin et concrétiser cet appui que l'opinion semblait prête à apporter à la cause royale. Pour l'obtenir, le roi convoque à Paris, en avril 1302, une assemblée qu'il veut la plus large possible. Composée de prélats, de barons et de députés des villes qui ont aussi mandat de parler au nom du plat-pays, elle est très représentative, annonçant en cela ce que seront les réunions à venir des États généraux.

Le chancelier Pierre Flote y prend très habilement la parole pour conduire une démonstration serrée en faveur du roi de France. Puisqu'il ne tient son royaume de personne, sauf de Dieu, il ne saurait en aucun cas dépendre du pape. Voilà qui, à ses yeux, suffisait à condamner toute tentative d'intervention pontificale dans les affaires temporelles du royaume de France. En aucune hypothèse, le souverain pontife n'avait à s'ériger en censeur et à faire valoir, à l'encontre du souverain, tout un ensemble de griefs dont on pouvait d'ailleurs penser qu'ils n'étaient pas fondés.

La voie était ainsi ouverte à l'intervention de Philippe le Bel en personne qui, tout à la fois, obtient des trois ordres réunis reconnaissance de sa souveraineté et en tire les conclusions quant à ses rapports avec l'Église de France. Aux évêques, il fait dire qu'ils tiennent directement de lui, au temporel, leurs évêchés. Et aux nobles, qu'ils ne relèvent que de lui pour leurs fiefs, tout comme lui-même ne relève que de Dieu dont il tient directement le royaume de France. À partir de là, rien ne s'opposait à voir dans le souverain le protecteur naturel de l'Église de France et de ses évêques, ce qui faisait de lui un concurrent tout désigné du pape.

Convaincus par ce double plaidoyer, représentants de la noblesse et députés des villes souscrivent immédiatement à ces thèses quelque peu révolutionnaires. Après un temps de réflexion, les membres du clergé présents décident de ne pas répondre à la convocation de se rendre à Rome. Mieux, ils adressent au Saint-Siège un mémoire dans lequel ils font connaître sans ambiguïté au pape qu'ils voient dans le roi de France, totalement indépendant au temporel, le protecteur des libertés et le réformateur de l'Église de France. S'opposer à sa souveraineté heurtait le roi lui-même, mais surtout «le commun peuple de France» qui refuserait cette voie destructrice de l'union étroite qui doit régner entre le roi, son Église et les trois ordres dont la cohésion assure la stabilité du royaume.

• *Boniface VIII durcit sa position*

Dans un premier temps, l'attitude du clergé de France le fait reculer, au moins au niveau des principes. Il fait savoir qu'il n'a jamais voulu imposer au roi de France la moindre suprématie au temporel, qu'il ne dépend de lui que *ratione peccati* et qu'en conséquence, il ne tient pas de lui son royaume. Mais ce fléchissement dans la position doctrinale de Boniface VIII ne dure pas. Comme stimulé par l'affaiblissement de Philippe le Bel sur la scène internationale, au lendemain de sa défaite de Courtrai (juillet 1302) face aux Flamands, il réitère son intention de tenir le concile convoqué pour novembre 1302 et réussit à convaincre trente-neuf prélats d'y assister.

La bulle *Unam Sanctam* (18 novembre 1302) traduit ce changement d'attitude. L'Église est une et n'a qu'un seul chef, le Christ représenté sur terre par son vicaire Pierre, puis ses successeurs. Et de poursuivre : « les deux glaives sont au pouvoir de l'Église, le spirituel et le temporel, mais l'un doit être manié pour l'Église, l'autre par l'Église, l'un par la main du prêtre, l'autre par celle des rois et des chevaliers, mais sur l'ordre du prêtre et tant qu'il le permet. » La conclusion s'imposait d'elle-même. La puissance spirituelle doit établir la puissance temporelle et la juger si elle prévarique. Les idées théocratiques les plus dures retrouvaient ainsi toute leur actualité.

La supériorité du Saint-Siège n'étant nullement contestable, il fallait, pour lutter contre cette offensive, pouvoir s'appuyer sur une puissance supérieure au pape. Voilà pourquoi Philippe le Bel et ses conseillers lui opposent l'Église universelle. Composée seulement des clercs mais aussi des laïcs, les décisions qu'elle prend dans ses conciles sont supérieures au pape et s'imposent à lui. Dans ces conditions, l'appel au concile général apparaissait comme la voie la plus sûre pour mettre le pape en accusation.

• *Le dénouement*

Pour que cet appel fût crédible, il y fallait un soutien populaire. Dans ce but, le roi entreprend, à partir du 15 juin 1303, une vaste consultation dans le royaume. Elle vaut, à son appel, adhésion presque unanime. Guillaume de Nogaret, qui dirige les opérations, décide de notifier à Boniface VIII l'acte d'accusation rédigé contre lui dans le cadre d'un concile œcuménique convoqué à Lyon. Mise à exécution le 7 septembre 1303, cette décision fut immédiatement suivie de l'arrestation du pape qui résidait alors au château d'Anagni. Arrestation sans lendemain, dans la mesure où la population d'Anagni qui avait consenti à l'opération se ressaisit et délivre le pape. Mais un violent coup lui avait été porté. Ramené à Rome par ses partisans, il y meurt le 11 octobre. Cet épisode qualifié d'« attentat d'Anagni » annonce la fin du conflit.

Constatant le désaveu par l'Église des positions de Boniface VIII, Benoît XI absout de toute condamnation le roi de France. Guillaume de Nogaret était exclu de cette absolution et allait être condamné lorsque le nouveau pontife mourut le 7 juillet 1304. Élu seulement en 1305, son successeur Clément V, ancien archevêque de Bordeaux, tout dévoué à Philippe le Bel, ne peut résister aux multiples pressions qu'il exerce sur lui. Après s'être installé à Avignon en 1309, il accepte par la bulle *Rex gloriae* du 27 août 1311 de faire disparaître des registres de la chancellerie pontificale tout ce qui était injurieux pour le roi de France, en particulier le texte des bulles *Unam Sanctam* et *Ausculta fili*. L'attitude de Philippe le Bel dans sa lutte contre

Boniface VIII était déclarée «bonne, sincère et juste». On voyait même en lui un souverain «absolument innocent et sans faute», tandis que toutes les sanctions portées, aussi bien contre lui que contre ses prédécesseurs, étaient levées.

Ainsi le roi de France parvenait-il à une reconnaissance totale de sa souveraineté. Mais il s'est toujours bien gardé, tout au long de ce conflit, d'en proclamer les principes dans ses ordonnances. Il en a laissé le soin à l'Église qui, en reconnaissant solennellement son indépendance et sa supériorité au temporel, casse les actes de Boniface VIII qui avait si durement mis à mal ces deux qualités suprêmes. Il ne pouvait en résulter que des rapports entièrement rénovés entre le Saint-Siège et l'Église de France.

C. La fin de la théocratie et la naissance du gallicanisme

Si le conflit qui avait opposé Boniface VIII à Philippe le Bel n'eut ni la longueur, ni la gravité de celui qui avait éclaté un demi-siècle plus tôt entre la papauté et Frédéric II, il n'en eut pas moins des conséquences plus durables et plus profondes. Tandis que pape et empereur s'étaient affrontés pour la direction de la chrétienté dans un système politico-religieux moniste, Boniface VIII et Philippe le Bel, tous deux profondément conditionnés par l'esprit d'une société nouvelle, se disputent le contrôle de l'Église de France dans une compétition qui place désormais, face à face, pouvoir de l'Église et pouvoir des princes. La pénétration en force de la pensée aristotélicienne conforte le pouvoir royal dans tous les États d'Occident et contribue, largement, à saper les bases de la théocratie. Partout des voix s'élèvent qui remettent en cause l'hégémonie pontificale. Dans son *De Monarchia* (1311), Dante présente l'empereur comme le seul maître d'une monarchie universelle de droit divin. Complètement affranchie du pape, seule comptable des affaires temporelles, c'est derrière elle et non plus derrière la papauté que doit se ranger l'Italie pour retrouver son unité. Mais, quinze ans plus tard, c'est de Paris que vient la négation la plus absolue de la primauté romaine. Dans son *Defensor pacis* (1324), Marsile de Padoue, alors recteur de l'Université, présente l'empereur comme le vrai défenseur de la paix et celui autour duquel doit s'organiser l'ensemble de la société politique.

Face à ces offensives doctrinales et gravement déstabilisé par les crises successives qui secouent la papauté, le système théocratique vacille qui avait jusque-là dominé l'histoire politique de l'Occident médiéval. Le grand schisme, qui déchire l'Église à partir de 1378, marque le temps d'une histoire en deux phases.

• *Les prémices du gallicanisme*

Apparu seulement à l'occasion des controverses politico-religieuses du XIXe siècle, le terme «gallicanisme» renvoie à un ensemble de doctrines qui abordent le problème de la répartition des pouvoirs dans l'Église et celui des rapports entre le pouvoir politique et le Saint-Siège. Ces doctrines, principalement françaises, débouchent sur une limitation de la toute-puissance pontificale pour reconnaître à l'Église gallicane — expression fort ancienne qui figure déjà dans une décrétale de Célestin Ier en 428 et dans la correspondance de Grégoire le Grand (590-604) — une certaine liberté par rapport au siège romain. Produit de l'histoire, le gallicanisme a connu diverses formes.

Religieux ou conciliaire, il s'attache à faire triompher les vues du concile œcuménique sur le pape et prône, en toutes circonstances, la soumission de celui-ci à celui-là. Politique, il admet la soumission du roi de France au pape pour le spirituel, mais revendique son indépendance au temporel. Quant à l'Église de France, totalement dépendante du pape pour le spirituel, elle doit être, au temporel, soumise au roi qui est le protecteur naturel de ses libertés. Résultat de tensions et de conflits, le gallicanisme s'inscrit tout autant dans la réflexion doctrinale que dans l'enchaînement des événements.

En ce domaine, le conflit entre Philippe le Bel et Boniface VIII est véritablement fondateur. Gallicans sans le savoir, le souverain et ses légistes ont posé toutes les bases du gallicanisme en faisant reconnaître au roi un rôle immédiat à l'égard de l'Église de France et en remettant constamment en question l'autorité que le pape prétendait exercer sur le roi de France et son Église. Dans son *De potestate regia et papali* (1302), Jean de Paris reconnaît certes au pape le droit d'excommunier le roi, mais il lui refuse celui de le déposer et de délier ses sujets de leur serment de fidélité. Mieux encore, c'est à eux et à eux seuls que revient le droit de se prononcer sur le sort qui doit être réservé au souverain excommunié. C'était strictement limiter le pouvoir du pape à l'égard du roi *ratione peccati*.

Conforté par les positions conciliantes de Clément V et par l'installation de la papauté à Avignon, ce mouvement doctrinal favorable au gallicanisme ne cesse de se renforcer tout au long du XIVe siècle. Fortement inspiré par les légistes, il trouve son aboutissement sous le règne de Charles V. *Le Songe du Vergier* en donne illustration si parfaite qu'il peut véritablement être considéré comme le premier grand traité gallican. Aux deux reines qui représentent respectivement puissance spirituelle et puissance temporelle ainsi qu'à leurs sujets en conflit, le roi doit apporter paix, justice et vérité parce que c'est à lui que revient, dans son royaume, le soin de trancher les conflits entre gens d'Église et serviteurs de l'État. Parce qu'il détient à lui seul la souveraineté, il en tire toutes prérogatives utilisables aussi bien dans le domaine temporel que dans le domaine spirituel. Mais, en bon arbitre, le roi ne s'engage pas et invite les deux reines à se donner un avocat pour défendre leur cause. Tant le clerc qui parle au nom de l'Église que le chevalier qui plaide pour la puissance temporelle, ne prennent de position excessive. Tous deux s'accordent pour reconnaître que le pape est bien le chef spirituel de l'Église et qu'il détient la juridiction spirituelle sur l'ensemble de la chrétienté. Mais cela ne saurait en rien altérer l'indépendance du roi de France au temporel. En aucun cas le pape ne doit être habilité à sanctionner ses actes et, moins encore, à le déposer. Autonomie complète du prince par rapport au souverain pontife et impossibilité absolue pour celui-ci d'agir à son encontre, telles sont les deux pierres angulaires du gallicanisme que pose, avec autant de prudence que de vigueur, l'auteur du *Songe*. Aux ministres de Dieu les choses spirituelles, au prince et à ses serviteurs les choses temporelles. Le principe, de conception rigoureuse, paraissait simple. Mais il était en réalité d'application difficile tant le gallicanisme devait toujours buter, dans la pratique, sur la frontière perpétuellement floue entre spirituel et temporel.

• *Le grand schisme et la crise conciliaire : maturation et approfondissement des thèses gallicanes*

Toujours français, les papes d'Avignon sont souvent contraints de servir la politique du roi de France. Éloignée de ses attaches traditionnelles, la papauté rencontre bien des difficultés à gouverner une Église dont elle contrôle, de plus en plus mal, des structures conçues à partir de Rome et pour Rome. Ce malaise aboutit, en 1378, à l'élection de deux papes. L'un à Rome, Urbain VI, et l'autre à Avignon, Clément VII. Le schisme ainsi créé permet au roi de France et à son Église de renforcer leur position d'autonomie par rapport au Saint-Siège. Ces rapports, d'un type entièrement nouveau, se fixent en trois temps.

Le retour aux « anciennes libertés gallicanes » (1378-1398)

Le Grand Schisme ouvre une période d'intense réflexion dans la chrétienté. Les critiques fusent de toutes parts contre la richesse de la papauté et sa fiscalité. Le système bénéficial, largement détourné de son fonctionnement primitif, apparaît comme la cause première de la crise et l'occasion, en la contestant, d'apporter à l'Église de France plus de liberté.

Avec la réforme grégorienne, l'élection avait été rétablie pour les évêques et les abbés. À partir de là, les canonistes opposent ces bénéfices, qu'ils qualifient de majeurs et électifs, aux bénéfices mineurs ou collatifs dont la collation relève de l'évêque pour l'Église séculière et de l'abbé pour l'Église régulière. Ainsi la papauté se trouvait-elle en théorie totalement exclue, tant de l'élection que de la collation. Une voie cependant lui restait ouverte qu'elle exploite très largement. Chaque fois qu'une élection donnait lieu à contestation, il pouvait arriver que le litige, suivant la voie normale de la hiérarchie judiciaire, aboutît en cour de Rome. Semblable procédure, qui donnait au pape le dernier mot, le conduisait tout naturellement à décider de l'attribution définitive du bénéfice litigieux. Encouragée par cette compétence tout à fait exceptionnelle, la papauté ne cessa de l'élargir en y joignant toute une série de pratiques fort techniques qui lui permirent d'attribuer aussi bien des bénéfices électifs que collatifs. Pareille attitude la conduisit à intervenir, régulièrement, dans la vie de l'Église de France que le roi s'efforçait de contrôler chaque jour davantage.

À un concile parisien de 1398 composé d'une cinquantaine d'évêques français, revint le soin de tirer les conclusions de la situation. Tant pour faire pression sur les deux papes rivaux et les conduire à refaire l'unité que pour libérer l'Église de France de la tutelle pontificale, ils en décident la suspension. Cette soustraction d'obédience, qui supprimait toute soumission au pape et suspendait son autorité sur l'Église de France, l'habilitait à gérer elle-même, avec l'accord du roi, ses propres affaires. Ainsi la papauté se trouvait-elle entièrement désarmée en matière bénéficiale. Enhardie par cette première décision, l'opinion réclame, unanime, le retour aux « anciennes libertés gallicanes ». Ce pas supplémentaire est rapidement franchi quand, dans un nouveau concile tenu en 1406, il fut décidé que c'était à l'Église de France de fixer elle-même dans le cadre de ses conciles ses propres règles disciplinaires et d'en demander au roi confirmation en le chargeant aussi de veiller au bon déroulement des élections. C'était, du même coup, reconnaître au concile et à ses décisions une véritable suprématie.

Supériorité du concile sur le pape : essor du gallicanisme conciliaire

À l'occasion de la soustraction d'obédience de 1398, s'amorce une réflexion qui conduit à nier la toute-puissance pontificale et à écarter l'idée que le pape puisse avoir le pouvoir de s'opposer aux canons des conciles généraux. Certes le concile de 1398, puis celui de 1406, n'avaient rien d'œcuménique, mais ils contribuèrent largement à faire triompher le principe d'après lequel, pour l'Église de France au moins, des mesures conciliaires pouvaient se substituer aux décisions pontificales. L'image d'une Église gallicane se façonnait ainsi lentement.

Voilà pourquoi, encouragée par la papauté, l'Église de France s'organise. Les tentatives de restauration des organes régionaux, même si elles furent de peu de portée, témoignent de cette volonté. Mais surtout, dépassant le cadre ecclésiastique régional, se réunissent autour du roi de véritables « conciles nationaux », tels ceux de 1396, 1398, et surtout celui de 1406 à l'occasion duquel le clergé de France, se dressant contre le pape, demande au roi de rétablir ses anciennes franchises, sans pour autant porter atteinte à la foi et à la tradition canonique, attitude dont le gallicanisme même le plus dur ne devait jamais se départir.

La doctrine emboîte le pas de la supériorité du concile sur le pape. Inspirée pour l'essentiel par les textes canoniques contraignant un pape hérétique à se soumettre au jugement du concile, amplifiée par Marsile de Padoue et Guillaume d'Ockam, elle est très largement développée par les maîtres parisiens, tels Jean Gerson et Pierre d'Ailly. L'université de Paris voyait en effet, dans la voie conciliaire, l'unique moyen de mettre fin au schisme et de renforcer en même temps la position du roi et de l'État face au Saint-Siège.

Si le concile de Pise (1409) n'aboutit qu'à faire du schisme bicéphale un schisme tricéphale, en imposant un nouveau pape que les deux autres refusèrent de reconnaître, celui de Constance (1414-1418) parvint à imposer ses décisions. Déposés, les trois papes durent s'incliner et reconnaître Martin V que le concile venait d'élire. Ainsi triomphait la supériorité du concile œcuménique, principe qu'entérine le concile de Bâle dès 1431 et que le clergé de France, appuyé par son roi, ne manque pas de faire sienne en vue de dessiner une nouvelle hiérarchie des normes.

Une hiérarchie gallicane des sources du droit : essor du gallicanisme politique

À l'occasion du concile de 1406 commence à s'imposer l'idée selon laquelle le pouvoir séculier peut, en certaines circonstances, imposer son contrôle sur la législation canonique, avant même qu'elle ne soit appliquée en France. C'était, entre autres, un moyen de s'opposer aux interventions du Saint-Siège en matière bénéficiale et de limiter ainsi les droits que le pape prétendait pouvoir exercer sur l'Église de France.

C'était aussi imaginer une véritable hiérarchie gallicane des sources du droit canonique avec, au sommet, la législation conciliaire à laquelle se trouvaient assimilées les décrétales de l'Église primitive, tout comme celles plus récentes à partir du milieu du XIe siècle, à condition qu'elles ne viennent pas à l'encontre des libertés gallicanes et qu'elles aient été expressément reçues en France, étant bien entendu que cette réception devait obligatoirement relever de l'autorité séculière. Elle fut en la matière représentée par le Parlement, puis l'ensemble des parlements qui, toujours prompts à intervenir dans les querelles bénéficiales, s'attribuèrent sans la moindre hésitation cette compétence nouvelle. On s'habituait ainsi progressivement à l'idée qu'aux décisions pontificales pouvaient soit se substituer des décisions conciliaires, soit s'ajouter une sorte d'aval donné par l'autorité séculière, et qu'en conséquence, l'Église de France pouvait trouver dans ses propres conciles et son roi la source essentielle de sa législation.

Ainsi était ouverte la voie à l'élaboration progressive d'une législation exclusivement royale en matière ecclésiastique, tout spécialement dans le domaine de la discipline des clercs. Renouant avec la tradition des capitulaires carolingiens qui disposaient aussi pour l'Église, plusieurs textes se succèdent depuis la soustraction d'obédience de 1398 dans lesquels le roi, le clergé et le peuple du royaume interviennent directement dans les affaires de l'Église, qu'il s'agisse de la procédure d'attribution des bénéfices comme en 1398 ou de questions disciplinaires comme en 1407 et 1408. Et ne voit-on pas Charles VI ériger en loi du royaume, par ordonnance du 18 février 1407, les décisions du concile de 1406?

Cette compétence législative du roi, tout spécialement en matière de discipline de l'Église de France, devient une des pierres angulaires du gallicanisme politique dès le début du XVe siècle pour aboutir à une consécration éclatante avec la *Pragmatique Sanction de Bourges* du 7 juillet 1438. Dans le courant de l'année 1437, le pape était entré en conflit avec le concile de Bâle qui, siégeant toujours, refusait de se séparer. L'Église de France, soutenue par le roi, prend le parti du concile. Pour bien montrer sa détermination, Charles VII convoque à Bourges une assemblée. Dirigée par son chancelier, elle comprend des membres du clergé, des universitaires et des parlementaires tous acquis aux thèses gallicanes. Après avoir proclamé la supériorité du concile œcuménique sur le pape et le principe d'une périodicité obligatoire des conciles, elle discute des canons votés à Bâle et les modifie sur certains points.

Des dispositions nouvelles et importantes sont aussi introduites, qui font passer en forme législative l'essentiel des idées gallicanes : supériorité du concile sur le pape, limitation des droits du Saint-Siège dans la nomination aux bénéfices ecclésiastiques situés en France, suppression ou allégement de certaines taxes par la papauté sur l'Église de France et réduction des possibilités d'appel devant les instances romaines.

Toutes ces mesures sont immédiatement reprises par une ordonnance royale qui reçoit, pour la circonstance, le nom de *Pragmatique Sanction de Bourges* et qui leur donne force exécutoire sur l'ensemble du royaume. Ainsi le roi se trouvait-il investi de la mission d'organiser, par ordonnance, l'Église de France. Il reprenait, certes, bon nombre de décisions du concile de Bâle, mais sans consulter la papauté. Deux gallicanismes convergeaient. Le gallicanisme conciliaire en assurant la suprématie des décisions du concile sur le pape, et le gallicanisme politique en consacrant la compétence du roi — en toute indépendance de Rome — pour protéger et amplifier les libertés de l'Église gallicane.

Mais, peut-être parce que la *Pragmatique* était allée trop loin, elle devait être éphémère. Même gallicane, l'université de Paris lui fut pourtant hostile. Le clergé se montra méfiant à son endroit, tout spécialement celui du Midi. Quant à la royauté, elle ne l'appliqua que pour ce qui lui était favorable. C'est pourquoi Louis XI l'abrogea en 1461 pour la rétablir deux ans plus tard, mais la supprimer à nouveau en 1467. Autant dire qu'elle ne réglait pas de manière satisfaisante le délicat problème des rapports triangulaires entre le Saint-Siège, l'Église de France et le pouvoir royal. Il y faudra d'autres combats et d'autres textes qui jalonnent l'histoire du XVIe siècle.

Le gallicanisme, néanmoins, avait pris son vrai visage : supériorité du concile sur le pape, union étroite entre le roi et l'Église de France, indépendance du roi au temporel face au Saint-Siège, soustraction de l'Église de France par rapport au pape chaque fois que certaines libertés et franchises étaient menacées, capacité reconnue au roi d'intervenir pour examiner la législation pontificale destinée à l'Église de France et de légiférer, directement, en particulier en matière de discipline ecclésiastique. Par-delà ce contrôle de plus en plus étroit que faisait peser le pouvoir sur l'Église, c'était la position même du roi de France en son royaume qui se trouvait renforcée.

III. LE ROI DE FRANCE EN SON ROYAUME

La construction de l'État ne peut certes pas s'identifier à la seule restauration d'un centre de pouvoirs, mais elle passe obligatoirement par lui, tant ce centre politique doit constamment faire pièce aux réticences des princes qui, tout au long de la période féodale, l'ont systématiquement dépossédé de ses prérogatives. C'est pour mener à bien cette reconquête et s'assurer un monopole politique que la vision d'un roi féodal s'efface progressivement devant celle d'un roi souverain (1). Cette évolution, certes plus facilement perceptible en doctrine qu'en pratique tout au long du XIIIe siècle, n'en place pas moins le nouveau souverain dans une position favorable pour se lancer dans une politique de restructuration territoriale qui transforme lentement le royaume morcelé des temps féodaux en un véritable espace étatique (2). Mais une telle stratégie de concentration ne pouvait que se heurter aux résistances de la périphérie. Comme toujours, la construction de l'État s'avère inséparable de la pesanteur des forces centrifuges. Ducs et princes, villes et États, peu enclins à participer à la stratégie de concentration que veut leur imposer le pouvoir, remettent souvent en cause la cohésion qu'il s'efforce de construire (3).

1. Du prince féodal au roi souverain

Pendant de longues années, l'historiographie traditionnelle est demeurée rivée à une vision déformante des réalités politiques du XIIIe siècle. Comment le roi de France est-il passé de la suzeraineté à la souveraineté? Outre que ces notions bien abstraites, délicates à définir et difficiles à situer dans le temps, rendent mal compte du jeu politique, elles restreignent considérablement le contenu du pouvoir en ne voyant, dans le roi de France à partir de la fin du XIIIe siècle, qu'un prince souverain. Certes, il l'est. Et dire que le roi de France est souverain apporte bien une qualification supplémentaire par rapport à son état précédent de suprême seigneur suzerain. Mais il n'est pas que cela. À sa souveraineté s'ajoutent *potestas* et *majestas* qui font de lui, à la tête du corps politique, le chef naturel de tous ses sujets.

A. UN GLISSEMENT INSENSIBLE : DU SOUVERAIN FIEFFEUX AU *PRINCEPS* SOUVERAIN

Même au plus fort moment de la féodalité, le pouvoir royal ne s'identifie jamais au monde féodal. Le roi s'y présente bien comme le suprême seigneur fieffeux du royaume — celui dont émane en définitive toute concession de fief et donc profondément intégré au système féodal — mais il ne manque pas, en même temps, d'affirmer sa position supérieure en refusant de faire hommage à quiconque. Cette situation, acquise dès le règne de Louis VII et confirmée avec Philippe Auguste, ne cesse de se conforter tout au long de la première moitié du XIIIe siècle. Elle contribue à placer ainsi le roi dans une position de puissance suprême, non seulement à l'égard de tous ses vassaux, mais aussi de l'ensemble des habitants du royaume qu'il considère comme devant tous obligatoirement relever directement de lui, sans aucun intermédiaire. Ainsi, tout en assurant son autonomie par rapport au monde féodal, le roi le soumet à sa puissance et l'absorbe pour ériger son pouvoir en entité politique qui ne procède plus de lui. De suzeraine, son autorité devient souveraine.

Ce glissement d'une notion à l'autre — la seconde étant intimement liée à la première — est particulièrement sensible au niveau de la sémantique. Suzerain et souverain ont même origine, tous deux proviennent du latin populaire *superanus* (supérieur), terme forgé lui-même à partir du latin classique *super* qui a aussi donné *superior*. Mais ce comparatif — plus élevé que — fut en fait peu usité dans la société féodale qui lui préféra, pour désigner le seigneur, le terme de *senior* ou celui de *superanus* et de *supremus*, tous deux superlatifs, utilisés aussi souvent qu'il s'agissait de désigner le seigneur le plus élevé dans une hiérarchie, donc le suzerain. L'évolution se fait de plus en plus précise à partir du moment où il faut distinguer le roi des autres seigneurs suzerains. Au roi on applique le qualificatif de *sobiran* en langue d'oc et de *souverain* ou de *suvrain* en langue d'oïl, tandis qu'on nomme *susserain* ou *souserain* tout autre seigneur qui prétend à cette qualité au sommet d'un groupe féodo-vassalique quelconque. À partir de cette double série de superlatifs, sont progressivement forgés les deux substantifs *suserenetė* et *suvrainitet* (ou *sovrainete)* qui l'un et l'autre désignent, dès la seconde moitié du XIIIe siècle, deux réalités politico-juridiques très différentes. L'une contrôlée par un suzerain qui peut, bien sûr, être aussi le roi, et l'autre exclusivement dominée par lui, parce qu'il est souverain, encore souvent qualifié de « souverain fieffeux », tellement s'entrecroisent, pendant longtemps, ces deux notions de suzeraineté et de souveraineté.

Néanmoins, à partir des années 1260, la seconde triomphe progressivement. Les textes normands laissaient depuis longtemps déjà pressentir cette évolution. Traitant de l'allégeance et de la soumission, ils ne les réservent pas au seul monde des vassaux, mais considèrent qu'elles s'étendent à tous ceux qui résident dans le duché sans aucune exception : *omnes homines, omnes residentes in provincia*. Comme ils avaient tous été directement rattachés au duc, ils l'étaient désormais obligatoirement au roi, sans aucun intermédiaire. Les coutumiers de la seconde moitié du XIIIe siècle sont tout aussi nets. Voici, vers 1260, l'auteur du *Livre de Jostice et Plet* qui, après avoir traité des grands vassaux du roi, tels ducs, comtes et vicomtes, écrit que « chastelain, vavassor, citaen, vilain sunt souzmis à cels que nos avons devant nomez. Et tuit sont soz la main au roi ». C'était affirmer sans nuance que vassaux mineurs et non-vassaux, gens des villes et gens des champs, se trouvaient tous également et directement soumis à la supériorité royale. Une supériorité qui englobait, à la fois, la suzeraineté à l'égard des seuls vassaux et ce qu'il convenait d'appeler, désormais, la souveraineté à l'égard de tous les autres habitants du royaume, quels que soient leur statut et les rapports qu'ils entretenaient avec le roi. Depuis longtemps placé au sommet de la pyramide féodo-vassalique, il la transcende maintenant et ne dépend plus d'elle, au moins juridiquement, pour assurer son pouvoir. Voilà qui fait dire à ce même auteur que « le roi ne doit tenir de personne » et à Beaumanoir, dans ses *Coutumes de Beauvaisis*, que si « chacuns barons est souverains en sa baronnie... li rois est souverains par-dessus tous ». Et pas n'importe quel roi puisque, à peu près au même moment, plusieurs juristes, en particulier Guillaume Durand († 1296), lui reconnaissent la qualité de *princeps*, ce titre dont se paraient les empereurs romains et qui vaut au roi de France capacité de revendiquer des prérogatives identiques à celles qu'ils exerçaient. Ainsi, à la fin du XIIIe siècle, les jugements de tous les auteurs concordent pour voir dans le roi de France un « souverain seigneur» dans son royaume. Seul à l'être, il y jouissait de la plénitude du pouvoir, d'une souveraineté aussi «pleine et ronde» que celle de l'empereur qui pouvait désormais s'exercer par-delà les barrières féodales et sur l'ensemble des sujets.

Voilà bien l'acquis du XIIIe siècle. Juristes et écrivains politiques l'enrichissent qui, tout au long des deux siècles suivants, s'intéressent à la souveraineté. Leur analyse ne s'écarte jamais de ce legs politique. Pour l'auteur du *Songe du Vergier*, «chascun Roy qui ne recognoit souverain en terre si puet dire seigneur souverain en la temporalité de son royaume», tandis que Jean Juvénal des Ursins qualifie Charles VII d'«empereur, victorieux et auguste». Et comment ne pas mentionner cette remarque cinglante du procureur général au Parlement qui dénie, en 1491, à tous les avocats le droit de disserter sur l'autorité royale? Ce serait à ses yeux un véritable sacrilège car «l'autorité du Roy est trop plus grande que les advocats ne le pourraient exprimer et n'est subgecte aux oppinions des docteurs qui en ont voulu parler». Davantage ne pouvait être dit pour placer la souveraineté royale au-dessus de toute contingence et hors de toute atteinte. Et, comme si cela ne suffisait pas, juristes et théoriciens combinent leurs efforts pour renforcer encore cet état de souveraineté.

B. Une vêture pontificale et impériale : *certa scientia, auctoritas, plena potestas* et *majestas*

Une chose était d'affirmer la souveraineté du roi, autre chose était de reconnaître qu'il était porteur, tout à la fois, de la *certa scientia principis*, de l'*auctoritas*, de la *plena potestas* et de la *majestas* impériales. C'était le placer dans un autre état que l'état royal et en faire l'héritier direct des empereurs romains.

Ces trois premières notions constituent un bloc indissociable à partir duquel le pouvoir du roi, en particulier ses capacités édictales, ne cessent de se renforcer. C'est grâce au travail des glossateurs et des canonistes que cette évolution est rendue possible. Réfléchissant dès le XIIe siècle aux rapports entre la loi et la coutume, ils constatent qu'a valeur particulière toute coutume qui prend naissance *ex certa sciencia populi*, c'est-à-dire aussi souvent que le peuple en est conscient et agit en connaissance de cause. Même si une telle coutume va contre la loi et si elle présente un certain caractère «illégal», elle n'en devra pas moins lui être préférée. En raison de son origine populaire et parce que le peuple a agi *scienter*, elle est considérée comme lui étant supérieure. Ainsi la *sciencia populi* se trouve-t-elle, en quelque sorte, érigée en critère de supériorité normative de la coutume.

Mais cette *scientia* était aussi, depuis longtemps, *sciencia principis*, ce qui conduit glossateurs et canonistes à admettre que le prince, à condition qu'il le fasse *scienter*, peut lui aussi fort bien couvrir l'application d'une coutume contraire à la loi, voire d'une loi contraire à une autre. À partir du moment où il n'y a plus aucun doute à propos de l'attitude du prince, où elle est certaine et où il déclare agir *ex certa scientia principis*, pareille clause suffit pour valider toute disposition coutumière ou «législative» qui va à l'encontre de l'ordre juridique en vigueur.

Reconnaître ainsi la *sciencia* au prince ne constituait que le chaînon d'un ensemble. Il fallait, pour qu'elle pût pleinement produire ses effets en matière normative, qu'elle fût associée à l'*auctoritas* et à la *plena potestas*. Dès 1254, saint Louis utilise, dans une des ses ordonnances, l'expression «plénité de la royal puissance», tandis que sous le règne de Philippe le Bel, deux lettres font successivement mention de l'*auctoritas regia* (1294), puis de la *plenitudo potestatis* (1297). Il faut attendre une ordonnance de janvier 1303, dans laquelle Philippe le Bel réitère l'interdiction des guerres privées et des gages de bataille, pour que soit mentionné qu'en plus du consentement des prélats et des barons, ce texte a été arrêté *de certa scientia et auctoritate et de plenitudine regiae potestatis*. À partir de ce moment-là, l'association *sciencia-auctoritas-plena potestas* devient d'usage fréquent. La « certaine science », l'« autorité » et la « pleine puissance » se trouvent alors indissolublement liées et comme érigées en principe absolutiste propre à fonder toute l'action normative de la royauté. Et cette « certaine science » est bien celle du roi, non point celle du conseil, comme l'atteste l'expression fréquente « de notre certaine science » destinée à lever tous les obstacles qui pourraient s'opposer tant à l'*auctoritas* qu'à la *plena potestas* du monarque.

L'itinéraire et l'impact dans l'État monarchique de cette dernière notion, quel qu'en soit le libellé — *plena potestas, plenitudo potestatis, potestas absoluta* — sont profondément marqués par ses origines canoniques. Fondement de l'absolutisme pontifical à partir d'Innocent III (1198-1216), les canonistes s'en saisissent pour justifier tous les actes de gouvernement, de juridiction et d'administration qui pourraient conduire le pape à s'inscrire à l'encontre de la coutume ou de la loi. Elle le place, en quelque sorte, au-dessus du droit. À partir du moment où elle est appliquée au roi de France, les légistes qui soutiennent son action pensent qu'elle justifie en sa faveur une position identique. D'où la vive réaction dans l'entourage du prince de certains de ses conseillers qui, plus prudents — tel Nicole Oresme — redoutent de voir glisser le régime vers la tyrannie. C'est pourquoi, à la « plénitude de posté », il oppose une « posté modérée » qui, tout en laissant au roi une grande latitude, en particulier pour ce qui ne relève pas de la loi et la coutume, conditionne son action dans le respect permanent de l'équité, de la justice et du droit. Naissait ainsi, sous le règne de Charles V, la délicate question des contrepoids à trouver pour éviter une dérive absolutiste à la monarchie, problème qui ne fut jamais véritablement résolu jusqu'à la fin de l'Ancien Régime.

Pour l'heure, c'était plutôt un renforcement de son pouvoir qui s'opérait. Souverain qu'était venu conforter l'application à son pouvoir de la trilogie évoquée, le roi de France se voit aussi reconnaître la qualité qui avait constitué l'essence même de la dignité impériale, la *majestas*. Issue de la notion de *majoritas*, comme la souveraineté est issue de la notion de *superioritas*, la majesté a beaucoup moins retenu l'attention des historiens que la souveraineté. Et pourtant, elle est porteuse pour le roi et pour l'État de ce qu'il y a de plus élevé dans l'ordre des pouvoirs et de leurs titulaires. La racine même du mot *majestas*, *majoritas*, *major* implique que soient reconnus, à celui auquel est appliquée cette notion, la dignité la plus haute, l'état le plus élevé *(major status)*, ainsi que le pouvoir le plus grand (*major potestas*). Autant dire que la majesté regroupe tous les éléments de pouvoir, tous les attributs de la souveraineté, pour placer son titulaire en dehors de toute hiérarchie. Mais, contrairement à la souveraineté qui se construit positivement à partir d'un ensemble de notions bien connues, en particulier celles d'*auctoritas*, de *potestas* et d'*imperium*, la majesté se laisse moins bien saisir, sinon à travers les attaques dont elle peut être l'objet.

Ce qui la caractérise avant tout, c'est qu'on ne doit en aucun cas lui porter atteinte parce qu'elle participe davantage de ce qui est sacré, du religieux que du civil. Dans ces conditions, offenser la majesté royale, c'est commettre un crime de lèse-majesté que le droit romain assimilait presque au sacrilège. Cette *majestas*, d'abord reconnue au peuple romain sous la République, puis ensuite à l'empereur, est analysée par les romanistes médiévaux comme une qualité première de l'empereur germanique qu'ils transfèrent ensuite à la *dignitas regia*. L'évolution est ainsi achevée qui fait d'un crime contre la majesté, un crime contre le roi lui-même. Le crime de lèse-majesté et surtout l'ensemble des moyens mis en œuvre pour le réprimer deviennent alors un efficace arsenal de protection tant de la personne du roi que de son pouvoir. Mais pour en arriver là, l'évolution fut longue.

Si le *crimen majestatis* comme l'avait défini le droit romain, réapparaît à peu près au même moment dans le monde méditerranéen chrétien au milieu du XIIe siècle, il faut encore un long travail des civilistes, puis des canonistes, pour qu'il puisse véritablement trouver application dans le cadre d'un état territorial. Ce n'est pas avant 1259, semble-t-il, que l'on peut retrouver les premières preuves de mise en accusation pour crime de majesté. Les *Olim* nous en livrent, à cette date, un premier exemple, tandis que les juristes de la seconde moitié du XIIIe siècle, Jean de Blanot, Jacques de Révigny et Guillaume Durand, voient dans le roi un *princeps* qui peut avoir recours à la législation de Justinien en cas de crime de lèse-majesté.

À partir de leurs écrits et d'une pratique judiciaire qui ne cesse de s'enrichir, la majesté royale devient une notion à la fois fondatrice et protectrice du pouvoir. Elle est considérée, par les contemporains de Charles VI, comme « la plus noble chose et la plus digne qui puist être » ; aussi, l'offenser, c'est commettre le crime le plus grave qui soit. Et ce crime revêt double nature puisque, aussi souvent qu'il est commis, il l'est à la fois « contre la personne du prince », ce qui en fait en quelque sorte un crime privé, mais aussi contre le roi représentant « la chose publique » — l'État —, ce qui en fait un crime public. Ainsi, par-delà le roi, c'était aussi l'État qui se trouvait revêtu de la majesté. Elle les unissait, tous les deux, en une puissance inviolable qui tenait davantage du sacré que du politique pour constituer un véritable *corpus*.

C. LE ROI, TÊTE DU *CORPUS REIPUBLICAE MYSTICUM*

Depuis longtemps, sous l'influence des allégories bibliques, de la rhétorique grecque et romaine, la pensée médiévale s'était attachée à comparer à un corps animé l'ensemble de l'humanité, puis l'Église universelle et l'Empire universel, avant de procéder de la même manière pour chaque Église, puis pour chaque état particulier. On veut voir dans chacun de ces groupements un *corpus mysticum* dont le plus parfait est celui de l'Église, qualifié de *corpus ecclesiae mysticum*. Sur son modèle, se constitue celui de chacun des états souverains, le *corpus reipublicae mysticum*. Ce corps mystique, nommé corps moral ou corps politique, doit fonctionner à l'image du corps humain. Cette théorie organiciste et anthropomorphique est reprise par les juristes des deux droits et systématisée par Jean de Salisbury (vers 1120-1180) dans son *Polycraticus*. Comme le corps humain, le corps politique a une tête — le roi —, tandis qu'à chaque membre et à chaque organe doit correspondre une fonction de l'État, une institution, un agent ou un groupe de sujets.

Cette métaphore organique envahit la pensée politique qui voit en elle un moyen de faire triompher la nécessaire cohésion de l'État autour d'un prince fort. Puisque le *corpus reipublicae mysticum* fonctionne à l'image du corps naturel, il ne saurait y avoir de dissociation possible des membres par rapport à la tête. Chacun étant solidaire du tout doit obligatoirement participer au bon fonctionnement de l'ensemble. Cette idée fut souvent avancée par les théoriciens favorables à la monarchie, chaque fois que risquaient de l'ébranler de graves tensions. Jean Gerson et Philippe de Mézières en usent tour à tour pour rappeler, à l'occasion des grandes crises de la seconde moitié du XIVe siècle et du début du XVe siècle, que le corps politique ne peut garder sa cohésion « se les partiez sont divisez et se persécutent l'une l'autre », tandis que Christine de Pisan construit tout son *Livre du corps de policie* autour de l'idée que doit s'imposer une participation solidaire des membres à l'harmonie de tout le corps social. Autant de constatations qui justifiaient l'ordre et l'unité dans l'État, en postulant une obéissance naturelle de l'ensemble des membres à la tête, une soumission complète des sujets au roi.

À Jean de Terrevermeille revient le mérite d'avoir, en pleine guerre civile entre Armagnacs et Bourguignons, poussé jusqu'à l'extrême de la logique l'analogie du corps humain et du corps politique. Parce que le roi est principe et source de vie du corps mystique, l'adhésion que lui portent les sujets doit être totale. Si tel n'était pas le cas, ils se trouveraient privés de toute existence politique, parce que coupés du roi qui donne au corps existence et esprit. Et cette adhésion doit être totale qui implique, tout à la fois, fidélité sans faille et obéissance absolue de la part des sujets. Elle doit même aller jusqu'au sacrifice ultime de leur vie au cas où la chose publique et son chef se trouvent menacés. Si un corps peut continuer à vivre privé de l'existence d'un de ses membres, il ne saurait en être de même si sa tête venait à disparaître. Unique, elle est dispensatrice d'unité et de cohésion ; voilà pourquoi sa volonté doit pouvoir constamment s'imposer aux membres du corps mystique. Toute cette construction visait, naturellement, à mettre en garde le duc de Bourgogne et ceux qui, avec lui, se rendaient coupables de crime de lèse-majesté en pactisant avec l'étranger. Mais elle était aussi porteuse d'un véritable ferment absolutiste. Puisque le *corpus mysticum regni* ne peut exister en dehors de sa tête et que ses membres ne peuvent agir en dehors de la *voluntas capitis*, c'était dénier à la communauté politique toute capacité de représentation, de décision et d'action. C'était affirmer que la tête, représentant à elle seule tout le corps, était seule capable d'exprimer une *voluntas* souveraine face à laquelle celle de la communauté politique représentée par les États, qu'ils soient généraux ou provinciaux, n'avait que peu de poids. C'était aussi reconnaître au roi, en sa qualité de *caput corporis reipublicae mystici* et de garant de la cohésion du tout, capacité à refaire l'unité.

2. Le royaume réunifié : du morcellement féodal à l'espace étatique

Au monde politiquement cloisonné légué par la féodalité dans lequel rivalisaient des autorités concurrentes, le pouvoir royal s'applique depuis la seconde moitié du XIIe siècle à substituer un ensemble territorial plus unitaire, point d'ancrage indispensable à l'exercice d'une souveraineté que renforce chaque monarque successif. Reconquérir le territoire, c'était en même temps modeler un nouvel espace politique. L'incorporer progressivement au domaine valait aménagement d'un espace juridique sur lequel pouvaient librement s'exercer toutes les prérogatives souveraines. Et doter ce domaine d'un statut afin qu'il échappe à la libre disposition du prince apportait à l'ensemble une garantie de cohésion.

A. La reconquête du territoire : naissance d'un espace politique

• *Les buts et les moyens*

Commencée depuis les règnes de Louis VI et de Louis VII, résolument poursuivie avec Philippe Auguste, cette reconquête dure jusqu'aux dernières décennies du XVe siècle. Tout comté, tout duché ou toute seigneurie de moindre importance que contrôle à nouveau le roi en fait le successeur du précédent titulaire. Automatiquement subrogé dans ses droits et pouvoirs, le souverain augmente d'autant la panoplie de ses prérogatives en élargissant, en même temps, l'assise de son pouvoir mais aussi le contrôle qu'il exerçait sur les hommes dans la mesure où les vassaux de l'ancien feudataire passaient automatiquement sous sa dépendance immédiate. La médiatisation féodale reculait, tandis que ne cessait de s'accroître le nouvel espace politique ainsi offert au jeu du pouvoir. Cette œuvre de réassociation territoriale et de restructuration des prérogatives étatiques s'inscrit dans un plan d'ensemble. Elle vise tout à la fois à doter l'État en construction d'un de ses éléments constitutifs essentiels — le territoire — et à lui restituer tous les moyens d'action que lui avaient ravis les féodaux. Mais une telle entreprise, même si elle est voulue et pensée, n'a jamais obéi à un plan d'ensemble mis à exécution à travers des méthodes uniformes. Ponctuée de temps d'arrêt au milieu de remarquables avancées, elle est aussi le résultat de la mise en œuvre de méthodes et de moyens fort divers.

Pour la mener à bien, la royauté emprunte toutes les voies qui s'offrent à elle, sans aucune exclusive. La guerre et la diplomatie ont été largement mises à profit comme l'illustrent le conflit franco-anglais tout au long du XIIIe siècle, puis la longue alternance d'opérations militaires, de négociations, de trêves et de paix pendant la guerre de Cent Ans. Tous ces événements riches en rebondissements diplomatiques fournissent à la monarchie de multiples occasions d'œuvrer pour la reconstruction du territoire et de faire à nouveau rentrer, dans sa mouvance, des régions qui lui avaient échappé. Cependant, ni la conquête par les armes, ni la voie diplomatique ne constituèrent pour elle les moyens essentiels qui lui permirent de parvenir à ses fins. Ce fut le plus souvent dans le droit, et plus particulièrement le droit féodal, que ces opérations de réassociation puisèrent, à la fois, inspiration et fondement. Chaque seigneurie ayant nature de fief se trouvait, pour cette raison, soumise au droit des fiefs. À partir du moment où les juristes assimilèrent le fief à un bien patrimonial, toute seigneurie qui servait d'assise à un fief fut considérée comme faisant partie intégrante du patrimoine de son seigneur. Alors s'ouvraient sur elle toutes les perspectives de transaction qu'offrait le droit féodal sur les biens qu'il régissait.

La monarchie les mit largement à profit. Souveraine et contrôlant ainsi de mieux en mieux les multiples degrés de la hiérarchie féodo-vassalique, elle se trouvait particulièrement bien placée pour jouer de toutes les possibilités que lui procuraient aussi bien les règles relatives au régime des fiefs que les principes régissant leur dévolution. Dans ces conditions, tous les modes d'acquisition envisageables vinrent grossir le contingent des moyens utilisés pour parfaire l'œuvre de réassociation territoriale.

S'inscrivant souvent dans le cadre de minutieuses opérations diplomatiques, les mariages royaux furent l'occasion pour des princesses richement dotées d'apporter à la couronne de nouvelles terres. Toujours dans le domaine du droit familial, les acquisitions par voie d'héritage constituèrent aussi un solide moyen de reconstruction territoriale à travers la grande variété des techniques juridiques qui permettaient de jouer avec le droit successoral. L'une des plus utilisées découlait directement de l'application des règles féodales relatives à la déshérence. Chaque fois qu'un seigneur venait à mourir sans héritier, ou sans héritier apte à lui succéder, sa seigneurie qui se trouvait alors vacante devait obligatoirement revenir au seigneur supérieur dont elle relevait. Pareille situation bénéficia souvent au roi. Une autre technique, très fréquemment mise à profit aussi, fut celle du testament que tout seigneur pouvait faire en faveur du roi afin de lui transmettre tout ou partie de sa seigneurie. Enfin, tout à l'opposé de ces modes de transmission si caractéristiques du droit matrimonial et du droit successoral, la royauté eut aussi souvent recours aux acquisitions moyennant finance. Bien des seigneurs en difficulté se montrèrent très ouverts aux offres d'achat du souverain qui put aussi rattacher au domaine des seigneuries qu'aucune autre technique ne lui aurait permis de récupérer.

• *Les résultats*

De la mort de Philippe Auguste (1223) à l'avènement de Philippe de Valois (1328)

Seigneur le plus puissant du royaume et peut-être de toute l'Europe depuis Bouvines, Philippe Auguste laissait à sa mort un domaine dont l'étendue avait quadruplé tout au long de son règne. En outre, plusieurs des grands fiefs qui l'entouraient étaient gouvernés dans des conditions qui les rapprochaient de la couronne. Pierre Mauclerc, proche parent du roi défunt, contrôlait la Bretagne, tandis que la Flandre avait à sa tête la comtesse Jeanne dont le mari, le comte Ferrand de Portugal, était captif du roi de France depuis Bouvines. Quant à la Champagne, elle était dirigée par un seigneur que le roi surveillait de très près. Malgré ces éléments favorables, c'est principalement en direction du Midi que les successeurs de Philippe Auguste font porter tous leurs efforts, sans pour autant cependant négliger l'Est et le Nord. Dans le Midi, c'est grâce à l'action de Louis VIII puis surtout à celle de Louis IX et aux grands traités signés sous son règne que la royauté assure définitivement son emprise et jette les bases de nouvelles extensions domaniales.

L'acquisition du Languedoc. — Ce vaste ensemble géopolitique entre Rhône et Garonne, qui constituait pour partie le comté de Toulouse, marque un temps fort dans la reconstruction de l'unité territoriale. Elle se fit en deux temps que domine une diplomatie habile, soutenue au départ par de solides opérations militaires.

La première étape s'était ouverte avec la croisade qu'avait lancée en 1208 le pape Innocent III contre l'« hérésie » albigeoise ou catharisme qui secouait toute la région. Patronnées par le Saint-Siège, les opérations militaires sont confiées à Simon de Montfort, baron d'Ile-de-France. Tandis que Philippe Auguste sollicité refuse de s'engager, Simon multiplie souvent par la violence ses succès à l'encontre de la maison toulousaine. Ils lui permettent de contrôler rapidement toute la frange du Languedoc oriental, de Carcassonne jusqu'à Beaucaire. Quand il meurt en 1218 sur le champ de bataille, son fils Amaury ne réussit pas à préserver ses conquêtes face au nouveau comte de Toulouse, Raymond VII, dont la volonté de reconstituer le comté est manifeste.

C'est alors que débute la seconde phase et que la royauté accepte d'intervenir ouvertement. Louis VIII obtient d'Amaury, en 1226, que lui soient cédés tous les droits sur les terres qu'avait conquises Simon. Fort de l'accord du pape et d'une expédition militaire réussie dans le Languedoc méditerranéen, Louis VIII peut y faire reconnaître les prérogatives de la couronne dans tout le Languedoc oriental. Mais quand il meurt (12 novembre 1226), toute la partie occidentale — Toulousain, Quercy et Rouergue — demeure sous le contrôle de Raymond VII qui ne peut cependant longtemps résister. Le pape Grégoire IX voulant en finir avec l'hérésie fait tout pour que soient maintenues, contre lui, opérations militaires et pression diplomatique. Découragé, le comte dut faire amende honorable. Il s'y résolut en 1229 à Notre-Dame de Paris et accepta de signer, le 12 avril, le traité de Paris avec la régente Blanche de Castille.

Les conditions imposées, toutes approuvées par le représentant du pape, étaient particulièrement dures. Raymond VII était contraint d'abandonner au roi de France les territoires du Languedoc oriental qui allaient servir d'assise aux doubles sénéchaussées de Beaucaire-Nîmes et de Carcassonne-Béziers. Il conservait néanmoins le comté de Toulouse, l'Albigeois, le Rouergue, le Quercy et l'Agenais, mais seulement sa vie durant. Afin de faciliter un jour le rattachement de ces terres à la couronne, il était stipulé que la fille du comte, Jeanne, son unique héritière, devait épouser un des frères de Louis IX. Désigné plus tard, ce fut Alphonse, prince apanagiste du Poitou et de l'Auvergne. Le traité prévoyait en outre que si ne naissait pas d'enfant de cette union, l'héritage de Jeanne qui représentait ce qui restait des possessions de Raymond VII, devait directement revenir à la couronne. Ce fut précisément ce qui se produisit quand, en 1271, Jeanne et Alphonse de Poitiers moururent à quelques jours d'intervalle sans descendance directe. Toute la partie occidentale du comté de Toulouse se trouva, du même coup, définitivement rattachée à la couronne que portait alors Philippe le Hardi. En même temps, ce fut aussi le patrimoine personnel d'Alphonse avec ses apanages poitevin et auvergnat qui vint enrichir le domaine royal. Ainsi était assurée de manière irréversible l'influence capétienne dans le Midi.

L'Aquitaine. — Régler la question de Languedoc était la première grande affaire de la diplomatie royale au XIIIe siècle. Restait celle d'Aquitaine où la position de la royauté, mal assurée face au roi d'Angleterre, fragilisait le royaume. Aucune paix n'avait été signée avec les Plantagenêts qui n'acceptaient d'interrompre leurs opérations militaires que dans le cadre de trêves prolongées. Souvent soutenus par les barons poitevins remuants et à la fidélité vacillante, leur présence sur le continent représentait un réel danger pour la couronne de France.

Dans ces conditions Louis VIII décide, en 1224, d'intervenir. Il soumet le Poitou et la Saintonge, atteint la Garonne mais ne peut obtenir la reddition de Bordeaux. Les hostilités continuent pendant les premières années du règne de saint Louis qui doit faire face à une vaste coalition des seigneurs de la région venus en aide aux Anglais. Après de multiples opérations militaires, la situation demeure confuse et instable faisant du roi de France un souverain incapable de conquérir les régions au sud de la Garonne, tandis que le roi d'Angleterre se trouve délié à son égard de toute allégeance depuis la confiscation à laquelle avait procédé, en 1202, Philippe Auguste à l'encontre de Jean sans Terre.

Face à des conditions aussi difficiles, saint Louis décide de régulariser la situation. Au terme de laborieuses négociations avec Henri III, est conclu à Paris le 28 mai 1258 un traité destiné, selon les termes mêmes de saint Louis, à « mettre amour » entre ses enfants et ceux du roi d'Angleterre. Par cet accord, Henri III et son fils renonçaient en faveur du roi de France, de manière définitive, à tous les droits qu'ils pouvaient prétendre exercer sur la Normandie, l'Anjou, le Maine, la Touraine et partout ailleurs dans le royaume de France, sauf pour le Quercy et l'Agenais. Il était en outre convenu que le souverain anglais tiendrait en hommage lige du roi de France la totalité de ses possessions du Sud-Ouest — la Guyenne — et que les habitants de ces terres prêteraient serment au roi de France tous les six ans en promettant de n'apporter au roi d'Angleterre ni aide, ni conseil, ni subside qui pourraient l'inciter à agir à l'encontre du traité. Et au cas où le souverain anglais refuserait de prêter l'hommage dû, ses vassaux aquitains devraient se mobiliser contre lui en faveur du roi de France. Saint Louis acceptait en outre de donner à Henri III tout ce qu'il tenait en « fief et domaine » dans les diocèses de Limoges, Cahors et Périgueux.

Dans un même souci de liquidation du passé, saint Louis conclut au même moment (mai 1258) un traité avec le roi Jaime Ier d'Aragon qui mettait un terme aux revendications aragonaises sur les parties les plus méridionales du Languedoc. En contrepartie, le roi de France abandonnait toute suzeraineté sur l'ancienne marche d'Espagne — Catalogne et Roussillon — tandis que le roi d'Aragon cessait toute revendication sur le comté de Toulouse et ne conservait que sa seigneurie sur Montpellier dont la mouvance devait être cédée à Philippe le Bel en 1293.

Ces deux traités fixaient, pour longtemps, la position de la royauté et les droits de la couronne dans le Midi languedocien et aquitain. Le roi d'Angleterre y reconnaissait la supériorité du roi de France dont la souveraineté pouvait progresser pour y arrondir terres et droits tout comme ce fut aussi le cas, mais à un moindre degré, en direction de l'est et du nord.

Les extensions vers le Nord et l'Est. — Cette politique méridionale ne détourne nullement les souverains de leur souci, depuis toujours manifesté, d'accroître leur domaine au nord de la Loire. Tandis que Louis VIII avait acheté la forteresse de Montreuil en 1224, puis la même année certains biens à Beaufort en Anjou, saint Louis acquiert le comté de Mâcon. Philippe III conduit semblable politique en faisant entrer en 1281 dans le domaine, par voie d'achat, le comté de Guines et le port de Honfleur en Normandie, puis le château et la baronnie de Montmorillon.

C'est sous son règne que sont accomplis les progrès décisifs en direction de l'est. À la mort du dernier comte de Champagne, le 22 juillet 1274, ne restait que sa fille Jeanne de Navarre à qui devaient revenir les comtés de Champagne et de Brie, ainsi que le royaume de Navarre. À la suite de pressantes et habiles interventions des conseillers de Philippe le Hardi, il fut décidé que la jeune princesse Jeanne serait fiancée à un des fils du roi sans qu'il soit encore désigné. Ce fut finalement le cadet, le prince Philippe, qui devait devenir plus tard Philippe IV à la suite du décès de son frère aîné. La fortune avait ainsi une nouvelle fois servi le Capétien et on pouvait espérer qu'au moment où Philippe deviendrait roi, la Champagne et la Navarre, sans être encore juridiquement unies au domaine, subiraient durablement l'influence des administrateurs royaux.

Le mariage entre Philippe et Jeanne fut célébré en août 1284 puis, quand Philippe III mourut l'année suivante, Philippe IV accéda à la dignité royale tandis que Jeanne devenait reine de France. Mais les comtés champenois ne furent pas pour autant réunis au domaine. Jeanne en demeura propriétaire et son fils aîné le prince Louis en hérita quand elle mourut le 4 avril 1305. Roi de Navarre et comte palatin de Champagne, il réunit au domaine les comtés de Champagne et de Brie quand il devint roi de France en 1314. Il ne s'agissait en réalité que d'une union personnelle. Elle ne pouvait devenir définitive que si Louis X avait un héritier. Sa fille aînée, la princesse Jeanne, fut écartée du trône au profit de son oncle Philippe de Valois. Mais pouvait-on lui enlever les comtés de Champagne et de Brie? Après d'âpres discussions, il fut décidé dans le cadre du traité de Paris signé le 27 mars 1318 que Jeanne renoncerait à ses droits sur la Champagne et la Brie, moyennant une indemnité de 50 000 livres et une rente annuelle de 15 000 livres. Une garantie était néanmoins prévue au cas où Philippe V viendrait à mourir sans héritier mâle. Dans ce cas, Jeanne recouvrerait tous ses droits. Or, quand Philippe V mourut sans descendance mâle en 1328, Jeanne demanda bien l'application de cette clause. Mais ce fut en vain et, moyennant une augmentation de l'indemnité et de la rente, elle fut pratiquement contrainte de renoncer à ses droits sur la Champagne et sur la Brie. C'est ce qu'obtint Charles IV en 1328 à la veille de sa mort. Mais les choses traînèrent encore en longueur et renonciation définitive n'intervint qu'en 1335, tandis que les dernières formalités destinées à incorporer comté de Brie et comté de Champagne au domaine royal ne furent accomplies qu'en 1361. La Navarre, que Jeanne († 1349) et son mari Philippe d'Évreux († 1343) réussissent à conserver passe à leur fils Charles le Mauvais († 1387) qui en devient roi, tout en s'estimant lésé par le partage qui était intervenu au bénéfice de sa mère. Tour à tour dominée par la France et l'Aragon, la Navarre que Henri de Navarre — futur Henri IV — apporte à la couronne de France (1589) ne représente qu'une petite partie du royaume de Jeanne de Navarre et de Louis X.

Ces progrès, pour essentiels qu'ils soient, ne sont pas les seuls. Philippe le Bel fait aussi entrer dans sa mouvance une partie du Barrois, réussit à faire passer la terre de Valenciennes sous suzeraineté royale, confisque la châtellenie de Tournai, parvient à s'implanter à Lyon et achète le comté de Chartres en 1286.

Ainsi, quand s'éteint en 1328 la branche aînée de la dynastie capétienne, la royauté contrôle près des deux tiers d'un royaume qui couvre environ 414 500 km^2 comme l'atteste *L'état des paroisses et des feux* rédigé cette année-là. Mais quatre grands fiefs échappent encore plus ou moins directement à la main du roi, la Flandre, la Bretagne, la Gascogne anglaise et, dans une certaine mesure aussi, la Bourgogne même si les rédacteurs de *L'état des paroisses et des feux* la font entrer dans leur recensement. Ils constituent, avec quelques autres grands comtés, autant de points de résistance à l'œuvre de réassociation territoriale que devait, après bien des épreuves, parfaire la guerre de Cent Ans.

De l'avènement de Philippe de Valois (1328) à la mort de Charles VIII (1498)

La guerre de Cent Ans, qui domine toute l'histoire de cette période, trouble le jeu de la réassociation territoriale dans la mesure où les opérations militaires tantôt amputent l'espace reconstruit, tantôt au contraire favorisent son extension. Il y a là un processus que la monarchie subit davantage qu'elle ne le contrôle, ce qui ne l'empêche pas de conduire une politique toujours aussi pensée de reconstruction de l'espace étatique tant en direction du Midi que de l'est et du nord.

Les avatars de la guerre de Cent Ans. — Répétés et lourds, ils remettent régulièrement en cause un équilibre encore fragile à la veille de la guerre. À ne s'en tenir qu'à ses clauses territoriales, le traité de Brétigny (8 mai 1360) est dramatique pour le royaume. Captif à Londres, Jean le Bon doit consentir la cession d'une Aquitaine qui retrouvait les limites de l'ancien duché d'Aliénor, allant de la Loire au Massif central et aux Pyrénées. De plus, Édouard III conserve Calais et ses marches, le Ponthieu et le comté de Guines, soit au total presque le tiers du royaume. Le traité prévoit en outre la renonciation du roi de France à la souveraineté sur l'ensemble de l'Aquitaine, tout comme celle du roi d'Angleterre à la couronne de France. Pour que cette double renonciation puisse intervenir, il faut qu'il y ait remise effective des fiefs avec leurs titres juridiques, après dénombrement et estimation. Pareille procédure implique de longues enquêtes que Charles V fait traîner en longueur, ce qui lui permet de faire encore valoir ses droits de suzerain sur les territoires transférés après novembre 1361, date limite retenue pour les renonciations officielles. Finalement, le traité est rompu le 30 novembre 1369 par la confiscation de l'Aquitaine prononcée par la cour du roi de France à l'encontre d'Édouard III accusé de félonie. La guerre reprend alors pour de longues décennies.

Sans y mettre fin, le traité d'Arras (21 septembre 1435) marque une stabilisation du conflit. S'il consacre l'échec des pourparlers entrepris avec les Anglais, il scelle un accord fondamental entre le duc de Bourgogne Philippe le Bon et Charles VII qui fait amende honorable pour le meurtre de Jean sans Peur et prend l'engagement de faire punir les coupables. En même temps, le roi de France cède au duc les comtés d'Auxerre, de Mâcon, les châtellenies de Bar-sur-Seine, Péronne, Roye et Montdidier, ainsi que tout le pays entre l'Artois et la Somme. De plus, Jean le Bon est dispensé de tout hommage à Charles VII pour les fiefs qu'il tient dans le royaume, mais cette clause ne doit durer que la vie des deux protagonistes. Il y a là de rudes concessions territoriales imposées au roi de France, mais, en contrepartie, le duc reconnaît sa souveraineté sur l'ensemble du royaume, y compris sur les terres bourguignonnes. Reconnu comme roi légitime par le plus puissant des princes français, Charles VII réussit à casser définitivement l'alliance anglo-bourguignonne et à faire désormais de la guerre, une guerre ouvertement nationale.

Après la paix d'Arras, les hostilités continuent pendant encore dix-huit ans entre la France et l'Angleterre, toujours rythmées par une régulière reprise en main du territoire. Les progrès de la reconquête, rapides en Ile-de-France, s'étendent ensuite à la Normandie que la victoire de Formigny (15 avril 1450) arrache définitivement aux Anglais, puis à la Guyenne où les armées de Charles VII rencontrent plus de difficultés pour s'assurer des positions définitives. Il faut attendre la victoire de Castillon (17 juin 1453) puis la reddition de Bordeaux (19 octobre 1453) pour que soit mis un terme définitif à la guerre de Cent Ans, même si aucun traité ne vient sanctionner le nouvel équilibre territorial qui en découle.

Les avancées vers le Midi et le Sud-Est. — Elles sont considérables et, surtout, très significatives de la volonté des monarques français d'assurer leur position dans des régions d'où ils avaient été jusque-là singulièrement absents. L'achat par Philippe VI, en 1349, au roi de Majorque de tous les droits qu'il possédait sur la seigneurie de Montpellier annonce sa réunion effective au domaine en 1361. Il en va de même, près de cent ans plus tard, des comtés de Cerdagne et du Roussillon. Ces deux régions, qui étaient sorties de la mouvance française sous saint Louis à l'occasion du traité de Corbeil, avaient depuis appartenu au roi d'Aragon, puis au roi de Majorque. Conquises par les armées de Louis XI, elles sont déclarées réunies au domaine le 16 juin 1463. Ces trois gains territoriaux à l'extrême sud avaient valeur symbolique. Ils témoignaient de la volonté royale de faire de l'ensemble de la côte méditerranéenne, tout à la fois la frontière méridionale du royaume et une vaste zone ouverte au commerce maritime. Il y avait là des positions nouvelles très porteuses qui venaient renforcer, à plus d'un siècle d'intervalle, l'acquisition du Dauphiné puis l'incorporation de la Provence au domaine.

L'acquisition du Dauphiné, principauté qui relevait traditionnellement de l'Empire, concrétise le premier dépassement de la frontière que le traité de Verdun avait assignée à la *Francia occidentalis*. Il la porte de manière définitive à l'est du Rhône. Vers

1340, le titulaire de cette principauté, le dauphin de Viennois Humbert II, sans descendance et criblé de dettes, entre en négociation avec Philippe VI de Valois en 1341 en lui proposant de monnayer ses terres et ses prérogatives, en contrepartie du versement d'un capital de 120 000 florins et du paiement d'une rente viagère de 10 000 livres par an. Il était en outre stipulé que la cession ne devait pas se réaliser au profit du roi mais au bénéfice de Philippe son second fils et, au cas où il viendrait à faire défaut, à un fils de l'héritier de la couronne. Ces tractations aboutirent seulement en 1349. Le Dauphiné fut alors remis au fils aîné du roi Jean II, le duc de Normandie, héritier de France et futur Charles V. Sitôt investi, il prit le titre de dauphin que devait désormais toujours porter l'héritier présomptif de la couronne.

Pareil arrangement obéit à des conditions politiques. Philippe VI ne voulut pas courir le risque, au cas où le Dauphiné lui aurait été acquis personnellement, de devoir prêter hommage à l'empereur, formalité que pouvait plus facilement accomplir l'héritier du trône aussi longtemps qu'il le restait. Dans ces conditions, et pendant plus d'un siècle, le Dauphiné ne fut pas directement incorporé au royaume. Il eut pour princes successifs les héritiers présomptifs du trône de France. La formule était heureuse qui, tout à la fois, ménageait les susceptibilités dauphinoises, facilitait l'intégration sans heurt de la principauté tout en lui faisant perdre, progressivement, ses attaches avec l'Empire. Après plus d'un siècle, ce régime transitoire ayant permis une assimilation suffisante, Louis XI estima que le Dauphiné avait assez perdu ses liens avec l'Empire. Voilà pourquoi il décida, en 1461, son rattachement définitif à la couronne.

Peu de temps après, la réunion de la Provence au royaume devait parfaire l'œuvre de réassociation dans cette région. Bien que jusque-là hors des limites du royaume, elle n'en était pas moins toujours restée très proche de la couronne depuis le XIIIe siècle après que Charles d'Anjou, frère de saint Louis, eut épousé la fille et héritière du dernier comte catalan de Provence. Ces liens familiaux devaient contribuer à faciliter le rattachement quand mourut, en 1480 sans héritier direct, René d'Anjou à la fois comte de Provence et roi de Sicile. L'Anjou, qui était terre d'apanage, revint alors par déshérence à la couronne de France.

Mais il n'en alla pas de même pour la Provence. Les rapports entre Louis XI et René d'Anjou ayant toujours été difficiles, le roi n'avait pu s'opposer à ce que René lègue cette région, par testament, à son neveu Charles du Maine. Ce transfert ne fut que de courte durée puisque Charles meurt en décembre 1481, non sans avoir institué légataire de tous ses biens le roi de France dont il était le cousin germain. Louis XI entra alors immédiatement en possession de la Provence malgré l'opposition formée par le duc de Lorraine, descendant de René d'Anjou. Ainsi le sort du comté resta-t-il indécis pendant tout le règne de Louis XI. Il ne fut définitivement réglé que lorsque Charles VIII décida, par lettres patentes d'octobre 1486, de l'annexer à perpétuité à la couronne de France.

Le retour de la Bourgogne au domaine. — En 1361 mourait le dernier duc de Bourgogne, Philippe de Rouvre, issu d'une famille dont l'origine était capétienne et remontait à un fils de Robert le Pieux. Le duché revint alors à l'héritier le plus proche, Jean le Bon, qui le rétrocéda en apanage à son quatrième fils, Philippe. Il y vit sans doute le moyen de ménager la susceptibilité des Bourguignons et de préparer ainsi, dans des conditions favorables, un retour définitif de la Bourgogne à la couronne. Calcul sans doute judicieux, mais dont l'aboutissement devait se révéler fort long. Philippe ne reçoit définitivement le duché qu'au lendemain de la mort de Jean le Bon, des mains de son frère Charles V qui le fait son lieutenant général en Bourgogne. C'était lui déléguer l'exercice de toutes les prérogatives royales mais, dans la mesure où cette délégation était révocable, elle n'hypothéquait pas l'avenir et n'obligeait nullement les successeurs de Charles V à la reconduire en faveur de Philippe.

De toute manière, l'équilibre était fragile et Philippe ne cessa d'arrondir ses possessions, en particulier grâce à son mariage avec la fille et héritière du comté de Flandre ce qui lui valut, à la mort du comte en 1384, de contrôler non seulement la Flandre, mais aussi l'Artois. Lui-même et ses successeurs s'attachèrent à renforcer cette politique d'extension territoriale. L'acquisition du comté de Bourgogne — la Franche-Comté —, puis la constitution progressive d'une sorte de principauté des Pays-Bas par Philippe le Bon (1419-1467) témoignent de cette volonté politique constante. Mais ce véritable État présentait une grave faiblesse. Géographiquement séparé en deux régions bien distinctes, il était difficile à préserver à partir du moment où la royauté, qui se relevait lentement des difficultés de la guerre de Cent Ans, n'était plus disposée à laisser se développer une puissance bourguignonne toujours plus paralysante dans la politique d'extension que souhaitaient conduire, depuis longtemps, les souverains français en direction de l'est. C'est au moment où Charles le Téméraire tente de réaliser, par la Lorraine, la jonction des deux pôles géographiques de son État que Louis XI décide de frapper un grand coup.

Mort sous les murs de Nancy, à l'issue d'une rude bataille perdue (1477), Charles le Téméraire ne laissait qu'une fille pour héritière, Marie de Bourgogne. Louis XI saisit l'occasion pour demander qu'en l'absence d'héritier mâle, soit appliquée la clause de retour automatique de l'apanage à la couronne. Il s'ensuit un long conflit qui ne devait prendre fin qu'en 1482 à la mort de Marie de Bourgogne qui avait épousé, en 1477, Maximilien d'Autriche. Au lendemain d'âpres négociations, fut réglé l'héritage bourguignon qui appartenait désormais aux deux enfants de Maximilien et de Marie de Bourgogne, Philippe le Beau, futur père de Charles Quint, et Marguerite. La Flandre revenait à Philippe qui contrôlait l'essentiel de la principauté des Pays-Bas, tandis que le traité d'Anvers du 23 décembre 1482 stipulait que Marguerite épouserait le dauphin en lui apportant en dot la Franche-Comté et l'Artois.

Le sort du duché de Bourgogne n'était point évoqué, mais il resta aux mains de Louis XI, tout comme la dot de Marguerite, ainsi que les pays français du groupe bourguignon, tels que le comté d'Auxerre ou la Picardie qu'il avait eu grand soin de faire à nouveau passer sous sa main au lendemain de la mort de Marie. Ainsi était réalisé le démembrement de l'État bourguignon dont l'essentiel — Picardie, Boulonnais, Artois, Bourgogne et Franche-Comté — revenait au roi de France. Mais il trouvait désormais face à lui la puissante maison d'Autriche, bien installée dans les Pays-Bas. Un danger néanmoins avait disparu, celui de la féodalité apanagiste bourguignonne. Restait à conjurer celui que représentait la féodalité des grands princes territoriaux, en Bretagne particulièrement.

Le rattachement de la Bretagne à la couronne. — À l'heure où les souverains français achevaient de donner à l'État naissant un territoire unifié, la Bretagne jusque-là complètement étrangère à l'emprise du pouvoir royal pouvait-elle encore, pendant longtemps, continuer à lui échapper? La mort, en 1488, de François II dernier duc de Bretagne, ouvre une ère nouvelle. Outre qu'elle intervient au terme d'années troublées et fertiles en rebondissements dans ses rapports avec le roi de France, elle incite les parties en présence à de nombreuses tractations. Le duc étant mort sans descendance mâle, le duché revenait à sa fille aînée, Anne, une adolescente de treize ans.

À un moment où le duché suscitait les convoitises les plus vives de plusieurs souverains étrangers, le mariage de la jeune princesse devint un enjeu diplomatique de poids. La Bretagne se trouvant alors en situation de détresse du fait des guerres et de la piraterie endémique, il parut dans un premier temps aux conseillers d'Anne que son mariage avec Maximilien d'Autriche serait la meilleure chance de salut. Le mariage eut effectivement lieu par procuration, mais Maximilien ne put lui apporter l'aide attendue. Des voix s'élevèrent alors pour soutenir que ce mariage, conclu sans l'accord du suzerain, était nul. Tandis que Charles VIII venait d'assiéger Rennes et que son entourage souhaitait depuis longtemps le voir épouser Anne et œuvrait en ce sens, le moment favorable paraissait venu de sceller cette union.

C'est dans ce contexte que Charles VIII épousa la jeune princesse le 6 décembre 1491. Ils se cédèrent mutuellement leurs droits sur la Bretagne et Anne prit l'engagement solennel, au cas où Charles VIII viendrait à mourir sans enfant, de n'épouser en secondes noces que l'héritier de la couronne devenu roi. Charles VIII mort en 1498 et aucun de ses enfants ne lui ayant survécu, elle se remaria aussitôt avec le nouveau roi, Louis XII. Et comme de ce mariage naquit non pas un fils mais une fille, Claude de France, on décida qu'elle devrait obligatoirement se marier avec le successeur de Louis XII qui était François Ier. Alors, le destin se montra plus favorable à la dynastie avec la naissance de Henri, futur Henri II. Avec lui, la Bretagne se trouva de manière définitive rattachée à la couronne de France.

B. La construction du domaine : ébauche d'un espace juridique

Même à la fin du XVe siècle, date à laquelle le roi a réuni à la couronne la presque totalité des fiefs et des principautés, le royaume ne saurait être confondu avec le domaine. Certes, de vastes territoires ont été incorporés au domaine et ils constituent la principale assise juridique des pouvoirs du roi, mais outre qu'ils ne correspondent qu'à une partie du royaume, ils ne sont pas les seuls éléments à composer le domaine qui se présente aussi comme un ensemble de revenus, de prérogatives et de droits.

• *Le domaine, assise territoriale d'un pouvoir direct*

Dans un premier temps, qui se prolonge avec les premiers Capétiens, les termes utilisés pour désigner le domaine, qu'il soit seigneurial ou royal, sont très romains. Reviennent le plus souvent ceux de *villa, fiscus, potestas, aerarium* que supplante lentement celui de *dominium* auquel s'ajoute progressivement le qualificatif de *regalis*, afin de distinguer ce qui est royal de ce qui ne l'est pas. Ou bien encore, pour mieux souligner les rapports spécifiques que le roi entretient avec son domaine, les expressions « propre droit royal », « notre propre terre qui nous appartient », « notre propriété », « choses établies dans notre domaine » deviennent courantes à partir du règne de Philippe Auguste. Puis s'opère, dans le courant du XIIIe siècle, un lent glissement sémantique de *dominium* à *domanium* et domaine. Alors, *dominium* renvoie davantage à « seigneurie » et à l'exercice d'un droit, tandis que *domanium* et domaine sont principalement utilisés pour désigner la terre, le domaine dans son sens le plus matériel, l'assise territoriale du pouvoir.

Mais de quel pouvoir s'agit-il ou, en d'autres termes, quel type de rapports juridiques existe entre le roi et son domaine? À ce propos, la distinction entre domaine et royaume prend tout son sens. La dissociation entre ces deux assises territoriales de la puissance royale constituait un préalable nécessaire à l'affirmation de la souveraineté. Progressivement étendue à l'ensemble du royaume, elle autorise l'exercice de certaines prérogatives qui, si elles ne sont pas exclusives d'un rapport domanial, ne sont pas pour autant obligatoirement liées à un rapport de possession. Ce qui caractérise le domaine par rapport au royaume, c'est qu'il est constitué de biens directement détenus par le roi et qu'il n'y existe pas d'autre seigneur haut-justicier que lui, sauf bien sûr s'il a lui-même concédé l'exercice de la haute justice. Aussi souvent qu'existe cette absence d'interposition sur une terre, elle revêt automatiquement caractère domanial. Ainsi, strictement entendu, le domaine royal est exclusivement formé des domaines royaux parce qu'ils se trouvent directement rattachés à leur titulaire, le roi. Cette situation les oppose radicalement aux fiefs dont le rattachement à la couronne est indirect. Il existe donc deux types de biens, les uns étant tenus *in feodo* et les autres *in domanio*.

Cette distinction entre fief et domaine s'impose dans la plupart des traités de paix depuis le règne de Philippe Auguste. Pareille remarque vaut particulièrement pour ceux de la guerre de Cent Ans. Celui de Londres, le 24 mars 1359, après avoir énuméré l'ensemble des concessions territoriales consenties par Jean le Bon à Édouard III, stipule que les territoires qui sont «tenus en demaine» seront concédés «en demaine» et ceux qui le sont «en fief», le seront «en fief». Il en va de même avec le traité de Brétigny, l'année suivante, à propos de la Guyenne et de la Gascogne, régions dans lesquelles le roi d'Angleterre possédera, désormais, à la place du roi de France, «ce que en demaine en demaine et que en fié en fié».

Pour tout ce qui concerne spécifiquement l'appartenance au domaine royal, l'exigence d'un lien de rattachement direct est toujours précisée avec insistance. L'atteste la prise de possession du comté de Toulouse par Philippe le Hardi à l'occasion de laquelle on distingue, à propos des droits du roi sur ses terres, d'une part celles qui lui appartiennent en propre en tout ou partie et, d'autre part, les châteaux et villes féodales. Il en va de même d'un mandement de Philippe le Bel qui, régissant l'apanage de son frère Louis, demande à ses baillis de Rouen, Gisors et Orléans d'autoriser Louis à exercer la garde des églises autres que cathédrales, aussi bien dans ses domaines que dans ses fiefs et arrière-fiefs. Ainsi, tous les actes royaux distinguent-ils toujours soigneusement entre les biens tenus directement, qu'ils qualifient de «domaine immédiat», et les autres. Voici Jean le Bon qui, énumérant les villes lui appartenant dans le duché de Bourgogne, évoque successivement celles qui sont «en domaine, fief et ressort». Et voilà Louis XI qui, après avoir instauré un bailliage à Auxerre, en établit le ressort non seulement pour toutes les villes du domaine, mais aussi pour celles qui relèvent du «fief et arrière fief» de celui-ci.

L'existence d'une clause expresse d'incorporation constitue le critère le plus sûr d'appartenance au domaine royal d'un bien sis dans le royaume. Mais, pendant longtemps, les actes royaux n'ont que rarement comporté une telle clause. Ceux du XIVe siècle qui mentionnent des acquisitions antérieures, font bien souvent référence à une incorporation, mais elle n'est nullement stipulée au moment où le bien a été acquis. Les premières clauses d'incorporation domaniale apparaissent véritablement sous Philippe le Bel. Elles deviennent systématiques par la suite et se caractérisent, le plus souvent, par l'emploi du terme *domanium*. Il est couramment fait mention de biens retenus à perpétuité «au droit et au domaine» du roi ou, encore «appliqués» au *domanium* royal et enfin «convertis et tournés en propre demayne du roi».

Semblables opérations sont inscrites dans les registres de la Chambre des comptes, mais c'est seulement dans la seconde moitié du XIVe siècle que le terme d'« incorporation » apparaît. Tous ces biens, directement rattachés à la couronne et expressément incorporés, forment le domaine territorial, à l'exclusion des fiefs. Ils ne représentent qu'une partie du royaume. Ils figurent une sorte d'espace juridique sur lequel le roi exerce, sans intermédiaire, un faisceau de droits et de prérogatives.

Dans ces conditions, le domaine apparaît, avant tout, comme un ensemble de biens rattachés à la couronne. Être « demainier » revient, en quelque sorte, à être propriétaire et le terme *domanium* est d'emploi courant, chaque fois qu'il s'agit de désigner quelque chose que l'on possède. Autant de qualifications qui s'appliquent parfaitement au roi et au domaine royal qui lui appartient « tout à plain ». La domanialité peut donc être analysée comme un mode d'exercice de la propriété. Elle s'applique à tous les biens, tous les territoires, sur lesquels le roi dispose de l'essentiel des droits utiles. On retrouve ainsi le critère qui fait de l'absence d'interposition aux prérogatives royales l'élément fondamental de définition du domaine qui postule la négation de tout démembrement juridique dans l'exercice des droits. Voilà pourquoi, afin de bien marquer le caractère exclusif de cette possession, les actes royaux utilisent couramment les expressions de droit domaine, pur domaine, propre domaine ou vrai domaine. Toutes visent à préserver, pour le roi, un droit de libre disposition sur l'ensemble de ses terres domaniales, droit qui ne saurait être appliqué ni aux fiefs, ni aux apanages qui sont la forme la plus exclusive de la qualification domaniale. Il en va de même pour les villes auxquelles le roi a concédé des droits d'administration et de haute justice. Elles peuvent alors fort bien demeurer dans le *dominium* royal, mais ne font plus partie du *domanium*.

Parallèlement au critère d'exercice direct par le roi de tous ses droits sur les terres faisant partie intégrante du domaine, il en est deux autres qui déterminent l'appartenance de certains biens au domaine royal. Il s'agit d'abord de la domanialité par ancienneté. Elle concerne l'ensemble des biens qui composaient le patrimoine des premiers Capétiens. Les actes royaux les qualifient de *bona de antiquo dominico*, de *terra regis*, de *antiquum domanium corone*, ou d'« ancien domaine du roi » dans lequel entraient, principalement, des villes d'Ile-de-France et certaines abbayes de fondation royale. En raison de leur ancienneté, l'ensemble de ces possessions se distingue nettement de ce que des textes plus tardifs, à partir du XVIe siècle, qualifient de domaine casuel par opposition au domaine fixe. Pour l'heure, la royauté prend simplement grand soin de les isoler de ce qui est « advenu et échu » au domaine sous le règne du roi régnant, ou même celui de ses prédécesseurs immédiats.

Le second critère complémentaire constitutif de domanialité réside dans la notion de domanialité par nature. Dès la seconde moitié du XIVe siècle, plusieurs ordonnances et arrêts du Parlement mentionnent expressément l'existence de biens ayant « nature et condition de domaine royal ». Il s'agit le plus souvent de biens qui, ayant à un moment ou à un autre fait partie intégrante du domaine, en ont été distraits. L'avantage d'un tel critère était d'assurer, de manière permanente et une fois pour toutes, le caractère domanial à un bien et de pouvoir ainsi toujours le réincorporer au domaine s'il en avait été séparé. Il était ainsi assuré que les biens aliénés resteraient des biens domaniaux, quels que soient les démembrements dont le domaine pouvait être l'objet et qui, en l'absence d'un critère de domanialité par nature, auraient pu leur faire perdre leur qualification domaniale originelle. Il en va de même de l'ensemble des éléments incorporels qui constituent la seconde grande composante du domaine.

• *Le domaine, ensemble de prérogatives, de droits et de revenus*

Productif de revenus, le domaine apparaît comme le véritable fisc du roi. Principale assise d'exercice des prérogatives royales, il figure un domaine éminent qui annonce le domaine public.

Le fisc du roi

Vu sous cet angle, est domanial tout ce dont le roi peut tirer profit, à l'exception des ressources extraordinaires. Des droits extrêmement variés composent le patrimoine royal, ce qui rend très difficile toute tentative de classification. Affermés ou non, les revenus domaniaux sont soumis à un classement assez sommaire qui distingue recettes fixes ou immuables et recettes variables ou muables.

Les recettes fixes comprennent les droits et les revenus versés au roi de manière perpétuelle, qu'il s'agisse de revenus en nature ou de rentes assises sur des terres du domaine que le roi gère, par l'intermédiaire de ses agents, comme le ferait un simple propriétaire. Ces biens de peu de valeur, le plus souvent éloignés des grands ensembles domaniaux, ne paraissent pas avoir constitué, au Moyen Âge, une catégorie domaniale particulière. Qualifiés plus tard de petits domaines de la couronne, ils sont généralement donnés à ferme de manière perpétuelle. Font aussi partie intégrante des recettes fixes les produits de certaines fermes, en particulier pour les moulins et les péages, tout comme les revenus de certains offices locaux — sergenteries, chatellenies ou prévôtés — qui sont également donnés à ferme.

Les rentes muables englobent aussi des revenus provenant de l'affermage de certaines parties du domaine. Il s'agit, dans ce cas, de contrats conclus pour une courte durée, de un à trois ans au maximum, ce qui entraîne une variation constante des fermages qui sont en général de faible rapport. Voilà qui permet de comprendre pourquoi ces recettes muables ont, pour l'essentiel, d'autres sources. Produits des sceaux et écritures, droits versés pour l'authentification des contrats, produit de la garde des mineurs nobles, amendes, exploits de justice, droits perçus sur les biens et marchés, lods et ventes fournissent à cet ensemble ses revenus les plus importants. À tout cela s'ajoute une multitude de droits correspondant à l'exercice des prérogatives royales comparables à celles des seigneurs haut-justiciers que la royauté s'efforce de récupérer et de confisquer à son profit, qu'il s'agisse du droit d'aubaine et des droits féodaux de mutation. Droit de quint et droit de relief en sont les meilleurs exemples. Tous ces droits, expressément qualifiés de « domaine des fiefs », sont soumis à des enquêtes régulières afin de connaître l'état exact des aliénations de fief et des services dus au roi. Il convient d'éviter « la perdition des droits seigneuriaux » et de faire en sorte que le domaine seigneurial du roi se trouve sans cesse élargi, en particulier chaque fois qu'il acquiert une seigneurie ou qu'un apanage fait retour à la couronne. À côté de ces droits et prérogatives que tout seigneur justicier est susceptible de posséder, il en est d'autres qui sont spécifiques à la monarchie. Ils donnent progressivement structure au domaine éminent.

Du domaine éminent au domaine public

Il est constitué d'un faisceau de droits et de prérogatives royales qui se sont progressivement affirmés parce que la monarchie a su faire triompher l'idée qu'étant le principal dépositaire de l'utilité publique et du bien commun, elle se trouvait traditionnellement investie de la mission de protéger et de sauvegarder tous les biens qui, par leur nature, étaient liés à l'utilité commune. Pour cette seule raison, leur affectation est apparue de plus en plus incompatible avec toute appropriation privée. En conséquence, les juristes royaux ont estimé que c'était au roi que devait revenir le droit de réglementer l'affectation de tels biens considérés comme publics par leur usage. Pour l'heure, la royauté n'en revendique nullement la propriété, principe qui sera seulement et lentement reconnu à partir du XVIe siècle.

Il en va ainsi, tout d'abord, des fleuves et rivières navigables. Même si l'ensemble du droit coutumier en attribue la police aux seigneurs dans leurs seigneuries, le pouvoir du roi était apparu en ce secteur, dès la fin du XIe siècle, comme un concurrent redoutable. Raisons économiques et abus commis par les particuliers conduisent la royauté à faire rapidement usage de son pouvoir de police afin d'assurer la liberté et la sécurité de la navigation. Les ordonnances royales se multiplient, tout au long des XIVe et XVe siècles, qui réglementent aussi bien la pêche que la liberté de circulation sur les fleuves et rivières navigables, faisant ainsi du roi non pas un propriétaire, mais l'autorité investie des pouvoirs de juridiction et de police sur ces voies d'eau dont l'utilité publique est solennellement reconnue et proclamée.

Pour les voies de communication autres que fluviales, le roi ne porte guère atteinte aux droits des seigneurs avant la fin du XIVe siècle. Jusqu'à cette date, la plupart des haut-justiciers exercent toutes leurs prérogatives en matière de police et de justice sur les grands chemins. C'est alors que commence à se préciser la notion de chemin royal de plus en plus systématiquement appliquée à toutes les voies par lesquelles on va de cité à cité, ou jusqu'à un château royal. Le roi y exerce seul la justice, mais cela ne suffit pas pour leur faire acquérir la qualification de commun ou de public qui résulte, essentiellement, de l'usage qui en est fait, c'est-à-dire l'affectation à l'usage de tous. Voilà qui laisse à penser que la notion de chemin public est plus large que celle de chemin royal et que, dans aucune de ces hypothèses, un quelconque droit de propriété n'existe au profit du roi. Il en va de même des péages situés sur ces voies, tout comme des rivages de la mer et des mines. Autant de secteurs dans lesquels les droits des seigneurs sont de plus en plus contestés, même si ce n'est jamais pour leur substituer un droit de propriété du roi, mais faire simplement reconnaître les prérogatives éminentes de la monarchie sur les composantes d'un domaine dont le caractère public ne cesse de s'affirmer.

Cette évolution est considérablement facilitée par l'émergence, puis l'affirmation de la notion de couronne. Si on peut parler de domaine public à partir de la seconde moitié du XIIIe siècle, c'est beaucoup moins en raison de la nature des biens qui le composent que parce que ces biens sont attribués à la couronne. Symbole de l'État personnifié par le roi, elle devient progressivement une entité autonome à laquelle sont rattachés des personnes, des droits et des biens. C'est dans ce contexte qu'apparaît, au plus tard en 1319, l'expression « patrimoine de la couronne de France » puis, au moins en 1343, celle de « domaine de la couronne de France ». Autant de formules qui visent à distinguer, du domaine propre du roi, un ensemble de biens publics composant le domaine de la couronne ou de l'État. Il y a donc désormais attribution nominative d'un domaine à la couronne, situation qui amorce la distinction entre domaine privé du prince et domaine de l'État. Elle s'affirme avec beaucoup de vigueur dès 1361, quand Jean le Bon réunit à la couronne le duché de Bourgogne. Il le reçoit par succession ordinaire et « droit de proximité », donc en tant que bien privé, mais l'incorpore au domaine de la couronne afin de renforcer l'assise territoriale de l'État. Pareille destinée fut réservée aux comtés de Champagne et de Toulouse. Possédés «de plein droit» par le roi, ils sont «donnés» à la couronne. Bien d'autres exemples pourraient être cités qui vont dans le même sens, pour une longue liste de villes en particulier, que les souverains successifs rattachent au domaine de la couronne, après les avoir retenues dans leur patrimoine propre.

Ainsi, à partir de la seconde moitié du XIVe siècle, la réunion par le roi au domaine de la couronne de biens tenus avant l'accession au trône semble-t-elle être devenue la règle tandis que subsiste, pendant tout le règne, un patrimoine privé du prince composé des biens qu'il acquiert à titre privé. Alors s'affirme lentement la nature publique du domaine de l'État. Attribué à la couronne, il est en quelque sorte placé sous la sauvegarde de cette entité qui dépasse le roi dont le patrimoine privé ne saurait se confondre avec cet ensemble de biens destinés à subvenir aux besoins de l'État. Pareille destination justifiait qu'ils fussent soumis à un statut particulier.

• *L'élaboration de règles protectrices du domaine de la couronne*

Reconnaître un caractère public au domaine de la couronne revenait à soumettre les biens, droits et prérogatives qui le composaient, à un statut particulier. Dominé par l'idée de protection, il prend d'abord corps dans la doctrine savante. Elle façonne avec autant de prudence que de rigueur la double règle d'inaliénabilité et d'imprescriptibilité que reprennent, non sans timidité, législation et jurisprudence.

La genèse doctrinale du triple principe d'inaliénabilité, d'indisponibilité et d'imprescriptibilité

Au Décret de Gratien qui pose de nombreuses règles protectrices du patrimoine ecclésiastique, font écho ses premiers commentateurs qui insistent sur l'impossibilité de principe d'aliéner, en dehors de certains cas précis, les biens de l'Église. Dès le XIe siècle déjà, il était exigé des évêques qu'ils prêtent serment, au moment de leur entrée en fonction, de ne pas aliéner les biens de leur diocèse. À la suite de cette réglementation, le pape Innocent III (1198-1216) rappelle plusieurs fois à leurs obligations certains évêques qui ne respectaient point leur serment et violaient ainsi ouvertement les dispositions les plus élémentaires du droit canonique en aliénant certains éléments du patrimoine ecclésiastique qui, à l'instar des *res publicae* du droit romain, étaient devenus des biens inaliénables.

Pareille obligation fut rapidement imposée aux princes laïques, et l'Église veilla à son respect comme en témoignent les positions que prirent le pape Honorius III (1216-1227) et les canonistes qui l'entouraient à la suite d'aliénations abusives qu'avait consenties le roi de Hongrie, Henri II, sur les biens du domaine de la couronne. Le pape lui reproche, dans une lettre, qu'en agissant ainsi il abuse des prérogatives de sa fonction, de son *honor*, et qu'il ne respecte point la promesse prononcée à l'occasion du sacre de maintenir dans son intégrité le royaume, ses biens et ses droits. Intégrée par la suite aux Décrétales de Grégoire IX, cette lettre s'impose comme le principal point d'ancrage de toutes les réflexions sur l'inaliénabilité du domaine dont elle finit par constituer un véritable fondement.

Abondamment commentée, elle permet à partir du pontificat d'Innocent IV (1243-1254) l'élaboration d'une véritable doctrine de l'inaliénabilité. Constatant qu'il serait abusif d'interdire toute aliénation, Innocent IV précise que la Décrétale ne vise que celles qui lèsent gravement (*graviter*) la fonction royale. Par la suite, la doctrine s'accorde pour reconnaître qu'est valide une aliénation qui ne porte que sur un élément domanial modique sans affecter les droits éminents, les *regalia*, et sans constituer une menace pour l'intégrité de l'État. En conséquence, doit être systématiquement condamnée toute aliénation qui lèse *graviter* ou *enormiter* la couronne, la *dignitas* royale et l'honneur du roi. La pensée de Balde cristallise en quelque sorte cette évolution. Il voit dans la lettre d'Honorius III un texte à portée universelle, établit une parité entre droits du royaume et honneur de la couronne, en précisant que tous les rois doivent jurer au moment du sacre, de conserver les droits de leur royaume et l'honneur de la couronne. Telle était bien l'opinion dominante dans la seconde moitié du XIVe siècle.

À côté de ces commentaires fondés sur des textes canoniques, la genèse du principe d'inaliénabilité résulte d'une réflexion plus vaste. Elle a pour base la *Donation de Constantin* que de nombreux juristes considèrent comme contraire à la règle d'inaliénabilité. Partant de ce texte, ils dégagent les principes selon lesquels doit être régi le domaine. Constatant que le souverain n'en est pas maître, mais simple administrateur avec mission de gouvernement et de gestion, ils en déduisent que l'ensemble des biens et droits qui font partie intégrante du domaine sont indisponibles. Qualifié d'*augustus* à l'image de l'empereur, le roi ne peut qu'augmenter (*augere*) le domaine, et en aucun cas le diminuer.

Cette réflexion séculaire des civilistes aboutit, en France, à une mise en forme systématique dans les écrits de Philippe de Mézières et de Jean de Terrevermeille, puis de Jean Juvénal des Ursins. Parce que le roi ne tient pas le royaume par droit héréditaire, mais du fait de sa fonction, tous les biens qui sont soumis à son administration, tout comme les prérogatives et droits dont il dispose, sont indisponibles. Autant de constatations qui visaient à dénier tout caractère patrimonial au pouvoir du roi et à faire triompher l'idée d'après laquelle ce même pouvoir devait être aussi indisponible que les biens qui lui étaient soumis. À une exception près cependant. Au cas où les sujets concernés par une aliénation donnent de plein gré leur approbation, alors ils la rendent possible.

Inaliénable, indisponible, le domaine est aussi analysé par la doctrine comme un ensemble imprescriptible. Les principes romains fournissent les premiers fondements de cette règle. Les biens *in usu publico* y étaient imprescriptibles, tandis que les biens fiscaux s'y prescrivaient par quarante ans. Ces données dominent incontestablement la genèse de l'imprescriptibilité médiévale du domaine public, mais les théoriciens la construisent davantage, en fait, autour de l'idée suivant laquelle on ne saurait prescrire contre la souveraineté du prince et la sujétion qu'il impose à tous ceux qui dépendent de lui. Puisque les choses qui sont *in usu publico* se trouvent placées sous la souveraineté du roi, elles ne sauraient davantage que cette même souveraineté être prescrites. Il en résulte une sorte d'indisponibilité politique fondée à la fois sur la nature de la fonction qu'exerce le prince et les obligations qu'il contracte au moment du sacre. Inaliénable, imprescriptible et indisponible pour les théoriciens, le domaine le fut-il aussi dans la pratique?

La timide consécration législative et jurisprudentielle

La royauté ne reste pas insensible à l'évolution doctrinale mais, tout au long des XIVe et XVe siècles, elle prend davantage en compte les règles nouvelles pour procéder à des révocations d'aliénation que pour interdire la libre disposition des biens domaniaux. C'est surtout grâce à l'action vigilante des États, des parlements et de la Chambre des comptes que les nouveaux principes s'inscrivent lentement dans les faits. Instance suprême pour les litiges relatifs aux droits royaux, le Parlement, puis à partir de la seconde moitié du XVe siècle les parlements, veillent à la préservation du domaine, même s'ils ne s'opposent souvent que timidement aux actes d'aliénation. De son côté, la Chambre des comptes qui a mission de vérifier l'ensemble des actes portant aliénation du domaine dispose ainsi d'un important pouvoir de contrôle préalable. L'action cumulée de ces différentes institutions, liée aux révocations répétées auxquelles procède la monarchie, fait que la règle d'inaliénabilité s'inscrit lentement dans les faits. Ce cheminement difficile s'opère en trois temps.

1) *Avec Philippe V, d'abord.* Sous son règne, la royauté se trouve dans une situation difficile. Les dépenses engagées par Philippe le Bel avaient été considérables. Contraint de multiplier les impôts, il avait mécontenté ses sujets. Puis Louis X, poussé à faire des concessions dangereuses, les réalise aux dépens du domaine. Voilà pourquoi Philippe V se sent obligé de réagir vigoureusement contre ces pratiques de dilapidation.

Par une série d'ordonnances, au moins six qui s'étalent de 1316 à 1319, il procède à une série de constatations et pose des principes nouveaux, mais sans jamais affirmer clairement la règle d'inaliénabilité. Il reconnaît que des aliénations excessives et sans cause fondée ont eu lieu dans le passé et que lui-même y a procédé. Il précise aussi la manière dont elles ont été consenties, soit à titre perpétuel — cessions de territoires à l'étranger ou à de simples particuliers —, soit à titre temporaire, le plus souvent au profit de grands seigneurs. Il prend enfin une série de mesures propres à favoriser la reconstitution d'un domaine menacé. Il déclare d'abord (ordonnance du 19 juillet 1319) révocables toutes les aliénations faites depuis le règne de saint Louis, puis prononce la mise immédiate entre les mains du roi des différents dons mobiliers et immobiliers qui ont pu être consentis. Pour faciliter toutes ces opérations, il est stipulé que les profits casuels, tels que les droits de quint ou d'amortissement, devront être affectés au rachat des rentes antérieurement consenties.

Il y avait là une tentative louable, mais très difficile, pour revenir sur le passé. Elle s'accompagnait de toute une réglementation destinée à contrôler les aliénations non interdites, ce qui prouve à quel point on était encore loin de proclamer le principe d'inaliénabilité. La règle fondamentale est désormais posée d'après laquelle aucune donation ou aliénation ne devra être faite par le roi sans intervention et contrôle du Conseil, du chancelier dont le devoir est de ne sceller aucune lettre contraire aux intérêts du royaume, du Parlement qui ne saurait enregistrer une ordonnance portant aliénation excessive, ni surtout de la Chambre des comptes qui devait minutieusement contrôler le contenu de la décision d'aliénation et en apprécier les incidences financières.

Toute cette législation témoigne d'une prise de conscience et d'un effort méritoire. Mais les habitudes anciennes étaient trop solidement enracinées pour qu'elle fût immédiatement suivie d'effets sensibles.

2) *Avec Jean le Bon et Charles V, ensuite.* Un pas très important est franchi sous ces deux règnes, tout au moins au niveau de la théorie et des principes. Dès le règne de Philippe VI, une évolution importante s'amorce. À la suite de graves conflits entre les juridictions royales et les officialités, le souverain convoque, en 1329 à Vincennes, une grande assemblée composée de prélats, de barons et de membres du Parlement. Cette réunion, connue sous le nom d'Assemblée de Vincennes, avait pour mission essentielle de suggérer des solutions aux conflits en cours. Chargé de

répondre au porte-parole du clergé, Pierre de Cugnières, premier président du Parlement, soutient que les interventions trop nombreuses des officialités dans les affaires temporelles violent la distinction des deux pouvoirs et que le roi, lui-même, ne peut renoncer aux prérogatives de sa justice ou à celles de ses tribunaux. S'il le faisait, il amoindrirait ses droits et, en conséquence, son domaine qui est par nature inaliénable. Nul doute que cette argumentation ait pu avoir une influence considérable sur l'évolution de la législation en matière domaniale et le comportement des souverains.

On a pendant longtemps admis que Charles V a été le premier roi à introduire, dans le serment du sacre, une clause visant l'inaliénabilité du domaine de la couronne. Elle est sans doute en réalité un peu antérieure. Jean le Bon déjà semble bien avoir juré de ne pas aliéner le domaine. La preuve en réside dans le fait que, pour rendre possible l'application du traité de Calais (1360), le pape Innocent VI délie le roi de France de son serment de ne pas aliéner. Et c'est bien Jean le Bon lui-même qui a voulu que Charles V jure aussi une telle clause. Quand il ordonne, en 1361, que les duchés de Normandie et de Bourgogne, les comtés de Champagne et de Toulouse soient réunis au domaine, il demande avec insistance qu'après sa mort, son fils aîné, appelé à lui succéder, s'engage à « prêter, au moment où il sera couronné, le serment de ne jamais créer de division ou de séparation des provinces ainsi jointes et unies ».

Charles V exécute la volonté de son père et introduit dans la promesse du sacre la clause suivante : « Je conserverai inviolablement la supériorité, les droits et prérogatives de la couronne de France et jamais je ne les aliénerai, ni ne les céderai. » À partir de ce moment-là, elle devient une clause de style définitivement intégrée à la promesse. Depuis longtemps déjà, Charles V avait été poussé dans cette voie. Encore dauphin et lieutenant général du royaume, les États généraux de 1357 lui avaient imposé interdiction d'aliéner. Puis, peu de temps après, devenu roi, lui-même et ses juristes expliquent que les clauses du traité de Brétigny (1360) ne peuvent être totalement honorées car il ne saurait être question pour la royauté d'abandonner une partie de sa souveraineté et de ses droits régaliens sur les territoires cédés. Ces *jura regalia* faisant partie intégrante du domaine ne peuvent, en conséquence, être aliénés.

Dans ces conditions, couronne et domaine sont intimement liés, le roi n'en est plus que l'usufruitier et l'administrateur. Il n'a, sur cet ensemble, aucun droit de libre disposition. Au même moment, cette règle est aussi régulièrement mise en avant par la doctrine. *Le Songe du Vergier*, parfait reflet des positions royales, affirme sans aucun doute possible qu'il existe toute une série de droits domaniaux inaliénables. Et son auteur d'écrire : « Au roi seul et pour le tout appartient souveraineté et dernier ressort dans le royaume... il ne peut cette souveraineté donner, transporter ou autrement aliéner, car cette souveraineté et dernier ressort sont si forts et par telle manière conjoints et annexés à la couronne qu'ils ne peuvent en être séparés. »

Intangibilité et inaliénabilité de tout ce qui constituait le domaine de la couronne tendaient à devenir deux principes fondamentaux que la législation royale n'allait pas tarder à consacrer, au moins indirectement.

3) *Avec Charles VI et Charles VII, enfin.* La législation, plus précise et plus riche, veille de mieux en mieux à l'application du principe d'inaliénabilité. Les dispositions sont nombreuses qui vont en ce sens sous le règne de Charles VI. Par une ordonnance de 1388, il s'engage à ne faire aucune aliénation de son domaine et confirme, en 1407, cette promesse, toujours dans le cadre d'un texte législatif. L'ordonnance cabochienne reprend en 1413 de nombreuses dispositions qui vont dans le sens de l'inaliénabilité. Toute donation ou aliénation que le roi pourrait faire du domaine est déclarée nulle.

Puis en 1425, Charles VII, après avoir révoqué diverses aliénations faites antérieurement, s'interdit de procéder à de nouvelles pour l'avenir. Et surtout, voulant donner à ce texte portée particulière, il le qualifie de « loi ou constitution générale ». Il y avait là volonté manifeste de bien montrer que cet ensemble normatif, réglementant une matière importante, devait avoir une valeur supérieure, « constitutionnelle » presque en raison des principes fondamentaux qu'il consacrait. Tous les souverains successifs légifèrent dans le même sens, que ce soient Charles VIII et Louis XII, mais sans jamais exprimer avec netteté et rigueur le principe d'inaliénabilité. Il faut, pour en arriver là, attendre la doctrine et la législation du XVIe siècle.

À la fin du Moyen Âge, le principe d'inaliénabilité du domaine, exprimé dans la doctrine, transparaît dans la législation, sans y être officiellement consacré. Tous les rois des XIVe et XVe siècles y ont vu une règle fondamentale qui devait s'imposer aussi vigoureusement qu'une norme constitutionnelle. Mais la pratique séculaire était trop forte pour que ne s'interposent pas des exceptions qui allaient en retarder l'expression. Combinées à d'autres éléments, elles risquaient de menacer une unité à grand-peine reconstruite.

3. *La cohésion menacée*

Né des ruines du système féodal, de la lente dépatrimonialisation du pouvoir et de l'échec des autonomies provinciales, ce vaste ensemble territorial à grand-peine réunifié autour du domaine de la couronne portait trop les traces de ses origines pour qu'elles s'estompent aussitôt. L'idée tenace d'un prince qui pouvait toujours disposer librement de son domaine contrarie l'affirmation du principe naissant d'inaliénabilité pour s'inscrire dans le droit des apanages et des engagements qui constitue une entrave à l'œuvre de réunification, même si la pratique se veut souvent stratégie d'intégration. Suivant l'exemple des princes apanagistes dont on a pu dire qu'ils façonnaient, en cette fin du Moyen Âge, une nouvelle féodalité, féodaux et principautés s'arc-boutent sur leurs anciens privilèges pour en réclamer reconnaissance.

A. Le droit des apanages et des engagements

• *La constitution d'apanages : un frein à la réunification*

La famille royale s'organise à l'image des lignages aristocratiques et emprunte de nombreux usages à leur droit successoral. S'inspirant du droit féodal qui réserve château principal et seigneurie à l'aîné, le droit royal fait du premier-né l'héritier obligé de la couronne, tandis que les puînés reçoivent, à l'instar des cadets des familles aristocratiques dotés d'un manoir et de terres de moindre valeur, des dotations foncières distraites des biens de la couronne. Par cette pratique qui s'enracine à partir du moment où cesse l'association au trône, les souverains voulaient donner à leurs puînés les moyens de « tenir leur estas » de fils de France, sans plus. Il s'agissait, à l'origine, d'une simple dotation *ad panem* qui, strictement conçue, n'avait d'autre objet que d'assurer à son bénéficiaire son « pain quotidien ». Expression imagée sans doute, mais qui traduit assez bien quel était, au départ, l'esprit de cette institution pour la première fois qualifiée d'apanage en 1316. Toujours prélevées sur le domaine, ces dotations conduisent les souverains à constamment violer la règle d'inaliénabilité qu'ils s'efforçaient pourtant de faire triompher. Dotés d'un apanage, les fils puînés devenus princes apanagistes contrôlent des fiefs souvent importants, situation qui les autorise à jouer un rôle de premier plan sur l'échiquier politique du royaume.

Déjà Louis VIII avait, dans son testament, constitué de vastes apanages à ses fils « de telle sorte que la discorde ne puisse naître entre eux ». Le deuxième, Robert, avait reçu l'Artois. À Alphonse, le troisième, étaient revenus le Poitou et l'Auvergne, tandis que le quatrième, Charles, était doté de l'Anjou et du Maine. Saint Louis, conscient du danger de ces graves amputations territoriales, se montre plus parcimonieux à l'égard de ses fils qu'il dote moins richement. Voilà sans doute pourquoi, afin d'éviter toute tension, il conseille dans ses *Enseignements* au futur Philippe III « Aime tes frères et veuille toujours leur bien et leur avancement » tandis qu'il réserve le Valois pour Jean, le Perche et Alençon pour Pierre, le comté de Clermont-en-Beauvaisis pour Robert, ancêtre de la maison de Bourbon par son mariage, en 1272, avec Béatrice, héritière de la baronnie de Bourbon. Ces apanages, beaucoup moins lourds que les précédents, manifestation évidente d'une volonté d'assurer au domaine cohésion et permanence, présentent d'autant moins d'inconvénients que les deux premiers retournent très vite à la couronne. Philippe III s'inscrit dans la ligne de ses prédécesseurs en donnant à nouveau le Valois à son fils Charles, ancêtre de la branche des Valois. Et Philippe le Bel prend le même parti quand il dote ses deux fils puînés, Philippe, du Poitou et Charles, de la Marche. Fort heureusement, ces deux apanages font rapidement retour à la couronne puisque Philippe et Charles sont tous deux successivement appelés à régner.

Dans ces conditions, les apanages constitués par les Capétiens directs n'ont jamais représenté un trop grave danger pour la cohésion du domaine. Néanmoins, même si leur ampleur fut souvent celle d'un risque calculé et si de nombreux et heureux hasards facilitèrent leur retour, une fâcheuse habitude était prise. Elle conduisit les Capétiens à agir davantage en pères de famille soucieux de doter leurs enfants qu'en souverains investis de la mission de restaurer l'État et d'en assurer la continuité. Viennent quelques revers de fortune ou des événements moins favorables au retour des apanages à la couronne, alors l'assise de l'État se trouve à nouveau ébranlée.

Ces temps moins fastes arrivent à partir du milieu du XIVe siècle, qui font pour longtemps échapper à la couronne des provinces dont le rôle politique et stratégique était de premier plan. Telles sont les conséquences des apanages que Jean le Bon consent à ses trois plus jeunes fils. Dès 1356, il donne l'Anjou, le Maine et la Touraine à Louis, tandis que Jean reçoit le Poitou et le Mâconnais. Mais, en application du traité de Calais de 1360, Jean doit rétrocéder le Poitou, ce qui lui vaut d'obtenir en compensation le Berry et l'Auvergne. Peu de temps après, Louis se voit contraint d'abandonner la Touraine à son jeune frère Philippe qui la restitue à la couronne quand, en 1363, Jean le Bon l'investit de la Bourgogne. Jusque-là, les risques étaient limités puisque soin avait été pris d'insérer dans l'acte de constitution de 1360 la clause de retour à la couronne à défaut d'héritier mâle.

Tout différent fut le sort de la Bourgogne. Sans doute parce que Philippe avait veillé avec beaucoup de soin sur son père au moment de la défaite de Poitiers en 1356 et que, pour cette raison, le roi lui vouait une affection toute particulière, cet apanage lui fut confié de manière plus durable. Certes, le retour à défaut d'héritier était bien prévu, mais sans distinction de sexe. Ainsi les risques d'éloigner la date de ce retour à la couronne se faisaient plus précis pour ce vaste territoire qui accédait, pratiquement, au statut de principauté indépendante. Avec Jean le Bon se clôt l'ère des grands apanages.

Si Charles V accroît encore celui de ses frères, il se montre très prudent à l'égard de son fils cadet Louis en ne lui donnant que le comté de Valois en 1375, dotation assortie d'une rente de 12 000 livres à assigner sur des terres, avec le titre de comte. Après lui, la pratique ne cesse de se restreindre, mais n'en subsiste pas moins jusqu'à la fin du Moyen Âge comme l'atteste, entre autres, l'apanage de Berry consenti par Charles VII à son dernier fils Charles de France, qui n'en est officiellement investi qu'en 1461 par son frère Louis XI.

Ainsi, tout au long du XVe siècle, les apanages étaient-ils devenus à la fois plus rares, de dimension mesurée et, surtout, leur localisation avait été mieux étudiée pour qu'ils ne menacent plus vraiment l'intégrité territoriale du royaume. Néanmoins, malgré cette prudence et le retour des plus importants à la couronne à la fin du Moyen Âge, ils ont pendant plus de trois siècles considérablement ralenti la politique de restauration de l'assise territoriale de l'État. À un moindre degré, les engagements l'ont aussi menacée.

• *Le recours aux engagements : une immobilisation temporaire de biens domaniaux*

Strictement défini, l'engagement est une technique juridique qui permet au roi de remettre en gage un bien domanial, qu'il s'agisse d'une terre, d'un droit ou d'une fonction, entre les mains d'un de ses créanciers qualifié d'engagiste. Tout au long des deux derniers siècles du Moyen Âge, la pratique des engagements s'enracine sans correspondre toujours à une réalité aussi rigide dans la mesure où trois situations bien différentes peuvent se présenter.

La première recouvre les engagements matrimoniaux qui correspondent, le plus souvent, à des aliénations détournées. Les exemples sont nombreux, de Philippe VI à Louis XI, qui permettent d'en saisir les mécanismes. De grosses sommes sont toujours en jeu à l'occasion du mariage d'un membre de la famille royale. Qu'elles constituent l'assiette de la dot d'une fille de France, ou qu'elles soient promises à son prétendant en vue de l'inciter à sceller l'union, il arrive souvent qu'elles ne soient pas immédiatement versées. En vue de garantir ce versement, il n'est pas rare que le souverain remette « en gaiges et pour seureté » un bien ou un droit qu'il distrait pour un temps du domaine, opération qui pouvait conduire, en cas de non-paiement de la somme promise, à une véritable aliénation.

La seconde catégorie d'opérations recouvre les engagements-sûretés. En attendant le règlement d'une assignation qu'il ne peut immédiatement réaliser, le roi remet à l'assignataire, à titre de « gage seureté » et de manière temporaire, un ou plusieurs biens domaniaux. Pareille opération, qui garantit la cession à venir, permet en même temps d'assurer des intérêts aux créanciers du roi. Ces engagements, déjà largement pratiqués dès le règne de Philippe le Bel, se heurtent constamment au principe naissant de l'inaliénabilité. Nul doute aussi qu'ils interpellent la conscience de Louis XI quand il les accepte « nonobstant les ordonnances faictes ou à faire » de ne pas donner, aliéner ou engager une quelconque partie du domaine.

Mais c'est le poids de la guerre et les contraintes financières qu'elle impose à partir du règne de Philippe VI qui devaient donner naissance à une troisième forme d'engagement à la fois plus lourde pour le domaine et plus contraignante pour le roi. Il ne s'agit plus désormais de garantir une cession à venir, mais simplement d'obtenir des créanciers éventuels du roi des sommes importantes en vue de financer des opérations militaires. Le remboursement de ces sommes par la royauté est toujours garanti par la remise effective au créancier d'un bien ou d'un droit domanial de valeur à peu près équivalente, remise qui peut devenir aliénation pure et simple dans l'hypothèse où le remboursement n'intervient pas. S'il est difficile d'évaluer l'ampleur de ces engagements, la longue liste d'ordonnances qui en interdisent ou en restreignent la pratique laisse à penser qu'ils ont été à la fois nombreux et importants tout au long des deux derniers siècles du Moyen Âge.

• *La pratique des apanages : une stratégie d'intégration ?*

Même s'ils s'inscrivent dans le droit fil des traditions féodales, c'est à une féodalité nouvelle que les apanages donnent naissance. Parce qu'ils sont des fiefs d'un nouveau genre, ils permettent de concilier deux exigences contradictoires : doter les puînés en terres, tout en maintenant l'unité du pouvoir au profit de l'aîné. Plus s'enracine la pratique, plus elle répond à ce second objectif. L'atteste une triple évolution.

a) *À un moment* où se précisaient avec force les notions de royaume et de domaine et où commençait à poindre la règle d'inaliénabilité des biens de la couronne, il convenait de faire en sorte qu'elle ne soit pas en permanence remise en cause. Voilà pourquoi fut progressivement introduite, dans toute constitution d'apanage, une clause de réversion stipulant qu'en cas d'absence d'héritier direct à la mort de l'apanagiste, l'apanage devrait obligatoirement faire retour à la couronne. Les dispositions arrêtées par Louis VIII dans son testament en 1225 sont encore imprécises et limitées au seul apanage de Robert.

C'est en réalité le Parlement, d'abord en 1258 puis surtout en 1284, qui donne à cette pratique ses contours définitifs. En 1284, alors que Charles d'Anjou, frère d'Alphonse de Poitiers, réclamait une part de son apanage, le Parlement rejette catégoriquement les prétentions du requérant et pose, comme règle d'application désormais obligatoire, le principe de réversion à la couronne chaque fois que l'apanagiste meurt « sans hoirs de son corps ». Cet arrêt marquait un net progrès mais n'opérait encore aucune distinction entre succession masculine et succession féminine. Il faut attendre 1314 pour qu'apparaisse la clause limitant aux seuls héritiers directs mâles le droit de succéder aux apanages qui, en toute autre hypothèse, doivent obligatoirement faire retour à la couronne.

Cette année-là, l'acte de constitution de l'apanage de Poitiers au bénéfice de Philippe — fils puîné de Philippe le Bel et futur Philippe V — multiplie les garanties afin d'éviter que « le comté fût en main de femelle ». Et si cela risquait d'arriver, il conviendrait de tout faire pour qu'il « retourne à notre successeur roi de France et soit rejoint au domaine du royaume ». Cette disposition rigoureuse s'explique peut-être en partie par l'inconduite des brus de Philippe le Bel qui avait jeté un doute certain sur la légitimité de leurs filles, mais sans doute aussi surtout parce que, exclues de la succession à la couronne, on voulut les exclure en même temps de l'institution des apanages qui faisait, en quelque sorte, corps avec elle. Même si cette disposition ne fut pas respectée dans l'immédiat, elle finit par passer dans le droit, tout comme fut prise l'habitude de n'apanager qu'en deniers, et non en terre, les filles de France.

b) *Appelés à revenir un jour à la couronne*, les apanages doivent dès leur constitution s'en éloigner le moins possible. Tout est mis en œuvre pour favoriser cette seconde évolution destinée à préserver au mieux l'intégrité domaniale. Voilà pourquoi ne sont concédés à l'apanagiste que des droits utiles. Plus larges que ceux d'un tenancier sur sa terre, ils autorisent l'apanagiste non seulement à percevoir les revenus de la terre — cens et rentes —, mais aussi à conserver les produits des droits seigneuriaux tels que les banalités et les péages et à retenir, par-devers lui, tout ce que peut rapporter la justice ordinaire en amendes et confiscations. L'ensemble de ces droits lui vaut manière de rente concédée à vie sur une portion du domaine. Voilà qui résume bien toute la philosophie de l'apanage, aider son bénéficiaire à maintenir son état tout en évitant, à tout prix, qu'il devienne un concurrent pour le pouvoir royal.

Cette préoccupation constante conduit à un véritable partage de souveraineté qui traduit cette volonté de ne point distraire complètement de la sphère du pouvoir des territoires souvent géographiquement très étendus. Pour ce faire, une fois concédés les droits utiles, le roi n'abandonne que partiellement tous les autres en se réservant le plus possible l'exercice direct de tous ceux qui découlent de la souveraineté. Sur le plan judiciaire, la pratique aboutit toujours à un partage de juridiction avec l'apanagiste. Au roi revient le droit de ressort, c'est-à-dire la possibilité de connaître en dernier ressort de toutes les affaires jugées par l'apanagiste, étant bien entendu que la compétence royale demeure entière en première instance pour les cas royaux généralement confiés au bailli royal le plus proche. De même le roi conserve-t-il, dans tous les apanages, la garde des églises, cathédrales et abbayes de fondation royale. Tous leurs membres, exempts de la justice apanagiste, relèvent d'un juge spécial, le juge des exempts que leur désigne le roi. Quant aux autres droits régaliens, qu'il s'agisse de battre monnaie, d'établir de nouveaux impôts, de créer des foires et marchés ou d'anoblir, ils demeurent, au moins en théorie, dans la main du roi.

c) *Dans ces conditions,* et c'est bien là le troisième aspect de l'évolution de la pratique des apanages, l'apanagiste apparaît de plus en plus comme un véritable administrateur auquel est confié au mieux l'apanage en vue de son retour à la couronne. Mais un administrateur très proche du roi et à bien des égards semblable à lui. Comme le roi, l'apanagiste ne prête en général hommage à personne. Pair de France à partir de la fin du XIIIe siècle, il a tout naturellement tendance à modeler l'administration de son apanage sur celle du domaine royal. Il reçoit de plus en plus une véritable délégation de pouvoir et se trouve ainsi investi de la charge du « bon gouvernement » du royaume, ce qui lui vaut souvent de recevoir le titre de lieutenant général du roi. Pareille situation fait de lui un véritable agent déconcentré. Fidèle serviteur de l'État, il a en quelque sorte mission de préparer à l'administration royale directe des territoires destinés à être incorporés au domaine ou à y faire retour. Ainsi conçu, l'apanage relève d'une fine stratégie d'intégration. Il apparaît moins comme un danger en soi que comme une heureuse conciliation entre le poids de la tradition et les exigences nouvelles d'un État centralisateur.

Dans ces conditions, toutes les pratiques politiques et administratives des princes apanagistes se rapprochent de celles que prône la monarchie. L'analogie est saisissante au niveau des institutions. Partout on voit ces princes organiser une chancellerie, un hôtel et une chambre des comptes qui deviennent pivot de leur gouvernement, tandis que le roi leur accorde progressivement à partir de la fin du XIVe siècle le droit de tenir des « Grands Jours » devant lesquels le Parlement renvoie bon nombre des causes qu'il aurait normalement dû connaître en appel. Mais là ne s'arrête pas cette transgression du droit des apanages. Bien souvent, les princes apanagistes s'arrogent le droit de battre monnaie et parviennent à arracher au souverain de larges concessions dans le domaine fiscal.

Pour mettre en œuvre leur politique, ils imaginent des structures administratives fidèlement calquées sur les rouages de l'administration royale. Mieux encore, transposant le modèle royal sur le terrain de la majesté, de l'idéologie et de la propagande, ils s'entourent d'une cour fastueuse. Celle de Jean de Berry à Bourges, où gravitent les plus grands artistes de son temps, en porte témoignage. Imitant le roi dans sa capitale, les princes apanagistes dotent aussi la leur de somptueux monuments civils et religieux. Ils en font le siège de tous leurs services administratifs et y convoquent régulièrement leurs États.

Dans ces conditions, l'apanage n'est point rupture. Il est imitation du souverain, prolongement des pratiques de ses agents et reflet d'un État dont il assure, pour une grande part, la construction. Même s'il favorise parfois, aux franges du royaume, le réveil des particularismes locaux.

B. Des chartes provinciales de 1315 au respect des privilèges provinciaux

• *Le mouvement de 1314-1315*

La politique centralisatrice de Philippe le Bel suscite, dès avant sa mort, une vive réaction nobiliaire qu'exacerbe la levée du subside à l'occasion de la campagne de Flandre (1313-1314). Malgré la défaite et l'arrêt des opérations, les agents royaux continuent à percevoir, sans ménagement, un subside désormais dépourvu de tout fondement. Face à cette obstination du pouvoir, les milieux nobiliaires réagissent, souvent soutenus en sous-main par des ecclésiastiques et le commun de plusieurs grandes villes. Les barons du Nord font pression sur le roi pour qu'il se débarrasse de ses mauvais conseillers, tandis que ceux du Midi expriment aussi avec force leur mécontentement. Enserré dans ce double étau, le souverain ordonne en novembre 1314 qu'il soit mis fin à la levée du subside. L'initiative était trop tardive. Un peu partout dans le royaume, la réaction s'était organisée qui devait donner naissance à la formation de ligues. Celle de Bourgogne, constituée la première à l'initiative d'un groupe de barons, d'abbés et de gens du commun de onze villes du duché, s'unit à celle des « nobles et du commun de Champagne » pour former ensuite une vaste fédération dans laquelle entrent tous « les nobles et le commun des pays de Vermandois, de Beauvaisis, d'Artois, de Ponthieu et de la terre de Corbie ». Le mouvement s'étend et gagne le Forez dont les nobles s'intègrent, à leur tour, à la fédération. La révolte ne gronde pas seulement dans les terres d'apanage. Elle englobe aussi des régions récemment rattachées au domaine royal, tels le Languedoc ou la Normandie. La royauté doit faire face à leurs revendications durant tout le règne de Louis X, et Philippe V ne peut éviter de compter avec elles tout au long des années 1316-1317.

Ces revendications nous sont connues par les cahiers que les ligueurs firent parvenir au Conseil du roi. Ils s'y montrent aussi exigeants que les demandes qu'ils formulent sont désordonnées et confuses. Dans l'ensemble, ils s'élèvent contre le poids trop lourd de la fiscalité et la trop grande ingérence des officiers royaux, en particulier dans le domaine de la justice dont ils entendent se réserver l'exercice et les profits qui en découlent. Ils revendiquent aussi la liberté de pouvoir concéder à leur convenance les fiefs qu'ils contrôlent en retenant par-devers eux tous les hommages. Ils réclament le paiement du service d'ost et dénient au souverain tout droit d'arrière-ban. Leurs prétentions vont aussi très loin dans le domaine des privilèges qu'ils prétendent acquis et dont ils revendiquent reconnaissance officielle. Du droit de tournoi à celui du port d'armes, sans oublier le duel judiciaire et la guerre privée, rien ne leur échappe. Et pour clore cette longue liste, tous tombent d'accord pour exiger le renouvellement de la grande ordonnance de réformation de 1303. Voilà qui donnait véritablement une tonalité politique à leurs revendications.

• *Les chartes de 1315 et leur portée*

Vu de l'extérieur, dans sa globalité, le programme des ligueurs paraissait ambitieux. Analysé à l'étalon de la diversité qu'il représentait et à l'aune de l'individualisme qu'il reflétait, il portait en lui peu d'espoir de succès.

En apparence, les chartes provinciales qu'accorde Louis X, en réponse à ces doléances, tout au long de l'année 1315 puis en 1316, donnent pleine satisfaction à ses opposants. À ne citer que les principaux bénéficiaires, on constate qu'elles furent tour à tour octroyées aux Normands, aux Languedociens, aux Bretons, aux Bourguignons, aux Champenois, aux Nivernais et aux Auvergnats. Calquées sur le même modèle, mais adaptées aux diversités régionales, elles n'en présentent pas moins un dénominateur commun.

Le roi s'engage toujours à limiter, en les sanctionnant, les abus des officiers. Il promet dans tous les cas de maintenir chacune de ses provinces dans leurs franchises en respectant leurs usages, leurs coutumes. Souvent aussi des engagements précis sont pris en faveur des nobles, en particulier pour tout ce qui touche au duel judiciaire et à la guerre privée. L'année 1317 semble même se transformer en une véritable victoire politique des opposants qui arrachent au roi la promesse d'une profonde réforme du Conseil. Ne devaient plus désormais y siéger que vingt-quatre seigneurs investis du pouvoir de contrôler aussi bien toutes les nominations que les ordres de paiement. Il y avait en fait, dans tous ces actes, davantage concession de façade que réforme réelle. Même contestée, l'autorité royale demeurait la clef de voûte du système dans la mesure où toutes ces chartes préservent toujours, de manière expresse, les droits souverains du roi.

Il ne pouvait guère en être autrement. Même si les contemporains sont frappés par l'unité du mouvement et par ses dimensions nationales, il manque réellement de structure durable et de coordination efficace. Certes, les barons qui l'animent s'engagent à prendre en charge le bien commun mais, finalement contraints de défendre leurs propres privilèges et des coutumes limitées à leur province, leur action prend obligatoirement allure particulariste et corporatiste. Jamais ils ne voulurent substituer leur autorité à celle du souverain, convaincus qu'après avoir juré de respecter leurs libertés, il tiendrait son serment. Il y avait là, néanmoins, pratique très porteuse pour l'avenir. La royauté avait été contrainte de regarder vers le pays.

• *Le respect des privilèges provinciaux*

La politique constante de rattachement des grands fiefs à la couronne ou leur annexion au domaine n'avait jamais entraîné la disparition des privilèges, des particularismes et des coutumes locales dont les ligueurs des années 1315 voulaient obtenir reconnaissance officielle. Après comme avant, le roi, garant du bien commun et en charge de la cohésion du royaume, préfère se poser en défenseur de ces particularismes plutôt que de risquer, en tentant de les anéantir, de compromettre sa difficile politique de réassociation territoriale. Il y avait même là une tradition fort ancienne dont le poids avait toujours contraint les premiers Capétiens à ne jamais aller à l'encontre des usages et des privilèges des seigneuries qu'il réunissait au domaine. Mieux encore, saint Louis fait prêter à ses baillis le serment de partout respecter les coutumes des territoires qu'ils administrent.

L'habitude fut ainsi prise, tant pour s'assurer le soutien des populations que dans le souci de promouvoir une politique libérale, de garantir aux territoires nouvellement incorporés au domaine que leurs coutumes, leurs privilèges et leurs franchises seraient maintenus. Cette confirmation prit souvent allure officielle à travers la rédaction d'un acte authentique qui permettait en quelque sorte, à chaque territoire annexé, de sauvegarder ses traits originaux et son identité. Cette politique, dont la bienveillance fut constante, valut à chaque principauté, à chaque seigneurie, de pouvoir conserver presque intact son système coutumier, donc l'essentiel de son droit privé.

De la même manière, semblable sort fut souvent réservé aussi bien aux structures politiques qu'à l'appareil administratif, judiciaire ou fiscal. L'exemple des États provinciaux qui se perpétuent à peu près partout illustre à souhait cette volonté de la royauté de ne rien brusquer. Et comment ne pas évoquer aussi le cas des différentes cours princières qui servirent presque toujours de matrice aux différents parlements provinciaux, tout comme la capricieuse géographie des seigneuries qui contribua largement à dessiner la carte administrative de la France du bas Moyen Âge?

Les exemples sont nombreux de ces actes officiels qui figent pour longtemps droits, franchises, coutumes et privilèges de vastes territoires au moment où s'annonce, ou bien s'opère de manière irréversible, leur incorporation au domaine. Voici Philippe VI qui, à l'occasion du traité de 1343 conclu avec Humbert II en vue de la cession du Dauphiné à son fils, s'engage «à faire tenir et garder à toujours... toutes les libertés, franchises, privilèges et bonnes coutumes des prélats, barons, châtelains et autres sujets nobles et non nobles» de la province. Voici encore Charles VIII qui prend grand soin, quand il rédige en 1486 les lettres patentes décidant l'union perpétuelle à la couronne, de préciser que cette union doit se réaliser «sans pour ce aucunement nuire, préjudicier ni déroger à ses privilèges, libertés, franchises, lois, coutumes et manières de vivre». Et voilà enfin François Ier qui s'engage, dans l'édit de réunion de la Bretagne en 1532, à tout mettre en œuvre pour que «les droits et privilèges que ceux dudit pays et duché ont eus par ci-devant leur soient gardés et observés inviolablement, ainsi qu'ils ont été gardés et observés jusqu'à présent, sans y voir changer et innover». Il n'y avait là rien d'autre que la manifestation d'une politique constante. Enracinée dans les pratiques des premiers Capétiens, renforcée à l'occasion de la pression exercée sur la royauté par les ligues des années 1314-1315, elle constitue à partir de ce moment-là une des pièces maîtresses dans les relations d'équilibre qui se tissent entre le prince et le pays.

CONCLUSION

À la fin du Moyen Âge, roi de France et royaume de France sont devenus le point de mire de l'échiquier politique de l'Occident médiéval. Saint Louis et ses successeurs savent habilement utiliser tous les ressorts que leur offre la féodalité pour s'en dégager lentement et faire glisser leur image vers celle d'un prince souverain, empereur en son royaume, totalement libéré de la puissance impériale et de plus en plus affranchi de la tutelle pontificale pour assurer à l'Église de France une relative autonomie. Empereur en son royaume, le Capétien dispose dans son empire d'un pouvoir plein que théologiens, juristes et penseurs politiques drapent d'une vêture pontificale et impériale tissée à l'aune de la *plena potestas*, de l'*auctoritas*, de la *certa sciencia* et de la *majestas*. Cette évolution si profonde des mentalités, des pouvoirs, de leur représentation et de leur pratique résulte naturellement du déclin des structures féodales mais elle repose aussi, pour l'essentiel, sur le retour en force de la réflexion juridique à partir du XIIe siècle. Qu'il soit féodal, romain, canonique ou royal, le droit vient au secours du pouvoir en lui apportant un cadre conceptuel, une série de modèles et des trésors de techniques.

Le risque était évident de ne retenir de cet immense champ que les éléments les plus aptes à servir un État qui aurait rapidement pu tendre à l'absolutisme. Il fut évité, tant légistes et penseurs politiques s'attachèrent à construire un système équilibré. Il n'en est pas moins vrai que c'est autour de la seule institution royale que le royaume de France a pu retrouver son identité territoriale, politique et humaine à partir du milieu du XIIIe siècle. Plus cette identité s'affirme et plus s'assure l'État, plus le roi apparaît comme le pivot autour duquel s'organise cette entité politique qui devient lentement la France. La conscience qu'ont ses peuples de se savoir et de se vouloir solidaires et le sentiment qu'ils cultivent d'une cohésion nationale naissante, font que le vieux terme *Francia* devient pour eux un mot fédérateur. L'idée de la vieille *Francia Occidentalis* n'avait que peu de temps survécu au partage de Verdun, tandis que la réalité d'une *Francia* réduite au nord du royaume devient de moins en moins effective au fur et à mesure que la royauté capétienne étend sa domination en direction du sud. Pour nommer cette France qui s'élargit peu à peu jusqu'aux frontières de l'Hexagone, on parle couramment dans la seconde moitié du XIIe siècle de *tota Francia*, puis dès la fin du siècle le seul terme *Francia* suffit à évoquer l'ensemble du *regnum*. En 1204, Philippe Auguste s'intitule officiellement *Franciae rex*, expression qui précède de peu celle de *Regnum Franciae* qui apparaît l'année suivante.

Cette évolution, incontestablement liée aux acquisitions territoriales, témoigne aussi d'une prise de conscience collective de la part des sujets du royaume, qu'ils habitent un seul et même territoire sur lequel se scelle un destin commun conditionné par un passé commun, celui d'être *Franci*, c'est-à-dire libres. D'une origine commune et liés par le sang, ils forment une nation dont l'unité se trouve progressivement renforcée par une langue qui leur devient lentement commune, la langue française. En même temps, au fur et à mesure que se construit l'État, s'estompe lentement pour chacun de ses sujets l'idée d'appartenir à sa *patria* d'origine, son pays, pour accepter que comptent désormais davantage et en priorité les nouvelles structures territoriales et politiques qui se mettent en place. Les juristes de l'École d'Orléans ne sont pas étrangers à cette évolution, eux qui considèrent l'ensemble du royaume comme leur pays commun. Jean de Blanot le qualifie vers 1250 de *tota patria*, tandis que Jacques de Révigny, fidèle aux définitions du Digeste, évoque vers 1270 la *communis patria*. Dans leur sillage, les Français de la fin du XIIIe siècle voient dans la *Francia* leur pays, et dans son État le cadre naturel de leur existence commune tout entière régie par un commun gouvernement.

CHAPITRE 3

UN GOUVERNEMENT POUR LE ROYAUME

Empereur en son royaume et unanimement reconnu comme tel à partir de la fin du XIIIe siècle, le souverain apparaît comme l'héritier direct des prérogatives impériales que Frédéric Barberousse s'était fait reconnaître à la diète de Roncaglia en 1158. Projection de l'*imperium*, elles placent son titulaire en situation d'intervenir dans les domaines les plus variés. Cette filiation, constamment exploitée par les juristes favorables à la cause royale, conduit Jean Boutillier à conclure, dans *La Somme rural* (vers 1395), que « le Roy de France qui est empereur en son royaume » a pleine capacité « généralement de faire tout, et autant que a droict impérial appartient ».

Tantôt annonçant, tantôt exploitant cette conclusion, la royauté, ses agents et ses légistes détaillent et amplifient son contenu à travers de véritables catalogues de *regalia* dont la liste ne cesse de s'allonger. Il s'agit, grâce à de telles rédactions, de faire connaître et surtout d'opposer les droits du roi à des féodaux rebelles qui, de leur côté, s'empressent aussi d'établir la liste des prérogatives qu'ils estiment encore leur appartenir. Le premier de ces catalogues dressé dans l'entourage du prince date de 1372. Il s'agit d'une instruction du 8 mars qui détaille pour le gouvernement de Montpellier « les droits de souverainetez et de ressort et autres droits royaulx, au roi notre seigneur appartenans seul et pour le tout » en la ville et baronnie de Montpellier qui venait d'être cédée, dans le cadre d'un échange, au roi de Navarre, Charles le Mauvais. Souvent reprise et complétée par la suite, cette longue énumération fixe en quelque sorte le contenu de la souveraineté telle que pouvaient la concevoir le souverain, l'analyser les juristes et la mettre en pratique les agents royaux. Elle constitue comme un manuel de gouvernement qui, ramené à l'essentiel, donne compétence au roi pour décider en édictant des normes (I), juger lui-même ou par délégation (II), gérer en battant monnaie et en imposant (III), défendre le royaume en organisant une armée et instituer autant d'agents qui lui sont nécessaires pour gouverner et administrer (IV).

I. L'ÉLABORATION DES DÉCISIONS

Dans la France du bas Moyen Âge, le pouvoir d'édicter des normes demeure un attribut largement partagé. Parce qu'il est le résultat d'une longue reconquête jamais achevée sur la dispersion normative féodale, il n'est jamais redevenu l'apanage du roi seul. Certes, plus efficacement qu'aux siècles précédents, le souverain exerce un contrôle toujours plus pesant sur la maîtrise des sources du droit (1). Mais que serait ce contrôle si le roi n'était parvenu à perfectionner, jusqu'à les rendre si caractéristiques de l'État moderne, les organes centraux de gouvernement? (2). Solidement structurés et moyens essentiels de la politique résolue de centralisation qui s'amorce, ils ne suffisent cependant ni à imposer et moins encore à faire appliquer toutes les décisions. Tant Capétiens que Valois ont dû constamment s'appuyer sur le pays en empruntant les chemins de la concertation (3). Voie étroite et toujours difficile, souvent porteuse mais parfois refermée sitôt ouverte, elle a conduit alors le souverain à amorcer un dialogue forcé afin d'assurer à son gouvernement crédibilité et efficacité (4).

1. La maîtrise des sources du droit

Construire l'État, c'est le doter d'un ordre juridique unitaire constitué d'un ensemble de principes et de règles identiques applicables sur un même territoire à tous les sujets. C'est aussi rendre obligatoires ces règles et pouvoir en sanctionner le non-respect. Cette conception très romaine d'un État doté du monopole de la création du droit auquel il doit rester soumis, d'un pouvoir conditionné par le droit dont il est en même temps la source, ne s'impose que très lentement tout au long des derniers siècles du Moyen Âge. Elle supposait, pour triompher, un système étatique très fortement structuré qui faisait encore en partie défaut dans la France des premiers Valois. Voilà pourquoi domine pendant longtemps, non pas l'idée de la primauté de l'État sur le droit, mais celle de l'antériorité du droit par rapport à l'État.

Il y avait là un frein considérable à l'affirmation de l'État et à son rôle prépondérant dans l'élaboration de la norme. Dans un tel système, lui revient davantage mission de mettre en forme en le protégeant un droit préexistant et pour l'essentiel coutumier que de créer des normes nouvelles. Mais voilà que la reconquête progressive de sa souveraineté par le roi inverse lentement en sa faveur ce type de rapports. Fort d'une capacité édictale lentement retrouvée qui l'autorise à « faire loi », il peut intervenir avec moins de timidité dans l'ordre coutumier, canaliser l'utilisation du droit romain et favoriser l'élaboration d'une jurisprudence plus cohérente. Il y avait là, dans le domaine de la création de la norme, autant de manifestations d'autorité propres à favoriser la lente genèse d'un ordre juridique plus unitaire autour d'un pouvoir normatif royal lentement reconstruit qui en constituait, tout naturellement, l'axe structurant.

A. « Faire loys ou constitucions toutes nouvelles entre ses subjés »

Ainsi s'exprime l'auteur du *Songe du Vergier* qui reconnaît, au roi de France, même capacité normative qu'à l'empereur romain. Moins de vingt ans plus tard, Jean Boutiller donne à ce pouvoir plus de profondeur encore. À ses yeux, « le Roy de France qui est Empereur en son Royaume, peut faire ordonnance qui tiennent et vaillent loy, ordonner et constituer toutes constitutions ». Ordonnance, loi, constitution, voilà une série de termes extrêmement valorisants qui, pris à la lettre, pourraient laisser supposer que le souverain légifère librement à travers un corps de textes parfaitement définis. La pratique est moins flatteuse qui témoigne, tout à la fois, de la lente reconquête du pouvoir normatif, de ses difficiles conditions d'exercice et du contenu souvent encore modeste de la législation royale.

• *Fonder le pouvoir normatif*

À l'image du roi justicier succède peu à peu, au XIIIe siècle, celle du roi législateur. Et pourtant, depuis longtemps déjà, le ministère royal portait en lui toutes les justifications d'un pouvoir normatif normalement dévolu au roi. Investi depuis toujours de la *tuitio regni,* le roi avait autant mission de faire régner la justice que de protéger ses sujets par de bonnes lois. Mais, jusqu'au début du XIIIe siècle, ces attributs pourtant fondateurs de puissance normative ne débouchent guère sur des manifestations concrètes tant chaque tentative d'intervention royale se heurte à l'autonomie normative des barons. Mais voilà qu'un double courant lié à la souveraineté renaissante et à l'apport des droits savants ne cesse de stimuler la genèse d'un pouvoir édictal jusque-là vacillant.

Tous les théoriciens favorables à la cause royale, qu'ils soient auteurs coutumiers ou légistes engagés aux côtés du roi dans la construction de la souveraineté, déduisent, de la *tuitio regni* dévolue au souverain, capacité et même obligation pour lui de légiférer chaque fois que le commun profit et l'utilité publique l'exigent. Ce faisant, ils ne font qu'actualiser les idées d'Aristote et des premiers canonistes en s'inspirant très largement de saint Thomas. Semblables notions leur permettent d'élargir considérablement le champ de l'action normative royale en lui apportant de nouveaux fondements, mais aussi d'efficaces remparts dans la mesure où bien commun et utilité publique ne justifient l'intervention normative royale que si celle-ci sert, en même temps, à la sauvegarder.

Aux alentours des années 1280, Beaumanoir fait la synthèse de ce courant en soulignant, tout au long de son œuvre, l'obligation constamment faite au roi d'agir pour le commun profit et de fonder sur lui ses décisions. Il y a là une condition essentielle de validité des règles édictées par le prince, aussi bien en temps de paix qu'en période de « nécessité ». Mais, pas plus que ses prédécesseurs, il ne définit cette notion de commun profit. Assimilable au bien commun des sujets que le roi a mission de réaliser en sa qualité de législateur suprême, elle renforce sa position en la rendant indiscutable. Il n'est pas facile de dissocier bien commun et utilité publique tant ces deux notions sont connexes. Dans ces conditions, pas plus que le souverain ne peut légiférer en marge du bien commun, il ne saurait bafouer l'*utilitas publica* à l'encontre de laquelle aucune décision ne peut s'imposer et qui, en même temps, justifie toute intervention destinée à la sauvegarder. Déjà mise en avant par Philippe Auguste quand il légifère en 1215 sur le duel judiciaire *pro communi omnium utilitate*, elle est reprise par saint Louis en 1230 à propos d'un établissement réglementant la situation des juifs par lequel il déclare agir après avoir pris en considération l'utilité de tout le royaume (*utilitate totius regni*). À n'en pas douter, cette notion si fondatrice de la notion d'utilité publique fait alors son entrée en force dans la sémantique législative.

À ces fondements nouveaux d'un pouvoir normatif royal renaissant, s'ajoute tout l'apport des droits savants. Largement bénéficiaire du grand interrègne qu'ouvre la mort de l'empereur Frédéric II en 1250, le roi de France apparaît, tant pour les canonistes que pour les romanistes, comme un des principaux héritiers des prérogatives impériales en matière édictale. Favorables aux jeunes États nés du délabrement du pouvoir impérial, les canonistes du XIIe siècle avaient déjà reconnu à leur roi le pouvoir de *condere legem*, ce *jus constituendi et edicendi* qui leur valait pouvoir plein et indépendant d'édicter des lois. Chaque royaume était ainsi reconnu apte à créer son propre droit et à élaborer un ordre juridique particulier dans la mesure où chaque souverain était devenu une puissance légiférante autonome et dégagée de tout contrôle. Dans un contexte aussi porteur, le roi de France se trouvait tout naturellement investi d'une *potestas* équivalente à la *potestas* impériale.

Les juristes français de la seconde moitié du XIIIe siècle, qu'ils soient théoriciens ou auteurs coutumiers, cherchent à tirer avantage de cette situation nouvelle. Se fondant sur le droit romain, ils opèrent un glissement des pouvoirs de l'empereur vers ceux du roi pour faire de lui le titulaire exclusif du pouvoir édictal. Empereur en son royaume et *princeps* souverain, il se trouve investi d'un pouvoir édictal qui doit pouvoir s'appliquer à l'ensemble du royaume comme en témoigne la formule si percutante de Beaumanoir, « le roi est souverain par-dessus tous ». Mais cette affirmation de principe ne traduit qu'une inversion du rapport des forces dans le monde féodal.

Il convenait d'aller plus loin et d'en tirer toutes les conséquences afin de renforcer la capacité normative royale. Cette nouvelle étape ne pouvait être franchie qu'en renouant avec la tradition romaine. Le travail accompli par les glossateurs le permettait, encore que les juristes de l'entourage royal éprouvent quelques difficultés à l'assimiler. À travers tout un ensemble de textes, leur est livré un système parfaitement cohérent de mise en œuvre du pouvoir normatif selon un modèle strictement romain. En réalité, ils n'en retiennent qu'avec une certaine timidité, et souvent beaucoup de maladresse, les seules formules qui leur paraissent propres à fonder ce qu'ils croient être un absolutisme normatif opératoire. Il en va ainsi du *Quod principi placuit legis habet vigorem*, du *Princeps legibus solutus est*, tout comme de la clause *ex certa sciencia*. Il est bien difficile de tirer des conclusions solides de Pierre de Fontaines quand il écrit dans *Le Conseil à un ami* que « ce qui plest au prince a force de loi » ou de l'auteur du *Livre de Jostice et de Plet* quand il rappelle que « ce que plest au prince vaut loi ». Beaumanoir se montre à la fois plus rigoureux et plus précis. Traitant du pouvoir normatif du souverain, il souligne que « ce qui li plest a fere doit etre tenu pour loi », mais apporte aussitôt une restriction insistant sur le fait que pareille règle ne doit jouer que dans des situations particulières. Quant à la question de savoir si le roi est au-dessus des lois, les auteurs n'en traitent guère, pas plus qu'ils ne dissertent sur la clause *ex certa sciencia* très largement utilisée par la chancellerie royale.

Cette position prudente tenait le plus grand compte de la conjoncture politique à un moment où la royauté butait encore sur de trop rudes obstacles pour faire reconnaître la suprématie de sa législation. Les souverains en ont bien conscience qui, jusqu'à la fin du Moyen Âge, usent peu des formules *Quod principi...* et *Princeps solutus...* Elles sont davantage moyen dogmatique de construction d'un pouvoir normatif royal encore fragile que pratique quotidiennement vécue. Certes, Charles V se réfugie tout à fait officiellement derrière la formule *Princeps solutus...* dans l'ordonnance de 1378 sur l'âge de la majorité des rois. Mais peut-on réellement tirer argument de cette utilisation isolée pour y voir une consécration officielle ? En réalité, plus on fait du roi la source, le gardien et le conservateur des lois, plus il devient difficile de soutenir qu'il est au-dessus d'elles et qu'il n'est pas lié par elles. Il y a là autant de constatations qui aident à comprendre pourquoi l'élaboration de la législation royale a pu se heurter à de multiples obstacles tout au long des derniers siècles du Moyen Âge.

• *Penser et écrire la loi*

Un perpétuel décalage existe entre le pouvoir normatif que la théorie reconnaît au souverain et celui dont il peut quotidiennement user. Constamment soumis à de lourdes contraintes qui en restreignent le libre jeu, il n'autorise le souverain qu'à édicter des normes limitées à la fois en nombre et en portée.

Penser

Au moins jusqu'au règne de Philippe Auguste, le souverain n'avait pu légiférer en dehors de son domaine qu'avec le consentement donné par chacun de ses vassaux. Chaque vassal exerçant librement le droit de ban dans sa seigneurie se trouvait de ce fait habilité à décider. Même encore en plein XIIIe siècle, la règle, d'application stricte, est souvent rappelée. L'auteur des *Établissements de saint Louis* y insiste en soulignant que « le roi ne peut mettre ban en la terre du baron sans son assentement ». Résultat de la médiatisation féodale, cette règle imposait au roi de réunir une cour plénière de vassaux, chaque fois qu'il voulait arrêter une mesure à portée générale. Le consentement exprès alors donné entraînait obligatoirement l'application de la décision sur le territoire des vassaux qui l'avaient approuvée.

Tout au long du XIIIe siècle, tant la pression exercée par l'entourage royal que l'évolution de la pratique apportent à cette procédure particulièrement contraignante d'heureux correctifs au bénéfice du roi. Fort de sa souveraineté renaissante, il continue certes à consulter les grands vassaux mais considère la décision acquise dès qu'une majorité a clairement manifesté son adhésion au projet. Alors, même si d'aucuns ont refusé de venir et si d'autres se sont abstenus ou ont voté contre, le souverain s'estime fondé à prendre une décision de portée générale, dès lors qu'une majorité s'est clairement dégagée. Et afin d'écarter toute contestation, habitude est prise de mentionner dans l'acte élaboré les noms de ceux qui ont adhéré au projet.

Sous le règne de Philippe le Bel, cette évolution favorable à un exercice plus souple du pouvoir normatif royal se poursuit et dégage progressivement le souverain de l'emprise des barons. L'habitude s'instaure alors de ne plus consulter que quelques-uns d'entre eux réunis en Conseil, ce Conseil issu de la *curia* où légistes et techniciens de la politique l'emportent chaque jour davantage, à la fois par le nombre et la capacité, sur les vassaux royaux. Ainsi se profile la technique du gouvernement par conseil qui, de plus en plus, domine la mise en œuvre du pouvoir normatif. Désormais tenu de consulter son Conseil avant de prendre toute décision, le souverain n'est jamais lié par l'avis qui lui est donné, même s'il en tient toujours le plus grand compte.

Quand Beaumanoir s'interroge sur l'ensemble des conditions que le souverain doit respecter s'il veut que son ordonnance soit reçue dans l'ensemble du royaume, il insiste avec vigueur sur cette obligation de s'appuyer sur le Conseil, tout en acceptant l'idée que son application puisse être modulée en fonction des circonstances. Si elles sont exceptionnelles, imposées par « temps de guerre ou de nécessité », alors le roi peut « faire établissement pour tout le royaume » et donc arrêter une décision de portée générale. Mais à une condition au moins, que soit sauvegardé « le commun profit ». La notion d'urgence semble, en quelque sorte, dispenser de l'obligation de consulter le Conseil.

Mais il n'en va pas de même en temps ordinaire. Alors le cheminement de la décision se trouve soumis à une procédure beaucoup plus rigide. Le Conseil, obligatoirement consulté, imprimera en quelque sorte sa marque à la décision dont on se doit de rappeler qu'elle a été prise « par grand Conseil ». Ce Conseil relativement large, d'allure féodale et regroupant un assez grand nombre de vassaux, a pour mission tout à la fois d'éclairer le souverain et de donner plus de force à la décision ainsi prise. Plus que jamais aussi, et c'est la seconde condition qui préside à l'élaboration de la décision royale en temps de paix, le « commun profit » doit être constamment pris en compte, aussi bien pour justifier l'intervention royale que pour en limiter l'objet. Enfin, et c'est la troisième condition, toute décision arrêtée ne peut l'être que pour « raisonnable cause ». Il y a là une donnée fort ancienne, très largement exprimée tant par le droit romain que par le droit canonique, tout spécialement pour la coutume dont la validité était toujours soumise à son caractère raisonnable. Étendre cette condition à la loi n'en constituait qu'un prolongement naturel. Mais à qui revenait d'apprécier ce caractère raisonnable? Si c'était au Conseil, alors la condition avait quelque valeur. Mais dans l'hypothèse où le roi restait le seul juge, alors une grande latitude lui était laissée dans la mise en œuvre de son pouvoir normatif.

Écrire

Les trois derniers siècles du Moyen Âge sont marqués par un développement considérable du gouvernement par l'écrit qu'accentue encore l'affermissement du pouvoir normatif royal. Les services de la chancellerie sont ainsi appelés à rédiger des actes toujours plus nombreux et souvent difficiles à qualifier dans la mesure où leur forme et leur contenu doivent sans cesse se couler dans le moule d'une législation en pleine mutation. Deux grandes catégories se dessinent.

Une première masse figure, à l'identique des diplômes des siècles précédents, des actes ayant valeur spéciale et ne statuant que pour une personne ou un groupe de personnes. Leur objet est donc strictement limité au seul destinataire, qu'il s'agisse de conférer un privilège, donner un ordre précis, faire un don, conférer une grâce ou un office. Dans tous ces cas, le roi gouverne et administre plus qu'il n'utilise son pouvoir normatif. Qualifiés de *lettres royaux*, ces actes prennent une grande extension en liaison avec le développement de l'autorité royale, en particulier à partir du règne de Philippe le Bel. Ils sont alors régulièrement transcrits sur des registres et expédiés à leur destinataire, sans publicité particulière, comme le serait une simple lettre.

À cette première catégorie d'actes, s'opposent tous ceux qui ont portée générale soit parce qu'ils s'adressent à un grand nombre d'individus, soit parce qu'ils disposent pour un ensemble territorial suffisamment étendu ou, naturellement, les deux à la fois. Pour les désigner, les termes sont variés avec semble-t-il, dans un premier temps, un héritage romain. Abandonné depuis la fin du XIIe siècle, le terme *edictum* réapparaît tardivement et assez rarement, à partir de la fin du règne de saint Louis, avec une connotation de perpétuité. Il n'en va pas de même du terme *constitutio* de plus en plus couramment utilisé dès le XIIIe siècle, puis surtout à partir du début du siècle suivant, moment à partir duquel la chancellerie y voit l'équivalent d'un *edictum* en lui conférant un caractère de perpétuité. Mais c'est, de toute évidence, le terme *stabilimentum* ou *établissement* qui domine, au XIIIe siècle, le vocabulaire des actes normatifs, tout comme s'imposera dès la fin du siècle celui d'*ordinatio* et d'*ordonnance*.

Ces ordonnances sont préparées sous le contrôle et la responsabilité du chancelier. Le Conseil, toujours saisi du projet, en délibère comme en témoigne très souvent la mention « par grand advis et meure délibération eue sur ce en nostre conseil ». Il peut même, s'il l'estime nécessaire, associer à cette délibération le Parlement ou la Chambre des comptes. Après quoi, le chancelier appelé à sceller l'acte exerce à cette occasion un contrôle, tant en ce qui concerne la forme que le fond. Puis le texte en est envoyé au Parlement pour y être lu, publié et enregistré. Il était ainsi porté à la connaissance des intéressés et entrait en même temps dans la mémoire du Parlement.

Toujours ouvertes — on parlera plus tard de lettres patentes — et signées par le roi, toutes les ordonnances débutent par une adresse suivie d'un préambule qui contient des considérations sur la religion et les devoirs du roi. Vient ensuite l'exposé des motifs qui sont à l'origine de la décision et éclairent le dispositif dont le contenu, plus ou moins détaillé, constitue la pièce maîtresse de l'acte qui clôt l'indication du lieu et de la date accompagnée de la signature du roi. Ainsi scellée, enregistrée et signée, l'ordonnance est envoyée aux baillis et aux sénéchaux qui doivent, sur place, en assurer publication et application. Mais ces opérations s'avèrent délicates, tant en raison de l'insuffisance d'efficaces moyens de diffusion que de la précarité de l'arsenal de sanctions et de contraintes.

B. Contrôler la coutume

Source dominante du droit à l'époque féodale, la coutume le reste jusqu'à la fin du Moyen Âge. Depuis les dernières décennies du XIIe siècle, le sens du mot s'est précisé. Il tend de plus en plus à désigner le droit applicable à un groupe d'individus, une ville ou une province tout entière. Au siècle suivant, les différentes coutumes commencent à se fixer lentement. Une série de facteurs favorables y contribuent. La généralisation de l'institution des baillis sur l'ensemble du royaume, à partir du règne de Philippe Auguste, a beaucoup facilité cette évolution. Imposant partout l'autorité du roi et jugeant en son nom, ils sont constamment appelés à conduire des enquêtes sur la coutume pour la connaître et l'utiliser. Les jugements qu'ils prononcent la rendent notoire et applicable, sans contestation, à une prochaine occasion. D'incertaine et diverse qu'elle était, elle tend à devenir plus sûre et plus unitaire. En même temps, les limites à l'intérieur desquelles elle s'applique se font chaque jour plus précises. Elles sont celles du bailliage que la présence désormais permanente du bailli stabilise. Il en est de même à l'échelon le plus élevé, celui des principautés dont les frontières sont, elles aussi, de mieux en mieux fixées. Coutumes plus sûres et mieux connues, cadre territorial d'application plus rigide, sont autant de facteurs qui facilitent les interventions de la royauté en matière coutumière.

Mais il ne faudrait pas s'imaginer, pour autant, des coutumes devenues immuables. Elles n'en conservent pas moins leur très grande plasticité qui leur permet d'évoluer et de s'adapter en permanence.

Il y avait là un grand avantage — celui d'un droit perpétuellement flexible — mais en même temps un danger, celui de la trop grande diversité, de la difficulté aussi qu'il y avait à connaître un ordre juridique non écrit et à guider son évolution. À partir du moment où renaît l'État, cette diversité coutumière va à contre-courant de l'ordre unitaire que souhaite pouvoir instaurer le pouvoir. Mais, pour l'heure, il ne saurait maîtriser l'ensemble du droit coutumier et le soumettre à la loi. Il n'est ni assez puissant pour le faire, ni doté des moyens qui lui permettraient d'en saisir toutes les dispositions. Tout au plus, peut-il infléchir certaines évolutions en intervenant avec prudence. Voilà pourquoi le roi ne tenta guère de transformer des coutumes qui étaient, pour l'essentiel, le droit du royaume de France. Néanmoins, il sut toujours profiter de sa position pour moduler leur évolution et réguler leur contenu.

• *Régulation*

La politique d'intervention de la royauté en matière de régulation des coutumes, depuis le XIVe siècle, permet de saisir comment les initiatives du roi en la matière ont permis de préparer et de faciliter l'apparition d'un ordre juridique unitaire, sous son contrôle et autour des principes qu'il pouvait suggérer.

Jusqu'au règne de saint Louis au moins, l'idée directrice est celle d'une grande prudence en la matière. En toutes circonstances, la royauté observe les règles posées. Cette attitude est presque érigée en loi. Et il ne pouvait guère en être autrement, tant le droit romain et le droit canonique admettent que toute coutume raisonnable et approuvée par le prince doit être respectée par lui. Ces données ont pesé très lourd dans la politique des rois de France à l'égard de l'ordre coutumier. De plus, même s'ils avaient voulu intervenir de manière autoritaire, ils n'auraient disposé ni des pouvoirs, ni de l'assise territoriale pour le faire. Mais, puisque le roi est tenu de respecter les coutumes raisonnables, il doit en conséquence supprimer celles qui ne le sont pas et confirmer officiellement celles qui répondent aux conditions fixées. C'est à ce double niveau qu'intervient le pouvoir en matière de régulation des coutumes. La décision par laquelle il y procède — quelle que soit sa forme — constitue toujours une manifestation tangible de son activité dans l'aménagement de l'ordre juridique.

La pratique de l'abolition des mauvaises coutumes par la royauté est fort ancienne. Elle remonte au moins au milieu du XIe siècle. Le grand canoniste Huguccio († 1210) fonde sur la *potestas* et la *jurisdictio* du roi tout son pouvoir en matière d'intervention dans le domaine coutumier. Mieux encore, l'onction du sacre lui fait obligation d'user de ces prérogatives en vue d'assurer partout la justice, ce qui inclut tout naturellement l'abolition d'une coutume injuste. À partir du siècle suivant, les décisions royales d'abolition se multiplient à l'encontre de ces coutumes considérées comme mauvaises, parce qu'elles sont contraires au droit ou à l'équité. Les exemples abondent. Le vocabulaire utilisé est toujours le même. Chaque fois qu'une coutume est approuvée et confirmée, c'est parce qu'elle est bonne, juste, légitime. Est-elle abolie? Alors, elle est mauvaise, inique ou perverse.

Mais à qui revient le soin d'apprécier la « rationalité » de la coutume et, en conséquence, de dire le droit et de l'imposer à un groupe, même restreint, par le biais d'une décision unilatérale dont le respect devient obligatoire au sein de ce groupe? Sans aucun doute, le juge est normalement compétent pour trancher chaque fois qu'une contestation s'élève à propos de l'existence ou de l'application d'une coutume dont le contenu est contesté. Mais sa décision ne vaut que dans le cadre d'une affaire précise et ne saurait avoir de portée générale. Même si c'est le Parlement qui intervient, la position qu'il prend ne va jamais jusqu'à l'abolition. Abolir une mauvaise coutume apparaît comme une prérogative essentiellement royale appelée à jouer chaque fois que l'équité n'est pas respectée, dans le domaine du roi mais aussi, de plus en plus, sur les terres des barons. Telle coutume jugée non conforme aux normes existantes ou contraire à un ordre juridique en formation, peut et doit être abolie par le roi, juge suprême de sa validité.

L'application stricte d'une telle règle implique que le roi puisse, chaque fois qu'il l'estime utile et souhaitable, confirmer des coutumes jugées bonnes et conformes à l'équité. Il peut alors décider d'agir de lui-même, ou le faire après avoir été saisi d'une demande de la part du groupe auquel s'applique la coutume contestée. N'étant rien d'autre que le résultat d'une pratique ou d'un accord tacite entre les membres du groupe qu'elle régit, une coutume risque toujours d'être remise en cause, non par l'ensemble du groupe mais par une minorité. En demander confirmation à l'autorité supérieure — si possible le roi — constitue toujours un gage de sécurité. Pour le roi, c'est une occasion nouvelle qui lui est donnée d'affirmer sa suprématie et de faire passer sous le contrôle de sa loi des coutumes qu'il peut, en les confirmant, couler dans le moule de l'ordre juridique en cours d'élaboration. Et cela lui est d'autant plus facile que son intervention dépasse souvent le stade strict de la simple confirmation. Les actes sont nombreux dans lesquels, au terme *confirmare*, vient s'ajouter celui de *concedere*. L'idée de création, de concession, l'emporte alors largement sur celle de simple confirmation. À partir de ce moment-là, il y a véritablement création d'un droit nouveau émanant du pouvoir étatique, surtout chaque fois que les concessions se répètent, identiques.

Ces confirmations deviennent toujours plus nombreuses à partir du début du XIIe siècle, surtout pour les églises dont le roi reconnaît souvent *libertas, usus* et *consuetudines* en insistant sur leur caractère raisonnable, légitime et conforme à l'idée qu'il se fait de l'équité. Alors, elles doivent obligatoirement être confirmées et maintenues. Voici, en 1303, Philippe le Bel ordonnant que privilèges, libertés, franchises, coutumes ou immunités des églises soient maintenus comme au temps de saint Louis. Voilà Philippe V qui confirme, en 1317, les coutumes anciennes et approuvées de l'ensemble des églises du diocèse de Paris. Ces deux exemples suffisent à témoigner de l'ampleur de ces mesures qui en font, sinon de véritables lois, au moins des textes dont la portée considérable illustre le contrôle de plus en plus effectif du pouvoir étatique sur le monde de la coutume par le biais de dispositions dont la force obligatoire déborde largement le cadre des seuls intéressés.

Le phénomène est plus probant encore au niveau des communautés urbaines et villageoises. La royauté confirme leurs coutumes ou leur en octroie de nouvelles. À travers ses interventions massives, elle peut régulièrement guider l'évolution des libertés municipales et canaliser cet ensemble de normes disparates pour les faire entrer dans un carcan juridique plus strict, organisé autour de quelques grands principes. Il y avait là, pour le pouvoir central, occasion d'une politique cohérente chaque fois qu'il était saisi de demandes de confirmation ou d'octroi. Les coutumes ainsi concédées selon des schémas communs, ou toujours modifiées dans le même sens, tendaient lentement à la formation d'un véritable droit urbain qui, même non unifié, commençait à offrir une cohérence toujours plus grande sous le contrôle du pouvoir de l'État qui y trouve occasion d'imposer progressivement sa propre loi.

Qu'il s'agisse de l'abolition des mauvaises coutumes, de la confirmation de toutes celles qui sont jugées raisonnables ou de l'octroi de nouvelles, la royauté conduit toujours dans toutes ces hypothèses une politique de régulation. Cette manière de procéder présente l'avantage d'éviter qu'un trop grand fossé se creuse entre un droit coutumier préexistant à l'État et l'ordre juridique qu'il commence à organiser. Ce même souci transparaît aussi chaque fois qu'une coutume est mise par écrit.

• *Rédaction*

Depuis le règne de saint Louis, la royauté ne cesse d'encourager la mise par écrit des coutumes. Pendant longtemps, elle n'est jamais intervenue directement, tout en étant souvent à l'origine de cette étonnante floraison de coutumiers (1) que prolonge, à partir de 1454, la décision de procéder à une rédaction officielle (2).

La rédaction des coutumiers

Compilations le plus souvent rédigées par des praticiens parfois anonymes, sur simple initiative privée, les coutumiers ont toujours un caractère territorial dans la mesure où ils rassemblent les coutumes d'un «pays», d'une région, qu'il s'agisse d'une principauté ou d'un bailliage.

Si cette définition est exacte, pour l'essentiel, il convient cependant de la nuancer quelque peu. D'abord en soulignant que tous ces coutumiers se rencontrent surtout dans le nord de la France. Ensuite, en insistant sur le rôle officieux qu'a toujours joué en sous-main le pouvoir dans leur rédaction. Ces praticiens rédacteurs sont, dans bien des cas, des agents royaux — des baillis très souvent — auxquels le roi prodigue tous ses encouragements dans leur entreprise. C'était là occasion inespérée de voir se réaliser la mise par écrit de tout un ensemble coutumier régional sous l'entière responsabilité d'un proche du pouvoir. Les possibilités d'intervention s'en trouvaient d'autant facilitées, qui permettaient de supprimer telle disposition contraire au droit royal en formation ou d'introduire telle autre en vue d'orienter dans un sens favorable au pouvoir l'évolution de toute cette matrice coutumière.

Vue sous cet angle, la rédaction des coutumiers apparaît comme un véritable plan préconçu d'équipement juridique du royaume. Il y a là — en l'absence de lois applicables à l'ensemble du territoire — volonté affichée du pouvoir royal de contrôler, au moins indirectement, un ordre juridique qui lui est antérieur et qui lui échappe à peu près complètement. Il le fait en appelant de tous ses vœux ce type de rédaction. Elle lui donnait assurance que tout ce qui risquait de s'opposer à la norme étatique avait quelque chance d'être écarté. Tout se trouvait ainsi mis en œuvre pour lui frayer la voie dans un monde juridique où elle avait presque complètement perdu son identité.

La rédaction de ces coutumiers débute à l'extrême fin du XIIe siècle. Particulièrement remarquable en Normandie, elle s'étend ensuite à toute la partie nord du pays. Elle y donne naissance à des œuvres nombreuses et de qualité tout au long du XIIIe siècle, puis se ralentit aux siècles suivants.

1) *Il y a tout d'abord le groupe des coutumiers normands qui ont le mérite de l'ancienneté et de l'originalité.* Sans doute parce que le duc avait su mieux qu'ailleurs préserver son autorité, les conditions se trouvent plus tôt réunies en Normandie pour une première tentative d'unification du droit ou, tout au moins, pour le rendre plus facilement applicable dans le cadre du duché. Deux grands textes sont issus de ce mouvement précoce de rédaction.

Le *Très ancien Coutumier de Normandie* date de la fin du XIIe siècle. Cette compilation, due à un auteur inconnu, a sans doute débuté aux environs des années 1190, donc bien avant le rattachement de la Normandie à la couronne. Rédigé en latin, c'est un ouvrage de qualité. Concis, il fournit un tableau succinct certes, mais très suggestif, du droit et des institutions normandes à cette époque.

Il est prolongé, plus d'un demi-siècle plus tard, par la *Summa de legibus Normaniae.* Rédigé en latin dans sa première version vers 1254, ce coutumier est ensuite traduit en français (sans doute aux alentours des années 1270) sous le titre de *Grand Coutumier de Normandie.* Dans cette somme d'une très grande qualité technique, l'auteur a su utiliser et parfaitement dominer le droit romain pour compléter et modeler, mais sans jamais les altérer, la coutume et les institutions normandes qui y conservent toute leur originalité. Bien qu'étant un ouvrage privé, ce texte ne tarde pas à obtenir, dès la fin du XIIIe siècle, l'autorité d'un véritable code. Les tribunaux s'y réfèrent alors, comme à un texte officiel.

2) *Le mouvement se poursuit au XIIIe siècle en Ile-de-France et dans les régions voisines.* Les rédactions y sont variées et de valeur très inégale. Dans certains de ces ouvrages, le droit coutumier est assez mal dégagé par l'auteur qui l'altère, souvent, à travers un droit romain mal compris. Dans d'autres au contraire, l'exposé est plus rigoureux et l'ensemble coutumier beaucoup plus fidèlement restitué.

Deux exemples illustrent parfaitement la première tendance. Les auteurs, désireux de montrer leur science du droit romain, plaquent sur la coutume qu'ils mettent par écrit de longues citations empruntées aux grands textes du droit romain (Code et Digeste en particulier). Inutiles et mal comprises, elles sont aussi mal venues et altèrent, jusqu'à le rendre trop souvent obscur, le texte de la coutume. Le *Conseil à un ami* rédigé aux environs des années 1250-1260 par Pierre de Fontaines, bailli de Vermandois, utilise cette méthode dans tout ce qu'elle a de plus artificiel. Les références au Code de Justinien y sont beaucoup trop nombreuses pour que l'ouvrage puisse exposer avec une suffisante cohérence les coutumes dont son auteur entend rendre compte. Des remarques identiques peuvent être faites à propos du *Livre de Jostice et de Plet* dont le rédacteur, inconnu, a mis par écrit les coutumes de l'Orléanais en s'efforçant de les enrichir par de multiples emprunts au droit romain et au droit canonique. Là encore, le résultat est loin d'être satisfaisant et aboutit à un ensemble dont la compréhension est assez difficile.

Tout à l'opposé sont deux œuvres maîtresses de la seconde moitié du XIIIe siècle dont les auteurs, sans doute beaucoup plus rompus au droit romain, n'en font qu'une utilisation toujours discrète et souvent indispensable pour compléter le système coutumier qu'ils présentent.

Le plus célèbre est dû à la plume de Philippe de Beaumanoir qui rédige, vers 1280, au moment où il est bailli de Clermont-en-Beauvaisis, *Les Coutumes de la comté de Clermont en Beauvaisis*. Né en 1247 dans une famille noble, Beaumanoir a reçu une bonne formation de juriste, il a aussi beaucoup voyagé, séjourné plusieurs fois en Angleterre et rempli une belle carrière d'administrateur. Souvent investi de la charge de bailli, il est un proche de saint Louis. Homme de culture et de pratique, son ouvrage ne pouvait que refléter cette double qualité. Il se veut à la fois savant, didactique et pratique. Voilà pourquoi Beaumanoir ne se contente pas d'une simple transcription de la coutume. Il l'analyse, l'interprète et la commente en s'appuyant sur de nombreux exemples puisés dans d'autres systèmes : droit romain, droit canonique, coutumes de ressorts voisins et jurisprudence du Parlement de Paris. Ainsi, l'ouvrage déborde-t-il les horizons étroits du Beauvaisis. Il y est même traité avec beaucoup de détails et d'insistance de la souveraineté et des droits du roi. Toujours favorable à la cause royale, l'auteur illustre bien, dans les positions qu'il prend, la méthode qui a souvent présidé à la rédaction de ces coutumiers, souhaitée et souvent imposée par la royauté.

Rédigé vers 1270, le coutumier curieusement intitulé *Les Établissements de saint Louis* répond, lui aussi, à des critères assez voisins. Il ne faut surtout pas faire entrer, sous ce titre, un recueil de textes de la législation royale, ce que pourrait laisser entendre le terme établissement. C'est simplement parce que l'ouvrage débute effectivement par un établissement de saint Louis sur la procédure à suivre devant le prévôt de Paris qu'il a été ainsi qualifié. En réalité, il s'agit bien d'un véritable coutumier. Son auteur, inconnu, y expose pour l'essentiel les coutumes de l'Anjou et de la Touraine.

3) *À partir du début du XIVe siècle, le mouvement de rédaction perd à la fois en vigueur et en qualité.* La difficulté des temps — crise politique, crise économique et guerre de Cent Ans — contribue à briser le mouvement du siècle précédent. La coutume est aussi très largement concurrencée par le droit romain et, surtout, par toute la jurisprudence des tribunaux royaux dont le succès est considérable. Le développement de la législation royale constitue également un important et nouveau facteur de frein. Partout où elle le peut, la royauté s'efforce de faire triompher la jurisprudence de ses tribunaux et l'ensemble normatif qu'elle met très lentement sur pied. Mais ces sources royales du droit, encore trop fragiles et dont la diffusion n'était pas toujours facile, ne pouvaient prétendre se substituer rapidement à la coutume. Voilà pourquoi, tout en étant moins vigoureuse, sa mise par écrit continue, aussi bien dans des provinces très éloignées de l'influence royale qu'en Ile-de-France ou dans les régions qui la jouxtent.

Après la Normandie, la Bretagne reprend cette tradition de rédaction dans des régions qui échappent à peu près complètement à la sphère du droit royal en gestation. La *Très ancienne coutume de Bretagne*, qui voit le jour vers 1330, s'affirme comme une œuvre avant tout bretonne, mais dans laquelle transparaît néanmoins, très fortement, l'influence du droit romain. Directement rédigée en français, elle est l'œuvre d'un auteur anonyme qui fait souvent appel à la morale et à la religion pour compléter et étayer son exposé. Cette méthode n'enlève rien à la qualité de l'œuvre, ni au tableau extrêmement fouillé qui est donné du droit breton et de son originalité. Comme le texte de la coutume de Normandie, ce recueil a aussitôt acquis dans la province valeur de véritable code officiel. Et il a été ainsi utilisé, jusqu'à la rédaction officielle de la coutume bretonne en 1539.

À se rapprocher du pouvoir et du droit qu'il souhaite voir progressivement appliquer à l'ensemble du royaume, on peut citer le *Grand Coutumier de France* rédigé à la fin du XIVe siècle par Jacques d'Ableiges, bailli d'Évreux, mais aussi praticien du Châtelet. Le titre n'en est point neutre qui veut évoquer l'ensemble du droit en vigueur non pas dans tout le royaume mais, plus modestement, en Ile-de-France où l'emprise du droit royal commençait véritablement à devenir réalité. J. d'Ableiges réunit dans cet ouvrage de nombreuses traditions coutumières parisiennes mais aussi, comme l'y incitait sa formation, une longue liste d'usages dans le domaine de la procédure. Très bien reçu dans les milieux judiciaires, cet ouvrage pourtant peu original et assez composite connut plusieurs versions dès l'époque de sa première rédaction, sans doute parce qu'il recensait l'essentiel des dispositions applicables en Ile-de-France à cette époque.

Plus ample dans sa conception et plus large dans l'application que souhaitait lui donner son auteur, se présente la *Somme rural* de Jean Boutillier. Ancien lieutenant du bailli de Vermandois, puis du bailli de Tournai, avant de devenir bailli de Chartres et d'Évreux, il meurt en 1395 après avoir rédigé cette œuvre quelques années auparavant. Elle s'oppose à toutes les précédentes par le souci de son auteur d'y tenter une première synthèse entre le droit coutumier du nord de la France, le droit romain et parfois aussi le droit canonique. C'est bien cette tentative que veut signifier le mot *somme*. Véritable encyclopédie juridique, cet ouvrage était trop érudit pour être clair. Malgré tout, son succès n'en fut pas moins grand auprès des praticiens du temps et du siècle suivant. Au lendemain de l'apparition de l'imprimerie, il fut parmi les ouvrages de droit à connaître le plus grand nombre d'éditions.

On le voit, toutes ces œuvres, bien que présentées comme des rédactions privées, sont de plus en plus liées à la politique royale en matière de sources de droit. Qu'elles soient presque toujours rédigées par des baillis, ou des praticiens auprès de tribunaux royaux, suffit à le prouver. Elles annonçaient cette volonté de plus en plus évidente de la royauté de maîtriser la coutume, de la mieux connaître et d'en contrôler, autant que faire se pouvait, le contenu. Il y avait là comme l'annonce d'une rédaction officielle.

La mise par écrit de la coutume

À partir du moment où la royauté se sent assez forte pour agir directement sur l'ordre coutumier, elle décide de procéder à une mise par écrit officielle des différentes coutumes du royaume. Telle fut l'intention de Charles VII. Elle se concrétise avec l'ordonnance de Montils-lès-Tours en 1454. Quelles ont été les causes profondes de cette décision, quelle était la procédure retenue pour la rédaction et, surtout, quels en furent les résultats?

1) *La décision et ses causes.* — Au milieu du XVe siècle, beaucoup de coutumes se trouvaient déjà fixées dans le cadre de rédactions privées. Mais rares étaient les coutumiers qui avaient reçu approbation officielle. De plus, même revêtus de ce label, ils restaient incomplets, incertains et très marqués par les idées personnelles des rédacteurs. Autant d'insuffisances qui constituaient de graves inconvénients, aussi bien pour les praticiens que pour les justiciables.

Subsistaient aussi, très souvent, de graves difficultés pour déterminer le détroit dans lequel s'appliquait chacune de ces coutumes. Tous ces détroits, généralement très enchevêtrés, constituaient un véritable maquis juridique. À tout moment, il fallait avoir recours à des enquêtes pour en fixer les limites exactes, prouver des règles incertaines ou déterminer, en cas de dispositions contraires, laquelle devait être appliquée.

Cette complexité croissante était particulièrement gênante à un moment où transactions et échanges ne cessaient de se développer. Elle empêchait aussi toute tentative pour instaurer un ordre juridique plus unitiaire et bloquait les progrès d'un pouvoir normatif royal qui se voulait unificateur face à des transcriptions de coutumes insuffisantes dans leur nombre, lacunaires dans leur contenu et, pour beaucoup d'entre elles, déjà fort anciennes.

En raison de toutes ces incertitudes de la coutume, il y avait le danger de voir les praticiens se tourner de plus en plus vers le droit romain. Risquait alors de se rétrécir dangereusement l'espace juridique que la royauté s'était réservé et dont elle voulait, désormais, faire un champ privilégié de son intervention.

C'est pour tenter de pallier tous ces inconvénients et remédier aux insuffisances nées d'un ordre juridique incertain que Charles VII fait insérer dans l'ordonnance de Montils-lès-Tours, essentiellement destinée à la justice, la disposition suivante : «*Nous ordonnons... que les coutumes, usages et stiles de tous les pays de notre royaume soient rédigés et mis par écrit, accordés par les praticiens et gens de chacun desdits pays de notre royaume.*»

2) *Procédure.* — L'article 125 de l'ordonnance prévoyait la rédaction, dans chaque bailliage, d'un projet de coutume. Ce texte, une fois rédigé sous la responsabilité du bailli, devait être envoyé au roi avec, en annexe, toutes les observations qui avaient pu être faites par les intéressés à l'occasion de son élaboration. Le roi s'en réservait la publication après avoir consulté Parlement et Conseil.

Cette procédure ne donna guère satisfaction. Elle ne fut suivie que de médiocres résultats, ce qui conduisit Charles VIII, puis Louis XII, à la modifier très sensiblement. Charles VIII estima qu'il était sage de confier l'examen des projets à une commission composée de membres du Parlement. Dans la pratique, ce système devait se révéler irréaliste. Tous les procès-verbaux qui parvenaient à la commission étaient accompagnés de contestations si nombreuses et si variées qu'elles ne pouvaient être directement tranchées depuis la capitale.

Voilà pourquoi deux ordonnances successives de septembre 1497 et mars 1498 organisent, de manière définitive cette fois, une nouvelle procédure. La mise par écrit de la coutume est toujours décidée par le roi qui donne commission à quelques membres du Parlement de prendre en main les opérations de rédaction dans un bailliage ou une région déterminée. Ils sont ainsi nommés «commissaires royaux à la rédaction». Au bailli revient toujours le soin de préparer un projet en s'entourant du concours de praticiens et de quelques notables équitablement choisis pour représenter clergé, noblesse et troisième ordre. Une fois ce projet examiné par les commissaires royaux, le bailli convoque une assemblée des trois états du bailliage destiné à discuter le projet en présence des commissaires. Lecture en est donnée par un greffier, article par article.

Tous les articles ne soulevant aucune contestation sont dit «accordés». Cela voulait tout simplement signifier qu'ils avaient été examinés en détail et que leur contenu n'avait soulevé aucune contestation. Leur adoption était définitive et ils étaient immédiatement promulgués au nom du roi par les commissaires. Quant aux articles «discordés» — ceux qui posaient problème et à propos desquels on n'arrivait pas à se mettre d'accord —, une nouvelle discussion s'engageait et les commissaires royaux cherchaient à créer un terrain d'entente acceptable pour tous. Si on n'y parvenait pas, ils étaient tout de même adoptés, mais de manière provisoire et sous réserve de l'opposition qui pouvait être formée contre eux. L'ensemble du texte ainsi rédigé était ensuite expédié par la chancellerie royale sous forme de lettres patentes enregistrées par le Parlement de la province concernée.

Cette procédure est intéressante à un double point de vue. D'une part, elle attribue un rôle important aux populations intéressées. Elles sont très largement consultées et leurs représentants établissent le texte du projet en collaboration avec agents locaux et commissaires royaux. Il y a une volonté affichée de la part de la royauté de respecter la coutume, droit spontané d'un groupe et d'une région. Mais, d'autre part, cette même royauté demeure toujours maîtresse de l'opération. L'initiative de la rédaction lui revient. Ses agents et ses commissaires contrôlent de très près tous les travaux préparatoires. Ils veillent à l'établissement du texte définitif. Enfin, c'est le roi qui détient le pouvoir de «décréter» et promulguer la coutume, même s'il a toujours possibilité, bien sûr, de le déléguer à ses commissaires. Il ne pouvait guère en être autrement. À un moment où s'affirme partout le pouvoir normatif du souverain, qui d'autre que lui aurait pu avoir capacité pour conférer à un texte coutumier une valeur équivalente à celle de la loi? Telle était la théorie. Dans la réalité, la royauté n'eut que rarement l'occasion d'intervenir aussi directement en ce domaine jusqu'à la fin du XVe siècle.

3) *Résultats.* — Ils sont extrêmement minces pour la période. La mise en route de la procédure fut lente et difficile. Elle n'aboutit, sous le règne de Charles VII, qu'à une seule rédaction et ce fut dans une province où l'autorité du roi était pratiquement inexistante : la Bourgogne. En 1458, les états de la province demandent au duc Philippe le Bon de faire procéder à la rédaction. Rapidement menée à bien, elle est promulguée par lettre patente du duc et confirmée par le roi en 1459. Le règne de Louis XI est tout aussi vide en ce domaine. Il confirme simplement, en 1463, les coutumes du pays de Touraine puis, la même année, deux articles pour Bordeaux. Malgré la mise en œuvre de toute une série de mesures pour accélérer les rédactions, ses efforts ne furent pas couronnés de succès.

Seules les décisions prises par Charles VIII et Louis XII devaient accélérer, de manière irréversible, le mouvement. Mais les grandes rédactions ne commencent véritablement qu'au début du XVIe siècle : Chartres (1508), Orléans (1509), Auvergne et Paris (1510), Poitou (1514), Bretagne et Berry (1534). Le mouvement continue tout au long du siècle, et même encore aux siècles suivants.

Par-delà les résultats matériels, encore très modestes pour la fin du Moyen Âge, il faut insister sur les conséquences extrêmement positives que prépare et annonce ce vaste mouvement officiel de rédaction.

La première, et sans doute la plus importante, fut de contribuer à la fixation définitive du droit coutumier. Une fois mise par écrit, la coutume acquiert une double qualité. Elle est désormais certaine. Il en résulte une très grande sécurité pour les praticiens, les juges et les plaideurs qui peuvent toujours, en cas de contestation, se reporter au texte officiel. D'autre part, la coutume rédigée acquiert force légale. Sanctionnée par l'autorité royale et décrétée par elle, sa valeur équivaut à celle d'une ordonnance ou, à tout le moins, s'en rapproche, ce qui explique qu'elle ait dû être enregistrée par le Parlement. Cependant, malgré cette grande valeur attachée au texte écrit, la coutume, même rédigée, continue à évoluer et certains de ses articles peuvent fort bien être modifiés par l'usage, voire tomber en désuétude, exactement comme pour un texte de loi. La rédaction entraînait fixation de la coutume et sécurité dans son application, non rigidité absolue.

La seconde conséquence de la rédaction est d'ouvrir la voie, timidement encore mais de manière très sûre, à une certaine unification du droit. Rédigées, les coutumes se trouvent souvent réduites en nombre. L'évolution était depuis longtemps en marche. En liaison avec la reconstruction territoriale, qui donne naissance à des unités toujours plus grandes, beaucoup de coutumes particulières régissant des châtellenies ou petites seigneuries disparaissent ou sont absorbées par d'autres dont le ressort territorial est beaucoup plus vaste, bailliage ou principauté par exemple. Le processus de rédaction consacre et accélère cette évolution qui fait disparaître de nombreuses coutumes spéciales au profit de coutumes plus générales, applicables dans le cadre d'un bailliage ou d'une seigneurie. On assiste donc à une sorte de structuration du droit autour de quelques grands pôles coutumiers. Les grandes coutumes qui lui servent d'assise, désormais rédigées et connues, devaient favoriser la formation progressive d'un droit commun coutumier pour l'ensemble du royaume.

La conséquence ultime de cette vaste opération de mise par écrit des coutumes fut l'occasion qu'elle offrit à la royauté de pouvoir agir directement sur un ordre juridique morcelé et divers. Maître de la décision de rédaction, le roi en contrôle en grande partie la réalisation par l'entremise de ses commissaires qui participent aux opérations de rédaction et par l'intervention obligée au Parlement au moment de l'enregistrement. Il y avait là une réelle maîtrise reconnue à l'État sur l'évolution et la fixation d'un secteur du droit qui lui avait, jusque-là, à peu près totalement échappé. La coutume, droit préexistant à l'État, se trouvait désormais en partie absorbée par lui. En lui donnant force légale, il en faisait sa propre loi ou, tout au moins, un droit qui tenait de lui l'essentiel de sa valeur. La situation fut bien différente avec le droit romain.

C. Orienter l'utilisation du droit romain

Parvenu à son apogée scientifique dans la première moitié du XIIIe siècle avec Azon et Accurse, l'école des glossateurs connaît aussi, au même moment, ses limites. Sa méthode d'interprétation textuelle ne peut résister aux assauts de la scolastique et aux profonds bouleversements qu'impose le renouveau universitaire du XIIIe siècle. C'est dans ce contexte que les postglossateurs imaginent une nouvelle méthode d'enseignement et de réflexion autour du droit de Justinien dont l'utilisation par les praticiens dessine une nouvelle carte juridique du royaume.

• *L'école des postglossateurs*

C'est principalement à des maîtres français que revient le mérite d'avoir orienté sur de nouvelles voies l'étude et l'enseignement du droit romain dans la seconde moitié du XIIIe siècle. Désormais mieux connu dans ses dispositions essentielles, il était indispensable d'en venir à une méthode plus constructive et plus synthétique. Ce fut celle de la scolastique, essentiellement caractérisée par un raisonnement logique et déductif, fondé sur la rigueur de la démonstration et la précision du vocabulaire. Ce mode de raisonnement et d'enseignement, qui triomphe dans toutes les universités du XIIIe siècle, substitue à l'examen littéral des textes (gloses) et aux travaux analytiques qui en résultaient (sommes), des débats de doctrine (*quaestiones* ou controverses, *concilia* ou consultations) et des exposés systématiques (*lecturae* ou commentaires). L'analyse littérale et purement scientifique des sources est progressivement abandonnée au profit d'une lecture beaucoup plus utilitariste en vue d'en tirer le meilleur parti et d'apporter des solutions aux grands problèmes du temps. Ainsi se construit lentement tout un système juridique fondé sur le droit romain, mais parfaitement adapté aux nécessités nouvelles.

Quelques grands noms de juristes français sont attachés à cette évolution. Jacques de Révigny († 1296) est sans doute le plus notable. Professeur aux universités de Toulouse et d'Orléans, avant de devenir évêque de Verdun (1290), il rompt avec la méthode des glossateurs au profit de la dialectique. Il est suivi dans cette voie par plusieurs de ses élèves, en particulier Pierre de Belleperche († 1308) qui, après avoir enseigné lui aussi à Toulouse puis à Orléans, devient conseiller de Philippe le Bel, évêque d'Auxerre et, enfin, chancelier de France.

Française, la méthode séduit les Italiens. Il se produit alors, au début du XIVe siècle, un mouvement inversé par rapport à celui qu'avait connu le début du XIIe siècle avec les glossateurs. Cynus de Pistoia, légiste et poète, ami de Dante, est sans doute un des premiers à avoir introduit dans la péninsule cette nouvelle manière d'apprendre, enseigner et utiliser le droit romain. C'est avec un de ses disciples, Bartole (1314-1357), qu'elle connaît son plus célèbre représentant et aussi le plus d'éclat. Originaire de Sassoferato (province d'Ancône), il enseigne successivement à Pise et Pérouse où son rayonnement est immense. Il s'impose rapidement comme le chef de file de l'école romaniste du XIVe siècle. En témoigne le qualificatif de « bartolistes » parfois donné à l'École des postglossateurs. Après lui, son successeur Balde, professeur à Pérouse et à Pavie, prolonge toute son œuvre. À ces trois grands noms et à toute l'école des postglossateurs dont ils apparaissent comme les véritables maîtres, est attachée une rénovation de nombreux systèmes juridiques qu'ils enracinent en profondeur dans la tradition romaine. C'est poser tout le problème des conséquences de ce vaste mouvement.

• *Une nouvelle carte juridique du royaume*

La renaissance du droit romain en Italie fut aussitôt doublée de sa remarquable expansion dans l'ensemble de l'Europe médiévale. À côté du droit canonique, il servit de base à tout enseignement juridique dans les universités, la connaissance des coutumes n'y tenant qu'une place extrêmement réduite. Droit canonique et droit romain, droits savants par excellence, constituèrent, dès le début du XIIe siècle, les deux pôles de formation de tous les juristes médiévaux. Parce qu'il était un droit écrit, unitaire et technique, le droit romain apparut immédiatement aux juristes comme un système infiniment supérieur à un ordre coutumier non écrit, parcellaire et souvent flou. Apte à répondre aux besoins d'une société et d'une économie en pleine mutation, il s'inséra partout dans les innombrables vides juridiques laissés par la coutume.

Mais ce ne fut pas pour autant sans difficulté. Il progressa très inégalement sur le sol français. Plus rapide et plus sûre dans le Midi, même si elle rencontre des obstacles, sa progression bute au Nord sur une infrastructure coutumière beaucoup plus résistante qui n'avait pas eu à subir avec autant de rigueur le poids de la romanisation.

De cette progression modulée résulte, à partir du milieu du XIIIe siècle, une division de la France en deux zones. Au Midi, celle des pays de droit écrit; au Nord, celle des pays de coutumes.

Cette distinction, qui devait demeurer fondamentale jusqu'à la fin de l'Ancien Régime, est pour la première fois faite officiellement, en 1250, dans une ordonnance rendue pour l'administration des provinces de Languedoc. Elle s'explique par une multitude de facteurs. La romanisation plus poussée des régions du Midi a naturellement beaucoup joué, mais aussi sûrement le facteur linguistique. La langue d'oc, plus proche du latin que la langue d'oïl, a facilité, à n'en pas douter, la réception des textes du droit romain. La symétrie du partage est frappante entre pays de droit écrit et pays de coutumes d'une part et pays de langue d'oc et pays de langue d'oïl d'autre part. Les contemporains en ont d'ailleurs eu pleinement conscience, tel ce juriste du XVe siècle qui pouvait écrire : *Les pays de droit écrit, c'est-à-dire les pays de langue d'oc*. À ces facteurs importants, mais non déterminants, s'ajoutent aussi la géographie, les différences ethniques et culturelles ainsi que la volonté politique de maintenir ou non telle région sous l'emprise du droit romain.

Voilà pourquoi la limite reste pendant longtemps floue avant de se fixer, de manière plus rigide, dans le courant du XIVe siècle. Elle s'inscrit le long d'une ligne brisée qui, d'ouest en est, part de la Charente pour aboutir au lac Léman. Aunis, Angoumois, Poitou, Marche, une partie de l'Auvergne, Bourbonnais, Bourgogne et Franche-Comté étaient pays de coutumes, tandis que Saintonge, Périgord, Gévaudan, Velay, Forez, Lyonnais, Beaujolais, Mâconnais et Bresse suivaient le droit romain. À dire vrai, ces «régions frontalières» ne se répartissaient jamais aussi nettement entre ces deux systèmes juridiques. Droit écrit et droit coutumier régissaient, de part et d'autre de cette ligne de démarcation, de nombreuses enclaves qui rendaient toujours difficile la détermination du droit applicable. Au-delà, plus au sud ou plus au nord, s'opposent avec plus de vigueur pays de droit écrit et pays de coutumes. Sans doute, mais à y regarder de près, cette opposition n'est pas toujours aussi franche.

• *Le droit romain en pays de droit écrit*

Sa progression est constante, d'est en ouest, depuis la fin du XIIe siècle. Plusieurs textes officiels la consacrent dans le courant du XIIIe siècle. Voici qu'en 1251, Blanche de Castille reconnaît que le sud du royaume est régi par le droit écrit tandis que le nord obéit à la *consuetudo gallicana*, ce qui imposait à la *curia regis* d'appliquer le droit romain pour juger tous les appels venus du Midi. Voilà encore une ordonnance de 1278 stipulant que toutes les causes venues des six sénéchaussées du Midi (Toulouse, Carcassonne, Beaucaire, Périgord, Rouergue et Quercy) doivent être jugées par des auditeurs spéciaux choisis au sein de la *Curia regis* pour constituer l'«auditoire de droit écrit» dont l'existence est régulièrement attestée, au moins jusqu'en 1343.

Malgré cette consécration officielle, il ne faut pas confondre renaissance et application effective du droit romain. De la théorie à la pratique, il y eut souvent un abîme, l'écart subsista longtemps entre les idées et la réalité. Parce qu'il était complexe et d'application difficile, les particuliers et les praticiens eux-mêmes eurent tendance à se méfier du droit romain, ce qui redonna force et vigueur à la coutume en plein pays de droit écrit.

Cette résistance des particuliers à la romanisation du droit est surtout perceptible à travers les clauses de renonciation que les parties introduisent dans les contrats sur conseil de leurs notaires. S'ils font considérablement évoluer la pratique vers la romanisation dès le début du XIIIe siècle, les notaires dressent en même temps d'efficaces remparts à la trop grande diffusion du droit de Justinien. Chaque fois qu'une disposition romaine apparaît trop restrictive ou que son application rigoureuse risque d'apporter un trouble quelconque dans les rapports conventionnels en menaçant par exemple la stabilité du contrat, ils conseillent aux parties de s'en prémunir en y renonçant par avance. Tel est l'objet de ces clauses de renonciation. Souvent complexes et toujours minutieusement rédigées, elles témoignent à la fois de la grande familiarité de nombreux notaires avec les lois romaines et de leur volonté non dissimulée d'en freiner l'application. Elles ne cessent de se multiplier tout au long du XIIIe siècle, permettant ainsi de suivre avec précision la progression géographique de la romanisation, ses étapes chronologiques et toutes les réticences qu'elle suscitait, aussi bien de la part des intéressés que des praticiens eux-mêmes ou des collectivités qui restaient attachées à leurs coutumes.

Face à un droit romain qui pénètre tous les secteurs de la vie juridique, la coutume apparaît comme un bastion solide doté d'une très forte capacité de résistance. C'est pour la rendre plus efficace encore que de nombreuses villes et communautés villageoises du Midi de la France la mettent par écrit dès la fin du XIIe siècle. On assiste ainsi à une véritable codification non seulement des droits respectifs du seigneur et des habitants dans les domaines judiciaire, fiscal ou militaire, mais aussi pour tout ce qui touche aux rapports de droit privé. Considérée sous cet angle, on peut dire que la rédaction de nombreux statuts municipaux correspond à une volonté affirmée de maintenir, face à la loi romaine, une certaine identité.

Mais cela ne signifie pas qu'il y ait eu, pour autant, refus systématique. Bien au contraire. Au-dessus de ces statuts dont la diversité le dispute à la complexité, la loi romaine apparaît, dès le XIIIe siècle, comme une sorte de dénominateur juridique commun des pays de droit écrit. Elle acquiert ainsi rapidement valeur de coutume générale à laquelle on prit l'habitude d'avoir recours chaque fois qu'était constaté un vide coutumier ou que devait être tranché un conflit. Droit supplétoire au départ, le droit romain n'en devint pas moins une source considérable du droit dans la mesure où étaient nombreuses les lacunes de la coutume dans des secteurs aussi importants que la procédure, les contrats ou, même, la famille. Incontestée dans le Midi, son autorité fut naturellement moins grande dans le Nord.

• *Le droit romain en pays de coutumes*

Tant en raison de l'éloignement géographique de ces régions par rapport aux foyers de renaissance du droit romain que des facteurs politiques déjà signalés, en particulier la prudence de la royauté à l'égard du droit de Justinien au moment où elle doit s'affirmer face à l'Empire, sa progression y est plus lente, son affirmation plus difficile. Dans un tel contexte, quelle fut l'autorité de la loi romaine en ces régions septentrionales? Si la réponse varie à l'infini en fonction des temps et des lieux, on doit cependant constater que, dans l'ensemble, les pays du Nord n'ont ni ignoré le droit romain, ni refusé de l'appliquer.

Comme dans le Midi, les clauses de renonciation se font de plus en plus nombreuses à partir de la seconde moitié du XIIIe siècle, témoignant ainsi d'un incontestable progrès de la loi romaine. Mieux encore, nombre de ses dispositions sont aussi reprises dans beaucoup de coutumiers. Certes, elles n'y introduisent souvent, dans l'immédiat, qu'une romanisation de surface, mais elle n'en était pas moins porteuse pour l'avenir. Et il y a plus. Comment ne pas attacher la plus grande importance à l'extraordinaire rayonnement que connut le droit de Justinien dans les universités du Nord de la France, que ce soit à Orléans puis à Paris? Considéré comme un modèle de construction logique, il jouit d'une grande autorité doctrinale. On vit en lui la raison écrite (*ratio scripta*) propre à apporter une solution à de multiples problèmes théoriques.

Il y a là autant de raisons qui contribuent à expliquer la place de choix que lui réservèrent plusieurs rédacteurs de grands coutumiers dans lesquels il oblitéra souvent la coutume locale, jusqu'à la faire parfois disparaître presque complètement. Il faut enfin évoquer, pour comprendre cette lente romanisation des pays du Nord, le rôle de tout premier plan qui revint au juge. Devant les tribunaux royaux, la procédure ne peut se perfectionner qu'en reprenant l'essentiel des usages romains. Cette familiarité de plus en plus grande du magistrat avec la tradition procédurale romaine le conduisit tout naturellement, chaque fois que la tradition coutumière était insuffisante pour trancher un problème de la vie courante, à faire appel aux solutions de la loi romaine, toujours mieux adaptée au droit des biens, des contrats, du commerce et des rapports familiaux. On le voit, la jurisprudence des tribunaux royaux devint un moyen efficace pour faire passer dans le droit positif quantité de solutions romaines.

Cependant, en dépit de tous ces facteurs favorables et en raison du profond enracinement des pays du Nord dans leurs coutumes, la loi romaine n'y acquit jamais l'autorité supplétoire qui lui était déjà officiellement reconnue dans le Midi. Même si on se plaisait à louer sa grande valeur doctrinale, on lui préférait souvent, en cas de silence de la coutume du détroit concerné, celle d'un détroit voisin ou, bien sûr, la «loi du roi» ou la jurisprudence de ses tribunaux.

D. Favoriser l'élaboration d'une jurisprudence plus cohérente

Les tribunaux royaux, qui deviennent réalité à partir de la fin du XIIe siècle avec la généralisation de l'institution des baillis, puis surtout avec la mise en place progressive des rouages du Parlement dans la seconde moitié du XIIIe siècle, n'élaborent que très lentement une véritable jurisprudence. L'obstacle principal à son affirmation a été, pendant longtemps, l'absence de tout registre officiel des décisions rendues. Bien souvent encore au début du XIIIe siècle, tout justiciable qui souhaitait rapporter la preuve d'un jugement devait, en l'absence de registre, procéder par témoignage. Il était alors réduit à interroger ou faire interroger ceux qui avaient pu participer au jugement. Cette preuve testimoniale des décisions de justice était qualifiée de record de cour.

Mais ce procédé fort défectueux, qui rendait difficile la preuve par les intéressés eux-mêmes et bloquait toute publicité des jugements, fut progressivement supplanté par la lente mise par écrit des décisions sur des registres officiels qui devinrent la mémoire, tout à la fois, des tribunaux et des justiciables. Cependant, même franchi ce pas important, le record n'en est pas pour autant rapidement détrôné. On continue pendant longtemps à y avoir recours et les registres ne sont invoqués qu'en seconde ligne, en raison de la tradition qui voulait que l'écrit ne valût que confirmé par son auteur et ses témoins.

Dès la seconde moitié du XIIe siècle cependant, les grandes juridictions avaient à leur service des clercs chargés des procès-verbaux de leurs audiences. Ils avaient mission de noter, pour les mettre en forme, au moins les décisions les plus importantes. L'Échiquier de Normandie fut sans doute une des premières grandes cours à procéder ainsi de manière systématique. Dans les dernières années du XIIe siècle, ses juges commencent à faire transcrire ses arrêts sur des parchemins. Cousus bout à bout et roulés, ils constituaient le rôle *(rotulus)* de la session. Il en fut ensuite tenu registre de manière régulière. Cette pratique, sans doute lentement imitée par les tribunaux royaux, est surtout perceptible au Parlement dont les recueils connus débutent en 1254. C'est ainsi que commence à prendre naissance une véritable jurisprudence des tribunaux royaux.

Souvent bien mal consignés dans les prétoires des bailliages et sénéchaussées, les arrêts qui y sont rendus ne jouent qu'un rôle tout à fait secondaire dans la formation d'une jurisprudence royale. Trop peu connues des praticiens des tribunaux voisins, ces décisions, même si elles apportaient des solutions originales sur des points de droit importants, étaient peu susceptibles d'être suivies. Elles se limitaient trop à l'application de coutumes locales pour avoir une incidence véritable en dehors du ressort. Voilà pourquoi elles ne suivent que de très loin l'élaboration d'une véritable jurisprudence.

Il n'en va pas de même avec les arrêts du Parlement. Juridiction suprême du royaume, il est particulièrement bien placé pour donner naissance à une jurisprudence derrière laquelle pouvait se ranger toute la hiérarchie judiciaire. C'est sans doute pour cette raison qu'habitude est prise, dès son origine, de consigner par écrit à la fois le contenu de la décision et le résumé des phases de la procédure qui ont permis d'y aboutir. Cette donnée nouvelle est liée au développement de la procédure d'enquête qui impliquait de plus en plus rédaction d'écrits et constitution de dossiers. Dès 1258, saint Louis l'impose à toutes les juridictions royales.

C'est à partir de cette date que se développent les registres du Parlement tenus sous une double forme. Les registres d'arrêts débutent en 1254, tandis que les registres d'enquêtes, qui résument les différentes phases de la procédure, s'ouvrent à partir de 1258. Ces recueils, nommés *Olim* (parce que le premier arrêt débute par *Olim homines...*), rendirent immédiatement les plus grands services. Le premier est dû à la plume de Jean de Montluçon († 1273), greffier de la *curia regis*. Il s'est d'abord contenté de copier ou résumer d'anciens *rotuli* sur lesquels lui-même et ses prédécesseurs avaient transcrit enquêtes et arrêts émanant de la cour. Après lui, ses successeurs, Nicolas de Chartres et Pierre de Bourges, continuent dans la même voie.

On a beaucoup discuté sur le caractère de ces recueils et la valeur qu'il convient de leur donner. Certains auteurs n'ont voulu y voir qu'une sorte de compilation privée, d'autres au contraire leur ont reconnu valeur tout à fait officielle. C'est là la solution la plus raisonnable. Même si les premiers registres ne sont que la copie des *rotuli*, ils proviennent du greffe du Parlement et sont l'œuvre de ses greffiers.

Au fur et à mesure que s'étend la compétence du Parlement, ils deviennent de plus en plus touffus et difficiles à consulter. Ils ne font l'objet d'aucune diffusion, ce qui bloque à peu près complètement la connaissance des grandes décisions du Parlement. C'est la raison pour laquelle, dès le début du XIVe siècle, certains praticiens se mettent à rédiger des ouvrages plus maniables dont la consultation était plus ouverte. Il y eut d'abord les *Styles de procédure*. Ouvrages de procédure, ils contiennent des coutumes notoires, des enquêtes et des résumés d'arrêts qui apportent aux justiciables et praticiens toutes informations utiles pour conduire un procès devant telle ou telle cour. Guillaume du Breuil, avocat au Parlement, rédige un *Stylus curiae Parlamenti* qui regroupe de nombreux arrêts s'échelonnant de 1323 à 1329.

S'insèrent dans la même lignée les *Recueils d'arrêts*. Leurs auteurs y résument les arrêts importants qu'ils accompagnent de commentaires, chaque fois qu'ils sont particulièrement remarquables et susceptibles d'orienter dans un sens nouveau l'évolution de la jurisprudence. Un des premiers est dû à Jean le Coq (*Johannes Galli*, † 1400), chanoine de Paris puis avocat au Parlement. Dans cet ouvrage intitulé *Quaestiones*, il présente pour chaque arrêt un résumé de l'affaire, les arguments invoqués par chacune des parties (*pro et contra*), la solution accompagnée d'une véritable note qui lui permet d'interpréter et de faire connaître sa position personnelle en insistant sur les points destinés à faire jurisprudence. Cette méthode de la *quaestio*, empruntée à la méthode dialectique, est capitale pour l'évolution et la fixation du droit à cette époque. Les praticiens du Parlement l'utilisent aussi. Au moment où la coutume fonde presque toujours encore le droit, mais où elle devient de plus en plus difficile à prouver, il est plus aisé d'avoir recours à des précédents de jurisprudence connus pour lesquels elle a déjà été utilisée plutôt que d'avoir à se lancer dans de vastes enquêtes. Il y a ainsi interaction constante entre coutume et décision de justice, ce qui donne naissance à une sorte de coutume judiciaire que des travaux comme ceux de Jean le Coq contribuent à la fois à former et à faire connaître.

Son œuvre ouvrait la voie à un genre nouveau dans l'élaboration et la diffusion de la jurisprudence, celui des «arrêtistes» qui, jusqu'à la fin de l'Ancien Régime, publient dans leurs recueils des arrêts résumés et commentés. Leur rôle a été capital dans la fixation progressive de la jurisprudence des tribunaux royaux. En rendant plus facile l'accès à leurs décisions, ils en assuraient en même temps le succès. Mais cette diffusion devait obligatoirement rester très limitée jusqu'à la fin du XVe siècle, aussi longtemps que ne peuvent être mises à son service les techniques de l'imprimerie, tout comme pour la législation royale.

Législation royale, droit romain, coutume et jurisprudence constituent toujours, à la fin du Moyen Âge, quatre blocs parfaitement individualisés parmi les sources du droit. Néanmoins, l'emprise qu'exerce le pouvoir royal à leur endroit ne cesse de s'accentuer. La fonction assignée au droit romain, surtout dans le Midi, se précise tandis que la royauté exerce sur la coutume un contrôle discret que ne cessent de parfaire ses juges. Au même moment, leur jurisprudence prend consistance avec les décisions du Parlement dont l'autorité s'impose jusque dans les sphères du pouvoir et ses organes de gouvernement.

2. Les organes centraux de gouvernement

Jusqu'au début du XIIIe siècle, deux organes constituent le pivot central du gouvernement royal : l'hôtel du roi et la cour du roi. L'hôtel regroupe toutes les personnes qui vivent dans l'entourage du roi, l'accompagnent dans tous ses déplacements et remplissent, pour l'essentiel, des fonctions domestiques. La cour, organe féodal par excellence, réunit les vassaux royaux pour traiter des affaires importantes du royaume. Dans ce gouvernement presque exclusivement composé de *domestici* et de *vassi*, les relations privées jouent un rôle de premier plan tandis que le roi constitue la clef de voûte du système, position qu'il conserve tout au long des trois derniers siècles du Moyen Âge.

Mais, parallèlement, d'importantes mutations rythment le lent passage d'un gouvernement de type féodal à un gouvernement dont la fonction première consiste, désormais, à organiser et faire fonctionner les structures d'un État moderne. Domestiques et vassaux n'y suffisent plus. Il y faut des techniciens. Hôtel et cour du roi ne sont plus adaptés à la gestion des problèmes politiques, administratifs, judiciaires et comptables chaque jour plus complexes. Il y faut des institutions spécialisées.

Voilà pourquoi le XIIIe siècle constitue un véritable tournant dans l'histoire du gouvernement monarchique médiéval. Certes, les anciennes structures ne disparaissent pas pour autant, mais la profonde évolution qu'elles subissent fait qu'elles apparaissent de moins en moins comme la chose du prince. À l'image de la couronne qui symbolise désormais un État n'appartenant plus au roi, le gouvernement échappe lentement à la mouvance personnelle du prince. Selon l'idéal politique du temps, il ne doit être rien d'autre que l'instrument d'un pouvoir dépatrimonialisé et dépersonnalisé. Ni l'Hôtel du roi, ni son Conseil n'échappent à cette irrésistible évolution. Dès le début du XIIIe siècle, s'impose à l'hôtel une différenciation de plus en plus marquée entre fonctions domestiques et fonctions politiques. Au sein de la *curia regis*, il faut attendre la seconde moitié du siècle pour que s'opère un démembrement de ses compétences et que fonctionnent, de manière véritablement autonome, les institutions qui en sont les héritières.

A. L'HÔTEL DU ROI : DU SERVICE PRIVÉ DU PRINCE AU SERVICE PUBLIC DU ROI

Composé jusqu'au début du XIIIe siècle de serviteurs aussi attachés à la personne du prince qu'au service de la chose publique, l'hôtel du roi voit alors le profil social de son personnel évoluer en profondeur. Y occupent toujours une place de choix les familiers du roi : reine, futur roi, princes du sang et autres membres de la famille royale. S'y trouvent aussi en bon rang, comme par le passé, tous les *domestici*. Recrutés par le roi parmi les clercs et les chevaliers, ils sont toujours entretenus par lui, mais reçoivent de plus en plus des gages qui les transforment lentement en véritables agents. Chargés de la rédaction des actes, les clercs étaient au début presque uniquement choisis parmi les ecclésiastiques. Ils le sont davantage parmi les laïcs à partir du début du XIIIe siècle, si bien que le mot « clerc » tend à prendre un sens nouveau pour désigner celui qui est préposé aux écritures. Quant aux chevaliers, appelés à remplir de multiples services qui vont de la garde aux fonctions administratives les plus diversifiées, leur nombre et leur influence ne cessent de croître. En bénéficièrent directement les légistes. Troisième catégorie des membres de l'hôtel, ils en représentent véritablement les forces vives à partir de la seconde moitié du XIIIe siècle. Rompus au droit, ces chevaliers ès lois pétris d'une double culture romaine et canonique sont particulièrement bien préparés à la gestion des affaires. D'origine souvent modeste, toujours très dévoués à la royauté, ce n'est pas par le métier des armes qu'ils arrivent à se hisser aux plus hautes fonctions, mais grâce à leur formation universitaire, souvent très poussée. Voilà bien la grande mutation de l'hôtel du roi à partir du XIIIe siècle. Familiers et *domestici* ne cessent de perdre en influence au profit des légistes. Face à l'élément traditionnel et aristocratique, ces légistes incarnent la compétence de tout un personnel de techniciens dont l'action symbolise le vouloir du nouvel État en construction. Il en résulte une profonde mutation du corps que constituaient, à l'époque féodale, les grands officiers tandis que les officiers ordinaires, davantage à l'abri des grandes évolutions politiques, parviennent à mieux préserver leur individualité et les fonctions plus modestes qu'ils exercent.

• *Déclin et ascension des grands officiers*

Leur fortune si diverse est intimement liée aux fonctions jusque-là exercées par chacun. Certaines furent plus porteuses que d'autres.

Les fonctions purement domestiques

Chaque fois qu'elles demeurèrent rivées au service strictement privé du souverain, ces fonctions n'apportèrent à leurs titulaires qu'un bien modeste avenir. Regroupés dans la Maison du roi, elles recouvrent tous les services destinés à pourvoir aux besoins personnels du prince, de sa famille et de sa suite. Plusieurs comptes, dont le plus ancien est de 1231, ainsi que plusieurs documents administratifs de la seconde moitié du XIIIe siècle, nous permettent d'en saisir l'organisation qui gravite autour de sept principaux services répartis en métiers (*ministeria*) : la paneterie (*paneteria*) avec ses panetiers, ses pâtissiers et ses clercs de paneterie, l'échansonnerie (*scancionaria*) avec ses échansons et sommeliers, la cuisine (*coquina*) avec ses queux, rôtisseurs et sauciers, la fruiterie (*fructuaria*) avec ses fruitiers, valets des chandelles et charretiers, l'écurie (*scutiferia*) avec ses écuyers, maréchaux et valets de forge, la fourrière (*forraria*) avec ses fourriers, portiers et valets de porte puis, enfin, la chambre (*camera*) avec ses chambellans, valets de chambre et barbiers.

Pour tous les officiers de chacun de ces métiers, on distinguait soigneusement — ce qui valait hiérarchie stricte — entre ceux qui étaient attachés au service personnel du roi et ceux qui s'occupaient, simplement, du commun. En dehors de ces sept services principaux, la Maison du roi en comprenait bien d'autres auxquels étaient attachés des officiers souvent plus élevés en dignité. Ainsi en allait-il par exemple du service de santé, du service de la chasse ou du service de la garde et des armes. Parfaitement agencés et hiérarchisés, souvent dirigés par des nobles de très haute lignée, tous ces services constituent un ensemble aussi lourd que coûteux. Mais cantonnés à des tâches strictement domestiques, ils ne constituent jamais un tremplin vers l'exercice de fonctions publiques.

Les fonctions à caractère gouvernemental

Leurs titulaires assurent, dès l'origine, des missions ayant un caractère politique très marqué. Grands officiers de la couronne, ils sont moins appelés à servir le roi personnellement que la couronne et l'entité supérieure qu'elle représente : l'État. La fonction exercée se trouve ainsi progressivement érigée en véritable métier, ce qui leur vaut versement de gages réguliers. Le plus souvent nommés à vie, ils constituent une véritable féodalité de pouvoirs sur laquelle le roi exerce de moins en moins de prise, au moins pour ceux d'entre eux qui réussissent à se maintenir. Philippe Auguste, conscient de ce danger, avait pris grand soin de ne plus nommer, à partir de 1191, de titulaire dans l'office du sénéchal devenu beaucoup trop encombrant. Un sort assez semblable devait être réservé au chambrier. Il n'eut d'importance réelle que jusqu'à la fin du XIIe siècle parce qu'il assurait, jusqu'à ce moment-là, la garde du Trésor que Philippe Auguste confie alors à l'ordre du Temple. Un siècle plus tard, son office était devenu purement honorifique. Celui de bouteiller connaît une évolution parallèle avant d'être définitivement supprimé en 1449. Ainsi, à partir du début du XIIIe siècle, n'a véritablement d'importance que le connétable rapidement rejoint par l'amiral, tous deux dominés en importance et en prestige par le chancelier.

Connétable

Ancien garde des écuries royales *(comes stabuli)*, il est le grand bénéficiaire, à partir de 1191, de la suppression de fait du sénéchal. Le rôle qu'il joue alors dans le domaine militaire s'en trouve accru, tout comme dans la vie politique en raison des fonctions de conseiller qui lui sont souvent dévolues auprès du roi et des nombreuses commissions qu'il reçoit. Au début du XIIIe siècle, il obtient le privilège d'être placé à la tête de l'avant-garde puis commence à être investi, sous le règne de Philippe le Bel, du gouvernement militaire de certaines provinces avec le titre de lieutenant du roi *(locum tenens regis)*, distinction qui le plaçait en bonne position pour conquérir la première place à la tête de l'armée royale. L'évolution s'achève avec les premières opérations de la guerre de Cent Ans. Charles V, peu attiré par les opérations militaires et conscient du fait que diriger des troupes de mercenaires de plus en plus nombreux ne pouvait que relever d'un spécialiste, fait de Du Guesclin — son connétable victorieux face aux Anglais — le véritable chef des armées, fonction dont Richemond devait encore renforcer le prestige sous le règne de Charles VII. Investi de son pouvoir par l'épée que lui remet le roi au moment où il entre en charge, le connétable est assisté de maréchaux, anciens employés des écuries qui lui sont subordonnés et qui, eux, ne reçoivent que le bâton comme insigne de leurs prérogatives. Comme lui, ils sont désignés à vie et inamovibles, ce qui les appelait au bel avenir de maréchaux de France.

Ainsi assisté, le connétable acquiert une autorité considérable. Dès lors que le roi ne commande pas personnellement, elle est absolue sur tous les gens de guerre, y compris les princes du sang et frères du roi qui se trouvent entièrement placés sous son commandement. Son pouvoir discrétionnaire est pratiquement sans limite et le roi ne pouvant le démettre de sa charge peut, tout au plus, lui enlever le commandement effectif qu'il exerce pour le confier à un lieutenant général désigné pour un temps limité et à tout moment révocable. Doté d'un très large pouvoir de commandement, le connétable a aussi la responsabilité de la justice militaire qu'il exerce par délégation confiée aux services de la connétablie fixés à Paris, tandis que d'autres agents répartis sur l'ensemble du royaume rendent, en son nom, cette justice militaire. Ils constituent la maréchaussée que contrôlent les prévôts des maréchaux dont les sentences, sans appel et immédiatement exécutoires, sont souvent lourdes.

Amiral

Il est d'apparition récente puisque, pendant longtemps, les Capétiens n'eurent pas de flotte et se trouvèrent souvent contraints, à l'occasion de croisades, de louer des vaisseaux aux villes maritimes italiennes ou aux cités commerçantes du Languedoc et de la Provence. Sous Philippe Auguste, la direction des opérations maritimes conduites contre les Flamands et les Anglais fut confiée à Eustache le Moine, mais ce n'est qu'à partir de 1270 que commence, véritablement, la liste des amiraux de France. Souvent encore, ce furent des étrangers, en particulier des Génois, tels Benoît Zaccaria qui portait en 1298 le titre de *Generalis navigii regis admiratus* ou Renerio de Grimaldi qui fut amiral de 1302 à 1307. Tant la fondation d'Aigues-Mortes par saint Louis que la construction du port de Harfleur sous Philippe le Bel donnèrent à la flotte et à son amiral un essor décisif encore renforcé à l'occasion des opérations navales de la guerre de Cent Ans. Promu au rang de grand officier de la couronne, aidé d'un ou deux vice-amiraux, l'amiral reçoit le cornet d'or comme insigne de son pouvoir. Il exerce sur la flotte de guerre de très larges prérogatives qui débordent largement le domaine militaire. Il a aussi compétence sur tout ce qui touche à la mer et aux gens de mer. Autant d'attributions à la fois civiles, judiciaires et administratives qui donnèrent naissance à un ensemble de services regroupés dans le cadre de l'amirauté dont des lieutenants de l'amiral assurent la direction dans les principaux ports.

Chancelier

Son histoire fait véritablement corps avec celle de la monarchie. Investi dès les premiers temps de responsabilités domestiques, en particulier la direction de la chapelle du palais, il acquiert rapidement prééminence sur tous les autres officiers dans la mesure où il est aussi en charge d'importantes fonctions politiques, notamment la direction des écritures et la garde du sceau royal. À partir du règne de Philippe Auguste, la vacance de l'office de sénéchal contribue à assurer sa position dans l'État. Cette évolution favorable tient aussi à la profonde mutation des méthodes de gouvernement qui reposent chaque jour davantage sur l'écrit et des techniques toujours plus éprouvées. Voilà pourquoi s'opère un changement radical quant au milieu social d'où est issu le chancelier. Essentiellement recruté dans les sphères ecclésiastiques jusqu'à la fin du XIIIe siècle, la nécessité de maîtriser parfaitement un droit royal en pleine mutation implique qu'il soit désormais issu de ce milieu des légistes à la fois si proches et si ardents défenseurs des droits du roi. Alors, rien ne le préparait mieux à assurer la triple fonction qui lui était dévolue.

Responsable de la chancellerie, lui revient le droit et en tout premier lieu la responsabilité de la rédaction de tous les actes royaux. Sous sa direction travaille un important groupe de clercs et notaires qui, selon ses instructions, procèdent à la rédaction matérielle des actes. Deux hypothèses peuvent se présenter. Si l'ordre d'expédier émane du roi, le chancelier prend alors grand soin de faire précéder sa signature de la mention *per regem* ou *par le roy*. Si c'est au contraire lui-même qui en a pris l'initiative, alors suit simplement la mention *par vous* qui signifiait le souhait du roi de bien montrer que l'acte avait été commandé par le chancelier (par vous, chancelier). Quel que fût l'initiateur des actes, le chancelier avait mission expresse de les contrôler tous.

Ce contrôle précédait l'apposition obligatoire du sceau. Gardien des sceaux, voilà la seconde mission du chancelier qui en fait l'ancêtre du Garde des sceaux. Cette formalité, qui donnait valeur authentique et force exécutoire à l'acte visé, ne consistait pas en une simple démarche matérielle. Elle se doublait toujours d'une mission de contrôle et de conseil qui venait encore donner plus de poids à ce ministère des écritures dévolu au seul chancelier. Aussi souvent qu'une décision royale lui paraissait mal fondée, insuffisamment motivée ou contraire à l'ordre juridique du royaume, il devait obligatoirement le faire savoir au roi. Pareille démarche avait pour but d'attirer l'attention du roi sur le fait que la décision était soit inopportune, soit mal fondée en droit. Cette mission spécifique ainsi reconnue au chancelier lui permit rapidement d'exercer un véritable contrôle à la fois sur la forme et sur le fond des textes royaux, principalement des ordonnances. Simple coutume jusqu'au début du

XIVe siècle, elle reçoit consécration officielle au terme d'une ordonnance de 1318 qui interdit au chancelier de sceller tout acte contraire à la tradition de la monarchie.

Officiellement investi d'un véritable pouvoir d'appréciation et de contrôle de la légalité des actes normatifs royaux, le chancelier pouvait désormais s'opposer à tout projet qui lui paraissait ne pas se couler dans un moule préétabli. Il le faisait en adressant au roi des observations qui prirent parfois allure de véritables remontrances. Le roi pouvait alors soit modifier, soit retirer son texte. Mais il prit grand soin de ne point aller jusqu'au bout de la logique de l'ordonnance de 1318 qui, appliquée à la lettre, lui aurait totalement lié les mains. Il conserva en toutes circonstances le dernier mot en refusant, s'il l'estimait juste, de ne point se ranger au point de vue de son chancelier. Alors, il lui ordonnait de sceller l'acte. Ce que faisait le chancelier, mais en dégageant entièrement sa responsabilité par l'apposition de la mention, au bas de l'acte : « Lettre scellée de l'exprès mandement du roi. » Ainsi rédigé, l'acte témoignait à la fois de l'avis donné par le chancelier et de la capacité qu'avait en définitive le roi de décider seul. Mais il n'y avait là qu'exception si bien que, tout au long des trois derniers siècles du Moyen Âge, l'action du chancelier apparaît bien souvent comme la projection du ministère royal.

Prolonger la personne du roi, voilà bien sa troisième fonction qui regroupe, en quelque sorte, toutes les autres. Collaborateur le plus direct du souverain, le chancelier le remplace en son absence et apparaît, à ce titre, comme le véritable chef du gouvernement royal dont il est le porte-parole naturel. Investi d'une véritable lieutenance dans la direction des affaires du royaume, mission lui est donnée à partir du début du XIVe siècle de présider le conseil en l'absence du roi et, surtout, de le représenter devant les États généraux en y prenant la parole en son nom. Il en est de même au Parlement dont il est le président de droit ce qui fait de lui, après le roi, le chef de la justice dans le royaume et préfigure un véritable ministre de la justice. Premier au Parlement, premier au Conseil, il est celui sur qui repose véritablement la marche des principaux rouages de l'État qu'assurait au quotidien, sous son étroite surveillance, toute une armée de collaborateurs appelés à un bel avenir.

• *Stabilisation des officiers ordinaires*

Perte de prestige des officiers domestiques et remarquable ascension de certains de leurs collègues exerçant des fonctions politiques ne constituent pas les seuls points marquants de la profonde mutation de l'hôtel du roi depuis la fin du XIIe siècle. Le nombre sans cesse croissant des affaires qui y arrivent et qui y sont traitées entraîne le développement ou l'apparition de tout un personnel technique, aussi bien autour du roi qu'au sein même des services de la chancellerie.

Notaires-secrétaires

Le ministère des écritures qu'exerce le chancelier exige la présence, à la chancellerie, de toute une équipe de rédacteurs d'actes placés sous son autorité. D'origine souvent modeste au départ et en apparence cantonnés dans des fonctions de second ordre, leur rôle ne cesse de s'affirmer pour faire d'eux les véritables piliers de la politique royale. À leur fonction de départ — prendre des notes et rédiger des actes sous la responsabilité du chancelier — s'ajoute progressivement une mission nouvelle, celle de secrétaire, qui les associe de manière beaucoup plus intime à toute prise de décision importante dans la mesure où, à s'en tenir au sens premier du terme, ils doivent savoir le « secret taire ». Œuvrer dans la discrétion, voilà bien le contenu essentiel de leur fonction. Tout au long du XIIIe siècle, le monopole qu'avait exercé le monde des clercs sur la rédaction des actes royaux ne cesse de se restreindre au profit de laïcs gradués en droit. Cette mutation qu'accélère l'affermissement de la souveraineté royale se traduit en même temps par une augmentation considérable des effectifs. Particulièrement sensible au début du XIVe siècle, elle porte le nombre de ces notaires-secrétaires de 30 en 1307, à 98 en 1343. Parmi ces notaires, les textes du règne de Philippe le Bel permettent de distinguer l'audiencier (*audientiarius*), le clerc et le contrôleur de l'audience préposés à la délivrance des actes et à la perception des droits de scel, ainsi que le chauffe-cire et ses aides qui sont chargés du scellage.

Au même moment s'opère une stricte répartition des fonctions à l'intérieur de ce corps. Trois groupes distincts s'individualisent. Le premier demeure directement rattaché au chancelier et conserve la fonction essentielle de rédaction des actes, le second est mis à la disposition des maîtres des requêtes tandis que le troisième, appelé au service plus direct du roi, devait connaître un brillant avenir. Au nombre de trois au moins, en 1316, ces secrétaires intimes de la royauté reçoivent le nom de clercs du secret. Travaillant dans l'intimité du prince, chargés de ses affaires secrètes, ils sont en particulier chargés d'expédier une nouvelle catégorie d'actes royaux. Il s'agit des lettres closes, tous ces actes qui échappent au commandement du chancelier et qui, de ce fait, n'ont pas à être scellés. À partir de ce moment-là, leur rôle et leur influence vont sans cesse en grandissant. Vraisemblablement une vingtaine au début du XVe siècle, ils ont alors le titre très envié de « notaires-secrétaires du roi et de la couronne de France ». Louis XI porte leur effectif à 59, considérant qu'il est le soixantième d'entre eux, ce qui témoigne assez de l'importance qu'il attachait à leur rang et à leur fonction. Elle est particulièrement marquée pour ceux à qui, depuis 1372, avait été réservée la charge d'expédier les lettres de finances, qu'elles portent don ou ordre de paiement. Cette mission spécifique leur valut le titre de « secrétaires aux finances ».

Maîtres des requêtes

Le recours sans cesse grandissant à la justice du roi tout au long du XIIe siècle — et spécialement à sa justice retenue — ne cesse d'encombrer de causes toujours plus nombreuses les registres de l'hôtel. Afin de filtrer ces innombrables requêtes et de n'en retenir que les plus fondées, saint Louis charge quelques clercs proches de lui de les examiner. Comme ils le suivent dans tous ses déplacements, ils sont qualifiés de « clercs poursuivans le roi ». Toujours à la porte du palais et habilités à trancher eux-mêmes les affaires de peu d'importance, on les nomme aussi « juges de la porte », avant qu'ils ne reçoivent au début du XIVe siècle l'appellation définitive de « maîtres des requêtes de l'hôtel du roi ». Une ordonnance de 1346 précise la nature des affaires qu'ils peuvent eux-mêmes trancher et les investit ainsi, officiellement, de la mission de participer à l'exercice de la justice retenue. Mais là ne s'arrête pas leur compétence. Instruisant les affaires qu'ils ne jugent pas, le rôle de rapporteur devant le Conseil du roi auquel elles sont soumises leur est tout naturellement dévolu. Mieux encore, leurs fonctions débordent le cadre étroit du contentieux dans la mesure où se multiplient les requêtes adressées aussi par les simples particuliers, les communautés d'habitants et de métiers, les villes aussi, en vue d'obtenir mesures particulières et privilèges de tous ordres. Là encore, le souverain ne pouvant statuer sur tout, leur abandonne une large part de ses compétences en la matière, évolution qui fait d'eux de véritables spécialistes des problèmes administratifs et judiciaires, en même temps que d'efficaces intermédiaires entre les organes centraux de la monarchie, les administrés et les justiciables. Ainsi pleinement investis de la confiance du roi, familiers de l'exercice quotidien du pouvoir et dotés d'une solide formation technique, un destin les attendait, remarquable à partir du XVIe siècle.

Trésoriers de France

Ce qui est vrai pour l'exercice de la justice et le fonctionnement de l'administration au niveau de l'hôtel, se vérifie aussi au niveau du Trésor. Quand, en 1295, Philippe le Bel décide de transférer du Temple à la Tour du Louvre son Trésor, il s'entoure de deux, puis de trois et parfois même quatre trésoriers. Même si le Temple n'est que très lentement dessaisi de ses attributions de gardien du Trésor et si jusqu'en 1315 subsiste une dualité dans son administration, les trésoriers des finances deviennent un des rouages essentiels de l'hôtel pour la gestion des revenus ordinaires du roi. Certes, ils n'ordonnent aucune dépense, fonction réservée au Conseil ou à des hommes de confiance du roi tel Enguerran de Marigny sous Philippe le Bel ou Mile de Noyers et Henri de Sully sous Philippe VI, mais ils assurent la fonction de gérants de la caisse du roi. Rapidement aussi, leur compétence s'étend à la gestion du domaine. Investis de missions d'enquête et d'inspection, ils veillent à la sauvegarde des biens du roi et à la bonne rentrée des recettes domaniales tandis que la gestion de l'extraordinaire — tout ce qui provient de l'impôt — est confiée à quatre généraux des finances. Ainsi se mettent lentement sur pied, dans le cadre de l'hôtel, les structures de base de l'administration financière centrale qui, comme tous les agents de gouvernement, trouvent aussi des racines dans la *curia regis*.

B. LA *CURIA REGIS* : DE LA COUR DU ROI AUX ORGANES DU GOUVERNEMENT

Jusqu'à la fin du XIIe siècle, la *curia regis* assure des fonctions indifférenciées sans que ses réunions obéissent à un rythme régulier et à une composition stable. Aussi souvent qu'il l'estime nécessaire, le roi convoque ses vassaux pour prendre leur avis sur les questions les plus variées. Il décide librement du nombre de ceux qui seront convoqués, tout comme du lieu de leur réunion, et on constate que là où se trouve le roi, là siège la cour. Quelques règles dominantes étaient néanmoins imposées. Les grandes fêtes religieuses — Noël, Pâques, Pentecôte et Toussaint — devinrent les temps privilégiés de ces réunions, tandis que s'affirmait la présence de quelques grands prélats et barons. Joints aux membres de la famille royale et aux grands officiers de l'hôtel, ils constituèrent la *curia regis*.

De même se précisèrent rapidement les compétences qui lui furent reconnues. Politiques, elles l'appelèrent à donner son avis au roi sur toutes les grandes questions que pouvaient soulever aussi bien la direction des affaires intérieures du royaume que la conduite de la diplomatie. Financières et administratives, elles le contraignirent à consulter de plus en plus régulièrement ses vassaux chaque fois qu'était décidé un nouvel impôt, engagée une réforme de l'administration territoriale ou mise en jeu la responsabilité d'un agent. Judiciaires enfin et surtout, les compétences de la *curia regis* en firent une instance sans laquelle le roi ne put mettre en œuvre un des attributs essentiels de son pouvoir, le pouvoir de juger.

À cette situation toute féodale, la première moitié du XIIIe siècle apporte d'importantes modifications. Tant l'emprise croissante du roi sur l'ensemble du royaume que le déploiement d'une souveraineté progressivement retrouvée ne cessent de rendre toujours plus nombreuses et plus techniques les questions soumises à la *curia regis*. Bien souvent, les féodaux n'ont ni le goût, ni la compétence de les traiter. Le souverain se limite alors à les convoquer en grandes assemblées pour les seules questions à caractère politique touchant l'ensemble du royaume et pour lesquelles il veut absolument obtenir leur caution. Ainsi s'enracine solidement une tradition, celle des grandes assises au cours desquelles se noue un dialogue et s'ébauche une première concertation entre le prince et le pays. De ces pratiques parlementaires largement mises en œuvre par saint Louis tout au long de son règne naissent, au début du XIVe siècle, les États généraux.

Voilà, issue d'une nouvelle conjoncture, une première adaptation de la *curia regis*. Mais il en est d'autres. Conséquence directe du poids et de la difficulté des affaires qui arrivent sur le métier de l'État, elles concernent davantage les organes centraux de gouvernement et conduisent le souverain à prendre appui sur un personnel technique, parfaitement habile à débrouiller ce genre de questions. Juristes rompus à l'un et l'autre droit ainsi qu'aux arcanes de la procédure, administrateurs et juges tout empreints d'une expérience quotidienne, tels d'anciens baillis, composent pour l'essentiel ce personnel montant de la *curia regis*. Ils en constituent, à partir du milieu du XIIIe siècle, le noyau stable et assistent avec beaucoup de régularité aux sessions dont le nombre et la durée ne cessent d'augmenter.

Restructurées autour de ce groupe de techniciens, elles figurent une formation beaucoup plus légère que les grands vassaux fréquentent de moins en moins. Désormais, l'essentiel des affaires est traité par des spécialistes. En fonction de leur formation, ils répartissent les dossiers que dominent trois axes principaux : la justice, les finances et le conseil. Ainsi, juger devient aux alentours des années 1260 le domaine spécifique des juristes. Regroupés au sein de la formation de la *curia regis* vouée à cette tâche, celle « où l'on parle » des procès, « où l'on parlemente » afin de trouver solution, ils individualisent lentement une section autonome, la *curia in parlamento*. D'un processus identique naît, à partir des dernières années du XIIIe siècle, la *curia in compotis*, formation au sein de laquelle sont traitées les affaires financières, examinés et débattus les comptes. Ne subsistaient plus, au terme de cette évolution, que les membres de la *curia* demeurés proches du roi en raison de leur fonction presque permanente de conseil et aussi de justice pour toutes les affaires que le roi ne souhaitait pas déléguer. *Curia in consilio*, elle annonce le conseil du roi avec sa double compétence : débattre et éclairer de ses conseils le souverain, juger en exerçant en son nom la justice retenue.

Quatre institutions autour desquelles allait se structurer l'État en construction sont ainsi nées, dans le courant du XIIIe siècle, de l'évolution de la cour du roi. Les États généraux, organe privilégié de la concertation, et le Parlement, pivot de la vie judiciaire du royaume, n'interviennent que de manière exceptionnelle dans la gestion quotidienne des tâches gouvernementales. Il en sera traité ultérieurement. La position du Conseil est au contraire dominante qui rythme, à tout instant, l'action du gouvernement tandis que la Chambre des comptes veille à l'action financière et comptable.

• *Le Conseil du roi*

Hérité du droit féodal, le principe du gouvernement par conseil sur lequel s'attarde longuement Beaumanoir domine la pratique politique des siècles suivants. Tous les auteurs qui s'intéressent au gouvernement du prince lui rappellent l'obligation de respecter cette tradition. Gerson l'exhorte en ce sens, «fait tout par conseil et jamais ne t'en repentira», tandis que Christine de Pisan voit dans un roi sans conseil «comme le chef en ung corps, sans yeulz, sans oreillez et sans nez». Charles V lui-même, qui sait en fidèle lecteur d'Aristote entendre ceux qui l'entourent, fait de la consultation du Conseil une règle fondamentale du gouvernement monarchique. Il saisit, pour le souligner, l'occasion que lui offre l'ordonnance de 1374 sur l'âge de la majorité des rois. On ne saurait être plus clair : «nous et nos prédécesseurs avons toujours gouverné et gouvernons en tous nos faits par nombre de sages hommes, clercs ou laïques.» Qui sont ces hommes et de quelles compétences sont-ils investis par le souverain?

De «sages hommes clercs ou laïques»

Les expressions variées et mouvantes utilisées pour qualifier le Conseil reflètent la grande souplesse de sa composition. Largement ouvert, il est le «Grand Conseil» dont parle Beaumanoir. Convoqué dans des formations plus restreintes, il devient le «Conseil étroit» en 1316, puis le «Conseil secret» dans les dernières années du règne de Philippe VI, ou bien encore, à maintes reprises, le «Conseil privé». Voilà qui témoigne de la grande liberté du souverain. Pour l'essentiel, il demeure maître d'appeler qui il veut au Conseil. Dans la pratique, deux groupes s'y partagent les places, mais de manière toujours inégale en fonction de la personnalité des rois, des questions à traiter et, surtout, des circonstances politiques.

Féodaux et aristocrates

Ils représentent la structure ancienne du Conseil féodal. Il y a parmi eux des membres dont la présence s'impose au roi, tant en raison de leur naissance que de leur rang dans l'État. Il s'agit des membres de la famille royale et des princes du sang. Qualifiés plus tard de conseillers-nés de la couronne, ils forment la structure de cet élément aristocratique. À eux se joignent les grands officiers et tout spécialement le chancelier autour duquel s'organise l'essentiel des travaux. Puis viennent les grands vassaux, laïcs ou ecclésiastiques, leur nombre et leur qualité ne sont jamais déterminés à l'avance. La liberté du roi est ici totale d'élargir ou de restreindre le cercle de ses vassaux qu'il appelle à siéger.

Tout ce personnel, très attaché à cet honneur de siéger et aux prérogatives qui en découlent, rencontre beaucoup de difficultés pour s'adapter aux profondes mutations des méthodes du gouvernement royal depuis le règne de Philippe Auguste. Mal préparés à la gestion technique des affaires, les grands vassaux ne répondent pas toujours aux convocations qui leur sont adressées. Quant aux proches du roi, leur rôle et leur influence dépend beaucoup de la conjoncture politique. Dans l'ensemble, féodaux et aristocrates voient leur influence diminuer chaque fois qu'arrive sur le trône un roi dont le règne marque une grande avancée dans la construction de l'État. Des souverains comme Philippe le Bel, Charles V, Charles VII ou Louis XI, recherchant efficacité et rapidité dans la gestion des affaires, souvent épris de modernité aussi, préfèrent la collaboration de techniciens à celle des grands féodaux.

Mais viennent des temps plus rudes ou des rois plus faibles, alors l'aristocratie relève la tête. Ainsi au lendemain de la mort de Philippe le Bel, quand Louis X doit se résoudre au départ de bon nombre de légistes remplacés par de grands féodaux dans un Conseil alors qualifié de «Conseil des grands seigneurs de France.» Il en va de même avec Philippe VI que les barons avaient efficacement soutenu lors de son accession au trône, ou encore avec Jean le Bon dont la captivité avait considérablement affaibli l'autorité. Tout au long du règne de Charles VI, le poids des grands barons et des princes du sang pèse plus lourd encore dans les orientations de la politique royale, aussi bien au moment de sa minorité que de sa maladie. Et ils se savaient bien souvent soutenus par une partie de l'opinion, comme en témoigne déjà le chroniqueur Jean le Bel quand il reproche à Philippe VI et à Jean le Bon d'avoir accepté les médiocres conseils «de ces maîtres des comptes et trésoriers plutôt que des seigneurs et barons». Les occasions sont ainsi nombreuses qui s'offrent à ce noyau ancien du Conseil de reprendre en mains les rênes de l'État. Mais, souvent divisés et peu familiers des choses de la politique, ils ne parviennent pas à endiguer l'irrésistible ascension des hommes de loi et de l'administration.

Légistes et administrateurs

D'origine sociale toujours plus modeste, ils sont clercs, bourgeois ou simples chevaliers. Ils ne doivent leur présence au Conseil qu'à leur formation très poussée et à leur indéfectible attachement au souverain qui les nomme directement et les révoque comme il l'entend. Dès leur entrée en charge, ils lui prêtent serment et font, à partir de ce moment-là, véritablement corps avec l'institution royale. Astreints à résider à Paris, ils sont aussi tenus d'accompagner le roi dans ses déplacements. Ce dévouement de tout instant leur vaut rémunération régulière sous forme de gages mais, en contrepartie, obligation de servir exclusivement le roi.

Dotés d'une solide formation acquise aussi bien à l'université qu'au cours d'une longue expérience dans l'administration et les services centraux, ces légistes sont aptes à résoudre tous les problèmes liés à la construction de l'État. Plus les structures se diversifient et se perfectionnent, plus ils deviennent la cheville ouvrière du Conseil. C'est sous leur impulsion que s'élabore un véritable droit royal et que prennent corps les grandes techniques du gouvernement monarchique. Ils sont, en même temps, d'efficaces intermédiaires entre le roi et l'administration, ce qui leur permet, du fait de leur longue présence au Conseil, de faire triompher une indispensable continuité dans la gestion gouvernementale.

Mais chacun n'y participe pas de la même manière puisqu'il existe entre eux une stricte hiérarchie. À l'échelon inférieur sont souvent appelés des maîtres des requêtes de l'hôtel chargés d'instruire et de préparer les dossiers. Ils les mettent en forme et en font rapport devant les conseillers. Membres les plus élevés en dignité, tous ces conseillers ont voix délibérative et compétence pour arrêter, en accord avec le roi, les décisions finales. Mais, quel que soit leur rang, les membres du Conseil occupent en permanence le devant de la scène politique, ce qui les expose dangereusement en cas de crise. Ils sont alors souvent les premiers à subir les opprobres de l'opinion. L'atteste l'action révolutionnaire des États généraux de 1357 qui, sous la conduite d'Étienne Marcel et de ses émules, contraignent le dauphin Charles à renvoyer vingt-deux de ses conseillers. Il en va de même avec la révolte cabochienne en 1413.

Malgré des temps parfois difficiles, la reconquête par la royauté de ses prérogatives est leur œuvre, aussi bien sous les règnes de Philippe le Bel ou de Charles V que de Charles VII ou de Louis XI. L'exemple du Conseil qu'imagine Charles V après avoir triomphé du mouvement de 1357 illustre bien cette tendance. Des conseillers peu nombreux et possédant une excellente formation entourent alors le souverain en la personne de ses chanceliers successifs — les frères de Dormans et Pierre d'Orgemont — de son trésorier Philippe de Savoisy et de tant d'autres. Des gens de lettres se joignent à eux qui constituent autant de conseillers avertis. Ainsi Philippe de Mézières, Raoul de Presles et Nicole Oresme y font-ils régulièrement entendre leur voix de manière aussi discrète qu'efficace. Attachement indéfectible à la couronne, solide formation technique, poursuite du bien commun, désintéressement et franchise, voilà les qualités maîtresses que le prince attend du bon conseiller. Les trouver réunies en permanence au sein du Conseil impliquait un recrutement socialement et géographiquement diversifié, comme l'atteste l'étude du Conseil sous les règnes de Charles VII et de Louis XI.

Le Conseil sous les règnes de Charles VII et de Louis XI

Pour le règne de Charles VII, un premier chiffre tend à prouver combien la fonction de conseiller était souvent purement honorifique. Sur 370 personnages recensés ayant porté le titre de conseiller, 283 seulement, soit 76 %, ont réellement siégé au Conseil et nombreux sont ceux, parmi eux, qui n'y ont fait que de brèves apparitions. Ils ne sont que 95 (36 %) à avoir siégé au moins pendant six trimestres et donc à avoir pu exercer ainsi une influence réelle. Sous le règne de Louis XI, des constatations assez semblables peuvent être faites. Sur 462 personnages qualifiés de conseillers du roi, 51 (11 %) considèrent qu'il ne s'agit que d'un titre. Ils n'ont jamais siégé, tandis que 72 autres (16 %) ne sont cités que deux fois et que 33 seulement semblent avoir occupé une position influente. De toute évidence, le roi a largement distribué cet honneur pour s'attacher des fidélités. Dans les deux cas, d'où viennent ces conseillers et qui sont-ils?

La géographie politique du Conseil révèle à souhait les points d'appui territoriaux du prince. Sous Charles VII, il n'est pas surprenant que les gros contingents de conseillers proviennent des pays de la Loire (Touraine, Anjou, Orléanais et Berry), du Centre (Bourbonnais, Forez, Limousin, Marche et Rouergue) et aussi de l'Ouest (Poitou et Angoumois), régions restées fidèles au roi ou dans lesquelles l'influence royale s'était maintenue face aux Anglais par l'intermédiaire de princes très attachés à la couronne. À cela s'ajoute, mais pour une part bien moindre, Sud-Ouest, région parisienne et Normandie, tandis que les régions excentriques (Dauphiné et Languedoc) ou politiquement séparées (Bourgogne, Flandre) fournissent les participations les plus faibles.

Sous le règne de Louis XI, la prépondérance des pays de Loire et du Centre se confirme. Ces deux régions où se trouve le plus souvent le roi sont aussi celles que contrôlent les deux maisons princières les plus proches de la monarchie : Anjou et Bourbon. Ailleurs, de notables mutations interviennent : percée du Nord avec des Flamands plus nombreux et montée du Languedoc donnent au Conseil une physionomie nouvelle alors que l'Ouest, la Bretagne, les régions de Seine, la Normandie et la région parisienne virent leur représentation diminuer.

Mais qui sont donc ces conseillers? Dans l'ensemble, ils sont assez âgés, ce qui tend à prouver que l'âge était tenu pour un gage de compétence, d'expérience et de sérieux. Plus de 45 % des conseillers de Charles VII ont plus de quarante ans quand ils entrent au Conseil, proportion qui passe à 61 % sous le règne de Louis XI. Ce haut personnel politique ne cesse de vieillir tout au long du XVe siècle.

Il demeure aussi très aristocratique dans sa composition, ce qui ne signifie pas pour autant que cette aristocratie exerce toujours une influence dominante. Charles VII voit arriver à son Conseil 63 princes (22 %), 119 nobles (43 %) et 100 roturiers (35 %) dont la présence est en constante progression. Ils passent à 204 (47 %) sous le règne de Louis XI, tandis que les nobles sont 162 (38 %) et les princes 63 (15 %). Ces statistiques permettent de conclure que le fait d'être prince demeure un argument fondamental pour siéger au Conseil. C'est vrai. Mais il ne faut pas perdre de vue que c'est aussi souvent parmi eux, dont le poids diminue, et parmi les nobles, dont la représentation se tasse, qu'on enregistre les absences les plus fréquentes. Les roturiers, au contraire, toujours plus présents aux séances, voient en même temps leur représentation augmenter régulièrement. Cette situation nouvelle, liée au fait qu'ils se trouvaient souvent pris dans tout un jeu de clientèle et de recommandation, leur laissait espérer pouvoir jouer, aux côtés des conseillers venus de la petite noblesse, un rôle de plus en plus grand dans les affaires à traiter.

« Fait tout par conseil et jamais ne t'en repentira »

Toujours rappelée, comme le fait Gerson en ces termes, l'obligation faite au roi de consulter le Conseil constitue, en quelque sorte, le fondement de ses compétences et justifie qu'il soit saisi de tous les grands projets. Depuis saint Louis, qui insiste dans ses *Enseignements à son fils* sur la nécessité pour le souverain d'agir constamment par « sage conseil de bonnes gens », la longue chaîne des Capétiens, puis des Valois, ne s'est jamais écartée de cette ligne de conduite. Pour une double raison. Consulter le Conseil était un gage de sécurité pour élaborer la meilleure décision. Mais s'entourer de ses avis n'altérait en rien la puissance souveraine qui, une fois accomplie l'obligation de consulter, conservait entière liberté de décision. Elle avait ainsi permis que, par l'intermédiaire de ses conseillers, l'ensemble des sujets du royaume fussent en mesure de faire connaître leur avis et d'exprimer leurs doléances selon une périodicité plus ou moins régulière. La décision de Philippe V, en 1318, d'instituer une séance mensuelle obligatoire qualifiée de « Conseil du mois » fut de courte durée. Peu pratique, cette périodicité ne permettait guère de régler immédiatement les affaires importantes qui venaient à surgir. Aussi, dès 1319, habitude est prise de convoquer le Conseil aussi souvent qu'il est nécessaire, convocation qui reste à l'entière discrétion du souverain, mais qui n'en demeure pas moins une obligation pour toute affaire importante. Les conseillers se trouvaient ainsi placés en situation de participer à toutes les décisions à prendre, qu'elles aient caractère politique, administratif et financier, mais aussi et surtout judiciaire.

1) *Rien d'important qui touche à la politique intérieure ou extérieure n'échappe à la compétence du Conseil.* Toutes les grandes ordonnances, présentées sous la responsabilité du chancelier, arrivent au Conseil pour y être discutées avant rédaction définitive. Mention expresse est alors faite de cette intervention du Conseil à travers la formule consacrée et incorporée au texte de l'ordonnance : « Le roi en son conseil, par bonne et meure délibération a ordonné... » Sont ainsi débattues et résolues toutes les questions que pose la gestion du royaume, qu'il s'agisse des structures fondamentales dont se dote progressivement l'État, de l'aménagement progressif de l'espace administratif qu'il contrôle toujours davantage ou des rapports de plus en plus

complexes qu'il noue avec les provinces, les villes et les différents corps. Quant à la diplomatie et à la conduite des relations extérieures, elles sont tout aussi étroitement soumises au Conseil. Déclaration de guerre, décision de mettre fin aux hostilités et de conclure la paix, ratification des traités et réception des ambassadeurs figurent autant d'attributions auxquelles le Conseil se montre toujours très attaché.

2) *Clef de voûte de l'organisation administrative, le Conseil en contrôle toutes les structures.* Administration centrale et administration locale, jusqu'aux échelons inférieurs, dépendent de lui. Toute nomination relève de sa compétence, même si, dans la pratique, le roi ne le consulte pas toujours avant de choisir baillis et sénéchaux qui, une fois en poste, doivent faire régulièrement rapport devant lui. Et comme tous ces agents cumulent pouvoir judiciaire, administratif et financier, tout ce qui touche aux finances entre dans les compétences du Conseil. Au fur et à mesure que s'établit l'impôt royal, il collabore pour sa préparation et sa répartition avec la Chambre des comptes, puis la Cour des aides. Trésoriers de France et Généraux des finances lui sont directement rattachés.

3) *Troisième aspect et non des moindres, enfin, des pouvoirs du Conseil, la justice qu'il exerce en collaboration avec le souverain.* Pour l'essentiel et sur l'ensemble du royaume, le roi a délégué ce droit aux prévôts, aux baillis et sénéchaux puis au Parlement à partir du moment où il fonctionne de manière autonome. Mais, parallèlement à cette justice déléguée et pouvant toujours en interrompre le cours ou la sanctionner, le monarque dispose d'un pouvoir d'intervention constant grâce à sa justice retenue. Il peut l'exercer lui-même en jugeant directement et en personne, sans avoir alors à mettre en œuvre toutes les règles de procédure qui président au déroulement d'un procès.

Mais, le plus souvent, c'est dans le cadre du Conseil et en collaboration avec ses conseillers que le roi rend la justice. Deux voies s'offrent alors à lui. La première, l'évocation, permet au souverain de soustraire à tout moment une affaire aux juges normalement compétents pour l'évoquer et la juger en son Conseil, même si la procédure était déjà engagée. Comme ce droit d'évocation ne connaissait aucune limitation, il rendait omniprésente la justice du roi à tous les stades de la procédure.

Le second moyen, la cassation qui n'en est qu'à ses timides débuts, n'autorisait qu'une intervention très modulée. Dans une ordonnance de mars 1302, Philippe le Bel, tout en reconnaissant que les arrêts du Parlement sont rendus en dernier ressort et en pleine souveraineté, prévoit qu'en cas d'ambiguïté ou d'erreur, leur « correction, interprétation, révocation ou déclaration » appartient au Conseil du roi. C'était donc lui reconnaître, sur demande des justiciables, un droit de réviser ces arrêts. Tout au long de la première moitié du XIVe siècle, cette procédure se précise et tout justiciable qui souhaite voir ainsi rouvrir le débat devant le Conseil à propos d'un arrêt du Parlement doit, au préalable, obtenir une lettre de proposition d'erreur des maîtres des requêtes de l'Hôtel. Alors seulement le Conseil pouvait être valablement saisi et « casser » un arrêt du Parlement ou de toute autre cour souveraine. Mais le Conseil ne jugeait nullement l'affaire au fond. Elle était renvoyée au Parlement qui, invité à revoir son arrêt, tranchait alors dans le sens suggéré par le Conseil.

Le contentieux qui arrivait ainsi au Conseil étant de plus en plus important, nécessité s'imposa d'opérer une spécialisation au sein des conseillers. Tandis que certains concentrèrent toute leur attention sur les affaires de politique, d'administration et de finances, d'autres limitèrent leur activité aux affaires de justice, qu'elles concernent le contentieux purement civil, administratif ou fiscal. Ainsi commence à se dessiner, tout au long de la seconde moitié du XIVe siècle, dans le cadre des séances des requêtes, une formation animée par des conseillers spécialisés dans le jugement des affaires soumises au Conseil.

Intermittente et aux contours assez imprécis au début, cette structure s'adapte rapidement aux nécessités pour se consolider dans le courant de la première moitié du XVe siècle. Elle donne alors naissance à une institution nouvelle, le Grand Conseil judiciaire, plus couramment appelé « Grand Conseil » dont le personnel est déjà relativement étoffé aux alentours des années 1450 avec un substitut de l'avocat général, un substitut du procureur général et un greffier. Sous le règne de Louis XI, en raison de la multiplication des procédures d'évocation, il s'individualise et prend son autonomie définitive par rapport au Conseil. Il est alors composé d'un personnel *ad hoc*, mais conserve pendant longtemps encore les marques de ses origines qui en font un Conseil mobile destiné à suivre le roi dans ses déplacements. Territorialement compétent pour l'ensemble du royaume et parfaitement apte à résoudre les questions qui lui sont soumises, il est entre les mains du roi un excellent moyen de pression à l'égard du Parlement chaque fois qu'est mise en œuvre à son encontre la procédure d'évocation. Cette situation se vérifie tout particulièrement dans trois secteurs particuliers pour lesquels le Parlement avait une position beaucoup plus rigide que le roi : les contestations nées autour de la collation des bénéfices, le contentieux des provisions d'offices et les conflits de compétence entre juridictions.

Ainsi déchargé de l'ensemble de ses fonctions judiciaires grâce à la lente gestation du Grand Conseil, le Conseil du roi apparaît, tout au long des deux derniers siècles du Moyen Âge, comme une institution que caractérisent souplesse et perpétuelle faculté d'adaptation, aussi bien au niveau de ses structures et de sa composition que de ses compétences. Dominé par une constante évolution, il offre une excellente image de la plasticité des institutions médiévales. Régi par une véritable coutume constitutionnelle, il est tout autant miroir des nécessités du temps et du savoir-faire des hommes que reflet de la passivité ou du dirigisme des rois, tout aussi soucieux de maîtriser la législation que de contrôler la marche de la justice ou d'assurer une efficace supervision des comptes.

• *La Chambre des comptes*

La commission permanente qui prend lentement naissance au sein de la *curia regis* dans la seconde moitié du XIIIe siècle pour apurer les comptes des collecteurs de recettes dans l'intervalle des sessions connaît une évolution complexe avant de devenir la Chambre des comptes dont les compétences multiformes ne cessent d'élargir le champ d'activité.

Une genèse difficile

Dès 1256, un groupe de conseillers qualifiés de *magistri compotorum* est spécialement chargé de la vérification des comptes de tous les agents appelés à manier les deniers publics. Quand, en 1295, le roi retire son Trésor du Temple pour le déposer au Louvre, ces maîtres clercs et maîtres laïcs s'y transportent aussi puis, peu de temps après, au palais de la Cité dont la reconstruction est entreprise vers 1299. Le roi leur y réserve alors une *camera*, une chambre dont ils prennent possession en 1303. Voilà comment cette commission de spécialistes, cette *curia in compotis*, devient la *camera compotorum*, la Chambre des comptes. À partir de ce moment-là, naît une tradition et s'organisent des archives. Ne restait plus qu'à éliminer des travaux de la Chambre les conseillers aristocratiques en trop grand nombre, qu'ils fussent laïcs ou ecclésiastiques, pour les remplacer progressivement par un personnel technique. Cette mutation en profondeur fut principalement conduite par Enguerran de Marigny. Véritable maître des finances, pendant quelques années, il finit par ne plus convoquer ce personnel aristocratique qui se trouva ainsi, au moins en partie, progressivement écarté.

C'est seulement sous le règne de Philippe V que la Chambre des comptes connaît sa première organisation officielle avec l'ordonnance du Vivier-en-Brie de janvier 1320. Véritable charte fondatrice, ce texte fait de la Chambre un corps constitué que des réformes ultérieures ne cessent de perfectionner jusqu'à la fin du XVe siècle. Son « gouvernement, conduite et discipline » est alors assuré par deux présidents, un clerc et un laïc. Sous leur autorité travaillent des maîtres ordinaires, quatre clercs et quatre laïcs. Ils furent parfois jusqu'à dix en tout, secondés par une armée de « petits clercs » qui assuraient leur secrétariat particulier. À ces maîtres ordinaires se joignent des maîtres extraordinaires dont on disait, sous le règne de Charles VI, qu'ils étaient « en nombre excessif ». Les nommer dans cette fonction permettait au roi de récompenser ses fidèles qui en profitaient souvent pour assurer toutes sortes de missions en dehors de la Chambre au lieu de se consacrer à l'audition des comptes dont la charge retombait la plupart du temps sur les « petits clercs » qui finissent par recevoir, en 1436, le titre d'auditeurs.

Avec ce personnel qui constitue la cheville ouvrière de la Chambre collaborent correcteurs, clercs des comptes, greffiers et huissiers pour assurer le travail quotidien de rédaction, de vérification et de maintenance. Lentement aussi prend corps le groupe des gens du roi, avec un procureur et un avocat, dont les fonctions furent érigées en office au milieu du XVe siècle. Tous ces officiers, depuis les présidents jusqu'aux huissiers, rémunérés par des gages réguliers, acquièrent stabilité dans la fonction, ce qui leur ouvre de véritables perspectives de carrière au sein de ce grand corps de l'État auquel rien de tout ce qui touche aux finances n'échappe désormais.

Une compétence toujours élargie

Si la Chambre a pu acquérir à la fin du Moyen Âge une place éminente dans l'État, c'est parce qu'elle a réussi à se faire reconnaître une double mission de contrôle et de justice.

1) *Organe de contrôle*, elle l'est du fait même de ses origines. Tout au long des deux derniers siècles du Moyen Âge, elle ne cesse d'enraciner cette vocation première de vérificateur de la comptabilité des agents publics investis de responsabilités financières. Deux fois l'an, aux octaves de la Saint-Jean et de Noël, les receveurs des bailliages et des sénéchaussées de l'ensemble du royaume doivent comparaître devant elle en déposant pour vérification les comptes des recettes et dépenses de leurs circonscriptions. Mais ils ne sont pas les seuls à être soumis à ce contrôle. Après examen de leurs comptes, vient celui de la comptabilité de l'hôtel du roi, des Eaux et Forêts et des services des monnaies. Dans tous les cas, la procédure est la même. Chaque agent ayant manipulé des fonds publics doit fournir un rapport détaillé de sa gestion faisant clairement apparaître l'ensemble des opérations comptables de son exercice accompagnées de toutes les justifications nécessaires. Ces pièces sont-elles, après vérification, jugées régulières? Alors la Chambre déclare quitte le comptable et lui donne décharge. Sont-elles au contraire peu fiables et l'agent se trouve-t-il dans

une situation de débiteur à l'égard du Trésor royal? Alors, c'est un arrêt de débet qui est rendu à son encontre.

Tous ces contrôles comptables se doublent souvent d'un contrôle administratif des actes portant engagement de dépenses ou aliénation de biens. La Chambre est ainsi conduite à authentiquer, autoriser ou ratifier de nombreuses opérations financières décidées par le roi lui-même. Il en va ainsi, en particulier, de toute mesure qui risquait de porter atteinte à l'intégrité du domaine de la couronne et aux prérogatives du souverain. Voilà pourquoi elle exerçait un contrôle préalable sur tous les projets portant aliénation du domaine ou pouvant compromettre l'exercice d'un droit royal. Dans la même perspective, mission lui est confiée de veiller de près aux actes de foi et d'hommage dus au roi. Elle en dresse de soigneux inventaires à travers les listes d'aveux et dénombrements qu'elle conserve jalousement en ses registres. Décrivant par le menu les biens, droits et prérogatives que les vassaux tiennent du souverain, ces mémoriaux constituent pour le pouvoir de précieux instruments qui lui permettent de connaître, avec une grande précision, tant la structure que le contenu de son domaine.

Dans ces conditions, la Chambre contrôle non seulement l'administration domaniale, mais aussi tout le secteur des finances liées à l'exploitation du domaine et des revenus qui en proviennent : les finances ordinaires. Et comme pendant longtemps, au moins jusqu'au milieu du XIVe siècle, la distinction n'est pas nettement établie entre finances ordinaires et finances extraordinaires, la Chambre veille aussi de très près à tout ce qui touche à l'établissement des fouages, des aides et des gabelles. Cette situation se prolongea bien souvent jusqu'à la création de la Cour des aides à la fin du XIVe siècle et autorisa même la Chambre à intervenir dans le domaine contentieux.

2) *Juge*, elle était naturellement appelée à le devenir et à le rester aussi longtemps que des institutions concurrentes ne lui contestèrent pas ses compétences contentieuses.

Afin de régler rapidement toutes les difficultés qui pouvaient naître de la liquidation des comptes, le roi donna aux gens de la Chambre compétence pour trancher eux-mêmes. Il n'y avait là que pratique courante consistant à investir tout corps administratif de prérogatives judiciaires suffisantes leur permettant d'apporter prompte solution aux litiges pouvant surgir à l'occasion de l'exercice de ses fonctions. Dans ces conditions, la Chambre se vit reconnaître le droit d'infliger des sanctions disciplinaires à tout agent comptable dont la gestion n'était pas irréprochable. Mais elle ne pouvait mettre en jeu leur responsabilité «qu'à fin civile seulement». Chaque fois que se présentaient des cas de péculat, de concussion ou autres affaires criminelles, le roi prit l'habitude de les évoquer et d'en confier jugement à des commissaires.

Pour tous les litiges touchant au domaine, la Chambre des comptes se heurte à la compétence de la Chambre du trésor et, surtout, du Parlement dont les compétences en la matière en font le premier juge du domaine. À la Chambre des comptes revient seulement la connaissance des oppositions aux mesures domaniales qui n'ont pas fait l'objet d'un enregistrement préalable par le Parlement. Dans le cas contraire, compétence de droit est reconnue au Parlement, ce qui revient à n'accorder à la Chambre que la connaissance des cas litigieux concernant des mesures administratives prises ou enregistrées par elle. Dans ces conditions, le rôle dévolu à la Chambre des comptes en matière de contentieux domanial se trouvait limité. Il y avait là un secteur particulièrement sensible dont la protection débordait largement la compétence du Conseil, du Parlement et de la Chambre des comptes pour s'étendre au pays tout entier, à travers ses organes de concertation.

3. Les organes de concertation

Le déclin progressif de la féodalité libère dans le pays toutes les forces vives qui, jusque-là, s'étaient trouvées enserrées dans le carcan féodo-vassalique. Chacun des trois ordres sur lesquels avait pris appui la société féodale renforce son autonomie et donne à son statut juridique des contours plus précis. Ainsi, plus se construit l'État, plus s'organisent face à lui de nouveaux acteurs de la vie politique.

À la fin du Moyen Âge, une extrême complexité domine la société politique. Il en découle une répartition des individus en groupes, en fonction de multiples clivages liés, à la fois, à la condition juridique, à la richesse, à l'activité professionnelle et au genre de vie. À ces facteurs distinctifs traditionnels viennent s'en ajouter d'autres, plus caractéristiques des temps médiévaux. Qu'il s'agisse des solidarités de lignage, des solidarités vassaliques, des solidarités villageoises ou de celles qui découlent d'impératifs économiques et sociaux, toutes contribuent à faire entrer l'individu dans un réseau très dense de relations qui l'intègrent à un groupe tout en l'excluant des autres. Ainsi se dresse face à l'État un système plural de réseaux de solidarités qu'une vision politique plus simple de la société, poussée par des théoriciens en quête d'efficacité, s'efforce de rendre moins complexe et surtout plus facile à gouverner.

Pour eux, la tripartition de la société féodale demeure plus que jamais valable. Quitte à la retoucher et à l'adapter, cette répartition des individus en trois ordres, en trois états dotés chacun d'un statut juridique spécifique, constitue la base de l'organisation de la société politique dont ils sont les premiers acteurs. Mais, isolés, leur action se heurte à la résistance du prince. Voilà pourquoi ils sont conduits à se regrouper et à s'organiser dans le cadre de structures représentatives. Ainsi naissent les assemblées d'états — les États — qui permettent aux trois ordres d'agir de concert et au roi de n'avoir qu'un seul interlocuteur, même s'il privilégie souvent la concertation avec ses bonnes villes.

A. La société politique : les trois états

La tripartition de la société politique s'est heurtée à de multiples résistances pour triompher des clivages de la société féodale. Encore au XIIIe siècle, plusieurs coutumiers répartissent en quatre catégories les hommes de leur temps : les clercs, les nobles, les roturiers et les serfs. Beaumanoir les réduit à trois, tout en considérant que deux de ces états dominent vraiment quand il évoque « deux estas, c'est assavoir des gentius hommes et des frans hommes de poosté, et li tiers estas si est des sers ». Il ne nomme pas les clercs, tandis qu'il fait des serfs un état particulier. Voilà qui tend à prouver que la division tripartite, même à partir du moment où elle triomphe, ne correspond pas toujours à ce moule rigide dans lequel on a voulu systématiquement couler la société médiévale des trois états : ceux qui prient, les clercs (*oratores*), ceux qui combattent, les nobles (*bellatores, pugnatores*) et enfin ceux qui travaillent de leurs mains (*laboratores*).

Néanmoins, cette distinction devient réalité dans la mesure où chaque état assume une fonction sociale spécifique et se trouve ainsi doté d'un statut juridique particulier. Mais cela n'exclut pas pour autant qu'existent entre eux des liens de dépendance qui postulent une certaine unité d'action dans la recherche du bien commun et l'amorce du dialogue qui se noue avec le souverain. Ainsi, à la fin du Moyen Âge, clergé, noblesse et tous ceux qui travaillent de leurs mains, forment véritablement trois ordres, trois états distincts dont le statut juridique parfaitement défini leur vaut certains privilèges, mais implique aussi des devoirs. Il revenait ainsi à chaque individu de se situer dans un ordre et à chaque ordre de s'intégrer dans la société politique, dans l'État.

• *Le clergé*

Il constitue, depuis longtemps, un ordre juridiquement défini auquel chacun s'accorde à reconnaître une prééminence indiscutée. Membres du premier état dans la société médiévale, les clercs ont préséance partout. Gens instruits qui enseignent et qui vouent l'essentiel de leur temps à la prière pour le bien commun de tous, ils ont reçu du droit canonique un statut que la société politique n'a pu qu'entériner en raison de la primauté du spirituel depuis longtemps affirmée.

Qu'ils soient clercs séculiers ou clercs réguliers, ce statut les intègre dans une stricte hiérarchie et définit avec précision les privilèges qui leur sont reconnus. Seuls à pouvoir jouir des bénéfices ecclésiastiques, ils sont en même temps efficacement protégés dans leur personne et dans leurs biens par le *privilegium canonis*, ainsi qualifié parce que fondé sur un canon du Décret de Gratien. Ainsi, toute personne qui injurie un clerc commet une violence contre lui ou porte une atteinte quelconque à ses biens commet un sacrilège qui entraîne son excommunication. À cela s'ajoute le *privilegium fori* qui rattache tous les clercs, en matière judiciaire, à la seule autorité ecclésiastique. De plus, comme ils ne relèvent pas de l'autorité temporelle de leur supérieur ou de celle du roi, ils jouissent de ce fait d'une très large immunité fiscale. Ils ne contribuent en principe — et cela ne constitue pas une règle absolue — qu'aux taxes et impositions ayant pour objet de financer la défense du royaume et la sécurité des villes, en particulier les fortifications. Tous ces privilèges sont contrebalancés par des incapacités assez lourdes. À l'interdiction de se mêler des affaires du siècle et en particulier de faire commerce, s'ajoutent pour les clercs des ordres majeurs l'interdiction de se marier et pour les religieux le droit d'avoir un patrimoine. Cette manière de mort civile les frappe en conséquence des vœux qu'ils ont prononcés.

Dotés très tôt d'un statut juridique aux contours stricts, accoutumés à une soumission consentie à leur chef — le pape —, familiers d'un système hiérarchique rigide et rompus aux techniques délibératives dans le cadre des assemblées de l'Église, les clercs et leur état en son entier manifestent une grande maturité politique ainsi qu'un sens profond de la chose publique qui ont valeur d'exemple face à une noblesse souvent moins habile à s'affirmer sur la scène politique.

• *La noblesse*

Second état, la noblesse voit son statut défini beaucoup plus tard que celui des clercs. Lentement fixé tout au long de l'époque féodale, en particulier pour tout ce qui concerne l'accès à l'état de noble, il se fige par la suite pour donner naissance à un véritable droit des nobles qui s'écarte du droit commun, tout spécialement en matière de droit privé, qu'il s'agisse du droit des personnes ou du droit des biens. Il y a là un élément extrêmement individualisant par rapport au monde des roturiers. Comme les clercs, les nobles jouissent de larges privilèges judiciaires, en particulier celui d'être jugés par leurs pairs dans le cadre de la cour de leur seigneur. D'importants privilèges fiscaux leur sont aussi consentis qui les font échapper, pour l'essentiel, aussi bien à la fiscalité urbaine qu'à la fiscalité royale. Seuls aptes à acquérir des fiefs sans autorisation, ils sont aussi exempts du paiement de tout droit à cette occasion. En contrepartie de tous ces avantages, ils sont tenus de se consacrer exclusivement au métier des armes et de ne pas déroger en faisant commerce ou en exerçant un métier manuel.

Contrairement aux clercs, les nobles ne forment pas un état que domine une grande cohésion. De trop grandes disparités de statut y existent et la discipline ne constitue pas toujours la caractéristique essentielle de cet ordre. Mais un élément très fort unit ses membres, la conscience d'appartenir à un ordre privilégié et la fierté d'en faire partie. Voilà pourquoi le roi se montre très attaché à obtenir leur concours, même si la place de la féodalité décline dans l'État des derniers siècles du Moyen Âge et si ceux qui en ont été l'âme n'y jouent plus un rôle aussi important. En contrepartie, le prince trouve chez les nobles et dans les réalités féodales qu'ils incarnent, à la fois des appuis politiques et des moyens financiers qui lui sont d'un grand secours dans la construction de l'État. Au moment où s'épuisent les vertus du contrat de fief, il passe avec eux des contrats d'un nouveau type et encourage le développement des ordres de chevalerie qui, tels l'ordre de l'Étoile avec Jean le Bon, ou l'ordre de Saint-Michel avec Louis XI, lui apportent une clientèle de seigneurs choisis parmi l'élite. Ils permettent en même temps la constitution de vassaux d'un nouveau genre qui redonnent structure à une hiérarchie quelque peu ébranlée. Ainsi encadrés, ils s'intègrent davantage à l'État et s'associent plus étroitement à la mise en place progressive de tous ses rouages.

• *Le troisième ordre*

Celui que Beaumanoir nomme « li tiers estat », et dans lequel il ne voit que des serfs, n'est ainsi que très tardivement désigné pour qualifier une réalité beaucoup plus large regroupant, tout à la fois, riches et pauvres des villes et des campagnes qui ne sont ni nobles, ni clercs. Il faut attendre, semble-t-il, la fin du XVe siècle pour que des lettres de Louis XI de 1482 et 1484 évoquent un « tiers, commun et bas estat » après qu'un document de la région de Namur ait utilisé, en 1429, l'expression « tiers état ».

Tous les membres de cet « état commun » sont exclus des privilèges des clercs et des nobles mais, dans la mesure où leur vocation est de travailler, ils peuvent se livrer à tous les actes mécaniques et au commerce. Comme la propriété des nobles est réservée aux fiefs et celle des bénéfices aux gens d'Église, de même leur est en principe réservée la propriété des terres et autres biens immobiliers qui ne sont ni nobles, ni d'Église. Peu d'unité et un manque évident de cohésion caractérisent ce groupe face au pouvoir central. Les raisons en sont multiples. La cassure qui existe entre monde de la ville et monde des champs en est la principale, aggravée encore par la volonté toujours plus marquée des bourgeois de contrôler et de confisquer à leur profit la représentation politique du plat pays. Étroitement soumis au ban de leur seigneur, les roturiers des campagnes, isolés dans le cadre de la seigneurie, se trouvent pour l'essentiel exclus de la vie politique.

Il n'en va pas de même des bourgeois. Que leur condition ait été acquise par serment d'affiliation ou par résidence d'an et jour, ils sont tenus de résider dans la ville où ils bénéficient de privilèges de droit privé, de juridiction et de fiscalité qu'ils ont souvent arrachés de haute lutte à leur seigneur ou à leur roi. Ainsi s'est affirmé entre eux un véritable esprit de corps que vient encore renforcer l'exercice des charges municipales auxquelles ils participent largement. Elles font d'eux de véritables techniciens de l'administration et de la gestion publique, situation qui les place en position de force pour dialoguer avec le prince.

Autonomes, assurées de leur supériorité sur le plat pays, génératrices de communautés soudées, protégées derrière les murailles, les villes constituent ces «clés du royaume» sur lesquelles le souverain a toujours pu compter, même si parfois des tensions intérieures entre groupes sociaux remettent quelque peu en cause cette solidarité urbaine. Toujours solidement organisées, les communautés urbaines deviennent de véritables partenaires de l'État. Une fois parfaitement intégrées à lui, elles sont un des plus sûrs appuis du prince qui profite de cette situation favorable pour conduire avec elles un dialogue déterminant pour la gestion des affaires de l'État dans la mesure où elles constituent l'élément le plus représentatif du troisième ordre.

B. LE PAYS ORGANISÉ : LES ÉTATS

Au fur et à mesure que chaque ordre s'organise et s'intègre lentement dans l'État, il noue aussi des rapports constants avec les deux autres. Bien souvent, le prince lui-même encourage cette concertation qui lui permet de n'avoir qu'un interlocuteur au lieu de devoir conduire, avec chaque ordre séparé, d'interminables négociations. Ainsi naît une véritable communauté, ce «corps mystique» dont parle Jean de Terrevermeille. Reflet de l'union des ordres intégrés à l'État, il témoigne en même temps de leur volonté de s'organiser, face au prince, en une force politiquement autonome, que ce soit à l'échelon du royaume tout entier dans le cadre d'États généraux ou, plus simplement, au niveau provincial en utilisant le relais plus modeste des États provinciaux.

• *Les États généraux*

Cette expression n'a pas cours au Moyen Âge, mais la réalité qu'elle sert à désigner existe bien. Il s'agit d'assemblées convoquées par le roi afin d'y réunir des représentants des trois états du royaume tout entier. Bien qu'elles soient plus représentatives que les cours féodales, les contemporains les qualifient encore, pendant longtemps, de *curia*, parfois de *concilium*, de *colloquium*, et quelquefois de *congregatio generalis* ou de *parlamentum*. Autant de termes qui ne reflétaient pas la réalité de l'institution jusqu'à ce qu'apparaisse, à la fin du XIIIe siècle, l'expression «trois états». Elle se généralise au début du siècle suivant. Habitude est prise alors de parler d'«assemblée des trois états» ou, plus simplement, des «trois états» dont l'histoire complexe éclaire, tout à la fois, composition, organisation et compétence.

Histoire

Ces assemblées des trois états destinées à assurer, à partir du moment où elles fonctionnent, une représentation aussi complète que possible de l'ensemble du royaume, trouvent leur origine dans la cour du roi dont elles sont une image élargie. Les traditions féodales de conseil pèsent très lourd, qui imposent dès l'origine au prince de prendre l'avis de ses vassaux avant d'arrêter une décision importante. Aussi longtemps que la féodalité domine dans l'État, il les consulte dans le cadre de réunions plénières de sa cour. Prélats et barons se joignent alors à ses auxiliaires habituels. Confrontés en leur qualité de vassaux, ils apparaissent aussi de plus en plus comme les représentants de deux ordres distincts, le clergé et la noblesse. Cette évolution dans le fondement de leur présence rend toujours plus difficile à justifier l'absence de représentants du troisième ordre, en particulier celle des bourgeois des villes dont l'influence ne cesse de grandir dans la vie politique du royaume.

Voilà pourquoi le roi doit faire aussi progressivement appel à eux, tant parce qu'il ne peut continuer à les écarter que parce qu'ils représentent pour lui un potentiel de conseils éclairés et d'expérience vécue au sein des administrations municipales. C'est dans le Midi qu'une première évolution se dessine en ce sens quand, un peu avant 1170, le comte de Forcalquier, Guillaume II, convoque plusieurs bourgeois dans une cour plénière où il avait appelé des représentants des nobles et des clercs. En 1190, Philippe Auguste s'engage dans la même voie en réunissant, à la veille de son départ pour la croisade, un petit groupe de bourgeois de Paris pour qu'ils éclairent de leurs conseils ceux de son entourage qu'il avait investis de la garde de son trésor et de son sceau.

Avec saint Louis, cette pratique devient courante comme en témoigne, en particulier, l'élaboration de l'ordonnance monétaire de 1262 à laquelle il associe des représentants de plusieurs villes, en particulier Paris, Orléans, Provins, Sens et Laon. Par la suite, la présence de bourgeois devient toujours plus régulière. Chaque fois que sont à débattre des questions d'importance, surtout en matière monétaire, le roi s'entoure de leurs « avis et conseil ». Mais, jusqu'à la fin du XIIIe siècle, il les convoque toujours à part, réservant d'autres réunions à ses vassaux laïques et ecclésiastiques. Autant d'assemblées qui ne sont pas encore de véritables assemblées d'États dont elles n'assuraient qu'une représentation incomplète.

Elles acquièrent lentement ce caractère représentatif en imitant ce qui se passe dans l'Église et, en partie aussi, en retrouvant certaines règles du droit romain. À partir du XIIIe siècle, le développement des assemblées représentatives épouse étroitement les pratiques des synodes et des conciles ecclésiastiques. La diffusion des idées conciliaires, et plus encore leur succès à l'occasion du concile de Constance, marquent d'une profonde empreinte les rapports qui se nouent entre le prince et les assemblées d'ordres. On y assimile toute une vision de la représentation, on y met en pratique les mêmes techniques délibératives.

À cela s'ajoute la remise à l'honneur par les canonistes, à partir de la seconde moitié du XIIe siècle, du vieux principe romain *Quod omnes tangit ab omnibus approbetur*. Puisque « ce qui concerne tout le monde doit être approuvé par tout le monde », comment pourrait-on décider dans l'Église — société si richement dotée en assemblées représentatives — sans avoir le consentement de tous, chaque fois qu'une affaire concerne la communauté des clercs tout entière? Dans ces conditions, l'application de la maxime est rapide. Peut-être est-elle déjà mise en œuvre dans le cadre du troisième concile de Latran en 1179 à propos de la taxation des clercs. Plus aucun doute, en tout cas, ne subsiste à l'occasion du quatrième concile de Latran, en 1215. Elle devient alors une règle classique du droit de l'Église et les clercs l'invoquent très régulièrement pour rappeler qu'ils ne doivent jamais être taxés sans leur consentement. Puis elle pénètre la vie politique pour s'imposer partout, dès la seconde moitié du XIIIe siècle, comme une donnée fondamentale dans le droit public des états.

Un tel principe postulait, obligatoirement, l'application d'un second. Le consentement, quand il devait être requis de tous, ne pouvait être obtenu de chacun séparément. Il fallait nécessairement mettre en œuvre un système de représentation plus opératoire que celui depuis toujours utilisé et en vertu duquel la tête représentait le corps. Ainsi, tout naturellement et sans qu'il y ait lieu à désignation particulière, le père de famille représentait le groupe familial, l'évêque son diocèse, l'abbé son abbaye et le seigneur l'ensemble de ses « hommes de poesté ». Pareille représentation ne pouvait être suffisante dans le cadre d'assemblées politiques qui, pour délibérer valablement, devaient être composées de membres élus par ceux qu'ils représentaient et ayant reçu d'eux mandat précis. Pour en arriver là, une mise en œuvre très poussée de la technique de la procuration s'imposait. Peu en vogue encore dans le domaine politique au XIIIe siècle, elle est au même moment très largement mise en pratique devant les tribunaux où l'on plaide de plus en plus par procureur, alors qu'elle avait depuis longtemps déjà pénétré tous les niveaux de l'Église, aussi bien au sein des ordres religieux que dans toutes les assemblées ecclésiales.

Toutes ces expériences favorisent la tenue d'assemblées dans lesquelles au moins une partie des représentants tenait ses pouvoirs de l'élection. Mais, dans un premier temps, les électeurs manifestèrent quelques réticences en ne donnant à leurs députés qu'un pouvoir restreint, celui d'« ouïr et rapporter ». C'était leur enlever tout pouvoir de décision, faire de l'assemblée un groupe de faible représentativité et parfaitement incapable de discuter valablement avec le prince en vue de prendre des décisions. Pour qu'il en fût ainsi, il fallait en arriver au stade de la procuration avec plein pouvoir. Une fois encore, c'est d'abord dans le cadre des assemblées de l'Église, puis devant les tribunaux, que fut donnée cette *plena postestas* aux représentants avant de l'être, dans la seconde moitié du XIIIe siècle, à des mandataires investis d'une fonction politique. À partir de ce moment-là, des assemblées véritablement représentatives purent fonctionner. Et elles eurent d'autant plus ce caractère qu'elles commencèrent, au tout début du XIVe siècle, à réunir des représentants des trois ordres.

L'année 1302 marque un tournant puisque c'est en avril que siègent, pour la première fois semble-t-il, ensemble et à Paris, des représentants de la noblesse, du clergé et des bonnes villes. Convoquée par Philippe le Bel pour avoir son conseil et son appui dans le conflit qui l'opposait à Boniface VIII, cette assemblée encore bien incomplète de représentants des trois états vaut, pour la France, acte de naissance des États généraux. Même si l'appel aux députés des bonnes villes tenait autant de l'habileté politique que de la volonté de constituer une véritable assemblée représentative, une forme plus complète de dialogue n'en était pas moins apparue qui devait aller en s'amplifiant. Dès 1308, une nouvelle assemblée des trois états réunie à Poitiers, puis à Tours, sur la question des Templiers, élargit bien au-delà des villes la représentation du troisième ordre puisque sont aussi convoqués des députés des bourgs et des villages, sans oublier ceux de l'université de Paris. La réunion qui se tient en 1314, à laquelle le roi demande des subsides pour la guerre de Flandre, reflète une structure semblable.

C'est donc à partir du règne de Philippe le Bel que commence l'histoire des États généraux. Deux siècles étaient encore nécessaires pour que l'institution acquît ses contours définitifs et qu'elle devint, véritablement, représentative de l'ensemble de la nation. Voilà pourquoi une grande souplesse a toujours dominé l'organisation des nombreuses assemblées convoquées tout au long des XIVe et XVe siècles.

Composition et organisation

La perpétuelle évolution qui les caractérise jusqu'à la fin du Moyen Âge n'autorise pas toujours à qualifier d'États généraux l'ensemble des assemblées qui se sont réunies. D'un point de vue géographique, elles ne répondent pas dans tous les cas à ce critère de généralité puisque, pendant la guerre de Cent Ans surtout, en raison de difficultés de tous ordres, ont été souvent convoquées des assemblées tantôt pour les seuls pays de langue d'oc, tantôt pour les seuls pays de langue d'oïl. Mais il y a plus.

Si on s'attache à la qualité des personnes convoquées, on constate que certaines de ces assemblées ont, en bien des cas, pris l'allure d'assemblées de notables qui constituaient davantage des assises élargies du Conseil du roi que de véritables réunions d'états. Le roi attendait alors d'elles un service de conseil sur une question délicate, comme ce fut par exemple le cas, en 1316 et en 1328, quand se posèrent les difficiles problèmes de succession à la couronne. Formations plus souples que les États généraux, ces assemblées de notables pouvaient être plus facilement réunies, sans qu'il soit nécessaire d'adresser des convocations générales et de tenir des assises générales. C'est seulement à la fin du XVe siècle, à partir du moment où les assemblées d'états sont composées d'élus et où le choix des membres des assemblées de notables demeure entièrement dans la main du souverain, que les deux institutions acquièrent existence autonome. Alors, aussi, les assemblées d'états ont trouvé leur physionomie définitive qu'a façonnée une double évolution.

Vassalité et procuration

Aussi longtemps que domine au sein des états la tradition féodale, leur composition ne déborde guère le cercle étroit des vassaux. Ils y sont convoqués individuellement par « semonce » à laquelle ils doivent déférer en vertu du devoir d'aide et de conseil. La convocation des barons et prélats liés au roi par serment stipule clairement en 1302 qu'elle leur est adressée en raison du service de conseil auquel ils sont tenus. Quelques représentants de villes sont certes aussi convoqués, mais il s'agit essentiellement de villes dotées de privilèges, et à ce titre considérées comme entrant dans la sphère de la vassalité du roi. Dans un tel système, l'énorme masse des roturiers, qu'ils habitent la ville ou la campagne, sont exclus de toute participation à ces assemblées. Tout au plus peut-on considérer que les vassaux convoqués ayant en charge une seigneurie sont amenés à parler au nom de leurs « hommes de pœsté », mais sans avoir reçu pour cela le moindre mandat.

Il y avait là un double inconvénient. Absence à peu près complète de représentation du troisième ordre et, au fur et à mesure que la féodalité décline dans l'État, tendance des vassaux à répondre de moins en moins aux semonces. Voilà pourquoi, dès 1308, Philippe le Bel élargit le cercle de ses convocations en ne s'adressant pas seulement aux bonnes villes, mais aussi aux « villes et bourgs insignes » dont l'importance impliquait que fussent convoqués, en dehors même de tout lien de vassalité, au moins leurs magistrats qui étaient leurs représentants naturels. Voilà pourquoi aussi, dans ce contexte de féodalité déclinante, les vassaux les moins assidus ont tendance, en se fondant sur la pratique romaine du mandat dont on commence à retrouver les effets bénéfiques, à donner pouvoir à un mandataire d'agir en leur nom. Ainsi barons et prélats prirent l'habitude de se faire représenter par des procureurs. Ils le firent d'abord individuellement, puis ensuite en se groupant pour confier à un seul procureur la tâche de représenter plusieurs d'entre eux. À cette évolution, chacune des parties trouva avantage. Le roi eut face à lui des assemblées moins nombreuses et composées de procureurs souvent avertis. Barons et prélats, qui ne voulurent plus siéger personnellement, furent ainsi déchargés de coûteux et longs séjours consacrés à régler des problèmes techniques qui ne les passionnaient guère. Ainsi prirent corps, lentement, l'idée et la technique de la représentation.

• *Procuration et représentation*

Le système de la procuration permet de glisser de l'idée de représentation de la seigneurie assurée par le seigneur vassal du roi, quand il comparaît en personne, à celle de représentation de l'ordre aussi souvent qu'un procureur parle au nom de plusieurs vassaux. Habitude est ainsi prise, tout au long du XIVe siècle, de convoquer de moins en moins nommément les vassaux mais de limiter, pour chaque bailliage, les convocations à quelques représentants de la noblesse et du clergé, souvent porteurs de procurations de la part de tous ceux qui n'avaient pas été convoqués ou n'avaient pas souhaité répondre. Dans ces conditions, tant les villes qui n'ont pas de lien direct avec le roi, que l'ensemble des roturiers des campagnes au nom desquels le seigneur ne parle plus, se trouvent complètement exclus de toute participation aux assemblées d'états à un moment où leur rôle dans la vie politique ne cesse de grandir. Et cette situation devenait d'autant plus insoutenable que le poids du troisième ordre allait sans cesse en s'alourdissant.

Louis XI le comprit très vite quand, contraint de rechercher l'appui de l'opinion dans sa lutte contre Charles le Téméraire, il convoque les États à Tours en 1468. Une procédure mixte est alors mise en œuvre. Tandis que certains vassaux laïques ou ecclésiastiques sont convoqués individuellement et comparaissent personnellement à ce titre ou envoient des procureurs, il est demandé aux villes de députer des notables choisis parmi les trois ordres, « gens d'Église, bourgeois et nobles ». C'était recourir à la technique de la représentation qui devait, finalement, s'imposer aux États de 1484.

Dans le courant de l'année 1483, la régente Anne de Beaujeu convoque les États mais sans avoir recours, cette fois-ci, à la convocation individuelle. À certains nobles et grands dignitaires ecclésiastiques qui s'en étonnent, elle fait savoir qu'ils sont trop nombreux pour être tous convoqués et que les problèmes à débattre dans le cadre de cette assemblée peuvent fort bien intéresser aussi « tout le peuple du royaume ». Voilà pourquoi une représentation des trois ordres s'impose, qui devait permettre d'associer le troisième, jusque-là presque entièrement écarté des décisions à prendre. Elle est organisée par voie d'élection dans le cadre des bailliages. Chaque ordre est invité à désigner un représentant par bailliage. Les nobles sont convoqués et élisent directement leurs députés, il en va de même pour les grands dignitaires ecclésiastiques, l'ensemble des clercs et des curés des paroisses qui souhaitent prendre part à l'élection. Pour le troisième ordre, bourgeois des villes et roturiers des campagnes sont aussi conviés à voter au chef-lieu des bailliages pour désigner leurs représentants. Peu s'y rendent effectivement, mais les villes et les communautés sont cependant assez nombreuses qui y envoient leurs magistrats ou leurs syndics pour prendre part au vote.

Les résultats de cette procédure ont été fort inégaux selon les régions, et la représentation fut loin d'être parfaite. Mais elle n'en aboutit pas moins à une structure profondément renouvelée de l'assemblée dont le chancelier pense, dans son discours d'ouverture de la session, le 15 janvier 1484, qu'elle permet de «rassembler auprès du roi l'élite de la nation». Le temps est loin de la cour élargie de l'époque féodale, même si ces députés n'ont pas encore véritablement conscience de constituer une assemblée d'un type nouveau. Encore trop conditionnés par leurs attaches régionales, ils ne s'y regroupent même pas par ordre, mais par «nation» dont le poids pèse toujours très lourd dans une entité nationale en cours de construction. Autant d'éléments qui ralentissent la mise en place d'une véritable représentation et limitent l'exercice des pouvoirs que revendiquent les États.

Compétences

Elles s'adaptent en permanence à la personnalité des rois, aux circonstances politiques et à la force que représentent réellement les États. Bien souvent, ils ont avant tout servi de relais à la propagande du souverain. Convoqués alors pour entendre ses intentions et enregistrer ses lois, ils tiennent séance purement formelle dont le chancelier disait, à propos de celle de 1484, qu'elle donnait aux députés le grand privilège de voir le roi! Mais, par-delà ce cliché qui rend seulement compte de l'attitude du pouvoir face aux États, la réalité est tout autre. Ici encore, la pesanteur féodale qui domine toute la vie de ces assemblées permet de saisir comment leurs compétences se sont organisées autour de la double notion d'aide et de conseil.

1) *Aide*. C'est en élargissant aux nécessités nées de la défense du royaume l'aide féodale aux quatre cas, que les souverains ont progressivement réussi à obtenir des États un secours financier sous forme d'autorisation d'imposer. Dans une société où tout est organisé pour la guerre et dans laquelle les seigneurs convoquent leurs vassaux et leurs hommes en vue de lever une armée, il n'est pas surprenant de voir les États, au départ presque exclusivement composés de vassaux du roi, se préoccuper des affaires militaires et de leur financement. Véritable conseil de guerre, les rois les convoquent pour leur exposer la «nécessité du royaume», c'est-à-dire l'obligation dans laquelle il se trouve de faire la guerre et de réunir à cette occasion l'aide financière que prévoit la coutume. C'est ainsi que, dès 1314, Philippe le Bel qui préparait l'expédition de Flandre réussit à obtenir d'eux certains subsides. Mais il ne parvient pas à leur faire admettre que, même en cas de nécessité et d'urgence, des impôts puissent être levés avant que les sujets n'y aient consenti. Et Philippe V ne réussit pas davantage à les persuader, en 1321, qu'un subside pouvait bien lui être accordé en temps de paix en vue de réaliser des réformes. Ainsi donc, tout au long de la première moitié du XIVe siècle, les États font triompher la règle d'après laquelle un impôt ne peut être levé par le souverain qu'en cas de nécessité et avec leur consentement.

Cette procédure fut d'application stricte dans la période critique des années 1355-1358. Tout au long de ces moments difficiles au cours desquels ils siègent presque en permanence, les États autorisent le roi à lever différentes taxes indirectes dont les aides figurent les principales. Puis Charles VII a souvent aussi recours à eux, en particulier en 1421 et 1431, chaque fois qu'il souhaite pouvoir trouver dans l'impôt direct — la taille — l'essentiel des revenus destinés à couvrir les opérations militaires. Dans la pratique, cependant, ce rôle financier des États tendit à s'estomper. Dans la mesure où l'autorisation de lever une taxe ou un impôt créait un précédent, le pouvoir sut en tirer parti en provoquant, sans nouvel accord exprès, la perception des ressources accordées. Ainsi naquit progressivement la notion d'impôt permanent levé sans vote périodique des États. Et chaque fois qu'un tel vote fut maintenu, ce fut le plus souvent au profit des États provinciaux.

2) *Conseil.* Essentielle, cette fonction des États se maintient avec force tout au long des XIVe et XVe siècles. À l'occasion de la réunion de 1484, énumérant les raisons qui justifient une telle convocation, le chancelier précise que « le cinquième motif de cette assemblée est de former au roi un conseil » destiné à « le seconder dans le désir qu'il a formé de maintenir le royaume en paix, d'y établir la police, d'y faire fleurir la justice et le commerce ». Le souverain se trouve ainsi souvent conduit à demander le conseil des États.

Mais il arrive qu'en bien des occasions, ils le lui apportent spontanément par le biais des doléances qu'ils lui adressent et qui reflètent l'opinion des sujets. Leur importance ne cesse de croître dans la seconde moitié du XVe siècle. Conformes à la notion de conseil, elles sont d'abord rédigées directement par les États aussi longtemps qu'ils sont composés de vassaux comparaissant en personne. Puis, au fur et à mesure que se met en place une représentation effective, les députés envoyés par chaque bailliage sont porteurs de cahiers dans lesquels leurs commettants ont consigné leurs doléances. Chaque ordre délibère alors sur ses propres cahiers afin de les fondre en un seul. Ce travail préalable aboutit donc à la rédaction de trois cahiers, un pour chaque ordre. Présentés au roi, ils constituent pour les États le plus sûr moyen d'expression dans tous les domaines où ils peuvent faire entendre leur voix.

Celui de la diplomatie, d'abord, et dans son sens le plus large. Voici Philippe le Bel qui convoque à Paris, en 1302, des représentants des trois ordres afin de s'assurer l'appui de l'opinion et avoir son avis sur la conduite à tenir à l'occasion du conflit qui l'oppose à Boniface VIII. Et le voilà encore, en 1308, convoquant une nouvelle assemblée à Tours afin d'obtenir son soutien contre les Templiers. Et comment ne pas évoquer, dans ce souci d'une diplomatie bien conduite, l'action du futur Charles V, alors lieutenant général du royaume, quand il consulte les États en 1359 pour les persuader de refuser les clauses du traité que le roi Jean, captif à Londres, venait de signer? L'assemblée entend son appel et lui répond que le traité « n'est ni passable, ni faisable ». Voilà pourquoi les États « ordonnèrent de faire bonne guerre aux Anglais ».

Souvent proches de la diplomatie, les questions touchant à la sécurité du royaume viennent ensuite. Quand, devenu roi, Charles V convoque les États en 1369, c'est pour leur demander s'il convient de rejeter le traité de Brétigny de 1360 dont les clauses étaient catastrophiques pour la France. Puis, avant de reprendre la guerre, il s'appuie une nouvelle fois sur eux en leur soumettant l'affaire des appels de Guyenne. N'est-il pas raisonnable d'accepter que les procès tranchés par les juridictions du roi d'Angleterre en Guyenne puissent être portés en appel devant le Parlement? La réponse des États ne se fait point attendre, favorable. Recevoir ces appels, c'était accepter la reprise des hostilités. Situation à peu près semblable se présente en 1439, quand Charles VII engage des pourparlers de paix avec les Anglais. Il en soumet alors le contenu aux États convoqués à Orléans afin de « tendre chacun au bien public et au recouvrement du royaume et dire en sa conscience, son bon et vrai avis ». Avis fut tout aussi rapidement donné, mais négatif cette fois, qui entraîna lui aussi la poursuite des hostilités. Ces exemples, comme tant d'autres, témoignent à souhait de la place éminente qu'occupent les États dans la conduite des affaires extérieures. Souvent associés à la négociation des traités, ils sont aussi amenés à les ratifier.

Leur action s'étend enfin à la politique intérieure. Dès les premiers temps de leur histoire, le souverain les consulte souvent sur les questions monétaires et il semble bien que c'est autour d'elles que s'est d'abord noué le dialogue. Dans la société féodale, la monnaie était considérée comme la chose du prince qui pouvait librement l'émettre, la muer et en tirer profit. Tout change dans le courant du XIIIe siècle. Plus on prend conscience que de l'état de la monnaie dépend le bien-être de la communauté, plus on considère qu'elle n'est point propriété du prince et qu'il doit, en conséquence, s'entourer d'avis et de conseils chaque fois qu'il veut en changer les valeurs. Dans ces conditions, l'ambition des États de la première moitié du XIVe siècle fut d'obtenir du prince l'engagement de ne pas muer la monnaie sans leur consentement, engagement que prit Jean le Bon devant l'assemblée de 1355. L'attitude du duc de Bourgogne, Philippe le Bon, est à cet égard significative. Après avoir réalisé l'unification monétaire dans tous ses États en 1433, il fut par la suite contraint de négocier chaque mutation avec une assemblée représentant l'ensemble de ses sujets. C'est ainsi que prirent essor, autour des fonctions monétaires, les États généraux bourguignons.

Mais toute autre question que celle touchant la monnaie peut être soumise aux États. Louis XI les convoque en 1468 pour tenter de trouver avec eux les moyens propres à apaiser les troubles nés de la Ligue du bien public et à échapper à l'imprudente promesse qu'il avait faite à son frère Charles de lui constituer un apanage en Normandie. En tous points, le roi reçut l'appui des États. Leur rôle aurait pu être tout aussi déterminant dans le domaine de la politique intérieure en 1484, quand Anne de Beaujeu les convoque à Tours pour leur soumettre les problèmes posés par l'organisation de la régence lors de la minorité de Charles VIII. Occasion leur fut certes donnée d'exprimer leur opinion sur la politique alors conduite, mais ils ne parvinrent pas à faire triompher leur point de vue, même s'ils affichèrent clairement leur prétention à jouer un rôle déterminant.

De manière plus générale, les États ont toujours revendiqué une participation à l'exercice du pouvoir normatif. Sur ce terrain, les résultats ont été modestes et ne sont en rien comparables au rôle éminent que joue en cette matière le Parlement anglais au même moment. Il est indéniable, cependant, que les doléances inspirent souvent la législation royale et que la plupart des grandes ordonnances de réformation ont fait suite à des réunions d'États. La pression de l'opinion est alors très forte qui s'exerce, par leur intermédiaire, pour contraindre la royauté à légiférer. Mais jamais les États n'ont pu disposer d'un pouvoir normatif autonome qui leur aurait permis de dicter leur loi au souverain.

Tout compte fait, les États n'exercèrent qu'un pouvoir limité. C'est sans doute dans le domaine fiscal et financier qu'il trouva son expression la plus solide. Mais même ainsi pleinement mis en œuvre, il ne leur permit jamais de devenir un réel instrument de régulation et de contrôle de la politique royale. Tout simplement parce que la fréquence de leurs réunions ne fut jamais fixée et la durée de leurs sessions jamais déterminée. Parce que le roi les convoquait le plus souvent comme il l'entendait et restait en général maître du calendrier de leurs travaux, ils firent toujours davantage figure d'institution dépendante et consultative que d'autorité autonome et dotée d'un réel pouvoir de décision. Ces caractéristiques dominent aussi, mais à un moindre degré, les États provinciaux.

• *Les États provinciaux*

Partout où ils existent, les États provinciaux sont, dans le cadre de la province, l'équivalent des États généraux pour l'ensemble du royaume. Mais leur origine est souvent différente, leur composition et leur fonctionnement mieux définis, leurs compétences plus sûres.

Origines

À l'image du roi, tous les grands princes de l'époque féodale ont leur cour au sein de laquelle se retrouvent les forces vives du pays. Représentées par de grands dignitaires laïques et ecclésiastiques, elles sont étroitement associées à la gestion politique des grandes seigneuries. Au fur et à mesure que ces seigneuries sont incorporées au domaine royal, le rôle des cours évolue. Tantôt elles sont fondues dans la cour du roi où leurs membres sont appelés à siéger, tantôt elles se maintiennent et le roi associe leurs représentants aux assemblées locales qu'organisent ses agents. Dans les deux cas, cette représentation régionale se transforme en profondeur tout au long du XIIIe siècle. Forte de son essor, la bourgeoisie urbaine obtient d'y être associée. Et le roi favorise d'autant plus cette évolution que, poussé par d'impérieux besoins d'argent liés à la guerre, il ne peut obtenir de nouveaux subsides sans le consentement d'un troisième ordre étroitement associé à leur financement. Issus de cette indispensable représentation des trois ordres au niveau local, les États provinciaux n'en offrent pas moins une grande diversité dans leur genèse. Pourtant, des évolutions nuancées introduisent de notables distinctions, souvent liées à l'époque de rattachement au domaine des régions considérées.

1) *Dans les régions les plus anciennement unies au domaine*, les États provinciaux n'apparaissent, bien souvent, que tardivement. Résultat d'une concession royale, ils ne procèdent que rarement d'anciennes assemblées féodales. Normandie et Languedoc répondent à ce type d'évolution. Dans la Normandie du XIIIe siècle, les baillis s'entouraient déjà régulièrement de conseils composés de notables issus des trois ordres. Stimulées par la réaction nobiliaire des années 1315, toutes ces élites se rebellent contre le pouvoir central et ses représentants. Le roi reconnaît alors que c'est bien à la suite de la « complainte des prélats, procureurs d'église, barons, chevaliers et du menu peuple » qu'il est contraint d'octroyer la charte aux Normands.

C'était un premier pas qui devait le conduire, sous la pression constante de ces élites, à convoquer de plus en plus régulièrement des assemblées de prélats, de barons et de délégués des communautés urbaines. Une grande souplesse domina ces premières assemblées qui, tantôt représentaient l'ensemble de la province pour y traiter de questions générales, tantôt réunissaient seulement des délégués de quelques secteurs géographiques limités afin d'évoquer des problèmes plus locaux. C'est dans ce contexte que prennent essor les États de la province, qu'ils soient réunis pour la Normandie tout entière ou, parfois seulement, dans les limites d'un bailliage particulier.

En Languedoc, c'est aussi dans le cadre des bailliages et sénéchaussées que naissent lentement les États provinciaux. À partir du troisième quart du XIIIe siècle, des assemblées y réunissent clercs, barons et représentants des communautés bourgeoises. Dès 1254, saint Louis défend à ses sénéchaux de réglementer l'exportation des blés et des vins sans avoir pris conseil des prélats, barons, chevaliers et gens des bonnes villes de leur sénéchaussée. De telles assemblées se réunirent à Beaucaire en 1259, à Carcassonne en 1269, 1271 et 1275. Même si leurs sessions semblent avoir été moins fréquentes par la suite, elles n'en préfigurent pas moins les assemblées des trois états des pays de langue d'oc qui apparaissent, dès le milieu du XIVe siècle, comme un dédoublement des États généraux. L'année 1345 marque à cet égard un tournant important. Philippe VI décide alors de convoquer prélats, barons, communes et bonnes villes de tout le royaume à Toulouse pour sept sénéchaussées du Midi et à Paris pour l'assemblée des provinces de langue d'oïl. Quelques années plus tard, en 1351, Jean le Bon fractionne lui aussi les États généraux en deux assemblées, l'une pour les pays de langue d'oc convoquée à Montpellier, et l'autre pour les régions de langue d'oïl convoquée à Paris.

À partir de cette date et à quelques rares exceptions près, plus aucun lien n'existe entre les réunions des États généraux de langue d'oïl et celles des États généraux de langue d'oc. Mais, tandis qu'au lendemain de la crise des années 1356-1358, la royauté réussit à s'affranchir de la tutelle des États généraux de langue d'oïl qui ne sont que rarement convoqués, les sénéchaussées de Languedoc continuent à tenir de fréquentes réunions, qualifiées de *consilia generalia* chaque fois qu'elles regroupent les représentants de plusieurs sénéchaussées. Ainsi naissent les États de Languedoc dont l'autonomie est réellement consacrée en 1356, quand ils obtiennent l'autorisation de se réunir « sans nouvelle licence » et aussi souvent qu'ils le voudraient. À partir de cette date, leurs réunions se succèdent à un rythme soutenu jusqu'en 1362. Moins nombreuses de 1363 à 1369, elles se multiplient par la suite jusqu'en 1382 avec toujours, comme principal objet de leurs délibérations, l'octroi du subside.

2) *Dans la plupart des principautés tardivement rattachées à la couronne*, les États provinciaux ont déjà de longues traditions au moment de la réunion. Constitués autour du prince, ils lui apportent aide et conseil.

Tel fut bien le cas des États de Flandre. Quand, en 1128, au lendemain de la mort du comte et à l'occasion d'une grave crise qui secoue le comté, les chevaliers prétendent seuls parler au nom du pays, les représentants des villes font entendre leur voix. Même si les comtes qui se succèdent tout au long du XIIe siècle s'efforcent de freiner leur élan, ils doivent de plus en plus composer avec eux et tout spécialement avec les échevins qui représentent les six villes les plus riches, Gand, Bruges, Lille et Douai en particulier. Ils constituent, au XIIIe siècle, le « Conseil des bonnes villes de Flandre » qui se réunit plusieurs fois par an pour délibérer des affaires du comté. Réduites à trois au XIVe siècle — Gand, Bruges et Ypres — ces bonnes villes pèsent si lourdement sur la politique flamande que leur action suscite une opposition conjuguée des chevaliers et des petites villes. Il y avait là pour le comte une occasion inespérée de chercher appui dans une assemblée élargie — « le Commun pays de Flandre » — à l'intérieur de laquelle les représentants des petites villes et des chevaliers seraient plus largement représentés. C'est à partir de ces réunions de plus en plus régulières que naissent, au début du XVe siècle, les États de Flandre au sein desquels les trois ordres trouvent une représentation équilibrée. En même temps, ils perdent progressivement leur fonction première de conseil d'un comté autonome pour devenir les États particuliers d'une région qui, depuis 1384, fait partie intégrante de l'État bourguignon.

L'évolution de la Bretagne est assez semblable où, à partir du milieu du XIVe siècle, le duc réunit régulièrement autour de lui des assemblées politiques sur lesquelles il s'appuie pour gouverner le duché. La représentation y est toujours des plus larges, comme en 1352, quand Charles de Blois convoque, pour trouver soutien à sa politique, « prélats, chapitres, barons et autres nobles, bourgeois et habitants de nos bonnes villes de notre duché de Bretagne ». Le duc ne pouvait mieux traduire sa volonté de gouverner en s'appuyant sur une représentation équitable des trois ordres. Elle s'institutionnalise dans la seconde moitié du XIVe siècle pour donner naissance à des assemblées régulièrement convoquées qui, à partir de 1408, prennent le nom d'États. Alors, leur rôle politique ne cesse de s'affirmer.

Véritables conseillers du duc, ils sont régulièrement consultés par lui sur des problèmes aussi importants que l'opportunité de s'allier avec le duc de Bourgogne en 1422 ou la nécessité de se rapprocher de Charles VII en 1427. Mieux encore, en 1455, ils sont associés au difficile règlement de la succession ducale et le duc ne fait pas mystère du prix qu'il attache à leur consultation dans une affaire qui est « de si grand poids et conséquence pour les droits, statuts, libertés et usances de notre pays ». Et d'ajouter qu'il ne veut rien faire « sans tout penser savoir et ouïr sur ce le vouloir et opinion des seigneurs de notre rang, prélats, barons, et autres de nos états ». Aussi bien intégrés à la vie politique du pays, les États de Bretagne ne pouvaient que se maintenir quand le duché fut définitivement rattaché à la couronne au tout début du XVIe siècle. Mais alors, ils changent en quelque sorte de fonction. Ils ne conseillent plus un duc indépendant, mais le roi pour les affaires de Bretagne dont ils sont le porte-parole en leur qualité d'assemblée locale.

Structures

Les États provinciaux ne se généralisent et ne se développent vraiment qu'à partir du milieu du XIVe siècle, quand le roi et les grands feudataires sont contraints d'associer étroitement les populations à la défense du royaume en leur demandant des subsides. Alors se pose le problème de leur composition précise et de la fixation d'un minimum de règles destinées à faciliter le déroulement des sessions. Sur ces deux points, se sont davantage dégagées des tendances qu'une véritable réglementation unitaire. Le poids des traditions locales demeure toujours très lourd.

1) *Organisés à partir de conceptions féodales*, les États provinciaux laissent peu de place à la représentation. Leurs membres y siègent le plus souvent en leur nom personnel. Presque toujours membres de droit, leur désignation ne dépend guère de l'élection. Dans l'ensemble, un grand archaïsme domine l'institution qui ne reflète que très imparfaitement l'état social du pays. Certes, les trois ordres sont bien toujours présents, mais aucune règle générale ne préside à la fixation de leur mode de recrutement pas plus que n'est déterminée, de façon précise, la place qui revient à chacun.

Pour la noblesse, les usages sont les plus divers. Dans certaines provinces, comme le Dauphiné ou la Bretagne, tous les nobles qui possèdent un fief sont membres de droit, tandis qu'ailleurs certains nobles seulement se voient expressément conférer le droit de siéger aux États ou l'acquièrent par la coutume. Cela implique, avant qu'ils ne puissent siéger, une vérification des titres. Pour le clergé, prélats et abbés font de droit partie de l'assemblée à laquelle se joignent, en Bourgogne, prieurs et doyens des chapitres.

C'est au niveau du troisième ordre que les disparités sont les plus vives. En général, le plat pays n'est jamais représenté encore que, en Languedoc, de simples villages de laboureurs soient considérés comme de véritables communautés parfaitement aptes à députer. En réalité, presque partout les seigneurs et les villes confisquent à leur profit la représentation de la campagne. Les députés des villes et des communautés organisées constituent donc l'essentiel de la représentation du troisième ordre. Souvent confiée aux échevins, aux consuls ou aux syndics, elle est monopolisée par une aristocratie qui ne reflète pas toujours fidèlement l'ensemble des structures sociales du monde de la ville et, moins encore, de la campagne environnante. Dans ces conditions, chaque assemblée a sa tonalité propre. Voilà les États de Bretagne connus pour leur turbulence en raison de la présence massive d'une noblesse toute vouée à défendre les libertés bretonnes. Et voici ceux de Languedoc, beaucoup moins agités en raison de la sagesse de leurs évêques et de la place importante qu'y tient un monde de la ville depuis longtemps aussi sensible à la puissance et à la richesse qu'il était assidu aux sessions. Et si l'on ajoute à cela le doublement du tiers très vraisemblablement acquis à l'État commun de Languedoc dans les dernières années du règne de Louis XI, on comprend mieux l'intérêt qu'avait cette assemblée à maintenir stabilité et équilibre.

2) *Sauf exception*, comme ce fut le cas en Languedoc à partir de 1356, les États particuliers ne peuvent se réunir sans autorisation préalable du roi qui fixe le lieu et la date de la session. Ces sessions obéissent à une certaine périodicité qui finit par s'imposer à partir du début du XIVe siècle. Tandis que les États de Languedoc se réunissent en principe une fois par an, ceux de Bretagne ne tiennent session que tous les deux ans et ceux de Bourgogne, le plus souvent, tous les trois ans. Pour tenir ces assemblées, le roi délègue des commissaires qui peuvent être des membres de son Conseil ou, plus simplement, des hommes de confiance qu'il choisit dans le pays en raison de leurs qualités.

La session s'ouvre par une séance solennelle au cours de laquelle les commissaires royaux présentent les demandes du roi. Puis ils se retirent, pour laisser l'assemblée délibérer, non sans que soient conduites parallèlement de multiples négociations entre eux et certains représentants des trois ordres. Pour les questions importantes, l'unanimité entre les trois ordres est requise après qu'ils aient procédé, séparément, à leurs délibérations. Chaque membre dispose d'une voix et le vote se déroule par ordre à partir du moment où il fut admis qu'à l'intérieur de chaque ordre l'unanimité n'était plus nécessaire, mais simplement la majorité. Suivant en cela le droit de l'Église, et tout spécialement la décision du quatrième concile de Latran (1215) qui posait le principe d'une majorité pure et simple, les assemblées d'états abandonnèrent lentement et à un rythme divers selon les régions, l'obligation de l'unanimité à l'intérieur de chaque ordre ou, encore, le recours au vieux principe souvent confus de la *major et sanior pars*. L'accord ainsi acquis est inséré par articles dans un texte soigneusement rédigé par les représentants des États et les commissaires royaux. Acte officiel, il fait figure de véritable contrat entre le prince et le pays. Alors, la session est déclarée close par les commissaires royaux et les membres de chaque ordre sont autorisés à se disperser.

Mais la session n'a, en général, duré que quelques jours, parfois même qu'une seule journée comme en Poitou où elle n'excédait jamais cinq jours. Se pose alors le problème de la pérennité de l'influence des États entre les sessions. Voilà pourquoi ils tendirent, mais fort tardivement, à organiser une commission permanente destinée à prolonger leur action et à imposer au prince un dialogue permanent. Ainsi naquirent en Bourgogne les « Officiers des états » ou « Chambre des élus », tandis qu'en Provence la « Procure du pays », en Béarn l'« Abrégé des états » et en Bretagne la « Commission intermédiaire » s'appliquèrent à faire en sorte que les décisions de l'assemblée ne sombrent pas dans l'oubli.

Compétences

Elles se résument en une notion cardinale. Tant les États que le prince considèrent qu'ils représentent « la chose publique du pays », si bien qu'en 1402 les États d'Auvergne font installer en la cathédrale de Clermont un coffre destiné à conserver tous les documents concernant « le fait public du pays ». Partout s'impose l'idée que l'assemblée des trois ordres est investie d'une très haute mission. Elle lui vaut de présider aux destinées du pays.

1) *En assurer la défense* et tout faire pour que règne la sécurité, voilà bien sa première mission. Souvent fondatrice de l'existence même des États, elle prend tout son sens au début de la guerre de Cent Ans, au moment où la royauté se décharge en partie sur le pays et ses villes du soin d'organiser la résistance face à l'ennemi. On voit

alors les sessions se multiplier et des contacts se nouer entre émissaires d'assemblées voisines afin d'assurer, d'un commun accord, la sécurité du pays. L'action conjuguée des États du Rouergue, de l'Auvergne et du Velay est à cet égard exemplaire.

2) *Trouver les moyens matériels* de mettre en œuvre les projets ainsi arrêtés constitue la deuxième grande attribution des États. Pas de bonne défense sans de bons subsides, qu'ils soient destinés à garnir les caisses du trésor royal ou celles du pays. C'est dire que le vote du subside constitue toujours le principal point de l'ordre du jour d'une session. Alors qu'il décline à partir du milieu du XIVe siècle dans le cadre des États généraux, ce droit de consentir le subside fait, pendant les deux derniers siècles du Moyen Âge, la force des États provinciaux. Quand les États de Poitou se réunissent pour la première fois en 1372, ceux du Vivarais en 1381 et ceux de Béarn en 1391, la capacité qu'ils ont à s'engager financièrement au nom du pays en fait des interlocuteurs écoutés. Il en va de même de ceux de Languedoc, d'Auvergne ou de Bretagne. Qu'ils soient affectés à la défense générale du royaume ou à financer des dépenses plus spécifiquement régionales, les subsides une fois votés sont étroitement contrôlés par les États. Ils en déterminent le taux, l'assiette et la répartition, puis en assurent la perception, et souvent même, le contentieux. Ainsi s'élabore lentement, dans le cadre de ces assemblées, un véritable droit fiscal.

3) *Participer à la création du droit*, à l'élaboration de la norme vaut aux États une troisième et importante fonction. Ils deviennent ainsi un rouage de la mécanique normative qui se met lentement en place. Même si leur rôle en ce domaine est encore modeste, ils n'en orientent pas moins sur certains points la législation royale. Tout comme les États généraux, ils peuvent adresser au roi des doléances. Rédigées à chaque session, article par article, puis réunies dans un cahier, elles sont remises tantôt aux commissaires royaux, tantôt au roi en mains propres par des délégués spécialement désignés que l'on qualifie en Bretagne de « députation en cour » et en Bourgogne d'« ambassade ». Ces doléances, examinées par le roi en son Conseil, éclairent les décisions à prendre et sont même parfois reprises en partie dans les ordonnances royales, surtout si elles sont destinées à la région qui les a rédigées.

Même limité dans la pratique, cet impact est réel dans la mesure où le pouvoir central, mieux informé des réalités locales, peut orienter son action dans le sens souhaité par les populations. Il doit souvent le faire impérativement s'il souhaite obtenir les subsides qu'il demande. Voilà pourquoi, dans la Normandie occupée, le duc de Bedford se porte constamment à l'écoute des États quand il veut légiférer. Et quand en Provence, après 1437, le roi René doit réunir d'importantes sommes pour payer sa rançon, les États n'acceptent de venir à son secours que si leurs doléances sont prises en compte dans la législation. Il en va de même en Bretagne où les ordonnances ducales reflètent souvent les préoccupations des États.

Mais jamais, en nul pays de France, les États particuliers ne jouent un rôle identique en matière normative à celui des Cortes en Espagne et, moins encore, du Parlement anglais. Il est cependant un domaine où ils occupent une place essentielle dans la fixation de la norme : la rédaction des coutumes. D'abord officieuse, leur intervention est parfois déterminante comme en Bourgogne où les coutumes du duché et du comté sont mises par écrit en 1458 à la suite de doléances formulées par les États. Puis, à l'extrême fin du XVe siècle, fonction tout à fait officielle leur est reconnue. Par ordonnance du 15 mars 1499, Charles VIII décide qu'en toutes régions, des représentants des États doivent obligatoirement être associés à la lourde procédure de mise par écrit de la coutume.

4) *Revient enfin aux États* le soin de régler eux-mêmes toutes les affaires du pays surtout lorsque, ce faisant, leurs initiatives aboutissent à soulager le budget de la monarchie. Dans ces conditions, ils sont conduits à intervenir dans les secteurs les plus divers chaque fois qu'est mis en jeu « le bien concernant la communauté de tout le pays ». Leur action, toujours déterminée en matière économique, les conduit à veiller de très près à l'agriculture. Ils réglementent la répartition et l'écoulement des récoltes et défendent jalousement leur droit d'autoriser ou d'interdire l'exportation des denrées. Soucieux du bien-être des populations, ils veillent de près à l'approvisionnement. De plus en plus dominés par les représentants des villes, ils œuvrent pour la liberté du commerce, la suppression des barrières douanières, l'allégement de la fiscalité royale ou le maintien des privilèges commerciaux reconnus à chaque région. Ne leur échappe pas davantage l'important secteur des travaux publics, qu'il s'agisse de l'aménagement et de l'entretien des voies de communication ou de la construction d'édifices publics tout spécialement destinés à accueillir leurs réunions. Rien de tout ce qui concerne les intérêts et la vie de chaque ordre ne leur est étranger. C'est particulièrement vrai pour le troisième ordre dont le poids toujours plus lourd traduit la place dominante des villes qui font, de bien des États, à l'instar de ceux de Languedoc, un véritable « syndicat de défense des intérêts urbains ».

Destinées

Malgré leur relatif succès, le déclin des États particuliers s'amorce en même temps que s'assure l'institution. Un décalage trop accentué existe entre la théorie et la pratique, entre les progrès spectaculaires de la souveraineté royale et l'immobilisme de ces assemblées. Au moment où les institutions du gouvernement central s'ouvrent à la modernité, les États s'arc-boutent sur leurs traditions féodales. Quand, à la fin du XVe siècle, ils acquièrent enfin un certain caractère représentatif, cette évolution certes favorable mais trop tardive ne parvient pas à faire de leurs assemblées un interlocuteur de poids face à l'autorité toujours croissante du prince. De plus, le règne du mandat impératif qui subsiste presque partout, ainsi que la pratique de la délibération par ordre qui demeure souvent la règle, bloquent le développement de la représentation.

Il en résulte une autorité amoindrie de ces assemblées dont les décisions, toujours obligatoirement limitées, nuisent à l'efficacité de leur action. En outre, la délibération distincte de chaque ordre accuse les oppositions d'intérêts et les rivalités entre catégories sociales. Pour que ces assemblées réussissent à s'imposer, il aurait fallu que se dégage le sentiment de constituer un tout fondu dans des intérêts communs. Or, telle ne fut pas l'évolution. Noblesse et clergé se désintéressèrent des États une fois qu'ils eurent échappé à l'impôt et que son poids retomba, pour l'essentiel, sur les villes. Fortes du fardeau qui pesa sur elles, elles se désolidarisèrent des deux ordres privilégiés et le roi put alors aisément jouer de ces rivalités. Les passions s'exacerbèrent et chaque ordre se cantonna dans la défense égoïste d'intérêts catégoriels.

Coûteuses pour le pays et les contribuables, souvent dangereuses pour le prince et divisées face aux décisions à adopter, les assemblées d'États entrent pour la plupart dans une phase de lent mais sûr déclin à la fin du Moyen Âge. Celles qui se maintiennent, telles en Languedoc où elles sont toujours régulièrement convoquées, cantonnent davantage leur activité dans la défense opiniâtre des intérêts du pays que dans une participation ouverte aux grands débats de politique touchant l'ensemble du royaume. Dans les pays les plus attachés à leurs franchises traditionnelles — Bourgogne et Bretagne par exemple — l'institution des États demeure certes plus vivace tout au long du XVe siècle et même encore par la suite, mais elle n'en est pas moins condamnée à terme. Ailleurs, dans des régions aussi variées que la Normandie, l'Auvergne et le Dauphiné, où une sourde hostilité divise souvent les ordres, la fin du Moyen Âge sonne pour ces États le glas d'un irréversible déclin qui profite souvent aux représentants des villes dont l'influence ne cesse de se renforcer.

C. Les bonnes villes

Elles deviennent, aux XIVe et XVe siècles, les interlocuteurs privilégiés de la royauté. Notion englobante, l'expression de « bonne ville », très largement utilisée dans la littérature du XIIe siècle, fait irruption dans le vocabulaire politique et administratif tout au long du XIIIe siècle. À partir des années 1250, les bonnes villes font figure de véritables agents administratifs de plus en plus associés à la gestion des affaires du royaume. Étroitement soumises à la tutelle de la royauté, elles constituent en même temps qu'une assise essentielle de son pouvoir un solide rempart dressé contre tout ce qui reste de la féodalité. Saint Louis se plaît à le rappeler dans ses *Enseignements* quand, s'adressant à son fils, il lui dit : « Il me sovient bien de Paris et des bonnes villes de mon roiaume qui me aidièrent contre les barons quand je fui nouvellement coronez. »

C'était témoigner du rôle cardinal qui leur était ainsi reconnu, même si la royauté, pas plus que ses légistes et moins encore les penseurs politiques, ne s'attachent à définir ce qu'est une bonne ville. Ni les critères d'importance et de richesse, ni ceux d'autonomie et de gouvernement propre, ne suffisent à eux seuls à rendre compte de la notion. En réalité, la bonne ville ne se définit pas en elle-même, mais sous le double rapport qu'elle entretient avec le roi et avec le pays.

1) *Pour le roi, est bonne ville celle qui répond à une triple exigence.* Il faut tout d'abord que la ville qui envie ce titre présente un réel intérêt pour le pouvoir. Capable de gérer ses propres affaires et dotée d'un certain degré d'autonomie, elle ne s'intègre pas nécessairement dans un schéma institutionnel rigoureux. Communes, consulats et villes franches ont une même vocation à briguer le titre de bonne ville. Plus que la forme institutionnelle, les rapports qui les lient au roi sont déterminants. L'idée d'immédiateté est essentielle. La bonne ville relève directement de l'autorité du roi et se trouve placée sous sa sauvegarde.

Dotée d'une grande capacité défensive, elle est puissante militairement parce qu'elle peut consacrer une grande part de ses budgets à la défense. Souvent close de remparts, elle est « bonne ville », mais elle peut tout aussi bien être largement ouverte sur la campagne comme le sont les « bonnes villes champêtres ». Puissante économiquement, la bonne ville apporte une aide substantielle au roi qui la taxe souvent plus lourdement que le plat pays. Autant de raisons qui font qu'il peut se reposer sur elle, parce qu'elle constitue un véritable capital de capacité et de confiance. Obéissante, fidèle et loyale, elle est un indispensable maillon de la propagande royale.

Dans ces conditions, et c'est un second critère, la bonne ville se trouve toujours très étroitement associée au ministère royal. L'appui apporté à la royauté tout au long du XIIIe siècle se transforme progressivement en participation à l'exercice des prérogatives régaliennes. Véritables agents de l'administration monarchique, les bonnes villes qui pèsent de tout leur poids dans les assemblées d'États y jouent un rôle déterminant. Mais bien souvent, le roi les convoque seules pour avoir leurs « avis et conseil ». En 1308, par exemple, Philippe le Bel souligne avec insistance qu'il avait « mandé et fait venir... de plusieurs bonnes villes de notre royaume deux ou trois preudeshommes de chascune, qui mieus au fait des monnaies se connaissent, pour avoir délibération et conseil ». Semblable réunion se tient à nouveau en 1313 où siègent « de bonnes gens de bonnes villes... sages et esprouvez... à faire bonne monnaie ». Pareillement encore, avec Louis X en 1316, puis avec Philippe V en 1317, qui les convoque à Bourges afin d'ordonner sur le fait des monnaies. Tout le XIVᵉ siècle est ainsi émaillé de leur participation étroite à l'élaboration des décisions monétaires. Et comment ne pas voir, dans le fait que bon nombre de ces bonnes villes abritent depuis longtemps en leurs murs des ateliers monétaires royaux, comme une confirmation de leur compétence en la matière ?

Mais leur étroite association à l'exercice du ministère royal ne s'arrête pas là. Partageant le poids de la défense, elles collaborent avec les capitaines royaux et sont toujours consultées à propos de toutes les grandes questions diplomatiques. De la paix et de la guerre, rien ne leur échappe. Les voici tout au long des années 1317 et 1318 intimement associées aux difficiles négociations de paix conduites entre Philippe V et Robert, comte de Flandre. Elles reçoivent à cet effet « pouvoir et mandement... doctroier et accorder » en vue de conclure tous « traitiez de paiz ». Les voilà convoquées à Paris par le régent Charles pour approuver le second traité de Londres du 24 mars 1359 qu'elles rejettent parce qu'il « n'estait passable ne faisable ». Et les voilà, enfin, jurant en 1415 de respecter la paix d'Arras, en 1420 le traité de Troyes puis, en 1435, celui d'Arras.

Ainsi invitées à tout faire pour que règnent la paix et la sécurité, le souverain les exhorte aussi à œuvrer pour « le commun profit et la justice ». On le voit souvent s'appuyer sur elles pour faire régner grâce à leur concours « le profit et le bon estat » du royaume, ou encore le « proufit et la paiz » des sujets. À partir de ce moment-là, participer aux côtés du roi à l'exercice de la justice devient un élément essentiel. L'atteste le fait que la ville de Château-Landon soit, en 1382, qualifiée de bonne ville en partie parce qu'elle « a belle et grant chastellenie et siège royal notable auquel sont subjiez et ressortissans environ quatre vins dis sept villes avecques plusieurs abbayes et églises et vassaux ». Cette association constante à l'exercice des prérogatives royales, qu'elle se réalise par le biais de la justice, de la monnaie, de la sécurité ou de la diplomatie, impliquait que la royauté eût une connaissance assez précise de la liste de ses bonnes villes, surtout lorsqu'elle voulait les convoquer.

Voilà bien le troisième critère. N'est bonne ville que celle qui figure sur une liste. Semblables listes existent à partir du début du XIVᵉ siècle et la royauté leur reconnaît toujours une grande souplesse en raison de la multiplicité des critères qui se combinent pour définir la bonne ville. Cet empirisme fit que le pouvoir central ne disposa jamais, semble-t-il, d'une liste officielle et exhaustive pour l'ensemble du royaume. Néanmoins, même si la prudence a toujours été de règle, les listes qui sont régulièrement dressées pour une partie du royaume, ou seulement une région particulière, paraissent avoir été assez complètes pour se figer à partir du début du XIVᵉ siècle. Il en va ainsi de l'Artois et de la Normandie à partir des années 1350, alors qu'en Bretagne le nombre des bonnes villes, d'abord fixé à 25 pendant la première moitié du XVᵉ siècle, est par la suite arrêté à 32. Il en est de même en Auvergne où le nombre de 19 semble s'être stabilisé dès la fin du XIVᵉ siècle. Partout, une certaine rigidité domine, qui transforme en un privilège très recherché le titre de bonne ville. Il vaut à celles qui en bénéficient de montrer l'exemple dans le pays.

2) *À côté des relations qu'elle entretient avec le roi*, celles qu'elle tisse avec le pays contribuent largement à définir la bonne ville. Qui abandonne les horizons du royaume et se limite à ceux plus restreints du pays pour y découvrir la bonne ville, constate qu'elle est presque exclusivement appréciée, jugée et définie par rapport à ses voisines. Est bonne ville, celle qui retient l'attention de ses voisines, pour qui elle a valeur d'exemple en raison des nombreuses qualités qu'elle réunit.

Tout alors réside dans une hiérarchie de valeurs, une comparaison, un étalonnage, comme en témoigne au début du XVIe siècle la requête de la ville d'Ambert pour être agrégée aux bonnes villes d'Auvergne. Ses magistrats ne font-ils pas valoir, tour à tour, l'excellence de la position géographique de leur cité dans la province, sa qualité de ville close ayant consulat et l'incomparable vitalité de son commerce qui, aux yeux des Ambertois, devraient persuader ceux des autres bonnes villes de reconnaître leur cité comme telle?

Parées de semblables qualités, les bonnes villes constituent, dans leur province, des exemples à suivre dont le rôle moteur en fait un véritable groupe de pression. Bien souvent, elles forment un front unitaire pour discuter la fiscalité royale. Elles prétendent alors parler au nom du pays tout entier ou, à tout le moins, au nom du plat pays dont elles confisquent de plus en plus la représentation dans le cadre des assemblées d'États. Incontestablement, la qualification de bonne ville va de pair avec le droit de députer aux États. Si ce droit ne suffit pas à faire à lui seul que la bonne ville soit reconnue comme telle, il semble bien avoir constitué, néanmoins, un critère sinon indispensable, au moins de poids.

À dire vrai, c'est à travers une relation que se définit la bonne ville. L'attitude du roi à son égard est essentielle. Elle en relève directement et le pouvoir central attache beaucoup de prix tant à sa fidélité qu'à sa coopération, ce qui lui vaut une situation privilégiée et en fait un exemple à imiter dans le tissu urbain provincial. Potentiel d'énergie pour la royauté et pôle d'entraînement pour le pays, elle est à la communauté provinciale du Moyen Âge ce que furent les bourgeois aux communautés urbaines des XIe et XIIe siècles dans le dialogue, parfois âpre, qu'elles avaient noué avec la royauté.

4. Formes du dialogue

La pratique du conseil, pièce maîtresse du gouvernement monarchique féodal, marque profondément le devenir des relations entre le prince et le pays à partir de la seconde moitié du XIIIe siècle. Cette obligation de conseil qui s'impose au souverain s'élargit progressivement du cercle étroit des vassaux à l'ensemble des représentants des trois ordres au fur et à mesure que la féodalité décline dans l'État. Mais, aussi longtemps que le roi ne peut se passer de l'aide de ses vassaux et qu'il ne parvient pas à les réduire à un état de sujétion suffisant pour qu'ils obéissent sans discuter, ils ne cessent d'exercer une pression constante sur la royauté et ont tendance à transformer leur fonction de conseil en moyen de contrôle. Puis, tandis que s'assure le pouvoir du prince et que s'affirme le rôle du troisième ordre sur l'échiquier politique, le contrôle se double progressivement d'un dialogue qui permet au pays tout entier de faire entendre sa voix et au souverain de faire connaître ses intentions.

Dans ce nouvel équilibre qui s'instaure à partir des années 1250, le monarque et le pays sont rarement placés sur un pied d'égalité. Dans ce cas favorable, c'est alors une concertation confiante qui s'engage. Mais, bien souvent, et surtout en période de faiblesse de la royauté, elle tourne au profit des États. Alors, ils réussissent parfois à imposer au souverain une profonde réformation du royaume, quand leur action n'entraîne pas, en cas de tension extrême, une véritable contestation.

A. CONCERTATION

Élargie au royaume tout entier par l'intermédiaire des États généraux à partir du règne de Philippe le Bel, elle connaît souvent depuis le temps de saint Louis et jusqu'à la fin du Moyen Âge, des formes beaucoup plus restreintes. Tantôt réservée aux seules bonnes villes, elle peut aussi se trouver limitée aux représentants d'un seul ordre, étendue à deux d'entre eux, ou bien encore proposée à des organisations corporatives. Les corps de métiers en sont alors les premiers bénéficiaires.

La volonté de saint Louis est bien connue d'élargir le cadre traditionnel de la concertation féodale et de faire en sorte qu'à côté des barons, des représentants des villes soient associés aux décisions. La mise sur pied de véritables conseils de sénéchaussée, tant à Nîmes qu'à Beaucaire, à partir de 1254, témoigne de cette politique. Composés de prélats, de barons, de chevaliers et de représentants des bonnes villes, ils sont appelés à statuer, en collaboration avec le sénéchal, sur toutes les interdictions d'exportation de blé et autres denrées de première nécessité en cas de pénurie dans la région. Tout au long des années qui suivent, les bonnes villes s'affirment, au sein de ces conseils, comme les agents les plus actifs. Quatre réunions se tiennent de 1259 à 1275, à l'occasion desquelles saint Louis se plaît à souligner qu'il a convoqué prélats, barons et députés des bonnes villes *ad prestandum... bonum et maturum consilium* et que toute décision est prise *bono et maturo consilio prelatorum et baronum*. Autant d'insistance montre assez combien le souverain voyait, en ceux qu'il convoquait, les piliers de la concertation qu'il entendait conduire avec le pays.

Avec Philippe le Bel, c'est un mode tout différent de dialogue qui s'engage. Il vise, avant tout, à associer l'ensemble du pays à la politique du souverain qui recherche son adhésion. Que l'assemblée de 1302 puisse être ou non considérée comme la première réunion des États généraux, peu importe. L'essentiel est de relever qu'à cette date le roi convoque à Paris prélats, barons et représentants des villes « au sujet de plusieurs affaires difficiles concernant... nous, notre État, notre liberté, celle du royaume, des églises, des personnes ecclésiastiques nobles et séculières et de chacun des habitants de notre royaume ». Au discours du chancelier Pierre Flote qui défend la position de la royauté et justifie sa politique face au Saint-Siège, l'assemblée répond par trois lettres adressées au pape et émanant respectivement des barons, des évêques et des députés des villes. Elles reflètent un parfait accord de l'opinion publique qui se range, unanime, derrière le souverain pour réclamer la révocation du concile projeté par le pape. Cette première consultation, à caractère vraiment national, traduit bien la volonté de Philippe le Bel de dialoguer directement avec le pays. Ses résultats en consacrent le succès. Même initiative est prise quelques années plus tard, en 1308, à propos de la suppression de l'ordre du Temple. Philippe le Bel et ses conseillers s'efforcent alors de faire venir à Tours des représentants de la noblesse, du clergé et des villes pour s'entourer de leurs conseils. Les chroniques du temps évoquent ce *parlamentum,* composé de nobles et non-nobles venus de tous les bourgs et villes du royaume. On sait aussi que le roi s'y rendit en personne, mais rien ne nous est parvenu sur le contenu de cette consultation.

Toujours avec Philippe le Bel, puis au temps de ses successeurs et surtout jusqu'au règne de Jean le Bon, une large concertation s'engage autour des questions monétaires, financières et fiscales. Saint Louis avait associé à l'élaboration de l'ordonnance monétaire de 1262 des représentants de plusieurs villes dont Paris, Orléans, Provins, Sens et Laon. Cette étroite concertation continue en 1306 quand Philippe le Bel élabore l'ordonnance du 16 février arrêtée « à la requête et instance de moult de prelaz et barons » ou encore en 1308, puis en 1313. À toutes ces occasions, c'est un échange confiant qui s'engage autour des problèmes monétaires et sur les moyens à mettre en œuvre pour revenir à la « bonne monnaie du bon roi saint Louis ». Et tous les textes rappellent alors avec insistance que ces « bonnes gens des bonnes villes » sont particulièrement aptes à « donner conseil sur la dite bonne monnaie ». La concertation continue autour de la même question, toujours aussi intense en 1316, 1317, 1320, 1321, 1328 et bien souvent encore par la suite. À toutes ces occasions, le roi se plaît à souligner tout le prix qu'il attache au conseil des « personnes suffisanz et saiges » qui lui sont envoyées. Il prend aussi grand soin de préparer le terrain et de persuader tous ses interlocuteurs du bien-fondé de sa décision.

Pareille démarche s'avérait particulièrement nécessaire chaque fois que venait à discussion une demande de subside. Autant le souverain pouvait à la rigueur se passer des conseils des représentants du pays dans le domaine monétaire, autant leur appui, voire leur autorisation, lui sont nécessaires pour lever l'impôt. Ainsi glisse-t-on lentement de l'aide féodale qui ne peut être discutée à l'impôt âprement négocié. Le règne de Philippe le Bel est particulièrement significatif de ce tour nouveau donné à la concertation fiscale. Voici, en 1309, les villes du Quercy et du Périgord qui envoient des délégués auprès du roi pour décider si elles doivent ou non participer à l'aide « pour fille marier » que demandait Philippe le Bel à l'occasion du mariage de sa fille Isabelle avec Édouard III roi d'Angleterre. Et le voilà, en 1314, convoquant au palais de la Cité une assemblée de représentants des bonnes villes afin de les persuader de l'aider dans la guerre qu'il conduit contre les Flamands.

La même politique de concertation se poursuit avec les fils de Philippe le Bel et, plus encore, sous les règnes de Philippe VI et de Jean le Bon jusqu'à ce qu'il soit amené captif à Londres en 1356, date qui marque un véritable tournant dans l'attitude des États et sonne le glas de la concertation. Tout au long de cette première moitié du XIVe siècle, les assemblées des États généraux se succèdent, parfois réduites à ceux de la langue d'oc ou de la langue d'oïl, dans le cadre desquelles s'engagent d'âpres débats autour du subside. Il en va ainsi en 1320 des États réunis à Pontoise qui refusent de le voter, motif pris qu'ils doivent consulter leurs commettants. Les années 1321 à Orléans, 1329 et 1333, puis 1343 à Paris, sont ponctuées de réunions identiques au cours desquelles la royauté n'obtient que des satisfactions mitigées au terme d'une concertation souvent houleuse. En 1346, à Paris avec les États de langue d'oïl et à Toulouse avec ceux de langue d'oc, la concertation tourne court, les députés refusant de s'engager sans avoir, au préalable, consulté leurs commettants. C'est en s'appuyant sur les États particuliers que Philippe VI réussit à obtenir satisfaction.

Ainsi, jusqu'à cette date, même s'il y a concertation véritable et débat approfondi, semblable procédure ne débouche que rarement sur une décision, les députés se réfugiant toujours derrière l'absence de délégation suffisante consentie par leurs mandants. C'est seulement à la réunion de 1347, puis souvent après cette date, que les députés se présentent munis de pleins pouvoirs. Alors peut s'engager une concertation fondée sur des bases solides qui autorisent, quand il est justifié, le vote du subside. Tel fut bien le cas en cette année 1347. Quelques années plus tard, Jean le Bon ouvre son règne par des assemblées séparées des États de langue d'oc et de langue d'oïl. Mais tous les députés n'ayant pas reçu plein pouvoir, la concertation qui s'engage y est décevante pour le roi. Quatre ans plus tard, en 1355, les États de langue d'oïl occupent le devant de la scène et l'appui qu'ils reçoivent de la population parisienne donne à la concertation un tour nouveau. Même s'ils déclarent qu'ils « estoient prests de vivre et de mourir avec le roi et de mettre corps et avoir en son service » et s'ils s'engagent à entretenir pendant un an 30 000 hommes d'armes, ils n'en exigent pas moins de profondes réformes. La concertation avait changé de ton, qui débouchait sur une véritable politique de réformation.

B. Réformation

Thème favori de la vie politique des trois derniers siècles du Moyen Âge, surtout depuis les années 1250, la réformation procède d'une double volonté. D'abord, restaurer et établir en sa forme primitive un système, qu'il soit politique, administratif, fiscal ou religieux, pour qu'il soit « refournez et remis a estat deü et ancien ». Ensuite le changer en mieux, l'améliorer et l'adapter aux circonstances nouvelles, comme l'affirme saint Louis en 1254 quand il légifère *ad statum regni reformandum in melius*, ou encore « enfourmer pour l'estat de nostre royaume en mieux ».

Or, pareille entreprise ne procède que rarement du souverain seul. S'il en fut bien ainsi sous le règne de saint Louis après qu'il eût désigné des enquêteurs dont les travaux débouchèrent sur la grande ordonnance de réformation de 1254, toutes les ordonnances de réformation des XIVe et XVe siècles ont été rédigées sous la pression de l'opinion. Toutes révèlent que le roi a été l'objet de sollicitations, de requêtes ou de pressions informelles souvent qualifiées de « rumeur » ou de « clameur ». Personne mieux que les bonnes villes et les États, qu'ils fussent particuliers ou généraux, ne pouvait servir de canal d'expression plus efficace à toutes ces doléances. Ainsi pèse constamment sur la politique de réformation le mécontentement des États qui s'expriment par la voix du clergé, de la noblesse et des représentants des villes les plus influentes. Leurs revendications cristallisent l'état de l'opinion publique que le roi et ses agents sont alors contraints de prendre en compte. Semblable processus accompagne la mise en œuvre de cette politique réformatrice que rythment deux temps forts. La grande ordonnance de réformation de 1303 ouvre le premier que clôt la dernière confirmation, en 1369, de ce texte célèbre. Alors le mouvement s'essouffle puis reprend, intense, dans une seconde vague qui couvre principalement le premier quart du XVe siècle.

En l'année 1303, c'est au moment où la royauté se trouve prise entre les armées flamandes victorieuses à Courtrai et la menace de Boniface VIII de prendre lui-même en main la « réformation du royaume » que Philippe le Bel promulgue, *pro reformatione regni nostri*, la célèbre ordonnance de réformation. Rédigé à la fois en latin et en français, qualifié de *magna statuta* par les clercs de la chancellerie, ce texte d'une importance exceptionnelle fut confirmé au moins vingt-quatre fois, plus particulièrement de 1315 à 1319 et de 1355 à 1357, périodes au cours desquelles l'opinion est particulièrement sensible. Et il est assez célèbre pour qu'au milieu du XVe siècle, Jean Juvénal des Ursins l'invoque encore dans un discours à l'adresse de Charles VII. Il n'est rien d'autre que le résultat des mouvements de protestation qui s'amplifient à partir de la fin du XIIIe siècle. Le clergé de Champagne se trouve au premier rang et constitue une véritable ligue (*societas, unio, communio, universitas*) en vue de défendre ses libertés et résister à la pression fiscale de la royauté. La noblesse emboîte le pas pour prôner le retour aux mœurs politiques du règne de saint Louis. Elle occupe, auprès du roi, une place éminente au moment de la promulgation du texte.

Première grande ordonnance générale de réforme sur le gouvernement, ce texte ne porte pas en fait sur l'organisation même du royaume et l'architecture des structures politiques, mais bien davantage sur la situation des agents royaux et la façon dont ils accomplissent leur mission. Elle est, en réalité, proclamation selon laquelle l'organisation du royaume est saine et bonne. Seuls ses agents peuvent et doivent être mis en cause.

Les chartes provinciales de 1315 procèdent du même esprit, tout comme l'importante série d'ordonnances de Philippe V qui réglementent le fonctionnement de l'hôtel, du Conseil, de la Chambre des comptes et du Trésor. Mais alors, la volonté de réformation ne vient plus des seuls clercs et nobles champenois. Tout le Nord de la France participe à ce mouvement pour maintenir une pression constante sur le pouvoir. Elle s'accentue considérablement quelques décennies plus tard, au lendemain des défaites de Crécy (1346) et de Poitiers (1356). Trois grands courants se conjuguent pour assurer le suivi de la réformation. Au mécontentement désormais séculaire de la noblesse et du clergé, se joint celui des échevinages et souvent même des bonnes villes que viennent renforcer les amis du roi de Navarre. C'est au cours des années 1356 et 1357 que les réformateurs parviennent à faire triompher leurs vues dans le cadre des États qui imposent au dauphin Charles la grande ordonnance de réforme du 3 mars 1357 et le contraignent à nommer neuf réformateurs généraux. Une nouvelle fois, la pression de l'opinion avait eu raison du pouvoir. Pour un temps seulement, tant Jean le Bon, puis Charles V surtout, reprennent la situation en main et s'efforcent de prendre l'opinion de vitesse en multipliant les nominations d'enquêteurs et de réformateurs dans les domaines les plus variés.

Mais les convulsions et les révolutions internes du règne de Charles VI mettent un terme à cette réformation mieux maîtrisée par le pouvoir. La fonction réformatrice voulue par l'opinion et imposée par les États revient alors au premier plan. Les nominations de réformateurs, même si elles sont désormais mieux contrôlées par le pouvoir, continuent à être inspirées par l'opinion. Tel est bien le cas, en 1389, de la commission de cinq réformateurs généraux mise sur pied pour épurer l'administration ou encore, en 1392, de la réformation générale conduite contre les Marmousets. Il en va de même en 1409, quand Charles VI nomme des réformateurs généraux « pour le fait, le régime et reformacion du royaume », ainsi que pour la « reformacion et gouvernement des finances ».

Le temps fort de cette réformation qui traduit un nouvel équilibre entre le roi et l'opinion vient en 1413, avec l'ordonnance cabochienne. Réunis du 30 janvier au 13 février, les États généraux disent non à l'impôt mais répondent oui à la réforme proposée par le parti bourguignon. Comme elle traîne en longueur et que tous ceux qui lui sont favorables considèrent que les États généraux ont échoué, l'Université et la ville de Paris entrent en scène. Elles viennent présenter au roi leurs requêtes en des termes particulièrement sévères. Alors, la réforme commence avec son lot de destitutions et de révocations de hauts officiers, sans oublier le prévôt de Paris. Puis le peuple de Paris, sous la conduite de Simon le Coutelier dit Caboche, écorcheur de bêtes, se fait rudement entendre. Après trois jours d'émeute du 9 au 11 mai, les Cabochiens s'emparent de tous les points stratégiques de la ville, tandis que le duc de Bourgogne, Jean sans Peur, s'enfuit vers la Flandre et perd le pouvoir. Avec lui, s'évanouit une part des rêves des réformateurs.

Il en reste cependant la grande ordonnance de réformation dont les Cabochiens obtiennent que le roi la proclame en lit de justice les 26 et 27 mai, avant qu'il ne la déclare, dans un nouveau lit de justice du 5 septembre, « cassée, annulée, révoquée, abolie et du tout mise à néant ». Rédigée à partir des discours prononcés aux États généraux et de la requête présentée par l'Université et la ville, qu'en restait-il après trois mois d'application? Comme toutes celles qui l'avaient précédée, l'ordonnance cabochienne en reprenait de nombreux fragments avec le souci de revenir aux anciens usages. Fort longue, en ses 258 articles et dans la logique répétitive de ce genre de texte, elle ne se hasarde pas, hormis quelques détails, à une profonde réforme de l'administration du royaume. Prônant un âge d'or à retrouver dans le passé, les réformateurs contribuaient davantage à aggraver les problèmes structurels de l'État qu'à les résoudre, dans la mesure où ils tentaient davantage d'imposer un retour en arrière qu'une véritable marche en avant. Même si des « commis ordonnés à entendre et pourvoir au bien publique du royaume » prétendent survivre à l'ordonnance cabochienne, le rite de la réformation générale semble bien alors révolu. Trop lié aux Bourguignons tout au long de ces années-là, il cède progressivement le pas à des réformations particulières vouées à des domaines spécifiques. Le temps de la réformation générale n'était plus, qui avait permis à son apogée quelques avancées remarquables. Seule la contestation autorise alors à l'opinion de faire entendre sa voix.

C. Contestation

Souvent pacifique, parfois tendu, il arrive que le dialogue qui se noue par l'entremise des États devienne violent et tourne à la contestation ouverte, tout particulièrement en période de faiblesse de l'institution royale. Les mouvements de 1315 et la concession de chartes qui les accompagne en sont une première manifestation avec laquelle Philippe VI doit compter toujours davantage.

La crise de 1343 l'illustre avec éclat. À l'occasion d'un complot en faveur des Anglais soutenus par de puissants seigneurs bretons et normands, le souverain sanctionne lourdement les coupables. Mais sous la pression de leurs partisans, il doit réunir en août à Paris les États qui le contraignent à une rigoureuse politique d'assainissement monétaire en échange du consentement qu'ils lui donnent de lever un nouvel impôt. Trois ans plus tard en 1346, au lendemain de la défaite de Crécy, Philippe VI, roi pourtant vaincu, procède à de lourdes épurations au sein du Conseil et de la Chambre des comptes. Mais elles sont éphémères, tant les États qu'il est contraint de réunir l'année suivante lui imposent avec force de réintégrer les exclus, tous membres de la noblesse ou bourgeois de Paris. Ainsi se profile, sous ce règne, un véritable groupe de pression constitué de notables particulièrement bien implantés en Champagne, Normandie, Bourgogne et Auvergne. Rompus à toutes les méthodes de la contestation dans le cadre des assemblées régionales, ils font bloc à l'occasion des réunions d'États généraux pour faire plier la monarchie.

Sous le règne de Jean le Bon, cette contestation s'amplifie et s'organise au point de faire vaciller l'institution royale. Elle connaît son paroxysme au cours des années 1353-1358, tout au long desquelles le dialogue est particulièrement mouvementé. Pendant cette période, les États siègent presque en permanence.

Comme la guerre reprend en 1355, les États se réunissent à la fin novembre et le roi leur demande des subsides, promettant qu'il fera tout pour maintenir « forte monnaie et durable ». Étienne Marcel, porte-parole des villes, conduit les négociations. Prévôt des marchands de Paris — bonne ville s'il en est — il se fait remarquer et jette les bases d'une coopération confiante entre le roi et la bourgeoisie. Aide est accordée, mais moyennant de rigoureuses conditions. Financières, elles laissent aux États la maîtrise totale des sommes allouées. Politiques, elles posent en particulier la règle de la périodicité des réunions des États et de leur nécessaire consentement à toute aide nouvelle. Et ces conditions sont assorties d'une sanction : «le droit de résistance» reconnu à tous avec possibilité de se coaliser contre les officiers royaux, au cas où les engagements ne seraient pas tenus. C'était en quelque sorte, déjà, un gouvernement représentatif que tentaient d'organiser les États. Constatant que l'impôt rentrait mal, ils se réunirent à nouveau en mars 1356 et votent un subside complémentaire. Mais Jean le Bon rompt rapidement ses engagements, avant même de subir le 19 septembre le désastre de Poitiers et d'être amené captif à Londres.

Sur convocation du Conseil, les États de langue d'oïl se réunissent à Paris en octobre. Ceux de langue d'oc, convoqués à Toulouse au même moment, n'accordent un subside que contre interdiction faite à la royauté de prendre, sans leur accord préalable, certaines mesures dans le domaine monétaire. Tandis que le dauphin Charles avait pris le titre de lieutenant général du roi pour assurer le gouvernement du royaume, il doit tenir tête à Étienne Marcel et à Robert le Coq, évêque de Laon, qui font bloc aux États et parviennent à y faire nommer une commission qui leur est entièrement dévouée. Qualifiée de «commission des élus», elle fait le bilan des griefs à relever contre le gouvernement. Elle établit aussi une liste de ceux qu'elle estime être les «mauvais conseillers du roi» et exige que tous les membres du Conseil soient désormais choisis au sein des États. C'était tenter d'imposer un véritable gouvernement d'assemblée.

En janvier 1357, Étienne Marcel exige et obtient une nouvelle réunion des États qui se réunissent le mois suivant. Au terme de cette réunion, ils imposent au dauphin la grande ordonnance de réformation du 3 mars 1357. Elle leur reconnaît le droit de se réunir quand ils le voudront et de décider seuls de l'assiette, de la répartition et de la levée de l'impôt. De nombreux officiers sont suspendus. Le dauphin doit se résigner à les révoquer et à procéder à la nomination d'une commission de neuf réformateurs chargés d'enquêter sur leurs agissements et de sanctionner ceux d'entre eux qui seraient convaincus de faute.

Même si le dauphin tient bon sur la composition du Conseil et refuse de choisir ses membres exclusivement parmi les États, il doit néanmoins composer. Dominé par la noblesse réformatrice en majorité originaire du Nord-Est, ce nouveau Conseil fait aussi une large place à la bourgeoisie parisienne conduite par Étienne Marcel, ainsi qu'aux partisans de Charles le Mauvais, roi de Navarre et petit-fils de Louis X. Lui et ses partisans rejoignent le mouvement réformateur, mais en compromettent déjà le succès en raison de leurs excès. Néanmoins, les États ne désarment pas. Réunis en février 1358, ils contraignent le dauphin à accepter une nouvelle ordonnance qui reprend les dispositions de 1357 et stipule qu'à l'avenir, il n'y aura plus pour les États de langue d'oïl que des assemblées générales à Paris et jamais d'assemblées régionales jugées trop favorables au dauphin investi d'un unique pouvoir de fait, sans même avoir le titre de régent puisque Jean le Bon, toujours roi, continue à exercer effectivement, par lettres, son ministère. Mais Robert le Coq, membre du Conseil depuis 1350 et conseiller de Charles le Mauvais depuis 1352, ainsi qu'Étienne Marcel, veulent voir dans le dauphin Charles un interlocuteur à part entière qu'ils dressent contre son père. Par eux contraint, il accepte de prendre le titre de régent.

À partir de ce moment-là, il décide d'assurer pleinement sa fonction et de rétablir la situation. Il se pose en défenseur du royaume, quitte Paris, s'appuie sur les États particuliers et les villes qui veulent bien le soutenir, ce qui lui permet d'organiser une lutte sans merci contre Étienne Marcel, la bourgeoisie parisienne et l'Université. Étienne Marcel tente d'élargir son mouvement en direction des campagnes que secoue la Jacquerie et aussi des villes flamandes, en particulier Gand, alors en révolte. Malgré l'arrivée à Paris de mercenaires envoyés par Charles le Mauvais, il échoue et finit assassiné le 31 juillet 1358.

Quelques jours après, le dauphin peut entrer à Paris. Victorieux, il procède à une répression aussi brève que rigoureuse des derniers représentants du mouvement réformateur qui s'effondre aussitôt parce qu'il s'était trop entièrement rangé derrière un chef qui, face à la résistance du dauphin, avait, de manière trop rigide, radicalisé ses prises de position. Les États retirent certes, de cette longue phase de contestation, quelques avantages. Ceux de langue d'oïl obtiennent de Jean le Bon, rentré en France en 1360, le rétablissement d'une monnaie forte et la nomination de réformateurs généraux ainsi que de généraux des monnaies. Ceux de langue d'oc se voient reconnaître le droit d'exister en permanence et de tenir librement des réunions annuelles.

Mais ces assemblées politiques n'en manquent pas moins un rendez-vous important qui les attendait dans l'évolution constitutionnelle du pays. Elles auraient sans doute pu, sans les excès d'Étienne Marcel et de ses émules, jouer un rôle identique à celui du Parlement anglais au même moment, tant dans le domaine de l'élaboration de la législation que dans la mise en œuvre d'un contrôle de l'action du prince. Ainsi la France aurait-elle pu, sans doute, évoluer vers un régime parlementaire. Mais pour l'heure, les assemblées n'y disposent d'autres pouvoirs que ceux qu'une royauté, sortie victorieuse de la crise, veut bien leur reconnaître et dont elle entend le plus souvent conserver le monopole. C'est particulièrement vrai dans le domaine judiciaire.

II. LA GENÈSE D'UN APPAREIL JUDICIAIRE D'ÉTAT

Sur la courbe ascendante que connaît la construction de l'État depuis le règne de Philippe Auguste, la justice occupe une place de choix. À un roi qui retrouve lentement sa capacité édictale, le pouvoir de juger ne peut plus échapper. Il constitue, par l'aptitude à sanctionner qu'il confère, un des principaux garants de la cohésion de l'État à travers le respect qu'il impose de la norme édictée. Voilà pourquoi, face à l'émiettement féodal de la justice et à la diversité de ses juges, la royauté et ses légistes se devaient de poser le principe fondamental selon lequel « toute justice émane du roi » (1). Seul compatible avec la souveraineté retrouvée, mais toujours difficile à mettre en œuvre, il n'autorise qu'un lent succès de la justice royale (2) progressivement dotée d'un appareil entièrement rénové (3).

1. Toute justice émane du roi

Depuis les temps carolingiens, assurer la justice apparaît comme le principal attribut du ministère royal. Cette fonction, intimement liée à la mission de paix dont est investi le souverain, fait de lui non seulement un roi juge, mais aussi un roi justicier qui doit déléguer une partie de ses attributions tant s'affirme partout la supériorité de sa justice.

A. Du roi juge au roi justicier

Parce qu'il doit maintenir la paix, le roi est « grand debteur de justice », dette qu'il contracte envers ses sujets dès son avènement à l'occasion du serment du sacre. Elle fait de lui un roi juge. Image caractéristique des temps féodaux, elle demeure tout aussi prégnante pendant les trois derniers siècles du Moyen Âge. Le roi juge, clef de voûte de l'édifice judiciaire qui se met lentement en place, est considéré aussi bien par les théoriciens que par les justiciables, comme le garant suprême de la concorde dont Christine de Pisan écrit qu'elle « est une vertu qui lie et conjoint les gens d'une cité et d'un pais et les fait paisiblement habiter ensemble et demourer ».

Le portrait du roi juge, toujours campé en termes identiques, devient un des thèmes favoris de la littérature politique à partir du XIIIe siècle. L'image traditionnelle de saint Louis siégeant en justice sous son chêne de Vincennes n'y est sans doute pas étrangère, tout comme les recommandations qu'il fait à son fils, dans ses *Enseignements*, quand il lui dit : « Sois si juste que, quoi qu'il arrive, tu ne t'écartes pas de la justice. » À ce penchant naturel du roi pour rendre bonne justice, s'ajoute celui de son entourage, tel le franciscain Hugues de Barjols qui insiste dans un de ses sermons pour « que le roi prenne bien garde de faire si bien justice à son peuple qu'il en garde l'amour de Dieu. Sans quoi, Dieu lui ôterait-il le royaume de France ». Sur ce point, les *Miroirs* des princes n'ont jamais varié qui font du roi un juge dont la justice doit être, à tout moment, accessible à tous comme en témoigne Christine de Pisan qui loue Charles V quand, à la sortie de la messe, il « donne audience à toutes gent povres ou autres » au rang desquels se pressent femmes de « tous estas, grands, moyennes et petites ». À ce témoignage fait écho celui de Commynes qui, plus d'un siècle plus tard, nous dit son admiration de voir Charles VIII tenir audience publique pendant de longues heures à la veille de sa mort.

Ces élans de sympathie d'auteurs proches du pouvoir en faveur d'un roi dont la justice ne faillit jamais face à la cohorte des justiciables, pourrait être mise en doute si de solides statistiques ne permettaient de les étayer pour le règne de Charles VI. Tout au long de cette période, chaque fois que la justice est rendue par le biais de lettres de rémission, 74 % d'entre elles sont accordées au nom du roi, tandis que 26 % seulement émanent des requêtes de l'hôtel, du Conseil ou de la chancellerie. Même si le roi n'est pas toujours effectivement présent quand sont délivrées en son nom ces 74 % de lettres, sa prééminence judiciaire ne saurait être mise en doute. Elle emporte, en sa faveur, absence de limite au pouvoir de remettre et de grâcier. Cette position de juge souverain lui vaut de pouvoir connaître, sans la moindre restriction, de tous crimes et délits, même les plus graves. Ainsi, tout au long des trois derniers siècles du Moyen Âge, l'image du roi juge héritée de la période précédente ne cesse de se renforcer.

Plus s'assure le pouvoir judiciaire du roi, plus son entourage et les sujets eux-mêmes considèrent que juger n'est qu'un aspect du devoir royal de justice. Du prince, on attend aussi protection, secours et assistance qui font de lui un roi justicier non seulement dispensateur de justice, mais aussi d'équité, de clémence et de pitié. Dans ce nouveau contexte, ouvrir aux plus faibles, aux plus pauvres et aux plus démunis les prétoires royaux ne suffit plus. Encore faut-il leur venir directement en aide en édictant de bonnes lois, en ne les grevant point d'impôt, en assurant la stabilité de la monnaie et en mettant tout en œuvre pour faire régner la prospérité face à la crise. Maître du droit, protecteur désigné des faibles et comptable de l'économie, c'est au triomphe de la justice sociale que doit s'attacher le roi justicier. Cette fonction, qui s'exerce en dehors de tout contentieux, apporte à la mission de justicier confiée au roi une tout autre dimension. Définie dans son sens le plus large, aussi bien par la doctrine que par la pratique à la fin du Moyen Âge, elle fait de lui le dispensateur d'un véritable équilibre social. Mais alors, comment dominer une mission aussi vaste?

B. Justice retenue et justice déléguée

Appliqué à la lettre, l'adage « toute justice émane du roi » postule une justice exclusivement rendue par le souverain. Mais cette vision n'est que l'expression d'un idéal propre à symboliser la toute-puissance du roi juge et justicier. La réalité n'en retient qu'une pratique restreinte qui contraint bien souvent le souverain à déléguer une partie de son pouvoir de juger et à ne garder, par-devers lui, qu'une justice retenue l'autorisant à juger aussi souvent qu'il le veut ou qu'il le peut. Le roi juge alors, en son Conseil, les requêtes des justiciables qu'ont préalablement sélectionnées les maîtres des requêtes. Néanmoins, toujours soucieux de laisser jouer très librement l'accès direct à sa justice, il n'en accepte pas moins les demandes que formulent à tout moment les justiciables d'être jugés par lui, que ce soit au sortir de la messe ou du palais, ou en tout autre lieu. Il y a là une règle fondamentale que la monarchie ne transgressa jamais et dont ses proches conseillers encouragèrent toujours le scrupuleux respect. Philippe de Mézières ne voit-il pas, dans cette justice personnelle du prince, une nécessité tant les justiciables ont à souffrir le rejet souvent injustifié de leurs requêtes par les juridictions royales?

C'est à elles — tribunaux de prévôté, de bailliage, de sénéchaussée et parlements, sans évoquer toutes les juridictions spécialisées — que revient la justice déléguée, habilitées qu'elles sont par le roi à rendre la justice en son nom. Maître de tous les tribunaux qu'il institue comme il l'entend, le roi souverain est tout aussi libre de déterminer, avec leurs compétences, la part du pouvoir judiciaire qu'il leur délègue. Il le fait toujours de manière expresse comme l'illustre cette décision de Louis XI d'envoyer au Parlement copie du texte du serment de son sacre en l'invitant fermement « à l'acquitter du contenu en y celluy et faire bonne justice à ses sujets ».

Mais délégation ne signifie pas abandon et, aussi souvent qu'il l'estime nécessaire, le roi peut reprendre sa compétence. Maître de la norme et gardien de la loi, il peut toujours tout juger, au criminel comme au civil, et prononcer en personne la peine capitale. Voilà qui laisse planer une certaine ambiguïté sur cette justice déléguée dont le roi peut interrompre le cours à tout instant, surtout si le moindre abus est relevé. À entendre les seuls conseillers du prince, ils étaient légion tant fusent de toutes parts les critiques qu'ils émettent à l'encontre des juges délégués. Gerson comme Mézières dénoncent avec véhémence le trafic des offices de judicature, la longueur des procès et leur coût excessif. Et pourtant, la justice royale même déléguée ne cessait de gagner du terrain en raison de ses indéniables qualités. Face à des cours féodales qui siégeaient de manière discontinue, la justice du roi et celle de ses tribunaux acquièrent une remarquable permanence grâce à un personnel de plus en plus stable, ce qui leur permet d'élargir sans cesse leur compétence.

2. *Le lent succès de la justice royale*

Tandis que la justice du roi avait irrémédiablement décliné tout au long de l'époque féodale, celle des seigneurs — qu'ils fussent laïcs ou ecclésiastiques — n'avait cessé de s'affirmer, tout comme celle des villes aussi souvent qu'elles jouissaient d'une autonomie suffisante. Face à cet ordre judiciaire morcelé dont le contrôle lui échappe pour l'essentiel, le souverain et ses juges sont contraints d'opérer une véritable reconquête destinée à assurer le triomphe d'une justice d'État. Fruit d'une politique patiente et opiniâtre, cette reconquête qui couvre les trois derniers siècles du Moyen Âge dure, en fait, jusqu'à la fin de l'Ancien Régime.

Plus vulnérables parce que moins bien organisées et moins performantes que les juridictions ecclésiastiques, les justices seigneuriales sont les premières à subir la rude concurrence des tribunaux royaux. Dès le milieu du XIIIe siècle, leur compétence est constamment remise en cause. Il n'y a là que reflet de l'évolution politique générale. En cette période si faste pour la construction de l'État, le contrôle du pouvoir judiciaire seigneurial ne devait plus échapper au roi dont les agents soutiennent et prolongent l'action de reconquête sur l'ensemble du royaume pendant les siècles suivants. Les justices d'Église, héritières d'une longue tradition, résistent davantage à une offensive royale plus tardive. Elle ne débute guère avant le début du XIVe siècle quand commencent à se profiler les lignes de force du gallicanisme. Alors, le roi était en situation d'assurer à sa justice une position de force face à celle de l'Église.

A. L'INTÉGRATION PROGRESSIVE DES JUSTICES SEIGNEURIALES À L'APPAREIL JUDICIAIRE D'ÉTAT

L'archaïsme des justices seigneuriales les condamne face à une justice d'État que la souveraineté retrouvée fait partout triompher. Cet archaïsme pèse d'abord sur le personnel trop rarement composé de techniciens et, moins encore, de légistes. Juge féodal, le seigneur n'est entouré, dans le tribunal qu'il préside, que de vassaux souvent peu instruits du phénomène judiciaire. Juge seigneurial, il délègue en général ses compétences à un prévôt qu'assistent quelques prudhommes trop peu frottés de droit. Archaïques, les justices seigneuriales le sont aussi à travers la procédure qu'elles mettent en œuvre. Le recours aux ordalies, et plus particulièrement au duel judiciaire, demeure constant tandis que chaque cour, se voulant indépendante et souveraine, refuse toute idée de hiérarchie et donc de contrôle par un tribunal supérieur.

Cette situation, renforcée par l'idée que le jugement de Dieu tranche définitivement toute affaire, bloque le développement de la procédure d'appel. Dans ces conditions, les hypothèses sont fort rares qui permettent à un justiciable mécontent de porter son litige devant un autre juge. Il y faut refus de la part du premier juge de s'acquitter de sa mission de justice. Alors, en ce cas de déni de justice ou de « défaute de droit », la cour du suzerain peut être saisie s'il s'agit d'une affaire strictement féodale, ou le tribunal de tout autre seigneur pour toute cause seigneuriale. Progressivement, on en vient aussi à l'idée que si le premier juge s'est de toute évidence mal acquitté de sa mission, s'il y a malveillance ou scandale, le plaideur mécontent doit pouvoir faire entendre sa voix. Ainsi prend timidement forme la notion de « faux jugement ». Mais reste alors à démontrer, par la partie qui conteste le jugement, que le seigneur ou son prévôt, par négligence ou par faute, ont mal jugé. Elle ne peut le faire qu'en mettant en jeu la procédure de « prise à partie » du juge incriminé. Et, comme elle débouchait obligatoirement sur un duel judiciaire entre le plaideur et son juge ou les champions qu'ils avaient respectivement désignés, cette procédure ne pouvait guère jouer qu'entre nobles, excluant ainsi à peu près complètement tout recours contre un jugement rendu par un prévôt seigneurial. Il y avait là une brèche naturellement ouverte qui devait favoriser un contrôle progressif de la part des juges royaux aussi souvent qu'un justiciable insatisfait se tournait vers eux. Ils n'ont de cesse, à partir du milieu du XIIIe siècle, tout à la fois de subordonner les justices seigneuriales et de réduire leurs compétences en les concurrençant.

• *Subordination : l'appel*

Cette politique s'inscrit dans l'exploitation systématique des conséquences qu'emporte la hiérarchie féodale. Puisque tous les fiefs du royaume relèvent du roi en sa qualité de suzerain suprême, il en va de même de toutes les justices qui leur étaient attachées. Énoncer ce principe, c'était en même temps affirmer que toutes les justices seigneuriales du royaume étaient tenues en fief ou en arrière-fief du roi. Telle est bien la règle que s'efforcent de faire triompher les légistes royaux à partir du milieu du XIIIe siècle. Le lien est étroit avec la renaissance de la souveraineté qui postule qu'aucune juridiction seigneuriale ne pouvait être allodiale, mais devait obligatoirement dépendre du roi. En conséquence, si élevé que soit un seigneur dans la hiérarchie féodale, il ne pouvait en aucun cas exercer une justice souveraine. En toute hypothèse, elle devait rester dans le ressort du roi souverain justicier. Ainsi se trouvait posé le principe hiérarchique qui rendait lentement possible le développement de la procédure d'appel, moyen déterminant pour subordonner les justices seigneuriales aux tribunaux royaux.

La technique du recours pour « défaute de droit » et la possibilité de contester un « faux jugement » avaient déjà contribué à habituer les justiciables à l'idée de recours. Le poids de la tradition romaine retrouvée est aussi déterminant, tant l'époque impériale avait connu et pratiqué l'appel hiérarchique jusqu'à l'empereur. Enfin, les progrès de la procédure romano-canonique et le développement dans l'Église de l'appel en cour de Rome ou aux légats pontificaux jouent un rôle tout aussi moteur. Enfin, l'attrait qu'exercent sur les justiciables le prestige de la justice du roi et la compétence de ses juges contribuent largement à placer les tribunaux royaux en position de supériorité.

Mais il y a plus, qui explique ce développement de la procédure d'appel à partir du milieu du XIIIe siècle. Le mouvement doctrinal et réglementaire qui s'amplifie alors contre les ordalies joue un rôle décisif. Tandis que le concile de Latran de 1215 les avait mises hors la loi pour les ecclésiastiques, saint Louis, par deux ordonnances de 1254 et 1258, interdit le recours au duel judiciaire dans le domaine, en matière civile d'abord, puis criminelle. Ces deux textes diversement appliqués, surtout pour le second qui n'est guère suivi d'effet, font que Philippe le Bel doit rétablir en 1306 la pratique du duel, au moins pour les crimes de sang qui ne pouvaient être prouvés par témoins. Malgré ces flottements de la législation, les mesures de saint Louis ont un effet bénéfique. Interdisant, au moins en droit, que la procédure de « prise à partie » puisse déboucher sur un duel, elle contraignait de par là même le justiciable à s'adresser à un autre tribunal en lui demandant de revoir l'affaire.

Il ne s'agit pas encore, pour autant, d'un véritable appel. Les pratiques héritées de la prise à partie demeurent tenaces. Certes, il y a bien nouveau procès, mais c'est un procès entre le justiciable mécontent et son premier juge. Il s'agit moins de remettre en cause la sentence elle-même que de démontrer que le juge a mal jugé, qu'il a rendu un « faux jugement » et que, pour cette raison, sa responsabilité doit être sanctionnée. Tel est le système qui se met en place, au milieu du XIIIe siècle, pour la France coutumière. Dans le Midi au contraire, aussi bien à l'imitation des cours d'Église qui avaient pour l'essentiel conservé le système romain que sous l'influence du droit de Justinien progressivement retrouvé, la procédure de l'appel romain intenté non contre la personne du juge, mais contre le jugement lui-même, reprend progressivement sa place, en matière civile d'abord, puis criminelle un peu plus tard. À la suite d'une lente osmose entre les deux systèmes, le système romano-canonique l'emporte, pour l'ensemble du royaume, dans la première moitié du XIVe siècle.

Ainsi prend forme l'appel hiérarchique, mais avec cette particularité qu'il présente autant de degrés qu'il en existe dans la hiérarchie des seigneuries, avant même d'arriver devant un tribunal royal. Ce n'est souvent qu'après avoir épuisé tous les degrés de la hiérarchie féodale que le justiciable saisit un tribunal de bailliage, puis le Parlement. Ce régime aboutit à une extraordinaire superposition des recours, jusqu'à cinq ou six parfois, avant d'arriver à la justice du roi. Et le souverain fait respecter ce principe en interdisant à ses officiers d'accepter en leur tribunal, *omisso medio* — c'est-à-dire sans qu'aient été épuisés tous les degrés intermédiaires —, les appels interjetés pour des affaires jugées par un juge seigneurial qui dépendait lui-même d'autres cours seigneuriales.

Libéralement conçu quant à son architecture, l'appel l'est aussi s'agissant de ceux qui peuvent l'utiliser. Ouvert à tout homme de condition libre, qu'il soit noble ou roturier, il s'applique tout autant à la justice féodale qu'à la justice seigneuriale. Tout simplement parce qu'il procède de l'idée d'après laquelle la justice du roi, étant souveraine, doit être ouverte à tous afin qu'il puisse connaître de tous les litiges. Et Beaumanoir se plaît à souligner cet acquis quand il écrit : « Et aussi en la cort laic sont li appel de degré en degré, de souget as seigneurs et de seigneurs en seigneurs jusques au roi. » Nulle autre formule ne pouvait, mieux que celle-ci, rendre compte de cette pyramide judiciaire qui prenait lentement forme, toute vouée à la justice du roi dont les succès remettaient gravement en cause l'équilibre judiciaire seigneurial issu de la féodalité.

• *Concurrence : prévention et cas royaux*

La procédure d'appel permettait un contrôle des justices seigneuriales tout en laissant intactes leurs compétences dont les juges royaux, plus encore que le roi, souhaitaient la réduction. Mais aucun moyen juridique n'existait permettant d'opérer un tel amenuisement. Face à cette carence des structures judiciaires qui se mettent lentement en place et en l'absence de tout texte normatif, légistes et juges royaux imaginent une double pratique qui devait à terme permettre d'atteindre cet objectif. Puisque le roi «debteur de justice» doit en permanence veiller à ce qu'elle règne partout dans son royaume, il n'est pas tolérable qu'un juge seigneurial puisse se montrer négligent en ne rendant pas bonne justice ou, surtout, en y procédant trop tardivement. En pareil cas, le juge royal le plus proche se doit d'intervenir au plus vite en jugeant à sa place. Ainsi naît le système de la prévention. Les juristes qui soutiennent la cause de la couronne vont plus loin encore en faisant progressivement triompher l'idée d'après laquelle il existe une série de causes qui, parce qu'elles touchent de près les intérêts du roi et de l'État doivent, en raison de leur nature même, échapper à la compétence des juges royaux. Ainsi prend corps la théorie des cas royaux.

La prévention

1) *Principe*. C'est le droit pour les juges royaux de se saisir d'une affaire que les règles normales de compétence attribuent aux juges seigneuriaux. Fondée sur l'idée de supériorité, de souveraineté du roi, cette procédure permet donc à la justice du roi de «venir avant», de «prévenir» l'action d'un juge seigneurial normalement compétent pour connaître une affaire. Elle peut jouer dans deux situations différentes.

S'agit-il d'une affaire grave en matière criminelle pour laquelle un juge seigneurial s'est montré négligent et n'a pas agi assez rapidement? Alors, le juge royal peut agir à sa place et procéder d'office contre le délinquant. Le juge seigneurial se trouvait ainsi «prévenu», c'est-à-dire gagné de vitesse, et le juge royal se devait de suppléer sa carence, l'ordre public devant être maintenu et la justice assurée. Mais la prévention peut aussi jouer dans une seconde hypothèse, tout à fait différente. Il arrivait souvent qu'un plaideur placé face à deux justices concurrentes, l'une seigneuriale et l'autre royale, choisisse de lui-même la seconde au détriment de la première. L'initiative du plaignant avait alors pour conséquence de contraindre le juge royal à «prévenir» la justice seigneuriale et la partie adverse ne pouvait, en aucun cas, s'y opposer.

Mais si les juges royaux avaient aussi pu saisir sans réserve toutes les occasions qui leur étaient offertes de prévenir les juges seigneuriaux, les juridictions seigneuriales auraient été rapidement vidées de toute leur substance. Poussée à l'extrême, la procédure de prévention allait contre les règles de compétence qu'avait peu à peu établies un équilibre séculaire entre justices seigneuriales et justice royale. Le roi en prit conscience et, dans une certaine mesure aussi, certains de ses juristes qui distinguèrent deux catégories de prévention, l'une absolue et l'autre relative.

2) *Effets*. Aussi souvent qu'elle joue de manière absolue, la prévention donne au seul juge royal connaissance de l'affaire et l'autorise à refuser tout renvoi devant le juge seigneurial. Il en va ainsi chaque fois que l'ordre public est en jeu, tout spécialement pour les crimes et les délits commis sur les grands chemins à l'occasion des foires et marchés. Dans tous ces cas, on est en présence d'affaires qui requièrent prompte justice et on considère que celle du roi se doit d'intervenir immédiatement.

Il arrive aussi que les juges royaux fassent jouer la prévention absolue dans des hypothèses où ils se trouvent placés soit en situation de concurrence, soit en situation de soutenir des tribunaux d'Église. C'est particulièrement vrai chaque fois qu'il s'agit d'assurer la protection due aux *miserabiles personae* : veuves, mineurs, orphelins et pauvres. Aussi souvent que les seigneurs ecclésiastiques faillent à leur tâche en ce domaine, le roi se substitue à eux. Il en va de même pour de nombreuses questions touchant au régime matrimonial, en particulier pour la dot et le domaine. Aux tribunaux d'Église normalement compétents pour connaître des litiges qui peuvent découler de leur gestion, le roi rétorque qu'il se considère comme responsable du bien-être matériel et moral des veuves et, qu'en conséquence, il peut «prévenir» tout juge d'Église qui aurait fait preuve de négligence en ce domaine. Semblable réglementation est avancée à propos du testament.

La prévention absolue est aussi d'application courante dans le domaine des actions possessoires. En droit romain, à côté des actions pétitoires qui sanctionnaient la propriété, on avait imaginé des actions possessoires. Délivrées par le prêteur sous forme d'interdits possessoires, elles permettaient en cas de litige en matière de propriété d'un bien d'en sanctionner la possession, sans préjuger du droit de propriété. Ainsi, toute personne troublée dans la possession d'un bien pouvait obtenir du juge la cessation de ce trouble et être remise provisoirement par lui en possession de la chose, sans que soit définitivement tranchée la question de propriété. Cette pratique réapparaît dans le droit de l'Église et Gratien en fait une règle dont doit pouvoir bénéficier tout clerc : *spoliatus ante omnia restituatur* (que celui qui est dépossédé soit, avant tout, remis en possession). À ce double précédent romano-canonique vient s'ajouter une procédure permettant aux juges ducaux normands de remettre en saisine de ses droits tout individu qui en avait été dépossédé. C'était leur reconnaître compétence pour statuer sur le possessoire, en laissant les justices seigneuriales se prononcer par la suite quant au pétitoire. Pareilles pratiques n'échappèrent point à la sagacité des juristes royaux, tout particulièrement à Beaumanoir qui souligne, dans ses *Coutumes de Beauvaisis,* qu'il appartient aux juges royaux, tout spécialement aux baillis, d'intervenir par prévention absolue aussi souvent qu'il y a «dessaisine», c'est-à-dire trouble du possessoire. Il y avait là une urgence d'intervention pour laquelle la nécessité de sauvegarder la paix publique désignait, tout naturellement, le juge royal. Ainsi conçue, la prévention jouait de la manière la plus absolue et aurait pu aboutir, si la royauté n'y avait pris garde, à anéantir complètement la compétence des justices seigneuriales, ce qu'elle ne souhaitait pas, tant elles étaient utiles.

Voilà pourquoi la prévention ne fut souvent qu'imparfaite ou relative, laissant au juge seigneurial une certaine latitude pour retrouver sa compétence, à condition d'agir vite. Dans ce régime, le juge royal peut toujours «prévenir» un juge seigneurial, aussi bien au civil qu'au pénal, et mener l'affaire jusqu'à la *litis contestatio*, c'est-à-dire jusqu'à l'exposé contradictoire que les parties doivent faire devant lui pour nouer le procès. Mais il n'est pas définitivement saisi de l'affaire dans la mesure où existe toujours une possibilité de renvoi devant la juridiction seigneuriale. Ceci à deux conditions toutefois. Demande devra en être faite avant la *litis contestatio* et elle devra, obligatoirement, émaner du seigneur justicier ou de son juge. On considère que les parties n'ont pas à intervenir dans ce débat et que le défendeur qui a choisi la justice royale ne doit pas être mis en position de pouvoir remettre en cause ce choix tant est grand le prestige de la justice du roi. Ainsi, tout en laissant au juge prévenu une possibilité de récupérer l'affaire à condition de respecter des formes strictes, les juristes royaux prennent soin de limiter l'utilisation et la portée de cette prévention imparfaite. Ils vont plus loin encore en faisant triompher l'idée qu'il est une série de causes pour lesquelles les justices seigneuriales sont incompétentes, en dehors de toute hypothèse de prévention.

Les cas royaux

Il s'agit de toutes les causes civiles ou criminelles dont la connaissance est expressément réservée aux juges royaux alors que le défendeur ou l'accusé aurait normalement dû relever de la justice d'un seigneur. Élaborée avec prudence, la théorie des cas royaux ne débouche jamais sur une liste exhaustive et limitative de cas dont la justice royale avait compétence pour connaître.

1) *Genèse*. Contrairement à ce que pouvait laisser penser son appellation, la théorie des cas royaux n'est pas une invention royale. Avant même que les juristes royaux ne l'expriment clairement, plusieurs grands princes avaient déjà leurs cas ducaux ou comtaux, tels le duc de Bretagne, le duc de Normandie et le duc de Bourgogne. En Normandie, en particulier, il était exclu dès le XIIe siècle que le duc, quand il était personnellement intéressé dans une affaire, puisse être partie devant la cour d'un de ses vassaux. Relevait de la compétence de sa cour toute cause où lui-même ou ses officiers avaient été injuriés, ou dans laquelle était en jeu son patrimoine ou un droit ducal.

Évoquant la situation du comte de Clermont, fils de saint Louis et prince apanagiste, Beaumanoir en vient à la même conclusion. Il constate qu'existe au profit de ces princes apanagistes de véritables cas de souveraineté pour lesquels leurs tribunaux doivent être seuls compétents. C'est particulièrement vrai du comte de Clermont qui « pour les cas qui le touchent... n'est tenu à aller en la court de son sougiet ». Cette règle, appliquée au roi, fait que toutes les affaires le concernant, à quelque titre que ce soit, doivent être réservées à des juges royaux. Principe que Louis X énonce avec force, dans une ordonnance de 1315, en proclamant que « royale majesté est entendue es cas qui, de droit ou d'ancienne coutume, peuvent et doivent appartenir à souverain prince et à nul autre ». Quelles furent les conséquences d'un tel principe?

2) *Mise en pratique*. Faire référence à la souveraineté et aux atteintes qui lui sont portées pour définir les cas royaux, interdisait d'en limiter le nombre et d'en établir une liste exhaustive, dans la mesure où la souveraineté est une notion indéfiniment extensible. Les légistes ne s'y sont pas trompés qui ont perpétuellement joué de cette idée afin d'étendre au maximum la compétence des tribunaux royaux dont les juges manifestent toujours un zèle particulier chaque fois qu'il s'agit de faire jouer la théorie des cas royaux à l'encontre des justices seigneuriales. Ainsi, plus s'assure la souveraineté du roi, plus s'étoffe le bloc de cas exclusivement réservés à la compétence de ses juges. La justification est toujours la même, faire en sorte que tout ce qui porte atteinte aux intérêts du roi, de la couronne et de l'État n'échappe pas à l'appareil judiciaire d'État qui se met lentement en place. Dans la pratique, l'offensive du roi, de ses légistes et de ses juges est conduite dans trois grandes directions.

Toute atteinte portée à la paix publique dans son sens le plus large constitue un cas royal. Il en va ainsi de l'infraction de la sauvegarde royale comme l'atteste, dès 1200, la condamnation par le roi de justiciables du comte de Chartres convaincus d'avoir incendié la cathédrale. Parce que la sauvegarde apporte une protection renforcée et spécialisée en faveur de ses bénéficiaires, qu'il s'agisse de la famille royale ou des officiers royaux, elle implique la compétence de la justice royale dès qu'elle est bafouée, sans qu'elle constitue pour autant un privilège systématique de juridiction.

Il en va de même du port d'armes, aussi souvent qu'il vise à briser la paix du roi. Il y a là conséquence directe de la politique mise en œuvre par la royauté, en particulier avec saint Louis, en vue de lutter contre les guerres privées. Ainsi, tout délit de port d'armes, surtout s'il se double de la tenue de réunions illicites pour préparer une guerre privée, se confond avec la *fractio pacis* et vient grossir la compétence obligée des juges royaux dans la mesure où il y a atteinte portée au roi, à la fois dans la paix qu'il assure et dans son droit souverain de faire la guerre. Cette notion de *fractio pacis* devient alors extensible à l'infini et s'applique aussi bien au bris d'une trêve ou d'un asseurement qu'à tout acte de rébellion contre les ordres du roi. Tous les coutumiers du XIIIe siècle concordent sur ce point.

La personne du roi et de ses agents méritant protection particulière, il y avait là un terrain très porteur pour le développement de la théorie des cas royaux dans toutes les hypothèses où la *majestas* royale et la position des agents du roi en leur qualité de serviteurs de l'État étaient offensées. Partant du *crimen laesae majestatis* du droit romain, juges et légistes dégagent progressivement la notion de crime de lèse-majesté qu'ils limitent, dans un premier temps, aux crimes commis contre le roi, son entourage immédiat ou l'État lui-même. Cette notion restrictive évolue, à partir de la fin du XIVe siècle, pour englober toutes les affaires civiles dans lesquelles le roi était demandeur ou défendeur, qu'il comparaisse comme propriétaire, créancier ou débiteur. Ainsi tout crime, tout délit contre le patrimoine du roi ou toute atteinte à son intégrité, constituent un cas de lèse-majesté, un cas royal entraînant automatiquement la compétence des juges royaux.

Tous les droits qui découlent de la souveraineté et plus généralement les conditions dans lesquelles ils sont exercés, bénéficient eux aussi d'une attention de plus en plus vigilante de la part des tribunaux royaux. De leur violation découle toute une série de cas royaux.

Ainsi en est-il de la fabrication de fausse monnaie. Moins sans doute, au départ, davantage pour des raisons économiques que pour des motifs strictement juridiques. Les légistes voient moins, dans le faux monnayage, les perturbations monétaires qu'il entraîne obligatoirement, que l'imitation de l'effigie du roi sur chaque pièce. Il y a donc, tout à la fois, atteinte portée aux intérêts matériels du souverain et à sa personne. Voilà pourquoi plusieurs textes de la fin du XIIIe siècle et du début du XIVe siècle posent le principe de la compétence des tribunaux royaux en la matière, jurisprudence qu'un arrêt du Parlement présente, en 1311, comme constante.

Dans le même esprit, la falsification des sceaux et des lettres du roi est considérée comme une injure proférée à l'encontre de la personne royale, dans la mesure où le portrait et le nom du souverain sont utilisés frauduleusement. Autant de données qui postulent la seule compétence des tribunaux royaux. Il y avait là, surtout avec la falsification de sceau, un moyen particulièrement efficace de renforcer la compétence de la justice royale qui était déjà normalement appelée à connaître, depuis le XIIIe siècle, de tous les litiges nés autour des contrats passés sous le sceau du roi devant un notaire royal. Aux seigneurs qui contestent de plus en plus, au lendemain du règne de Philippe le Bel, que le sceau soit attributif de juridiction, les légistes répondent que sa falsification, tout comme celle des lettres, constitue en toute hypothèse un cas royal.

Porter atteinte aux droits du roi législateur doit être également, dans l'esprit des légistes, tout aussi sévèrement et spécifiquement sanctionné. Voilà pourquoi, dès la seconde moitié du XIVe siècle, on considère que la justice royale est exclusivement compétente pour connaître de toute violation d'une ordonnance royale posant une interdiction ou prohibant un acte qui, jusque-là, n'était pas tenu pour délictueux. Mais si l'ordonnance violée ne faisait que renforcer une prohibition, ou se limitait à améliorer la répression d'un délit existant sans en créer de nouveau, alors le juge seigneurial demeure compétent pour sanctionner le trouble apporté à la législation royale. Ainsi, aussi souvent que le roi intervient en sa qualité de simple protecteur de l'ordre juridique existant, le non-respect de sa décision ne constitue pas un cas royal. Au contraire, chaque fois qu'il agit en créateur d'un acte normatif nouveau, toute violation à son encontre vaut cas royal.

Enfin, poussant jusqu'à l'extrême conséquence l'idée que tout trouble porté à l'exercice de la souveraineté devait obligatoirement entrer dans la catégorie des cas royaux, les légistes considèrent dès le premier quart du XIVe siècle que toute atteinte à la personne ou aux droits d'un officier royal entre obligatoirement dans la catégorie des cas royaux, tout simplement parce que l'officier leur apparaît comme le prolongement naturel de la personne du roi et qu'il est placé sous sa sauvegarde. Mais ils vont plus loin. Exploitant au maximum cette idée de protection apportée par le roi à ses officiers, ils estiment que tout crime ou délit commis par un officier dans l'exercice de ses fonctions est un cas royal dont seuls peuvent connaître les juges royaux.

Ainsi le roi « grand debteur de justice », ses légistes et ses juges qui œuvrent sans cesse pour en élargir la compétence, n'ont jamais voulu se lier les mains en donnant une liste figée des cas royaux. Elle est, au contraire, sans cesse extensive. L'atteste, avec éclat, la position que prend Louis X en 1315. Aux nobles de Champagne qui le pressent de s'expliquer sur ce qu'il faut entendre par cas royaux, il rétorque : « Nous avons éclairci ces cas en cette matière, c'est à savoir que la royale majesté est entendue es cas qui de droit ou de ancienne coutume puent et doient appartenir a souverain prince et a nul autre. » Arguments semblables allaient être opposés aux juges ecclésiastiques.

B. De la réduction de compétences des juges d'Église à leur subordination aux juges du roi

En plein essor depuis le XIIe siècle, les justices d'Église connaissent leur apogée au siècle suivant, période au cours de laquelle elles ralentissent sérieusement la construction d'un système judiciaire d'État, tant en raison de leur organisation fortement structurée que de leur compétence toujours élargie. Autant de facteurs qui permettent de comprendre pourquoi la compétition, engagée entre juges royaux et juges d'Église, ne tourne que tardivement au profit de la justice royale aussi souvent qu'il s'agit de réduire la compétence des officialités ou de les soumettre à un contrôle progressif que cherchent à leur imposer les juges du roi.

• *Les officialités à l'aube du XIVe siècle*

Elles bénéficient pleinement, depuis la fin du XIe siècle, de la réforme grégorienne qui leur a imprimé sa structure hiérarchique, de l'essor de la science du droit que leurs juges s'efforcent de partout promouvoir, ainsi que du vaste mouvement de renaissance intellectuelle des XIIe et XIIIe siècles, si solidement épaulé par toute l'élite ecclésiastique.

Organisation et procédure

En principe, la juridiction spirituelle appartient à l'évêque sur l'ensemble de son diocèse. Il en est le juge ordinaire, *judex ordinarius*. Dans la pratique, les dignitaires de chapitres, en particulier les archidiacres ainsi que très souvent aussi certains abbés, ont usurpé la justice épiscopale qu'ils exercent en leur propre nom. Pour lutter contre ces usurpations et se faire assister dans leur tâche, les évêques ont organisé, dans le cadre de leur diocèse, un tribunal spécial auquel ils délèguent leur pouvoir de juger : l'officialité. Elle est présidée par l'official (*officialis*) qui est toujours un clerc instruit dans l'un et l'autre droit. Nommé par l'évêque et révocable par lui, il reçoit de lui mandat de juger. Au-dessus des officialités diocésaines, l'officialité métropolitaine tranche en appel. Les jugements qu'elle rend sont toujours susceptibles de recours devant la juridiction pontificale exercée par le tribunal de la rote (*Rota romana*).

Cette organisation, très fortement structurée, que dominent le principe de hiérarchie et toutes les règles romaines lentement retrouvées régissant le mandat et la représentation, offre une structure judiciaire idéale pour le développement de la fonction contentieuse dévolue à l'Église. Elle accélère aussi l'élaboration d'une définition de plus en plus stricte de l'office du juge par rapport à la mission dévolue au ministère public en la personne du promoteur chargé de poursuivre les délits ecclésiastiques et de requérir, au nom de l'Église, de sa justice et de ses intérêts. Elle est en même temps très porteuse pour le développement et la formation de tout un personnel qui gravite autour de l'official. Au monde des notaires qui rédigent en son nom les actes et y apposent leurs sceaux, se juxtapose l'univers des auxiliaires de justice avec ses procureurs et ses avocats, respectivement chargés de la représentation et de la défense des parties.

Dans cette construction d'une justice hiérarchisée, spécialisée, technique et savante, la procédure joue un rôle cardinal. Pour toutes les causes civiles, les tribunaux d'Église mettent lentement sur pied une procédure très fortement calquée sur les règles de la procédure extraordinaire du droit romain. L'écriture y joue un rôle fondamental, les modes de preuve y sont rationnels, duel judiciaire et ordalies se trouvent donc rejetés. Cette procédure, dite romano-canonique, modèle aussi en profondeur le procès pénal où le système accusatoire cède lentement le pas au système inquisitoire. Mieux adapté à la philosophie de l'Église, il est en même temps très porteur pour le développement de son système judiciaire dans la mesure où il postule que le juge se saisit d'office. Et comme il implique de sa part enquête, audition de témoins, notification à l'inculpé des chefs d'accusation, puis plaidoirie de son avocat, il est au moins en théorie gage d'objectivité et de sécurité pour les parties dont les causes ne cessent d'affluer devant le tribunal de l'official.

Compétences

Elles vont sans cesse en s'élargissant jusqu'à la fin du XIIIe siècle. En même temps qu'elle forge une hiérarchie stricte de ses tribunaux, l'Église impose à ses fidèles une discipline sévère en matière judiciaire. Exerçant la plénitude de juridiction disciplinaire aussi bien sur les clercs que sur les simples fidèles, elle exige le plein respect de ce principe de la part des autorités temporelles. La qualité de sa justice fait aussi que les justiciables ont d'eux-mêmes tendance à s'adresser à ces cours, même pour des affaires qui ne touchent ni la discipline, ni la foi, mais pour lesquelles ils décident, d'un commun accord, de saisir l'official dont les compétences *rationae personae* et *ratione materiae* sont chaque jour mieux assurées.

Rationae personae, la compétence des tribunaux d'Église s'adresse avant tout aux clercs, qu'ils soient séculiers ou réguliers, même s'ils ont simplement reçu un ordre mineur, mais à condition d'être non mariés et effectivement nantis d'un bénéfice. À la suite de multiples abus et à la demande de saint Louis, le concile de Lyon de 1270 rend plus stricte cette réglementation. Peuvent désormais se prévaloir du privilège tous les clercs non mariés ou mariés une seule fois (*cum unica et virgine*), à condition qu'ils portent habit clérical et tonsure et qu'ils ne pratiquent ni le commerce, ni une profession malhonnête. Il y avait là volonté de faire en sorte que n'échappent point à la juridiction laïque tous ceux qui se faisaient simplement tonsurer et qui, tout en se prétendant clercs, menaient une vie fort éloignée des canons de l'Église.

Prouvée sa condition, le clerc bénéficie d'une loi particulière — *privilegium* — qui le place en marge du droit commun et le fait relever de la seule autorité ecclésiastique, le *forum ecclesiasticum*. Ce *privilegium fori ecclesiastici*, privilège du for ou privilège de clergie, n'est pas reconnu aux clercs dans leur seul intérêt. Il est aussi très profitable à l'Église dans la mesure où il lui permet de mieux contrôler tous les membres de la hiérarchie et de leur imposer ses lois.

En matière criminelle, ce privilège est absolu. En conséquence, le clerc doit décliner la compétence de tout tribunal laïque, et aucun tribunal temporel ne peut s'en saisir sans méconnaître et violer la distinction des deux pouvoirs. L'official est donc naturellement compétent pour faire arrêter un clerc criminel, sauf cas de flagrant délit, et le juger pour tout crime et délit de droit commun. Reconnu coupable, le clerc est passible de toutes les peines ecclésiastiques : privation de son bénéfice, pèlerinage expiatoire, pénitence de tout ordre et internement dans un monastère. La sanction la plus grave est l'emprisonnement perpétuel, les tribunaux d'Église ne pouvant jamais condamner à une peine de sang, qu'il s'agisse de la mort ou de la mutilation en vertu de l'adage « l'Église a horreur du sang » (*Ecclesia abhorret a sanguine*). En pareille hypothèse, et en particulier si le clerc a commis un crime atroce, le juge ecclésiastique le dégrade de sa qualité de clerc et a recours à l'autorité laïque, au bras séculier, pour le prononcé de la sentence et l'application de la peine de mort.

S'agissant des matières civiles, le privilège de for est beaucoup moins étendu. Relatif, il autorise seulement le juge d'Église à mener jusqu'à son terme une action que si elle est personnelle. S'agit-il d'une action réelle, alors l'official ne peut poursuivre un clerc défendeur que s'il s'agit d'une action mobilière en vertu du principe selon lequel « les meubles suivent la personne » (*mobilia sequuntur personam*). En matière immobilière au contraire, chaque fois qu'il s'agit d'un immeuble qui s'intègre à la hiérarchie des terres, fief ou censive par exemple, le juge séculier conserve entière compétence.

À côté des clercs, la compétence de la juridiction ecclésiastique peut aussi s'étendre à d'autres catégories de personnes, à condition qu'elles la revendiquent expressément. Cette compétence concurrente concerne en particulier les croisés qui, jouissant du *privilegium crucis*, peuvent demander que soit tranché, par l'official, tout procès civil ou criminel dans lequel ils sont partie, à l'exclusion de ceux touchant aux matières féodales. Il en va de même des écoliers s'ils ne sont pas clercs et surtout des *miserabiles personae* — pauvres, veuves et orphelins — qui peuvent à tout instant soumettre leurs litiges à la juridiction ecclésiastique, au moins en matière personnelle. Les deux juridictions manifestent toujours beaucoup d'empressement afin d'accueillir, devant leurs prétoires, ces justiciables auxquels un choix est offert. Mais ils se montrent très ouverts à la compétence des officialités qui s'affirment comme leurs juges naturels.

Rationae materiae, les juges d'Église revendiquent, quelles que soient les personnes en cause, une compétence tantôt exclusive, tantôt concurrente.

Le plus grand nombre de ces affaires concernent la juridiction disciplinaire que l'Église exerce traditionnellement sur tous les chrétiens, pour tout ce qui touche la foi. Elle fait alors prévaloir la règle d'après laquelle sa compétence doit être exclusive. C'est vrai tout d'abord pour tous les crimes commis contre la foi, qu'il s'agisse du sacrilège, de la sorcellerie ou de l'hérésie. Inquiète des proportions que prenait l'hérésie albigeoise dans le Midi français au XIIIe siècle, la papauté créa une juridiction spéciale pour la combattre : *l'inquisitio hereticae pravitatis*. Ces tribunaux de l'Inquisition, véritables tribunaux d'exception, appliquent une procédure spéciale, la procédure d'inquisition. Confiée dans un premier temps aux évêques, puis ensuite aux légats pontificaux et aux cisterciens, elle le fut enfin aux dominicains, à partir de 1216, qui lui donnèrent sa forme définitive. Destinée davantage, dans un premier temps, à obtenir l'aveu des hérétiques et leur conversion qu'à les condamner, elle confère au juge un pouvoir d'office. Il peut en conséquence agir sur simple dénonciation en l'absence de tout ministère d'avocat et recueillir autant qu'il le souhaite de témoignages dont la caractéristique principale est de demeurer secrets. À cette procédure déjà lourde s'ajoute, en 1252, sous l'influence du droit romain de plus en plus remis à l'honneur devant les tribunaux, la torture qui avait depuis longtemps disparu. Tant de liberté et d'initiatives laissées au juge conduisent à de nombreux excès. Dénoncés par la papauté et vivement critiqués par nombre d'évêques français, ils firent que l'Inquisition rencontra beaucoup de difficultés à s'imposer en France.

Après avoir assuré le succès de la compétence de ses tribunaux en matière de foi, l'Église fait en sorte que relève aussi exclusivement de leurs prétoires tout ce qui touche aux sacrements et plus spécialement au sacrement du mariage. Il y a là une compétence très ancienne qui avait permis à l'Église de faire triompher la règle d'indissolubilité du mariage et les empêchements à mariage liés à la parenté. Voilà pourquoi toutes les questions touchant à la validité et à la nullité du mariage tiennent une grande place dans la jurisprudence des officialités tout au long des XIIIe et XIVe siècles. S'y rattachent, tout naturellement, toutes les matières connexes telles que les fiançailles, la séparation de corps, la filiation et la légitimité.

Entrent enfin dans le champ exclusif de la compétence des officialités, toutes les affaires touchant directement ou indirectement les biens d'Église, à condition qu'aucune question féodale ne soit soulevée. Il en va ainsi des bénéfices, des dîmes, des offrandes, des oblations, tout comme des procès à propos des biens tenus en franche-aumône. Voilà pourquoi, en de nombreuses régions, les biens d'Église étaient marqués ou délimités par des croix afin de bien signifier qu'ils étaient interdits au juge séculier.

Pour bon nombre de matières qui lui paraissent moins essentielles, l'Église accepte que sa compétence ne soit que concurrente avec celle des tribunaux laïques. Il en résultait une émulation qui ouvrait un choix souvent favorable aux justiciables. Viennent d'abord tous les problèmes liés à l'exécution du testament qui contient, de plus en plus à partir du XIIe siècle, de nombreuses dispositions patrimoniales à côté des libéralités pieuses et du règlement qu'ils dictent pour les funérailles. Acte mixte désormais, il justifiait que l'une ou l'autre juridiction fût compétente.

Il peut en aller de même pour les contrats, surtout s'ils sont passés sous serment, acte religieux qui justifie à lui seul que les officialités en connaissent en cas de litige. Cette règle, interprétée de manière toujours plus extensive, fit que dans certaines coutumes, tout débiteur négligent pouvait être poursuivi devant un tribunal d'Église *rationae peccati* dans la mesure où, n'exécutant pas son obligation, il commettait un péché. Dans le même esprit, tout le contentieux qui pouvait s'élever dans les rapports pécuniaires entre époux relevait, tout naturellement, du juge ecclésiastique.

Enfin, aussi souvent que se présentent des délits mixtes, tels que le blasphème, l'usure ou des délits commis contre les mœurs, la concurrence toujours vive entre les deux juridictions se révèle en bien des hypothèses favorable aux juges d'Église dont la compétence se heurte de plus en plus à celle des juges royaux à partir du début du XIVe siècle.

• *Réduction de compétence*

Cette politique, engagée dès le règne de Philippe le Bel à l'occasion de son conflit avec Boniface VIII, s'accentue tout au long du XIVe siècle. Appuyée par les légistes, renforcée par le gallicanisme naissant, elle trouve sa consécration dans la doctrine avec *Le Songe du vergier,* tout au long duquel le chevalier s'efforce de convaincre le clerc de l'urgente nécessité qu'il y a à réduire la compétence de la juridiction ecclésiastique. Avec près d'un siècle de retard par rapport aux justices seigneuriales, cette réduction s'opère à travers des moyens parfaitement symétriques. Ils ne pouvaient conduire qu'à des résultats tout à fait comparables.

Moyens

C'est tout d'abord la théorie des cas privilégiés. Transposition de la théorie des cas royaux à l'ordre judiciaire ecclésiastique, elle permet de réserver aux juges royaux toute une série de cas jusque-là normalement dévolus aux officialités. Cette théorie se développe au début du XIVe siècle et certains auteurs ont voulu voir son origine dans une ordonnance de Philippe le Bel, en 1300, au terme de laquelle le souverain se réservait le droit de faire réviser par des juges royaux tous les jugements par lesquels les officialités avaient acquitté des clercs meurtriers « au grand scandal des laïques ». En réalité, le mouvement se développe surtout au lendemain de l'Assemblée de Vincennes (1329) et Guillaume du Breuil emploie l'expression dans son *Stylus curiae parlamenti* (vers 1330) que reprennent, très largement, à la fin du siècle, Jacques d'Ableiges puis Jean Boutillier.

Comme pour les cas royaux, la théorie des cas privilégiés fonde la compétence des juridictions royales sur la souveraineté retrouvée et la nécessité devant laquelle se trouve le monarque de protéger l'ordre public. Dans la mesure où tout fait délictueux grave portant atteinte à l'ordre public est considéré comme un cas royal, il semble parfaitement justifié que si un clerc s'en rend coupable, il ne bénéficie plus du *privilegium fori* et soit traduit devant un tribunal royal. Ainsi naît, lentement, la théorie des cas privilégiés en vertu de laquelle tout clerc qui se rend coupable de lèse-majesté, de fausse monnaie, de violation d'asseurement et de sauvegarde royale ou d'infraction à une ordonnance royale, doit être obligatoirement jugé par un juge royal. Dans la pratique, les choses ne furent jamais aussi simples et ce fut souvent un double procès qui s'engagea, l'Église ne voulant pas totalement abandonner sa compétence. Cette notion de double compétence conduisant souvent à distinguer un « délit commun » jugé par l'officialité et un « cas privilégié » qui, se greffant sur ce délit, appelait tout naturellement la compétence des tribunaux royaux.

Le système de la prévention connaît aussi une application parallèle en vue de diminuer la compétence des juridictions ecclésiastiques. Aussi souvent que l'occasion se présente, les juges royaux étendent l'incompétence des officialités pour tout ce qui concernait les tenures féodales des clercs à toutes les causes réelles immobilières dans lesquelles un clerc se trouvait impliqué. De là, on en vint très vite à toutes les causes bénéficiales.

Pour les bénéfices directement conférés par le roi, la compétence de ses juges s'imposa naturellement chaque fois qu'il y avait litige. Pour tous les autres, dont la collation relevait de l'autorité ecclésiastique, les problèmes furent moins faciles à résoudre aussi souvent que s'élevaient des contestations autour de leur attribution. Ils furent nombreux en raison de la grande diversité des autorités qui, à un titre ou à un autre, pouvaient prétendre intervenir, qu'il s'agisse du Saint-Siège, de l'évêque du lieu ou d'un quelconque chapitre. Normalement, les conflits qui survenaient à la suite d'attributions contestées étaient du ressort des officialités.

Néanmoins, légistes et juges royaux utilisent habilement la distinction entre l'investiture ou attribution définitive — question de droit — et la simple possession, question de fait. Comme ils l'avaient fait avec la prévention pour tout ce qui concernait les actions possessoires, ils réussirent à imposer aussi leur compétence en matière bénéficiale chaque fois qu'il y eut litige à propos du possessoire. Ils le firent en se fondant sur l'idée que tout trouble apporté à la possession en matière bénéficiale risquait de menacer l'ordre public. Et comme le roi est investi d'un droit de garde générale des églises, sa justice se doit tout naturellement d'intervenir pour faire cesser troubles ou violences apportés à la possession de ses biens au royaume de France.

Il y avait là une importante brèche ouverte dans la compétence de la juridiction ecclésiastique dans la mesure où, en droit canonique, la possession ne peut jamais être séparée du pétitoire. Toute possession d'un bénéfice devant obligatoirement s'appuyer sur un titre, le juge royal saisi du possessoire était tout naturellement conduit à examiner, au moins sommairement, les titres respectifs des parties en conflit. De toute évidence, la division qui intervenait alors quant au possessoire préjugeait très fortement du fond. Certes, un procès au pétitoire restait toujours possible devant un juge d'Église, mais il ne lui était guère possible de trancher dans un sens différent et d'aller à l'encontre d'une décision au possessoire fondée sur un titre valable.

Résultats

La compétence des cours d'Église est doublement combattue. Le *privilegium fori* ne cesse de se réduire, tandis que les cas de compétence des tribunaux d'Église à l'égard des laïcs sont de moins en moins nombreux.

Cette évolution se vérifie d'abord au pénal. La théorie des cas privilégiés fait désormais entrer dans la sphère de compétence des juges royaux tout ce qui est hérésie, sacrilège et sorcellerie. Tous ces crimes prirent rang parmi les cas de lèse-majesté et furent soumis au même régime que les cas royaux.

Résultats semblables sont enregistrés au civil. C'est particulièrement vrai avec les causes bénéficiales pour lesquelles les juges royaux se déclarèrent systématiquement compétents au possessoire. Il en alla de même dans bien d'autres domaines, en particulier en matière de testament, de contrat et de mariage.

Pour les contrats, la compétence de l'Église s'était progressivement affirmée du fait que beaucoup de conventions étaient passées sous serment, toute partie qui ne respectait pas ses engagements commettait un parjure qui la faisait obligatoirement relever des tribunaux ecclésiastiques. Comme le rôle du serment décline assez vite, il apparaît de plus en plus comme un simple accessoire du contrat. Dans la mesure où le juge royal doit toujours connaître du fond du contrat — du principal — il devient juge de l'accessoire et affirme ainsi sa compétence à l'égard du tout. À cela s'ajoute une donnée essentielle. Depuis la fin du XIIIe siècle, les contrats sont de plus en plus passés sous le sceau du bailli ou celui de son garde-scel, formalité qui emporte automatiquement compétence d'une juridiction royale en cas de litige.

Pour tout ce qui touche au mariage, la compétence des juridictions royales ne cesse aussi de se renforcer. L'évolution fut favorable et rapide pour tout ce qui relevait des questions connexes, en particulier les rapports pécuniaires nés de la constitution de dot, du douaire ou de la séparation de biens. Plus délicats, parce que devant demeurer l'apanage intangible de l'Église, les problèmes de compétence soulevés par la contestation de validité du lien matrimonial, donnèrent lieu à d'amples débats. Dans l'ensemble, pour toutes les affaires à l'occasion desquelles le sacrement n'était pas mis en cause, les juges royaux firent triompher leur compétence. Il en fut ainsi chaque fois que le mariage avait été dissous à la suite d'une action en nullité ou qu'était mise en cause la validité de sa célébration. Il y avait là une simple question de fait dont purent connaître les juges royaux, tout comme ils s'affirmèrent aussi compétents pour statuer sur les oppositions à mariage pour autant qu'elles émanaient d'un tiers et non d'un futur conjoint. Il en résulta un champ de compétence de plus en plus réduit pour les officialités que le pouvoir royal s'efforça aussi de soumettre à son contrôle.

• *Contrôle et appel comme d'abus*

Surveillant les agents et les juges d'Église aussi étroitement qu'ils le peuvent, le roi, ses légistes et ses juges dégagent progressivement la notion d'abus chaque fois qu'un acte émanant d'une autorité ecclésiastique, ou qu'une décision rendue par une juridiction d'Église, leur paraissent aller à l'encontre de l'ordre établi. Ainsi, tout excès de pouvoir, qu'il résulte d'un abus de compétence judiciaire ou d'une utilisation extensive du droit d'édicter reconnu à l'Église, entre dans le champ de la notion d'abus. Face à ce qu'ils définissent être un abus de jugement ou un abus de décision, les autorités laïques réagissent d'une double manière, en deux temps successifs.

1) *Dès le règne de Philippe le Bel*, les juges procèdent par voie de contrainte, par le biais de la saisie du temporel ecclésiastique pour sanctionner toute décision qui leur paraît abusive, qu'elle soit judiciaire ou simplement administrative. On estime que si le clerc dont émane la décision contestée ne peut être personnellement traduit devant la justice royale en raison du *privilegium fori*, il doit cependant pouvoir répondre de son acte sur les biens qui constituent l'assise de son bénéfice, sur son temporel donc.

Dans cette optique, la justice royale se croit fondée à prononcer la saisie du temporel qui demeure effective jusqu'à ce que le clerc revienne sur la décision ou l'acte jugés abusifs. Il y avait là un moyen de pression particulièrement efficace que les juges royaux eurent très vite tendance à généraliser, comme ils l'avaient déjà fait pour les cas royaux. Dans un souci d'apaisement et afin d'éviter tout conflit, la royauté en réserve l'utilisation aux seules instances supérieures qu'étaient le Parlement et le Conseil du roi. Simple moyen de pression, la saisie du temporel n'habilite en rien l'autorité qui en use à modifier ou réformer la décision jugée abusive. Il fallut, pour cela, attendre la seconde moitié du XVe siècle.

2) *Alors, mais alors seulement*, commence à se développer la procédure de l'appel comme d'abus. Recours à la justice laïque contre une sentence ou un acte de l'autorité ecclésiastique, il n'est définitivement formé qu'à la fin du XVe siècle. Et ce n'est pas un hasard s'il suit d'assez près la promulgation de la *Pragmatique Sanction de Bourges* (1438) qui marque l'apogée du gallicanisme médiéval. Par ce texte, le roi affirme que l'Église de France dépend de lui au temporel. Ses légistes en tirent toutes les conséquences quant au contrôle qu'il doit exercer sur elle. Ils y voient une loi à valeur constitutionnelle. En conséquence, toute décision qui va à son encontre doit être réformée ou annulée, en utilisant la voie ouverte par l'appel comme d'abus.

Nouveau, ce type de recours a cependant au moins deux précédents. Il trouve un premier fondement dans l'*entreprise* ou *transport de juridiction.* Chaque fois qu'une juridiction d'Église empiétait sur la compétence d'un juge laïque ou inversement, sanction s'ensuivait sous forme d'amende, ou mieux, d'annulation de la sentence incriminée. L'*abus de justice* apporte un second fondement à la procédure de l'appel comme d'abus. D'origine féodale, il postule que tout justicier qui abuse de sa justice doit être sanctionné, sanction qui peut aller jusqu'à sa perte par le jeu de la commise.

Il y avait là des prodromes très porteurs qui expliquent, le climat politique aidant, le développement rapide de ce recours. Ouvert à tous — clerc, laïc, simple particulier ou procureur du roi — il autorise le plaignant à déférer au Parlement ou au Conseil du roi, mais non à un tribunal de bailliage, tout acte prétendu abusif ou toute décision tenue pour excessive émanant aussi bien d'une autorité ecclésiastique quelconque que d'une officialité. La liste des motifs fondant l'ouverture du recours ne cesse de s'élargir, qui allèrent de tout empiétement sur les prérogatives de la puissance temporelle à toute atteinte portée aux droits du roi ou à la violation de compétence de ses tribunaux, sans oublier les infractions à la discipline de l'Église gallicane.

Dans ces conditions, tant le Parlement que le Conseil se trouvèrent investis du pouvoir de casser aussi bien une sentence rendue par un tribunal d'Église qu'une décision à caractère administratif émanant de la hiérarchie ecclésiastique. Même s'il est qualifié d'appel, ce recours n'est autre, en réalité, qu'une voie de cassation. Si un abus est effectivement constaté, il n'y a jamais réformation de la sentence ou de la décision. Tant le Parlement que le Conseil se limitent alors à casser l'acte incriminé et à renvoyer le dossier à l'autorité ecclésiastique compétente en lui demandant de réformer elle-même l'acte ou la décision qui avaient motivé le recours.

Au terme de cette évolution, la hiérarchie de l'Église de France dans son ensemble, tout autant que ses tribunaux, doivent accepter que la totalité de leurs actes, qu'ils revêtent caractère administratif ou judiciaire, soient étroitement soumis au contrôle des plus hautes instances judiciaires du royaume, donc à l'autorité souveraine du roi. Triomphait ainsi un véritable droit de regard de l'État sur la voie judiciaire et administrative de l'Église. Il devait connaître un incomparable essor tout au long du XVIe siècle et perdurer jusqu'à la loi de séparation des Églises et de l'État en 1905. Ce lent succès de la justice du roi tout au long des trois derniers siècles du Moyen Âge postulait une réorganisation en profondeur de tout le système judiciaire.

3. *Régulation de l'appareil judiciaire d'État*

À l'aube du XIIIe siècle, les structures judiciaires sur lesquelles peut s'appuyer le roi sont rudimentaires. Sur l'ensemble du pays, l'institution prévôtale s'essouffle partout, tandis que les tribunaux de bailliage commencent tout juste à prendre leur essor. Au niveau de l'État qu'imaginent les légistes et que façonnent lentement des administrateurs toujours mieux formés, le roi rend en sa cour une justice encore tout empreinte de traditions féodales, à un moment où la procédure d'appel, en plein essor, fait affluer devant son prétoire des causes de plus en plus nombreuses. Partout, aussi, s'assure progressivement cette justice d'État, qu'en raison de ses qualités techniques les justiciables appellent de leurs vœux. À des justices seigneuriales dont la compétence se rétrécit chaque jour et à des justices d'Église contraintes de se cantonner au terrain du spirituel, se substitue avec lenteur mais assurance, tout au long du XIIIe siècle, un appareil judiciaire d'État.

Construit autour de tribunaux hiérarchisés qui mettent en œuvre une procédure de plus en plus savante, il est la manifestation vivante de cette volonté du souverain et de ses légistes, non seulement de créer un ordre juridique plus unitaire, mais aussi de tout mettre en œuvre pour faire en sorte qu'il soit appliqué et respecté.

À une justice seigneuriale dominée par des tribunaux autonomes, compétents en tous domaines et le plus souvent dépourvus de tout contrôle, se juxtapose progressivement une justice royale que gouvernent hiérarchie, contrôle et spécialisation. Fort du succès de sa justice et débordé par le trop grand nombre de causes dont il doit connaître, le roi est contraint de déléguer l'essentiel de son pouvoir judiciaire. Il le fait en cercles concentriques, tout d'abord au Parlement puis aux parlements que des contingences locales l'obligent à créer à partir de la seconde moitié du XVe siècle. Juges souverains pour l'essentiel des causes qu'elles sont appelées à juger, ces cours sont largement secondées dans leurs tâches par les tribunaux de bailliage et de sénéchaussée dont le succès ne ralentit nullement le développement de juridictions spéciales.

A. DU PARLEMENT AUX PARLEMENTS

Né du démembrement de la *curia regis* dans la seconde moitié du XIIIe siècle, le Parlement demeure pendant presque deux siècles l'instance judiciaire suprême du royaume. Devenu trop vaste tout au long du XIVe siècle, son ressort est d'autant plus difficile à contrôler que subsistent de nombreux particularismes judiciaires régionaux dont le roi prend acte en créant de nouveaux parlements auxquels il attribue même compétence.

• *Le Parlement*

1) *Sa genèse est lente* et s'étale sur trois quarts de siècle à partir des années 1250. Depuis longtemps déjà, le souverain s'assurait le concours d'hommes de loi chaque fois qu'il jugeait en sa cour, mais ces réunions deviennent de plus en plus fréquentes

à partir du moment où saint Louis, rentré de la croisade et de la captivité d'Égypte (1254), reprend en mains les rênes du pouvoir. Entouré de conseillers efficaces et profondément attaché à l'idéal de justice, il fait de sa cour le haut lieu où doivent pouvoir être tranchés tous les litiges de quelque importance. À partir de ce moment-là, une double évolution domine l'institution.

La première conduit une partie de son personnel à se spécialiser afin d'assurer une certaine continuité du service judiciaire que le roi confie à des commissions composées de juristes qu'il nomme d'abord de manière temporaire afin de régler les questions qui se présentent. Ces membres de la *curia* donnent rapidement naissance à une sorte de section autonome, la *curia in parlamento.* Cette «cour en Parlement» n'est autre, au départ, que ce groupe de juristes distingués pour leurs qualités auxquels mission est confiée de *parlamentare,* c'est-à-dire de conférer, de délibérer, de tenir conseil à propos des affaires qui leur sont soumises. Ainsi, dès 1239, il est fait allusion au *pallamentum* puis, en 1253, il est question d'un arrêt rendu *in pallamento.*

Dans un premier temps, qui dure au moins pendant tout le règne de saint Louis, ces commissions toujours temporaires sont en nombre et en durée variables tout au long de l'année. Dès que l'ordre du jour est clos, ces formations de la *curia in parlamento* appelées à devenir le Parlement n'ont plus d'existence. Plus on avance dans le temps, plus les sessions diminuent en nombre et augmentent en durée. Fort courtes et de quelques semaines aux environs des années 1250, elles s'ouvrent à l'occasion des grandes fêtes religieuses (Chandeleur, Pentecôte, Ascension, Toussaint et Saint-Martin). Puis elles sont réduites à trois dès 1262, pour n'être plus que deux à partir de 1282, l'une au printemps à la Pentecôte et l'autre à l'automne, à la Toussaint. Et comme elles ne cessent de se prolonger, elles sont finalement regroupées en une seule, avec une longue interruption pendant l'été. Mais les travaux ne s'arrêtent pas pour autant complètement. Une «chambre des vacations» se met lentement en place qui expédie les affaires courantes.

Cette permanence du service judiciaire s'inscrit aussi dans l'espace et dans les hommes. Pour stabiliser le Parlement naissant, saint Louis l'installe tout à côté du palais royal, près de la Sainte-Chapelle qu'il a fait édifier entre 1246 et 1248, dans l'île de la Cité. Afin de donner corps à l'institution, il prend grand soin de reconduire d'une session à l'autre, le plus qu'il est possible, le groupe de juristes qu'il y a nommés. L'attestent avec vigueur les listes conservées à partir des années 1250. Au départ, l'élément féodal y occupe une place à peu près identique à celle des légistes également répartis entre clercs et laïcs. Plus les années passent, plus les féodaux diminuent en nombre et influence, alors que les légistes, régulièrement reconduits de session en session, deviennent le noyau à la fois stable et influent. Largement majoritaires à partir des années 1270, ils éliminent progressivement les féodaux par la suite.

Un premier règlement connu pour 1278 — mais qui n'est sûrement pas le premier — consacre cette évolution et laisse entrevoir ce que sera l'organisation définitive du Parlement dont le personnel a désormais acquis une spécialisation relativement poussée. C'est particulièrement vrai des *magistri tenentes parlamentum,* ces «maîtres tenant le Parlement» qui, maintenant, délibèrent de plus en plus de manière autonome.

Voilà bien la seconde évolution. En même temps qu'il se spécialise, le Parlement s'individualise. Jusqu'à la fin du règne de saint Louis, les séances de la *curia in parlamento* sont dominées par la personne du souverain qui occupe toujours le devant de la scène. Les premiers arrêts des *Olim* en portent témoignage. Les membres convoqués n'interviennent que dans le cadre de la fonction de conseil qui leur est dévolue. C'est toujours le roi qui tranche. Revient alors régulièrement la formule *habito consilio rex voluit* ou *rex precepit*. Puis le ton change à partir des années 1267-1269. Alors, la cour entre en scène, sans exclure la présence du roi. Les décisions sont rendues en faisant référence tout à la fois à la *volontas curie* et à la présence du roi, *rege presente*. Puis l'évolution se précipite sous le règne de Philippe III, années tout au long desquelles les arrêts sont rendus *habita deliberatione... per judicium nostre curie* ou « en notre cour ». Ainsi le roi n'est plus dans sa cour. Elle ne lui donne plus conseil pour qu'il tranche, mais elle délibère — seule — pour juger en son nom. Alors, le Parlement s'est véritablement individualisé. Il existe et statue en dehors de la personne du roi dont il a reçu pouvoir de juger.

2) *Son organisation définitive* découle de cette évolution qui a duré plus d'un demi-siècle. Une longue série d'ordonnances qui accompagnent celle de 1278 la précisent. Particulièrement nombreuses sous le règne de Philippe le Bel, trois d'entre elles marquent une étape décisive en 1291, 1296 et 1303. Bien d'autres les complètent tout au long de la première moitié du XIVe siècle. Au cours de cette période, le personnel se stabilise autour de fonctions plus précises.

Prélats et barons, bien que toujours convoqués, ne sont pas très assidus. Souvent peu experts dans l'*ars juris*, leur présence s'impose de moins en moins, aussi l'usage de faire appel à eux s'estompe lentement à la fin du XIVe siècle, sauf pour les pairs de France. Membres de droit du Parlement, ils sont toujours admis à la cour où ils siègent et opèrent comme ils l'entendent. Ils y représentent l'essentiel de l'élément aristocratique.

L'élément professionnel, au contraire, étoffe sa présence et devient permanent. Au début du XIVe siècle, le roi arrête encore, avant chaque session, la liste de ses conseillers. Mais il a de plus en plus tendance à nommer les mêmes, à les reconduire dans leur fonction qui se trouve ainsi, progressivement, érigée en office. Cette évolution trouve son aboutissement dans l'ordonnance du 11 mars 1345 par laquelle Philippe VI nomme au Parlement plusieurs de ses conseillers, sans limitation de durée. À partir de cette date, la pratique s'interrompt d'arrêter des listes avant chaque session. Le Parlement s'affirme alors comme un corps véritablement constitué avec ses conseillers laïcs et ses conseillers clercs qui devaient s'abstenir de siéger dans les affaires criminelles en vertu du principe *ecclesia abhoret a sanguine*. Souvent pétris de droit romain, les membres du Parlement se comparent au Sénat de la république romaine et se montrent très attachés à un effectif de cent membres, nombre qu'ils s'efforcent d'atteindre constamment. Stable dans son personnel, le Parlement l'est aussi dans son architecture qui s'organise en quatre chambres.

La *Grand-Chambre* que l'on nommait aussi la Cour, le Parlement, la *camera parlamenti*, était l'âme du Parlement. Devant elle s'ouvrait nécessairement tout procès, se déroulaient toutes les plaidoiries et étaient rendus tous les arrêts. Pivot de l'institution, tout se ramenait à elle après que les autres chambres lui aient préparé le travail, encore qu'elle retienne dans sa compétence exclusive les enquêtes concernant les affaires de sang et toutes les causes civiles qualifiées de « grieves causes » ou touchant « grandes personnes et grans hommes ».

Les effectifs de la Grand-Chambre ont constamment évolué. À la fin du XIIIe siècle, elle compte deux présidents — un baron et un prélat —, dix-huit maîtres clercs et dix-neuf laïcs, personnel que Philippe le Bel diminue à plusieurs reprises. La politique de ses trois fils va dans le même sens, tandis que la grande ordonnance du 11 mars 1345 revient à peu près à l'équilibre primitif avec trois présidents, quinze maîtres clercs et autant de laïcs. Par la suite, la tendance alla toujours à la diminution, mais de nombreuses ordonnances maintes fois confirmées depuis le règne de

Charles VI prouvent que cette limitation ne fut jamais rigoureusement respectée et que l'effectif de la Grand-Chambre resta toujours très largement supérieur à trente membres dont certains furent, au début au moins, délégués auprès d'autres chambres.

C'est bien ainsi que commença à fonctionner la *Chambre des requêtes* où purent toujours siéger — ce fut un privilège pour eux — les maîtres des requêtes de l'hôtel en y ayant le pas sur tous les membres, excepté les présidents. Et pourtant, ces maîtres des requêtes de l'hôtel, spécialistes de la juridiction des «plaids de la porte», parce qu'ils étaient «suivant le roi», ne firent jamais partie intégrante du Parlement. C'est aux maîtres des requêtes du palais qu'appartient véritablement la Chambre des requêtes. Répartis en deux sections en 1308, ils sont quatre pour les requêtes de langue d'oc et six pour les requêtes de langue d'oïl. Mais cette organisation trop lourde fut unifiée par Philippe V qui la réduit à cinq maîtres, nombre qui augmente par la suite pour se stabiliser à six en 1454.

Structure légère, la Chambre des requêtes doit travailler avec rapidité. Chargée de recevoir les requêtes des plaideurs, elle a mission de statuer sur leur validité. La requête est-elle irrecevable devant le Parlement? Alors intervient une décision de renvoi devant une autre juridiction. Est-elle recevable? Alors la Chambre délivre au demandeur une lettre de justice qui l'autorise à citer son adversaire devant la cour. À cette compétence originelle de la Chambre, Charles V en ajoute une nouvelle, tout à fait exceptionnelle. Il en fait le juge de première instance, avec appel toujours possible devant la Grand-Chambre, de toutes les causes civiles des privilégiés qui jouissaient du droit de *committimus*, c'est-à-dire la possibilité qu'ils avaient d'échapper à la juridiction normalement compétente. Cette exception est bien la seule qui fasse que le jugement d'une affaire puisse échapper, pour un temps au moins, à la Grand-Chambre. Mais elle ne manquait jamais de se montrer attentive chaque fois qu'elle devait statuer en appel.

Elle l'était tout autant à propos du travail effectué par la *Chambre des enquêtes* qu'elle saisissait aussi souvent que l'instruction d'une affaire l'exigeait. Aussi longtemps que le Parlement n'est pas constitué, le roi désigne, avant chaque session, des maîtres chargés des enquêtes. Progressivement, ces maîtres enquêteurs constituent une commission originale. Elle annonce la formation d'une chambre distincte que laisse pressentir l'ordonnance de 1278. Face à l'ampleur des tâches, une répartition intervient entre les maîtres. Les «auditeurs» se rendent sur les lieux et procèdent aux enquêtes, tandis que les «regardeurs-entendeurs des enquêtes» en examinent les résultats en vue de préparer un projet de jugement. Apparaît ainsi la distinction entre jugeurs et rapporteurs. Elle devait longtemps dominer l'histoire de la Chambre et quand, en 1316, Philippe le Long répartit officiellement les maîtres en huit rapporteurs et dix-sept jugeurs, il ne fait que consacrer une longue évolution. Elle est interrompue par une ordonnance de 1345 qui, tout en supprimant la distinction entre rapporteurs et jugeurs, porte à quarante l'effectif.

On ne plaide jamais devant la Chambre des enquêtes et les parties n'y comparaissent pas. Qualifiés de commissaires, les maîtres désignés pour procéder aux enquêtes sont invités par le greffier à s'acquitter le plus rapidement possible de leur mission. Une fois menées à bien leurs investigations, ils lui remettent un dossier d'enquête qui est ensuite transmis, scellé du sceau royal, aux maîtres chargés de l'examiner. Ces maîtres rapporteurs procèdent alors à l'instruction de l'affaire, rédigent leurs conclusions et préparent sur ces bases un projet de jugement qualifié de jugé. Envoyé par le greffier à la Grand-Chambre, il pouvait immédiatement devenir jugement si elle l'estimait suffisamment fondé. Dans le cas contraire, toute latitude lui était laissée pour le modifier ou demander qu'il soit procédé à une nouvelle enquête. Ainsi organisée, la Chambre des enquêtes travaillait en permanence.

Sur elles reposaient, tout à la fois, enquête, instruction et préparation des décisions que la Grand-Chambre n'avait le plus souvent qu'à transformer en jugement définitif.

Il en allait de même de la *Chambre criminelle* ou *Tournelle*. Plus tardivement apparue que les trois autres, sans doute pas avant la fin du XIVe siècle, elle demeure pendant longtemps une simple délégation de la Grand-Chambre, sans constituer une chambre distincte. Il fallut pour cela attendre le tout début du XVIe siècle. Chaque fois que des affaires criminelles l'exigeaient, la Grand-Chambre désignait plusieurs de ses membres laïques pour s'en occuper. Ce n'est que tardivement, avec l'ordonnance du 28 octobre 1446, que cette délégation devient permanente. Le nombre des maîtres ainsi délégués varie constamment pour se stabiliser aux environs de douze, sous la responsabilité d'un président, au milieu du XVe siècle. Mais ce personnel n'est pas fixe et les maîtres de la Grand-Chambre qui la composent y siègent à tour de rôle. Ce personnel qui « tournait » constamment a-t-il donné son nom à l'institution? À moins qu'elle n'ait été ainsi désignée parce qu'elle siégeait dans une petite tour du palais, la tour Saint-Louis?

Comme la Chambre des enquêtes au civil, la Tournelle au pénal a pour mission d'enquêter, instruire, rédiger conclusions et jugés qui sont alors transmis à la Grand-Chambre pour jugement définitif. Cette compétence au pénal était comprise dans son sens le plus large. Ainsi rien de tout ce qui était homicide, violence, fraude, viol ou adultère n'échappe à la Tournelle qui acquiert existence autonome en 1515. Avec cette nouvelle Chambre, le Parlement se trouve définitivement organisé. Mais il n'avait pas été nécessaire d'attendre cette date pour qu'il servît de modèle à d'autres juridictions.

• *Grands Jours et parlements provinciaux*

Même parfaitement organisé, le Parlement ne peut longtemps faire face à l'ensemble des affaires qui arrivent devant son prétoire. Plus le domaine s'étend, plus sa tâche devient difficile et plus aussi s'impose la nécessité de rapprocher la justice souveraine des justiciables. De plus, le roi ne peut imposer sans compter, partout de la même manière, sa souveraineté judiciaire. Il doit toujours tenir le plus grand compte des réalités locales et des structures judiciaires des pays progressivement rattachés à la couronne. C'est en fonction de ces réalités que sont tantôt érigées en justices souveraines des juridictions existantes, tantôt créés de nouveaux tribunaux. Il en résulte une situation souvent complexe et il n'est pas toujours aisé de déterminer si ces Grands Jours et parlements provinciaux prennent ou non le relais d'assises princières.

Grands Jours

Il s'agit de délégations temporaires de maîtres du Parlement envoyés en province pour y rendre la justice au nom du roi. Grandes assises limitées dans le temps et organisées à l'occasion de circonstances graves, elles assurent une justice à la fois rapide et proche des justiciables.

Les plus anciens sont les Grands Jours de Champagne. Ils ne sont autres, au départ, que la continuation de la cour de justice des comtes de Champagne qui passe, progressivement, sous contrôle royal à partir de la mort du comte Henri III, en 1274. Jusqu'à l'incorporation définitive de la Champagne au domaine en 1360, la justice souveraine y est rendue par des membres du Parlement et en son nom. Dès 1337, les sessions de ces Grands Jours de Troyes deviennent régulières et le roi désigne les maîtres qu'il appelle à y siéger aux côtés d'une représentation locale réduite à l'évêque de Troyes et à l'abbé de Saint-Loup de Troyes. Ces Grands Jours continuent encore quelque temps après 1360 et se perpétuent ensuite à Paris, après 1410, où se tiennent sous ce nom, au Parlement, des sessions spécialement consacrées à la Champagne.

C'est surtout à la fin du règne de Charles VII que la pratique des Grands Jours se généralise. On en tint à Poitiers (1454) et à Thouars (1455) pour compenser le départ du Parlement de Poitiers ramené à Paris en 1436. Bordeaux en 1456 et 1459, ainsi que Montferrand en 1454, 1455 et 1481, eurent aussi les leurs.

Il arriva parfois que, dans les apanages, l'organisation de Grands Jours traduise une volonté politique quelque peu différente. Elle permettait alors au roi de satisfaire le légitime désir d'autonomie du prince apanagiste et de ses populations. Dans ces conditions, ces Grands Jours ne sont qu'en partie constitués de commissaires venus du Parlement et la représentation locale y est alors très forte. Voilà pourquoi les décisions qu'ils rendent se réfèrent moins à la personne de l'apanagiste et sont susceptibles d'appel devant le Parlement.

Les parlements provinciaux

Jusqu'à l'aube des années 1420, la règle d'un Parlement unique siégeant à Paris fut toujours observée. Même la pratique des Grands Jours ne la remet pas en cause dans la mesure où ils sont, presque toujours et pour l'essentiel, composés de maîtres issus du Parlement et nommés par le roi. Seule juridiction souveraine, le Parlement contrôle donc, au moins en théorie, l'ensemble des décisions rendues dans tout le royaume, qu'elles émanent de tribunaux royaux, de justices seigneuriales ou de cours princières.

La meilleure illustration de cette situation est fournie par l'Échiquier de Normandie. Cour financière et judiciaire ducale à l'origine, il est maintenu en fonction par Philippe Auguste quand, en 1204, il réunit la Normandie au domaine. Mais il s'y fait représenter par des commissaires royaux qui sont, plus tard, membres détachés du Parlement. Dans ces conditions, même si l'Échiquier juge en dernier ressort, la souveraineté de la justice royale est sauvegardée grâce à la présence des commissaires. Parce qu'il ne tient que des assises temporaires fixées par le roi et que son personnel varie sans cesse, bien des justiciables ont tendance à porter directement leurs causes devant le Parlement à partir du début du XIVe siècle. Cette pratique ne cesse de s'accentuer pour faire de l'Échiquier une cour très dépendante du Parlement. Elle devait le rester jusqu'à la fin du XVe siècle quand Louis XII, par une ordonnance d'avril 1499, décide de fixer définitivement l'Échiquier à Rouen pour en faire une cour permanente dont les arrêts seraient, désormais, sans appel devant le Parlement. Devenue *Cour souveraine de l'Échiquier*, sédentaire et permanente avec quatre présidents, vingt-huit conseillers et un ressort étendu aux six bailliages de Normandie, il ne lui manquait que le nom de parlement qu'il reçut de François Ier quand il lui donna, en 1515, son statut définitif.

Cette évolution très lente des institutions judiciaires normandes qui aboutit tardivement à la création d'un parlement souverain a été souvent plus rapide ailleurs.

Il convient de mettre tout à fait à part le parlement de Poitiers qui n'est nullement un parlement provincial. Contraint par les circonstances politiques, le dauphin Charles opposa au parlement bourguignon siégeant à Paris un contre-parlement qu'il installa à Poitiers en 1418. Doté d'un effectif dérisoire au début — dix-sept membres seulement — il le vit s'accroître sans cesse au fur et à mesure que diminuait celui du parlement anglo-bourguignon. Après dix-huit années d'existence difficile, le parlement de Poitiers tient sa dernière séance le 20 octobre 1436. Beaucoup de ses membres refusant de quitter Poitiers, le nouveau Parlement qui siège à Paris à partir du 1er décembre 1436 se heurte à des difficultés durables pour retrouver son unité et son personnel stable.

Toute différente, la création du parlement de Toulouse s'inscrit à la fois dans la continuité, la nécessité de rapprocher la justice souveraine des justiciables et l'obligation dans laquelle se trouve le souverain de prendre en compte de légitimes revendications pour plus d'autonomie. Dès le XIIIe siècle, la royauté avait progressivement substitué à la cour des comtes de Toulouse des assises qui n'étaient qu'une délégation de commissaires du parlement envoyés sur place pour y tenir des sessions. Ce système, qui fonctionne non sans difficultés tout au long du XIVe siècle, fournit au dauphin Charles un point d'appui solide dans le Midi au moment où il doit installer son parlement à Poitiers. Cette politique se concrétise en 1420 par la transformation des assises en un parlement qui, siégeant à Toulouse, a comme ressort l'ensemble des territoires que contrôle militairement le dauphin. La reconquête du royaume bien engagée et la paix pour un temps revenue, conduisent Charles VII à confirmer cette création en 1443. L'organisation du nouveau parlement est calquée sur celle du Parlement de Paris et la volonté est clairement affirmée de constituer « un même parlement ». Dès 1451 sont organisées une Grand-Chambre et une Chambre des enquêtes, puis en 1491 une chambre criminelle aussi nommée Tournelle « afin que la justice criminelle soit administrée comme à Paris ».

En 1453, dix ans après la création définitive du parlement de Toulouse et alors qu'il vient de reconquérir la Guyenne sur les Anglais, Charles VII ménage les susceptibilités bordelaises. Il transforme en Grands Jours la cour souveraine qu'il avait accepté d'organiser en 1451 afin que puissent être jugées en appel et sur place toutes les causes. C'était la voie ouverte à la création d'un parlement qui fut officiellement institué en 1463, quand les Grands Jours devinrent le parlement de Guyenne siégeant à Bordeaux. Il connut des débuts modestes, avec un président et deux conseillers détachés du Parlement de Paris, auxquels devait être adjoint un personnel recruté sur place. Cette volonté de rattachement au Parlement de Paris se trouvait d'autant plus marquée qu'aucune circonscription d'appel n'était encore nettement déterminée autour de Bordeaux, situation qui donna lieu à d'âpres débats de compétence avec les parlements de Paris et de Toulouse, tout spécialement à propos des sénéchaussées d'Angoumois, de Quercy et de Périgord.

Au même moment (1453), l'ancien conseil delphinal institué en 1340 devient le parlement de Grenoble, sous la pression du dauphin Louis II, futur Louis XI. En 1457, Charles VII le transforma en parlement royal qui, en raison du statut juridique du Dauphiné, rendit la justice au nom du gouverneur.

Dans le duché de Bourgogne, comme dans tout grand fief, le conseil du duc avait compétence judiciaire et on pouvait appeler de ses décisions au Parlement. Devant l'affluence des causes furent institués des commissaires enquêteurs qui reçurent mission de juger au nom du duc. Dès le début du XIVe siècle, ils furent agrégés en un auditoire ou cour des Appeaux qui se fixa à Beaune, dans la seconde moitié du XIVe siècle. De cette cour on pouvait appeler à la cour ducale. Qualifiée de parlement, elle siégeait elle aussi à Beaune, ou à Saint-Laurent-lès-Châlon pour les affaires d'outre-Saône. Mais cette cour ne se réunissait que rarement et elle n'était point souveraine, si bien qu'on pouvait de ses sentences en « appeler en France », au Parlement. Soucieux de rompre cette dépendance, Charles le Téméraire décide en 1471 que duché et comté de Bourgogne seraient désormais soustraits au ressort parisien pour passer dans celui du Grand Conseil récemment créé à Malines. Dans ces conditions, tant avant 1471 qu'après, l'appellation de parlement donnée à la haute juridiction bourguignonne de Beaune et de Saint-Laurent ne doit pas faire illusion. Elle n'est rien d'autre, en pratique, qu'une manière de Grands Jours. Quant à la cour des Appeaux, elle était désertée depuis 1462. Voilà pourquoi Louis XI créa, en mars 1476, le parlement des Bourgognes dont les débuts modestes et difficiles paralysèrent pendant longtemps l'action. Mais après une période de presque vingt années de tensions et de conflits, puis l'abandon en 1493 de la comté par Charles VIII au bénéfice de Maximilien d'Autriche, il devient possible d'interrompre l'année suivante les sessions qui se tenaient à Dole et de faire de Dijon le siège d'un parlement aussi soucieux de s'organiser comme il l'entendait que d'élaborer une jurisprudence originale et pleinement autonome.

Quand Louis XI prend possession du comté de Provence en 1492, existe à Aix une cour dénommée conseil royal ou grand conseil et, plus souvent encore, conseil éminent. Fonctionnant à la fois comme cour de justice et comme conseil politique, ses décisions étaient le plus souvent rendues avec une extrême lenteur. Pour cette raison, tout en lui conservant ses attributions politiques comme conseil du sénéchal, Louis XII décide en 1501 de lui enlever ses fonctions judiciaires pour les transférer à une cour créée à cette occasion, sur le modèle des autres parlements. Ce fut le parlement de Provence. Installé d'abord à Brignoles, il fit son entrée à Aix en octobre 1502 et ses magistrats se virent reconnaître, en 1505, les mêmes privilèges et immunités que ceux des autres parlements du royaume.

En Bretagne, la mise en place définitive d'un parlement est à la fois plus longue et tardive. Charles VIII y réorganise, en 1499, d'anciens Grands Jours qualifiés aussi de parlement. En réalité, il s'agissait d'une commission composée de conseillers choisis à la fois sur place et parmi les membres du Parlement de Paris. Renouvelable chaque année, cette commission ne tenait que de brèves sessions et ses sentences pouvaient toujours être déférées en appel devant le Parlement de Paris. À côté des Grands Jours, fonctionnait aussi l'ancien conseil ducal dont les attributions à la fois administratives et judiciaires en faisaient un redoutable concurrent. Voilà pourquoi les Grands Jours ne peuvent que lentement être érigés en véritable Parlement. Toute une série de mesures successives favorisent cette évolution : création d'un personnel stable, mise sur pied de sessions annuelles à date fixe et affirmation de la suprématie de la cour sur «les gens du conseil qui sont inférieurs et relèvent du parlement». Finalement, un édit de mars 1554 substitue au parlement temporaire un parlement permanent siégeant alternativement à Nantes et à Rennes avec quatre présidents qui devaient être obligatoirement non originaires du duché et trente-deux conseillers à choisir pour moitié dans le duché et pour moitié en dehors. Ainsi était né le parlement de Bretagne dont la structure et la composition étaient très largement marquées du sceau royal.

La remarque vaut d'ailleurs pour tous les parlements provinciaux. Créés à l'image de leur aîné, ils ont même organisation. À une Grand-Chambre souvent unique au départ s'ajoutent progressivement Chambre des enquêtes et Chambre criminelle puis, plus tardivement, une Chambre des requêtes. Égaux entre eux, tous ces parlements sont en théorie souverains et exercent des compétences identiques à celles du Parlement de Paris.

• *Compétences*

Aussi longtemps que le Parlement de Paris demeure la seule instance suprême, son ressort s'étend à l'ensemble des territoires sur lesquels s'exerce la souveraineté royale. Et plus elle progresse, plus s'élargit son ressort. Un premier mouvement de repli s'opère à partir de 1420 avec la création du parlement de Toulouse, puis s'amplifie au fur et à mesure que s'affirment les autres parlements.

Dans l'ensemble, les ressorts de ces parlements provinciaux correspondent aux régions périphériques du royaume qui avaient servi d'assise aux principautés territoriales du Xe siècle et qui constituent, aux XIVe et XVe siècles, les aires de prédilection pour le développement des États provinciaux, qu'il s'agisse de la Normandie, de la Bretagne, du comté de Toulouse ou de la Bourgogne. Il y a là une coïncidence qui n'est pas fortuite. Face à l'unité retrouvée et à un risque évident de trop forte centralisation, la part de liberté politique que représente la naissance des États provinciaux se double, tout naturellement, d'une certaine autonomie judiciaire qui oblige à reconnaître à ces parlements, dans leur propre ressort, pleine souveraineté et même compétence qu'à celui de Paris. Cette compétition est avant tout judiciaire bien sûr, mais aussi administrative et édictale, tant le pouvoir judiciaire demeure englobant jusqu'à la fin de l'Ancien Régime.

Juger

Voilà bien l'activité cardinale du Parlement, puis des parlements qui, une fois acquise leur pleine autonomie, rendent une justice tout aussi universelle que souveraine, à ceci près cependant que les habitudes acquises conservèrent au Parlement de Paris certaines causes, surtout en première instance.

Justice universelle, cela n'a valu à plein que pour le Parlement de Paris au tout début de son histoire. Rapidement trop étendue territorialement, sa compétence a dû être réduite en première instance aux seules causes importantes dont il est appelé à connaître souvent à double titre, *rationae materiae* et *rationae personae*. Tout ce qui touche au roi et au domaine relève également de lui. Il connaît aussi obligatoirement des causes de *committimus*, c'est-à-dire des affaires de tous ceux qui avaient obtenu privilège de porter directement devant lui leur contentieux, sans avoir à suivre la hiérarchie ordinaire. Il en allait de même de tous les procès relatifs aux pairs et aux grands vassaux, tout comme des causes de régale, puisqu'elles mettaient en jeu les intérêts du roi. Dans tous ces domaines, les parlements de province ne réussissent au début qu'à affirmer timidement leur compétence même si elle fut, en théorie au moins, identique à celle du Parlement de Paris. Hormis ces champs exclusivement réservés aux parlements, toutes les autres affaires relèvent en première instance des tribunaux de bailliage.

C'est dire que la justice d'appel devient rapidement l'activité judiciaire essentielle du Parlement, puis des parlements. À ce titre, ils connaissent deux séries de causes. En premier lieu, toutes celles qui, jugées de degré en degré par des justices seigneuriales de très hauts vassaux royaux, échappaient au contrôle des tribunaux de bailliage pour arriver directement devant le roi en sa qualité de seigneur suzerain. Ensuite et surtout, les parlements devaient constamment juger les appels interjetés à propos des jugements rendus par les tribunaux de bailliage et de sénéchaussée et aussi bien sûr, pour le Parlement de Paris, par le Châtelet. Pas une affaire n'échappait aux parlements en dehors de celles que le roi jugeait en son Conseil ou qu'il décidait d'évoquer devant lui, ce qui portait parfois quelque atteinte à la souveraineté judiciaire des parlements.

Souveraine, la justice des parlements ne l'est que sous un certain angle, même si on ne cesse de répéter, jusqu'à la fin de l'Ancien Régime, que les parlements sont et demeurent des « cours souveraines ». D'un certain point de vue, cette formule est incontestable. Les parlements étant en quelque sorte la cour du roi en sa fonction de justice, et ayant reçu de lui délégation de sa justice souveraine, sont bien souverains chaque fois qu'ils exercent cette fonction. Et c'est bien pour cette raison qu'on ne peut interjeter appel, devant une autre juridiction, des décisions qu'ils rendent. Comment concevoir, en effet, que l'on puisse soumettre à un quelconque contrôle la cour du roi en sa fonction de Parlement?

Mais d'autre part — et c'est le second aspect de la question — comment imaginer un seul instant que le roi « grand debteur de justice » ne puisse, quand il la rend en son Conseil, exercer un contrôle sur la manière dont ses tribunaux s'acquittent de la mission qu'il leur a confiée, surtout si un justiciable l'incite à le faire? En se fondant sur cette argumentation, fut offerte à tout justiciable mécontent d'un arrêt rendu par un parlement, la possibilité de saisir le roi ou son Conseil. Il le fit par une requête dans laquelle il s'efforçait de démontrer que le parlement avait commis une erreur pour laquelle il proposait de rapporter la preuve. Si cette procédure, qualifiée de « proposition d'erreur », apparaissait suffisamment justifiée et fondée, le roi cassait l'arrêt sans juger au fond, renvoyant l'affaire devant le parlement qui l'avait déjà jugée afin qu'il revoie sa décision. Ainsi devait trouver ses contours définitifs, au début du XVIIIe siècle et au terme d'une très longue évolution, la procédure de cassation.

Universelle et souveraine, avec toutes les atténuations qu'il se doit, la justice des parlements manque cruellement d'unité à la fin du Moyen Âge, tant les particularismes locaux demeurent vivaces, les conflits de compétence nombreux, les limites des ressorts incertaines et, surtout, flexible le droit applicable en raison de l'inextricable maquis coutumier et de l'interprétation toujours très subjective du droit romain par les juges. Mais il était un autre terrain sur lequel les parlementaires devaient avoir, à terme, des vues plus convergentes.

« Le vray sénat du royaume »

L'expression, de plus en plus courante sous la plume des parlementaires parisiens à la fin du XVe siècle, reflète tout le zèle qu'ils mettent à faire reconnaître à leur compagnie des compétences débordant largement le cadre étroit d'action que leur assignait leur mission originelle de justice. Ces vues, reprises et amplifiées par les parlements provinciaux, contribuent à faire de tous les parlements du royaume des corps qui demeurent très attachés à leur origine. Ils n'oublient jamais que leurs ancêtres, membres de la *curia regis*, étaient toujours de très près associés à toutes les grandes décisions. Voilà pourquoi ils pensent pouvoir se comporter à la manière d'un « sénat » apte à participer aussi bien à la vie politique et administrative qu'à l'exercice de la fonction normative.

Politique

Avertir et conseiller le roi avait été la mission essentielle de la *curia*. Les parlements en revendiquent l'héritage, mais n'obtiennent en ce domaine que des satisfactions limitées. À ce titre, de nombreuses missions diplomatiques, et tout spécialement les fonctions d'ambassadeur, sont souvent confiées à des présidents ou à des conseillers que l'on rencontre, particulièrement actifs, à l'occasion des négociations des grands traités de paix, tout particulièrement sous les règnes de Charles VII et de Louis XI.

Souvent aussi, des assemblées purement politiques se tiennent à la Grand-Chambre auxquelles de nombreux membres de la cour assistent. Parfois, au contraire, certains d'entre eux sont appelés hors de Paris pour délibérer avec les membres du Conseil du roi. Cette participation semblait naturelle aussi souvent que les discussions portaient sur des projets de réforme de l'administration ou de la justice. Elle allait aussi de soi à l'occasion de la rédaction des coutumes qui était toujours conduite sous la surveillance de commissaires du Parlement. Cette assistance aux assemblées politiques est encore amplifiée, dans la seconde moitié du XVe siècle, quand le roi invite le Parlement à envoyer une délégation aux États de Tours en 1468, puis en 1484.

Enfin, la sauvegarde des intérêts du roi et en particulier de l'intégrité du domaine royal conduit souvent le Parlement à intervenir dans les domaines politiques les plus variés, qu'il s'agisse de la cession de fiefs importants détachés du domaine ou de la concession de privilèges à de grands seigneurs.

Administration

En ce domaine encore, la compétence des parlements ne cesse de s'élargir. Juges en appel des sentences rendues par les baillis et sénéchaux, ils étendent leur contrôle bien au-delà des décisions pour s'intéresser à la manière dont ces agents remplissent leur mission. À partir de là, c'est l'ensemble des officiers qu'ils s'efforcent de contrôler, depuis leur nomination jusqu'à l'exécution quotidienne de leur réunion. Dès le XIVe siècle, le Parlement fut de très près associé aux procédures de nomination de la plupart des officiers, soit qu'il les nommât directement, ou qu'il enregistrât leurs lettres de provision d'office et reçût leur serment, ce qui est vrai pour les plus hautes fonctions telles que celles de chancelier, de conseiller, de connétable ou d'amiral. Comptables pour l'essentiel de la désignation des officiers et de la bonne exécution des missions qui leur sont confiées, les parlements apportent aussi une attention toute particulière à la géographie des circonscriptions dans lesquelles ces officiers s'acquittent de leurs fonctions. Ils suivent avec une vigilance toute particulière l'évolution de la carte administrative des bailliages qu'ils délimitent toujours avec le plus grand soin.

Épousant les fonctions administratives, la police en constitue l'aspect essentiel. Notion large en cette fin du Moyen Âge comme elle le restera jusqu'à la fin de l'Ancien Régime, elle recouvre tout à la fois le maintien de l'ordre et de la sécurité, l'assistance et la lutte contre les épidémies, le contrôle de la morale et de la religion, ainsi que la réglementation de la vie économique. C'est dire le champ d'action illimité qui s'ouvrait ainsi aux parlements, en même temps qu'il était source de conflits constants tant avec le pouvoir central que les autorités locales. L'action du Parlement de Paris en offre un excellent exemple. Il se heurte constamment, à l'occasion des multiples initiatives qu'il prend en matière de police, à la réticence non seulement du roi et de son entourage proche, mais aussi aux oppositions du prévôt du Châtelet et du prévôt des marchands qui, l'un et l'autre, prétendent également contrôler et réglementer la vie de la capitale.

Législation

Ici encore, le Parlement de Paris, puis l'ensemble des parlements, invoquent leur origine pour donner toute sa mesure à la part qu'ils prétendent leur revenir dans l'élaboration de la législation. « Vray sénat du royaume », ils veulent l'être doublement dans l'élaboration de la loi.

1) *Tout d'abord en exerçant un pouvoir édictal* entièrement autonome, hors de tout contrôle et qui ne se situe ni en amont, ni en aval de la législation royale mais qui lui soit, en quelque sorte, parallèle. Ce pouvoir, les parlements en ont régulièrement usé par le biais des arrêts de règlement. Décisions à valeur normative ayant portée générale, ils permettaient à un parlement de régler provisoirement et à titre supplétoire, dans son ressort, un point sur lequel ni la coutume, ni la législation, n'avaient apporté de solution.

De telles décisions, dans leur état premier, sont étroitement liées à la notion de justice et à l'exercice de la fonction de justice. Juger, c'est non seulement mettre fin à un contentieux mais, aussi, en cas de silence de la coutume ou de la loi, prendre toutes mesures utiles pour faire régner l'équité, la paix et la concorde. Telle fut bien la philosophie de départ qui inspira les arrêts de règlement de la première génération qu'une autre ne tarda pas à suivre.

Ces premiers arrêts de règlement interviennent toujours à l'occasion d'un procès qui a fait apparaître un vide juridique que le parlement ressent la nécessité de combler. Pour cela, l'arrêt généralise les principes nouveaux qu'il applique au cas d'espèce. Il vaut, en quelque sorte, règlement général à l'avenir pour toute affaire du même genre, qu'il porte sur une question de droit pur ou sur des problèmes plus ponctuels. En toute hypothèse, un parlement ne peut rendre d'arrêt de règlement que dans les limites de son ressort et à condition de ne pas aller à l'encontre du droit en vigueur, qu'il soit écrit ou coutumier. Pareille mesure a de plus, au départ au moins, un caractère temporaire, le parlement disposant seulement dans l'attente d'un texte royal destiné à confirmer l'arrêt ou, éventuellement, à le modifier.

Plus fondateurs encore du pouvoir normatif des parlements, sont les arrêts de règlement qu'ils rendent en dehors de toute situation contentieuse. Il s'agit véritablement là d'une législation autonome qui tranche rarement un point de droit pur mais, bien plus souvent, des questions d'administration, de police ou d'organisation judiciaire. De telles décisions posent naturellement un problème de limite de compétence entre le roi et ses parlements qui, en l'espèce, risquent de s'immiscer dans l'exercice des fonctions gouvernementales. Mais il peut aussi arriver qu'en l'absence du roi ou de ses agents, des décisions urgentes s'imposent. Les parlements, parfaitement au fait des réalités locales et délégataires de la souveraineté royale, sont alors parfaitement qualifiés pour agir. Et Louis XI l'avait bien compris qui, dans des lettres du 30 janvier 1467, admettait que le parlement de Toulouse puisse « donner ordre et provision au fait public du pays ». Il ne faisait que consacrer là une situation qui remontait au moins aux périodes de troubles du règne de Charles VI, au cours desquelles le Parlement de Paris avait multiplié les mesures visant à maintenir l'ordre et à assurer la paix publique dans le royaume. Mais cette prise de position de Louis XI ne postulait nullement que le souverain abandonnât aux parlements la charge d'assurer l'ordre et de maintenir le bien de l'État, mission qui devait demeurer, par essence, royale, tout comme celle d'édicter les lois.

2) *Sur ce terrain*, les parlements font entendre aussi leur voix et revendiquent, progressivement, le droit de pouvoir exprimer leur avis sur les textes que leur présentait le roi, ce qui valait demande d'association à l'élaboration des ordonnances royales. L'évolution fut lente qui conduisit à la reconnaissance d'une telle prérogative.

Elle s'explique par une double raison. Plus encore peut-être que pour les affaires politiques et administratives, les parlementaires ont conservé très vivant le souvenir de leur présence à la *curia*, au sein de laquelle ils participaient jadis à la réflexion normative, puis à la mise en forme de tous les textes de nature édictale. À cette raison première s'ajoute l'habitude, très tôt prise, de demander au Parlement de coucher sur ses registres les actes royaux afin d'en conserver la mémoire mais, aussi, de les publier et éventuellement de pouvoir les reconstituer au cas où l'original viendrait à être perdu.

Cet enregistrement, purement matériel au départ, n'impliquait qu'un simple contrôle de la forme et de la rédaction de l'acte afin que toutes les garanties officielles d'authenticité et de publicité puissent être assurées. Lecture solennelle était alors donnée en la Grand-Chambre, à huis ouverts, avant qu'il ne soit procédé à l'enregistrement. Et la formule consacrée *« lecta et publicata »* ne peut laisser le moindre doute. Mais le ton change progressivement à partir du milieu du XIVe siècle, tout simplement parce que le Parlement profite de l'enregistrement qu'il considère désormais comme un droit, pour examiner d'un œil critique les textes qui lui sont soumis. Ne le voit-on pas alors, aux environs des années 1350, refuser l'enregistrement de certaines ordonnances, motif pris qu'elles sont « injustes, iniques, subreptices et octroyées contre raison » ou bien encore, comme en 1366, y apporter des corrections comme l'atteste au bas d'une ordonnance la mention *« visa, lecta et correcta per dominos parlamenti »*? Ainsi, dans la seconde moitié du XIVe siècle, le Parlement passe progressivement d'une simple vérification des actes du roi à un véritable contrôle. Ce faisant, il outrepasse les droits primitifs qui lui avaient été reconnus.

À la faveur des troubles de la fin du siècle, il apparaît comme le seul organe de l'État vraiment solide et profite de cette position, non plus pour donner de discrets avis, mais pour adresser de véritables remontrances au roi en refusant d'enregistrer. Pour le faire céder, il fallut des ordres formels et réitérés du roi. Donnés par écrit au moins dès 1392, ils sont bientôt appelés lettres de jussion. Tout le XVe siècle est ainsi émaillé de périodes de tension au cours desquelles remontrances, lettres de jussion et exprès commandement d'enregistrer se succèdent, tout particulièrement à la suite du retour de Charles VII à Paris, et surtout sous le règne de Louis XI qui n'était pas souverain à souffrir des remontrances répétées. Mais elles n'avaient pas qu'aspect négatif. Elles permettaient parfois au roi, en s'appuyant sur elles, de revenir sur des actes malheureux qui auraient été mal acceptés par l'opinion. C'est bien dans ce sens que va la grande ordonnance de juillet 1493 qui confirme au Parlement le droit de prévenir le roi si on avait obtenu de lui frauduleusement actes ou ordonnances contraires à l'ordre juridique en vigueur.

Voilà qui consacrait la fonction politique et normative du Parlement et qui encourageait, sans doute, l'avocat général Jean le Maître à écrire en 1499 qu'il était « le vray sénat du royaume où les édits et ordonnances des roys prennent leur dernière forme et autorité, quand elles y sont publiées et enregistrées ». Passage désormais obligé pour la plupart des actes normatifs royaux, les parlements n'en demeuraient pas moins la clef de voûte de l'édifice judiciaire dont ils contrôlaient toute l'activité à l'occasion des nombreux appels interjetés à l'encontre des sentences rendues par les tribunaux de bailliage.

B. Les tribunaux de bailliage et de sénéchaussée. Le prévôt de Paris et le tribunal du Châtelet

• *Tribunaux de bailliage et de sénéchaussée*

Baillis et sénéchaux constituent la pièce maîtresse de l'administration territoriale dès la fin du XIIe siècle. Mais ils sont aussi, dès cette époque et jusqu'à la fin du Moyen Âge, un rouage essentiel de l'appareil judiciaire. L'organisation des tribunaux qu'ils président ne cesse de se perfectionner pour dominer une compétence toujours plus large.

Quand, à la fin du XIIe siècle, la justice baillivale commence à prendre essor, baillis et sénéchaux entourés d'un personnel extrêmement restreint assument seuls la responsabilité de la justice dans le cadre du tribunal qu'ils président. Ils en prennent formellement l'engagement, dès leur entrée en charge, quand ils jurent de « faire justice tant au povre qu'au riche, sans acception de personne ». C'était là une mission extrêmement large qui leur était dévolue à un moment où leurs attributions administratives, financières et militaires vont toujours en s'alourdissant. Tant de pouvoirs concentrés entre leurs mains font des baillis et sénéchaux des agents débordés. Cette situation est encore aggravée par le succès que connaît la justice qu'ils rendent. Les causes affluent devant leur prétoire. Les justiciables délaissent volontiers les justices seigneuriales dont ils dénoncent archaïsme et lenteur. Dans ces conditions, baillis et sénéchaux ne pouvant plus seuls faire face à leurs obligations, le roi se préoccupe, dès la seconde moitié du XIIIe siècle, de renforcer le personnel judiciaire qui les assiste.

Baillis et lieutenants

Dans un premier temps, le roi désigne dans le bailliage des procureurs qui le représentent et aussi, au même moment, des avocats. Chargés de la défense des intérêts de la royauté et de l'État, ils peuvent en même temps aider et surveiller le bailli dans l'exercice de ses fonctions.

Mais il y a plus dans cette évolution. Le bailli a de plus en plus tendance à se décharger d'une partie de ses fonctions en se faisant représenter par des lieutenants que, dans un premier temps, il nomme lui-même. Déjà l'ordonnance de 1254 fait allusion à cette pratique en prévoyant que les « vicaires » nommés par les sénéchaux doivent au préalable avoir prêté le serment d'usage. Et le *Livre de Jostice et de Plet* la confirme sans aucun doute possible quand il rappelle que « Li baillis pot bailler sa juridiction a autre ». Ce faisant, baillis et sénéchaux mettaient en pratique le droit de tout temps reconnu par les légistes et les canonistes au *judex ordinarius* de déléguer à un simple particulier sa *jurisdictio*, lui permettant ainsi de rendre la justice en son nom.

Cette pratique se généralise dans la première moitié du XIVe siècle, mais elle est mal acceptée par l'opinion qui voit d'un mauvais œil cette délégation du pouvoir de juger par le bailli dont elle considérait que c'était sa mission première. À ses yeux, le bailli seul juge dans son bailliage, c'était tout le symbole de la souveraineté judiciaire du roi porteuse de progrès techniques constants dans le fonctionnement de la justice. Les États généraux prennent le parti des justiciables. Ils adressent des doléances en ce sens à Jean le Bon qui leur donne satisfaction par une ordonnance de 1357. Ordre est donné aux baillis de rendre la justice en personne et de ne plus se décharger sur leurs lieutenants pour s'acquitter de cette mission. D'autres textes allèrent dans le même sens mais finalement, sous la pression des faits, une nouvelle ordonnance de 1389 posa une exception qui finit par devenir la règle. Les baillis étaient autorisés à s'adjoindre des lieutenants en cas de nécessité, situation qu'ils ne manquèrent pas d'invoquer aussi souvent que l'occasion leur en fut donnée.

Contrainte de constater qu'elle ne pouvait aller à l'encontre de cette pratique, la royauté s'efforça alors de faire des lieutenants une institution totalement indépendante des baillis et directement soumise à son contrôle. Aussi, à partir de la fin du XIVe siècle, elle prit l'habitude de les nommer directement en exigeant d'eux capacités et formation suffisantes. Parallèlement, elle leur offrit des garanties dans le cadre d'une carrière stable. Dans ce nouveau contexte, l'institution des lieutenants fut mieux acceptée par l'opinion. L'évolution s'achève avec une ordonnance de Louis XII qui fait, en 1510, du lieutenant un véritable officier royal nommé par le roi. Il n'est plus qualifié, désormais, de lieutenant du bailli mais de lieutenant pour le roi en tel bailliage.

En réalité, il y eut, dans les bailliages et sénéchaussées, deux catégories de lieutenants. Le siège principal de la juridiction fut occupé par le lieutenant général qui prit souvent le nom, surtout dans le Midi, de *judex major* ou juge-mage. Dès son apparition, il reçut délégation générale du bailli pour toute l'étendue du bailliage, ce qui lui permettait de rendre la justice à la place du bailli dans toute la circonscription et pour toutes les causes. En pratique, ce fut principalement au siège du bailliage, capitale de la circonscription, que siégea le lieutenant général.

À ses côtés et pour le seconder dans les diverses subdivisions du bailliage, sont progressivement institués des lieutenants particuliers. Leur mission est strictement déterminée, soit que le bailli leur délègue compétence pour des affaires précises ou qu'il les installe immédiatement dans un des sièges du bailliage, avec compétence générale pour les affaires afférentes à ce siège. Ainsi doté d'un personnel stable et compétent, la justice bailliagère peut fonctionner en permanence.

De l'assise au plaid

De la fin du XIIe siècle à la fin du XIIIe siècle, une profonde évolution domine l'organisation et le fonctionnement des tribunaux de bailliage. Elle reflète non seulement un profond changement de mentalité de la part des justiciables et des juges, mais aussi toute une vision nouvelle de la procédure.

1) Dans sa forme première, le tribunal de bailliage est organisé en assise. Très marquée par les traditions féodales, cette formation présidée par le bailli ou son lieutenant général n'est pas sédentaire. Réunie périodiquement, parfois à certains jours fixes dans l'année, elle siège tour à tour dans les principales localités du bailliage. Il y a là souci évident de rapprocher la justice des justiciables, mais aussi manifestation éclatante d'une absence de structure judiciaire vraiment organisée.

Toute féodale, l'assise varie dans sa composition en fonction de la condition du défendeur. S'agissait-il d'un chevalier, qu'il fût vassal du roi ou simple petit noble? Alors, le jugement devait obligatoirement être assuré par les pairs. La cour se trouvait, en conséquence, exclusivement composée de chevaliers. Et, conformément aux règles qui présidaient au fonctionnement de la justice féodale, le bailli ne jugeait pas. Simple président, il recueillait les avis et en déduisait la sentence qu'ils imposaient. Une sentence, on le voit, réellement «faite par les hommes». Un simple roturier venait-il à comparaître devant l'assise? Alors le bailli s'entourait de *probi homines*. Sages et experts en droit, familiers des coutumes du lieu, praticiens ou officiers royaux, ils assistaient à l'audience et participaient sous la présidence du bailli à l'élaboration du jugement. Plus la procédure devient complexe et plus le droit applicable se diversifie, plus ce système de l'assise composée de *probi homines* se généralise. Cette complexité, valable aussi pour l'assise chaque fois qu'elle est composée de vassaux, fait que, souvent peu experts dans le domaine du droit, ils y assistent de moins en moins. Si bien que, faute de pairs, ils se soumettent progressivement à l'assise des *probi homines*. Mais, tant ces sessions irrégulières que la difficulté pour le bailli de la composer posent problème.

L'apparition progressive de lieutenants particuliers facilite une importante évolution de l'assise vers une autre formation, le plaid. Dès le début du XIVe siècle, baillis et sénéchaux prirent l'habitude d'installer auprès de chaque lieutenant particulier une formation sédentaire et permanente qui se réunissait à date fixe. Présidée par le lieutenant particulier et composée d'un groupe de prudhommes de plus en plus régulièrement reconduits d'une session à l'autre, elle supplante progressivement l'assise. Ainsi le plaid devint-il rapidement le tribunal au sein duquel fut rendue la justice au nom du bailli, dans le cadre de chaque ville importante.

Cette justice, qui fonctionnait en dehors de toute considération quant à la condition des justiciables, était ouverte à tous qui lui amenèrent un très grand nombre de causes.

2) Plus s'intensifie la lutte entreprise contre les juridictions seigneuriales, puis les juridictions ecclésiastiques, plus la compétence des tribunaux de bailliage et de sénéchaussée s'élargit. Et ceci à un point tel que s'impose très vite la nécessité de la limiter en première instance pour faire de ces tribunaux, essentiellement, des juridictions d'appel.

En première instance, baillis et sénéchaux ne conservent compétence que pour des causes importantes, toutes les autres relevant de la juridiction du prévôt. *Rationae personae*, leur sont rattachées les affaires dans lesquelles un noble est défendeur ou accusé. De tout temps les nobles, surtout s'ils étaient vassaux directs du roi, avaient cherché à se soustraire à la juridiction du prévôt. Avant que ne soient créés les tribunaux de bailliage, ils comparaissaient directement devant la cour du roi. Les plus influents d'entre eux réussirent à conserver ce privilège et revendiquèrent, une fois organisés les tribunaux de bailliage, le droit d'être jugés directement par le Parlement. Mais, pour le plus grand nombre, ce fut la compétence du bailli qui s'imposa.

Rationae materiae, le bailli est tout naturellement appelé à connaître de toutes les matières féodales, qu'elles concernent les fiefs, les retraits féodaux, les droits seigneuriaux et toutes contestations pouvant s'élever entre seigneurs et vassaux. Il a aussi compétence exclusive pour certains délits, tout spécialement ceux commis par les officiers de justice dans l'exercice de leurs fonctions, ou encore tous ceux consécutifs à l'entérinement de lettres de grâce ou de rémission. Enfin, au fur et à mesure que se développe la théorie des cas royaux, triomphe l'idée d'après laquelle ils doivent obligatoirement relever d'un tribunal royal. On va même plus loin en considérant que les plus graves ne peuvent relever des tribunaux de prévôté, mais seulement des tribunaux de bailliage, voire parfois exclusivement du Parlement.

Ainsi limitée en première instance, la compétence du bailli et de ses lieutenants vaut surtout en appel. Il est d'abord juge d'appel de toutes sentences rendues par les prévôts royaux. À ce titre, son tribunal est ouvert à tout justiciable qui invoque, à condition d'en rapporter la preuve, que le prévôt a commis un déni de justice, ou a mal jugé. Il en va de même à l'égard des jugements rendus par les juges seigneuriaux de l'ensemble du bailliage ou de la sénéchaussée. Mais cette règle souffre de nombreuses exceptions, les seigneurs les plus puissants refusaient de se soumettre à l'appel du bailli en soutenant que seul le Parlement avait compétence pour connaître des jugements qu'ils rendaient. Nombreux aussi furent les justiciables des seigneurs qui, après avoir épuisé tous les degrés que leur avaient offerts les justices seigneuriales, interjetaient directement appel devant le Parlement, sans passer par l'intermédiaire du bailli. Les justiciables du prévôt eurent, eux aussi, tendance à se comporter de la même manière. La royauté fit tout pour les y contraindre et lutter contre cette procédure d'appel *omisso medio*, c'est-à-dire négligeant l'intermédiaire obligé qu'étaient le tribunal du bailli et, à Paris, le tribunal du Châtelet.

• *Le Châtelet*

Quand Philippe Auguste généralise l'institution bailliagère sur l'ensemble du royaume, Paris reste soumis à un régime particulier et n'a point de bailliage. Le souverain maintient son prévôt qui, tout en restant chargé de la prévôté sans changer de titre, se voit confier des fonctions équivalentes à celles d'un bailli pour la « prévôté et vicomté de Paris ». Le ressort de la prévôté proprement dite s'étend sur la ville, sa banlieue et plusieurs localités du Parisis. Quant à la vicomté, elle regroupe plusieurs châtellenies dont le roi est seigneur et à la tête desquelles se trouve un prévôt royal secondaire, comme par exemple Montlhéry, Gonesse, Corbeil ou Poissy. Ainsi, la vicomté qui aurait normalement pu constituer un bailliage se trouve directement rattachée au prévôt.

Administrateur, le prévôt est aussi juge. De toute ancienneté, il avait fixé le siège de son tribunal non pas à l'intérieur de la cité, mais à la tête du pont qui reliait l'île de la Cité à la rive droite. Là s'élevait la forteresse du Châtelet que Charles V devait encore renforcer. Rapidement surchargé d'affaires, le prévôt s'entoura vite de nombreux auxiliaires. Deux auditeurs furent chargés dans un premier temps de recevoir les dépositions des témoins, puis de juger eux-mêmes certaines affaires peu importantes. Se constituèrent ainsi deux auditoires, celui d'en haut où siégeait le prévôt, et celui d'en bas, où ne siégeaient que les auditeurs. Le soin de conduire les enquêtes fut confié à des auditeurs dont l'effectif ne cessa d'augmenter ; huit en 1321, ils sont seize en 1388. Quand le prévôt était empêché, il pouvait compter sur une armée de lieutenants. Qu'il jugeât en personne ou par délégation, des assesseurs étaient toujours présents. Une ordonnance de 1328 leur donna le titre de conseiller et arrêta qu'ils seraient huit, dont quatre clercs et quatre laïcs appelés à siéger chacun deux jours par semaine. Autour de ce personnel stable s'affairait toute une armée de greffiers, d'avocats, de clercs, d'huissiers et de procureurs qui faisaient du Châtelet un incomparable centre de vie judiciaire dont les abus causaient souvent « moult d'oppressions et de grevances » aux justiciables.

Comment donc? Tout simplement parce que le Châtelet recevait un grand nombre d'affaires et qu'il était bien mal organisé pour les traiter. On y plaidait et on y jugeait dans le plus grand désordre. Malgré la surveillance constante du Parlement, le retard s'accumulait. Juge ordinaire de la prévôté, le prévôt jugeait en première instance toutes les affaires civiles ou criminelles de la circonscription, y compris certains cas royaux, sauf appel devant le Parlement. Il était en même temps juge d'appel de toutes les sentences rendues par les justices seigneuriales de Paris et le prévôt des marchands. Toujours dans le cadre de la prévôté, il connaissait par exception de certaines causes, en particulier celles concernant l'Université et certains corps de métier qui avaient obtenu le privilège d'être jugés directement par lui. À cela se joint naturellement tout le contentieux que soulevait l'exécution des lettres passées sous le sceau du Châtelet et de ses notaires. Dans le cadre de la vicomté, le tribunal du prévôt de Paris exerçait une compétence presque exclusivement d'appel, aussi bien à l'égard des différentes justices des petites prévôtés que des justices seigneuriales, qu'elles soient laïques ou ecclésiastiques.

Dans ces conditions, le prévôt de Paris joue le rôle d'un véritable bailli. Et, sous une appellation modeste, il est le plus important de tout le royaume! À cela, les Parisiens ne pouvaient trouver qu'avantages. Pouvoir appeler directement des sentences du Châtelet au Parlement, sans avoir à passer par l'intermédiaire d'un bailli ou d'un sénéchal, leur apportait une économie considérable. Celle d'un degré de juridiction avec tout le temps et l'argent que cela impliquait.

• *Les juridictions spéciales*

Bien avant que la compétence du Parlement ne fût restreinte *rationae loci* par la création des parlements provinciaux, l'organisation progressive de juridictions spéciales, tout au long du XIVe siècle, l'avait déjà considérablement réduite *rationae materiae* dans les domaines les plus variés, civil, criminel, administratif ou financier. Qu'elles soient souveraines ou non, ces nouvelles juridictions viennent encore compliquer la géographie judiciaire, déjà si embrouillée, des deux derniers siècles du Moyen Âge.

Juridictions souveraines

Les nouvelles juridictions souveraines naissent, comme la Chambre des comptes, de démembrements plus tardifs de la *curia regis*. Dans leur domaine spécifique, elles ont même compétence que le Parlement. À ce titre, elles rendent des arrêts en dernier ressort, peuvent édicter des arrêts de règlement et enregistrer les textes royaux concernant les matières pour lesquelles elles sont compétentes et qu'elles soustraient peu à peu à l'activité de la Chambre des comptes. Elles sont trois qui prennent lentement essor tout au long du XIVe siècle.

1) *La Chambre ou Cour des aides*. Elle prend naissance autour d'une équipe du corps des généraux des finances plus spécialement chargés de fonctions judiciaires. Les circonstances de sa genèse sont complexes. Dans la mesure où les aides furent pendant longtemps considérées comme provisoires — nées de la guerre, elles devaient disparaître avec elle —, il paraissait évident que leur contentieux devait avoir le même caractère. Même si les initiatives des États généraux de 1355 sont déterminantes dans l'apparition de cette juridiction, elle devait pendant longtemps encore rester confondue avec l'administration des aides. De plus, l'action des généraux est ambulante, tout le contentieux autour de l'assiette et de la perception des aides étant réglé sur place. À partir de 1370 cependant, habitude est prise de ramener les audiences au palais de la Cité, où se fixent plusieurs généraux qui reçoivent mission de juger, tandis que d'autres enquêtent en province.

Une ordonnance de février 1389 consacre cette organisation. Trois généraux sont chargés du contentieux et trois autres de l'administration. Mais pour peu de temps, puisque l'année suivante l'effectif de la cour est réduit à quatre généraux chargés, tout à la fois, de l'administration et de la justice. Mais il leur est adjoint trois conseillers. Tout spécialement chargés de l'étude du contentieux, c'est véritablement autour d'eux que s'organise, à partir de ce moment-là, la Cour des aides dont l'histoire est particulièrement troublée tout au long du XVe siècle, en particulier en raison de son transfert à Poitiers de 1425 à 1436, puis sa suppression par Louis XI de 1462 à 1464. Eu égard à sa tâche écrasante, elle n'eut dans sa forme définitive qu'un personnel numériquement insignifiant. Quatre généraux, cinq conseillers, un président, quelques clercs, un greffier et un receveur auxquels se joignaient trois huissiers, devaient faire face à toutes les affaires dont elle était saisie.

Compétente pour connaître du contentieux des aides, mais aussi de la gabelle du sel, elle devait également réprimer les fraudes et les violences des agents du fisc, tout comme les défaillances des contribuables. À ces fonctions contentieuses, elle ajoutait de larges attributions administratives et financières qui valaient à ses généraux d'arrêter les recettes et les dépenses extraordinaires et de surveiller la répartition de la taille entre les différentes généralités et élections.

2) *La Chambre des monnaies*. La nécessité d'un contrôle de la frappe des monnaies s'est imposée très tôt comme l'atteste l'existence, au XIIIe siècle, de « généraux-maîtres des monnaies ». Mais rien ne prouve que, dès cette époque, ils aient été chargés du contentieux des monnaies qui, sous le règne de saint Louis, était directement porté à la *curia*. Néanmoins, comme tout ce qui touchait la monnaie exigeait des connaissances techniques, la Chambre des comptes parut toute désignée pour s'occuper de ce contentieux dont elle eut effectivement la charge dans la première moitié du XIVe siècle. Pour le traiter, elle s'entoura de « généraux-maîtres des monnaies » qu'une ordonnance de 1348 installa dans une « chambre » particulière qui se trouvait au-dessus de la Chambre des comptes. Ainsi naquit la Chambre des monnaies. Démembrée en quelque sorte de la Chambre des comptes, elle demeura pendant longtemps une juridiction non souveraine dont les décisions relevèrent en appel du Parlement. Ce ne fut que bien plus tard, en 1552, que Henri II l'érigea en « Cour et juridiction souveraine et supérieure ». Dotée jusqu'à cette date d'un effectif très réduit, elle ne compta jamais plus de quinze conseillers ou généraux-maîtres.

Tout spécialement chargée du contentieux de la fabrication et de la circulation des monnaies, elle est en même temps dotée de larges attributions administratives qui l'autorisent à recevoir les serments des officiers des monnaies, à participer à l'élaboration des ordonnances monétaires et à les entériner. Elle exerce aussi une étroite surveillance sur la production et le commerce des métaux précieux, tout comme sur l'ensemble des agents chargés de l'administration monétaire.

3) *La Chambre du trésor*. Pour encaisser les recettes et opérer les paiements, toute une administration du Trésor se met lentement sur pied. Confiée à la banque du Temple jusqu'en 1295, elle lui est alors retirée par Philippe le Bel qui la lui confie à nouveau en 1303, mais en se faisant représenter alors par des commissaires qui participent à la gestion des fonds. Lors de l'arrestation des Templiers, en 1307, le Trésor ne leur est pas immédiatement retiré et son lent transfert au Louvre ne s'achève que sous le règne de Philippe V.

Dès 1295, le roi eut ses propres trésoriers. Assistés de clercs du Trésor, ils sont alors principalement des directeurs de caisse et n'ordonnent aucune dépense. Mais cette situation de simples gérants de la caisse du roi évolue rapidement. Dès le début du XIVe siècle, ils sont investis de la mission de veiller à la bonne gestion du domaine, ce qui les conduit à faire des chevauchées régulières pour veiller au recouvrement des droits et des recettes, procéder à des ordonnancements de dépense aussi. Face à ces tâches toujours croissantes, un édit de 1379 prévoit une répartition des fonctions en ordonnant que, sur les trois trésoriers, au moins un devait rester en permanence à Paris. Plus spécialement chargé de l'examen des affaires contentieuses, c'est autour de lui que s'organise la Chambre du trésor, dont l'ordonnance de Saint-Germain-en-Laye d'avril 1390 consacre l'existence. Le personnel des trésoriers est dédoublé et les « trésoriers sur le fait de la justice » forment la Chambre qui siège à Paris au palais de la Cité, tandis que les autres continuent leurs tournées d'inspection. Malgré l'étendue de son ressort qui couvrait l'ensemble du royaume, la Chambre une fois organisée n'a qu'un personnel restreint. Elle ne compte que quatre trésoriers sur le fait de justice au milieu du XVe siècle, auxquels se joignent trois ou quatre conseillers assistés de commissaires-adjoints, d'un changeur, d'un clerc et de tout un petit personnel subalterne.

À cette Chambre qui prenait lentement naissance, furent tout naturellement attribués l'examen et la solution des litiges de nature domaniale, tandis que la Chambre des aides connaissait de l'extraordinaire. Mais cette évolution n'alla pas sans heurts. Plusieurs fois supprimée dans la première moitié du XVe siècle, la Chambre du trésor n'acquiert existence définitive qu'en 1438, au lendemain du retour de Charles VII à Paris. Quelques années plus tard, en 1445, il l'investit de sa mission définitive en lui reconnaissant juridiction concernant « toutes choses touchant le fait du domaine et dépendance icelluy, de quelque nature ou condition qu'elle soit ». Définir ainsi la compétence de la Chambre du trésor, c'était véritablement en faire la Chambre du domaine et lui confier la connaissance souveraine de toutes les causes qui s'y rattachaient. C'était aussi la situer au sommet de cette hiérarchie. Tel ne fut pas le sort de bien d'autres juridictions spéciales qui prirent forme au même moment.

Juridictions non souveraines

Leur très grand nombre s'explique par l'absence à peu près complète de distinction entre administration et justice. Tout administrateur, tout officier, dispose d'un certain pouvoir judiciaire en raison même de l'office qui lui a été confié et de la fonction administrative dont il est de ce fait investi. Il peut donc connaître *ex officio*, et sans avoir à en référer à d'autres juges, de tout le contentieux qui présente un lien avec ses attributions. Mais en aucun cas, l'organe de justice qui l'entoure ne statue souverainement. Un recours devant le Parlement est toujours possible. Juges d'exception, tous ces agents n'exercent qu'une compétence toujours limitée, soit *rationae materiae*, soit *rationae personae* et quel qu'en soit le domaine.

1) *Les plus connues de ces juridictions* — les plus importantes aussi — siégeaient au Palais dans une pièce où se trouvait une grande table de marbre, d'où le nom qui leur a été donné de « juridictions de la table de marbre ». Trois grands officiers royaux y rendaient régulièrement la justice, en personne ou par délégation.

Dès 1358, le connétable et les maréchaux de France furent représentés par un lieutenant général, investi du pouvoir de rendre la justice en leur nom à l'égard de tous les gens de guerre sur lesquels ils exerçaient un pouvoir disciplinaire. Au pénal, ce tribunal de la connétablie avait compétence pour connaître de tous crimes et délits commis par eux. Au civil, étaient portées devant lui toutes les actions intentées contre eux, leurs créanciers préférant les assigner devant leur chef hiérarchique plutôt que devant des juges ordinaires.

Tout ce qui touchait les gens de mer, la navigation, la police et le commerce maritimes relevait de la juridiction de l'amiral de France et de son tribunal, l'amirauté qui siégeait à la Table de marbre. Cette juridiction se structura et se hiérarchisa, dans la première moitié du XIVe siècle, par l'installation de lieutenants de l'amiral dans les principaux ports. Ils y jugeaient en première instance, en son nom, avec appel toujours possible devant l'amiral à la Table de marbre puis, si le cas l'exigeait, devant le Parlement. Les grands princes des régions maritimes ayant eux aussi installé leurs propres amiraux, le roi les conserva après l'annexion de ces terres à la couronne. À la fin du XVe siècle, quatre amiraux se partageaient l'ensemble du territoire. L'amiral de France, qui avait en même temps juridiction sur la Picardie et la Normandie, conservait la prééminence sur les trois autres — Bretagne, Guyenne et Provence — dont les décisions étaient en dernier ressort soumises au Parlement dont ils dépendaient. La compétence de toutes ces amirautés était identique, qui connaissaient au pénal des créances et délits des gens de mer tandis que le civil amenait devant leur prétoire toutes les actions personnelles dans lesquelles ils étaient défendeurs.

Troisième juridiction siégeant à la Table de marbre, la maîtrise des Eaux et Forêts voit le jour à la fin du XIIIe siècle. Définitivement organisée par une ordonnance de mai 1346, elle place les maîtres locaux sous le contrôle d'un grand maître des Eaux et Forêts ayant autorité sur l'ensemble du royaume, lui-même remplacé par un « souverain maître des eaux et forêts » au XVe siècle. Comme le connétable et l'amiral, il installe à la Table de marbre un lieutenant général compétent pour connaître en première instance des affaires les plus importantes en matière forestière et, en appel, de celles déjà jugées par les différents maîtres dans leur circonscription. Là encore, toutes les décisions pouvaient être déférées pour contrôle souverain, soit directement devant un parlement de province, soit devant le Parlement de Paris s'il s'agissait d'un jugement rendu par le « souverain maître ».

2) *Sont aussi soumises au contrôle du Parlement*, des juridictions d'un type très particulier ayant pour mission de veiller aux privilèges de certaines institutions. Il s'agit des « conservateurs des privilèges ». Officiers désignés par le roi en contrepartie des privilèges accordés aux institutions concernées, ils exercent sur elles un certain pouvoir de juridiction.

Il en allait ainsi, en particulier, des « conservateurs des privilèges » des universités. Juges des maîtres et des étudiants pour certains de leurs crimes et délits, ils étaient aussi compétents pour connaître de leurs actions personnelles dans lesquelles ils étaient défendeurs.

Semblable institution vaut aussi pour les foires et marchés. Tous les crimes et délits qui y étaient commis, ainsi que des litiges nés à propos des contrats qui y étaient passés, relevaient des conservateurs des foires et marchés dont la juridiction annonce, pour partie au moins, les tribunaux consulaires.

En trois siècles, depuis le règne de Philippe Auguste jusqu'à celui de Charles VIII, a pris définitivement forme un système judiciaire qui devait ne recevoir que des retouches minimes jusqu'à la fin de l'Ancien Régime. Il reflète, tout à la fois, les progrès de la souveraineté et de l'État mais aussi, en même temps, une évidente volonté de décentralisation qui fige, pour de longs siècles, la carte judiciaire de notre pays.

La souveraineté judiciaire du roi s'est imposée grâce au Parlement de Paris d'abord, puis tous les autres, dans la seconde moitié du XVe siècle. Cours souveraines, ils rendent des décisions qui sont tout au plus, et dans des circonstances exceptionnelles, susceptibles d'un recours devant le Conseil du roi. Ils constituent, en même temps, la clef de voûte d'une structure judiciaire d'État qui, désormais construite selon un strict principe hiérarchique — tribunaux de prévôté, tribunaux de bailliage et parlements — soumet progressivement à son contrôle toutes les justices concurrentes, qu'elles soient seigneuriales ou ecclésiastiques.

Signe des temps aussi, cette justice souveraine vaut à ceux qui la rendent de pouvoir toujours aller bien au-delà de l'exercice d'un simple pouvoir judiciaire. En ces derniers siècles du Moyen Âge, aucun cloisonnement n'existe entre ce qui est administratif et ce qui est judiciaire. Mission première du roi et de ses agents qui en sont investis, le pouvoir judiciaire postule en même temps, entre les mêmes mains, capacité d'administration et pouvoir de police, tous deux apparaissant comme les conditions nécessaires à l'exercice d'une bonne justice. Voilà qui fait, de tous ces tribunaux royaux, de vrais dépositaires de la souveraineté retrouvée.

Mais une souveraineté dont la mise en œuvre obéit à une certaine décentralisation, ou mieux, à une véritable déconcentration. Centres de vie judiciaire et administrative, les parlements provinciaux redonnent une âme aux régions périphériques du royaume qui avaient, à la fin du IXe et au début du Xe siècle, présidé à la naissance des grandes principautés territoriales : Normandie, Bretagne, comtés de Toulouse et Bourgogne. À l'unification centralisatrice née de la lutte contre la féodalité, la création des parlements provinciaux apporte un tempérament, fixe sur la carte les particularismes régionaux et donne vie aux libertés provinciales.

Enfin, cette structure judiciaire qui se met lentement en place dessine — déjà et à grands traits — la carte judiciaire de l'Ancien Régime et, à certains égards aussi, celle de la France contemporaine. Le vaste ressort du Parlement de Paris regroupe toutes les régions ayant le moins échappé au contrôle royal à l'époque féodale. Il conditionne en partie le devenir de cette instance souveraine et la prépare à jouer un rôle éminent dans la lente et difficile unification du maquis coutumier qui enserre la coutume de Paris. Il en va de même des parlements régionaux. Pôles autour desquels se construit une jurisprudence et se structure la coutume de la province, ils fondent dans leurs sièges une tradition judiciaire durable qui a le plus souvent survécu à travers les cours d'appel, tout comme les tribunaux de bailliage et de sénéchaussée sont la plupart du temps devenus des tribunaux civils ou des tribunaux correctionnels. Ainsi, du tribunal d'instance au tribunal de bailliage, la filiation est évidente. Cette nouvelle carte judiciaire de la France du bas Moyen Âge reflétait toute une politique de construction de l'État à travers la mise en œuvre d'un pouvoir judiciaire fortement structuré. Elle ne fut possible qu'en mobilisant d'importants moyens financiers.

III. L'EMPRISE CROISSANTE DES FINANCES DE L'ÉTAT

Construire l'État impose de multiples contraintes qu'ignorait le roi féodal. Tout au plus avait-il dû y faire face à l'intérieur des limites de son domaine. Gouverner, administrer, juger et défendre le territoire suppose des moyens en hommes et en matériel aussi performants qu'onéreux. À tous les échelons se développe une pesante bureaucratie. Reflet de la centralisation, elle rend administrateurs et juges de l'État partout présents, sur un territoire qu'une armée en voie d'organisation protège et défend.

Dans ces conditions, la règle féodale s'estompe qui voulait que le prince vive « du sien », des seules ressources que lui procurait son domaine. Dès la fin du XIIe siècle, elles sont négligeables pour un État si vorace en hommes et en matériel. Souvent mal géré et objet constant d'aliénations, le domaine rapporte peu, même si le roi y voit encore un élément de puissance. Quant à la fiscalité féodale — ce don aussi contraint que consenti —, elle n'apporte au Trésor royal que des revenus à la mesure d'une féodalité déclinante.

Cet État qui se cherche doit obligatoirement trouver les moyens de sa croissance en utilisant au mieux les prérogatives dont il dispose et, surtout, celles qui l'autorisent à élargir l'assise de ses revenus. Faire du droit de battre monnaie un monopole du prince source de profit (1), affirmer le droit royal d'imposer (2) afin d'asseoir une véritable fiscalité d'État (3), telles furent les voies empruntées pour donner à l'État naissant les ressources qui lui manquaient. Toujours croissantes en volume et en nombre, elles nécessitent l'organisation progressive d'une véritable administration des finances (4).

1. Du monnayage baronnial à la monnaie du prince

Comme le droit de juger, de légiférer ou de lever l'impôt, le droit de battre monnaie — droit régalien par excellence — était en partie tombé aux mains des seigneurs. Tout au long de la période féodale, ils l'exercent en concurrence avec le roi. C'est à le réduire que s'attachent les souverains afin de tirer le meilleur parti d'une prérogative de souveraineté ainsi retrouvée.

A. Vers la disparition du monnayage baronnial

Résultat de concessions et d'usurpations successives, le morcellement monétaire qui s'opère à la fin du IXe siècle permet aux barons, aux églises et même à de simples particuliers de battre monnaie. Dans ces conditions, on ne peut guère parler de monnaie royale. Jusqu'à la fin du XIIe siècle, le souverain ne bat monnaie qu'à l'intérieur de son domaine. Partout ailleurs, elle a un caractère très local. Barons, évêques, abbés et villes décident de son émission, définissent son cours et réglementent les conditions de sa circulation. Tout au plus, la monnaie du roi bénéficie-t-elle d'une sorte de prééminence morale sur laquelle devaient jouer les souverains successifs pour récupérer leur monopole. Cette politique devient nécessité à partir du moment où s'affirme l'État. Elle est aussi le résultat de la réouverture des circuits d'échange à partir du XIe siècle et de l'essor économique du XIIe siècle. À une économie désormais ouverte au libre jeu de la concurrence, il faut des espèces monétaires moins nombreuses afin de faciliter le jeu des transactions. Alors s'annoncent des temps difficiles pour les ateliers monétaires seigneuriaux.

Suivant l'exemple de ses prédécesseurs, Philippe Auguste s'emploie à diffuser la monnaie royale sur l'ensemble du royaume. Les résultats de sa politique restent minces et les espèces royales ne pénètrent que lentement les terres des barons. Il faut attendre le règne de saint Louis pour que soit véritablement affirmée la primauté de la monnaie royale. De sa législation des années 1263-1265, découlent cinq grands principes. Du premier, il résulte que la monnaie du roi est la seule à avoir cours dans le domaine royal. Le second pose en règle absolue qu'elle a cours dans tout le royaume, seule sur les terres des barons qui ne battent pas monnaie et en concurrence, dans les seigneuries de ceux qui possèdent ce droit, avec la seule monnaie qu'ils y émettent. Des trois autres principes résultent trois interdictions. La circulation des monnaies étrangères est interdite, tout comme il est interdit d'imiter la monnaie du roi et de rogner les pièces.

Difficile à mettre en œuvre, cette législation maintes fois renouvelée par les successeurs de saint Louis n'en ouvrait pas moins la voie à un contrôle plus strict du monnayage baronnial et, à terme, à sa disparition progressive. Il ne cesse de reculer sous le règne de Philippe le Bel qui multiplie suspensions temporaires des monnayages seigneuriaux et inspections régulières des ateliers monétaires baronniaux. Cette politique fut systématisée par une ordonnance de Louis X, en 1315, qui n'autorisait que trente-deux ateliers seigneuriaux à battre encore monnaie et sous condition expresse que le type et la valeur en soient fixés par le souverain. Cette politique dut avoir quelque résultat si on en croit un état dressé, en 1316, du monnayage des prélats et barons d'où il ressort qu'une trentaine seulement continuaient à battre monnaie dans leurs ateliers.

La même politique continue, restrictive, tout au long du XIVe siècle. Tous les moyens sont mis en œuvre pour contrôler et faire disparaître progressivement les ateliers monétaires. Tandis que le souverain s'interdit toute nouvelle concession du droit de monnayage, il rachète certaines monnaies et fait passer sous tutelle nombre d'ateliers baronniaux qui rencontrent de plus en plus de difficultés à s'approvisionner en métaux précieux. En même temps, les ateliers royaux se multiplient. Cinq sous le règne de Louis X, ils sont vingt-neuf sous celui de Charles V. Partout le flot montant des monnaies royales absorbe la production baronniale. Les ateliers seigneuriaux sont contraints de fermer les uns après les autres, pour ne jamais rouvrir. Partout triomphe le grand principe solennellement énoncé par Philippe VI le 16 janvier 1347 : « À notre majesté royale appartient le métier, le fait, la provision et toute l'ordonnance de la monnaie et de faire monnayer telles monnaies, et donner tel cours et pour tel prix comme il nous plaît et bon nous semble, pour le bien et profit de Nous et de notre Royaume et de nos sujets en usant de notre droit. » User du droit de battre monnaie, que signifiait cela concrètement?

B. LA MONNAIE, SOURCE DE PROFIT

C'est en jouant sur l'un, deux ou trois ou les trois éléments qui composent la monnaie, que le prince peut en tirer profit. Le premier — le titre —, encore qualifié d'aloi ou loi, est la proportion de métal fin (or ou argent) qui entre dans la composition de l'alliage avec lequel la pièce est frappée. Le second — le poids — définit la quantité totale de métal utilisé pour fabriquer une pièce. Au Moyen Âge, ce poids est très rarement précisé. Référence est presque toujours faite à la taille, c'est-à-dire au nombre de pièces qui devaient être « taillées » dans l'unité de poids de métal monnayable, en général un lingot d'argent-le-roi pesant un marc de Paris. Le cours enfin, troisième élément, définit la valeur de la pièce au moment de son émission, chaque pièce d'or ou d'argent ne portant sur ce point aucune indication. Il s'agit là du cours légal qui peut varier au gré des transactions. S'instaure alors un cours parallèle ou commercial qui s'exprime en monnaie de compte. Cette monnaie sert simplement à compter et ne circule pas, contrairement à la monnaie réelle qui correspond aux espèces « sonnantes et trébuchantes ». Effectivement en circulation, elles sont utilisées dans toutes les transactions.

Maître de cette monnaie, même s'il n'en est pas propriétaire, que peut en faire le prince? Il peut d'abord percevoir un droit à l'occasion de sa fabrication ou « brassage », en émettant des espèces à un cours supérieur à leur prix de revient qui donne leur valeur réelle. Ce droit de « seigneuriage », toujours vivement discuté, mais perçu à l'occasion de chaque frappe, représente une source très importante de revenu dans le Trésor royal. C'est ainsi que saint Louis taille soixante gros d'un sou dans le marc d'argent qu'il achetait cinquante-quatre sous parisis. De même, Charles V fabrique soixante-trois pièces de un franc valant chacune une livre tournois, dans le marc d'or valant commercialement soixante livres tournois et effectivement acheté soixante francs. Même si on tient compte des frais de fabrication qui sont en réalité toujours très faibles, le droit de seigneuriage, qui représente la différence entre le cours légal et le cours commercial, apparaît toujours important.

Après le seigneuriage, d'autres possibilités de profit s'offrent encore au prince une fois la monnaie émise. Il peut muer la monnaie, c'est-à-dire en changer la valeur. Ce résultat est atteint chaque fois que sont modifiés séparément ou ensemble deux rapports, celui de l'or à l'argent, celui de la monnaie réelle à la monnaie de compte, opération qui se traduit par une nouvelle valeur de l'une par rapport à l'autre. Comme ces mutations vont presque toujours dans le sens d'un affaiblissement de la monnaie, la monnaie de compte est alors dépréciée par rapport à son équivalent monétaire, ce qui entraîne une augmentation du cours des espèces réelles. Dans l'hypothèse beaucoup plus rare de renforcement de la monnaie, c'est le phénomène inverse qui se produit, le cours des espèces réelles diminue par rapport à la monnaie de compte.

Pour affaiblir la monnaie, plusieurs voies s'offrent au prince. Il peut d'abord jouer sur l'aloi en mêlant à l'unité d'or ou d'argent, à partir de laquelle sont taillées les pièces, une certaine quantité de métal plus ordinaire et en fabriquant, avec la même unité de métal ainsi aloyé, le même nombre de pièces. Il y a donc changement du titre de la monnaie qui entraîne automatiquement un affaiblissement si sa valeur n'est pas changée en conséquence. Ce procédé était souvent utilisé quand le roi faisait « décrier » les monnaies, c'est-à-dire décrétait qu'elles n'avaient plus cours. Déposées dans ses ateliers, elles étaient fondues et on en fabriquait de nouvelles à partir d'un nouvel alliage. Cette mutation, qui pouvait passer inaperçue du public, est sérieusement condamnée par les théologiens, les théoriciens et l'opinion. Nicole Oresme se place à la tête de ce combat.

Il était, la plupart du temps, plus simple de ne pas toucher aux pièces existantes, mais de jouer sur la « taille » de nouvelles pièces en fabriquant, à partir d'une même unité — le marc d'or ou le marc d'argent — un plus grand nombre de pièces en leur maintenant même valeur, ce qui revenait à la diminuer. Plus simple encore était, sans frapper de nouvelles pièces, de conserver même poids et même titre à celles existantes, en augmentant leur valeur en monnaie de compte, ce qui avait pour résultat immédiat d'opérer un affaiblissement de la monnaie.

Bien souvent, pour les monnaies courantes en argent qui sont celles qui subissent le plus d'altérations, le prince agit en même temps sur les trois éléments qui les définissent. Il peut alors en modifier le cours légal « c » exprimé en deniers tournois, le titre « t » exprimé en deniers d'aloi, ainsi que le nombre de pièces T « taillées » au marc d'argent-le-roi. Chaque fois que c et T sont augmentés et que t est diminué, on aboutit à un affaiblissement de la monnaie. Le rapport Tc/5t (la multiplication par 5 visant à éviter des chiffres trop élevés liés au choix d'unités de poids correspondant à un trop grand nombre de pièces) donne le pied de la monnaie. Notion très employée, elle exprime le rapport existant entre le poids, le cours et le titre d'une monnaie. Plus le poids est élevé, moins la monnaie contient de métal fin et plus elle est mauvaise.

Toutes ces mutations, quel que soit l'élément qu'elles affectent, jouent à l'égard des trois types de monnaie qui circulent. Il y a d'abord la petite monnaie ou « monnaie noire », ainsi qualifiée parce que très fortement altérée. De très faible valeur, elle permet toutes les petites transactions de la vie quotidienne. Pour les échanges plus importants, on utilise la monnaie d'argent avec principalement les gros et les sous. La monnaie d'or enfin, frappée à partir du milieu du XIIIe siècle avec l'écu de saint Louis, est le reflet de la naissance du grand commerce dont elle facilite les opérations.

Tout au long des trois derniers siècles du Moyen Âge, les rois successifs multiplient les mutations à l'occasion desquelles les affaiblissements ou dévaluations l'emportent de loin sur les renforcements. Il en résulte une dépréciation considérable de la monnaie. Saint Louis restaure un système monétaire qui, pendant de longues années, résiste à la conjoncture. Puis, de 1295 à 1306, Philippe le Bel procède à une série de mutations en chaîne. À cette période d'agitation monétaire, succède un temps de restauration d'une « bonne monnaie ». Plus faible que celle de saint Louis, elle permet un assainissement qu'une nouvelle période de mutations successives remet en cause de 1337 à 1367, tout spécialement sous le règne de Jean le Bon. La fin du XIVe siècle est marquée par la stabilité monétaire du règne de Charles V, tandis qu'au siècle suivant se succèdent temps de stabilité et surtout temps de mutations et de grande instabilité, particulièrement dramatique de 1413 à 1422.

À ces mutations, il y a bien sûr des causes économiques et sociales, en particulier la très forte variation du prix des métaux précieux, leur rareté et la nécessité d'ajuster périodiquement le cours d'une monnaie dépréciée à sa valeur réelle, en mettant en harmonie son cours légal et son cours commercial, la volonté aussi de favoriser telle ou telle classe sociale. Mais d'autres facteurs, plus politiques, les expliquent aussi. La vieille idée a toujours cours d'après laquelle la monnaie est la chose du prince et, qu'en conséquence, il peut en déterminer la valeur en fonction de ses propres intérêts. Même Nicole Oresme, qui combat ces thèses, admet quelques aménagements. Certes, il démontre avec pugnacité que la monnaie ne saurait être la chose du prince mais de la communauté, et qu'elle ne saurait être muée que pour des raisons exceptionnelles. Mais il n'en admet pas moins qu'en cas d'extrême nécessité, un État puisse décider une mutation avec la seule finalité d'en retirer un profit et d'augmenter ainsi ses revenus. Il y voit un « impôt léger » qui présente l'avantage d'une certaine proportionnalité puisque « qui a plus paie » et qui, de surcroît, présente l'avantage d'être supporté par tous, y compris les privilégiés. À ce type d'opération, le souverain ne peut trouver qu'avantage. Plus la monnaie est faible, moins elle coûte au roi et plus aussi il faut frapper d'espèces, ce qui augmente de manière substantielle le seigneuriage. Ne le voit-on pas, dans les années de grandes mutations, représenter 50 % des recettes du Trésor en 1298, 70 % en 1349 et 80 % en 1417? Et comme les besoins de l'État vont sans cesse en croissant au XIVe siècle et que les sujets se montrent réticents face à l'impôt, les mutations apparaissent comme le meilleur moyen et aussi le plus indolore pour faire entrer des fonds dans les caisses royales. Pour que ces mutations qui valaient impôt s'estompent, il fallait que s'affirme le droit royal d'imposer.

2. Le droit royal d'imposer

Toute la question est de savoir comment, en raison des besoins en argent toujours plus grands de l'État naissant, on est passé d'une fiscalité féodale à une fiscalité d'État. Il y a, dans cette évolution, plus qu'une simple conséquence de l'étatisation progressive de la monarchie féodale et de la dimension toujours plus grande que prennent ses services, qu'il s'agisse de l'administration, de la justice ou de l'armée. En réalité, il n'y a pas véritablement continuité entre le prélèvement féodal, qui était en quelque sorte un don contraint, et le prélèvement d'État qui, tout en étant de plus en plus imposé, s'affirme en même temps comme de plus en plus légitime tout au long des XIVe et XVe siècles. Cette légitimité de l'impôt apparaît alors comme doublement fondée. Par sa cause d'abord — la défense du royaume — et par son bénéficiaire ensuite, l'État qui transcende la personne du prince. Cette légitimité qui fonde le droit royal d'imposer naît, progressivement, d'un dialogue entre le prince et le pays. D'abord consenti sous forme d'aide par les contribuables eux-mêmes pour la défense du royaume, l'impôt est ensuite négocié dans le cadre des assemblées d'États avant d'être décidé d'autorité par le prince.

A. L'AIDE CONSENTIE PAR LES CONTRIBUABLES POUR LA DÉFENSE DU ROYAUME

En droit féodal, tout vassal — noble, ecclésiastique, communauté ou ville — doit aider son seigneur en fonction de ses engagements et de ses moyens. Cette aide, qu'elle soit en argent ou en service, n'a plus à être discutée à partir du moment où elle a été acceptée dans le cadre du contrat féodal. Seulement due en principe pour les quatre cas que définit la coutume, elle peut être étendue à d'autres. Mais à condition, alors, d'être expressément consentie par le vassal auquel elle a été demandée. Cette aide, qui se traduit pendant toute la période féodale par le service effectif du vassal en personne avec tout l'équipement requis, peut progressivement être rachetée. Cette pratique devient courante à partir des années 1250. Ainsi, en payant à son seigneur une somme d'argent négociée — la taille de l'ost —, le vassal peut racheter le service et en être physiquement dispensé.

À l'occasion de ce rachat, son taux et ses modalités sont parfois âprement discutés. Le roi en profite aussi, dès la fin du XIIIe siècle, pour demander parfois à ses vassaux une aide supplémentaire. S'ils ne peuvent en principe la refuser, coutume s'établit de la discuter. Cette pratique tend à s'élargir au-delà du cercle des vassaux. Comme l'aide qu'ils apportent est souvent insuffisante, le roi prend alors l'habitude de solliciter les villes et communautés auxquelles aucun lien féodal ne le rattache pour leur demander, à elles aussi, de lui verser une aide. Mais elle est souvent minime, tout comme pour celles qui, étant ses vassales, rachètent leur obligation de service. De nombreux témoignages prouvent que tant la taille que la taille de l'ost obéraient considérablement les budgets urbains dans la seconde moitié du XIIIe siècle, même si elles représentaient peu pour le roi.

Toutes ces subventions, qu'elles soient taille de l'ost ou aide négociée, sont obtenues au terme de longues discussions individuelles conduites sur place par des commissaires royaux que le roi incite toujours à la prudence. Ainsi, en 1302, Philippe le Bel leur recommande d'agir « au moindre esclandre » que possible, de s'entourer de « sergents débonnaires et traitables » et, surtout, de ne point percevoir ces aides « contre la volonté des barons ». Et pour tourner l'obligation d'avoir à demander le consentement, il donne souvent à ces prélèvements la forme d'un impôt indirect ou direct d'un cinquième sur les biens mobiliers dans le Nord et de six sous par feu dans le Midi. Le souverain et ses légistes se fondent sur la souveraineté retrouvée pour les justifier. Mais des oppositions très vives se font jour, que soutiennent plusieurs théoriciens, en s'appuyant sur Beaumanoir pour qui de telles décisions ne pouvaient être fondées que sur « raisonnable cause » et « commun profit ». Pierre Jocobi († 1350) admet certes que le roi peut exiger de ses sujets des redevances extraordinaires proportionnées à leur fortune, mais à condition qu'elles soient justifiées par la nécessité de défendre le royaume ou par une évidente considération d'utilité publique. En dehors de ces hypothèses, il rappelle avec insistance qu'elles peuvent être levées sans le consentement des sujets. La pression fiscale est tellement forte sous le règne de Philippe le Bel que cette nécessité du consentement, constamment mise en avant par les ligues du règne de Louis X, devient un des thèmes majeurs des chartes provinciales alors accordées.

B. L'IMPÔT NÉGOCIÉ DANS LE CADRE DES ASSEMBLÉES D'ÉTATS

Plus se développe à partir du règne de Philippe le Bel l'idée qu'appartient au prince un pouvoir d'imposer, plus les sujets et ceux qui les représentent affirment qu'il doit être négocié. Dans les premières décennies du XIVe siècle, tous les arguments juridiques qui fondent le droit du roi sont déjà finement ciselés. À ceux retenus par Beaumanoir et à la *causa necessaria* si chère à saint Thomas et à ses épigones, les légistes rajoutent les notions de *necessitas* et d'*utilitas publica* qu'ils puisent dans les textes romains. Autant de notions qui se combinent pour donner tout son sens à la nécessité qui pouvait découler de la guerre ou de l'idée beaucoup plus englobante de défense du royaume, pour fournir au droit royal ses bases les plus sûres.

À partir de là, toutes les vues des juristes et des théoriciens convergent pour affirmer qu'« au roi seul revient dans toute sa plénitude le pouvoir d'imposer ses sujets, qu'ils soient médiats ou immédiats, qu'ils aient ou non donné leur assentiment », formule que résume de manière lapidaire l'auteur du *Songe du Vergier* en écrivant que le roi « puet de sa propre autorité tailler ses subjés pour la deffense de la chose publique ». C'est pour répondre à une telle dogmatique que, depuis longtemps déjà, le souverain alerté par les plaintes et les remontrances qui fusaient de toutes parts avait érigé, en pratique institutionnelle, la consultation préalable des contribuables ou, à tout le moins, de ceux qui étaient habilités à parler en leur nom.

Très tôt les représentants des villes et des corps, les députés des diverses assemblées convoquées par le roi et les contribuables eux-mêmes, savent rappeler au roi que l'impôt levé pour la défense du royaume ne doit ni connaître une autre affectation, ni durer au-delà de la cause qui l'a motivé. Parfaits connaisseurs de la vieille règle aristotélicienne *cessante causa, cessat effectus,* ils en demandent l'application stricte et s'érigent, du même coup, contre l'idée selon laquelle cette nécessité pouvait acquérir un certain caractère de permanence.

Ils vont plus loin encore en s'efforçant de placer leur action non en aval de la décision fiscale, mais en amont. Ils prétendent y être associés et en contrôler tout le processus. Rapidement, ils sont entendus. Ne voit-on pas, dès les premières années du XIVe siècle, les commissaires royaux aussi sensibles au respect du devoir de conseil qu'à la pression des contribuables convoquer, en différentes régions et séparément, nobles, ecclésiastiques et commun pour leur demander aide? Puis, en 1314, une aide est pour la première fois négociée avec les représentants des trois États réunis pour financer la guerre de Flandre. Dans les décennies qui suivent, l'essor des États particuliers rend de plus en plus fréquent ce type de consultation.

Les États, et surtout leurs orateurs, fondent sa nécessité sur l'idée que l'impôt non consenti vaudrait soumission parce qu'il est marqué de faiblesse et de servitude. Voilà pourquoi les députés des États de 1356 soutiennent que l'aide qu'ils octroient sera d'autant plus « proufitable » qu'elle sera fondée sur la « volunte de peuple et consentement commun ».

C'est bien en suivant le droit fil de ce raisonnement que triomphe, au XIVe siècle, l'idée d'une aide non obligatoire et toujours consentie. Certes, les députés aux États se déclarent souvent prêts à aider le roi « de leur corps et de leurs biens » mais, en même temps, ils n'accordent cette aide qu'entourée de multiples garanties. C'est particulièrement vrai en 1355. Ils répondent certes favorablement à la demande de Jean le Bon, mais posent en même temps toute une série de conditions très strictes que le roi doit entériner par lettres du 28 décembre 1355 au terme desquelles il renonce à son droit de prise et à la pratique des mutations monétaires. De plus, l'aide n'est accordée que pour un an et les États se réservent le droit d'en assurer la levée, d'en contrôler la gestion et l'utilisation. Au cours de l'année suivante, au lendemain de la défaite de Poitiers, les États qui siègent presque sans discontinuer redoublent leurs exigences. Ils profitent de l'aide qu'ils accordent pour imposer au régent les lourdes réformes déjà évoquées. Une nouvelle fois, en n'acceptant que pour une année l'imposition demandée, ils fondaient le principe, essentiel à leurs yeux, de la périodicité de l'impôt. Un impôt périodique et consenti, deux caractéristiques essentielles de l'impôt royal au XIVe siècle. Le chemin restait long à parcourir pour le transformer en impôt.

C. L'IMPÔT DÉCIDÉ D'AUTORITÉ PAR LE PRINCE

Voilà bien l'évolution qui domine les dernières décennies du XIVe siècle et tout le siècle suivant. Elle n'est certes pas linéaire, mais le sens général en est clair. De plus en plus, le roi se passe du consentement des États. Simple à constater, ce phénomène est plus difficile à expliquer.

L'année 1360 marque une inversion avec le début de la levée de l'aide pour payer la rançon de Jean le Bon. Les lettres du 5 décembre 1360 qui en arrêtent le principe et les modalités ne mentionnent aucune consultation d'assemblée. Tout simplement parce qu'il y là stricte application du droit féodal à l'un des quatre cas prévus pour l'aide, celui où le seigneur est fait prisonnier. Mais il s'agit d'un cas spécifique. Le seigneur étant le roi, l'aide demandée tant en raison de sa généralité que de son montant prend véritablement allure d'impôt, et d'un impôt pour lequel il n'est pas demandé de consentement préalable. Il y avait là un précédent que la monarchie ne devait pas perdre de vue, même si pendant longtemps encore, ceux qui l'aiguillonnent de leurs conseils et de leurs critiques, lui rappellent la règle du consentement. Comment ne pas être sensible aux exhortations de Philippe de Mézières quand, encore sous le règne de Charles VI, il insiste sur la nécessité pour le roi de consulter le « grant conseil » et les trois États avant de décider la levée d'un impôt?

Son attitude s'explique sans doute par le changement que connaît le règne de Charles V. Après que les États lui aient consenti sans difficulté une aide sous la forme d'un fouage moyennant engagement de ne pas muer la monnaie, le souverain continue, pendant plusieurs années, à lever ce même fouage sans autorisation expresse. Le consentement tacite des contribuables lui suffit et ils le lui donnent d'autant plus volontiers que la monnaie reste forte. Alors s'ouvre une polémique entre juristes au sujet du droit royal d'imposer. D'un côté, les légistes soutiennent que le roi peut imposer de sa seule autorité, à condition que la sécurité du royaume soit en jeu et qu'il y ait expresse nécessité, de l'autre les canonistes font du consentement populaire une condition indispensable. Cette discussion n'entame en rien la détermination de Charles V. Jusqu'en 1379, il continue à lever fouages et aides sans consentement exprès. Mais, sans doute pris de remords, il en décide l'abolition générale sur son lit de mort.

Il y avait là simple mesure de circonstance qui ne pouvait avoir caractère durable. Mais, quand Charles VI veut rétablir les aides, il doit obligatoirement passer par le canal des États. Sans politique préconçue, il négocie tantôt avec les États généraux pour obtenir d'eux l'autorisation de lever l'impôt sur l'ensemble du royaume, tantôt avec les États provinciaux s'il s'agit de financer un subside local. Il en va ainsi pendant de longues années, politique à laquelle doit également se plier Charles VII aussi longtemps que, replié à Bourges, sa position ne le place guère en situation d'imposer sa volonté aux États. Presque chaque année, il est contraint de solliciter leur consentement.

Tout change à partir des années 1435-1436 pour les impôts indirects. En janvier 1435, les États généraux votent à Poitiers le principe du rétablissement des aides pour quatre ans, décision que fait échouer l'opposition des États provinciaux. Mais elle est reprise l'année suivante et à nouveau acceptée par les États généraux réunis à Paris. À partir de l'année suivante, Charles VII procède à des levées successives, sans se soucier du consentement des États.

En matière d'imposition directe, il faut attendre 1439 pour que s'opère une profonde mutation. Les États de langue d'oïl réunis cette année-là à Orléans votent la taille pour un an seulement et moyennant un certain nombre de réformes. Mais ils ne décident nullement sa permanence comme l'atteste la nécessité devant laquelle se trouve Charles VII de les convoquer à nouveau, pour le même objet, un an plus tard à Bourges. Néanmoins, un élément important devait favoriser l'affirmation de ce caractère permanent de la taille. Levée pour l'entretien des gens de guerre, elle est principalement affectée, à partir de ce moment-là, à financer les besoins militaires. Dès 1439 sont prises les premières mesures tendant à rendre plus stable le personnel militaire, tentatives qui annonçaient la législation des années 1445-1446. Elles ne créent pas véritablement une armée permanente, mais organisent et ordonnent un certain nombre de compagnies. Il y avait là un besoin dont la permanence ne pouvait que justifier la permanence progressive de la taille. C'est en se fondant sur cette constatation que Charles VII prend alors l'habitude de décréter chaque année la taille, en se passant du consentement des États qui n'ont pas, pour autant, expressément renoncé à leur droit. Ainsi se fonde, en pratique, le droit royal de lever l'impôt. Avec Louis XI, les États protestent timidement à l'occasion de la réunion de 1468. Ceux de 1484 réunis à Tours par Anne de Beaujeu, prétendant revenir à l'ancien principe de l'octroi, accordent un impôt de 1 500 000 livres par an « par manière de don et d'octroi », mais seulement pour deux ans. Passé ce terme, ils ne sont pas à nouveau convoqués. Le droit royal d'imposer, sans requérir leur consentement, avait définitivement triomphé.

Comment cette évolution a-t-elle pu se produire? Ni l'affirmation de l'État, ni les besoins qu'il suscite ne suffisent à en rendre compte. Passer du prélèvement féodal au prélèvement d'État impliquait d'abord que cet impôt d'État puisse acquérir une certaine légitimité. La cause pour laquelle il est demandé — la défense — y contribue largement. Mais il y a plus. C'est principalement parce qu'il est perçu au profit d'une entité supérieure, d'un bénéficiaire transcendant — l'État et non plus le prince — qu'il devient lentement légitime.

Ce processus de légitimation est encore très fortement renforcé par le dialogue qui s'instaure entre le prince et le pays au moment de l'octroi. Mais pourquoi ce dialogue a-t-il pu, à partir d'un certain moment, cesser sans pour autant susciter de vives oppositions? En partie parce que le prélèvement obligatoire est accompagné d'une redistribution au moins partielle dont bénéficient principalement les élites dirigeantes et les catégories sociales supérieures. Outre qu'elles jouissent d'exemptions fiscales importantes qui les mettent en partie à l'abri de ces prélèvements obligatoires, elles sont souvent mieux placées pour profiter de la redistribution qui s'ensuit. Il y a, parmi elles, de nombreux serviteurs de l'État. Titulaires d'offices importants, ils doivent souvent leur position à l'État et, toujours, les revenus qu'ils en retirent. Or, pour l'essentiel, ces revenus ont pour source les prélèvements fiscaux. À côté des officiers, il y a aussi les clients et tous les réseaux de relations que l'État entretient en partie à l'aide des ressources qu'il tire de l'impôt. Toute cette aristocratie puissante, qu'elle fasse partie des officiers, des clients ou qu'elle s'intègre à un quelconque niveau dans les divers réseaux de l'État, trouve avantage à la nouvelle fiscalité d'État qui se met en place et participe, par son attitude, tant à fonder qu'à légitimer le droit royal d'imposer.

3. *La fiscalité d'État*

Elle se substitue lentement à la fiscalité seigneuriale et se superpose à la fiscalité urbaine en lui empruntant beaucoup. En ce domaine, comme dans bien d'autres, l'État est débiteur de la ville dont les techniques fiscales marquent souvent un temps d'avance, aussi bien dans la connaissance de l'assiette que dans les modes de calcul et de perception de l'impôt. Continuateur d'une fiscalité seigneuriale désuète, souvent imitateur d'une fiscalité urbaine novatrice, le système fiscal d'État, en butte à de nombreux obstacles, se met lentement en place à partir de la fin du XIIe siècle pour devenir le cœur des finances extraordinaires de l'État dès les premières années du XIIIe siècle.

Alors, il ne cesse de s'alourdir toujours en raison de l'inexorable appauvrissement des finances ordinaires. Exclusivement tirées des ressources domaniales, ces finances ordinaires ne pouvaient plus permettre de faire face aux besoins d'un État qui s'inscrivait lentement dans l'espace du royaume. Qu'il s'agisse des taxes, redevances et droits de nature féodale ou des ressources qu'apporte l'exercice des droits de souveraineté à partir du milieu du XIIIe siècle, tous ces revenus ordinaires, même s'ils ne cessent d'augmenter tout au long de la seconde moitié du XIIIe siècle, ne permettent plus de faire face aux besoins croissants de l'État naissant. Seul l'extraordinaire, qu'il provînt de la fiscalité directe ou de la fiscalité indirecte, pouvait apporter les revenus nécessaires.

A. La fiscalité directe

Elle s'inscrit dans le prolongement de la fiscalité seigneuriale. Pour la faire mieux accepter par les sujets, le souverain se plaît toujours à insister sur cette absence de rupture. Vraie au niveau de la sémantique — on parle toujours de taille —, elle le reste aussi au niveau de l'assiette, tandis que les modes de perception et de calcul de cette fiscalité nouvelle ne cessent de se perfectionner.

L'impôt direct est celui que l'on paie en raison de sa personne ou de ses biens, ou les deux à la fois. Reflet d'un état, celui de contribuable potentiel, il n'est attaché à aucune situation particulière. À partir de cette définition simple, une infinité de techniques permettent d'innombrables adaptations qui donnent naissance à une fiscalité diversifiée.

• *Les techniques*

Contribuables, contribuants et exempts

La masse des individus susceptibles d'être soumis à l'impôt et de le payer effectivement ne représente que des contribuables potentiels. S'il s'agit d'un impôt exclusivement perçu en raison de la personne, d'un impôt personnel donc, l'autorité qui établit l'impôt peut fort bien décider que certains contribuables en seront dispensés. Chaque fois au contraire que l'impôt est réel, c'est-à-dire qu'il porte sur les revenus et sur les biens, le seuil d'imposition peut être établi de telle manière que certains contribuables ne soient pas imposables. Dans les deux cas, ces contribuables virtuels sont exempts.

À côté de ces cas spécifiques, particuliers pour chaque impôt, existe tout un droit de l'exemption qui façonne progressivement un droit fiscal particulier parallèle au droit commun. Être exempt de l'impôt ne signifie pas nécessairement ne pas contribuer, mais contribuer autrement que par les voies ordinaires. C'est ainsi que nobles et clercs ont, de tout temps, justifié leur exemption. Les nobles parce qu'ils paient de leur personne en défendant le territoire, les ecclésiastiques parce qu'ils vouent l'essentiel de leur temps à la prière pour l'ensemble du royaume. En réalité, l'exemption fiscale ne fut jamais complète pour ces deux catégories de contribuables. Surtout pour les ecclésiastiques qui furent souvent contraints de contribuer à la fiscalité royale chaque fois qu'il était démontré qu'ils en bénéficiaient eux aussi directement, en particulier en matière de défense de la cité ou du royaume. À ces deux grandes catégories d'exempts s'en ajoutent bien d'autres, dont l'exemption ne présente pas toujours des contours aussi nettement définis. Tels sont les universitaires (professeurs, étudiants et suppôts de l'Université), les officiers royaux et les membres de nombreuses professions bénéficiant de privilèges comme, par exemple, les monnayeurs du roi, certains artisans ainsi que les francs-archers.

Définies les catégories d'individus imposés, fixés les différents seuils d'imposition, tout contribuable potentiel qui entre dans ces normes devient contribuable effectif. Mais il peut encore, pour de multiples raisons et surtout parce que l'évasion fiscale est très forte, échapper à l'impôt. Alors, il ne sera jamais contribuant.

Impôt de quotité et impôt de répartition

Deux possibilités s'offrent, au pouvoir qui impose, pour établir l'impôt et définir ce qu'il en peut espérer. La première consiste à déterminer à l'avance la somme globale à percevoir puis à la répartir, ensuite, entre les différents contribuables de manière uniforme ou différenciée en fonction de leur situation, de leurs revenus et de leurs biens. Ce système, dit *impôt de répartition,* permet de connaître immédiatement ce que rapportera l'impôt, à supposer néanmoins que les multiples opérations de répartition, d'assiette et de perception soient convenablement conduites.

Tout à l'opposé, l'*impôt de quotité* fait débuter par le bas, en quelque sorte, la procédure d'établissement de l'impôt. La première donnée connue est ce que doit payer chaque contribuable. Sa quote-part est alors déterminée soit de manière uniforme, soit de manière proportionnelle à ses capacités contributives, à partir d'un tarif — tant par tête, tant par feu, tant par livre de capital ou de revenu — établi par l'autorité qui impose. Ce système, dit impôt de quotité, ne permet pas de calculer à l'avance ce qu'il rapportera, à moins de connaître parfaitement le nombre exact des contribuables et l'état précis de leurs capacités contributives. Il y avait là conditions trop difficiles à réunir pour qu'un tel résultat puisse être atteint avec certitude. Ce type de fiscalité présente, en contrepartie, l'énorme avantage de pouvoir être modulé, la quote retenue étant rarement indifférenciée, mais le plus souvent proportionnelle. Elle prend alors en compte, tout à la fois, la situation du contribuable ainsi que l'état de son patrimoine et de ses revenus.

Ces deux systèmes, tous deux complexes, soumettent à épreuve la capacité administrative de l'État qui, souvent, ne dispose pas encore de tous les moyens pour les mettre effectivement et jusqu'au bout en application. Ils font aussi s'affronter les contribuables soucieux de se préserver et le fisc toujours empressé de connaître la structure de leur patrimoine. Ils voient également s'opposer les contribuables entre eux, les riches préférant une quotité uniforme que les pauvres rejettent au bénéfice d'une quotité proportionnelle.

Feu fiscal et feu réel

Pour qu'un impôt, qu'il soit de quotité ou de répartition, ait quelque chance d'avoir le meilleur rendement possible, il est essentiel de connaître au mieux le nombre des contribuables potentiels. Déjà difficile au niveau d'une ville, cette opération s'avère beaucoup plus délicate pour l'ensemble du royaume. Voilà pourquoi les autorités, qu'elles soient urbaines ou royales, s'attachent davantage à saisir des unités que des individus, et ceci d'autant plus que c'est en principe le seul chef de famille qui est taxé. Dans ces conditions, le feu, c'est-à-dire le groupe familial vivant autour d'un même foyer, devient l'unité de référence, celle qu'il faut à tout prix connaître soit pour répartir l'impôt, soit pour en établir le rapport global. Ce souci n'est pas étranger à la monarchie qui, dans une perspective aussi militaire que fiscale, fait procéder en 1328 à une enquête en vue de recenser *Les paroisses et les feuz des baillies et sénéchaussées de France*. Excepté les grands fiefs (Bretagne, Guyenne et Flandre), ainsi que les apanages ou duchés-pairies (Artois, Alençon, Évreux, Bourbonnais), ce recensement s'étend à l'ensemble du royaume pour dénombrer 2 469 987 feux répartis sur 23 671 paroisses.

Si cette enquête avait été régulièrement revue et mise à jour, elle aurait sans doute pu constituer un document fiscal solide. Mais tel ne fut pas le cas. De plus, les villes prirent l'habitude, à partir de ce document et de recensements plus locaux, de discuter avec les agents du fisc, de ces états qui évoluaient sans cesse. Cela devint surtout vrai à partir du milieu du XIVe siècle, en liaison avec les épidémies et les crises qui bouleversèrent en profondeur les structures démographiques. Tous ces états anciens qui recensaient des feux effectifs, ou feux réels, n'étant plus à jour, il convenait de les revoir à la baisse, mais sans qu'on pût prendre en compte les nouvelles données réelles. Alors, au terme de multiples marchandages entre les contribuables et les agents royaux, on établit de nouveaux états de feux pour servir de base au calcul de l'impôt. Mais les chiffres ne sont plus en prise avec la réalité. Ou bien ils figurent un ensemble d'unités théoriques à partir desquelles la communauté est taxée s'il s'agit d'un impôt de quotité, ou bien ils correspondent à un simple coefficient de répartition s'il s'agit d'un impôt de répartition. En aucun cas, ils ne correspondent à des feux réels, des feux «allumant», mais à de simples unités fiscales théoriques qualifiées par les historiens de «feux fiscaux». Sur ces bases, communautés et villes n'ont cesse d'obtenir de nouvelles modifications toujours à la baisse du nombre de leurs feux fiscaux, opération que la langue du temps qualifie de

« révision » de feux, mais bien souvent pour mieux en dégager la portée pratique, de « modération » ou de « réparation ».

Assiette de l'impôt et estimation des facultés contributives

L'assiette de l'impôt, c'est-à-dire ce sur quoi il repose, varie à l'infini. À côté d'une taxe personnelle uniforme et généralement très faible, c'est principalement le revenu et le capital, qu'il soit mobilier ou immobilier, que le pouvoir cherche à taxer. Se pose alors le redoutable problème de la connaissance et de l'estimation des facultés contributives de chaque contribuable.

Sur ce point précis, la fiscalité d'État accuse un grand retard par rapport à la fiscalité urbaine. Les villes du Midi marquent un temps d'avance en faisant rédiger, dès la seconde moitié du XIIIe siècle comme à Toulouse, des livres d'estimes qui se généralisent au sud de la Loire tout au long du siècle suivant. Encore qualifiés de « compoix » ou de « vaillants » et « nommées » comme à Lyon, ils recensent par le menu contribuables et patrimoines en les estimant selon des procédés très divers. Défilent généralement tous les biens immeubles possédés par le contribuable, aussi bien en ville qu'à l'extérieur. Estimés à leur valeur vénale ou à leur valeur locative, ils sont parfois sommairement décrits avec indication des cens et rentes qui pèsent sur eux. Puis vient parfois la liste des cens, rentes et autres revenus que perçoit le contribuable. Elle est en général accompagnée d'une mention concernant les éléments mobiliers de son patrimoine. Rarement énumérés en raison des grandes facilités de dissimulation, ils sont simplement estimés de manière globale. De valeur souvent modique, sauf pour les armes et joyaux, ils englobent aussi récoltes de l'année et numéraire fraîchement encaissé par les marchands.

De tels inventaires, il convient de le souligner avec force, n'ont que rarement servi à la fiscalité d'État. Et ceci d'autant plus que les édiles municipaux s'en montraient toujours très jaloux et les considéraient comme des documents strictement internes devant exclusivement servir à l'administration municipale. Néanmoins, c'est bien sur ces bases que villes et communautés urbaines sont contraintes de négocier avec les agents du fisc.

La liquidation de l'impôt

Entre l'estimation des facultés contributives qui est la première phase de la procédure fiscale et la levée de l'impôt, qui en constitue l'étape ultime, prennent place les opérations de liquidation qui se subdivisent elles-mêmes en deux temps bien distincts : l'allivrement, puis le calcul de l'impôt.

Les valeurs brutes des biens et des revenus obtenues après estimation ne sauraient, en aucun cas, constituer des bases définitives pour l'application du taux de l'impôt. L'allivrement est précisément la procédure qui consiste à les adapter aux nécessités fiscales en leur appliquant différents coefficients et réductions. Ils permettent de tenir compte à la fois de la personne du contribuable et de la nature de son patrimoine. De nouvelles valeurs sont ainsi obtenues qui donnent une image volontairement déformée des valeurs réelles, mais qui n'ont rien de théorique dans la mesure où elles reflètent, tout à la fois, la composition du corps des contribuables, la structure de leur fortune et les besoins financiers du moment. Ces coefficients et réductions permettent le plus souvent d'opérer des abattements à la base, ce qui autorise à taxer plus ou moins tel élément du capital en fonction de l'abattement auquel il sera procédé. Mais là ne s'arrête pas le jeu de ces réductions puisque l'allivrement prend aussi généralement en compte les charges déductibles du capital, en particulier les cens et rentes qui pèsent sur les biens immobiliers. Enfin, sont aussi retenus des abattements à caractère exceptionnel et strictement personnel, qui rendent ainsi possible une véritable personnalisation de l'impôt.

Cet ensemble d'opérations terminées permet d'obtenir la valeur d'allivrement qui est seule prise en compte pour le calcul de l'impôt. En lui appliquant la quotité définie, qu'elle soit fixe ou proportionnelle en variant par seuil, ou modulée selon les catégories de biens à taxer, il est aisé de déterminer l'impôt auquel chaque contribuable est taxé et de procéder alors à la perception.

• *Les impôts*

La fiscalité directe, dont le poids ne cesse de s'alourdir depuis le règne de Philippe Auguste, frappe aussi bien les laïcs que les ecclésiastiques, mais sous des formes différentes. Le fouage et la taille qu'il n'est pas toujours facile de distinguer prennent la suite de la taille de l'ost, tandis que les décimes permettent de taxer les revenus des clercs.

Le fouage

On le nomme ainsi parce qu'il est levé sur chaque feu. *Facagium, foagium* ou encore *fumagium*, il évoque parfaitement la cellule familiale qui en est débitrice. Dès le début de son histoire, son lien avec la taille de l'ost est évident. C'est ainsi qu'en 1304, est qualifié de *subventio focorum* un impôt visant à taxer non-nobles et hommes « de poesté » par groupe de cent feux, à une somme globale devant permettre l'entretien de six, quatre ou deux sergents selon le niveau de fortune des feux taxés. Il y avait là première manifestation d'une pratique de taxation qui devait se généraliser à partir des années 1340, d'abord dans le Midi avec des fouages perçus à « tant par feu », puis ensuite dans le Nord. La filiation avec la taille de l'ost paraît encore renforcée chaque fois qu'on s'attache au vocabulaire. Très souvent, à partir du règne de Jean le Bon, les textes emploient le terme « aide » pour désigner le fouage, ou bien ils utilisent à la fois les deux termes, évoquant alors les « aydes et fouages ». Le fouage a donc bien succédé à l'aide et n'a d'autre mission que d'alimenter les caisses de la royauté en période de difficultés militaires.

Impôt de quotité au départ comme l'atteste son appellation et qu'il restera pour l'essentiel dans le Nord de la France, il a de plus en plus tendance à devenir un impôt de répartition dans le Midi, ce qu'il y sera véritablement à partir du milieu du XIVe siècle. Même si la quote par feu est toujours mentionnée à côté de la somme globale à percevoir, elle ne sert plus qu'à déterminer la quote-part que devra payer chaque ville et donc à répartir la charge globale entre les différentes communautés de la sénéchaussée ou du bailliage. Cette quote, généralement plus forte en ville qu'en plat pays, ne présume en rien ce que chaque feu réel aura à payer. Comme il en est de riches et d'autres de moins riches ou même d'indigents, le soin est laissé à la population intéressée de procéder elle-même à la répartition de la somme globale, au prorata des capacités contributives de chacun, le « fort portant le faible ».

La taille

Impôt de répartition par excellence, la taille, souvent proche du fouage, se substitue progressivement à lui. Sans le faire disparaître, elle devient le principal impôt direct au XVe siècle. Prolongement de la taille seigneuriale, toujours justifiée au départ par les nécessités de la défense et des opérations militaires, de nombreux textes la qualifient aussi d'aide. C'est encore vrai sous le règne de Charles VI, qui mande en 1387 à ses agents de faire payer une « ayde et les autres tailles », puis la même année « ordonne... une aide par manière de taille » et rappelle en 1393 que fut « mis sus un aide et taille ». Même ainsi qualifiée, la taille qui est toujours un impôt direct ne saurait être confondue avec l'imposition indirecte des aides qui voient le jour au même moment.

En droit féodal, tout seigneur était habilité à lever des tailles, dans le cadre de la coutume, sur tous les hommes « couchants et levants » dans sa seigneurie et personne d'autre, pas même le roi, ne pouvait le faire sans son consentement. Ce principe fut lentement battu en brèche par l'établissement progressif de la taille royale. Dès la seconde moitié du XIIIe siècle, le roi se fait souvent autoriser par ses vassaux à percevoir la taille « par sa propre main ». Cette évolution suscite, au XIVe siècle, la mise sur pied progressive de toute une administration royale chargée de percevoir cette imposition qui prit de plus en plus allure de taille du roi. L'année 1439 consacre cet état de fait de manière définitive. Au moment où l'armée est en pleine réorganisation et tend à devenir permanente, la taille dont le produit lui est affecté, évolue dans le même sens. Charles VII en tire argument pour la rendre permanente. Et comme les contribuables risquaient alors d'être trop lourdement imposés, l'article 44 de l'ordonnance du 2 novembre 1439 dispose que les seigneurs ne pourront plus, désormais, lever de taille sans son autorisation. La situation se trouvait radicalement inversée, qui ouvrait la voie à la disparition définitive de la taille seigneuriale et assurait, de manière définitive, la taille royale.

Son assiette, en général, diffère selon qu'elle est levée en pays de droit écrit ou en pays de coutume. Au Nord et même dans certaines provinces méridionales, elle est personnelle. Impôt sur le revenu, chaque contribuable chef de famille doit la payer proportionnellement à ses facultés qu'il déclarait sous serment, ou dont l'estimation était confiée aux asséeurs, agents chargés d'asseoir la taille. Limitée aux seuls roturiers, puisque nobles et clercs en sont en principe exempts, tous n'y sont cependant pas astreints de la même manière. Les officiers royaux y échappent souvent, tout comme le monde de l'Université et aussi bon nombre de bourgeois de villes ayant obtenu des privilèges, ce qui tendait bien souvent à rejeter sur le plat pays l'essentiel de son poids.

Au Midi, tout spécialement en Languedoc et en Provence, la taille est plutôt réelle. Impôt foncier perçu sur les biens immobiliers, elle est calculée à partir des déclarations établies dans les registres d'estimes et compoix. À l'instar des principes retenus pour la taille personnelle, la taille réelle n'est perçue que sur les terres roturières. Biens d'Église et biens nobles en sont exempts, même s'ils sont possédés par un roturier, situation qui est de plus en plus courante à partir du début du XIVe siècle. Mais la réciproque ne joue pas pour les biens roturiers. Quelle que soit la qualité de leur propriétaire, ils sont toujours soumis à taxation. Dans la pratique, taille réelle et taille personnelle coexistent souvent. Leurs principes, loin de s'exclure, se complètent.

Aussi longtemps que la taille a dû être négociée avec les États, c'est en accord avec eux que le roi déterminait son montant global, opération qu'il conduisit ensuite, surtout à partir de 1439, avec la seule assistance du conseil. Des lettres patentes font connaître la somme ainsi arrêtée qui pouvait toujours être augmentée, au cas où elle se révélait insuffisante, par une nouvelle taille qualifiée de « crue de taille ».

À partir de là s'opère une répartition successive. On y procède d'abord entre généralités, ces circonscriptions financières qui se fixent progressivement dans le courant du XVe siècle. Vient ensuite, à l'intérieur de chaque généralité, la répartition entre les différentes élections, circonscriptions auxquelles les élus des États généraux de 1345 ont donné leur nom. Elles constituent le cadre à l'intérieur duquel s'opère une nouvelle répartition entre les différentes paroisses.

Enfin, étape ultime, la somme assignée à chaque paroisse doit être répartie entre chaque contribuable. En général, chaque communauté, chaque ville, désigne commissions et agents spécialisés à la fois chargés de recevoir les déclarations des contribuables et d'estimer leurs biens afin de pouvoir procéder, sur les bases de ces données, à la répartition la plus équitable en vue d'établir le rôle de taille.

Document de première importance, il permettait de commencer les opérations de recouvrement qui amorçaient un circuit en sens inverse. Elles sont confiées à des collecteurs ou receveurs désignés dans le cadre de chaque paroisse. Ils se heurtent à de nombreuses difficultés, comme l'atteste le très mauvais rendement de la taille. Bien que les contribuables soient solidairement responsables de son paiement, beaucoup ne paient rien, d'autres ne paient que partiellement et souvent tardivement, si bien que l'impôt rapporte rarement plus de 50 % de la somme escomptée. Les fonds ainsi recueillis sont alors collectés au niveau de l'élection par un receveur royal chargé de les faire transiter vers le Trésor par l'intermédiaire du receveur général.

Les décimes

L'immunité fiscale des clercs, justifiée tout à la fois par leur activité de prière pour l'ensemble du royaume et par l'affectation des biens d'Église au patrimoine de Dieu et des pauvres, ne les fait pas pour autant totalement échapper à l'impôt. Elle les autorise simplement à contribuer selon des règles particulières et dans le cadre d'une fiscalité qui leur est propre : les décimes.

Bien avant l'établissement régulier du fouage et de la taille, le clergé de France comme celui d'autres pays avait été appelé à contribuer aux frais des croisades auxquelles participait le souverain. C'est déjà vrai avec Louis VII en 1146, à l'occasion de la deuxième croisade, situation qui se reproduit identique en 1188 avec Philippe Auguste. Avant d'aller combattre Saladin, il institue la dîme saladine qu'il demande aux clercs de payer pour financer la troisième croisade. Cette dérogation à l'immunité fut parfaitement admise, justifiée qu'elle était par l'idée même de croisade. Mais, pour que les princes n'abusent pas de ce procédé et ne procèdent pas à des levées arbitraires, plusieurs conciles légifèrent. Celui de Latran, en 1179, exige que les subsides soient consentis dans chaque diocèse par l'évêque et le clergé, ce qui revenait à dire que le roi devait obtenir, avant toute levée, le consentement de l'ensemble de son clergé. En 1215, le quatrième concile de Latran va plus loin encore. Tout en maintenant l'obligation du consentement du clergé, il pose le principe d'une autorisation obligatoire et préalable du pape à toute imposition levée par le roi sur les clercs.

Ce régime pratiqué tout au long du XIIIe siècle permet au roi de demander régulièrement des décimes à l'Église. Mais, tout en respectant les règles canoniques, il arrive souvent que les revenus tirés de ces impositions soient détournés de leur but primitif, et ceci d'autant plus facilement que le pape accorde son autorisation d'imposer les clercs pour financer des opérations militaires bien éloignées de la croisade. Avec Philippe le Bel qui prétend se passer de l'autorisation du pape et pouvoir se limiter au consentement de l'Église de France, le régime jusque-là en vigueur est remis en cause. Au terme de violentes crises, Boniface VIII finit par admettre que le clergé de France pouvait consentir à la levée d'un subside sans que le Saint-Siège eût à intervenir, à condition qu'il y ait nécessité urgente pour la défense du royaume. Et comme il laissait le roi de France juge de cette nécessité, il renonçait par là même aux règles strictes posées en 1215. Un nouvel équilibre se trouvait établi qui devait dominer la pratique des XIVe et XVe siècles. La règle du consentement préalable du clergé demeure impérative. Tantôt le roi obtient cet accord en envoyant des commissaires dans chaque diocèse, tantôt il réunit l'assemblée du clergé en lui demandant de voter le subside. Quant à l'autorisation pontificale, elle n'est que très épisodiquement sollicitée. Dans ces conditions, la contribution de l'Église devient régulière et périodique. Philippe le Bel y a recours au moins 33 fois en 29 ans de règne. Le concile de Vienne de 1311, qui octroie six décimes en une seule fois, marque le temps fort de leur histoire. À partir de cette date, un nouvel équilibre s'établit qui fait des décimes une imposition quasi annuelle.

Les modalités de leur assiette et de leur perception sont bien connues. Comme son nom l'indique, la décime *(decima)* est un impôt égal au dixième des revenus nets d'un bénéfice, c'est-à-dire une fois déduites les charges d'entretien du bénéfice et du bénéficier. Dès le XIIe siècle, la papauté avait établi, diocèse par diocèse, un registre des bénéfices qu'elle utilisait pour le calcul de toutes les taxes imposées par elle au clergé. Ce cadastre ou *taxatio* servit aussi à la levée des décimes jusqu'à la fin du XIVe siècle. Sur cette base, on procéda très vite à des estimations forfaitaires et négociées de revenus pour chaque bénéfice. La crise de la seconde moitié du XIVe siècle aidant, ces forfaits furent régulièrement revus et pratiquement réduits de moitié dans les années 1363-1374.

La perception des décimes est souvent source de conflits entre les deux pouvoirs. Dès le début du XIIIe siècle, la papauté avait installé sur l'ensemble de la chrétienté tout un réseau de receveurs. Qualifiés de collecteurs (*collectores*) au siècle suivant, ils sont placés sous la responsabilité du camérier. Agents puissants et redoutés des évêques eux-mêmes, ils sont chargés de percevoir dans leurs collectories — une quinzaine pour la France au XVe siècle — l'ensemble des revenus de la papauté, y compris les décimes. Les tensions sont souvent vives avec les baillis, les sénéchaux, les élus et les généraux des aides qui prétendent, eux aussi, intervenir dans la perception des décimes, au moins pour en contrôler le bon déroulement.

B. La fiscalité indirecte

Comme pour la fiscalité directe, les impôts indirects que le roi réussit à faire lentement accepter prennent lentement la suite des diverses taxes que percevaient les seigneurs. Très vite on les qualifie du terme générique d'*aides* qui, tout en rappelant les *auxilia* de la période féodale, englobent dans une catégorie unique les multiples contributions que le prince impose à ses sujets. Ces premières contributions indirectes sont, en général, des taxes proportionnelles sur la vente des marchandises les plus diverses. La plus célèbre est sûrement la *maltôte* (la « mal levée »), impôt de un denier par livre sur toutes les transactions. Établi par Philippe le Bel, il devait permettre de faire face aux obligations militaires que n'avait pas prévues le droit féodal. Très mal accepté et difficile à percevoir, il se révèle être un impôt peu commode. Pour toutes ces raisons, la royauté renonça à taxer les transactions en général et choisit de limiter l'impôt indirect à la circulation et au commerce de certaines marchandises. Dans le maquis de cette fiscalité indirecte qui se met en place tout au long du XIVe siècle, trois grands impôts dominent : les aides, la gabelle et les traites.

• *Les aides*

Abandonnant progressivement son sens féodal, le mot « aides » sert à désigner à partir du milieu du XIVe siècle tout impôt indirect perçu à l'occasion du transport ou de la vente de certaines denrées. Le premier grand impôt de ce type fut voté par les États généraux de 1355. Ils accordèrent au roi le droit de taxer, sur l'ensemble du royaume, la vente de certaines marchandises dont ils lui laissaient le soin d'arrêter la liste par ordonnance. Le taux en était fixé par eux à huit deniers par livre, soit un trentième du prix. Très impopulaire tant en raison des difficultés de sa perception que parce qu'il frappait également toutes les catégories sociales, les États de 1356 ne le renouvellent pas et lui préfèrent la taille.

Ceux de 1360, confrontés au difficile problème de réunir des fonds pour payer la rançon de Jean le Bon, acceptent que le souverain établisse, par ordonnance du 25 septembre 1360, une aide sous forme d'impôt indirect. « Aide de la délivrance », elle s'inscrivait encore dans un contexte tout féodal. Impôt sur la vente des marchandises, son taux est fixé à douze deniers par livre, soit un vingtième du prix. Il fut levé aussi longtemps que nécessaire pour payer la rançon, puis perçu à nouveau à partir de 1369, quand reprit la guerre. Qualifié alors d'« aide de la guerre », supprimé par Charles V sur son lit de mort mais aussitôt rétabli, il finit par devenir permanent à partir de 1436 après avoir été perçu presque sans interruption jusqu'à cette date. Certaines provinces, en particulier celles du Midi, réussirent très tôt à s'exempter des aides. Ce fut le cas notamment en Languedoc où les États obtinrent, dès 1361, la possibilité de racheter les aides en payant un impôt direct, l'*équivalent des aides*, qui se rajouta à la taille.

L'assiette des aides était extrêmement large. Objets et denrées non frappés sont presque l'exception. En tout premier lieu, viennent tous les produits destinés à l'alimentation, avec une prédilection particulière pour les boissons et tout spécialement le vin, qu'il soit vendu en gros ou au détail. Grains et farines arrivent aussi en bonne place dans cette première catégorie. Viennent ensuite les animaux et tout spécialement ceux qui sont « à pied fourché », tels les moutons, bœufs, veaux et porcs. Tout ce qui servait aux vêtements était aussi très régulièrement taxé, en particulier les laines et les cuirs. Enfin, tous les matériaux qui entraient dans la construction, bois, pierre, ardoises et métaux, subissaient aussi les rigueurs du fisc.

• *La gabelle*

Utilisé à l'origine pour qualifier n'importe quel impôt sur la consommation — grain, huile et vin, par exemple —, le terme « gabelle » prend un sens précis dans les premières décennies du XIVe siècle au fur et à mesure que la royauté organise et contrôle le commerce du sel. Il sert alors principalement à désigner le droit perçu par le roi à l'occasion de la vente ou de la consommation du sel.

En 1315, Louis X intervient pour réguler le trafic et contrôler la répartition du sel à travers le royaume en période de pénurie. Pour l'heure, il ne songe pas à taxer ces transactions, mais simplement à lutter contre la spéculation qui sévit en période de pénurie. En 1331, Philippe VI transforme cette régulation en contrôle doublé d'une exploitation fiscale du trafic. Ce dispositif est complété par un nouveau train de mesures, en 1341 et 1343. D'abord limitées au domaine, ces dispositions ne sont pas soumises à l'approbation des États généraux. À Paris, sous la pression des besoins financiers, les États de langue d'oïl les étendent en 1355 à tous les pays du Nord, ce que font en 1369 les États de langue d'oc pour les provinces du Midi. D'abord temporaire, la gabelle devient rapidement permanente. Réorganisée par une ordonnance de 1383, elle est alors pleinement acceptée.

Toute l'organisation repose sur la création d'entrepôts royaux, les greniers à sel, placés sous le contrôle d'agents royaux, les grenetiers. Tout marchand de sel doit obligatoirement y déposer sa marchandise. Le sel est alors mis en vente par les grenetiers en fonction de la demande et, aussi, de son ordre d'arrivée dans les dépôts. Les consommateurs ne peuvent s'approvisionner en dehors des greniers où le prix est fixé par ordonnance avec prélèvement automatique de droits au bénéfice des marchands et d'une taxe supplémentaire pour le compte du roi. Elle constitue l'impôt sur le sel. Généralement très lourde, elle est fixée au cinquième du prix de la marchandise en 1360 pour varier régulièrement par la suite, selon les régions et en fonction de la facilité d'approvisionnement. Dès la fin du XIVe siècle, le roi prélève en moyenne 55 % sur le prix de vente, 45 % seulement revenant au marchand qui encaisse un bénéfice effectif d'environ 15 %.

De manière générale, la gabelle est moins élevée dans le Midi, en particulier dans les pays de langue d'oc qualifiés de « pays de petite gabelle ». Dans le Nord, ou « pays de grande gabelle », le régime beaucoup plus rigoureux y est encore aggravé par l'obligation faite à chaque chef de famille d'acheter une quantité minimale de sel qualifiée de « sel du devoir ». À cette diversification, qui alourdit considérablement les transactions, s'ajoute l'exemption de toutes les provinces qui, parce qu'elles se trouvaient sous l'autorité d'un duc ou d'un comte sous le règne de Jean le Bon — Bretagne, Bourgogne, Flandre et Artois —, avaient échappé pour cette raison à l'impôt sur le sel. Cette complexité liée à la lourdeur de la taxe facilite la fraude ou faux-saunage, tout aussi difficile à mettre en évidence que sévèrement combattu.

• *Les traites*

Taxes perçues sur les marchandises lorsqu'elles franchissent une frontière du royaume ou une zone de démarcation intérieure au royaume, les traites ont une double origine, domaniale et régalienne. L'étymologie du terme est très évocatrice. Dans la langue du XIVe siècle, le verbe « traire » (tirer) est très souvent employé chaque fois qu'une taxe est perçue à l'occasion d'un transport, d'un déplacement de marchandise. On parle ainsi des taxes levées sur « les vins qui sont traiz » ou sur les « laines qui sont traites ou menées hors du royaume ». À partir de ces expressions, le mot « traite » devient un substantif, on parle alors de « droit de traicte sur les vins » ou, plus simplement, de « traicte des vins » et de la « traicte des blés » par exemple.

Ce type d'imposition, toujours perçue au moment où les marchandises et produits taxés quittent leur territoire d'origine, s'explique par les conceptions économiques médiévales. On estimait que tout domaine devait se suffire à lui-même, et qu'en conséquence tout ce qui sortait du territoire — en particulier les produits de première nécessité — entraînait une diminution de ses réserves et de sa richesse. Le même raisonnement était conduit à propos de l'or et de l'argent. Dans ces conditions, la taxation des produits et marchandises à leur sortie apparaissait comme un indispensable moyen pour en diminuer l'exportation. L'assiette de cette imposition est extrêmement large : denrées ou animaux nécessaires à l'alimentation (blés, orges, avoines, légumes, vins, bestiaux), matières premières ou manufacturées indispensables à la fabrication des vêtements (laines, draps, pelleterie, toiles), métaux de première nécessité (fer, cuivre, étain, plomb) ainsi que tout le matériel militaire.

Sur ces bases, les traites s'organisent autour d'un double mode de taxation. La première ligne douanière que produits et marchandises ne doivent pas franchir sous peine d'être taxés, correspond aux frontières du royaume dont elle épouse la géographie capricieuse et variable tout au long des XIVe et XVe siècles. C'est avec l'ordonnance de février 1305 que Philippe le Bel met en place ce nouveau système de taxation. Interdiction est faite d'exporter, sans permission spéciale, une longue liste de denrées, de matières premières et de matériel d'armement. Cette interdiction, qui n'était que de principe, pouvait être levée à condition d'en faire la demande expresse et moyennant paiement d'une taxe. Afin de faciliter l'application de cette nouvelle réglementation, il fut décidé que les exportations ne pouvaient se faire désormais qu'en empruntant certains ports ou certains passages installés le long des frontières. Des « maîtres des ports et passages » reçurent mission de les surveiller et d'accorder des permis d'exportation moyennant paiement de taxes.

Ce régime douanier se double progressivement, au XVe siècle, d'un complexe réseau de taxation interne lié à l'existence de multiples barrières intérieures. Leurs origines sont diverses, mais leur existence s'explique principalement par le régime fiscal très spécifique du Languedoc. Quand, au lendemain de la défaite de Poitiers (1356), furent établies les aides pour le paiement de la rançon du roi Jean le Bon et l'achèvement de la guerre, les pays de Languedoc refusèrent de s'y associer tandis que ceux du Nord les votèrent. À partir de ce moment-là, toutes les régions du Midi furent réputées étrangères par rapport au système fiscal en vigueur partout ailleurs dans le royaume. En conséquence, et en compensation des aides qu'elles ne payaient plus, elles furent soumises à un régime de traites pour toutes les denrées et marchandises exportées chez elles. Dans ces conditions, s'établit une frontière fiscale entre pays assujettis au droit d'aide et pays qui n'y étaient pas soumis. Des bureaux y furent institués, investis d'un double pouvoir de contrôle sur la circulation des marchandises et aussi de perception des traites qualifiées souvent de traites foraines ou imposition foraine. À la fin du XVe siècle, cette frontière fiscale qui coupait en deux le royaume suivait en gros les limites sud des élections de Saintonge, Angoumois, Périgord, Bas-Limousin, Haut-Pays d'Auvergne, Forez et Lyonnais. Il en résulta une géographie fiscale extrêmement embrouillée et tout à l'image de la complexité de l'administration financière.

4. L'administration des finances

D'abord strictement domaniale, l'administration des finances n'a d'autre mission que de centraliser et gérer les finances ordinaires que procurent au roi son domaine et ses revenus. La timide affirmation de l'impôt royal à partir du règne de Philippe

Auguste, puis son triomphe tout au long du XIVe siècle, nécessitent la mise sur pied d'une administration parallèle pour percevoir et gérer les fonds considérables que permet de drainer la nouvelle fiscalité. À finances extraordinaires, administration extraordinaire dont les rouages très spécifiques imposent que soit tenté, à la fin du Moyen Âge, un rapprochement entre ces deux administrations.

A. L'ADMINISTRATION DES FINANCES ORDINAIRES

Jusqu'au règne de Philippe le Bel, les finances ordinaires de la royauté, principalement composées du numéraire encaissé par les agents de l'administration domaniale, ne justifient pas que soient mis en œuvre d'importants moyens de gestion. Confié par Louis VII à la maison parisienne de l'ordre du Temple, le Trésor royal reste sous sa garde jusqu'en 1295, date à laquelle Philippe le Bel le transfère au Louvre. Cette décision visait simplement à régulariser une situation qui faisait échapper à l'administration royale la gestion de revenus encaissés par le roi. Les pressions exercées sur Philippe le Bel par l'entourage de financiers qui l'assistent n'est sans doute pas étrangère à cette mesure. Les deux frères et banquiers lombards Albizzo et Musciato Guidi, plus connus sous les noms de Biche et Mouche, semblent bien avoir joué un rôle déterminant. Malgré le retour du Trésor au Temple en 1303, une évolution durable est amorcée puisque le roi y installe ses propres trésoriers. L'arrestation des Templiers en 1307 ne la ralentit pas, même s'il faut attendre l'année 1317 pour que s'opère le retour définitif du Trésor au Louvre. Mais, dès 1295, la structure administrative royale chargée du Trésor avait commencé à prendre forme avec des administrateurs qui se différencient nettement des comptables.

• *Les administrateurs : les trésoriers de France*

Avec la réforme de 1295, deux, trois ou quatre trésoriers selon le moment, sont investis d'une mission de gestion des finances ordinaires. À partir de 1340, ils sont assistés de deux clercs qui contresignent quittances et décharges. Ce collège agit collectivement pour toutes décisions et opérations importantes, mais se partage en général les tâches de gestion courante en fonction des nécessités et des capacités de chacun. Puis une hiérarchie se dessine, qui vaut à l'un des trésoriers le titre de « souverain établi sur les trésoriers ». Plus spécialement investi de la garde du Trésor, il demeure à Paris, assisté d'un « clerc du Trésor » et d'un caissier qualifié de « changeur du Trésor », tandis que ses collègues effectuent des chevauchées régulières dans le domaine dont ils sont les administrateurs. De 1443 à 1445, Charles VII réforme ce système beaucoup trop lourd. Le nombre des trésoriers se stabilise à quatre tandis que le royaume est divisé en quatre régions qui leur sont affectées : Languedoc, Languedoïl, Normandie et Outre-Seine. Le collège ne disparaît pas pour autant, mais chaque trésorier doit en priorité s'occuper du ressort qui lui est confié. Les régions par la suite rattachées à la couronne — Guyenne, Bourgogne, Picardie, Artois, Dauphiné, Provence et Bretagne — sont soumises à un régime particulier au fur et à mesure de leur rattachement.

La compétence des trésoriers est très large. Ils sont d'abord des administrateurs et des surveillants du domaine. À ce titre, ils doivent veiller à sa mise en valeur et décider des modes d'exploitation des biens domaniaux en choisissant le système qui leur paraît le plus approprié. S'ils optent pour la régie, ils désignent les commissaires qui en sont chargés et qui doivent leur rendre compte de toutes leurs opérations. S'ils ont recours à l'affermage, ils choisissent les fermiers, déterminent les conditions du contrat et veillent à sa bonne exécution. Mission leur est confiée de surveiller le domaine à l'occasion de tournées régulières et de sanctionner toute usurpation qu'ils pourraient constater.

Entre aussi dans leurs attributions le soin de préparer annuellement un «état approximatif» portant prévision des recettes à encaisser dans les divers bailliages, ainsi que les dépenses à prévoir. Cet état prévisionnel était envoyé au début de l'exercice financier à chaque receveur qui devait remettre, au terme de l'année financière et au trésorier dont il dépendait, l'état au vrai. Ce document faisait apparaître la situation précise de sa gestion et de son bilan. Sur ces bases, un contrôle très strict de la comptabilité pouvait être exercé.

Les trésoriers sont aussi d'efficaces intermédiaires pour tous les paiements que le roi assigne sur les finances ordinaires. Le roi leur adressait ses ordres de paiement en leur demandant de les faire exécuter par le receveur central du Trésor. S'ils estimaient que ces ordres n'étaient pas fondés, ou allaient à l'encontre de quelque grand principe, ils étaient habilités à adresser au roi des remontrances. Dans le cas contraire, ils joignaient à l'ordre de paiement leur «attache», c'est-à-dire l'injonction qu'ils faisaient au receveur de payer. Bien que n'étant investis d'aucune fonction contentieuse, les trésoriers sont régulièrement appelés à la Chambre des comptes, tout au long de la première moitié du XIVe siècle, chaque fois que doit être clos un compte. Il y avait là une source constante de conflits qui conduisit à organiser progressivement une instance spécialement chargée du contentieux des finances ordinaires, la Chambre du trésor, qui fut officiellement instituée en 1390 au terme d'une longue évolution. Dépouillés de toute compétence en matière contentieuse, les trésoriers assurent donc l'essentiel de la gestion du domaine, aidés en cela par les officiers ordinaires du roi, prévôts, baillis et sénéchaux qui réglaient, sous leurs ordres, toutes les questions de détail au niveau local.

• *Les comptables : receveurs et changeur du Trésor*

Investis de la responsabilité du maniement des fonds, ils interviennent à deux niveaux différents, local et central.

À l'échelon des bailliages et des sénéchaussées, baillis et sénéchaux n'assurent seuls que pendant la première moitié du XIVe siècle l'ensemble des opérations touchant à la gestion domaniale. Ils se déchargent rapidement de cette fonction sur des receveurs, comme le sénéchal de Carcassonne dès 1247. Du Midi, cette pratique gagne le Nord où les receveurs se multiplient en 1292, 1295, 1296 et 1298. Au début, les receveurs se limitent à dresser leurs comptes au nom du sénéchal ou du bailli, puis ils en font simplement mention en rappelant qu'ils sont en fonction avant d'agir eux-mêmes, sans lien aucun avec leur supérieur hiérarchique. En 1305, ils sont déclarés personnellement responsables de leur gestion, évolution qu'entérine et achève une ordonnance de janvier 1320.

Elle enlève toute compétence en la matière aux baillis et sénéchaux en défendant que « nul ne bailly ne senechal, ne aultre official du roy ne recoive riens, fors que les receveurs a ce établis ». Deux autres ordonnances, de mars et de mai de la même année, leur ordonnent de remettre immédiatement à leurs receveurs tous les documents financiers en leur possession, stipulent que leurs gages leur seront désormais versés par ces mêmes receveurs dont le statut est définitivement fixé avec, en particulier, obligation de rendre compte chaque fois que la Chambre des comptes leur en intime l'ordre. Au terme de cette évolution, baillis et receveurs devenaient de simples ordonnateurs des dépenses que pouvaient, désormais, seuls exécuter les receveurs. Comptables aussi des recettes, les receveurs devaient en envoyer l'excédent au Trésor royal en fin d'exercice. Ainsi se trouvait consacrée la séparation des fonctions entre ordonnateurs et comptables.

Le second échelon dans le maniement des fonds est atteint quand ils sont déposés au Trésor royal, entre les mains du receveur central ou changeur du Trésor, qui centralise tout le revenant-bon de l'ordinaire. Sur ces fonds, certaines dépenses sont immédiatement imputées, tandis que d'autres sont effectuées par le changeur du Trésor lui-même chaque fois qu'elles lui sont prescrites par des assignations que lui adressent les trésoriers de France.

B. L'ADMINISTRATION DES FINANCES EXTRAORDINAIRES

Elle prend lentement forme en liaison avec la généralisation de l'impôt dont l'administration domaniale peut assurer la perception. Il y eut un long temps d'hésitation pendant la première moitié du XIVe siècle. Tantôt le roi demande aux seigneurs de lever eux-mêmes, mais pour son compte, des impôts sur leurs propres vassaux, tantôt il procède lui-même à cette perception qu'il confie à ses officiers. Mais ce n'était là qu'un pis-aller, les agents domaniaux ne pouvant assumer une tâche aussi lourde. Dès que le roi cesse de demander l'impôt de manière individuelle à chacun de ses vassaux pour le négocier avec les États généraux ou les États particuliers, le problème de la levée de cet impôt désormais consenti se pose avec acuité, tout comme se pose aussi le contrôle de l'utilisation des fonds collectés. Dans un premier temps, qui couvre la seconde moitié du XIVe siècle, les États mettent sur pied leurs propres organes de perception et de gestion. Ils sont à l'origine de l'administration royale de l'extraordinaire.

• *La genèse du système*

La seconde moitié du XIVe siècle est caractérisée par le passage progressif d'une administration des finances extraordinaires créée et contrôlée par les États, à une administration d'État. Dès 1355, les États de langue d'oïl établissent pour l'impôt une administration complètement distincte de celle du Trésor. Ils désignent eux-mêmes les agents qui la composent, en les choisissant dans les trois ordres. Neuf « généraux superintendants » coordonnent l'action des agents qui leur sont subordonnés : les élus. Ils sont ainsi qualifiés parce qu'ils sont effectivement élus par les États pour s'occuper de la levée de l'aide, au même moment octroyée au roi. Et comme ils sont placés à la tête des différentes circonscriptions qui leur sont affectées, elles prennent le nom d'*élection*. L'action de ces nouveaux agents, qui assuraient des fonctions d'administrateur et d'ordonnateur ne tarde pas à être prolongée par celle des comptables. Les généraux superintendants sont doublés par un receveur général qui joue un rôle identique à celui du changeur du Trésor pour les finances ordinaires, tandis que des receveurs particuliers, comparables aux receveurs ordinaires des bailliages, assurent aux côtés des élus toutes les responsabilités comptables.

Comme les États ne siégeaient pas en permanence, mais que l'impôt devenait cependant de plus en plus régulier, cette nouvelle administration connaît la même évolution qui la fait progressivement passer sous le contrôle du roi. Chaque fois qu'un poste d'élu ou de receveur devient vacant, il procède lui-même aux nominations qui s'imposent, sans en référer toujours aux États. Toutes les charges extraordinaires passent ainsi progressivement sous son contrôle. Les généraux superintendants qu'il désigne prennent le nom de généraux des finances et les « élus de par les trois États » demeurent les « élus par le roi ». Receveur général et receveurs particuliers se coulent aussi dans le moule de cette administration royale, tout au moins pour l'ensemble des pays de langue d'oïl. En Languedoc, l'évolution est plus tardive dans la mesure où les États sont plus régulièrement convoqués. Le système de l'élection y est introduit beaucoup plus lentement et demeure souvent calqué sur la géographie féodale. Signe de leur attachement aux structures administratives et fiscales traditionnelles, les pays du Midi revendiquent l'appellation de « pays d'états », alors que ceux du Nord sont qualifiés de « pays d'élection », même si les États y sont parfois très actifs, comme en Normandie ou en Bourgogne.

• *Les grands mécanismes*

Comme pour les finances ordinaires s'affirme, dès les années 1350, la distinction entre les administrateurs et les comptables. Déjà les États de 1355 se montrent très soucieux d'établir cette séparation.

Les administrateurs

Le double degré qui se met en place pour les finances ordinaires se retrouve dans les structures des finances extraordinaires.

À l'échelon supérieur, les généraux des finances ont un rôle identique à celui des trésoriers de France et leur histoire est en tous points semblable. Neuf au moment de leur création, ils ne sont plus que cinq en 1383. Leur effectif se stabilise à quatre sous le règne de Charles VII, comme pour les trésoriers de France. Comme pour eux, le royaume est divisé en quatre circonscriptions, les *généralités*, dont les limites coïncident avec celles des quatre trésoreries. Placés à la tête des généralités, ils y assurent la totalité des responsabilités qu'impliquent la prévision et la gestion de l'extraordinaire.

À ce titre, ils sont chargés de préparer en début d'année un projet de budget. Il s'agit d'un état estimatif dans lequel sont détaillées les recettes et dépenses envisagées. En fin d'exercice, ils reçoivent des receveurs l'état au vrai établi dans le cadre de chaque élection, ce qui leur permet de dresser un bilan définitif de l'exercice financier sur l'ensemble de la généralité. Ce contrôle général des finances de la généralité se double d'une fonction plus précise d'administration et de surveillance de tout le système fiscal, qu'il s'agisse de la répartition de la taille dans le cadre de chaque élection ou de l'approbation des baux conclus par les élus pour la ferme des aides. Enfin, vérifier les mandats de paiement que le roi assigne sur les finances extraordinaires entre aussi dans les attributions des généraux des finances. Ils sont ainsi amenés à contrôler l'utilisation des fonds. En conséquence, chaque fois qu'une dépense ne leur paraît pas régulière, ils peuvent refuser d'y apposer leur attache et faire connaître au roi, par le biais de remontrances, les raisons de leur attitude. Cet ensemble de missions très lourdes leur imposait une présence constante sur le terrain, assortie de chevauchées et de visites régulières auprès de tous les agents qui leur étaient subordonnés.

Ces officiers subalternes qui constituent l'échelon inférieur sont nombreux en raison de l'extrême variété des ressources qui composent les finances extraordinaires. Les plus importants sont les élus. À la tête de leur élection, ils ont pour mission essentielle de gérer la taille, depuis sa répartition entre les paroisses jusqu'à l'établissement définitif du rôle, qu'ils doivent obligatoirement approuver. S'ils n'interviennent pas directement à l'intérieur des paroisses pour ces opérations, ils veillent cependant à ce que le travail des asséeurs et des receveurs municipaux soit correctement exécuté. Leur compétence s'étend aussi aux aides qu'ils ont mission d'affermer par voie d'enchère au plus offrant et dernier enchérisseur. En l'absence de candidat ou à défaut de fermier « suffisant », ils étaient autorisés à confier à des commissaires le soin de lever les aides en régie. Leurs interventions sont beaucoup plus limitées pour la gabelle dont la gestion est principalement aux mains des receveurs, tout comme pour les traites laissées à la compétence des maîtres des ports et passages.

Les comptables

La séparation des fonctions entre administrateurs et comptables est strictement observée, sauf pour les grenetiers qui, tout en administrant, manient aussi leurs fonds. Tous les autres officiers qui interviennent dans l'administration des finances extraordinaires n'exercent aucune fonction comptable. Pour cela, ils sont systématiquement assistés de receveurs.

Au niveau de l'élection, chaque élu est doublé d'un receveur des tailles et d'un receveur des aides. Il arrive souvent que ces deux offices soient confiés à un même agent, sauf dans les élections les plus importantes. À l'échelon central, tous les généraux des finances sont assistés de receveurs généraux des finances qui jouent un rôle identique à celui du changeur du Trésor pour les finances ordinaires. Au nombre de quatre, chacun est placé à la tête d'une généralité. Ils centralisent l'ensemble des revenus que leur font parvenir receveurs des tailles, receveurs des aides et grenetiers. Ils ont aussi mission d'effectuer tous les paiements, à partir des mandats du roi que leur adressent les généraux des finances après les avoir visés.

Liée à la vieille distinction de l'ordinaire et de l'extraordinaire, cette dualité de l'administration financière en fait un ensemble complexe et difficile à maîtriser en l'absence d'une direction unique. Face aux problèmes quotidiens qui en résultaient, on s'efforce dès le début du XVe siècle d'établir des liens entre les deux services. L'habitude progressivement prise de qualifier, globalement, trésoriers de France et généraux des finances de « Messieurs des finances » traduit bien cette volonté. Toujours auprès du roi quand ils n'étaient pas appelés à chevaucher, ils sont souvent réunis ensemble pour constituer une sorte de conseil commun des finances qui fonctionnait parallèlement au Conseil du roi. À l'occasion de ces réunions, ils délibéraient des problèmes généraux posés par l'ensemble de la gestion financière, et établissaient chaque année un « état général des finances ». État prévisionnel, il englobait dépenses et recettes de l'ordinaire et de l'extraordinaire, pour donner une vue globale de la situation financière du royaume. Enfin, la Chambre des comptes à Paris, puis celles qui sont progressivement organisées en province, le plus souvent à partir de Chambres des comptes princières à l'occasion de la réunion des grands fiefs à la couronne, constituent d'incomparables points de rencontre entre les deux administrations dans la mesure où elles ont compétence pour vérifier toute la comptabilité, aussi bien de l'ordinaire que de l'extraordinaire.

IV. ADMINISTRATION ET DÉFENSE DU ROYAUME

Plus les limites du domaine tendent à se confondre avec celles du royaume, plus les structures héritées de la période féodale se révèlent inadaptées. Caprices de la géographie seigneuriale et éclatement territorial né de l'exercice féodal du pouvoir freinent la renaissance de la souveraineté, bloquent la reprise en main du territoire qu'en espère le roi et contrarient l'action de ses agents.

Voilà pourquoi à un pouvoir central qui cherche, dès le règne de Philippe Auguste, à faire triompher partout sa suprématie, s'impose d'abord la nécessité de connaître et de maîtriser au mieux l'espace qu'il prétend contrôler (1) avant de parvenir à le quadriller de ses structures et de ses hommes (2) pour en assurer efficacement la défense (3). Autant de missions qui rendent nécessaires le recrutement et la formation de tout un personnel qualifié (4).

1. Connaissance et maîtrise de l'espace

Au fur et à mesure que s'élargit le domaine royal et que passent sous contrôle direct des agents du prince des territoires toujours plus nombreux et plus vastes, le roi et ses administrateurs se doivent de mieux les connaître et d'en fixer autant qu'il est possible les limites. Au monarque se pose aussi le problème de choisir les lieux les plus favorables à l'exercice du pouvoir et à l'implantation de tous les services centraux.

A. CONNAÎTRE ET DÉLIMITER L'ESPACE

• *Un territoire connu : du voyage à l'enquête*

Avant de désigner le territoire capétien, le terme *Francia* a été utilisé pour nommer des réalités géographiques diverses. Ce n'est qu'à partir du règne de Philippe Auguste que prend lentement corps la notion d'unité et de territorialité du royaume qualifié alors de *regnum Franciae* et dont on dit qu'il a à sa tête un *rex Franciae* et non plus un *rex Francorum*. Ainsi, tout au long de la seconde moitié du XIIIe siècle, la France est de plus en plus perçue comme un espace qu'il convient de connaître et de maîtriser afin de le rendre plus homogène. Ce souci de la connaissance du territoire, toujours plus présent au XIVe siècle et davantage au siècle suivant, se manifeste doublement.

Tout d'abord par la volonté constante des souverains de s'informer eux-mêmes en parcourant le royaume. Le voyage royal qui devient un instrument politique apparaît, tout autant, comme un moyen pour le souverain et son entourage de mieux connaître le territoire. Il n'y a certes pas là nouveauté. De tout temps, l'errance royale a dominé l'institution. Mais elle avait avant tout pour justificatif la visite du roi à ses vassaux et la nécessité dans laquelle il se trouvait de consommer sur place une partie des produits et des revenus. Désormais, le voyage royal vise à se familiariser avec l'espace, à s'en approprier en quelque sorte toutes les données géographiques, afin de mieux les fixer dans la mémoire de l'État.

Très significatif à cet égard est le voyage de Philippe le Bel en 1303-1304 dans un Midi encore mal intégré au domaine et que dominent les luttes religieuses. À côté de l'aspect répressif du voyage, le souci du souverain de se familiariser avec ce territoire transparaît constamment, surtout quand il reçoit à Toulouse les ambassades de plusieurs villes afin de s'informer des réalités du pays. En tous points semblable, le long voyage que fait Charles VI en Languedoc en 1389-1390 lui permet de mieux connaître cette vaste région, surtout lorsque séjournant à Toulouse, pendant près de six semaines, il prend tout son temps pour se faire expliquer, afin de mieux les régler, tous les problèmes de la région. Stratégie de légitimation et d'affirmation du pouvoir, le voyage du souverain est aussi devenu moyen de connaissance du territoire et de perception des hommes qui l'habitent.

Il en était un second que le monarque et ses agents commencent à utiliser largement : l'enquête. Elle permet d'aller plus loin que le voyage en collectant des informations et, surtout, en les fixant afin de pouvoir dominer l'enchevêtrement des droits. Seul l'écrit autorise à démêler et dominer un tel maquis. Déjà Philippe Auguste, très fortement influencé par les pratiques administratives anglaises, fait réaliser les premières *inquisitiones* au lendemain de l'annexion de la Normandie afin d'en évaluer les ressources. Tout au long de son règne, il fait ainsi procéder régulièrement à plus d'une centaine d'enquêtes qui recensent partout dans le royaume terres et droits, biens et revenus. Cette préoccupation, avant tout fiscale et financière, devait dominer toutes les opérations du même type conduites jusqu'à la fin du Moyen Âge.

Dans une optique toute différente se place la grande enquête que saint Louis ordonne en 1247 à la veille de son départ pour la croisade. Si elle a avant tout pour but de connaître les abus des administrateurs et de les réparer, elle n'en témoigne pas moins de cette volonté royale désormais clairement affichée de connaître, de répertorier et de classer tout un ensemble de données, et cette fois à l'échelle de tout le territoire. Il s'agit, avant tout, de construire une véritable mémoire de l'État. Cette expérience, exceptionnelle dans son ampleur, devait progressivement devenir une voie normale d'action de l'administration monarchique, tout spécialement avec la mise sur pied des enquêteurs-réformateurs qui conduisent plus d'une centaine d'enquêtes de 1254 à 1328 afin de mieux connaître, mais aussi de mieux défendre les droits du roi, d'établir les limites des circonscriptions administratives ou de dresser un inventaire détaillé de ses capacités démographiques et fiscales.

Tel est l'objet de la minutieuse enquête — *Les paroisses et les feuz des baillies et sénéchaussées de France* — réalisée en 1328, sans doute destinée à faire connaître au nouveau roi Philippe VI les ressources de toutes les seigneuries laïques et ecclésiastiques de son royaume, à l'exception de celles des grands fiefs (Bretagne, Guyenne, Flandre) et des duchés-pairies. Exceptionnel inventaire de toutes les paroisses et de leurs feux, il fait la synthèse de multiples opérations locales de recensement pour donner une excellente image du tissu urbain et démographique du royaume. Avec ce document, malheureusement mal tenu à jour par la suite, s'essoufflent les grandes enquêtes du Moyen Âge qui, toutes, témoignent d'un souci constant de mieux cerner un territoire dont les limites se fixent progressivement.

• *Un territoire circonscrit : de la limite à la frontière*

Ce goût pour la connaissance de l'espace à travers la confection de listes et de descriptions savantes fixe le territoire en le mémorisant, sans pour autant aboutir à une représentation figurée. Pendant longtemps, administrateurs, agents du fisc et voyageurs se sont bornés à utiliser, pour leurs déplacements, des suites de noms et des répertoires de renseignements pratiques qui leur permettaient de se repérer. La représentation médiévale de l'espace ne débouche que tardivement sur des cartes faisant apparaître des limites clairement fixées. Sans doute parce qu'elles étaient à la fois trop nombreuses et trop enchevêtrées, trop liées aussi aux zones d'influence héritées de la féodalité et à la multiplicité des ressorts administratifs, financiers et judiciaires qu'elles avaient engendrés.

Au XVe siècle, il a peut-être existé des cartes régionales de la France comme l'atteste cet ordre donné par Charles VII en 1423 d'établir l'inventaire de ses héritages dauphinois et d'en dresser une carte. Mais aucune ne nous est parvenue. Néanmoins, la volonté de saisir l'espace dans un ensemble plus vaste et de lui donner forme à l'intérieur de limites, débouche sur des réalisations concrètes à l'extrême fin du Moyen Âge. Elles prennent appui sur deux traditions bien différentes. La première est celle des cartes-portulans dont la confection est liée au développement de la navigation maritime à partir du XIIIe siècle. Négligeant l'intérieur des terres, elles s'attachent principalement à connaître et à dessiner le littoral. La seconde est liée à la redécouverte de la *Géographie* de Ptolémée, à la fin du XVe siècle, en Italie. À côté des multiples techniques qu'elle fait connaître, elle donne une représentation de la Gaule qui, bien que très imparfaite, figure l'ensemble de son territoire. Mettant à profit ce double apport, Bernardo Silvano dessine en 1511 une des premières représentations satisfaisantes de la *Gallia*. En 1525, Oronce Fine emboîte le pas avec sa *Charte gallicane* qui apporte d'importants compléments aux travaux de ses prédécesseurs. C'est donc à partir de traditions diverses que se dessine lentement, dans les dernières décennies du XVe siècle, la carte de France avec ses limites. Toujours plus précises, elles finissent par devenir frontières.

Tout au long de la période féodale, la géographie politique étroitement calquée sur celle des seigneuries cloisonne jusqu'à l'éclatement les terres et les hommes. Le jeu de l'hommage multiplie à l'infini les sphères d'exercice du pouvoir dont les limites comptent bien davantage, pour ceux qui lui sont soumis, que les franges extérieures du royaume. Ces limites extérieures ne sont pas aussi mouvantes et imprécises qu'on l'a cru pendant longtemps mais, enchevêtrées et complexes, il faut pour les repérer sur le terrain, les fixer par des signes et des bornes.

Ainsi conditionnés, les Français du XIIe siècle sont particulièrement sensibles à la notion de territoire délimité. Si bien que, au fur et à mesure que l'État se dégage de ses formes féodales, l'idée de limites politiques propres à circonscrire l'action de la souveraineté royale leur devient rapidement familière. De plus en plus politiques à partir du XIIIe siècle, puis surtout au siècle suivant, ces limites sont aussi linguistiques, qui marquent cette France et son territoire sur lequel on parle la langue française. Et comme la nation se définit avant tout par la langue, c'est dire que la langue française constitue le ciment de la nation française et qu'en conséquence, le royaume de France doit s'étendre jusqu'aux limites de la nation française. Appelée à jouer un rôle déterminant, la limite linguistique attire à elle la limite politique.

Cette limite politique — frontière de souveraineté et de pouvoir — se fait aussi fiscale à partir du règne de Philippe le Bel qui ajoute aux principales taxes intérieures, des taxes sur l'entrée et la sortie des marchandises du royaume. Mettre en œuvre cette politique conduit à multiplier, aux limites du royaume et sur les principales voies de passage, des postes de contrôle qui contribuent à lentement figurer une véritable ligne. Politique, fiscale, cette limite devient également militaire. Aux places fortes disséminées partout sur le territoire à l'époque féodale, succèdent des ouvrages fortifiés pour arrêter les ennemis aux franges du royaume. Cette évolution se cristallise avec la guerre de Cent Ans. La nécessité de «faire frontière» conduit à construire, partout où la limite est menacée, des places fortifiées qualifiées dès la fin du XIVe siècle de «frontières». Alors, prend corps la frontière, qu'elle soit naturelle en tenant compte des données du relief propres à fixer des limites nettes ou favoriser la défense — val, crête, rivage, fleuve —, ou simplement linéaire et artificiellement dessinée en fonction des rapports de force et des nécessités de la défense. Peu importe, la frontière sert désormais à fixer un territoire connu dont la vie s'organise autour d'un ou plusieurs lieux de pouvoir.

B. RÉSIDENCES ROYALES ET CAPITALE

C'est davantage autour du domaine royal et des institutions monarchiques que d'une capitale que s'est construit l'État tant le pouvoir, ses symboles, ses institutions et son chef sont en prise avec des lieux divers jusqu'à la fin du Moyen Âge. Depuis le début du XIIe siècle, Reims est la ville incontestée du sacre, Saint-Denis celle des funérailles et Paris le pôle de l'administration royale, même si le roi n'y réside pas en permanence.

Louis VII l'avait préféré à toute autre ville et Philippe Auguste, dans son souci de construire l'État, lui donne en moins de vingt ans les fonctions d'une vraie capitale, en y fixant les institutions centrales — Chancellerie, Comptes et Trésor — qui gravitent autour de la *curia*. Il contraint les officiers royaux à venir y rendre des comptes périodiques. Et, comme pour accentuer encore cette centralisation, il construit la grosse tour du Louvre dont on dit que meuvent tous les fiefs du roi. Les travaux qu'il conduit au palais royal de la Cité, cœur de la capitale, sont poursuivis par saint Louis avec la construction de la Sainte-Chapelle et surtout par Philippe le Bel qui y inaugure, en 1313, un nouveau palais. Siège de tous les services centraux, qu'ils soient judiciaires ou financiers, il se révèle rapidement insuffisant tant se multiplie le nombre des agents. Contraints de l'abandonner, les souverains successifs lui préfèrent alors le Louvre et plus souvent Vincennes, deux résidences que Charles V agrandit et embellit, tout en aménageant avec beaucoup de finesse l'hôtel Saint-Paul. Le sage roi fut celui de tous qui fixa le plus sa résidence à Paris, marquant ainsi le lien étroit entre la résidence du monarque et la qualité de capitale, depuis longtemps acquise en raison de l'installation de tous les services.

À quelques exceptions près, les souverains résident assez peu à Paris d'où les éloignent, souvent, la nécessité de retrouver les châteaux du domaine, le voyage, la croisade, la guerre ou la révolte qui gronde périodiquement dans la capitale. L'année 1418 marque un tournant important quand le dauphin Charles, futur Charles VII, chassé de Paris, doit se replier à Bourges avec tous ses fidèles. Même après la reconquête de la capitale en 1437, il n'y reviendra guère, préférant le Berry qui l'avait accueilli et soutenu, ou le charme des pays de Loire avec Tours, Amboise, Chinon et Mehun-sur-Yèvre. À Louis XI, infatigable voyageur à la visite de son royaume, Tours et sa région offrent l'espace d'une capitale qu'il préfère à Paris, comme le font Amboise et Blois pour Charles VIII et Louis XII. Ainsi, dans la seconde moitié du XVe siècle, l'attrait des châteaux de la Loire l'a emporté sur la force politique de Paris appelé à faire, pendant longtemps, figure de capitale inachevée, même si elle est incontestablement le centre des pouvoirs et le cœur de l'État autour duquel se structure l'administration territoriale et où viennent rendre compte les agents qui l'animent.

2. Les structures et les hommes de l'administration territoriale

Tout au long de l'époque féodale, l'administration locale royale a une coloration fortement domaniale et privée. Les administrateurs du domaine sont véritablement les hommes du roi. C'est à partir des structures alors mises en place que la royauté se dote progressivement d'un appareil administratif capable d'assurer au gouvernement central, contrôle du territoire, communication avec les sujets et maîtrise de l'ensemble des revenus domaniaux et fiscaux.

Jusqu'au règne de Philippe Auguste, le roi, souvent simple seigneur parmi les autres, ne peut compter que sur une administration rudimentaire pour gérer son domaine, y transmettre ses ordres et y exercer ses pouvoirs. Ses prévôts et ses bayles y font davantage figure de représentants du maître que d'agents royaux. Dotés d'une compétence étendue, ces spécialistes du général auxquels rien de tout ce qui touche à l'administration, au judiciaire, au fiscal et au militaire ne doit échapper, parviennent de moins en moins à faire face à ces multiples obligations au fur et à mesure que le domaine s'accroît. Longtemps recrutés grâce au système de la ferme, ils ont toujours tendance à demander le maximum aux administrés et à commettre des exactions en vue d'augmenter leurs profits.

Face à ces insuffisances et à ces abus, Philippe Auguste met en chantier une véritable politique de rénovation administrative. Mais il procède à cette refonte sans brusquer les choses, en confiant souvent le contrôle des structures existantes à de nombreux agents, sans supprimer les anciens. Ces agents, il les trouve en la personne des baillis et sénéchaux. Fidèles et dévoués serviteurs du pouvoir, ils assurent une véritable mainmise de l'État sur le pays. Mais leur zèle parfois excessif les entraîne à déborder souvent le cadre étroit de la mission qui leur est confiée, ce qui incite le souverain à les soumettre, eux aussi, au contrôle de commissaires qu'il envoie sur place. Véritable conscience du roi dans le pays, ces enquêteurs et réformateurs sont toujours investis de fonctions précises et temporaires. À partir du milieu du XIVe siècle, les rigueurs de la guerre, les nécessités de maintenir l'ordre et d'assurer la cohésion de la nation naissante imposent d'aller plus loin. Il faut que, partout dans les «pays» menacés par des troubles, triomphe la «souveraine seigneurie du prince». Aux lieutenants généraux et gouverneurs revient cette mission.

A. La mainmise de l'État sur le territoire : baillis et sénéchaux

Avec les baillis et les sénéchaux se concrétisent sur le terrain les progrès de la souveraineté. Le roi trouve en eux un point d'appui pour s'affranchir de la médiatisation féodale et atteindre directement ses sujets sur l'ensemble du royaume. Véritables artisans de cette reconquête, ils deviennent les principaux délégataires de la puissance royale.

• *Généralisation et perfectionnement d'un quadrillage administratif ancien*

Baillis et sénéchaux offrent un des plus parfaits reflets de la lente genèse des institutions médiévales. Combinaison et résultat de multiples traditions administratives qui s'entrecroisent, leur présence se généralise sur l'ensemble du territoire dans les deux dernières décennies du XIIe siècle, surtout avec la grande ordonnance de 1190 que Philippe Auguste édicte à la veille de partir pour la croisade. Elle contient une foule de dispositions destinées à régir le gouvernement et l'administration du royaume, ce qui lui a valu la qualification de «Testament politique». Les baillis y sont expressément mentionnés comme agents de l'administration royale. Mais ils ne sont pas, à cette époque, une nouveauté dans les pays du Nord et certaines régions de l'Ouest du royaume tandis qu'ils ont, au même moment, leurs homologues ailleurs en la personne des sénéchaux. Ni les uns, ni les autres, ne sont une création royale, sauf au cœur du domaine et en ses régions les plus anciennes.

L'origine des baillis doit être principalement recherchée dans les traditions de l'administration anglo-normande. Les ducs-rois angevins avaient doté la Normandie d'une administration exceptionnellement efficace en matière de justice et de finances. Des officiers locaux qualifiés de baillis y rendaient depuis longtemps la justice dans le cadre de circonscriptions qualifiées de bailliages, ce qui permettait d'élargir le réseau de la justice ducale. De manière plus générale, les structures administratives mises en place par les Plantagenêts influencent considérablement le Capétien. C'est particulièrement vrai de la réforme qu'opère Henri II Plantagenêt en 1176. Par l'assise de Northampton, il divise le pays en six circonscriptions judiciaires confiées à des commissions de trois juges itinérants dont les attributions sont très voisines de celles des baillis normands. Philippe Auguste s'inspire de très près de cette expérience quand il généralise l'institution des baillis. Ils sont alors, par groupes de deux à quatre, des envoyés itinérants de la cour avec pluralité de commissions judiciaires.

Mais il est certain que Philippe Auguste et sans doute Louis VIII, ont aussi agi en dehors de toute influence anglaise et qu'il n'a point fallu attendre l'annexion de la Normandie en 1204 pour que se généralise l'institution baillivale. Même si les chartes royales fournissent peu d'indications sur les baillis avant les grandes réformes de 1190, ces agents n'en existent pas moins déjà dans le domaine, souvent simplement désignés comme *judiciarii* et, plus souvent, comme *baillivi regis*. Régulièrement associés aux prévôts comme destinataires des chartes royales jusqu'en 1190, ils sont de plus en plus dissociés à partir de 1191 et les instructions royales sont alors finalement adressées à eux seuls. Voilà qui marque un tournant dans l'histoire de l'institution et annonce leur suprématie. Encore qualifiés de *justicii*, de *justiciarii*, d'*assessores* ou d'*officiales domini regis* jusqu'en 1200, ils sont cependant le plus souvent nommés *baillivi domini regis* ou, plus simplement, *baillivi*. L'émergence de cette terminologie unifiée traduit la régularisation de l'institution. Mais ils ne sont pas encore attachés à un ressort déterminé et leur titre n'est suivi d'aucune précision géographique. Autant de signes révélateurs de la lenteur avec laquelle prennent forme, même au cœur du domaine, les circonscriptions bailliagères.

Grand officier royal, le sénéchal n'existe plus sous le règne de Philippe Auguste qui décide de ne pas le remplacer en raison de son influence grandissante. Mais les grands princes territoriaux, tout comme les grands féodaux, avaient eux aussi des sénéchaux qu'ils conservent et qui constituent un des rouages essentiels de leur administration. Tel est bien le cas dans la vallée de la Loire, en Anjou, dans le Maine, la Touraine et le Poitou, quand Henri II les réunit à ses possessions anglaises en 1154. Il maintient alors tous les sénéchaux sur ces terres continentales pour en faciliter l'administration qu'il décentralise davantage en 1176, ce qui donne plus de vigueur encore au sénéchalat que Philippe Auguste s'attache à maintenir quand il annexe toutes ces régions. Ainsi, depuis la Manche jusqu'à la Loire, tout le régime administratif repose sur l'institution des sénéchaux. Il en va de même en Poitou, Saintonge, Limousin, Quercy, Périgord, Rouergue, Toulousain, sans oublier les régions de Béziers et de Carcassonne, ni celles de Beaucaire et de Nîmes où l'institution du sénéchal régnait en maître. Au fur et à mesure de son rattachement à la couronne, ce vaste ensemble géographique apporte des circonscriptions constituées autour des sénéchaux à un moment où les baillis sont encore des agents itinérants sans siège fixe. La royauté avait donc tout intérêt à maintenir, dans leurs sénéchaussées, des sénéchaux en qui elle voyait des gestionnaires aussi expérimentés qu'avisés. D'agents princiers ou féodaux, ils deviennent progressivement des agents royaux.

Dans ces conditions, et à partir des années 1200, le quadrillage administratif de l'ensemble du royaume se resserre autour des sénéchaux dans le cadre de leur sénéchaussée et aussi autour des baillis qui cessent d'être députés collectivement et reçoivent de plus en plus un rattachement fixe. Cette évolution, qui s'accentue aux environs des années 1220-1230, s'accompagne de la formation progressive des bailliages. Circonscriptions identiques aux sénéchaussées, ils forment l'assise territoriale d'exercice des pouvoirs du bailli. Mais cette évolution est extrêmement lente. Bien souvent encore, tout au long de la première moitié du XIIIe siècle, les baillis ne font suivre leur titre que du nom de la ville où ils tiennent leurs assises. Celui du bailliage, dont la construction territoriale demeure fragile, n'est que très rarement mentionné. Elle s'assure, de manière définitive, aux alentours des années 1250. Alors baillis et sénéchaux, bailliages et sénéchaussées désignent une même réalité.

• *Un statut unifié pour des administrateurs déconcentrés*

Exerçant dans le cadre de leur circonscription des pouvoirs identiques à ceux du roi et agissant pour son compte, baillis et sénéchaux prolongent en permanence le ministère royal. Désignés par le pouvoir et comptables devant lui de leur action, ils constituent, dès le début du XIIIe siècle, le principal rouage d'une administration déconcentrée.

Recrutement et carrière

Une longue série d'ordonnances pose quelques règles essentielles, surtout en ce qui touche les conditions à remplir en vue du recrutement. Aux soucis de compétence et d'honnêteté, s'ajoute la volonté de ne jamais recruter un bailli ou un sénéchal qui serait né dans sa circonscription ou y posséderait des biens. Il doit être, avant tout, l'homme du roi et non le représentant d'intérêts locaux.

Les nommer est un pouvoir qui appartient au roi ou à ceux qui exercent ce pouvoir par délégation comme, par exemple, le lieutenant général du roi en Languedoc. Ainsi, tout au long des XIIIe et XIVe siècles, sont-ils désignés par le roi «en son conseil». C'est la procédure de l'impétration. Elle suppose qu'une fois obtenue sa lettre de nomination, le bailli ou le sénéchal la fasse enregistrer devant le Parlement afin qu'elle obtienne pleine validité. Un profond changement s'opère dans ce mode de recrutement quand une ordonnance de février 1389 étend aux baillis et sénéchaux le système de l'élection «par délibération de notre grant conseil». Cette procédure devient pratique courante au début du XVe siècle. Dans la mesure où elle suppose réflexion, discussion, délibération et vote à «grant conseil», elle garantit un choix éclairé pour des hommes compétents. Mais la procédure finale est toujours la même qui suppose un acte royal et son enregistrement par le Parlement. Hommes du roi, baillis et sénéchaux sont librement révocables par lui, encore que la pratique montre de plus en plus, au début du XVe siècle, que le roi doit se fonder sur «certeines grant causes» et s'entourer de l'arbitrage de «preudommie».

Les baillis et sénéchaux sont généralement issus de la petite noblesse ou de la bourgeoisie, catégories sur lesquelles cherche à s'appuyer la royauté pour faire pièce à l'influence des grands féodaux. Qu'il s'agisse des baillis ou des sénéchaux, ils ne sont généralement pas de véritables juristes. Ils n'ignorent certes pas le droit, connaissent les coutumes et les pratiques administratives, mais sont très rarement des gradués. C'est particulièrement vrai des sénéchaux qui, tout en régnant en maîtres dans les pays de droit écrit, participent peu à l'exercice de la justice qu'ils confient à des spécialistes. Au Nord, plus proches des réalités judiciaires, les baillis sont plus souvent et mieux frottés de droit.

En somme, deux mondes qui s'ignorent tant on ne passe jamais du Nord au Midi ou inversement. Même si la mobilité administrative est la règle absolue, elle ne joue pas dans ce double sens et elle n'est guère réalité qu'au nord de la Loire. Pourquoi donc? Tout simplement parce qu'un sénéchal du Midi est bien souvent un chevalier. Attaché à ses terres, parfois investi de fonctions municipales, il n'ambitionne pas de quitter sa sénéchaussée. Ainsi, sur dix sénéchaux qui se succèdent à Beaucaire, sous le règne de Philippe le Bel, deux seulement avaient déjà exercé ces fonctions avant d'y arriver et deux aussi en partent pour une autre sénéchaussée, tandis que la carrière des six autres s'y déroule entièrement, tout comme à Carcassonne pour huit sur douze. Ces carrières sont donc généralement longues et stables, dans une même sénéchaussée. Vingt-deux ans de fonction pour un sénéchal de Toulouse et quatorze pour un sénéchal de Rouergue ne sont pas des exceptions. Tant s'en faut.

Au Nord, tout est à l'opposé, même si on y applique la règle stricte que prévoient les ordonnances d'une mutation des baillis tous les trois ans. Au moins un bailli sur deux y a exercé dans plusieurs bailliages, souvent trois ou quatre. Quoi de plus éloquent, à cet égard, que la carrière de Beaumanoir? Elle n'est qu'un exemple parmi beaucoup. D'abord bailli de Clermont-en-Beauvaisis (1279-1283), puis sénéchal de Poitou (1284-1287) et de Saintonge (1287-1288), il interrompt sa carrière d'administrateur pour exercer des fonctions diplomatiques à Rome avant de redevenir bailli de Vermandois, puis de Touraine en 1292 et, enfin, de Senlis.

Voilà qui suffit à prouver la très grande liberté du roi à l'égard de ses baillis. À certains moments, on enregistre de véritables mouvements de mutation. En 1287, treize bailliages changent de titulaire, dix-sept en 1303. Sur ces trente baillis concernés, quatre seulement sont nouvellement désignés. Ces mouvements reflètent parfois de véritables options politiques comme ce fut le cas de 1402 à 1407, puis de 1411 à 1413. Tout au long de ces deux périodes, la rivalité entre Bourgogne et Orléans se traduit par des mutations répétées et des épurations multiples qui montrent à quel point baillis et sénéchaux peuvent être victimes du jeu politique. D'un bailliage à l'autre, existent de notables différences qui permettent aussi au pouvoir de distribuer ou de refuser des promotions, voire d'infliger des sanctions. Il est des bailliages où l'on végète, tels Chaumont ou Clermont, d'autres au contraire qui constituent d'excellents tremplins pour une belle carrière vers le Conseil, le Parlement ou le Trésor. Rouen, Amiens, Senlis et Sens sont de ceux-là. Tout compte fait, l'attachement des sénéchaux à leur Midi freine leur promotion vers les organes centraux de gouvernement, tandis qu'au Nord les baillis, souvent simples bourgeois, voient dans le service du roi une possibilité d'ascension permanente qui, si elle se réalise, contribue largement à arrondir leur fortune.

Une autonomie contrôlée

Jamais les Capétiens n'oublièrent les expériences malheureuses qu'avaient connues les Carolingiens avec leurs agents locaux, et tout particulièrement les comtes. Soucieux de ne point retomber dans les errements qui avaient en partie causé la chute de l'Empire, conscients du prix qu'avait la souveraineté lentement retrouvée, ils la délèguent certes, mais en s'entourant de multiples garanties qui ne sont pas sans rappeler celles que prévoyait le droit romain afin de prévenir les abus qui guettaient les gouverneurs de province.

Désigné, le nouvel agent doit prêter serment avant d'entrer en fonction. Souvent rappelées par des trains d'ordonnances successives, les clauses de ce serment sont bien connues qui définissent, tout à la fois, les obligations auxquelles le bailli accepte de se soumettre et le contenu de sa charge. Il accepte ainsi, par avance, de couler son action dans un moule rigide. Il fait d'abord de lui un serviteur zélé du prince qui s'engage à faire triompher partout les droits du roi sans, pour autant, porter atteinte à ceux d'autrui. C'est principalement à ce titre que le bailli accepte solennellement de rendre la justice en toutes circonstances et à tous justiciables, qu'ils soient grands ou petits, indigènes ou étrangers, sans distinction de race et de personne et en appliquant toujours scrupuleusement les coutumes du lieu. Par ce même serment, le bailli reconnaît aussi devoir tout faire pour se protéger contre les risques d'abus de pouvoir. Voilà pourquoi il doit obligatoirement résider dans le bailliage et y exercer en personne ses fonctions. En principe, il ne peut s'entourer, sans autorisation du roi, d'un substitut ou d'un lieutenant qui seront alors astreints au même serment que lui.

Dans le même esprit, lui sont dictées une série d'interdictions visant à faire en sorte qu'il n'acquière pas, dans le bailliage, une trop grande influence personnelle. Il lui est impossible de se marier et de marier ses domestiques ou leurs proches dans la circonscription, tout comme il ne peut y acquérir des biens par lui-même ou par personne interposée, sans y être autorisé par le roi. Enfin, ce serviteur zélé, qui doit être placé en position de ne pas abuser de son pouvoir, doit aussi se trouver à l'abri de tout risque de corruption. Ne pas recevoir de présents de la part de ses justiciables, ni pour lui ni pour les siens, ne pas en faire à ses supérieurs hiérarchiques, ne point attribuer de bénéfice à ses propres agents ou à ses domestiques et ne jamais donner à ferme prévôtés et baillies à ses proches ou, encore, n'opérer aucun prélèvement dans les coupes de bois ou autres revenus du roi, voilà bien tout un arsenal de mesures préventives qui visaient à faire du bailli un administrateur incorruptible et exemplaire. Et Beaumanoir en avait bien conscience quand il écrivait que « c'est mauvaise chose que celui qui doit donner l'exemple demeure mauvais en soi ».

Par-delà ces bonnes intentions, il convenait aussi de faire en sorte qu'elles ne restent pas lettre morte. Aux baillis et sénéchaux qui devaient quitter leur circonscription après trois ans mais souvent plus, il était toujours demandé de séjourner pendant au moins quarante jours après la date de cessation de leurs fonctions afin qu'administrés et justiciables puissent tous faire entendre leurs plaintes éventuelles et qu'il y soit donné réponse.

Responsables à l'égard de leurs administrés, baillis et sénéchaux le sont aussi face au pouvoir central pour l'ensemble de leur gestion, qu'elle soit administrative ou financière. Ils sont régulièrement appelés à rendre compte devant le Parlement sur la manière dont ils gèrent leur circonscription. À l'occasion de chaque session, certains jours sont spécialement consacrés aux différents bailliages et sénéchaussées. Les agents concernés, tenus de se présenter aux jours qui leur sont ainsi assignés, doivent y répondre aux griefs que peuvent faire valoir leurs administrés et aux actions qu'ils peuvent éventuellement intenter. Par la même occasion, baillis et sénéchaux pouvaient défendre leurs jugements frappés d'appel devant le Parlement. Si ces journées de débat et d'instruction faisaient apparaître des erreurs graves ou des charges lourdes à l'encontre de l'agent dont l'activité venait d'être passée au crible, le Parlement pouvait lui adresser des observations et, si nécessité s'imposait, prononcer des sanctions dont la plus grave, fort rare il est vrai, pouvait aller jusqu'à la privation de l'office. Parallèlement au Parlement, la Chambre des comptes apportait un soin scrupuleux à contrôler la gestion financière des baillis et des sénéchaux qui devaient régulièrement lui faire parvenir toutes les pièces justificatives nécessaires. Au cas où elles faisaient apparaître des insuffisances, des irrégularités ou des malversations, la Chambre était habilitée à demander toutes les informations complémentaires qu'elle estimait utiles en vue d'arrêter les mesures disciplinaires qui s'imposaient. Un contrôle financier aussi strict s'explique par les très larges pouvoirs dont baillis et sénéchaux ont été pendant longtemps investis.

• *De larges pouvoirs progressivement concurrencés*

Jusqu'au début du XIVe siècle, baillis et sénéchaux s'imposent partout comme d'efficaces constructeurs locaux de l'État. Prolongement de la personne du roi sur l'ensemble du pays, ils y exercent en son nom tous les pouvoirs. Passé les années 1320-1330, plusieurs agents spécialisés absorbent progressivement une partie de leurs compétences. Mais peut-on dire, pour autant, que la fonction soit devenue honorifique et inutile?

Projection du ministère royal, les pouvoirs des baillis et des sénéchaux constituent un bloc qu'il est difficile de dissocier tant il est malaisé de séparer ce qui est administratif, judiciaire ou financier. Néanmoins, c'est bien à remplir ces trois missions que s'attachent ces agents.

Les tâches d'administrateur qui leur incombent sont très diversifiées. À ce titre, il leur revient d'abord d'exercer l'autorité du souverain en faisant enregistrer, publier et exécuter toutes les décisions royales qu'ils se doivent d'adapter aux nécessités locales. Ainsi leur est reconnu une sorte de pouvoir réglementaire dérivé qui leur permet de prendre, à tout moment, les décisions qui s'imposent. Cette capacité d'action autonome leur était indispensable dans la mesure où ils étaient chargés de maintenir l'ordre et d'assurer la police, ce qui les autorisait à intervenir dans presque tous les secteurs de la vie publique ou privée, qu'il s'agisse de l'économie, de la morale ou de la religion. Rien ne leur échappe, dans le cadre de leur circonscription, qui touche aux foires et marchés, à la réglementation du commerce et des prix, au contrôle des jeux et des tavernes, sans oublier le statut des juifs ou la législation sur le blasphème. Ce contrôle très pesant qu'ils exercent sur l'ensemble de leur circonscription s'explique en partie par l'obligation qui leur est faite de respecter partout la sauvegarde royale et de faire régner la paix du roi. À ce titre, ils doivent protéger églises et monastères, intervenir dans les différends entre seigneurs en veillant qu'ils ne dégénèrent pas en guerres privées. Leur compétence est aussi très large à l'égard des communautés d'habitants et des villes sur lesquelles ils exercent une tutelle vigilante. Elle vaut également vis-à-vis des prévôts et des bayles qu'ils nomment souvent eux-mêmes, à moins qu'ils ne procèdent à l'adjudication de leur charge en vue de son affermage, là où la pratique de la ferme est encore en vigueur.

Administrateurs, ils sont obligatoirement juges. Administration et justice sont intimement liées. C'est sûrement dans ce domaine qu'ils se sont montrés les plus ardents défenseurs des droits du roi. Ils ont compris qu'il y avait là le moyen le plus sûr de faire triompher sa souveraineté, même si la justice qu'ils rendent n'est, au départ, qu'itinérante et périodique. Pendant tout le XIIIe siècle, ils tiennent des assises dans les lieux les plus importants du bailliage, avant de fixer leur tribunal dans la capitale. Cette justice qui fonctionne principalement en appel des jugements rendus par les prévôts, les bayles et les juges seigneuriaux, connaît aussi en première instance les causes des nobles ainsi que les cas royaux. Investis du pouvoir de faire exécuter leurs propres jugements, qu'ils soient civils ou criminels, ils ont même compétence à l'égard de ceux rendus par les prévôts et les bayles dont ils contrôlent aussi, très étroitement, la gestion financière.

En leur qualité d'agents financiers, baillis et sénéchaux sont principalement chargés d'assurer la conservation et l'exploitation du domaine. À ce titre, ils ont la haute main sur tous les revenus royaux de leur circonscription, qu'ils soient fiscaux ou domaniaux. Ils centralisent les recettes collectées par les prévôts et les bayles et exploitent directement l'ensemble des biens, droits et revenus du domaine qui ne leur sont pas affermés. Ils ont aussi la charge de faire rentrer tous les impôts dont la perception n'est pas confiée aux agents inférieurs. Il en va de même de tous les profits et amendes tirés des condamnations ainsi que des droits de sceau et de monnayage ou des droits de mutation, chaque fois qu'un grand fief change de main. Sur cet ensemble de revenus, baillis et sénéchaux prélèvent les sommes indispensables au règlement des frais occasionnés par le fonctionnement de l'administration royale dans le cadre de leur circonscription, ainsi qu'au financement de l'ensemble des travaux — ponts, routes, ouvrages de défense — qui y sont réalisés. Ils retiennent aussi par-devers eux les sommes nécessaires au paiement de leurs gages et de ceux de leurs officiers, avant de faire parvenir le solde au Trésor royal, non sans y avoir joint toutes les pièces comptables justificatives.

Investis d'une si large mission administrative, judiciaire et financière, baillis et sénéchaux devaient être assurés de moyens militaires pour la mener à bien. Comment, en particulier, faire régner la paix du roi chaque fois que des troubles venaient à se produire ou que la guerre menaçait? Comptables de la sécurité de leur circonscription, ils assument d'importantes fonctions de recrutement et de mobilisation. Dans un premier temps, c'est essentiellement vers l'ost royal qu'ils se tournent. Ils prennent la tête de ce contingent féodal pour le conduire à l'armée royale. Ils ont aussi mission de procéder à la levée du ban et de l'arrière-ban aussi souvent que la situation l'exige, tout particulièrement dans les villes qui participent de plus en plus aux opérations de défense et sur lesquelles ils exercent une étroite surveillance. Elle s'étend à l'ensemble du bailliage et de la sénéchaussée, aussi bien en temps de paix qu'en temps de guerre, afin que remparts, châteaux et places fortes soient, en permanence, maintenus en bon état et que garnisons et unités de combat soient régulièrement approvisionnées en vivres et en matériel.

Tant de responsabilités concentrées entre de mêmes mains deviennent rapidement lourdes à porter en ces temps où la construction de l'État s'accélère et exige chaque jour davantage de ses agents. Débordés par tant de charges dès le milieu du XIIIe siècle, baillis et sénéchaux ont de plus tendance à déléguer leurs pouvoirs à des agents spécialisés dont ils font, dans un premier temps, leurs représentants. Nommés par eux, ils reçoivent d'eux mission de les assister. Tel est le cas des lieutenants de bailliage pour la justice et des receveurs de bailliage pour les finances.

Dès les premières décennies du XIVe siècle, ces commis sont en place et assurent leur position avant de devenir des agents du roi et passer sous son contrôle, aussi bien pour leur nomination que pour l'exercice de leur charge. Parallèlement à cette évolution, fiscalité et finances extraordinaires nécessitent l'organisation de toute une administration nouvelle qui contribue, elle aussi, à faire reculer les compétences baillivales en la matière.

Ainsi, depuis la fin du XIIe siècle jusqu'aux environs des années 1320-1330, l'institution des baillis et sénéchaux a fonctionné dans sa plénitude. Les uns et les autres, au Nord comme au Midi, en administrant comme en jugeant, en imposant comme en dépensant, ont très largement participé à la reconquête de la souveraineté royale dont ils ont été les dépositaires locaux. Mais, franchies ces premières décennies du XIVe siècle, même concurrencés comme ils le sont, peut-on dire, comme on l'a trop souvent écrit, que leur charge vide de pouvoir serait seulement remplie d'honneurs? C'est aller bien vite et condamner une institution encore pleine de vitalité. Si tel était le cas, pourquoi le roi aurait-il maintenu des agents et des structures administratives qui lui coûtaient si cher? En réalité, la réponse plus complexe doit être nuancée selon les temps et les régions.

La fonction des baillis et sénéchaux ne doit plus alors être appréciée en leur qualité de juge ou d'administrateur, mais bien davantage sous un angle global. Ils deviennent d'efficaces agents de l'action gouvernementale. Véritables autorités politiques, ils jouent un rôle fondamental au niveau de la prise de décision — ils sont très largement consultés parfois même entendus au Conseil — et de son exécution dont ils ont toujours la charge. À eux de la transmettre aux administrés, de la faire accepter et de faire en sorte qu'elle devienne réalité. Leur rôle d'agents de liaison entre le pouvoir central et l'administration locale est de tout premier plan. Véritables courroies de transmission, ils sont chargés de faire «crier et publier» la volonté du pouvoir en la faisant «tenir et appliquer». Et comment ne pas évoquer aussi leur rôle militaire essentiel tout au long de la guerre de Cent Ans? Coordonnateurs des forces vives de leur circonscription, ils ont été fédérateurs de succès et garants d'une unité retrouvée à travers le solide maillage administratif dont ils ont été l'âme et qui a largement contribué à maintenir la cohésion du pays face aux assauts répétés de l'ennemi. Cette position politique très forte qu'ils occupent désormais, ils la doivent aussi à l'action qu'ils conduisent hors de leurs bailliages. Parfaits connaisseurs des réalités locales, ils sont très écoutés si bien que leurs conseils sont toujours recherchés en haut lieu. De l'hôtel du roi aux hôtels princiers, du Conseil du roi aux Conseils des princes, chacun se les dispute pour leur demander avis et leur confier missions de tous ordres.

Le visage des baillis et sénéchaux n'est plus celui qu'ils avaient au XIIIe siècle. Au technicien a succédé le politique et à des tâches quotidiennes bien codifiées, des ambitions et des intrigues au cœur même du service de l'État. Certes plus difficiles à décrypter, elles n'en traduisaient pas moins, en bien des cas, d'extraordinaires promotions que ne sauraient masquer certains abus toujours très ouvertement combattus.

B. La conscience du roi dans le pays : enquêteurs et réformateurs

À écouter Beaumanoir, aucun bailli ne peut s'écarter du droit chemin parce que l'habitent « sapience », « largece », courtoisie et pureté morale et aussi parce qu'il est « dous et debonaire », « escontans », « hardi et vigoureux », toujours prêt à obéir à son seigneur et à « loial justice maintenir ». La liste est encore longue de ces qualités cardinales, dont « la meilleure de toutes... si est appelée loiautés », qui contribuent à rehausser le portrait de cet administrateur idéal.

Et pourtant, plus de trente ans avant que le rédacteur de la *Coutume de Beauvaisis* ne dresse un tel tableau, la voix des administrés s'était fait partout entendre pour dénoncer les empiétements des justices baillivales sur celles de l'Église et des seigneurs, condamner les exactions de tous ces administrateurs qui pressuraient justiciables et contribuables, pour arrondir leurs revenus et mieux asseoir leur autorité. Comme s'étaient comportés bien souvent les comtes carolingiens, baillis et sénéchaux se comportent. Ils abusent parfois à un point tel de leur pouvoir que saint Louis s'en émeut et intervient. Profondément marqué par cet épisode, il s'en souvient jusque dans ses *Enseignements à son fils,* quand il lui dit : « Prends garde diligemment qu'il y ait bons baillis et bons prévôts en ta terre et fais souvent prendre garde qu'il fasse bien justice... » Idéal difficile à mettre en œuvre et auquel le souverain avait pourtant voué une partie de son existence. Comment donc?

• *Enquêteurs*

Les chroniqueurs du XIIIe siècle attribuent volontiers à saint Louis la paternité de ces *missi domini* de la royauté capétienne, véritables inspecteurs et redresseurs de torts. En réalité, le gouvernement central n'avait guère cessé d'envoyer dans le domaine des membres de la *curia regis* investis de pouvoirs extraordinaires en vue de délibérer avec les grands et arrêter avec eux toutes les mesures qu'imposait la situation. Saint Louis ne fait donc que redonner vie à une pratique et généraliser un usage quelque peu somnolent.

Qui étaient donc ces enquêteurs ou visiteurs? Envoyés directs et personnels du roi, ils ne sont nullement des officiers ordinaires pourvus d'une fonction stable et régulière, mais des agents investis d'une mission ponctuelle de contrôle, variable en fonction des temps et des lieux, infiniment modulable et toujours adaptable. Temporaire et limitée dans son objet, cette commission précise est attribuée à son titulaire *ad personam* et peut lui être retirée à tout moment sur simple décision du roi, sans qu'il ait à donner la moindre justification. L'enquêteur est et doit rester constamment dans la main du roi.

À la veille de partir pour la croisade, en 1247, pris de scrupules devant l'afflux des plaintes, saint Louis fait procéder à une vaste enquête sur le comportement de ses baillis et sénéchaux. Il envoie un peu partout des commissaires enquêteurs chargés de s'informer, par tous les moyens, sur les abus commis. Choisis d'abord parmi les dominicains et les franciscains, ces envoyés du pouvoir sont aussi par la suite des membres du clergé séculier, puis des chevaliers. Conduites publiquement, ces enquêtes font l'objet de rapports officiels remis au roi et examinés à la *curia*. Dès l'année suivante, ces commissaires « redresseurs de tort » constituent un véritable rouage de l'administration monarchique. Leurs pouvoirs ne cessent de s'accroître. Représentants du roi dans la plénitude de sa souveraineté, ils dénoncent, corrigent, sanctionnent tous les abus. Leur travail, toujours considérable, va plus loin encore et permet souvent de déboucher sur des textes normatifs dont le meilleur exemple est la grande ordonnance de réformation de 1254 qui porte, pour l'essentiel, sur la réforme de l'administration et de la justice.

L'institution ne cesse de se développer sous les règnes de Philippe le Hardi et de Philippe le Bel, époque au cours de laquelle les enquêteurs apparaissent de plus en plus comme les défenseurs des intérêts du roi. Lutte systématique contre tout empiétement sur ses droits, récupération de biens domaniaux qui avaient pu être aliénés, levée de subsides extraordinaires, constituent le cortège des prérogatives qui s'ajoutent à leur mission première de contrôle de l'institution baillivale. Leurs pouvoirs finissent même par tourner à l'abus. De redresseurs de torts, ils deviennent oppresseurs des administrés et de leurs administrateurs qui, les uns et les autres, se plaignent de leurs iniquités. Véritables pourvoyeurs de fonds pour le Trésor, la royauté couvre parfois leurs agissements. Mais le Parlement accueille de plus en plus de plaintes portées contre eux, les contraint à consulter plus régulièrement le pouvoir central sur les problèmes à trancher. Progressivement, s'opère une reprise en main qui sonne le glas des enquêteurs, tout à la fois victimes de leur zèle et de la trop grande confiance que la royauté avait placée en eux. Le temps était venu d'imaginer un nouveau système de contrôle des administrateurs en place.

• *Réformateurs*

Ils se substituent lentement aux enquêteurs avec lesquels ils coexistent dans les dernières décennies du XIIIe siècle. Leur première appellation — « enquêteurs-réformateurs » — est significative. Dès le règne de Philippe le Hardi, ils deviennent un rouage du gouvernement royal. Nommés pour « corriger tout ce qui était à corriger », ils sont envoyés en province pour s'informer des abus, sanctionner et participer à la préparation des ordonnances de réforme. Puis ils deviennent les « réformateurs-généraux », ces *reformatores patriae generales* que le roi envoie pour procéder à la « réformation du pays » (*pro reformatione patriae*). Véritables inspecteurs généraux de l'administration locale, ils sont investis d'une mission sensiblement élargie par rapport à celle des enquêteurs. Au pouvoir d'enquêter et d'instruire s'ajoute, désormais, mandat de châtier les officiers coupables, rétablir l'ordre, réformer tous les abus et même servir très directement les intérêts du prince, qu'il s'agisse de remettre dans la main du roi terres et droits domaniaux aliénés ou de traiter directement avec les contribuables en vue de négocier la levée d'un impôt.

La voie était ainsi ouverte à une transformation radicale de l'institution. Elle s'opère tout au long de la première moitié du XIVe siècle, pour faire des réformateurs des envoyés extraordinaires du roi investis de pleins pouvoirs à la fois judiciaires, financiers et militaires, ce qui les autorise, en cas de nécessité, à se substituer aux administrateurs en place comme l'attestent bien des exemples. Voici Charles V qui envoie en 1380 cinq réformateurs généraux dans le Languedoc avec mission de vérifier l'état des domaines royaux, lever des aides, enquêter sur la conduite des officiers, suspendre tous ceux qui étaient indignes ou incapables et, surtout, juger tous les procès sans appel au Parlement. Et voilà Charles VI qui confie de 1389 à 1391 le gouvernement de Languedoc à six réformateurs généraux investis de pouvoirs pratiquement illimités. Véritables lieutenants du roi, ils annoncent la mise en place progressive de nouveaux agents chargés d'assurer partout le triomphe de sa « souveraine seigneurie ».

C. La « souveraine seigneurie » du roi en ses « pays » : les lieutenants généraux et gouverneurs

Tant la volonté de faire triompher la souveraineté du roi que la nécessité de lutter contre les troubles nés de la guerre conduisent le roi à confier à des lieutenants généraux et à des gouverneurs de très larges pouvoirs. L'historiographie traditionnelle a vu en eux des agents principalement dotés d'un pouvoir militaire qu'ils auraient exercé par-dessus la tête des baillis. Il convient de rectifier quelque peu cette analyse, en ayant bien présent à l'esprit que le lieutenant général étant celui qui tient la place d'un autre, sa qualification et ses pouvoirs dépendent strictement de celui qu'il est appelé à remplacer. Or, dans la mesure où le lieutenant général agit à la place du roi, il peut en exercer tous les pouvoirs. Quant au gouverneur, lui aussi chargé de remplacer le roi, ses pouvoirs ne sont pas exclusivement militaires, mais varient en fonction de la nature du gouvernement qui lui est confié.

Dans la pratique, ces lieutenants généraux et gouverneurs ne s'intègrent pas véritablement au système administratif. Ils sont désignés en fonction des besoins et envoyés dans les « pays » — on dira provinces à partir du XVIe siècle — où, en raison des circonstances, leur présence s'impose. Tout le problème est alors de savoir quelle part de puissance ces agents détiennent en ces « pays » dont certains correspondent souvent aux principautés des derniers siècles du Moyen Âge. Rien de surprenant, alors, de constater que le lien soit étroit entre prince, lieutenant général et gouverneur et que leurs pouvoirs aient souvent obéi à une même logique.

• *Princes, lieutenants généraux et gouverneurs*

Les rapprocher les uns des autres, c'est raisonner en termes de souveraineté et se placer sur le terrain politique. Certes, le roi entend partout avoir le dernier ressort, mais comment peut-il y prétendre réellement dans la France des XIVe et XVe siècles? Vaste et constamment menacée par l'ennemi, il ne peut maîtriser seul l'espace de pouvoir qu'elle représente. La nécessité d'une délégation s'impose alors dans les « pays » où son autorité risque d'être le plus menacée. C'est précisément à un lieutenant général, à un capitaine ou à un gouverneur qu'il délègue.

Véritable vice-roi, cet agent reste de plus en plus longtemps en place, position qui se trouve constamment renforcée du fait qu'il est presque toujours un prince richement apanagé. C'est particulièrement vrai pour le Languedoc, pendant la guerre de Cent Ans, mais aussi pour beaucoup d'autres « pays » du royaume au même moment. Presque partout hors du domaine, les princes exercent comme lieutenants du roi le pouvoir souverain, avec toujours une clause réservant au roi le droit de ressort. Il y a alors, tout autant partage que délégation de souveraineté dans le cadre de ces principautés.

Au fur et à mesure que ces États princiers sont rattachés à la couronne, l'institution de lieutenant général et gouverneur demeure, mais sans prince cette fois. C'est alors qu'elle prend réellement forme dans le dernier quart du XVe siècle et que les titulaires de la charge, toujours révocables, acquièrent néanmoins une très grande stabilité dans toutes ces principautés qui deviennent, le plus souvent, des gouvernements qu'une fois sur deux ils conservent jusqu'à leur mort. En même temps s'esquisse un nouveau profil des gouverneurs de plus en plus choisis parmi des gentilshommes de moyen état, souvent membres du Conseil et parfaitement dévoués au souverain. Se précise aussi une nouvelle géographie administrative où se côtoient trois sortes de «pays». Dans les premiers où le roi exerce effectivement le dernier ressort — Dauphiné, Provence, Roussillon — puis Bretagne à partir de 1491, le lieutenant général et gouverneur y a plein pouvoir. Il y est «lieutenans, viceroy et gouverneur». Dans les seconds, telles la Gascogne ou de nombreuses régions de langue d'oïl, subsistent des apanages et des princes qui reçoivent mission de «gouverner». Dans les autres enfin, où il n'y a ni prince ni apanage, le lieutenant général du roi règne en maître pour l'y représenter pleinement.

• *Des pouvoirs diversifiés*

Faire régner la «souveraine seigneurie» que le roi leur délègue, telle est la mission dévolue aux lieutenants généraux et gouverneurs qui doivent agir «comme ferions si etions en personne». Dès les années 1460, ils sont des officiers en titre dont on dit, effectivement, qu'ils sont pourvus d'un office. Ils le reçoivent par lettres de provision soumise à l'enregistrement des cours souveraines, doivent prêter serment d'entrée en charge, puis reçoivent des gages réguliers souvent très élevés à partir du moment où ils sont en fonction.

Ce qui frappe, c'est l'étendue de leur pouvoir comme l'atteste, dès le milieu du XIVe siècle, la lettre définissant la mission de lieutenant confiée au maréchal d'Audrehem entre Loire et Dordogne en 1352. Outre ses pouvoirs militaires, il a «plain pouvoir... de garder et gouverner par-dessus tous autres capitaines, sénéchaux et autres officiers et commissaires... de cognoistre et ordonner sur tous officiers, de les changier, muer et oster... de pardonner, quitter et remettre tous deliz... et de faire en tout cas telle grace comme il li plaira... comme nous porrions faire si nous estions personnellement».

Voilà qui est clair. C'est le pouvoir dans sa plénitude. S'il s'exerce souvent principalement dans le domaine militaire, il n'est nullement d'essence militaire, mais politique. Agents militaires, lieutenants généraux et gouverneurs sont souvent capitaines de compagnie de gens d'armes, avec tous les attributs qu'implique cette fonction depuis la surveillance des places fortes et des fortifications, jusqu'au contrôle des mouvements de troupe. Agents judiciaires, leurs compétences sont très larges qui les autorisent, s'ils l'estiment nécessaire, à juger par évocation comme peut le faire le souverain. Agents investis d'un pouvoir édictal plein, ils peuvent prendre tous «mandemens, lettres, rescriptions, status, édicts ou ordonnances» qu'impose la situation.

De Philippe Auguste à Louis XI, la royauté a tissé sur l'ensemble du territoire tout un réseau administratif dont les mailles enserrent de plus en plus étroitement les solidarités féodales et vassaliques. À travers les relais territoriaux que constituent désormais ses agents, le roi peut pénétrer l'ensemble des hiérarchies et les soumettre progressivement à sa puissance souveraine. Face à elle, ce qui reste de la féodalité doit emprunter le chemin obligé de la soumission.

La construction de ce système administratif minutieusement réglé, même si elle a été lente, a présenté un autre avantage. Elle a partout permis de structurer, d'unir, de renforcer et de faire en sorte que, malgré les crises et la guerre, la France ne connaisse pas une nouvelle dissociation territoriale. Parfaitement intégrés dans une organisation de plus en plus structurée et rigide, les agents du roi, toujours mieux formés et plus conscients du sens de l'État, n'ont pas tenté de créer à leur profit une nouvelle féodalité. Ils ont, bien au contraire, combattu ce qui restait de l'ancienne et largement contribué à assurer la défense du territoire.

3. *Organisation de l'armée et défense du territoire*

Du règne de Philippe Auguste à celui de Louis XI, deux temps se succèdent qui rythment une profonde évolution dans l'organisation de l'armée et l'aménagement de la défense. Jusqu'au début du XIVe siècle, le règne de Philippe le Bel marquant une rupture, de longues périodes de paix dominent. Même si le rude duel des Capétiens et des Plantagenêts qui culmine à Bouvines (1214), l'épreuve des croisades ou celle de la campagne contre les Albigeois viennent périodiquement assombrir l'horizon, il n'est pas nécessaire de lever régulièrement une armée. Cette situation de paix relative, combinée avec le déclin du service vassalique, entraîne une lente disparition de l'armée féodale. À partir du règne de Philippe le Bel, la guerre revient en force pour peser de tout son poids, surtout à partir des années 1340, jusqu'au milieu du XVe siècle. Elle fait partout apparaître la faiblesse du système défensif et met en évidence les graves carences de l'organisation militaire. À ce constat devait répondre la création progressive d'une armée royale permanente.

A. Les transformations du service militaire et la disparition de l'armée féodale (fin XIIe siècle - début XIVe siècle)

Tout au long du XIIe siècle, et plus encore au siècle suivant, les deux premières formes du service féodal — l'ost et la chevauchée — subissent une importante limitation dans l'espace. Les vassaux refusent de plus en plus de servir hors des limites de leur seigneurie. Partout le roi doit progressivement reconnaître ce droit aux fieffés dont l'ost s'était, depuis longtemps déjà, stabilisé à quarante jours. Même si, en raison de leur nombre, les ressources qu'ils peuvent en théorie apporter paraissent considérables, on constate qu'elles ne cessent de fondre tellement les défauts accompagnent les convocations. La différence entre le nombre de cavaliers escomptés à l'occasion d'une opération militaire et ceux effectivement présents est toujours considérable. Tant et si bien qu'il faut souvent imposer de lourdes amendes aux défaillants ou supplier les présents d'accomplir un service supplémentaire. Quant à la troisième forme de service, la garde des places fortes ou *estage*, elle se révèle tout aussi insuffisante. Le nombre et l'importance des lieux fortifiés ne cessant d'augmenter, il est désormais impossible à chaque seigneur d'entretenir des garnisons suffisantes. Bien souvent, elles sont remplacées par des groupes de vilains, simples tenanciers auxquels on ne peut demander grand-chose dans le cadre d'une opération militaire, mais dont les services sont précieux pour assurer le guet, réparer les murailles et entretenir les fossés.

Face à cette lente dégradation du service féodal traditionnel, que pouvait faire la royauté pour assurer la défense du royaume?

Elle sollicite d'abord très largement les villes. Importants points d'appui militaire en raison de leurs enceintes fortifiées, elle les invite à assurer leur propre défense en les autorisant à lever des impôts pour la financer. Mais elle leur demande aussi, bien souvent, des secours en hommes et en matériel. Leur convocation régulière pour des opérations militaires devint la règle tout au long du XIIIe siècle et on les vit souvent envoyer de lourds contingents de combattants à pied ou à cheval. Mais comme les vassaux, elles eurent aussi tendance à en diminuer l'ampleur, à limiter leurs opérations dans l'espace ou à les remplacer par une aide pécuniaire.

Dans ces conditions, il ne restait plus à la royauté qu'à élargir le cercle de ceux qui étaient soumis au service militaire, en même temps que les obligations qui pesaient sur eux. Pour y parvenir, elle s'efforça d'obtenir le service de l'ensemble des possesseurs de fief, qu'ils fussent ou non vassaux directs de la couronne. Elle les soumit tous à son ban et chercha à leur imposer à tous le même service. Mieux encore, elle utilisa de plus en plus largement, à partir du règne de Philippe le Bel et surtout au lendemain de la bataille de Courtrai (1302), la vieille notion d'arrière-ban pour convoquer tous ses sujets, quelle que fût leur condition et quels que fussent leurs seigneurs respectifs, laïcs ou ecclésiastiques. Il en résulta une généralisation du service militaire pour toutes les catégories sociales. Mais de tels rassemblements dépourvus de formation, sans armes et sans discipline, furent le plus souvent sans efficacité. Aussi, en bien des cas, le roi préféra-t-il remplacer cette levée en masse par la levée d'une taxe. En même temps qu'elle exonérait du service militaire ceux qui la payaient, elle permettait au roi d'habituer progressivement les populations à l'impôt et de solder de véritables gens de guerre. Mais cette pratique, encore limitée, n'autorisait pas à mettre sur pied une véritable armée.

Ainsi limitées dans les personnes, dans l'espace et dans le temps en raison de l'évolution que connaissent l'ost et la chevauchée, les ressources militaires du Capétien apparaissent fort restreintes tout au début du XIIIe siècle. Les longues périodes de paix rendant plus ténus les rapports militaires avec ses vassaux, il ne peut, quand menace la guerre, que compter sur un petit nombre de feudataires avec qui il doit souvent longuement négocier pour obtenir leur concours. À cela s'ajoutent toujours des retards pour répondre aux semonces, des absences aussi que viennent encore accuser l'indiscipline et la mauvaise formation des cadres.

Chaque fois que les besoins l'exigeaient, la durée des campagnes ne pouvait être circonscrite à quarante jours. Il fallut donc payer des temps de prolongation et souvent même assurer une solde dès le début de la campagne. C'est ce que fit saint Louis à l'occasion d'une campagne conduite contre le duc de Bretagne, de même pendant les croisades, pratique que reprit Philippe III en lutte contre le comte de Foix en 1272 ou encore, en 1285, lors de la conquête de l'Aragon. Il fallut donc de plus en plus payer des soldes, « soudoyer » ceux qui acceptaient de combattre plus longtemps ou, même, d'en faire leur métier. Mais ce ne fut guère le cas que pour les chevaliers.

Tout au long du XIIIe siècle, l'importance de l'infanterie ne cesse de décroître. Cette décadence touche d'abord les contingents envoyés par les abbayes qui n'exerçaient guère leurs tenanciers aux métiers des armes. Mais elle atteint aussi rapidement les contingents fournis par les communes dont les hommes ont de plus en plus tendance à se faire remplacer. Ainsi, dès la fin du siècle, la royauté renonce à peu près complètement à l'infanterie pour n'en retenir que les arbalétriers et les archers. Et elle le fait d'autant plus volontiers que, parallèlement à la piètre valeur militaire des sergents à pied, la technique progresse à grands pas dans l'armement défensif des cavaliers.

Désormais mieux armées et mieux protégées, les forces de cavalerie composées de chevaliers (*milites*), de sergents (*servientes equites*) et d'arbalétiers à cheval constituent le noyau de l'armée royale. En raison de la qualité de leur service, le roi s'efforce de renforcer leur concours. Il y parvient sans peine aussi souvent qu'il peut réunir les sommes indispensables pour engager et payer des hommes à cheval. Il peut ainsi s'assurer des services en nombre illimité, ce qui est très facile à un moment où nombre de cadets de famille ou même de petits seigneurs, n'ayant pas les moyens d'assurer leur état, sont contraints de se mettre au service d'un prince et de « quérir soudée ». Ainsi, la guerre se commercialise en quelque sorte, tous ces membres de la petite noblesse arrivant rarement seuls, mais entourés d'un petit groupe de mercenaires qu'ils rémunèrent eux-mêmes moyennant une solde en conséquence versée par le roi. Commencent alors à apparaître, au début du XIVe siècle, de véritables entrepreneurs militaires qui prennent le titre de capitaine. Ils constituent autour d'eux une bande ou *route*. Qualifiée aussi de *compagnie*, généralement composée de quelques dizaines d'hommes, elle constitue sous la conduite de son capitaine une véritable unité qu'il s'efforce d'engager dans les meilleures conditions au service du prince. Dans l'immédiat, le roi en retire des avantages incontestables tant il se trouve libéré des contraintes de lever en totalité sa propre armée. Mais les inconvénients sont souvent plus forts. Ces *soudoyers* n'ayant d'autre occupation et d'autres ressources que la guerre, le danger est grand de les voir rançonner et ravager le pays une fois les hostilités terminées. Tout bien considéré, la monarchie préféra organiser une armée qu'elle espérait pouvoir mieux contrôler.

B. La création progressive d'une armée royale permanente

Jusqu'au règne de Philippe VI, l'armée conserve un caractère féodal très nettement marqué, même si les accords avec les « soudoyers » deviennent pratique courante. À partir du règne de Jean le Bon, les grands revers militaires, les échecs répétés des nobles à la tête de l'armée et les réactions qu'ils entraînent dans l'opinion, contraignent le pouvoir à une révision en profondeur de la conception et de l'organisation de l'armée. L'instauration d'une fiscalité d'État de plus en plus régulière contribue aussi à faciliter cette évolution qui permet au pouvoir, jusqu'au règne de Charles VI, de mieux contrôler les compagnies. La voie était alors ouverte à l'organisation progressive d'une armée permanente.

• *De Jean le Bon à Charles VI : le temps des compagnies*

Dès le règne de Jean le Bon, les compagnies présentent un réel danger dès qu'intervient une trêve ou une paix. Même dissoutes au moment du « cassement », elles survivent souvent autour de leur chef et utilisent alors tous les moyens pour assurer leur subsistance en attendant un nouvel emploi. Les *Grandes Compagnies* de la guerre de Cents Ans, dont l'action destructrice commence à se manifester aux alentours des années 1350, ne cessent de ravager le pays. Elles se manifestent d'abord en

Normandie quand le roi d'Angleterre Édouard III, qui en était maître et ne pouvant en assurer la défense, afferme en 1347 le duché à Thomas Dagworth dont il fait son haut capitaine. Chargé lui-même de traiter avec d'autres qui lui apportent leurs combattants, il constitue une véritable armée qui, une fois licenciée, se répand dans tout le pays malgré les trêves. Beaucoup de ses hommes passent alors au service du roi de Navarre, Charles le Mauvais, à partir de 1356.

Dans les années qui suivent, d'autres compagnies se constituent. Tantôt dirigées par un Allemand (Robert Knolles), un Anglais (James Pipe), un Lorrain (Brocard de Fénétranges), un Gascon (Bertucat d'Albret) ou un Espagnol (Garciot de Castres) et bien d'autres encore. Elles se répandent dans toute la France et y font régner la terreur, exploitant systématiquement le pays, contraignant les communautés d'habitants et les villes à conclure des «patis» en vue d'obtenir un répit toujours très lourdement payé. Charles V crut pouvoir s'en débarrasser en leur faisant miroiter l'attrait de l'étranger. Ce ne fut qu'un demi-succès. Conduites vers l'Espagne par Du Guesclin, elles en furent refoulées au lendemain de la défaite de Najera en 1367. Elle refluèrent alors vers la France, posant au pays et au pouvoir toujours les mêmes problèmes, encore aggravés par l'action des compagnies au service du roi d'Angleterre que le Prince Noir venait de licencier à Bordeaux.

Avec la reprise de la guerre contre l'Angleterre en 1369, l'organisation de la défense du territoire entre dans une phase active. Les circonstances poussent alors Charles V à doter d'une organisation structurée les forces qu'il avait dû réunir pour assurer la reconquête des provinces cédées lors de la paix de Calais, en 1360. Deux ordonnances de 1373 et 1374 prévoient la reprise en mains des *Grandes Compagnies*. De nouvelles compagnies ou «routes» sont créées. Uniformément composées de cent hommes, elles sont placées sous les ordres de capitaines. Nommés par lettre royale, ils dépendent de lieutenants eux aussi désignés par le souverain. Désormais, tous les gens d'armes gagés par le roi étaient sous le même régime, qu'ils provinssent des *Grandes Compagnies* ou de l'armée royale. Et tous relevaient, au sommet de la hiérarchie, d'un commandement unique, celui du roi qui s'imposait comme commandant en chef. Il était en outre prévu que chaque capitaine était responsable de ses hommes qui, sitôt «cassée» la compagnie, devaient rentrer chez eux sans commettre de dommages.

Toutes ces dispositions, difficiles à appliquer, restèrent pratiquement sans effet. Il eût fallu pouvoir organiser une véritable armée permanente, ce qui était irréalisable en raison du manque de ressources. La grave crise financière des premières années du règne de Charles VI, ainsi que l'allongement des trêves, eurent pour résultat une réduction des éléments permanents à quelques garnisons cantonnées dans le Nord, la Normandie et le Sud-Ouest. Face à cette débâcle des institutions militaires, tout le règne de Charles VI est marqué par des hésitations constantes. Après avoir renoncé à solder les compagnies des routiers et en être revenu au vieux système de l'ost féodal qui s'effondra définitivement avec le désastre d'Azincourt (1415), le recours aux *Grandes Compagnies* s'impose de nouveau. Cette armée professionnelle, mais non permanente, ne donna pas davantage satisfaction.

• *Avec Charles VII et Louis XI : vers l'armée permanente*

Les dernières années de Charles VI, puis les vingt premières du règne de Charles VII, sont marquées par les méfaits constants des gens de guerre qu'accentue encore la paix d'Arras (1435). Les «Écorcheurs» ravagent le pays et leur action est plus dévastatrice encore que celle des *Grandes Compagnies*. Charles VII entreprend alors une action multiforme destinée, à terme, à réorganiser en profondeur tout le système militaire.

Il s'efforça d'abord d'arracher les gens de guerre à leur vie d'errance et à les fixer dans des garnisons cantonnées aux régions frontalières d'où ils étaient incités à mener des opérations à l'extérieur du royaume. C'est ainsi que le dauphin, futur Louis XI, tenta de les conduire en Alsace et en pays de Bâle. Charles VII s'efforça ensuite de tout mettre en œuvre pour que soit rompu le lien d'allégeance qui unissait la plupart du temps les gens de guerre à quelque grand prince, ou à quelque grand seigneur. Il en revendique pour lui seul le contrôle et le commandement, toutes opérations de guerre devant être, avant tout, celles du roi.

Enfin et surtout, il procède à la refonte tant nécessaire des institutions militaires par l'ordonnance du 26 mai 1445 rendue au château de Louppy. Ce texte n'institue pas l'armée permanente, mais en jette cependant les premiers fondements à partir des éléments existants dont on ne conserve que les meilleurs. Pour cela, les membres les plus en vue du Conseil sont chargés de distinguer quinze capitaines destinés à être retenus, moyennant versement d'une solde majorée et permanente. Naissance, probité et expérience militaire constituent les critères de choix déterminants. Ces quinze capitaines, une fois désignés, sont invités à ne conserver parmi leurs hommes que les plus expérimentés et les mieux équipés. Ainsi s'organisent autour d'eux de nouvelles compagnies dont la composition était strictement réglementée par l'ordonnance, d'où leur appellation de «compagnies d'ordonnance» dont le nombre fut par la suite porté à dix-huit. Chaque compagnie se composait de cent lances. Dans chaque lance, se trouvaient réunis six à sept hommes. Autour de l'homme d'arme, qui en constituait la pièce maîtresse, gravitaient un page, un valet, deux ou trois archers à cheval, si bien qu'une compagnie représentait un effectif variable de six à sept cents hommes. Tous n'apportaient pas une participation identique au combat. Elle variait en fonction de leur qualification et de leur équipement.

Les compagnies ainsi retenues, après un tri sévère qui apporta au roi environ onze mille hommes, furent d'abord chargées de rétablir l'ordre dans le royaume puis de reconquérir les territoires occupés par les Anglais et de lutter contre eux dès que la guerre reprit en 1449, pour ne plus s'arrêter jusqu'en 1453. Cantonnées dans les villes, elles sont placées sous l'étroite surveillance des capitaines des places fortes ainsi que des baillis et des sénéchaussées, ce qui fait d'elles, en même temps, la première ébauche de la gendarmerie.

Cette armée n'étant nullement une armée des temps de paix, qu'allait-il se passer une fois la paix revenue? En bonne logique, on aurait dû procéder à un licenciement général. Mais on ne croyait guère à la paix, aussi longtemps qu'elle n'était pas définitivement conclue avec l'Angleterre et que les entreprises du duc de Bourgogne constituaient une réelle menace pour le royaume. C'est pourquoi ces compagnies ne furent pas dissoutes et constituèrent le noyau d'une armée permanente dont les effectifs se maintinrent à peu près stables, jusqu'aux alentours de 1470, pour connaître une augmentation rapide à partir de 1475.

On alla même plus loin en créant les bases d'une véritable armée de réserve, dès le règne de Charles VII. Les licenciements de 1445 avaient libéré de nombreux gentilshommes auxquels des ordonnances de 1454 et de 1455 offrirent la possibilité de constituer une réserve de cavalerie. Moyennant versement d'une solde, ils pouvaient être mobilisés sur convocation individuelle. Parallèlement, Charles VII songea aussi à organiser une infanterie qui puiserait ses réserves dans la population. Sensible au rôle toujours important qu'avaient joué les archers, il organisa progressivement une archerie qui vit lentement le jour avec les ordonnances de 1445, 1451 et 1460. Les compagnies devaient fournir un archer par groupe de cinquante feux. Les paysans ainsi choisis touchaient une faible solde mensuelle et étaient exempts de la taille, d'où leur nom de francs-archers. Astreints à un entraînement régulier le dimanche, à une inspection mensuelle et à une montre ou revue tous les deux ou trois ans, ils étaient placés sous les ordres de capitaines soldés. Ils donnèrent satisfaction dans un premier temps, mais beaucoup moins par la suite, ce qui conduisit Louis XI à repenser l'institution en 1469, en organisant un encadrement permanent et solide. Le pays fut divisé en quatre circonscriptions territoriales dont chacune était confiée à un capitaine général qui commandait à quatre mille francs-archers répartis en huit compagnies. Mais les francs-archers étaient toujours si mal formés et si mal disciplinés, que cette réforme fut sans lendemain durable. Alors Louis XI se décida à faire appel à une infanterie étrangère. C'est ainsi qu'il engagea six mille Suisses. Connus pour leur valeur militaire, il en fit une infanterie permanente qu'il utilisa non seulement pour participer à la défense du territoire, mais aussi pour instruire ses propres archers.

Au terme d'une longue évolution qui couvre les règnes de Charles VII et de Louis XI, cavalerie permanente puis infanterie permanente voient lentement le jour, ce qui vaut à la monarchie de pouvoir entretenir, de manière permanente, 20 000 à 25 000 hommes à la fin du XVe siècle. La réaction qui suit la mort de Louis XI en 1483 ne remet pas en cause cet acquis. Les États généraux de 1484 souhaitent simplement une diminution des effectifs et le retour à ceux des années 1450. Le principe de l'armée permanente avait triomphé et était définitivement acquis. À cette armée, comme aux services de l'administration centrale ou territoriale, il fallait tout un personnel compétent, formé et encadré.

4. Les agents de l'État

Les progrès constants de l'État depuis le règne de Philippe Auguste sont régulièrement sous-tendus par l'organisation progressive d'un véritable service de la chose publique. Les démembrements successifs de la *curia regis* tout au long du XIIIe siècle pour assurer des tâches gouvernementales et judiciaires chaque jour plus complexes, l'impérieuse nécessité d'organiser et de gérer le territoire reconquis, tout comme les lourds moyens mis en œuvre pour faire triompher partout la souveraineté retrouvée, nécessitent la présence d'un personnel de plus en plus nombreux et toujours mieux formé.

Dans ces conditions, les derniers siècles du Moyen Âge constituent un temps fort dans la mise en place de ce personnel pour qui le service de l'État offre désormais de belles perspectives de carrière. Sa qualification longtemps hésitante n'interdit pas que se fixent des règles précises de recrutement et que s'amorce la genèse d'un statut qui devait faire, de ces serviteurs de l'État, un groupe parfaitement individualisé dans la société du bas Moyen Âge.

A. Office et officier

Ces deux termes ont connu une fortune tout à fait particulière dans le vocabulaire politique et administratif. Très largement hérités du droit romain et du droit canonique, ils entrent en force dans la sémantique de l'État à partir des années 1150, pour ne plus jamais vraiment en sortir. Pivot du vocabulaire des juristes d'Ancien Régime qui les utilisent exclusivement pour qualifier la fonction et l'agent qui la remplit de manière stable et permanente au service de l'État, ils ont, tout au long des derniers siècles du Moyen Âge, un sens beaucoup plus ouvert.

C'est particulièrement vrai du terme «office» qui fait toujours référence à une notion très large. Synonyme de fonction à remplir, d'activité à accomplir ou de mission à assumer, il est utilisé de manière multiforme dans des expressions aussi variées, par exemple que l'office divin, l'office de prêtre, l'office de chirurgien, l'office de chevalier, l'office de vicomte, l'office d'avocat ou l'office de bailli. Il sert donc à désigner de manière neutre une fonction, qu'elle soit publique ou privée. Pour en connaître la nature et le contenu exact, il faut que suive un complément. Puis, dès les premières décennies du XIVe siècle, il envahit le vocabulaire de la chancellerie et du Parlement pour désigner toute fonction remplie au service du roi dont on dit qu'il a compétence pour nommer aux «offices». Au même moment, il est souvent constaté à propos de tel ou tel agent royal qu'il «tient son office», qu'il exerce son «office». Alors, toute mission assurée pour le compte de l'État entre, quant à son application, dans le champ large de l'office. Mais cela n'exclut nullement l'utilisation toujours courante du terme pour désigner toute autre fonction de nature strictement privée.

À s'en tenir aux seuls offices royaux, il convient de souligner que, contrairement à l'évolution qui débute au XVIe siècle, les juristes médiévaux qualifient ainsi toute fonction au service de l'État, quelle que soit la nature juridique du lien qui unit son titulaire au roi. Peu importe que l'agent tienne sa charge en garde ou à ferme et qu'elle lui soit confiée pour une très courte durée ou une longue période, qu'il soit révocable ou assuré de la stabilité. C'est dire que la distinction si fondamentale à partir du XVIe siècle entre office — charge stable — et commission — charge temporaire — n'existe pas dans le vocabulaire médiéval. Dans les deux cas, on parle d'offices dont on constate qu'ils sont tenus par des officiers. Des expressions telles que «l'office auquel ils seront commis», ou encore «l'office à eulx commis» sont très révélatrices.

Mais il ne faudrait pas en conclure pour autant que la réalité que désigne plus tard la commission et le régime juridique qu'elle postule n'existent pas. Il y a là, bien au contraire, une pratique ancrée depuis longtemps dans la vie politique. Qu'on songe, simplement, aux enquêteurs de saint Louis. Leur statut est bien déjà celui des commissaires de l'Ancien Régime. Nommés pour un temps déterminé en vue de remplir une mission précise et révocable à tous moments, ils n'en sont pas moins qualifiés, pour l'instant, d'officiers auxquels est confiée la commission d'enquêter. C'est dire que le terme «office» sert à désigner, à côté de multiples fonctions strictement privées, tout service accompli pour le roi et l'État. Cette notion de service constitue désormais la composante fondamentale de l'office. Les textes sont légion qui rappellent que les officiers sont «tenus de servir» ou qu'ils ont «servi au dit office», qu'ils ont «bien et longuement servi», ou bien encore qu'ils sont «officier et serviteur».

Peut donc se dire officier et être tenu pour tel, tout individu qui agit au nom du roi après avoir reçu de lui délégation de pouvoir, qu'elle soit permanente ou temporaire. En conséquence, la liste est fort longue de ceux qui peuvent se réclamer du titre, qu'il s'agisse de tous les membres du gouvernement central ou de l'administration locale, mais aussi des innombrables receveurs, lieutenants, sergents ou simples notaires et tabellions qui instrumentaient au nom du roi. Ils ont ensemble une caractéristique commune, celle d'avoir été recrutés pour servir le roi.

B. Les modes de re crutement

Ils ne se précisent qu'à partir du moment où les agents de l'État commencent à constituer un milieu homogène et distinct par rapport au reste de la société. Aussi longtemps que ce groupe ne compte que des serviteurs privés du roi directement rattachés à sa personne, la question des modes de recrutement ne se pose guère. Tous ses membres sont directement choisis, par le roi, dans son entourage. Plus s'affirme le phénomène de dépatrimonialisation de l'État, plus il devient impérieux de rendre ses agents indépendants par rapport à la personne du prince. Les modes de recrutement alors retenus peuvent largement y contribuer, surtout s'ils ne laissent au roi qu'une initiative limitée dans les choix et un rôle restreint dans le déroulement des procédures de nomination. Ils peuvent au contraire lui assigner un rôle de premier plan en lui abandonnant toute la maîtrise des opérations. Voilà qui suffit à expliquer pourquoi deux grands modes de désignation ont coexisté — impétration et élection —, l'un pouvant à certains moments l'emporter sur l'autre, tant en raison des idées et des pratiques politiques en vogue que de la nature de l'office à pourvoir.

• *L'impétration*

Ce terme dérivé du latin juridique *impetratio*, « action d'obtenir », a d'abord été utilisé en droit canonique pour qualifier le fait d'obtenir un bénéfice ecclésiastique. Il est ensuite repris, avec le même sens, par les juristes royaux qui l'appliquent aux offices. Obtenir un office par impétration, c'est le recevoir par lettre de don du roi, après lui avoir adressé une requête. La procédure se décompose toujours en trois temps.

Le candidat doit d'abord demander au roi une lettre de don de l'office. Il y a là conséquence directe du vieux principe qui voulait que le souverain désignât seul ses officiers. Mais, plus s'affirme l'État, plus cette règle souffre d'exceptions. Il arrive bien souvent, à partir du début du XIVe siècle, que certains candidats à l'office attribué par le roi au premier requérant, fassent opposition. Cette procédure qui devait intervenir dès la publication de la lettre de don, encore qualifiée de lettre de provision, était signifiée et enregistrée au Parlement. Si elle était fondée, le requérant était alors « reçu à opposition » et la procédure d'attribution de l'office reprenait son cours.

Sitôt l'office définitivement attribué, s'ouvrait la seconde phase, celle de la réception du candidat désigné. Muni de ses lettres, l'impétrant devait les faire enregistrer par les cours souveraines — Parlement et Chambre des comptes — qui les transcrivaient après lecture sur leurs registres, avec la mention traditionnelle : *lu, publié et enregistré*. Simple mesure de publicité à l'origine, cette opération devint rapidement une condition de validité de l'acte et un moyen pour les cours souveraines de contrôler l'accès aux offices.

Suit alors la dernière phase, celle de l'institution du nouvel officier par l'autorité compétente. Il s'agit d'une véritable installation à l'occasion de laquelle le nouvel officier prête son serment d'entrée en charge. Le Parlement institue ses présidents, ses conseillers et tout son personnel auxiliaire. Il a même compétence pour le chancelier, les membres du Conseil ainsi que les maîtres des requêtes de l'hôtel. La Chambre des comptes exerce semblable pouvoir, non seulement à l'égard de tous ses membres, mais aussi des généraux des finances et des receveurs et contrôleurs les plus divers. Elle reçoit également, en collaboration avec le Parlement, le serment des baillis et sénéchaux eux-mêmes habilités à recevoir dans leur propre ressort celui de leur personnel subalterne, tout spécialement des prévôts et sergents.

Ce système d'attribution des offices, très largement pratiqué tout au long des trois derniers siècles du Moyen Âge, n'offre pas toujours toutes les garanties d'objectivité et de qualité dans le choix des candidats retenus. Pressions, désordre et faveur le caractérisent trop souvent comme l'attestent les procès qui affluent au Parlement. Ses membres se montrent peu favorables à ce mode de désignation. Ils y voient le reflet de la toute-puissance et de l'arbitraire du souverain qui, à leurs yeux, ne prend pas assez en considération la qualité des candidats écartés au profit de ceux qui bénéficient de la faveur royale. Cette argumentation revient très souvent dans les plaidoiries des avocats qui se plaisent toujours à rappeler que leur client, injustement écarté d'un office, était « suffisant homme » et qu'en conséquence, il n'aurait pas dû être victime d'arbitraire. C'est surtout pour les offices importants que les membres du Parlement critiquent le système de l'impétration. Pour les menus offices, il leur paraît au contraire acceptable. Et pourtant, que d'abus y entouraient leur attribution, en particulier au niveau local où, malgré des ordonnances répétées, les baillis continuent à investir leurs proches et leurs serviteurs de fonctions qui n'auraient jamais dû leur revenir, quand ils ne les attribuent pas avant même qu'elles ne soient vacantes. Voilà pourquoi, à partir des années 1350, l'impétration recule.

• *L'élection*

Si les gens du Parlement acceptent volontiers que la nomination aux petits offices reste de la compétence du souverain ou même de ses agents pour certains d'entre eux, il n'en va pas de même pour les offices importants. Ils estiment que doit pouvoir jouer leur devoir de conseil et s'exercer leur pouvoir de contrôle chaque fois qu'une charge importante dans l'État est à pourvoir. À leurs yeux, l'élection permet d'atteindre ce double objectif. Ce mode de recrutement prend essor sous le règne de Charles V, tandis que le souverain fait traduire en français la *Politique* d'Aristote. Introduit au plus haut niveau de l'État pour le choix du chancelier Guillaume de Dormans, en 1372, du connétable, des présidents puis des conseillers du Parlement, il fut très largement pratiqué jusqu'aux environs des années 1420. Tous ceux qui lui étaient favorables, en particulier dans les grands corps de l'État comme le Parlement et la Chambre des comptes, y voyaient le seul moyen de recruter des serviteurs qui fussent compétents. Parce qu'on les voulait « bons et suffisants », « idoines », « experts », « convenables », « bien instruits », seule l'élection pouvait permettre de choisir les meilleurs en écartant la brigue et l'arbitraire. Il convient désormais de dépasser le simple service personnel du prince pour répondre aux exigences d'un véritable service public. Dans cette optique, choisir des officiers ne doit plus relever de la compétence du souverain, mais, principalement, des usagers de ce service ou de leurs représentants.

Mais comment concevoir cette élection? Le terme doit être pris dans son sens premier. Dérivé du verbe *eligere* (choisir), il ne signifie rien d'autre qu'un choix, sans impliquer de technique précise pour y procéder. Aux XIVe et XVe siècles, élire un officier, ce n'est pas nécessairement avoir recours à un « secret escrutinage », comme le notent parfois les textes mais, bien souvent, simplement choisir, désigner au terme d'une délibération qui a permis d'évaluer et d'estimer les mérites de chacun. Il en va ainsi, par exemple, des baillis, des sénéchaux et des prévôts pour lesquels l'ordonnance du 5 février 1389 prévoit qu'ils doivent être «esleuz et instituez par la délibération de notre grant conseil». Pareille disposition n'impliquait pas qu'il y ait obligatoirement vote. Mais elle rendait obligatoire une discussion approfondie, une «grant et bonne deliberacion» sur les qualités de chaque candidat avant que n'intervienne une décision de recrutement.

Si parlementaires et membres de la Chambre des comptes se montrent si attachés à l'élection, ce n'est pas seulement parce qu'ils estiment qu'elle est le seul système permettant de désigner ceux qui sont «bons et souffisans» en choisissant toujours les plus «ydoines et convenables». Ils y voient aussi un excellent moyen d'assurer leur indépendance par rapport au pouvoir. À leurs yeux, pour tous les offices impliquant fonction de direction, de conseil ou de justice, la cooptation doit l'emporter dans la mesure où elle est la seule qui, tout en garantissant le choix du meilleur, exclut l'arbitraire, d'où qu'il vienne. Voilà pourquoi, durant tout le règne de Charles V et les vingt premières années de pouvoir de Charles VI, la liste des offices électifs ne cesse de s'allonger. Mais cette évolution, si elle exclut de plus en plus le souverain du choix de l'officier, ne l'écarte pas pour autant de la nomination pour laquelle son intervention demeure indispensable. Il pouvait alors, à cette occasion, imposer au Parlement où à la Chambre des comptes un nouveau choix. L'un et l'autre s'inclinaient en reconnaissant que *Rex est supra electionem*. Mais ils le faisaient toujours avec réticence, en faisant bien savoir que le principe de l'élection n'était nullement remis en cause pour l'avenir dont il contribuait, par l'indépendance qu'il conférait au nouvel élu, à forger un des grands principes de son statut.

C. La genèse d'un statut

Même à l'extrême fin du Moyen Âge, aucun corps de règles précises et homogènes n'existe qui définisse un véritable statut de l'officier. Néanmoins, quelques grands principes fondateurs de la genèse d'un statut des agents de l'État commencent à se fixer aux XIVe et XVe siècles, aussi bien dans la doctrine et la législation que dans la jurisprudence et la pratique. Une évolution s'amorce autour de quatre notions — protection, responsabilité, vénalité et stabilité — qui devaient, pendant des siècles, susciter la réflexion, orienter la législation et guider la jurisprudence en la matière.

• *Protection*

Représenter le roi, agir en son nom, maintenir l'ordre et faire triompher partout la justice en vertu de la souveraineté renaissante n'était pas toujours une entreprise facile. Cela présentait des risques qui exposaient l'agent royal à des pressions, des menaces, des vexations et, souvent aussi, des violences. Nombreux sont les procès au cours desquels un officier poursuivi fait état, dans ses dépositions, des ennemis qui ont pu s'opposer à lui ou des violences qu'il a subies «en poursuivant les devoirs de son office». Dans ces conditions, le risque était grand de voir l'ensemble des officiers se montrer timides dans leur action et paralyser ainsi le fonctionnement de la machine administrative. Voilà pourquoi nécessité s'imposa de leur offrir une plus grande sécurité dans l'exercice de leur fonction et de les mettre à l'abri d'administrés trop revendicatifs ou trop violents. Pour cela, le vieil arsenal du droit royal offrait un moyen, la sauvegarde royale. Mais les juges du Parlement voulurent aller plus loin en recherchant des techniques plus efficaces de protection.

Comme il le fait pour les membres de la famille royale, pour certains de ses proches ou pour de nombreuses communautés ecclésiastiques ou laïques, le roi place ses agents sous sa sauvegarde. Dès lors, ils bénéficient d'une protection particulière qui vaut à celui qui l'enfreint d'être traduit devant un tribunal royal. Injurier, malmener, blesser ou tuer un officier royal entraîne des sanctions immédiates liées à l'application des règles qui président au bris de sauvegarde royale. Les sanctions, plus sévères que s'il s'agissait d'une victime ordinaire, sont toujours mises en œuvre par un tribunal royal seul compétent pour connaître du bris de sauvegarde qui entre progressivement dans la liste des cas royaux. Mais une condition stricte est posée pour que l'agent puisse bénéficier de cette protection. Il doit impérativement se trouver dans l'exercice de ses fonctions au moment où il est victime d'un crime ou d'un délit. La jurisprudence du Parlement se montre rigide sur ce point, exigeant, par exemple, que le juge soit «jugeant» ou que le bailli vaque effectivement à ses occupations d'administrateur ou de juge, que l'huissier instrumente ou le sergent verbalise. Les juges royaux entendent avant tout protéger la fonction et la rendre efficace, mais non pas faire en sorte que l'officier jouisse de privilèges exorbitants.

Néanmoins, cette protection de droit commun qu'était la sauvegarde royale ne leur parut pas suffisante, ce qui les conduisit à rechercher une technique plus spécifique. Partant de l'idée que l'agent royal représente le roi, qu'il est le prolongement de sa personne, ils en concluent que toute atteinte portée à un officier l'est à la personne même du roi. C'est à l'occasion de quelques grands procès portés devant le Parlement dans la seconde moitié du XIVe siècle que plusieurs avocats développent cette argumentation. Ils vont plus loin encore, en s'efforçant de faire triompher le principe d'après lequel tout officier dans l'exercice de ses fonctions doit être considéré comme le roi lui-même par ce qu'il est *pars corporis regis*. Alors, toute atteinte à lui portée n'est rien d'autre qu'un crime de lèse-majesté qui doit être puni comme tel, en ayant recours à tout l'arsenal de sanctions utilisé en pareil cas. Certes, cette idée avancée dans les dernières décennies du XIVe siècle est encore loin d'être unanimement admise. Mais elle n'en témoigne pas moins de la volonté de nombreux juristes favorables à la cause royale de faire bénéficier tous les officiers royaux d'une protection spécifique et efficace, tout simplement parce qu'ils assument un service particulier — le service de l'État — qui postule l'existence d'un droit tout à fait différent du droit commun.

• *Responsabilité*

Une philosophie toute semblable préside à la mise en jeu de la responsabilité des officiers. Aussi longtemps que la spécificité de leur statut n'est pas clairement explicitée, ils portent à peu près seuls la responsabilité de leurs actes, même s'ils ont été accomplis en exécution d'ordres royaux. Il n'est pas rare, tout au long de la première moitié du XIVe siècle, de les voir soutenir seuls leurs procès, sans que le procureur du roi intervienne à leurs côtés, même s'ils sont poursuivis pour fautes commises dans l'exercice de leur fonction. Tout commence à changer à partir des années 1350. Sous l'influence des théoriciens et des praticiens, on prend de plus en plus conscience que l'officier représentant le roi ne doit pas se retrouver seul devant les tribunaux pour y assurer la responsabilité des actes qui relèvent de l'exercice de ses fonctions. Tout un courant de pensée s'affirme pour que l'officier poursuivi soit présenté comme un agent du roi, qu'il soit en conséquence avoué par les gens du roi et, de ce fait, sinon mis hors de procès, au moins déchargé de sa responsabilité.

Sur ces bases, doctrine et jurisprudence se combinent à la fin du siècle pour faire en sorte que l'agent dont la responsabilité est mise en jeu à l'occasion de fautes commises dans l'exercice de ses fonctions puisse être de plus en plus facilement avoué par le procureur du roi et effectivement mis hors de procès, à condition toutefois qu'il en fasse la demande sitôt l'instance ouverte. Mais cet aveu des gens du roi n'avait rien de systématique. Il pouvait toujours être refusé, surtout s'il apparaissait que les fautes reprochées à l'agent avaient un caractère strictement personnel. Un pas supplémentaire est néanmoins franchi en faveur des officiers, au début du XVe siècle, à partir du moment où c'est le procureur du roi lui-même qui demande la mise hors de procès s'il l'estime légitime et qui endosse, au nom de l'État, la responsabilité.

Arrivé à ce stade, la dissociation est clairement affirmée entre l'officier dans son office — personne publique — et l'officier personne privée chaque fois qu'il agit en marge de son office. Mais, même dans l'exercice de sa fonction, sa responsabilité ne saurait être couverte que pour les actes qui relèvent de cette fonction et non pour les abus qu'il pouvait commettre à l'occasion de son exercice. Il s'agit là de fautes personnelles qui le placent à nouveau en position de personne privée et que le procureur du roi désavoue. Comme le droit qui entoure la protection de l'officier, celui qui réglemente la mise en jeu de sa responsabilité vise davantage à rendre efficace et juste son action qu'à la protéger à tout prix s'il s'écarte des devoirs que lui dicte sa fonction.

• *Vénalité*

Dès le début du XIIe siècle, l'affermage des charges de prévôt d'abord, de sergent et de notaire ensuite, contribue à habituer leurs titulaires à l'idée que les offices ont un prix. Certes, l'affermage ne vaut pas vente, mais aussi longtemps que dure le bail, le prix payé garantit celui qui en bénéficie contre toute éviction. Et comme il y avait souvent reconduction tacite accompagnée du versement du prix du fermage, l'officier a de plus en plus tendance à considérer qu'il a acquis sa charge. La confusion est telle à partir de ce moment-là qu'on parle parfois de charge vendue pour une charge qui a été affermée, tout simplement parce que dans l'un et l'autre cas il y a bien cession, contre une somme d'argent, d'une part de puissance publique.

Mais ces pratiques sont encore bien loin de la vénalité dont il est difficile de préciser à partir de quel moment elle devient réalité. Deux constatations, néanmoins, s'imposent. D'une part, la vente des offices n'a jamais été au Moyen Âge une pratique généralisée et, d'autre part, elle ne s'est appliquée qu'aux « menus offices », tels ceux, par exemple, de sergent, d'huissier ou de notaire. L'attestent, tout à fait officiellement, plusieurs ordonnances de 1355 et 1357 qui reconnaissent aux sergents le droit de « vendre ou autrement transporter leurs offices s'ils ne pouvaient exercer personnellement les charges ». Il y avait là reflet d'une pratique que le Parlement estime parfaitement légale, aussi bien en 1361, quand il a à se prononcer sur une affaire concernant la vente d'un office d'huissier, qu'en 1378, à propos de la vente d'un office de notaire au Châtelet. La royauté n'a jamais souhaité aller au-delà et les ordonnances se répètent, proclamant en 1387 que « aucuns offices ne puissent être vendus, fors ceulx que nous donnons à nos officiers comme sergenteries et autres telz mesmes offices » ou en 1454 que « offices soyent donnez et conferez a gens suffisans et idoines..., sans aucune chose a payer ».

Malgré cette fermeté affichée de la politique royale, les officiers de tous rangs s'efforcent de tout mettre en œuvre afin de pouvoir disposer de leurs offices en faveur de parents ou de tiers. Pour parvenir à ces fins, ils empruntent au droit canonique la technique de la *resignatio in favorem alicujus* : résignation en faveur de quelqu'un. Cette pratique permettait à tout titulaire d'un bénéfice de s'en démettre, quand il le souhaitait, au profit d'un tiers à condition qu'il remplisse toutes les conditions requises et qu'il soit agréé par le collateur. Cette résignation ne devenait effective que si deux conditions étaient remplies : acceptation du collateur et gratuité totale de l'opération. Toute résignation à prix d'argent était sévèrement sanctionnée par l'Église.

Du droit canonique, ce système passe progressivement dans le droit des offices et de nombreux officiers royaux le reprennent à leur compte. Il est de plus en plus courant, à partir de la seconde moitié du XIVe siècle, de voir des officiers résigner leur charge au profit d'un tiers qu'ils désignent et qu'ils présentent à l'agrément du roi. Si le souverain l'estime capable, il le nomme à la charge alors rendue vacante par la résignation du titulaire. Gratuite au départ, surtout si elle intervenait en faveur d'un parent ou d'un proche, cette résignation devint rapidement vénale, ce qui revenait à une vente déguisée de l'office ainsi transmis. Dans un premier temps, la royauté tente de réagir en imposant au bénéficiaire l'obligation de prêter serment qu'il n'avait versé aucune somme d'argent. Charles VII puis Louis XI allèrent encore plus loin en frappant de nullité les résignations faites à prix d'argent. Malgré cette législation contraignante, la pratique des résignations monnayées s'enracine, renforçant ainsi, à la fin du XVe siècle, toutes les tendances à la vénalité depuis longtemps sous-jacentes.

Elle présente alors deux caractéristiques essentielles. Elle est le fait des officiers en place qui sont les seuls à pouvoir résigner et, surtout, elle est le plus souvent occulte puisqu'elle demeure, au moins officiellement, interdite comme l'atteste la législation. La position de la jurisprudence est beaucoup moins nette. Certes, les parlementaires se montrent plus souvent hostiles à la vénalité qu'au siècle précédent mais, en réalité, ils la combattent moins en elle-même qu'en raison du risque qu'elle présente de favoriser le recrutement d'officiers incapables dont le contrôle échappe de plus en plus au roi. Propriétaires de leurs charges, ils estiment alors qu'ils sont inamovibles.

• *Stabilité*

Ici encore, un fossé se creuse de plus en plus entre la théorie qui professe que l'officier est révocable *ad nutum* et la pratique qui lui apporte une stabilité de plus en plus grande.

Que la théorie ait, tout au long du XIVe siècle, affirmé haut et clair le droit pour le souverain de révoquer ses officiers n'est pas douteux. À l'occasion des nombreux procès intentés par les officiers pour des destitutions qu'ils estiment abusives, leurs avocats s'attachent à démontrer que la destitution n'a pas respecté les formes prévues mais, jamais, ils ne la remettent en cause dans son principe. Jean le Coq (vers 1340-

1399), avocat du roi au Parlement, prend très nettement position sur ce point. Selon lui, un officier ne saurait être perpétuel car « de droit tous offices de judicature sunt temporels et non perpétuels ». Les justifications avancées par la doctrine du XIVe siècle pour justifier ce principe sont multiples. Il convient de pouvoir, en permanence, contrôler les juges et autres officiers, contrôle qui serait rendu bien plus difficile s'ils étaient inamovibles. Et comme tout officier n'exerce en son office qu'un pouvoir délégué, il doit être toujours possible au roi de le reprendre. Enfin et surtout, l'idée commence à poindre d'après laquelle les offices, faisant partie intégrante du domaine du roi, ne sauraient être donnés de manière perpétuelle. Ce serait aliéner une partie du domaine ou accepter qu'un particulier puisse prescrire à son encontre.

Face à ce droit de révocation absolu, l'étude de la pratique permet d'apporter une autre vision dès le milieu du XIVe siècle, tout particulièrement à l'occasion du conflit qui éclate entre le dauphin Charles et les États généraux qui le contraignent à destituer, en 1357, vingt-deux de ses agents parmi lesquels le chancelier, le premier président du Parlement et plusieurs maîtres des requêtes. Dès qu'il peut, en 1359, reprendre la situation en mains, le régent les réintègre dans leur charge et va jusqu'à affirmer que tout son personnel tient de lui délégation permanente, que des garanties de stabilité doivent lui être reconnues, en particulier celle pour tout agent de pouvoir être entendu avant que n'intervienne, à son encontre, une décision de destitution. Quand il devient roi, Charles V se plie plus encore que ses prédécesseurs à la coutume de confirmer dans leurs offices les officiers en fonction, généralisant bien souvent le système des gages à vie, ce qui tendait à leur reconnaître une véritable stabilité dans l'exercice de leur charge.

C'est surtout à l'occasion de la mise en œuvre des ordonnances, souvent répétées tout au long de la seconde moitié du XIVe siècle, sur la diminution du nombre des officiers, que se pose véritablement le problème de leur stabilité. Quand, en 1396, Charles VI décide de restreindre le nombre de ses sergents, beaucoup de ceux qui sont renvoyés intentent des procès en se fondant sur l'irrégularité de la mesure dont ils sont l'objet. En cela, la pratique depuis longtemps suivie en droit canonique vient à leur secours. La privation d'un bénéfice y exige toujours une procédure qui doit obligatoirement déboucher sur un jugement déclarant le titulaire inapte à occuper le bénéfice qui, de ce fait, devient vacant.

Des nombreux procès intentés par les sergents destitués, il ressort que tous ceux qui sont victimes de ces mesures s'efforcent d'obtenir semblables garanties. Ainsi s'impose lentement la règle d'après laquelle toute révocation ne peut intervenir qu'au terme d'une procédure stricte permettant de démontrer le caractère raisonnable de la décision. De toutes ces oppositions de titulaires évincés, il découle principalement que, désormais, les officiers ne peuvent être destitués « sans ce qu'ils soient par avant oy en leurs causes d'opposition », ou encore que « nul ne doit être débouté de son office sans le ouïr ». Autant de formules qui ne font que s'inspirer de Jean le Coq quand il écrivait, quelque vingt ans plus tôt, à propos des officiers : « injuste chose est quilz soient ostez de leurs offices sans eulx ouyr. » La cause est désormais entendue, toute destitution ne peut être prononcée que par voie judiciaire et non sur simple décision d'un supérieur hiérarchique en forme de mesure disciplinaire. En toute hypothèse, l'officier doit être entendu et doit pouvoir présenter sa défense. Son renvoi ne peut être décidé qu'après instruction de son dossier et pour faute disciplinaire grave.

De cette évolution résulte une véritable stabilité de fait reconnue aux officiers mais jamais n'est affirmé, tant sous le règne de Charles VI que celui de Charles VII, le principe de perpétuité des charges publiques. Louis XI ne s'y montre pas davantage attaché au début de son règne marqué par la révocation massive de serviteurs de son père. Mais le résultat de cette politique est si déplorable, les procès en opposition si nombreux et les remontrances du Parlement gardien du statut des offices si dures, qu'il doit revenir sur sa politique. Il le fait par la grande ordonnance du 21 octobre 1467, qui assure les officiers d'une très grande stabilité. Certes, ce texte ne reconnaît pas officiellement leur inamovibilité, mais il en ouvre très largement la voie. Désormais, un office ne pourra devenir vacant que dans trois cas : mort du titulaire, résignation faite par lui de bon gré et forfaiture par lui commise. Seul ce dernier cas pose réellement problème. L'ordonnance ne définit pas la notion de forfaiture. Elle précise seulement qu'elle devra être préalablement constatée par un juge compétent. De toute évidence, il s'agit d'une faute particulièrement grave commise dans l'exercice de la fonction et dont la constatation et la qualification échappent totalement au roi.

C'était reconnaître aux officiers une véritable inamovibilité de fait en dehors de cette hypothèse extrêmement rare de forfaiture. Le seul moyen de destitution était désormais fort étroit, inexistant presque. Toujours exercé par la « voye ordinaire de justice », il échappait totalement à tout supérieur hiérarchique, y compris le roi lui-même. Désormais, la mesure disciplinaire n'était plus un acte du souverain, mais une décision judiciaire. Cette inamovibilité de fait, encore renforcée par la vénalité naissante, passe progressivement dans la pratique. Et Louis XI en est si conscient qu'en 1482, un an avant son décès, il recommande au dauphin, quand il accédera au trône, de conserver dans leurs charges tous ses officiers de judicature et autres « sans aucunement les muer, changer, descharger ni desapoincter ». Quand il devient effectivement roi, Charles VIII ne tient pas entièrement compte de ce conseil. Il se plaît à rappeler que « les dits offices pourraient estre dits vacans en raison de son nouvel advenement a la couronne », mais limite cependant les destitutions aux seuls favoris du roi défunt. À son accession au trône, Louis XII reprend bien l'idée que toutes les charges se trouvent vacantes du fait de la mort du roi défunt, mais il en confirme tous les titulaires. À partir de ce moment-là, la confirmation pratiquement devenue automatique se trouve presque complètement vidée de sa substance. Les officiers, alors assurés de la stabilité, constituent un véritable corps.

D. La naissance d'un milieu

Faire fonctionner les institutions centrales de la monarchie qui prennent forme dans la seconde moitié du XIIIe siècle et gérer les structures administratives qui s'inscrivent lentement sur le territoire depuis le règne de Philippe Auguste est désormais affaire de spécialistes. Servir le roi, représentant l'État, n'est plus servir la personne du prince. Remplir semblable mission devient progressivement un métier confié à des agents toujours mieux formés pour affronter de véritables carrières dont les traits communs leur font prendre conscience qu'ils constituent véritablement un milieu.

• *Des effectifs fluctuants*

Les statistiques manquent pour se faire une idée précise de ce que pouvaient représenter, en nombre, les agents du roi tant au niveau central que territorial. Une chose apparaît certaine néanmoins. Après avoir augmenté jusqu'aux environs des années 1350 pour répondre aux besoins d'un État en plein essor, les effectifs se fixent alors à un niveau assez bas pour demeurer stables pendant près d'un siècle. Consciente du poids trop lourd que représentent ses officiers et sensible aux vives critiques des administrés à l'encontre de ses agents subalternes, la monarchie s'efforce d'en limiter l'augmentation constante par une longue suite d'ordonnances, plus d'une dizaine, qui se succèdent de 1350 à 1450. En réalité, la pénurie plus que le trop grand nombre d'officiers régnait dans les services de l'État, surtout au lendemain des violentes crises démographiques et économiques consécutives à la grande peste de 1348. Néanmoins, tant la difficulté à rémunérer ses officiers que la mauvaise image qu'ils ont trop souvent dans l'opinion, conduisent le pouvoir à se montrer drastique. L'attestent les minces effectifs qui ont en charge la responsabilité de faire fonctionner les principaux services centraux, sans doute quelques centaines d'officiers répartis entre le Conseil, la Chancellerie, le Parlement, la Chambre des comptes et le Trésor. Il en résulte un mauvais fonctionnement de ces mêmes services. Il contraint ceux qui en ont la responsabilité de faire appel à un personnel extraordinaire ou, bien souvent, à déléguer une partie de leur pouvoir. Il faut attendre le milieu du XVe siècle, la fin de la guerre de Cent Ans, puis la réunion définitive des derniers grands fiefs du royaume pour enregistrer à nouveau une augmentation considérable du personnel politique et administratif. Il est désormais celui d'un État solidement enraciné et d'une administration dont la compétence s'étend définitivement à l'ensemble du royaume.

• *Une formation contrastée et des rémunérations diversifiées*

Devenu l'affaire de techniciens, le service de l'État requiert une formation spécifique. Plus ou moins poussée en raison de la grande variété des offices, elle n'en contribue pas moins à renforcer fortement l'esprit de corps qui caractérise les officiers à la fin du Moyen Âge. Ceux d'entre eux appelés à occuper les plus hautes fonctions au sein des institutions centrales, en particulier le Parlement, ont généralement accompli un cursus en droit civil, mais bien souvent aussi en droit canon. Bacheliers, licenciés ou docteurs *in utroque*, ils sont alors nantis des plus beaux grades et d'une vaste culture qui leur permet de faire lentement passer dans la pratique royale, qu'elle soit politique, administrative ou judiciaire, tous les grands principes du droit de Justinien et du Décret. Imbu de son savoir, ce petit noyau de serviteurs de l'État a tendance à se séparer de la masse pour constituer un groupe spécifique.

Cette masse regroupe tous les autres officiers, aussi bien ceux à qui reviennent toutes les charges judiciaires et administratives dans les bailliages et sénéchaussées du royaume, que la cohorte des gens de justice avec ses avocats, procureurs, notaires et sergents qui parlent, instrumentent, écrivent ou exécutent au nom du roi. Ici, la diversité l'emporte, du rare avocat docteur au simple sergent sans la moindre instruction, et pour qui sergenter ne requiert aucune compétence particulière. En définitive, plus que le service du roi, c'est sans doute le grade universitaire, quand il existe, qui tisse des liens de solidarité.

La même diversité domine la rémunération qui peut apporter à son titulaire aussi bien la fortune que l'aisance, ou une existence misérable. Jusqu'à la fin du XIIIe siècle, de nombreux offices sont encore donnés à ferme. Ce système laissait à celui qui prenait ainsi l'office tous les revenus qui lui étaient attachés à charge pour lui, aussi longtemps que durait le bail, de verser à termes réguliers une somme fixe au roi représentant le prix de la ferme. Son montant, déterminé au moment de l'affermage, apportait au roi un revenu régulier et pouvait laisser au fermier, qu'il soit prévôt, greffier, seigneur ou tabellion, de beaux bénéfices pour peu qu'il sache lourdement taxer justiciables ou usagers. Mais, passé le XIIIe siècle, le système de la ferme ne résiste guère aux assauts de l'opinion qui critique aussi bien la cupidité des fermiers et leur incompétence que l'instabilité liée à des adjudications souvent trop fréquentes.

Se généralise alors la rémunération par versement de gages. Ce pouvaient être soit des « gages accoutumés », donc versés régulièrement en fonction des prestations accomplies et du temps passé, soit des « gages à vie » que le bénéficiaire était assuré de percevoir, même après avoir quitté sa charge, jusqu'à sa mort. Pour certains grands offices, ces gages étaient source d'énormes profits. C'est vrai dans l'entourage du roi, mais aussi par exemple pour les serviteurs du duc de Bourgogne. Se faire une idée précise de ce qu'ils pouvaient représenter n'est pas aisé. Une chose est certaine : pour la plupart des officiers, le montant de leurs gages a été fixé dès le milieu du XIVe siècle et n'a guère évolué par la suite, malgré les fluctuations d'une conjoncture très perturbée. C'est ainsi qu'au Parlement, un conseiller laïque touche dix sous parisis par jour et un conseiller clerc cinq sous, tandis que le président et l'avocat général reçoivent respectivement cinq cents et quatre cents livres par an. Au bailliage de Senlis, le bailli reçoit seize sous parisis par jour, somme qui n'a toujours pas varié en 1450. La situation est pire pour le procureur du roi en ce même lieu. Rémunéré trente-deux livres parisis en 1380, il ne touche plus que vingt-deux livres à la fin du XVe siècle.

À tout cela s'ajoutent très souvent, et fort heureusement, rémunérations en nature et pensions de tous ordres sans compter, pour les gens de justice, les épices. Simples cadeaux en nature faits d'abord aux avocats et procureurs sous forme de harengs-saurs, saumons fumés, vins, fromages et confitures, ils se transforment lentement en argent pour rémunérer d'abord des travaux supplémentaires puis, dans un second temps, des vacations même les plus ordinaires. À ces gages, dons, pensions et épices toujours très difficiles à apprécier, s'ajoute encore un avantage de poids, l'exemption fiscale des officiers. Ni générale, ni définitive au début, elle finit par le devenir au moins en matière de fiscalité directe, ce qui rend plus difficile encore d'apprécier à sa juste valeur ce que rapporte véritablement l'office à son titulaire. Mais, à n'en pas douter, tous ces avantages réunis faisaient que les officiers les plus élevés dans la hiérarchie constituaient une véritable caste.

• *L'attrait de la noblesse*

Tout au long des deux derniers siècles du Moyen Âge, le service de l'État permet souvent à ce groupe de privilégiés d'accéder à la noblesse. Consécration suprême, elle leur valait marque d'estime et témoignage de confiance de la part du souverain. Anoblir était en même temps pour lui un solide moyen de s'assurer d'indéfectibles fidélités. Voilà pourquoi cette procédure semble être parfaitement entrée dans les mœurs dès les années 1350, période à partir de laquelle les lettres d'anoblissement vont répétant que doivent pouvoir accéder à la noblesse « ceux qui ont rendu et rendent encore des services au roi, dans ses affaires, dans celles du royaume et de la chose publique ». La cause est entendue, service du roi au plus haut niveau et noblesse vont de pair.

Mais il y a d'autres raisons à cet engouement des hauts serviteurs du prince pour la noblesse. Souvent enrichis, ils achètent des seigneuries qui, s'ils ne sont pas déjà nobles, les contraignent à acquitter un très lourd droit de franc-fief. Prévue par une ordonnance de 1275, cette taxe devait permettre de compenser la perte du service féodal que ne pouvait assurer tout acquéreur non noble. Voilà pourquoi l'accès immédiat à la noblesse est important pour ces officiers enrichis et acquéreurs de fiefs. Leur nouvelle qualité les dispense, automatiquement, d'avoir à s'acquitter d'un tel droit.

Toutes ces raisons expliquent que l'anoblissement des serviteurs de l'État soit devenu pratique courante. L'attestent avec vigueur les chiffres relevés pour la période 1345-1483 : sur 1 618 lettres d'anoblissement délivrées, 123 ont pour bénéficiaires des officiers. Rapporté aux quelques centaines d'agents qui animent les services centraux et compte tenu du fait que beaucoup d'entre eux sont déjà nobles, un tel résultat est significatif d'une double tendance. D'une part, la volonté du prince de récompenser ceux de ses proches officiers qui le servent fidèlement et, d'autre part, le désir constant de ces mêmes serviteurs de s'intégrer à la noblesse parce qu'elle s'est depuis longtemps affirmée comme un modèle social reconnu.

Parmi les bénéficiaires de cette distinction, les secrétaires du roi arrivent largement en tête. Particulièrement bien placés pour obtenir des lettres d'anoblissement en raison de leur fonction, ils écrasent les gens du Parlement qui comptent assez peu d'anoblis en leur sein, sauf sous le règne de Charles V, qui se montre particulièrement ouvert à leurs requêtes. Par la suite, ils sont de moins en moins nombreux. Tout simplement parce que leur rôle, leur place et leur rayonnement dans la société sont si affirmés qu'ils constituent à eux seuls un état si proche de la noblesse qu'il finit par donner naissance à une nouvelle noblesse, la noblesse de robe dont la lente émergence ne cesse de heurter la noblesse d'ancienne lignée.

Incontestablement, son rôle dans l'État ne cesse de décliner au profit de ces officiers anoblis et de ceux qui, à leurs côtés, œuvrent au service du roi pour que triomphe, dans le sillage des légistes, une conception rénovée de la science du gouvernement et de l'administration.

CONCLUSION

Telle est bien l'évolution qui domine la construction de l'État tout au long des trois derniers siècles du Moyen Âge. Gouvernement et administration du royaume — on parle souvent de *policie* — deviennent un véritable art de plus en plus érigé en science, qu'inculquent au prince et à ses agents, juristes, conseillers et penseurs politiques. Au roi qui a récupéré l'essentiel de ses pouvoirs revient d'édicter des normes. Désormais applicables à un espace politique toujours plus large, elles transcendent lentement un ordre juridique préexistant à l'État, pour le faire progressivement passer sous son contrôle. Mais l'évolution est semée d'écueils face à un ordre coutumier qui, en raison de l'attachement que lui portent les populations, résiste à l'emprise du pouvoir. Même si la jurisprudence de ses tribunaux vient à son secours et si le droit romain retrouvé fait du prince le dépositaire du droit de créer la norme, l'ordre juridique demeure extrêmement diversifié. Néanmoins, la voie est désormais ouverte à plus de cohésion que ne cessent de renforcer ordonnances royales, rédaction des coutumes et contrôle grandissant des tribunaux royaux.

Pilier et clef de voûte de cet édifice judiciaire, le prince « grand debteur de justice » doit gérer le succès que lui vaut cette image, même s'il y a loin de la théorie à la pratique. Partout transparaît bien cette volonté de restaurer l'organisation de la justice royale que doivent dominer, tout à la fois, principe hiérarchique, compétence des juges et rapidité de la procédure. Mais de toutes parts, aussi, naissent tensions et conflits qui traduisent la résistance des justices traditionnelles — qu'elles soient laïques ou d'Église — à l'instauration d'un ordre judiciaire d'État dont la mission fondamentale était pourtant de se poser en garant de l'application uniforme de la norme édictée par le prince. De cette fonction essentielle, dépendait toute avancée significative dans la construction de l'État.

Il en allait de même de la monnaie et de l'impôt. Certes, droit de battre monnaie et de lever l'impôt sont bien redevenus des droits régaliens mais, là aussi, les principes ne pénètrent que lentement la réalité. Si le monnayage baronnial cède progressivement le pas à une monnaie royale chaque jour plus envahissante, le consentement que doit obtenir le roi de ses sujets pour lever l'impôt, freine considérablement la mise sur pied d'une fiscalité d'État, pourtant si essentielle à la mise en place des nouvelles structures. Seule la guerre permet que triomphe, mais avec beaucoup de fragilité, le principe d'un impôt permanent établi d'autorité, sur la règle traditionnelle d'une contribution temporaire et consentie. À ce triomphe dans les esprits et dans la doctrine, il y a bien davantage. Sans doute, plus que les nécessités de la guerre, a joué la notion d'un impôt non plus levé au profit d'un prince qui s'identifiait à la chose publique, mais au bénéfice d'un État que représente désormais un roi investi d'une fonction dont il n'est que dépositaire. Alors, le consentement devient plus facile à obtenir et l'énorme transfert qui s'opère des sujets vers l'État est d'autant mieux accepté qu'il est toujours suivi d'une large redistribution. Dans la mesure où elle bénéficie, en tout premier lieu, aux agents du pouvoir et à ceux qui, à tous les niveaux de l'État, assurent et soutiennent son action, elle les invite à plaider en faveur de la légitimité de tels prélèvements.

Grâce à eux, le souverain trouve les moyens financiers qui lui avaient manqué jusque-là pour conduire son action et doter l'État en construction d'un gouvernement moderne. Tandis que ses vieilles structures féodales craquent de toutes parts, de nouveaux services s'organisent à tous les niveaux, qu'il s'agisse de décider, de juger, d'imposer, d'administrer ou de gérer. Tant de besoins conjugués ont immédiatement rendu nécessaire la formation d'agents toujours plus nombreux et toujours plus qualifiés. La royauté des derniers siècles du Moyen Âge a su relever ce défi en organisant, progressivement, une véritable fonction publique. Dotée d'un corps de règles propres à régir recrutement, statut et déroulement de carrière, elle fut, tout à la fois, moyen et aboutissement de la longue genèse médiévale de l'État.

CAPÉTIENS DIRECTS ET VALOIS DE PHILIPPE AUGUSTE À CHARLES VIII

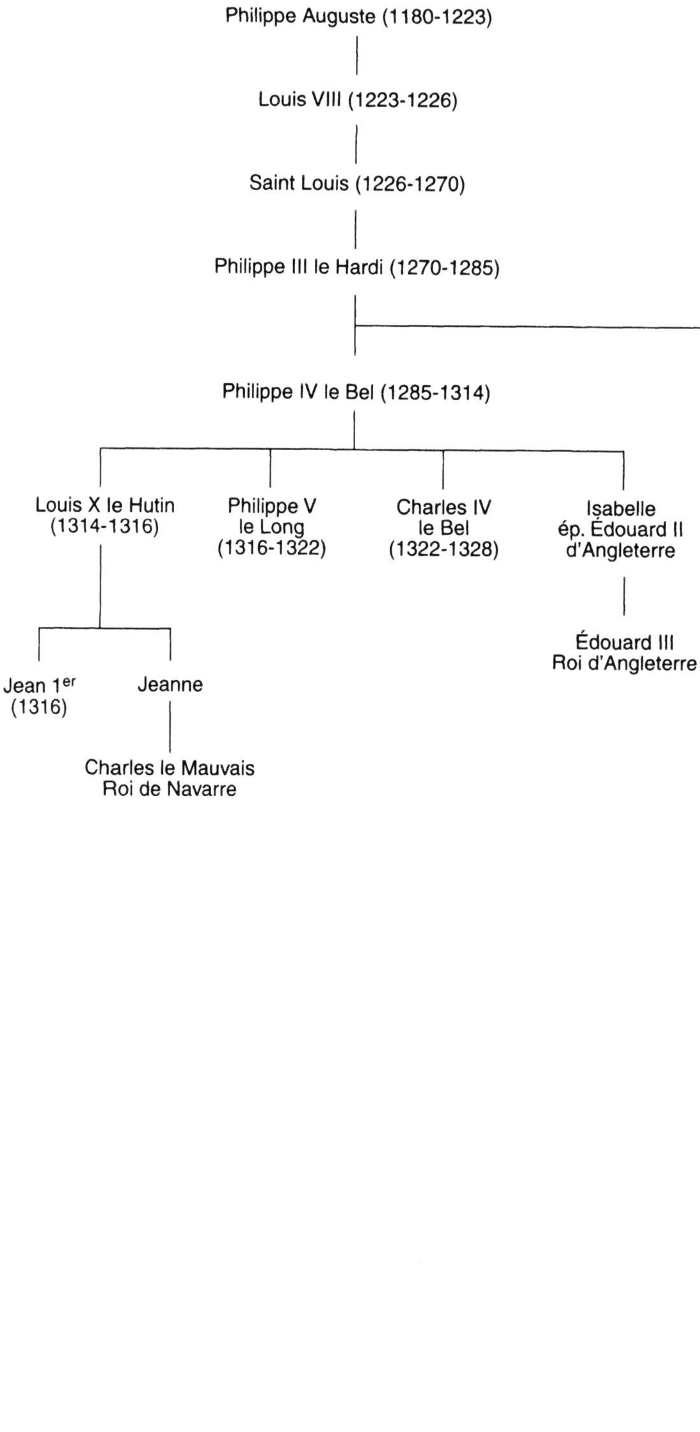

La France en 1270 à la mort de saint Louis

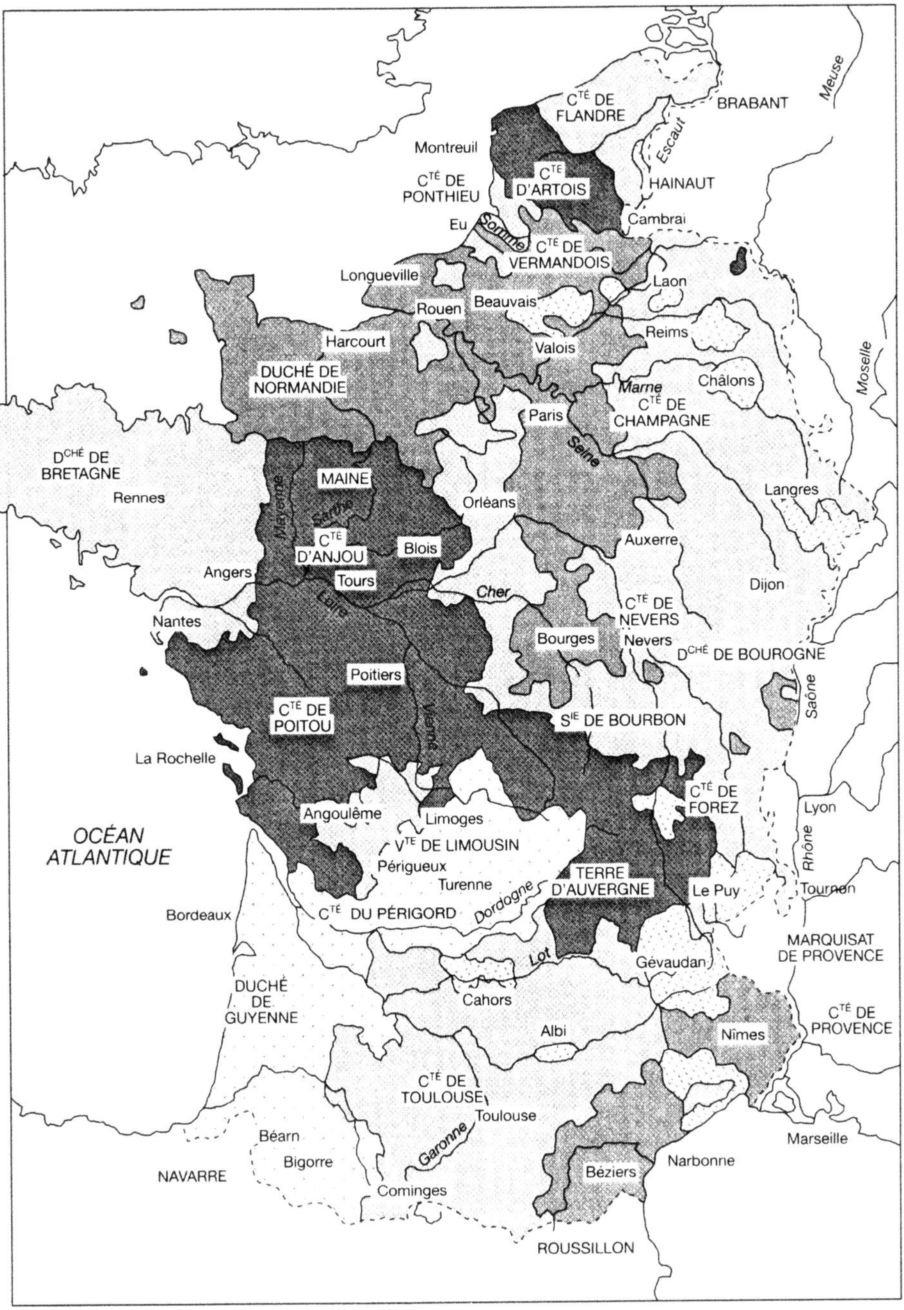

Domaine royal

Apanages des fils de Louis VIII et de saint Louis

Fiefs mouvant de la couronne

Seigneuries écclésiastiques

Fiefs du Roi d'Angleterre

Les acquisitions de Philippe III et Philippe IV

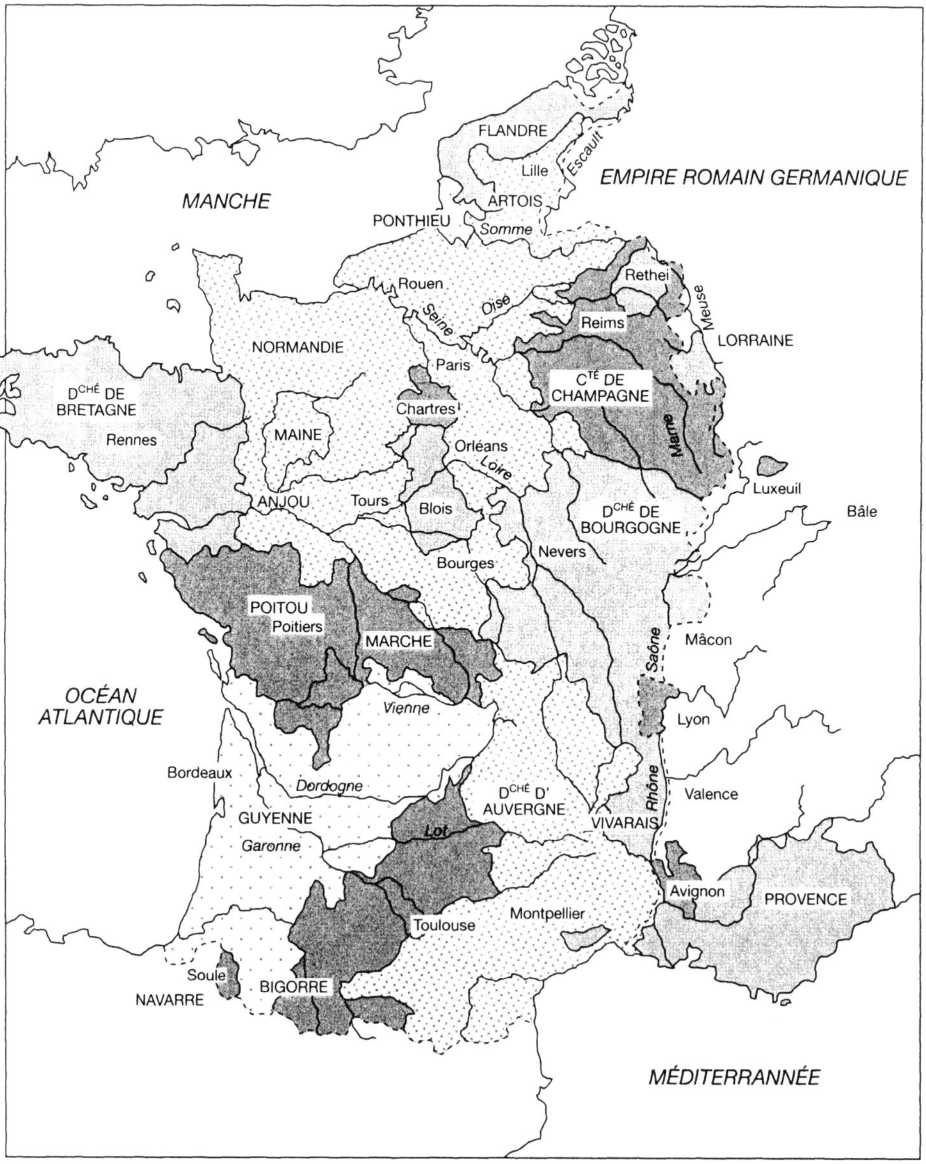

Acquisitions de Philippe III et de Philippe IV

Fiefs vassaux

Fiefs du Roi d'Angleterre

Domaine royal

La France en 1360 après le traité de Brétigny

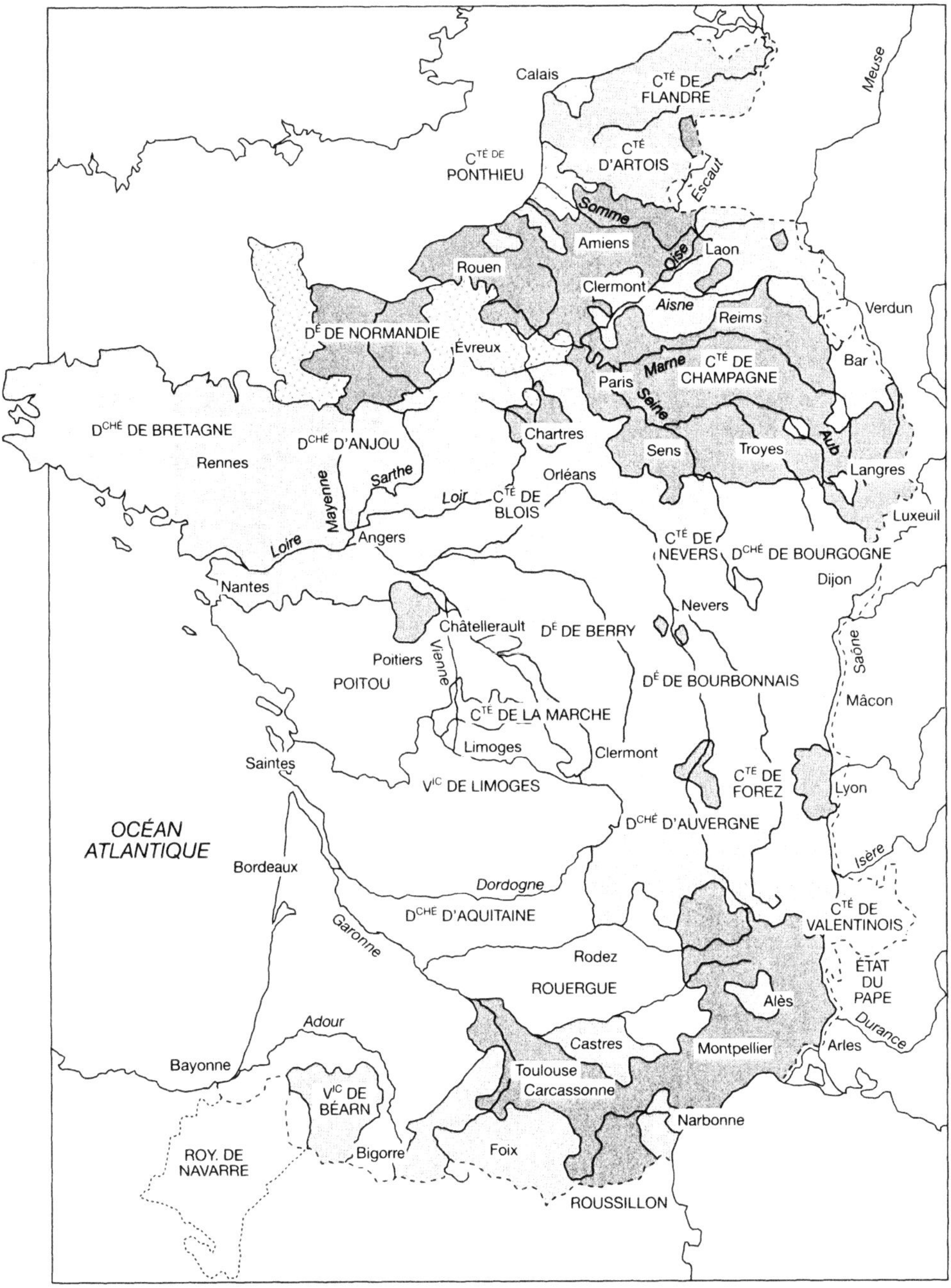

Domaine royal

Fiefs du roi de Navarre

Fiefs du roi d'Angleterre

La France en 1483 à la mort de Louis XI

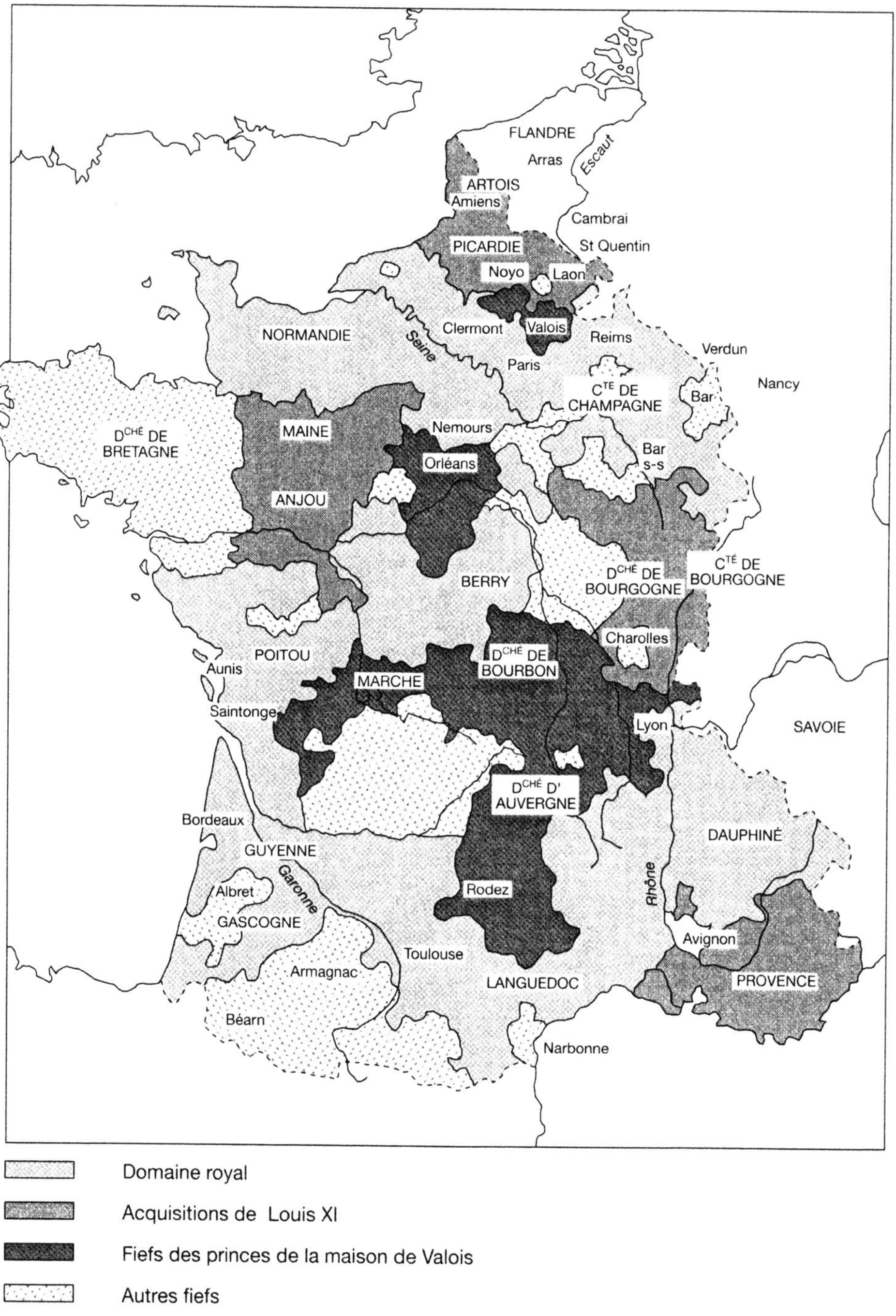

CONCLUSION

L'historiographie classique a principalement retenu, des cinq premiers siècles du Moyen Âge, le fait que le pouvoir des rois francs y a été souvent marqué par leurs divisions et luttes mutuelles, et souvent attaqué par certains grands du royaume. Elle a insisté sur le poids des traditions germaniques et, d'une manière générale, sur le caractère fruste de la civilisation et des croyances religieuses. En dépit de quelques reconstructions spectaculaires — en particulier celle de l'unité franque au temps de Charlemagne —, elle a représenté la période comme dominée par la faiblesse et même l'inexistence de tout État avec, pour la clore au Xe siècle, l'image du «siècle de fer», donnant l'idée d'un temps où les désordres et la faiblesse des rois, à leur paroxysme, avaient fait triompher tout le contraire d'un ordre politique avant l'âge capétien.

Ces vues sont en pleine révision. En dépit de résistances tenaces, la recherche, dès qu'elle est attentive au vocabulaire des sources, aperçoit, au travers même des troubles et des accidents dynastiques, la persistance des traditions romaines. C'est sur la base de ces traditions que tout au long de la période, la notion de charge publique, d'agent public, n'a cessé de permettre au pouvoir d'un *princeps* — vu, sous cet angle, comme un prolongement du pouvoir impérial — de déléguer sa *potestas* à ses agents territoriaux, et d'être ainsi à même de maîtriser un territoire. Cette faculté politique majeure s'est perpétuée avec constance dans toute la période. Contrairement à ce que l'on a longtemps cru, elle a gardé son efficacité entre des royaumes rivaux et, ce qui peut paraître plus surprenant encore, même dans les temps et les régions où il s'est trouvé que les rois en titre aient pu être supplantés par des grands auxquels cette qualité de «princeps» a été reconnue. En particulier, dans le cours du Xe siècle en *Francia* de l'ouest, dans ce que l'on appelle les principautés, qui ont en réalité légué aux premiers temps capétiens une expérience souvent efficace de gouvernement régional, véhiculée par des lignages aristocratiques avertis.

C'est aussi sur la base de ces traditions, conjuguées à celles de l'Ancien et du Nouveau Testaments, que l'Église a fait souche sur le territoire des Gaules, et a gardé dans le monde franc les structures qu'elle avait prises à l'Empire, en constituant par là un facteur supplémentaire de stabilité. Mais les églises, bientôt les abbayes, que la ferveur des chrétiens clercs et moines faisait qu'ils devaient s'en remettre à d'autres pour être défendus, n'ont guère cessé d'être la proie d'hommes du siècle. Le danger de l'emprise ne s'est pas limité aux biens. Il a touché aussi à la charge des âmes, au ministère sacré. Sous cet angle, le demi-millénaire franc laisse le souvenir d'une sorte de cycle parcouru à deux reprises. Tout d'abord par une certaine liberté épiscopale, gélasienne, reconnue au premier siècle mérovingien, qui tombe, dès les débuts du VIIIe siècle, sous l'emprise d'un pouvoir pippinide que l'Église aide à devenir une royauté sacrée et vigoureuse. Ensuite, à partir de la renaissance du dualisme gélasien que suscite Louis le Pieux et d'un certain renouveau de liberté ecclésiastique aux premières décennies du IXe siècle, la tendance à l'emprise repart de plus belle avec le cours du Xe, en permettant à nombre de grands laïcs de dominer les évêchés et les abbayes. Dans ce domaine si important pour une société presque unanimement convertie au christianisme, il faut dire que le legs laissé à la fin du Xe siècle, à part le pôle de liberté que constitue Cluny, est celui d'un échec appelant une profonde réforme.

Enfin, c'est sur ce double terreau de la romanité et du christianisme qu'ont pris racine, dès les Ve et VIe siècles, un certain nombre de traditions germaniques passablement adoucies lors de l'acclimatation. Elles aussi, une fois implantées, se sont révélées parfois singulièrement tenaces et envahissantes. On ne citera que l'attachement à la famille par le sang. Il a eu une importance extrême pour les rois en titre, chez qui la patrimonialité du pouvoir mènera inexorablement à définir la dynastie des rois en fonction de la descendance par le sang, et, par là, à apporter à l'institution royale, tant qu'il y aura des descendants de la lignée, un renfort pour sa pérennité. Mais c'est aussi le cas, quoique de manière moins exclusive, juste en dessous des rois, de la noblesse. La recherche récente commence à mesurer l'extraordinaire pérennité de ces familles, repérable bien souvent sur plusieurs siècles, qui distribue la vocation à obtenir des *honores* de manière prioritaire selon la descendance par le sang, même si, à défaut, elle la confère aussi à la famille par alliance, et, par là, à la descendance de celle-ci. Sur ces deux registres, si l'on se place vers la fin du Xe siècle, la tradition germanique est devenue celle du royaume tout entier. Et cet héritage-là jouera un rôle fondamental après l'an mil, tant pour soutenir l'effort, durant huit siècles, de la royauté capétienne, que pour faire s'épanouir, aux XIe et XIIe siècles surtout, en fonction de la féodalité, la vocation seigneuriale des lignages nobles.

*
* *

Le siècle qui s'ouvre avec le changement dynastique de 987 semble de prime abord consacrer l'effondrement de la constitution politique imaginée au Xe siècle. L'ordre « princier » s'efface au profit de l'ordre « seigneurial », tandis que les deux institutions — Église et royauté —, par excellence porteuses de l'héritage carolingien, sont conduites à s'adapter aux nouvelles réalités politiques. À bien des égards, l'une et l'autre devront donner du pouvoir qu'elles exercent sur les groupes humains qu'elles contrôlent, une image très semblable à celle qu'offre n'importe quel seigneur local. L'une comme l'autre, cependant, conserveront intacte cette part de l'héritage ayant trait à leur place centrale au sein de la société chrétienne. Au seuil du XIIe siècle, l'Église, en tant que force spirituelle, a presque achevé une révolution destinée à l'affranchir de la tutelle des puissances laïques et à la restructurer autour de la papauté romaine, la mettant en position de revendiquer, au nom d'une «*auctoritas*» supérieure à celle des rois et des princes, la direction morale du peuple chrétien. Plus modestement, le Capétien replié sur son «domaine» d'Ile-de-France n'a, quant à lui, que réussi à stabiliser son pouvoir en dotant ce domaine de structures plus fermes et en jouant, tant bien que mal, du subtil jeu d'alliances que lui a imposé l'entière liberté politique des membres de la haute aristocratie du royaume.

Logique d'éparpillement et pluralisme politique au XIe siècle; logique d'ordre et de rassemblement au XIIe siècle, en relation étroite avec les profondes mutations économiques, sociales et culturelles qui marquent la période. C'est en captant une large part des profits nés de la croissance, en s'appuyant sur cette force nouvelle que représentent les bourgeoisies urbaines, et en affirmant résolument leur rôle de garants des équilibres sociaux et de la paix, que certains grands à l'échelle de leur principauté, et le roi sur un espace qui, peu à peu, tend à s'identifier au royaume, s'efforcent de digérer et d'ordonner le pluralisme politique. Au début du XIIIe siècle, ce pluralisme existe toujours, mais le développement anarchique de la seigneurie banale et des clientèles vassaliques appartient désormais au passé. Un ordre féodal est en passe de s'affirmer, au sommet duquel se trouve la personne du roi. L'essor d'un droit des fiefs au sein du monde nobiliaire est le signe apparent d'un phénomène plus général d'affermissement des cadres juridiques de la société et d'efficacité croissante des institutions judiciaires contrôlées par le roi et les princes. Il reste au monarque capétien, d'une part, à tirer pleinement profit de la rencontre entre l'héritage de la royauté carolingienne et les conceptions romaines en matière d'autorité véhiculées par le droit savant, et, d'autre part, à mettre en œuvre et développer les mécanismes institutionnels qui, peu à peu, transformeront sa suprématie féodale en un véritable «ordre royal».

*

* *

Cet «ordre royal» triomphe tout au long des trois derniers siècles du Moyen Âge qui marquent les premiers temps de la genèse de l'État moderne. Elle s'inscrit dans la longue durée. Elle n'épouse pas les coupures chronologiques traditionnelles. Voilà pourquoi la fin du XVe siècle n'est point en rupture avec un État qui aurait été du Moyen Âge et un État qui appartiendrait à la Renaissance. Elle est, au contraire, permanence dans la transmission d'un savoir théorique et pratique de gouvernement qui favorise la continuité d'un vouloir politique. Plus qu'un bilan, c'est un simple constat qui s'impose alors de ce lent cheminement des institutions étatiques que dessine une patiente construction doctrinale en perpétuel devenir. Temps d'apogée et temps de crise se succèdent en ces trois siècles qui façonnent, à travers cette longue genèse, une France nouvelle. Vivifiée en permanence par la mémoire, elle s'inscrit dans un espace défini, support d'une nation en formation qui trouve son unité dans une *respublica* en plein essor.

MÉMOIRE, IDÉOLOGIE ET SYMBOLES

Parce que la France est faite des Français passés, présents et à venir, elle est mémoire vivante de son histoire. Souvent plus imaginaire que vécue, elle plaque sur le réel, mythes et symboles qui font d'elle facteur de légitimation et ciment d'unité.

À ces Français si divers, il fallait trouver une origine commune qui leur permette de vivre ensemble et de constituer un peuple uni. Telle fut bien la mission assignée au mythe de l'origine troyenne, non seulement des Gaulois, mais aussi des Francs. Fort ancien, il ne s'est diffusé qu'entre le XIe et le XIIe siècle, pour devenir familier à tous pendant les deux derniers siècles du Moyen Âge, quand la représentation des ancêtres troyens envahit l'iconographie populaire. Mais ce mythe, païen et collectif, même s'il contribue à accréditer l'idée que les rois de France descendent eux aussi des Francs eux-mêmes, ne suffit pas à fonder une dynastie en quête de légitimité. Il y fallait un mythe royal — celui de Clovis — qui substitue à la simple descendance par le sang, la descendance spirituelle par le baptême. Une généalogie chrétienne supplante alors, lentement, l'idée d'une descendance troyenne. Païenne, elle présentait en outre l'inconvénient de n'être pas exclusivement royale, mais aussi l'avantage de bénéficier à tous les habitants collectivement et de les placer sous l'autorité d'un roi que le baptême de Clovis, dont il était censé seul descendre, situait dans la sphère d'un religieux chrétien. Voilà qui dessinait le visage du « Roi très chrétien » dont la monarchie et ceux qui soutiennent sa cause, font un si large usage à partir du règne de Charles V.

À ce double mythe de l'origine troyenne et du rattachement direct à Clovis, s'ajoute celui de la continuité des trois races royales qui pénètre en force la mémoire collective au début du XIIIe siècle avec le *reditus ad stirpem Caroli,* ce « retour à la race de Charles » que saint Louis s'efforce d'inscrire dans les faits pour mieux frapper les esprits quand il réorganise la nécropole royale de Saint-Denis. En même temps, l'abbaye devient la mémoire de la monarchie grâce à l'important travail historiographique de ses moines qui aboutit aux *Grandes Chroniques de France.* Rédactrice collective d'une histoire monarchique et nationale, elle est aussi gardienne des *regalia* et de l'oriflamme, symbole du commandement et de l'État. Mais elle n'est pas la seule à constituer un point d'appui à la royauté. Dans son histoire mouvementée, la monarchie a eu la sagesse de s'assurer d'autres lieux de pouvoir, de symbole et de mémoire. Reims, ville des sacres et de l'entrée en royauté, Paris, résidence principale des rois et, surtout, siège de l'administration royale, constituent les deux autres points de ce triangle d'idéologie et de puissance. Et c'est bien à partir de ces trois pôles que les Capétiens dessinent, avec prudence, un nouvel espace politique.

ESPACE ET POUVOIRS

Cet espace figure lentement la *Francia*, encore que le terme désigne rarement, jusqu'à la fin du XIIe siècle, l'ensemble du royaume, mais seulement sa partie nord, autour de l'Ile-de-France. Pour qualifier la France capétienne dans tous ses contours, on parle plus souvent de *Francia tota.* Ce n'est qu'à partir du règne de Philippe Auguste que l'expression *regnum Franciae*, et surtout le seul terme *Francia*, évoquent la totalité du territoire contrôlé par le Capétien dont l'entourage se plaît à souligner qu'il a de tout temps constitué le cadre familier de l'existence des Francs. « Douce », « belle » et « libre », elle est le « noble champ fleuri de France », le « jardin de douce France » où poussent les lys. Ses limites, désormais marquées du sceau royal, constituent de véritables frontières. Elles en font un territoire connu et défini que la patiente politique des Capétiens, puis des Valois, pousse jusqu'à la Bretagne, la Gascogne, l'Aquitaine, la Provence et la Bourgogne.

Progressivement, ce territoire devient espace de pouvoirs pour un prince sacré dont la supériorité n'a jamais été contestée, même aux pires moments de faiblesse de l'institution royale. Au temps de la féodalité que le souverain discipline sans pour autant la faire disparaître, succède tout au long du XIIIe siècle celui d'une vassalité toujours plus teintée de sujétion. Elle contraint le duc de Bourgogne à se reconnaître, en 1407, « vassal et sujet » du roi de France, puis le duc de Bretagne à s'avouer, lui aussi, « vassal, homme sujet du roi de France » après que l'avocat du roi eût proclamé haut et fort en Parlement, en 1448, que « le duc de Bourgogne est subject du roi de France ».

C'était attribuer au souverain, dans un royaume où lui échappait encore la maîtrise sur ces deux prestigieux duchés, pouvoir plein de juger, de légiférer et d'imposer. Progressivement reconstruit dans son unité géographique, le territoire se transforme aussi en espace judiciaire, normatif et fiscal. À la justice des barons se substitue celle du roi en son Parlement, tandis que l'ordonnance des princes fait place à la norme édictée par le roi en son Conseil et que l'impôt dû au souverain fait partout reculer, avec des succès divers il est vrai, la vieille fiscalité seigneuriale. Pareille évolution n'est acceptée que parce que justice, loi et fiscalité ne sont plus celles d'un prince seigneur de ses hommes et maître d'un territoire, mais bien désormais celles d'un roi dont le pouvoir entièrement dépatrimonialisé le place en position d'agir au nom d'une entité supérieure, l'État en formation dont la nation constitue le socle.

Nation et sentiment national

Dix siècles ont fait de la nation France et du sentiment national qui lui donne vie, un ensemble composite lentement modelé par le territoire, l'ethnie, la langue, la religion et l'histoire.

Le *regnum Franciae* a maintenant un nom. Il désigne une entité clairement définie qui donne corps à un ensemble de pays fondus dans le territoire national. Les identités régionales n'en disparaissent certes pas pour autant et chaque pays conserve ses privilèges, ses coutumes, sa langue et ses traditions. Mais chacun a conscience d'appartenir à un tout qui s'organise progressivement autour d'une capitale et relève d'un pouvoir central partout présent à travers le filet administratif et judiciaire dont il enserre le royaume. Ainsi se construit lentement une unité territoriale dont la réalité, chaque jour plus clairement perçue, favorise la prise de conscience, par tous ceux qui l'habitent, qu'ils constituent une nation. Persuadés que ce tout leur est supérieur, ils l'identifient au « païs de France » dont Jacques de Révigny affirme, en se souvenant du Digeste, qu'il est la *communis patria*.

La force de cette patrie réside, avant tout, dans la cohésion du peuple qui l'habite. Voilà pourquoi c'est à gommer les diversités ethniques qu'ont œuvré, depuis les Carolingiens, tous les souverains successifs pour que Gallo-Romains et Francs, Burgondes et Wisigoths se fondent progressivement dans une même nation autour d'un saint protecteur, saint Denis, patron de la dynastie capétienne, même si les liens privilégiés qui l'unissent à la couronne de France se distendent quelque peu au XVe siècle au bénéfice de saint Michel. Par-delà cette union de la nation avec son saint, c'est aussi un lien direct qu'il convient d'établir avec Dieu en persuadant les sujets que lutter pour le pays, la justice et la chose publique, vaut contribution au triomphe de la cause de Dieu. Philippe le Bel se pose en champion de cette identification entre défense du pays et défense de Dieu. Poussée à son paroxysme tout au long de la guerre de Cent Ans, elle ne pouvait que renforcer la cohésion nationale sur cet espace français que l'unité de religion rendait déjà si profondément homogène. Nation très chrétienne qui fait bloc dans la dévotion qu'elle porte à saint Louis, la France des deux derniers siècles du Moyen Âge renforce encore sa cohésion autour d'une religion royale finement pensée et une langue — le français — dont l'attrait ne cesse de grandir. La traduction en 1274, du latin en français, des *Grandes Chroniques de Saint-Denis* en porte témoignage.

Elles aussi sont ciment d'unité, tant elles offrent une image cohérente et glorieuse du passé national. Comme toute nation qui prend conscience d'elle-même, la nation France éprouve le besoin d'expliquer et de justifier son présent par son passé. Tel est bien le rôle dévolu aux *Grandes Chroniques de France* qui, tout au long des deux derniers siècles du Moyen Âge, ne cessent d'exalter les hauts faits des rois et la fierté de leurs sujets, tous unis dans le commun destin national de leur *respublica*.

RES PUBLICA ET ROYAUTÉ

Les trois derniers siècles du Moyen Âge lèguent à la France un État en pleine construction. Certes, le mot n'existe guère et la cause est entendue. Mais la réalité? La voilà bien présente dans cette *respublica* que compose un pays en pleine mutation face à un gouvernement qui fait flèche de tout bois pour assurer à son prince un pouvoir plein.

La lente désagrégation des structures féodales libère toutes les forces vives du pays, tandis que les grands princes s'arc-boutent sur leurs positions pour parachever de véritables États. Rebelles à la construction monarchique, ils assurent leur position à la périphérie du royaume où Aquitaine, Béarn, Bretagne et Bourgogne constituent les remparts les plus solides à la pénétration de la souveraineté royale. Aux franges intérieures de cette périphérie, les résistances sont souvent tout aussi vives qui s'opposent à la volonté de reconquête venue du centre. Dans ces conditions, la stratégie de concentration des rois devient aussi celle des princes, si bien qu'au fur et à mesure que se construit l'État monarchique, prennent essor, à un niveau intermédiaire, des États princiers. Bourgogne et Bretagne en offrent les meilleurs exemples. Ces tensions et résistances avivent à leur tour la dynamique de construction étatique et partout celui qui en est le maître d'œuvre, qu'il soit prince ou roi, doit compter avec le pays qui s'organise.

Les états se regroupent en États qui font entendre leur voix pour imposer au souverain un dialogue et tenter de partager avec lui l'exercice d'une souveraineté retrouvée. Mais ce n'est pas, finalement, dans cette voie que s'engage la construction qui se met lentement en place. Fondée sur une autorité monarchique que renforce constamment le loyalisme des sujets stimulé par un puissant mouvement doctrinal, mais que tempèrent les crises de succession et les idées démocratiques du XIVe siècle, elle profite toujours au souverain.

Dépositaire d'une royauté sacrale et fils du dessein politique de Dieu, le « Roi très chrétien » parvient à imposer partout sa justice, sa loi, sa paix et sa fiscalité. Investi d'un pouvoir qui lui est supérieur, il doit s'effacer derrière l'entité qu'il représente. Acteur de la continuité dynastique et investi d'un pouvoir dépersonnalisé, il apparaît toujours plus comme le garant d'un système monarchique auquel les Français de la fin du Moyen Âge ont pleinement adhéré. L'attachement indéfectible qu'ils lui portent n'a d'égal que tout le bien qu'ils en attendent en lui confiant le soin de gérer l'État.

BIBLIOGRAPHIE

ALTEROCHE (B. d'), *De l'étranger à la seigneurie à l'étranger au royaume. XIe-XVe siècle*, Paris, 2002.

AUBERT (F.), *Histoire du Parlement de Paris de l'origine à François Ier (1250-1515)*, t. I, *Son organisation*; t. II, *Ses compétences, ses attributions*, Paris, 1894.

AUBERT (F.), *Le Parlement de Paris de Philippe le Bel à Charles VII (1314-1422)*, 2 vol., Paris, 1887 et 1890.

AUTRAND (F.), « Offices et officiers royaux en France sous Charles VII », *R.H.*, 1969, t. 242, p. 285-338.

AUTRAND (F.), *Naissance d'un grand corps de l'État : les gens du Parlement de Paris, 1345-1454*, Paris, 1981.

AUTRAND (F.), *Pouvoir et société en France, XIVe-XVe siècles*, Paris, 1974.

AUTRAND (F.), *Charles VI*, Paris, 1986.

AUTRAND (F.), *Charles V*, Paris, 1994.

BARBEY (J.), *La fonction royale. Essence et légitimité d'après les Tractatus de Jean de Terre Vermeille*, Paris, 1983.

BARBEY (J.), *Être roi*, Paris, 1992.

BARTIER (J.), *Légistes et gens de finances au XVe siècle. Les conseillers des ducs de Bourgogne Philippe le Bon et Charles le Téméraire*, Bruxelles, 1955.

BAUTIER (H.), *Chartes, sceaux et chancellerie. Études de diplomatique et de sigillographie médiévales*, 2 vol., Paris, 1990.

BEAUNE (C.), *Naissance de la nation France*, Paris, 1985.

BEGOU-DAVIA (M.), *L'interventionnisme bénéficial de la Papauté au XIIIe siècle. Les aspects juridiques*, Paris, 1997.

BLOCH (M.), *Les rois thaumaturges. Étude sur le caractère surnaturel attribué à la puissance royale particulièrement en France et en Angleterre*, Paris, 1923, 2e éd., 1961.

BOSSUAT (A.), « La formule "Le roi est empereur en son royaume". Son utilisation au XVe siècle devant le Parlement de Paris », *R.H.D.F.E.*, 1961, p. 371-381.

BOSSUAT (A.), *Le bailliage royal de Montferrand (1425-1556)*, Paris, 1957.

BOULET-SAUTEL (M.), « Jean de Blanot et la conception du pouvoir royal au temps de Saint Louis », *Septième centenaire de la mort de Saint Louis (Actes des colloques de Royaumont et de Paris, mai 1970)*, Paris, 1976, p. 57-68.

BOULET-SAUTEL (M.), « Le concept de souveraineté chez Jacques de Révigny », *Actes du Congrès sur l'ancienne Université d'Orléans*, Orléans, 1962, p. 17-27.

BOULET-SAUTEL (M.), « Le *princeps* chez Guillaume Durand », *Études d'histoire du droit canonique offertes à G. Le Bras*, t. II, Paris, 1965, p. 803-813.

BOUREAU (A.), *Le simple corps du roi. L'impossible sacralité des souverains français, XVe-XVIIIe siècle*, Paris, 1988.

BOURIN-DERRUAU (M.), *Temps d'équilibre, temps de rupture. XIIIe siècle*, Paris, 1990.

BULST (N.), *Die französischen Generalstände von 1468 und 1484*, Sigmaringen, 1992.

BURGUIÈRE (A.) et REVEL (J.) dir., *Histoire de la France*, t. I : *L'État et les pouvoirs*, Paris, 1989 ; t. II : *L'espace français*, Paris, 1989.

CALASSO (F.), *I Glossatori e la teoria della sovranità. Studio di Diritto comune publico*, Florence, 1945 (1re édit.).

CARLYLE (R.W. et A.J.), *A History of medieval political theory in the West*, 6 vol., Londres, 1903-1936.

CARPENTIER (E.) et LE MENÉ (M.), *La France aux XIVe et XVe siècles. Population, société, économie*, Paris, 1996.

CASTALDO (A.), *Seigneurs, villes et pouvoir royal en Languedoc : le consulat médiéval d'Agde (XIIIe-XIVe siècles)*, Paris, 1974.

CAUCHIES (M.), *La législation princière pour le comté de Hainaut. Ducs de Bourgogne et premiers Habsbourgs (1427-1506)*, Bruxelles, 1982.

CAZELLES (R.), *La société politique et la crise de la royauté sous Philippe de Valois*, Paris, 1958.

CAZELLES (R.), *Société politique, noblesse et couronne sous Jean le Bon et Charles V*, Genève-Paris, 1982.

CHEVALIER (B.), *Tours ville royale, 1356-1520. Origine et développement d'une capitale à la fin du Moyen Âge*, Louvain-Paris, 1975.

CHEVALIER (B.), *Les bonnes villes de France du XIVe au XVIe siècle*, Paris, 1982.

CHEVALIER (B.), *Les bonnes villes, l'État et la société dans la France de la fin du XVe siècle*, Orléans, 1995.

CHIFFOLEAU (J.), *Les justices du pape. Délinquance et criminalité dans la région d'Avignon au XIVe siècle*, Paris, 1984.

CONGAR (Y.M.J.), *Quod omnes tangit ab omnibus tractari et approbari debet*, *R.D.F.E.*, 1958, p. 210-259.

CONTAMINE (Ph.), *Guerre, État et société à la fin du Moyen Âge. Études sur les armées des rois de France (1337-1494)*, Paris, 1972.

CONTAMINE (Ph.), *La guerre au Moyen Âge*, Paris, 1980.

CONTAMINE (Ph.), « La mémoire de l'État : les archives de la Chambre des comptes à Paris au XVe siècle », *Media in Francia..., Recueil de mélanges offerts à Karl Ferdinand Werner*, Paris, 1989, p. 85-100.

CONTAMINE (Ph.) éd., *La noblesse au Moyen Âge, XIe-XIVe siècles. Essais à la mémoire de Robert Boutruche*, Paris, 1976.

CONTAMINE (Ph.), *Des pouvoirs en France, 1300-1500*, Paris, 1992.

CONTAMINE (Ph.), *La noblesse au royaume de France de Philippe le Bel à Louis XII*, Paris, 1997.

CONTAMINE (Ph.) dir., *Histoire de la France politique. Le Moyen Âge. Le roi, l'Église, les Grands, le Peuple*, Paris, 2002.

CORNAERT (E.), *Les Corporations de métiers en France avant 1789*, Paris, 1940.

CORTESE (E.), *La norma juridica. Spunti teorici nel diritto comune classico*; Ius nostrum, VI, 1 et 2, Milan, 1962-1964.

CORTESE (E.), *Il diritto nella storia medievale*, vol. I : *L'alto medioevo*, Rome, 1995, vol. II : *Il basso medioevo*, Rome, 1995.
COSTA (P.), *Iurisdictio. Semantica del potere politico nella publicistica medievale (1100-1433)*, Milan, 1969.
COULET (N.), *Aix-en-Povence : espace et relations d'une capitale (milieu XIVe-milieu XVe siècle)*, Aix-en-Provence, 1988.
Culture et idéologie dans la genèse de l'État Moderne, Bibl. de l'Éc. fr. de Rome, Rome, 1985.
CUTTLER (S.H.), *The law of treason and treason trials in later medieval France*, Cambridge, 1981.
DAGRON (G.), *Empereur et prêtre. Étude sur le « césaropapisme » byzantin*, Paris, 1996.
DAUCHY (S.), *Les appels flamands au Parlement de Paris. Regestes des dossiers de procès reconstitués d'après les registres du Parlement et les sources conservées dans les dépôts d'archives de Belgique et du Nord de la France*, Bruxelles, 1998.
DAUCHY (S.), *Les arrêts et jugés du Parlement de Paris sur appels flamands*, t. III, *Introduction historique*, Bruxelles, 2002.
DAUCHY (S.), *Les voies de recours extraordinaires, proposition d'erreur et requête civile (de l'ordonnance de saint Louis jusqu'à l'ordonnance de 1667)*, Paris, 1988.
DAVID (M.), « Le serment du sacre du IXe au XVe siècle. Contribution à l'étude des limites de la souveraineté », *R.M.A.L.*, VI, 1950, p. 5-272.
DAVID (M.), *La souveraineté et les limites du pouvoir monarchique du IXe au XVe siècle*, Paris, 1954.
DAVID (M.), *La souveraineté du peuple*, Paris, 1996.
DEMURGER (A.), « Guerre civile et changement du personnel administratif dans le royaume de France de 1440 à 1418 : l'exemple des baillis et des sénéchaux », *Francia*, 6, 1978, p. 151-298.
DEMURGER (A.), *Temps de crise, temps d'espoir. XIVe-XVe siècle*, Paris, 1990.
DESPORTES (P.), *Reims et les Rémois aux XIVe et XVe siècles*, Paris, 1979.
DOGNON (P.), *Les institutions politiques et administratives du pays de Languedoc du XIIIe siècle aux guerres de religion*, Toulouse-Paris, 1895.
Droit et théologie dans la science politique de l'État Moderne, J.-Ph. Genet et J.Y. Tillette éd., Rome, 1990.
Droits savants et pratiques françaises du pouvoir (XIe-XVe siècles), J. Krynen et A. Rigaudière éd., Bordeaux, 1992.
DUBY (G.) dir., *Histoire de la France urbaine*, t. 2, *La ville médiévale*, Paris, 1980.
DUCOUDRAY (G.), *Les origines du Parlement de Paris et la justice aux XIIIe et XIVe siècles*, Paris, 1902.
DUPONT-FERRIER (G.), *Les officiers royaux des bailliages et sénéchaussées et les institutions monarchiques locales en France à la fin du Moyen Âge*, Paris, 1902.
DUPONT-FERRIER (G.), *Études sur les institutions financières de la France à la fin du Moyen Âge*, t. I, *Les élections et leur personnel*, Paris, 1930; t. II, *Les finances extraordinaires et leur mécanisme*, Paris, 1932.
DUPONT-FERRIER (G.), *Nouvelle série d'études sur les institutions financières de la France à la fin du Moyen Âge. Les origines et le premier siècle de la Cour du Trésor*, Paris, 1936.
DUPONT-FERRIER (G.), *Nouvelles études sur les institutions financières de la France à la fin du Moyen Âge. Les origines et le premier siècle de la Chambre ou Cour des aides de Paris*, Paris, 1933.
Economic systems and state Finance, The Origins of the modern State in Europe, Bonney (R.) édit., Oxford, 1996; édit. fr., *Systèmes économiques et finances publiques, Les origines de l'État moderne en Europe*, Paris, 1996.
État et colonisation au Moyen Âge et à la Renaissance, Balard (M.) Actes du colloque international de Reims (avril 1987), Lyon, 1989.
État et Église dans la genèse de l'État moderne, J.-Ph. Genet et B. Vincent éd., Madrid, 1986.
État moderne : Genèse; bilan et perspectives, J.-Ph. Genet éd., Paris, 1990.

État romain, État moderne : la place du droit. Actes de la rencontre « Volterra », Rome, 16 et 17 décembre 1999, Extrait de Mélanges de l'École française de Rome. Moyen Âge, t. 113, 2001, p. 793-961.

Excerptiones juris : Studies in Honor of André Gouron, Durand (B.) and Mayali (L.) édit., Berkeley, 2000.

« Faire bans, edictz et statuz » : légiférer dans la ville médiévale, Cauchies (J.-M.) et Bousmar (E.) dir., Bruxelles, 2001.

FAVIER (J.) dir., *La France médiévale*, Paris, 1983.

FAVIER (J.), *Finance et fiscalité au bas Moyen Âge*, Paris, 1971.

FAVIER (J.), *Le temps des principautés*, Paris, 1984.

FAVIER (J.), « Les légistes et le gouvernement de Philippe le Bel », *Journal des Savants*, 1969, p. 92-108.

FAVIER (J.), *Philippe le Bel*, Paris, 1978.

FAVIER (J.), *Un conseiller de Philippe le Bel : Enguerran de Marigny*, Paris, 1964.

FAVIER (J.), *La guerre de Cent Ans*, Paris, 1980.

FAVIER (J.), *Paris. Deux mille ans d'histoire*, Paris, 1997.

FAVIER (J.), *Louis XI*, Paris, 2001.

FAVREAU (R.), *La ville de Poitiers à la fin du Moyen Âge. Une capitale régionale*, Poitiers, 1978.

Finances, pouvoirs et mémoire. Hommages à Jean Favier, Kerhervé (J.) et Rigaudière (A.) dir., Paris, 1999.

FAWTIER (R.), *Les Capétiens et la France*, Paris, 1942.

FÉDOU (R.), *Les hommes de loi lyonnais à la fin du Moyen Âge. Étude sur les origines de la classe de robe*, Paris, 1964.

FÉDOU (R.), *L'État au Moyen Âge*, Paris, 1971.

FEENSTRA (R.), « Jean de Blanot et la formule "Rex Franciae in regno suo princeps est" », *Études d'histoire du droit canonique offertes à G. Le Bras*, t. II, Paris, 1965, p. 885-895.

FOLZ (R.), *L'idée d'Empire en Occident du* V[e] *au* XIVe *siècle*, Paris, 1953.

FOURNIER (P.), *Les Officialités au Moyen Âge*, Paris, 1880.

FOURQUIN (G.), *Les soulèvements populaires au Moyen Âge*, Paris, 1972.

GANDILHON (R.), *Politique économique de Louis XI*, Rennes, 1941.

GAUDEMET (J.), *Les élections dans l'Église latine des origines au* XVIe *siècle*, Paris, 1979.

GAUDEMET (J.), *Église et Cité. Histoire du droit canonique*, Paris, 1974.

GAUDEMET (J.), *Les naissances du droit. Le temps, le pouvoir et la science au service du droit*, 1997.

GAUSSIN (P.R.), *Louis XI, roi méconnu*, Paris, 1976.

GAUSSIN (P.R.), « Les conseillers de Charles VII (1418-1461). Essai de politologie historique », *Francia*, 10 (1982), p. 67-130.

GAUSSIN (P.R.), « Les conseillers de Louis XI (1461-1483) », *La France de la fin du* XVe *siècle. Renouveau et apogée. Économie, pouvoir, arts, culture et conscience nationales*, Chevalier (B.) et Contamine (Ph.) éd., Paris, 1985, p. 105-133.

GAUVARD (Cl.), « L'image du roi justicier en France à la fin du Moyen Âge d'après les lettres de rémission », *La faute, la répression et le pardon. Actes du CVII[e] Congrès National des Sociétés savantes*, Brest, 1982, Philologie et Histoire jusqu'à 1610, t. 1, p. 165-192.

GAUVARD (Cl.), *« De grâce especial ». Crime, État et société en France à la fin du Moyen Âge*, 2 vol., Paris, 1991.

GAUVARD (C.), *La France au Moyen Âge du* X[e] *au* XVe *siècle*, Paris, 1996.

GAZZANIGA (J.L.), *L'Église du Midi à la fin du règne de Charles VII*, Paris, 1976.

Genèse de l'État moderne. Prélèvement et redistribution, J.-Ph. Genet et M. Le Mené éd., Paris, 1987.

Genèse de l'État moderne en Méditerranée. Approches historiques et anthropologiques des pratiques et des représentations, Bibl. de l'Éc. fr. de Rome, Rome, 1993.

GENESTAL (R.), *Les Origines de l'appel comme d'abus*, Paris, 1951.

GENET (J.-Ph.), « La Genèse de l'État Moderne : Genèse d'un programme de recherche », *A Génese do Estado Moderno no Portugal tardo-medievo (seculos XIII-XV). Ciclo de conferências (1996-1997)*, Cruz Coelho (M. H. da) et Carvalho Homen (A. L. de) dir., Lisbonne, 1999, p. 21-51.
GÉNICOT (L.), *Le XIIIe siècle européen*, Paris, 1968.
GIESEY (R.E.), *Cérémonial et puissance souveraine. France, XVe-XVIIe siècle*, Paris,1987.
GIESEY (R.E.), *The royal funeral ceremony in Renaissance France*, Genève, 1960. Trad. fr., *Le roi ne meurt jamais*, Paris, 1987.
GILLES (H.), *Les États de Languedoc au XVe siècle*, Toulouse, 1965.
GILLES (H.), *Université de Toulouse et enseignement du Droit. XIIe-XVe siècles*, Toulouse, 1992.
GIORDAMENGO (G.), « Du droit civil au pouvoir royal : un renversement (XIIe-XVe siècles) », *Politiques et management public*, vol. 5, 1987, n° 1, p. 9-25.
GIORDAMENGO (G.), « Le pouvoir législatif du roi de France (XIe-XIIIe siècles) : travaux récents et hypothèses de recherche », *B.E.C.*, CXLVII, 1989, 283-310.
GIORDAMENGO (G.), « Les feudistes (XIIe-XVe siècles) », *El dret comù i Catalunya. Actes del II° Simposi internacional* (Barcelona 31 maig-1 juny de 1991), Barcelona, 1992, p. 67-144.
GIORDAMENGO (G.), *Féodalité et droits savants dans le Midi médiéval*, Londres, 1992.
GONTHIER (N.), *Délinquance, justice et société en Lyonnais (fin du XIIIe siècle-début du XVIe siècle)*, Lyon, 1988.
GOURON (A.), *Études sur la diffusion des doctrines médiévales*, Londres, 1984.
GOURON (A.), *La science du droit dans le Midi de la France au Moyen Âge*, Londres, 1984.
GOURON (A.), *Droit et coutume en France aux XIIe et XIIIe siècles*, Variorum, Aldershot, 1993.
GOURON (A.), *Juristes et droits savants : Bologne et la France médiévale*, Ashgate variorum, Aldershot, Brookfield USA, Singapore, Sydney, 2000.
GOURON (A.), *La réglementation des métiers en Languedoc*, Paris, 1958.
GUÉNÉE (B.), *Tribunaux et gens de justice dans le bailliage de Senlis à la fin du Moyen Âge (vers 1380-vers 1550)*, Paris, 1963.
GUÉNÉE (B.), *L'Occident aux XIVe et XVe siècles*, Paris, 1971, et rééd.
GUÉNÉE (B.), *Politique et Histoire au Moyen Âge. Recueil d'articles sur l'histoire et l'historiographie médiévales (1956-1981)*, Paris, 1981.
GUÉNÉE (B.), *Un meurtre, une société. L'assassinat du duc d'Orléans, 23 novembre 1407*, Paris 1992.
GUÉNÉE (S.), *Bibliographie de l'histoire des universités françaises des origines à la Révolution*, 2 vol., Paris, 1978-1981.
GUENÉE (B), *L'opinion publique à la fin du Moyen Âge d'après la « Chronique de Charles VI » du Religieux de Saint-Denis*, Paris, 2002.
GUENÉE (B.), *Un roi et son historien. Vingt études sur le règne de Charles VI et la* Chronique du Religieux de Saint-Denis, Paris, 1999.
Guerre, pouvoir et noblesse au Moyen Âge. Mélanges en l'honneur de Philippe Contamine. Paviot (J.) et Verger (J.), édit., Paris, 2000.
HÉBERT (M.), *Tarascon au XIVe siècle : histoire d'une communauté urbaine provençale*, Aix-Marseille, 1979.
HENNEMANN (J.B.), *Royal Taxation in fourteenth century France. The development of War financing (1422-1356)*, Princeton, 1971.
Histoire du parquet, Carbasse (J.-M.) dir., Paris, 2000.
Iconography, Propaganda and Legitimation, The Origins of the modern State in Europe, Ellenius (A.) Oxford, 1997.
JACOB (R.), *Images de la justice. Essai sur l'iconographie judiciaire*, Paris, 1994.
JASSEMIN (H.), *La Chambre des comptes*, Paris, 1933.
KANTOROWICZ (E.H.), *Mourir pour la patrie et autres textes*, trad. L. Mayali et A. Schütz, Paris, 1984.
KANTOROWICZ (E.H.), *The king's two bodies. A study in medieval political theology*, Princeton, 1957. Trad. fr., *Les deux corps du roi*, Paris, 1989.

KERHERVÉ (J.), *L'État breton aux XVe et XVe siècles. Les ducs, l'argent et les hommes*, 2 vol., Paris, 1987.

KRYNEN (J.), *Idéal du prince et pouvoir royal à la fin du Moyen Âge (1340-1440). Étude sur la littérature politique du temps*, Paris, 1981.

KRYNEN (J.), *L'empire du roi. Idées et croyances politiques en France, XIIIe-XVe siècles*, Paris, 1993.

KRYNEN (J.) édit., *Droit romain,* jus civile *et droit français*, Centre toulousain d'histoire du droit et des idées politiques, Études d'histoire du droit et des idées, n° 3, Toulouse, 1999.

KUBLER (J.), *Recherches sur la fonction publique sous l'Ancien Régime. L'origine de la perpétuité des offices royaux*, Nancy, 1958.

L'assistance dans la résolution des conflits, Rec. de la Soc. J. Bodin, XLV, Bruxelles, 1998.

L'État et la Méditerranée, Actes de la table ronde tenue à Marseille en oct. 1983, *Peuples méditerranéens*, XXVII-XXVIII, 1984. Bresc (H.), Hurbon (L.), Rosenberger (B.), Veauvy (C.) et Zerner (M.) édit., *Genèse de l'État moderne en Méditerranée. Approches historique et anthropologique des pratiques et des représentations*, BEFAR, Rome, 1993.

L'État et les aristocrates, XIIe-XVIIe siècles (France, Angleterre, Écosse), Ph. Contamine éd., Paris, 1989.

L'État moderne : territoire, droit, système politique, N. Coulet et J.-Ph. Genet éd., Paris, 1990.

L'État moderne et les élites, XIIIe-XVIIIe siècles. Apports et limites de la méthode prosopographique, Genet (J.-Ph.) et Lottes (G.) éd., Paris, 1996.

L'État ou le Roi. Les fondations de la modernité monarchique en France (XIVe-XVIIe siècles), Bulst (N.), Descimon (R.) et Guerreau (A.) dir., Paris, 1996.

L'impôt au Moyen Âge. L'impôt et le prélèvement seigneurial, fin XIIe siècle-début XVIe siècle. t. I, *Le droit d'imposer*; t. II, *Les espaces fiscaux*, t. III, *Les techniques*, Contamine (Ph.), Kerhervé (J.) et Rigaudière (A.) édit., Paris, 2002.

La conscience du juge dans la tradition juridique européenne, Carbasse (J.-M.) et Depambour-Tarride (L.) dir., Paris, 1999.

La coutume, Rec. de la Soc. J. Bodin, vol. LII, deuxième partie, Bruxelles, 1990.

La fiscalité des villes médiévales au Moyen Âge (France méridionale, Catalogne et Castille). I, Étude des sources, D. Menjot et M. Sànchez-Martinez coord., Toulouse, 1996, t. II (Occident méditerranéen) Les systèmes fiscaux, Toulouse, 1999 ; t. III (Occident méditerranéen) La redistribution de l'impôt, Toulouse, 2002.

La France de la fin du XVe siècle. Renouveau et apogée. Économie, pouvoir, arts, culture et conscience nationales, Chevalier (B.) et Contamine (Ph.) éd., Paris, 1985.

La France des principautés. Les Chambres des comptes aux XIVe et XVe siècles, Contamine (Ph.) et Mattéoni (O.) éd., Paris, 1996.

La Ville, la bourgeoisie et la genèse de l'État moderne (XIIe-XVIIe siècles), N. Bulst et J.-Ph. Genet éd., Paris, 1988.

La ville médiévale en deçà et au-delà de ses murs. Mélanges Jean-Pierre Leguay, Rouen, 2000.

LACOUR (R.), *Le gouvernement de l'apanage de Jean, duc de Berry*. 1360-1416, Paris, 1934.

LAGARDE (G. de), *La naissance de l'esprit laïque à la fin du Moyen Âge*, 5 vol., Louvain-Paris, 1956-1970.

LASSALMONIE (J.-F.), *La boîte à l'enchanteur. Politique financière de Louis XI*, Paris, 2002.

Le juge et le jugement dans les traditions juridiques européennes. Études d'histoire comparée, Jacob (R.) édit., Paris, 1996.

Le roi, le marchand et le sel, Hocquet (J.-C.) dir., Actes de la table ronde *« L'impôt du sel en Europe, XIIIe-XVIIIe siècles »* (Arc et Senans, sept. 1986), P.U. Lille, Lille, 1987.

LEGENDRE (P.), Leçons VI, *Le désir politique de Dieu. Étude sur les montages de l'État et du Droit*, Paris, 1988.

LEGENDRE (P.), Leçons VII, *Les enfants du texte. Étude sur la fonction parentale des États*, Paris, 1992.

Legislation and Justice, The Origins of the modern State in Europe, Oxford University Press, Padoa Schioppa (A.) édit., Oxford, 1997 ; édit. fr., *Justice et législation, Les origines de l'État moderne en Europe*, Paris, 2000.

LEGUAI (A.), *De la seigneurie à l'État. Le Bourbonnais pendant la guerre de Cent Ans*, Moulins, 1969.

LEGUAY (J.-P.), *Un réseau urbain au Moyen Âge, les villes du duché de Bretagne aux XIVe et XVe siècles*, 1981.

LEHUGEUR (P.), *Philippe le Long. Le mécanisme du gouvernement*, Paris, 1931.

LEVELEUX (C.), *La parole interdite. Le blasphème dans la France médiévale (XIIIe-XVe siècles) : du péché au crime*, Paris, 2001.

LEWIS (A.W.), *Royal succession in Capetian France : studies on familial order and the State*, Cambridge, Mass., 1981. Trad. fr., *Le sang royal. La famille capétienne et l'État, France, Xe-XIVe siècles*, Paris, 1986.

LEWIS (A.W.), « The Capetian apanages and the nature of the French kingdom », *Journal of Medieval History*, 2, 1976, p. 119-134.

LEWIS (P.S.), *Later Medieval France. The Polity*, Londres, 1968. Trad. fr., *La France à la fin du Moyen Âge*, Paris, 1977.

LEWIS (P.S.), *Écrits politiques de Jean Juvénal des Ursins*, 3 vol., Paris, 1978, 1985 et 1992.

LEYTE (G.), *Domaine et domanialité publique dans la France médiévale (XIIe-XVe siècles)*, Strasbourg, 1996.

LE BRAS (G.), LEFEBVRE (Ch.) et RAMBAUD (J.), *L'Âge classique (1140-1378). Sources et théorie du droit*, Paris, 1965, dans *Histoire du Droit et des institutions de l' Église en Occident*, t. VII, (G. Le Bras dir.)

LE GOFF (J.), *Les Intellectuels au Moyen Âge*, Paris, 1960.

LE GOFF (J.), *Saint Louis*, Paris, 1996.

LE PAGE (D.), *Finances et politique en Bretagne au début des Temps modernes, 1491-1547*, Paris, 1997.

Les élites du pouvoir et la construction de l'État en Europe, Reinhard (W.) dir., Les origines de l'État moderne en Europe, Blockmans (W.) et Genet (J.-Ph.) dir., Paris, 1996.

Les Parlements de province. Pouvoirs, justice et société du XVe au XVIIIe siècle, Poumarède (J.) et Thomas (J.) dir., Toulouse, 1996.

L'individu dans la théorie politique et dans la pratique, Coleman (J.) dir., Les origines de l'État moderne en Europe, Blockmans (W.) et Genet (J.-Ph.) dir., Paris, 1996.

LOT (F.) et FAWTIER (R.), *Histoire des institutions françaises*, t. I, *Institutions seigneuriales*, Paris, 1957 ; t. II, *Institutions royales*, Paris, 1958 ; t. III, *Institutions ecclésiastiques*, Paris, 1962.

LUSIGNAN (S.), *« Vérité garde le roy ». La construction d'une identité universitaire (XIIIe-XVe siècle)*, Paris, 1999.

MATTÉONI (O.), *Servir le prince. Les officiers du duc de Bourbon à la fin du Moyen Âge (1356-1523)*, Paris, 1998.

MAUGIS (E.), *Histoire du Parlement de Paris de l'avènement des rois Valois à la mort d'Henri IV*, Paris, 3 vol., 1913-1916.

MAYALI (L.), « "Lex animata" », rationalisation du pouvoir politique et science juridique (XIIe-XVe siècle) », dans *Renaissance du pouvoir législatif et genèse de l'État*, Montpellier, 1987, p. 155-164.

MAYALI (L.), « La coutume dans la doctrine romaniste au Moyen Âge », dans *La coutume*, Rec. Société Jean Bodin, 2e partie, Bruxelles, 1990.

MOCHI ONORY (S.), *Fonti canonistiche dell'idea moderna dello stato (imperium spirituale, jurisdictio divisa, sovranità)*, Milan, 1951.

MOLLAT (M.), *Genèse médiévale de la France moderne (XIV-XVe siècles)*, Paris, 1970.

MOLLAT (M.) et WOLFF (Ph.), *Ongles bleus, Jacques et Ciompi. Les révolutions populaires en Europe aux XIVe et XVe siècles*, Paris, 1970.

NAEGLE (G.), *Stadt, Recht und Krone. Französiche Städte, Königtum und Parlement im späten Mittelalter*; t. I, *Stadt und Krone im späten Mittelalter*; t. II, *Fallstudien. Städtische Prozesse vor dem Parlement von Poitiers*, Husum, 2000.

Nonagesimo anno. Mélanges en hommage à Jean Gaudemet, C. Bontems dir. Paris, 1999.

NORAT (P.) dir., *Les lieux de mémoire*, t. II, *La nation*, 3 vol., Paris, 1986.

OLIVIER-MARTIN (Fr.), *L'organisation corporative de la France d'Ancien Régime*, Paris, 1938.

OURLIAC (P.), *Études d'histoire du droit médiéval*, 2 vol., Paris, 1979 et 1980.

OURLIAC (P.), *Les pays de Garonne vers l'An Mil. La société et le droit*, Toulouse, 1993.

PADOA-SCHIOPPA (A.), *Il diritto nella storia d'Europa. Il medioevo. Parte Prima.* Padova, 1995.

PARAVICINI (W.) et WERNER (K. F.) éd., *Histoire comparée de l'administration (IVe-XVIIIe siècles). Actes du XIVe Colloque historique franco-allemand, Tours, 1977*, Munich, 1980, Beihefte der Francia, 9.

PASSERIN D'ENTRÈVES (A.), *La notion de l'État*, trad. J. R. Weilland, Paris, 1969.

PEGUES (F. J.), *The lawyers of the last Capetians*, Princeton, 1962.

PENNINGTON (K.), *The Prince and the law 1200-1600. Sovereignty and Rights in the Western Legal Tradition*, Berkeley, Los Angeles, 1993.

PENNINGTON (K.), *The prince and the law. 1200-1600. Sovereignty an Rigths in the Western Legal Tradition*, Berkeley, Los Angeles, Oxford, 1993.

Penser le pouvoir au Moyen Âge. Études offertes à Françoise Autrand, Boutet (D.) et Verger (J.) dir., Paris, 2000.

PERROT (E.), *Les Cas Royaux. Origine et développement de la théorie aux XIIIe et XIVe siècles*, Paris, 1910.

PETIT-RENAUD (S.), *« Faire loy » au royaume de France de Philippe VI à Charles V (1328-1380)*, Paris, 2003.

Power, Elites and State Building, The Origins of the modern State in Europe, Reinhard (W.) édit., Oxford, 1996; édit. fr., *Les élites du pouvoir et la construction de l'État en Europe, Les origines de l'État moderne en Europe*, Paris, 1996.

Prosopographie et genèse de l'État moderne, F. Autrand éd., Paris, 1986.

QUILLET (J.), *La philosophie politique de Marsile de Padoue*, Paris, 1970.

RAUZIER (J.), *Finances et gestion d'une principauté au XIVe siècle. Le duché de Bourgogne de Philippe le Hardi, 1364-1384*, Paris, 1996.

Renaissance du pouvoir législatif et genèse de l'État, A. Rigaudière et A. Gouron éd., Montpellier, 1987.

Resistance, Representation and Community, The Origins of the modern State in Europe, Blickle (P.) édit., Oxford, 1997; édit. fr., *Résistance, représentation et communauté, Les origines de l'État moderne en Europe*, Paris, 1998.

REY (M.), *Le domaine du roi et les finances extraordinaires sous Charles VI (1388-1413)*, Paris, 1965.

REY (M.), *Les finances royales sous Charles VI. Les causes du déficit (1388-1413)*, Paris, 1965.

RICHARD (J.), *Saint Louis*, Paris, 1983.

RIGAUDIÈRE (A.), *L'assiette de l'impôt direct à la fin du XIVe siècle. Le livre d'estimes des consuls de Saint-Flour pour les années 1380-1385*, Paris, 1977.

RIGAUDIÈRE (A.), *Saint-Flour, ville d'Auvergne au bas Moyen Âge. Étude d'histoire administrative et financière*, 2 vol., Paris, 1982.

RIGAUDIÈRE (A.), *Gouverner la ville au Moyen Âge*, Paris, 1993.

ROYER (J.P.), *L'Église et le royaume de France au XIVe siècle d'après le « Songe du Vergier » et la jurisprudence du Parlement de Paris*, Paris, 1969.

SAINT-BONNET (F.), *L'État d'exception*, Paris, 2001.

Saint-Denis et la royauté. Études offertes à Bernard Guenée, Autrand (F.), Gauvard (C.) et Moeglin (J.-M.) édit., Paris, 1999.

SBRICCOLI (M.), Crimen laese majestatis : *il problema del reato politico alle soglie della scienza penalistica moderna*, Milan, 1974.
SCHNEIDER (J.), *La ville de Metz aux XIIIe et XIVe siècles*, Nancy, 1950.
SCHNERB (B.), *L'État bourguignon, 1363-1477*, Paris, 1999.
SÉE (H.), *Louis XI et les villes*, Paris, 1891.
SENELLART (M.), *Les arts de gouverner. Du* regimen *médiéval au concept de gouvernement*, Paris, 1995.
SOT (M.), BOUDET (J.-P.), GUERREAU-JALABERT (A.), *Histoire culturelle de la France*, Rioux (J.-P.) et Sirinelli (J.-F.) dir. T. 1 : *Le Moyen Âge*, Paris, 1997.
STRAYER (J.R.), *Les gens de justice du Languedoc sous Philippe le Bel*, Toulouse, 1970.
STRAYER (J.R.), *Les origines médiévales de l'État moderne*, trad. M. Clément, Paris, 1979.
STRAYER (J.R.) et TAYLOR (C.H.), *Studies in early french Taxation*, Cambridge, Mass., 1939.
TESSIER (G.), *Diplomatique royale française*, Paris, 1962.
The Individual in Political Theorie and practice, The Origins of the modern State in Europe, Coleman (J.) édit., Oxford, 1996; édit. fr., *L'individu dans la théorie politique et dans la pratique, Les origines de l'État moderne en Europe*, Paris, 1996.
TIMBAL (P.), *La guerre de Cent Ans vue à travers les registres du Parlement (1337-1369)*, Paris, 1961.
VERGER (J.), *Les Universités au Moyen Âge*, Paris, 1973.
VERGER (J.), *L'essor des universités au XIIIe siècle*, Paris, 1997.
VERGER (J.), *Les gens de savoir au Moyen Âge*, Paris, 1997.
VIALA (A.), *Le parlement de Toulouse et l'administration royale laïque, 1420-1525 env.*, 2 vol., Albi, 1953.
Villes, bonnes villes, cités et capitales. Études d'histoire urbaine (XIIe-XVIIIe siècles) offerts à Bernard Chevalier, Tours, 1989.
Vincennes aux origines de l'État moderne, Chapelot (J.) et Lalou (E.) éd., Paris, 1996.
War and competition between States, The Origins of the modern State in Europe, Contamine (Ph.) édit. Oxford, 1997; édit. fr., *Guerre et concurrence entre les États européens du XIVe au XVIe siècle, Les origines de l'État moderne en Europe*, Paris, 1998.
WEIDENFELD (K.), *La police de la petite voirie à Paris à la fin du Moyen Âge*, Paris, 1996.
WEIDENFELD (K.), *Les origines médiévales du contentieux administratif (XIVe-XVe siècles)*, Paris, 2001.
WOLFF (Ph.), *Les estimes toulousaines aux XIVe et XVe siècles*, Toulouse, 1956.
WOOD (Ch.T.), *The French Apanages and the Capetian Monarchy, 1224-1328*, Cambridge, 1966.

INDEX

INDEX DE LIEUX ET DE PERSONNES

INDEX DES MATIÈRES

TABLE DES MATIÈRES

11008629 - (0,6) - OSB90° - RET - MNL

Achevé d'imprimer en France
par Dupli-Print à Domont (95)
www.dupli-print.fr

Dépôt légal : novembre 2008